제7전정판

임상심리학

이현수 · 조옥귀 · 현명호 · 이장한

박영사

바람은 정착할 항구를

정하지 못한 사공에게는

은혜를 베풀지 않는다.

몽테뉴(Michel Eyquem de Montaigne, 1533-1592)

- 프랑스의 철학자 · 수필가 -

제 7 전정판에 부치는 머리말

이 책의 초판이 출판된 것은 1973년으로 39년이 지났다. 그동안 관심을 끄는 주제가 달라지고 내용을 보충할 필요가 있을 때마다 몇 차례 증보개정판을 냈다. 하지만 이것들이 모든 독자의 욕구를 충족시켰다고 생각하지 않았다. 그 후로 많은 시간이 지났다. 이제 보다 규모가 큰 수정작업이 필요하게 되었다. 이에 관심을 가진 몇 사람이 힘을 모아 4개 영역 15개장으로 된 새로운 판을 내기로 뜻을 모았다. 이 개정작업에 참여한 사람과 그가 집필한 주제는 다음과 같다.

이현수
제 1 장 임상심리학의 본질
제 2 장 임상심리학의 발달
제 8 장 정신장애의 진단

조옥귀
제 4 장 평가면접
제 9 장 심리치료의 개관

현명호
제 6 장 성격평가
제 7 장 행동주의 심리학적 평가
제12장 건강심리학
제15장 임상심리학의 제문제
세10장 행동치료
제11장 인지행동치료

이장한
제 3 장 임상심리학의 연구방법
제 5 장 지능평가
제13장 임상신경심리학
제14장 법정심리학

이 판에는 여러 저자의 글이 담겨져 있을 뿐만 아니라, 외형과 내용이 크게 달라졌다. 하지만 초판에 담긴 기본 생각은 크게 달라진 것이 없다. 새로운 흐름에 따라 몇 가지 점이 달라졌을 뿐이다. 첫째, 근래에 새롭게 등장한 두 주제 — 근거에 기초한 심리학적 진료와 긍정적 임상심리학이 처음으로 소개되었다. 둘째, 비단 과학적 검증은 거치지 않았지만 임상가의 치료와 연구에 큰 도움을 준 이론과 기술을 보강하였다. 셋째, 다수의 전문가들에게 마저도 생소한 이론이 비중있게 다뤄졌다. 이는 지나치게 실용을 외면한 것처럼 보이지만 사실은 많은 실용성이 함축되어 있기 때문이다. 이들은 다가오는 변화에 효율적으로 대처할 수 있을 것이다.

과학은 높은 수준의 이론과 실용성을 요구한다. 이론이 결여된 실용성, 실용성이 보장되지 않은 이론은 어느 것도 건전한 과학적 지식으로 인정받을 수 없다. 이론의 뒷받침이 없는 실용적 지식은 나약하고, 실용성이 보장되지 않은 이론은 무가치하다. 건전한 임상심리학의 지식은 이론과 실용성이 겸비되어야 한다. 다행히도 임상심리학의 지식은 두 가지 요건을 겸비한 것 같다.

심리학자들은 러시아의 생리학자 Ivan Pavlov(1849~1939)의 조건반사이론을 바탕으로 실용성이 보장된 치료기술을 개발하여 인간의 부적응행동치료에 크게 이바지한 역사적 사실이 있다. 아동심리학자는 모성애, 애착심, 임프린팅, 모방의 심리적 기제를 과학적으로 설명하고 있다. 그 기반을 제공한 것은 오스트리아의 동물행동 과학자 Konard Lorenz(1903~1989)의 오리새끼의 본능이론이다. 그것은 심리학자가 개발한 행동이론이 아니다. 심리학의 이론을 바탕으로 경제행동을 설명한 노벨경제학상을 받은 사람도 두 사람이나 있다. Herbert Simon(1916~2001)과 Daniel Kahneman(1934~)이 바로 이들이다. Simon은 의사결정의 이론을 바탕으로 경제행동의 특성을 설명한 공로로 1978년 노벨경제학상을 받았고 Kahneman은 전망이론을 바탕으로 불확실한 상태에서 이뤄지는 경제적 행동을 설명한 공로로 2002년에 노벨경제학상을 받은 바 있다.

이와 같이 건전한 이론은 실용적 문제해결에 도움을 준다. 심리학의 이론이 경제 행동을 이해하는 데, 또 동물행동학자의 이론이 심리학의 문제를 해결하는 데 쓰여질지 누가 알았겠는가. 그것은 모두 건전한 이론의 산물이다. 정박할 항구를 정하지 못한 어부에게 만조는 아무런 도움이 되지 못한다. 우리들의 작업은 끝이 아니라 이제 시작으로 생각한다. 이 판은 작업의 일부를 마무리했을 뿐이다. 미진한 곳, 누락된 주제는 지속적으로 수정 보강할 생각이다. 이 책의 출판을 맡아준 안종만 회장님과 편집부 정순정 씨의 노고에 감사드린다.

2012. 4.

이현수

조옥귀

현명호

이장한

제 4 전정판을 내면서

임상심리학자의 교육과 훈련을 위한 과학자 — 임상가 모델은 1949년 8월 미국 콜로라도주 보울더에서 탄생하여 오늘에 이르고 있다. 그러니까 꼭 51년이 된다. 1990년대 초에 이미 미국 대학의 97%는 이 모델을 적극적으로 지지하였다. 그만큼 그 권위가 인정된 모델이다. 이제 이 모델도 변화를 외면할 수 없는 상황에 직면하고 있다. 왜냐하면 같은 기간에 우리는 물론 인접과학자들이 큰 변혁을 겪어야 했기 때문이다. 무엇보다도 건강과 질병의 개념이 달라졌다. 이에 따라 임상심리학자가 연구하고 봉사하는 대상은 물론 그에 접근하는 방법도 달라지지 않을 수 없게 되었다. 우리는 극히 제한된 특수집단과 고전적 방법을 더 이상 고집할 수 없게 되었다 .이번 판에서는 큰 변혁을 겪은 임상심리학자들이 재정비를 요하는 몇 가지 문제들을 중점적으로 수정 보완하였다.

첫째, 우리들은 질적 패러다임과 양적 패러다임 가운데 어떤 것을 취할 것인가? 어느 누구에게서도 확실한 답을 기대할 수 없는 어려운 질문이다. 그렇지만 임상심리학자들에게 그보다 더 절박한 물음은 그렇게 많지 않을 것이다. 임상심리학자는 이에 대한 명확한 해답을 얻음으로써 문제해결을 위한 가설을 세울 수도 있고 적절한 방법을 선택할 수 있다(3장).

둘째, 행동특성은 심리학의 지식을 바탕으로 한 체계에 따라 진단 분류되어야 한다. 현재 우리가 사용하는 의학의 지식을 바탕으로 한 분류 체계는 심리학의 지식을 바탕으로 한 체계로 대치되어야 한다(11장).

셋째, 성격과 지능에 대한 이해가 크게 달라질 필요가 있다. 이 두 기능은 별개가 아니다. 성격의 일부가 지능이다. 이들의 특성은 모두 뇌의 활동기능과 밀접한 관계가 있다. 정신측정학적 방법보다는 뇌의 활동을 정신생리학적 방법에 의해 측정한 IQ가 보다 의미 있고 풍부한 정보가 될 수 있다(8장). 정신역동이론이나 정신측정학적 방법으로 측정한 것보다는 뇌의 부활성 기능을 측정함으로써 보다 의미 있고 신빙성이 높은 성격에 대한 정보를 얻을 수 있다.

넷째, 부적응 행동은 역동이론보다는 심리학적 지식을 활용하면 보다 효과적으로 치료할 수 있다. 심리적 치료를 약물치료와 병행하면 그 치료효과는 놀랄 만큼 높다. 이제 심리학자가 독자적으로 약물치료를 병행하여 부적응 행동을 치료하는 새로운 시대를 우리는 맞고 있다(1장; 18장).

다섯째, 임상심리학자는 정신적 문제 혹은 부적응 행동만으로 치료 대상을 제한해서는 안 된다. 심리학의 지식은 모든 환자의 투병생활기간을 효과적으로 단축시키는 데, 또 관상성 심장병이나 암과 같은 인공성 질병과 투병한 경험이 있는 사람의 수명을 연장시키는 것은 물론 그와 같은 질병을 예빵하는 데 활용될 수 있어야 한다(14장).

위에서 모델변화에 직면한 임상심리학자들이 새롭게 이해할 필요가 있다고 판단된 몇 가지 문제를 간략하게 소개하였다. 그러나 이것이 그 전부는 아니다. 극히 일부에 지나지 않는다. 나머지 문제는 다음 판에서 다뤄질 수밖에 없다. 끝으로 제 4 전정판이 나오기까지 수고해 준 편집부 여러분의 노고에 심심한 감사의 뜻을 표하는 바이다.

2000년 1월

저 자

제 3 전정판을 내면서

20여년 전에 출판된 이 책 초판의 머리말 말미를 보면, "이 책이 우리나라에 있어서 — 특히 임상심리학 — 의 발전에 공헌할 수 있기를 바라는 마음 간절한다"는 글귀가 나온다. 이 글에서는 물론 다른 곳에서도 구체적으로 언급하지는 않았지만 이때가 바로 우리나라 임상심리학의 태동기가 아니었는가 생각된다. 불행하게도 우리에게는 볼 만한 전문서적이 하나도 없는 상태였다. 이러한 어려운 상황을 극복하는 데 다소나마 도움이 되리라는 생각으로 이 책을 세상에 내놓았던 것이다. 그것이 독자들에게 어떤 모습으로 보여졌는지는 먼 훗날에 가서 그들이 이야기할 것이다.

저자는 그 동안 소박한 바람이 이뤄지는 데 조금이라도 도움이 된다고 생각되는 일은 피한 적이 없다. 그래서 세 차례에 걸쳐 크고 작은 수정 증보의 작업을 할 수 있었다. 꽤 오래 전에는 이 책을 보고 보다 규모가 큰 수정 증보 작업의 필요성을 절감한 적이 있었다. 이것은 단순한 충동적 발상이 아니었다. 거기에는 그럴 만한 이유가 있었다.

첫째는 독자층의 어문배경이 크게 달라졌다는 점이다. 즉 주 독자층이 한문혼용 선호세대에서 한글전용 선호세대로 크게 변화하였다. 이번 제 3 전정판에서는 이 점에 큰 비중을 둔 나머지 한문혼용 표기법에서 완전히 탈피하여 순수한 우리 한글표기법을 택하였다. 그렇다고 하여 여러 계층의 독자들이 모두 만족하게 생각할 것이라고는 생각지 않는다. 사실상 그럴 성질의 것도 아니다.

둘째는 학문 자세의 점진적 변화가 가시화되고 있다는 점이다. 건강이라는 개념을 다시 해석하지 않을 수 없게 되었고, 장애의 예방기능을 외면할 수 없게 되었다. 이에 따라 연구영역을 새롭게 규정해야 될 뿐만 아니라 새로운 연구방법을 소개할 필요를 절감하게 되었다.

이번 제 3 전정판에서는 학문의 본질을 변화추세에 따라 수정 기술하였고(제 1 장), 평가기능 강화의 차원에서는 인지 기능의 평가(제 9 장) 및 성격 평가(제10장)의 장을 새로 추가하는 한편, 정신생리학적 평가(제12장), 신경학적 평가(제13장), 그리고 약과 인간의 행동(제20장)은 기존의 자료에 새로운 자료를 추가하였다. 치료기능의 차원에서는 기존의 치료에 관계되는 장만으로는 부족하기 때문에 인지행동치료(제16장)를 새로 추가하였다.

이제 우리들의 주장이 재고되어야 할 때가 된 것 같다. 대다수의 우리들은 여러 해를 두고 특정한 일자리에서 극히 한정된 집단만을 대상으로 평가하고, 치료하고, 그리고 연구해 왔다. 그러는 가운데 학문의 추세는 크게 달라졌다. 늦었지만 이 때가 바로 우리들이 늪에서 벗어나기 위해 크게 몸부림을 쳐 볼 때가 아닌가 생각된다.

만고의 진리도, 영구불변의 지식체계를 담은 과학도 아직은 존재하고 있지 않다. 과학의 패러다임이라고 해서 완벽한 것만을 담고 있지는 않다. 거기에는 변칙적인 것들도 많이 게재되어 있다. 그것이 과학자에게는 종종 눈에 띈다. 과학자들은 그것을 해결하기 위해서 여러 가지로 궁리하였다. 그래도 그 문제가 해결되지 않았기 때문에 혁명적 수단을 택하게 되었다. 이와 같은 과정을 거쳐서 발달한 것이 긴 역사를 가진 명성이 높은 과학적 지식들이다.

우리는 그 동안 많은 변칙적인 것들을 보아 왔다. 그것을 해결하려고 꾸준히 노력하는 사람도 많이 보아 왔다. 이와 같은 노력이 가까운 장래에 큼직한 열매를 맺었으면 좋겠고, 이 책이 이들에게 도움이 되었으면 좋겠다. 이것이 저자의 또 하나의 바람이다.

이 제 3 전정판이 세상에 나오기까지 많은 사람들의 도움을 받았다. 한문 혼용으로 된 기존판을 순수한글판으로 바꾸는 작업은 쉽지 않은 일이었다. 이 작업을 수행하는 과장에서 아산재단 서울중앙병원 정신과 유희정 박사가 중심이 되었던 중앙대학교 임상심리학연구회 세미나 회원들로부터 큰 도움을 받았다. 이들에게 심심한 감사의 뜻을 전하는 바이다. 끝으로 이 책의 출판을 위해 수고해 주신 박영사 편집부 여러분의 노고에 대해서 감사의 뜻을 표하는 바이다.

1994년 8월

저 자

제 2 전정판 머리말

교과서의 생명은 새롭고 충분한 지식을 빠르고 정확하게 전달하는 데 있다. 이 책의 전정판이 나온 지 다섯 해가 지나고 보니 새로 첨가해야 할 것은 물론, 이미 이전에 소개된 것 가운데 수정 보완을 요하는 것들이 너무도 많이 생겼다. 이것은 분명 방대한 작업이기 때문에 우선 시급한 것 몇 가지만 골라 손을 대기로 하였다.

첫째, 그 동안 넓어진 임상심리학의 영역을 고려하여 제 1 장에서는 행동주의 심리학적 의학까지 포함시켜 다루었다. 임상심리학의 연륜이 90을 넘어 100을 바라보니 그 본질에 변화가 없을 수 없게 되었다. 무엇보다도 전통적인 의학지식으로는 퇴치가 매우 어렵거나 불가능해진 인공성 질병이 우리의 건강을 위협하고 있다는 점이다. 인공성 질병은 복잡한 심리적 요인이 크게 지배하고 있기 때문에 심리학자를 비롯한 행동과학자의 적극적 참여 없이는 정복이 불가능하게 되었다. 이러한 추세 변천에 따라 임상심리학자는 특정한 개인을 대상으로 상담하고 치료하는 것으로부터 건강전문직업인으로 과감하게 변신하지 않을 수 없게 되었다.

둘째, 평가와 치료의 장을 부분적으로 보완하였다. 심리학자가 진단을 목적으로 신빙도와 타당도가 의심스럽거나 혹은 그것이 전혀 보장되지 않은 심리검사를 실시하고 그 결과를 역동심리학적 체계에 따라 해석하던 시대는 이미 갔다. 치료자로서의 심리학자가 치료라는 미명 아래 확실하지도 않은 환자의 문제를, 예언할 수도 없는 결과를 기대하면서 맹목적으로 시술하는 시대도 이미 역사적 유물이 되었다. 이제 심리학자는 생리적 반응을 관찰 측정하고 그것을 본인이 스스로 통제할 수 있게 도와주는 입장이 되었는데, 그것이 곧 진단을 위한 과학적 평가요 효과적 치료기법이다. 이러한 뜻에서 제10장에서는 행동주의 심리학적 평가의 본질을 보다 자세히 설명하였고, 제11장에서는 정신생리학적 반응의 기제를 보충 설명하였고, 그리고 제12장 신경심리학적 평가에서는 서방의 양적 분석자들이 관심을 두지 못했던 질적 분석방법에 대해 보완 설명하였다. 현대 치료심리학자들의 일차적 관심의 대상이 되고 있는 바이오피드백훈련의 이론과 기법을 소개하기 위해 제17장을 새로 집필하여 추가하였다. 정신치료의 비효율성을 주제로 한 논쟁의 역사는 이제 2,000년도 더 넘는다. 치료자의 역동심리학적 가정에서 시작되는 정신치료는 피치료자에게는 지루하고 괴로울 뿐이다. 왜냐하면 치료자가 자신의 어떤 문제를 어떻게 치료하고 있으며 그것이 어떻게 진행되고 있는가를 전혀 알지 못하기 때문이다. 치료자가 무엇을 치료하며 그것이 어떻게 진행되며, 내 자신에게는 어떤 역할이 주어져 있는지 알고 싶어하는 것이 환자나 내담자의 공통된 심리이다. 전자공학의 기술발달로 생체반응은 정밀하게 측정 기록이 가능하게 되었고, 심리학적 기법으로 불수의적 생리적 반응까지도 자신의 의지에 따라 능동적으로 통제할 수 있게 되면서 그것이 새로운 치료기법으로 등장하여 바이오피드백훈련이라고 불리어지게 되었다. 그러나 그것이 만병통치의 효과를 가지는 마법이 아님에는 주의할 필요가 있다.

셋째, 급속도로 발전 변화하는 임상심리학에 대한 올바른 이해를 돕고 미래의 또 다른 과제를 모색해 볼 수 있도록 하기 위해 제 2 장에서는 이 발달사를 살펴보았다. 연대순으로 큼직한 사실만을 비판 없이 소개하였다. 또 이 장에는 20여년의 역사를 가진 한국의 임상심리학을 소개하였다. 모든 독자가 기꺼이 수용할 수 있는 자료인지 스스로 다시 한번 생각해 보지 않을 수 없다.

넷째, 임상심리학이 특수한 연구방법을 모색할 필요가 있다는 판단에서 제 4 장에서는 단일사례실험연구의 기본논리와 그 기법을 보강하였다. 단일사례, N=1의 실험적 방법은 새로 탄생한 임상심리학의 연구방법이 아니라 고전적 방법론의 부흥에 불과하다. 의학, 생물학, 그리고 수학의 분야에서와 마찬가지로 심리학에서 통용되는 고전적 행동법칙은 대부분이 특정한 개인 한 사람, 혹은 단일사건에서 얻어진 자료를 기반으로 체계화된 것들이다. 불행하게도 너무나 오랫동안 심리학자들은 이른바 과학적 방법이라는 속박에 얽매여 우리의 고전적 연구방법인 단일사례실험연구방법을 외면하거나 기피하여 왔다. 결과적으로 우리는 무엇을 얻었는가? 중요한 심리적 사실은 다 놓쳐 버리고 과학적 방법을 추구하는 데에만 정력과 시간을 소모하여 왔다. 소위 과학적 방법은 참된 심리적 사실을 기술할 수도 없고 설명하지도 못한다.

많이 부족하지만 이제 독자와의 무언의 약속을 이행한 것 같아서 마음이 다소 홀가분해진 것 같다. 미진한 부분은 다음 기회에 다시 수정 보완할 생각이다. 이 판을 내는데 노력을 해주신 편집부 여러분의 노고에 심심한 감사의 뜻을 표하는 바이다.

1990년 8월

저 자

전정판 머리말

과학에 있어서의 혁명은 그 발전을 기술화시켰다. 오늘날의 과학, 천문학, 그리고 해부학이 최첨단을 걷는 과학으로까지 발전할 수 있게 된 것은 우연한 사실이 아니다. 그들은 일찍이 연금술, 점성술, 그리고 골상학의 전통에서 과감하게 벗어나 새로운 연구대상을 찾았고, 과학적 방법론을 도입하였기 때문이다.

지난 몇 해 동안 임상심리학의 영역에도 크고 작은 변혁들이 잇따라 일어났다. 무엇보다도 크게 달라진 것은 임상심리학자들의 역할이다. 초창기의 임상심리학자들은 심리검사를 실시하고 그 결과를 해석하여 진단자에게 보여주는 일이 고작이었으나 이제는 과학자, 전문직업인, 더 나아가서는 과학자—전문직업인이 되었다. 다른 한편 그들이 종사할 수 있는 기관의 수도 많아졌고, 그들이 할 수 있고 해야 할 일도 퍽 다양해졌다. 얼마 전까지만 해도 정신병원이나 종합병원의 정신과가 아니면 개인이 경영하는 진료소에서 몇 가지밖에 안되는 극히 제한된 종류의 투사적 심리검사로써 의뢰받은 환자를 검사하고 그 결과를 해석하여 진단자에게 보충자료로서 제공하는 소극적인 역할밖에 할 수 없었다. 다행히도 최근에 와서 임상심리학자의 역할은 크게 달라졌다. 즉 독자적으로 진단을 할 수 있게 되었고 행동치료라는 이름을 걸고 치료까지 할 수 있게 되었다. 이에 따라 임상심리학자들은 객관적 심리검사는 물론 정신생리적 반응을 측정하고 신경심리학적 검사를 피할 수 없게 되었다. 이것을 보면 그들의 역할변화는 물론 그들이 사용하는 심리검사도 질·양 양면으로 크게 달라졌다는 것을 어렵지 않게 알 수 있다.

프로이트(Sigmund Freud, 1856~1939)의 정신역동학으로써 이상행동의 형성 및 소거과정을 설명했던 것도 이미 역사적 사실이 되고 그 대신 파블로프(Ivan Petrovitch Pavlov, 1849~1936)와 스키너(Burrhus Fredric Skinner, 1904~1990)의 조건화 모델을 도입하였다. 정신장애를 보는 견해도 퍽 다양해졌다. 기질성을 강조하는 사람이 있는가 하면, 신경학적 증거에 초점을 맞추려고 시도하는 사람이 있고, 뇌의 생화학적 변화와 정신장애를 인과관계로 간주하려는 사람이 있다. 최근에 와서는 사회심리학적 요인을 들어 정신장애를 설명하려고 시도하는 사람까지 나오게 되었다. 얼마 전까지만 해도 상상이 쉽지 않았던 사실들이다. 이와 같은 사실들은 임상심리학의 영역에서는 크고 작은 변혁임에는 틀림없고 앞으로도 계속될 것은 분명한 사실이다. 우리는 이에 대처해 나가기 위해서는 미리 힘을 축적해야 한다. 여기서 말하는 힘이란 곧 전문적 지식과 기술을 의미한다. 이것이 없이는 과학자 직업전문인으로서의 임상심리학자는 삶을 위한 경쟁에서 살아남을 수 없게 될 것이다.

옛 그리스의 수학자였으며 물리학자였던 아르키메데스(Archimedes, 287~212 B.C.)가 많은 사람들로부터 존경을 받을 수 있었던 것은 그가 과학적 지혜로써 로마에 대항할 수 있었기 때문이었으며, 이탈리아의 예술가였으며 공학자였던 레오나르도 다빈치(Leonardo da Vinci, 1452~1519)가 밀라노의 성주로부터 일을 맡아 달라는 간청을 받을 수 있었던 것도 그가 성곽구축에 대해 남다른 뛰어난 기술이 있었기 때문이었다. 역시 이탈리아의 물리학자였으며 천문학자였던 갈릴레오 갈릴레이(Galileo Galilei, 1564~1642)가 투스카니 왕의 부름을 받아 일하게 된 것도 그가 대포탄도를 정확하게 계산할 수 있는 특별한 기술을 가졌기 때문이었다.

미국 서부의 급진적인 개척사업은 스코틀랜드의 발명가 제임스 와트(James Watt, 1736~1819)에 힘입은 바가 컸다. 그가 발명한 증기기관차가 모체가 되어 철도가 발달하였기 때문이었다. 증기기관차가 발명되지 않았거나 많이 늦었다면 서부개척의 역사는 크게 달랐을 것이다. 16세기의 과학혁명도 예외는 아니었다. 이는 1543년에 발표된 두 과학자의 업적이 큰 힘을 입었다 .즉 폴란드의 천문학자 코페르니쿠스(Nicholas Copernicus, 1473~1543)는 「천체회전」에 대한 저서를, 그리고 한때 이탈리아에서 산 적이 있었고 근대 해부학의 창시자인 벨기에의 의사 베살리우스(Andreas Vesalius, 1514~1564)는 「인체구조」에 대한 저서를 냈는데, 이것들이 각각 물리학과 생명과학의 발전에 혁명적 공헌을 했고 더 나아가서는 과학혁명의 촉진제가 되었다.

임상심리학자는 인간행동—특히 특정한 개인의 행동—본질을 생각할 수 있고, 직시할 수 있고, 그리고 통찰할 수 있어야 한다. 그럼으로써 행동을 기술할 수 있고, 그 규칙성을 발견할 수 있고, 더 나아가서는 그에 대해 이론과 법칙을 체계화시킬 수가 있다. 이것이 곧 인간행동 이해를 위한 기초적인 과학의 방법론이며 예지임에 틀림없다. 그러나 그것이 자칫 잘못 이해되면, 다시 말하자면 과학의 방법론에 지나친 충성을 바치다가 보면 인간의 참모습을 이해 못하고 넘겨 버릴 우려가 있다. 인간의 본질은 모두가 과학적 방법론만으로는 이해되고 설명될 성질의 것이 아니다. 개인 특유의 행동법칙이 아니고는 이해되고 설명될 수 없는 부분이 상당히 많이 있다. 이것이 논리적 법칙으로는 설명되지 못하는 부분이다. 그래서 독일 태생인 미국의 물리학자 아인슈타인(Albert Einstein, 1879~1955)도, 영국의 철학자이며, 수학자이며, 그리고 평화운동가였던 러셀(Bertrand Russell, 1872~1970)도 인간행동은 물리현상보다 이해하기가 어렵다고 말한 것도 그러한 연유라고 생각된다.

이 어려운 인간행동의 문제를 해결하는 데 관심을 가진 사람들을 위해 저자가 꼭 10년 전인 1973년 2월에 초판을 처음으로 이 세상에 내놓았고 4년 후인 1977년 12월에는 개정판을 낸 바가 있다. 말이 개정판이었지 초판과 크게 다른 바가 없었고 장 몇 개를 수정 보완한 것에 불과했다. 그 후로도 임상심리학의 영역은 다른 영역에 비해 더 많은 변화가 있었고 지금도 계속되고 있다. 이것들을 한데 묶어 본 것이 이 전정판이다. 그러나 모든 자료를 총 망라한 것은 물론 아니고 입수한 것들을 초판의 정신에 따라 정리한 것에 불과하다. 입수하지 못한 자료의 보완과 미흡한 것에 대한 수정은 다음 판으로 넘길 수밖에 없다. 끝으로 전정판을 내주신 안원옥 회장님께 감사드리고 이 책이 나올 때까지 수고해 주신 여러분의 노고에 진심으로 감사드린다.

1984년 4월

저 자

개정판을 내면서

4년 전 이 책을 처음으로 선보이고 나서 시작된 불만의 소산이 이 개정판이라고 보겠다. 초판을 내고 보니 마음에 들지 않은 곳이 몇 군데가 있었다. 무엇보다도 이 책이 전문참고서로서는 너무 빈약하고, 교과서로서는 좀 어울리지 않았다는 점이다. 그 이유는 너무 생소한 주제들을 다루는 데 기술이 부족했기 때문이다.

이 개정판에서는 이와 같은 점을 염두해 두고 과감하게 손질하면서 다음과 같은 점을 수정 보강하였다.

첫째, 13장에는 단일사례연구에 필요한 통계적 방법을 보강하였다.

둘째, 16장에는 정신장애의 진단 및 분류의 기준을 미국정신의학회에서 발행한 진단 및 통계요강 2판에 두었다.

셋째, 4장에서는 임상에 있어서 면접의 비중을 감안하여 최초면접에 대하여 언급하였다.

넷째, 우리나라에서는 심리검사도구가 그리 많지 않기 때문에 오래 전부터 쓰여 오는 투사적 검사를 두 가지로 분류하고 그 장을 달리하여 좀 자세하게 다루었다.

끝으로 이 책이 임상심리학을 보다 깊이 알고자 하는 분들에게 이론적으로나 기술적으로 크게 도움이 되어 주기를 바라는 마음 간절하다.

1977년 12월

저 자

머 리 말

정상이건 이상이건 인간의 행동을 이해하고 뜻하는 방향으로 통제하기란 쉬운 일은 아니다. 이 책은 이에 관심이 있는 사람들을 위해서 썼다.

장차 임상심리학을 자기의 전문직으로 택할 심리학도에게는 개설서로서 그에 필요한 일반적 지식을 올바르게 또 체계적으로 습득하는 데 도움이 되도록, 또 임상에 종사하고 있는 기성전문가들에게는 당면하는 문제를 해결하고 더 깊이 연구하는 데 필요로 하는 이론과 기술방법을 제공하는 요강이 될 수 있도록 썼다.

특히 행동을 이해하고 뜻하는 방향으로 통제하는 데는 일련의 지식과 기술방법이 필요하다. 일반심리학은 말할 것도 없고 이상심리학, 성격이론, 측정, 검사이론 등이 바로 이것이다.

그렇지만 이에 대하여 단일한 이론의 체계는 아직 확립되어 있지 못하기 때문에 여러 가지로 어려운 점이 많다. 그러므로 이 책에서는 학습이론을 기초로 하였다는 점을 명백히 해두는 것이 독자로 하여금 혼란을 피하는 길이 될 것 같다.

끝으로 이 책이 우리나라에 있어서 심리학—특히 임상심리학—의 발전에 공헌할 수 있기를 바라는 마음 간절하다.

1973년 1월

저 자

차　　례

제1부 서　　론

제 1 장　임상심리학의 본질

제 2 장　임상심리학의 발달

제 3 장 임상심리학의 연구방법

제2부 평 가

제4장 평가면접

제 5 장 지능평가

제 6 장 성격평가

제 7 장 행동주의 심리학적 평가

제 8 장 정신장애의 진단

제 3 부 치 료

제 9 장 심리치료의 개관

제10장 행동치료

제11장 인지행동치료

제 4 부 전문영역

제12장 건강심리학

第13장 임상신경심리학

제15장 임상심리학의 제문제

제 1 장

임상심리학의 본질

제 1 장
임상심리학의 본질

임상심리학의 본질

심리학이 행동을 연구하는 과학이라면 임상심리학은 특정한 개인, 보다 구체적으로 말한다면 정서장애나 행동장애 때문에 혹은 특정한 이유 없이 사회생활이 어렵거나 불편을 느끼는 사람을 대상으로 하는 과학이며 전문직업인에게 필요한 지식을 제공하는 기초과학이다. 그러므로 임상심리학자에게는 행동장애자의 원인을 진단하고 그것을 치료해서 그로 하여금 효율적인 사회생활을 할 수 있도록 도와 주고, 조언하고, 그리고 봉사하는 기능이 주어져 있다.

임상심리학 및 임상심리학자의 기능에 대한 정의는 매우 다양하다. 즉 임상심리학은 심리학적 지식을 바탕으로 보다 나은 사회적응을 위해 도움을 필요로하는 사람에게 지식과 기술을 증대시켜주는 전문분야이다(Korchin., 1976). 임상심리학은 개인의 특성을 이해하고 그가 어려움을 효과적으로 해결하는데 필요한 심리학적 원리를 학습시켜 주는 임무를 수행하는 전문영역이다(Lazarus, 1973). 임상심리학자는 내담자 혹은 환자에 대한 보다 과학적인 진단, 치료, 그리고 조언을 위해 그의 행동특정을 관찰하고 측정하여 그것을 체계적으로 분석한다. 이를 위해 의사의 신체검사 소견과 사회사업가의 사회조사 결과도 참고한다. 또한 그의 선천적 능력, 학교성적, 그리고 작성에 대한 정보를 얻기 위해 여러 가지 심리검사를 실시하여 그 결과를 진단과 치료를 위해 널리 활용한다. 평가자료에서 심신기능의 이상증후가 발견될 때에는 인접전문가인 정신과 의사와 신경과 의사나 공동으로 그에 대한 치료와 연구를 수행한다.

과학으로서의 임상심리학의 본질은 물론 임상심리학자의 업무는 과학과 사회의 변천에 따라 크게 달라지고 있다. 초창기 임상심리학자의 기능은 그 범위가 극히 제한되어 있었다. 즉 그들은 학교, 소년원, 그리고 사회사업기관에서 도움을 요청할 때 그들을 면담하고 상담하고, 진단하고, 그리고 치료하였다. 그들 대부분은 심한 정서장애자나 행동장애자인 것으로 특별한 보호와 치료를 필요로 하였다. 그들은 분명 심리학자였지만 내담자의 신체적-신경기능의 결함과 그에 따른 지적 능력의 결함을 찾아 지도하는 데 1차적 관심을 두었다.

한때, 전시 임상심리학자의 주업무는 병사들의 정신적 문제, 특히 불안이나 심리적 갈등을 진단하기 위한 심리검사를 실시하는 것으로 제한되었다. 2차대전 중에는 임상심리학자들은 전후방에서 근무하는 병사들의 정서적 문제를 치료하여 전투업무에 복귀시키는 데 공헌하였다. 그들을 이론적으로 뒷받침해 준 것은 정신역동적 이론이었다. 심리학자들은 주로 불안과 갈등에서 오는 심리적 장애자를 정신역동적 이론에 따라 진단하고 치료하는 데 크게 공헌했다는 사실은 어느 누구도 부인하지 않았다. 그러나 그들의 도움을 받은 사람은 전체인구의 10~15%에 지나지 않았다. 이론의 타당성이나 치료효과는 별문제로 한다 해도 전문가의 도움을 받을 수 있는 대상이 극히 제한되었다는 점은 초기 임상심리학의 약점으로 지적되지 않을 수 없었다.

임상심리학은 어떤 과학이며 임상심리학자들은 누구를 대상으로 어떤 봉사를 해왔는지를 살펴보았다. 임상심리학자가 어떤 기관에서 무슨 일을 어떻게 수행하고 있는지 보다 구체적으로 살펴보기로 하겠다. 미국의 자료를 보면 의료기관에 종사하는 임상심리학자의 수는 급진적으로 증가하고 있는 추세이다. 미국 심리학회의 전체 회원 가운데 12분과학회인 임상심리분과학회에 가입된 회원수는 미국 심리학회를 구성하는 분과학회 가운데 규모가 가장 크다. 임상심리분과학회와 같이 큰 규모를 가진 분과학회는 없다. 분과학회원의 수로 보아 비교적 규모가 큰 것이 29분과인 심리치료분과학회와 42분과인 개인진료소분과학회이다. 세계 여러 심리학회에서 임상심리학회에 가입되어 있는 수는 다른 분야에 관심을 가진 사람에 비해 월등하게 많은 것이 특징이다. 영국 심리학회의 경우도 임상심리분과학회 소속회원이 절대 우위를 차지하고 있다. 우리나라의 사정도 예외는 아니다. 심리학회 회원 가운데 임상심리학회의 회원이 가장 많고 역사도 가장 길다. 이는 미국의 회원수와 비교할 수는 없으나 회원의 규모로 보아 가장 많은 회원을 가진 분과학회라는 점에서는 공통되는 특징이다.

임상심리학은 2차대전을 계기로 그 본질은 물론 그 영역이 크게 확대된 심리학의 한 전문영역이다. 그 영역이 넓어지면서 그에 대한 정의도 어려워지고 있다. 독자의 편의를 위해 문화적 배경이 다른 전문학회에서 사용하고 있는 임상심리학에 대한 정의를 소개하기로 한다.

> 과학, 이론, 실습에서 얻은 지식을 통합한 지식을 바탕으로 인간의 부적응행동・불구・불안 등을 교정하는 과학이다. 또 인간의 순응과 적응을 촉진시키고 개인발달을 촉진시키는 과학이다. 또 임상심리학은 발달, 생애, 문화적 수준, 그리고 사회경제적 수준이 다른 사람들의 지적, 정서적, 생물학적, 심리학, 사회적 특성을 이해하는 데 역점을 둔다(미국 임상심리학회).
>
> 개인의 심리적 이론과 자료에서 얻은 지식을 체계적으로 활용하여 심리적 불쾌감을 경감시키고 심리적 웰빙을 신장시키는 과학이다(영국 임상심리학회).
>
> 심리학의 이론을 바탕으로 진료와 연구를 병행하는 매우 광범위한 과학이다. 이는 평가와 예방을 통해 심리적 불쾌감, 불구, 기능장애행동을 경감시키고 심리적 신체적 웰빙을 향상시키기 위해 심리학적 지식을 활용하는 과학이다(캐나다 심리학회).
>
> 심리학은 행동과학으로 이는 개인의 정서, 사고, 성격, 숙련기술, 학습, 동기, 자각, 감각 기능의 특성을 연구한다. 여기에서는 개인은 물론 가족과 집단을 대상으로 한다(뉴질랜드 임상심리학자양성기관).
>
> 임상심리학은 변화를 추구하는 사람과 집단의 특성을 심리학적으로 이해한다. 그들의 고통을 경감시키고 목적 달성에 필요한 도움을 제공한다. 임상심리학은 심리학의 이론과 현장 경험에서 얻은 지식을 바탕으로 개인의 심리적 고통을 경감 치료하고 그들의 심신 건강증진에 역점을 두는 과학이다(한국 심리학회·임상심리학회).

앞에서 살펴본 바와 같이 문화는 다르나 임상심리학에 대한 정의에서 강조하는 점에는 큰 차이가 없다. 한국을 비롯한 미국, 영국, 캐나다, 뉴질랜드의 임상심리학은 과학적으로 입증된 지식에 큰 비중을 두고 임상심리학을 정의하고 있다. 이와 같이 임상심리학은 과학적 지식을 기초로 한 전문 과학이며 직업이다. 보다 효율적인 평가 기술로 환자를 평가하고, 풍부한 치료 경험을 바탕으로 환자의 정서적 불쾌감을 효과적으로 치료한다. 이들의 임상적 활동은 웰빙에 대한 기초연구에서 얻은 지식을 바탕으로 하고 있다. 현장에 종사하는 심리학자는 과학적으로 신빙성과 타당성이 입증된 평가 척도를 사용해서 보다 정확한 진단을 한다. 임상심리학은 건강이 보장된 정상인도 연구대상으로 포함시킨다.

과거 수십년간 임상심리학의 본질과 정의는 크게 변화되었고 그 범위도 확대되고 새로운 아이디어가 창출되기도 하였다. 초장기의 임상심리학자와는 달리 현대 임상심리학자는 기계적인 평가나 진단에만 매달리지 않는다. 현대 임상심리학자는 중재를 위한 여러 가지 책략을 개발하여 현장에서 효과적으로 활용하고 있다. 그들의 대상도 이상인이나 환자는 물론 갈등을 겪은 부부에게도 임상심리학자는 도움을 주고 있다. 임상심리학적 진료에서는 개인의 건강증진을 위해 필요한 과학적 자료를 수집하고 거기에서 새로운 지식을 얻고 있다. 현대 임상심리학은 내용이 크게 달라졌고 그 범위도 크게 확대되었다. 지금도 임상심리학은 개인, 가족, 특정집단에게 적용가능한 치료와 예방에도 큰 관심을 갖는다. 임상심리학적 진료에서는 간접적인 봉사에도 큰 관심을 갖는다. 여기에는 정신장애를 경험하지 않은 사람들에 대한 컨설팅, 연구, 프로그램 개발 프로그램 평가로서 다른 정신건강 전문가에 대한 슈퍼비전, 건강·봉사에 대한 행정 등이 포함되어 있다.

심리학의 분야는 날로 크게 다양화되고 있고 그것을 뒷받침하는 많은 지식이 개발, 축적되고 있다. 이와 같은 임상심리학의 발전은 전통적으로 강조해 온 평가와 치료의 업무에 만족하지 않는다. 그들은 정신약물학적 지식을 바탕으로 정신병을 치료하고 정신건강문제에 보다 많은 관심을 가지고 있다. 다른 한편 정신적 위협을 느끼는 개인을 보호하기 위한 국제적인 예방프로그램 개발에 관심을 갖는 임상심리학자는 계속적으로 늘어나고 있다. 임상심리학의 본질은 지속적으로 변화하고 있다. 새로운 운동이 전개되면 그에 대한 정의도 새롭게 바뀌어지고 있다.

임상심리학자가 종사하는 주요 기관과 그들의 전문적 직업활동

임상심리학자가 종사하는 주요 기관

전문 교육을 마치고 임상심리학자의 자격을 취득한 사람을 임상심리학자라고 부른다. 그들은 다양한 기관에서, 전문적 활동에 종사하고 있다. 초창기 임상심리학자의 관심은 학습부진아, 독서능력에 결함이 있는 아이들의 교육문제에 있었다. 사회적 환경의 변화에 따라 임상심리학자의 도움을 필요로 하는 기관이 크게 늘어났다. 물론 사회-문화적 환경의 특성에 따라 운영되고 있는 기관이 다르다. 앞으로 새롭게 생길 기관도 기능이 다를 수밖에 없다. 우선 선진국의 임상심리학자들이 종사하는 전문기관부터 살펴보자.

지역사회정신건강센터는 지역주민의 정신건강을 위해 설립된 기관이다. 미국의 지역사회정신건강센터는 1963년에 설립되었으며 연령, 인종 및 사회경제적 수준을 초월하여 정신건강을 위해 필요한 모든 도움을 제공하고 있다. 지역사회정신건강센터에서는 연방정부로부터 경제적 도움을 받아 지역주민을 위해 환자가 입원치료를 필요로 할 때에는 입원시켜 치료한다. 외래환자에 대한 치료, 응급환자에 대한 24시간 봉사, 지역사회교육, 아동 및 노령자에 대한 특별치료, 그리고 알코올중독자 및 약물중독자에 대한 치료를 겸하고 있다. 이 기관에 종사하는 임상심리학자에게는 치료자로서, 평가자로서, 교사로서, 감독자로서, 그리고 연구자로서의 역할이 주어져 있다.

환자가 24시간 계속 치료를 요할 때에는 입원시켜 치료한다. 환자는 병원에서 개별치료는 물론 집단치료, 작업치료, 및 전문교육도 받게 되며, 필요에 따라서는 의사의 치료도 받을 수 있다. 이와는 달리 환자 자신이 주어진 환경에서 독자적 생활이 가능할 때에는 외래환자로서 치료를 받는다. 환자들 가운데는 야간에만 치료기관에서 돌보아 줄 필요가 있는 경우가 있다. 이들은 야간진료소에서 치료를 받는다. 이와 같은 치료계획은 환자 자신이 가족을 부양하고 취업할 의무가 있는 사람에게는 큰 도움이 된다.

갑작스럽게 정서적 문제가 생긴다든지, 자살을 기도한다든지, 혹은 약물을 남용했을 때에는 응급처치를 받기도 한다. 이를 위해 카운슬러가 24시간 전화문의에 응하기도 하고, 직접 가정을 방문하기도 하며, 그리고 필요에 따라서는 인접 정신건강센터에 치료를 의뢰하기도 한다. 카운슬러의 도움을 받은 내담자는 불안에서 해방되어 자기의 문제를 스스로 해결할 수 있게 된다. 임상심리학자는 지역사회 전체를 대상으로 하지만 그에 속한 개인을 대상으로 일을 하기도 한다. 이를 위해 지방학교에 근무하는 교사 및 심리학자를 만나 보기도 한다. 또 임상심리학자는 산업기관이나 노동조합 및 교정기관에 종사하는 사람을 만나 보기도 하고 목사와 같은 성직자를 만나 보기도 하고, 그리고 의료기관과 정부기관을 방문하기도 한다.

지역사회정신건강센터에서는 부모와 떨어진 아이들을 돌보기도 하지만 중년기를 넘긴 성인들을 위해 봉사도 한다. 특히 나이가 많아짐에 따라서 급증하는 죽음, 소외감 및 은퇴 등에서 오는 심리적 문제를 효과적으로 극복해 나갈 수 있게 도와준다. 건강센터에 찾아오는 사람들 가운데는 뚜렷한 삶의 목적이 없는 사람들도 있다. 이들에게는 그가 당면하고 있는 문제는 무엇이며, 어떤 형태의 교육과 치료가 필요한가를 알게 해 줄 필요가 있다.

건강센터에서 치료를 받고 난 사람의 대부분은 자립해서 생활에 나가는데 어려움을 느낀다. 그러므로 임상심리학자는 이들이 곧 사회적응을 잘 해 나갈 수 있게 개별적인 도움을 줄 필요가 있다. 이러한 처지에 있는 사람들에게는 한 통의 전화를 걸어 주는 것만도 큰 도움이 된다. 또 이미 건강센터의 도움을 받은 사람들 가운데 다시 도움을 필요로 하는가를 검토하는 것도 중요한 일이 아닐 수가 없다. 정신병원에 장기간 입원하고 있는 사람, 또 과거에 입원한 적이 있었던 사람들은 자기가 속하고 있는 지역사회와 유대를 단절할 우려가 있기 때문에, 그러한 사람들을 위해서는 적절한 생활환경을 조절해 줄 필요가 있다.

알코올중독을 예방하고 치료하기 위한 교육을 시킬 의무는 건강센터에 있다. 그뿐만이 아니라 헤로인, 암페타민, 혹은 바비튜레이트 중독자를 평가하고, 치료하고, 또 그것을 예방하는 일을 한다. 이와 같이 지역사회정신건강센터에서는 모든 지역주민의 필요에 따라 여러 가지 서로 다른 광범위한 일을 맡아서 하고 있다. 그 외에도 정신건강센터에서는 그들이 하고 있는 일에 대한 효과, 그에 종사하고 있는 요원들의 사기, 그리고 건강봉사의 업무와 관계되는 연구계획에 대하여 철저히 평가하고 있는데, 이러한 일을 수행하는 데 있어서 임상심리학자들이 차지하는 비중은 매우 크다.

모든 정신은 정신병원에서 다 치료할 수 있다고 의사들이 호언장담한 적이 있다. 1900년에서 1940년대까지만 해도 모든 정신병 환자는 사회로부터 멀리 격리되었다. 도심지에서 벗어난 변두리에서 오는 환자들은 경제적 능력이 부족할 뿐 아니라 인종차별 때문에 병원에 입원하기가 무척 어려웠다. 그렇기 때문에 커다란 건물 안에 그냥 수용되는 정도였다. 그 안에는 100여 명을 수용할 수 있는 커다란 방이 있고 발작이 심한 환자를 위해서 마련된 독방이 있고, 약물을 보관하는 방이 있고, 그리고 간호사를 위해 마련된 방이 있었다. 그 외에도 샤워실과 세탁실이 있었고, 부엌이 마련되어 있었다. 방 안의 분위기는 안정감이 없고, 떠들썩하고, 실내조명이 불량하고, 의존하고 싶은 곳이 없고, 그리고 매우 비인간적이었다.

이러한 병원의 분위기는 오랫동안 지속되었고, 환자에게는 아무런 도움을 주지 못했다. 그렇지만 이는 정신병원과 건강센터가 생기기 전까지 자립생활이 불가능한 환자를 수용하고 치료했던 유일한 기관이었다. 임상심리학자들은 정신병원에서 개별치료나 혹은 집단치료를 실시하고 있다. 그뿐만이 아니라 입원환자나 외래환자가 새로운 사회적응에 필요한 기술을 습득시키기 위한 교육계획을 세우고 그것을 실천하는 일도 한다. 임상심리학자는 심리검사의 결과를 바탕으로 하여 정신병원에 종사하는 다른 동료들에게 도움이 될 만한 정보를 주고, 그들이 하는 일에 적극적으로 참여하기도 한다. 그 외에도 같은 병원에서 일하는 서로 다른 전문가들이 서로 성장하며, 협동할 수 있는 교육훈련을 담당하기도 한다.

개인심리진료소를 운영하는 임상심리학자의 수는 증가 추세에 있다. 단독으로 경영하기도 하고 몇 사람이 모여서 경영하기도 한다. 이들은 진료시간, 수수료 혹은 치료비를 자기가 스스로 결정한다. 어떤 형태의 내담자를 전문적으로 치료하며, 어떤 치료를 할 것인가도 스스로 결정해야 하며, 진료소를 운영해 나가는 데 필요한 사무 같은 것도 스스로 처리해 나가야 한다. 이러한 진료소를 개설 운영하는 임상심리학자는 치료자로서의 자질을 갖추기 위해 훈련과 교육은 말할 것도 없고 다양한 내담자에 대한 치료경험을 쌓아야 한다. 지능이나 성격의 특징은 물론 뇌기능을 검사할 수 있는 자질도 가져야 한다.

심리진료소를 개설 운영할 수 있는 것은 임상심리학자만이 아니다. 정신과 의사에게도 얼마든지 기회가 주어졌다. 그러나 두 사람들이 실제 하는 일을 비교해 보면 큰 차이가 있다. 심리학자들은 정신과 의사에 비해서 대학교육을 받은 사람과 유색인종을 보다 선호하는 경향이 있다. 정신과 의사는 약물치료에, 심리학자는 심리적 평가에 큰 비중을 두고 있으나 정신치료에 대한 관심은 비슷하다(Webb, 1980). 심리학자들은 정신의학의 영역에서와 같이 가족치료에 대한 관심도 크다. 이는 곧 정신장애의 예방에 역점을 두고 있다는 것을 의미한다고 해석할 수 있겠다.

종합병원에서 근무하는 임상심리학자는 치료자로서, 평가자로서, 의료진 및 그에 속하는 피교육자에 대한 교수자로서, 그리고 의학적 치료과정에서 생기는 심리학적 문제에 대한 자문으로서 일을 한다. 종합병원은 의사가 중심이 되어 운영되는 것으로 생각되어 왔다. 그러므로 신체적 건강만이 크게 중시되고, 성격이나 적응의 문제 같은 것은 거의 도외시되었다. 그러나 의사들은 신체적 질병을 가진 환자에 대한 심리학적 평가의 필요성을 느낀 나머지 임상심리학자와 공동으로 연구하게 되었다. 종합병원에 속해 있는 임상심리학자들은 주로 암과 같은 신체적 질병에 관련이 있는 심리적 요인은 무엇인가, 신체적 질병을 심리적으로 어떻게 극복할 것인가, 건강관리를 위한 대중계몽 및 교육은 어떻게 할 것인가, 흡연, 질병 및 비만증을 심리적으로 어떻게 치료하고 극복하게 할 것인가에 관심을 가지게 되었다(Matarazzo, 1980).

이제 임상심리학자가 신경정신과와 같은 특정한 진료부서에 소속되어 피동적으로 활동하는 시대는 지났다. 내과, 정형외과, 신경과, 그리고 소아과와 같은 전문직에 종사하는 사람들과 학문적 유대관계를 맺어 보다 능동적으로 활동해야 할 때가 왔다. 오래 전부터 규모가 큰 종합병원에는 행동주의 심리학적 심장과가 생겨 심리학자를 진료요원으로 채용하고 있다. 중년기 환자의 40% 이상이 관상동맥성 심장병으로 진단되고 있으며, 그 원인은 혈압, 혈청콜레스테롤 및 흡연에서 찾을 수 있다. 이 외에 A-형 행동이 심장병과 밀접한 관계가 있다는 사실이 밝혀지면서 심장병 전문의는 심리학자와의 공동연구의 필요성을 절감하고 있다.

지체 아동 및 청소년 진료센터는 문제를 안고 있는 아동과 청소년들을 교정하고 치료하는 기관이 있다. 임상심리학자들이 이러한 진료기관과 인연을 맺은 역사는 결코 짧지 않다. 빈랜드 훈련소는 1900년대 초반기에서부터 유명한 임상심리학자들에 의해서 운영되었다. 처음으로 이에 관여하기 시작한 사람은 1908년 스탠포드-비네 지능검사를 미국으로 도입한 Henry Goddard (1866~1957)이다. 후임자는 포터스미로검사를 개발한 Stanley Porteus(1883~1972)였다. 그가 개발한 이 검사는 지금도 임상장면에서 널리 사용되고 있다. E.A. Doll은 그 뒤를 이어 1925년에서부터 1940년까지 이 훈련소를 운영하였다. 그는 초기의 사회적 적응능력을 측정하는 빈랜드 사회성숙도척도를 개발하는데 성공했다. 이 척도도 역시 지금 임상장면에서 많이 쓰여지고 있다.

비행소년을 위한 교정센터에서도 임상심리학자가 활동하고 있다. 이 센터는 교도소와 같은 분위기를 풍기는 원시적인 것에서부터 가정과 같은 기풍을 풍기는 것까지 여러 가지의 형태가 있다. 임상심리학자는 여기에 수감되어 있는 청소년들에게 특수한 학습훈련과 사회적응을 위한 기술을 가르치며, 가정에서 느끼는 것과 같은 정서적 도움을 주고 있다. 개인을 상담하고 그의 능력을 평가함으로써 개인의 사회적 복귀를 촉진시키는 것도 중요하지만 전체의 분위기를 교화시키고 교육시키는 것도 매우 의미가 있다. 그들로 하여금 올바른 행동을 할 수 있게 하기 위해서는 가정 교육프로그램 같은 것이 필요하다.

임싱심리학자는 대학에서 심리학을 교수하며 연구에 참여한다. 임상심리학자 가운데에는 사회적 문제와 개인의 복지문제에 큰 관심을 가지는 사람도 있다. 대학에서 교수와 연구에 종사하는 임상심리학자들은 학생을 상담하고 적응문제에 대하여 도움을 줄 책임을 진다. 대부분의 경우 상담소의 책임자가 되는 경우가 많다. 중고등학교에서 활동하는 임상심리학자도 있다. 특히 문제학생에 대한 교육 및 그들의 행동수정에 책임을 지게 된다. 교수장면에서 일어나는 문제에 대한 심리학적 이해를 위해서 임상심리학자들이 해야 할 일은 퍽 많다. 학습장애자의 근본원인을 파악해서 교정을 위한 교육계획을 수립해야 한다. 그러기 위해서는 직접 교육을 담당하는 교사에게 효과적으로 학습시키는 방법을 교육시켜야 한다.

임상심리학자가 교도소와 같은 교정기관에서 일한 역사는 별로 길지 못하다. 임상심리학자는 교도관이나 그에 종사하는 행정가들이 수감자들에게 보다 인간적으로 대할 수 있는 교도계획을 개발하였다. 1970년대 중반기에 교도소는 단순한 수감제도에서 작업방면제도로 전환하였다. 수용자들은 작업을 통해서 기술을 익힐 수 있고 교도소에서 출소되는 기회를 앞당길 수 있다. 수감자에 따라서는 자기가 속해 있는 지역사회에 돌아가서 생활하며 일할 수 있다. 전통적 교도소는 신체적 구속이 심하였다. 엄격한 규율을 적용하여 수감자의 생활을 최대한 구속하고, 최대한의 순종을 강요하였다. 이와는 달리 현대식 교도소에서는 수용자들의 자유를 최대한 보장한다. 이와 같은 새로운 교정방법은 반드시 수감자에게 도움을 주는 것이 아니다. 경우에 따라서는 수감자의 사회적 기술습득에 방해가 되는 경우도 있다(Pallone, & Hennessy, 1980).

법원에서 근무하는 임상심리학자는 정신과 의사와 마찬가지로 법관이 판정을 내리는 데 도움을 주는 증인의 역할을 한다. 즉 피고인이 범법행위 당시 법률적 의미에서 정신장애자였는지, 피고인이 재판을 받을 수 있는 정신적 능력이 있는지, 혹은 피고인이 범법행위를 또 범할 가능성이 있는지 등을 결정하는 과정에서 필요로 하는 자료를 법관에게 제공한다. 임상심리학자는 피의자의 행동이 합법인가 혹은 위법인가를 심리학적으로 평가하고 그 자료를 법관에게 제공한다. 법관은 최후의 판결과정에서 그것을 참작한다. 원래 법관의 최종적 판결은 옳다 혹은 그르다는 식으로 결정지어질 성질의 것이 아니다. 최종판결을 위해서는 임상심리학자의 심리학적 평가자료를 적절하게 활용할 필요가 있다. 이와 같은 상황에서 임상심리학자와 법관의 상호협조에 대한 필요성은 날로 증가되어 가고 있다(Bersoff, 1980).

정부기관의 공무원으로서 근로 및 산업문제에 직접 관여하는 임상심리학자가 있다. 이들은 조직심리학의 지식을 바탕으로 과학적 인선 업무를 담당하고 근로 의욕을 향상시키고 대인관계에서 오는 갈등해소에 직·간접적으로 관여한다. 또 평가, 조직개발, 관리기술, 훈련교육 및 조직체의 기능을 활성화하는 데에 크게 기여를 하고 있다. 이들은 임상심리학적 지식 못지않게 산업심리학과 조직심리학에 대한 지식을 가지지 않으면 안 된다.

위에서 임상심리학자들이 종사하는 전문기관과 그 기관이 가지는 특성을 간략하게 살펴보았다. 한때 전통적 임상심리학은 정서적 장애를 진단하고 치료하는 한편 그들을 대상으로 연구하는 학문으로 인식되었다. 이제 상황은 크게 달라졌다. 임상심리학자는 지역사회정신건강센터, 구호병원, 일반종합병원의 정신신경과, 정신병원, 심리치료소, 아동상담소에서 연구하고, 상담하고 그리고 치료하는 전문가로 활동하고 있다. 이와 같이 임상심리학의 본질이 달라지고 임상심리학자의 기능이 다양화되면서 임상심리학자가 종사하는 기관도 다양해지고 그들의 전문적 활동무대가 보다 넓어지는 것이 시대조류이다.

우선 임상심리학자는 종합병원의 정신신경과에만 예속될 수 없게 되었다. 그것보다는 독립된 진료부서에서 보다 독자적으로 연구하고 치료하게 되었다. 종합병원에는 여러 가지 질병을 호소하는 환자가 많이 있다. 그 가운데에는 현대의학의 지식만으로는 환자에게 만족감을 줄 수 없는 질병도 있고, 또 현대의학의 지식만으로는 다스릴 수 없는 장애도 많이 있다. 이러한 상황에서 생겨난 몇 가지 진료기관이 있다. 심장내과에 있는 행동주의 심리학적 심장학과, 동통진료소 등이 바로 이에 속한다.

주요 사망원인으로 작용하는 인공성 질병을 유발하는 흡연과 음주습관은 현대의학으로는 조정이 불가능하거나 매우 어렵다. 이들의 질병을 치료하기 위해서는 그들의 생활습관에 변화를 가져오는 것이 무엇보다도 중요하다. 이를 위해서 심리학자들이 중심이 되는 어떤 형태의 진료소가 필요하다. 여기에서는 의학의 지식보다는 심리학의 지식이 더 절실하게 요구된다. 이와 같은 사정은 다른 질병에서도 얼마든지 찾아볼 수 있다. 비만증의 치료를 위해서는 식생활을 개선하고 생활스트레스를 효과적으로 극복해야 한다. 이러한 경우 어떤 병원의 어떤 전문 의사를 찾아가야 하는가. 병원보다는 이들의 문제를 전문적으로 치료하는 진료소를 찾아가야 한다. 이렇게 보면 임상심리학자들이 종사하게 되는 전문기관은 위에 소개한 장애행동을 치료하는 기관으로 한정될 수가 없다. 보다 더 많은 전문기관이 필요하고, 거기에는 보다 높은 전문지식을 갖춘 임상심리학자들이 필요하다.

임상심리학자의 주요 전문적 직업활동

전문가 자격을 가진 임상심리학자의 주요 활동은 그가 속하고 있는 기관, 개인의 임상심리학에 대한 오리엔테이션의 특성에 따라 서로 다르다. 임상심리학자에게 예방은 비교적 새로운 활동분야이다. 임상심리학자가 자신의 전문지식을 활용하는 데 많은 제한을 받고 있다. 전문분야의 활동은 장애의 진행단계에 따라 서로 다르게 분류된다. 1차적 예방은 실제 그 질병 혹은 장애가 일어나기 전에 미리 예방하는 책략이다. 2차적 예방은 이미 발생한 장애 혹은 질병이 더 이상 진전되는 것을 방지하는 책략이다. 3차적 예방은 질병이나 장애에 의한 전체적 장애의 손상을 경감시키는 책략이다.

일반적으로 예방활동은 위험을 경감시키거나 혹은 방어적 요인의 기능을 신장시키는 데 그 목적이 있다. 위험요인은 장애나 질병을 신장시킬 가능성이 있는 개인의 생활환경을 말한다. 여기에는 흡연, 비만, 높은 콜레스테롤 수치, 심장질병을 유발할 가능성이 높은 가족의 심장병 경험 등이 속한다. 보호적 요인은 질병이나 장애를 유발할 가능성이 있는 요인을 절감시키는 것이다. 심장병 발병을 예방하는 것들이 이에 속한다. 예방은 병원이나 임상심리 진료소와는 달리 주로 지역사회에서 이뤄진다. 예방프로그램은 집단을 대상으로 실시할 수 있다. 알코올이나 약물오용에 대한 교육같은 것이 이에 속한다. 임상심리학자는 예방프로그램의 결과를 평가하고 그것을 바탕으로 장애치료 방향을 제시하기도 한다.

예방은 간호사, 카운슬러나 혹은 사회사업가들에 의해서 수행되기도 한다. 임상심리학자의 활동 중에 큰 비중을 갖는 것은 치료이다. 이는 심리학적인 방법을 사용하는 치료자가 곧 임상심리학자이다. 이와 같은 치료는 의사들이 실시하는 정신외과적 수술, 전기경련치료, 혹은 화학적 치료와는 크게 다르다. 임상심리학자들이 활용하는 심리학적 치료에도 여러 가지 유형이 있는 일반적으로 다음과 같은 몇 가지 공통적 특징이 있다. 치료자는 내담자와 순수한 관계를 형성한다. 내담자로 하여금 자신을 충분히 노출시킬 수 있게 도움을 준다. 내담자의 심리적 문제를 해결하고 보다 더 원만한 대인관계를 유지하게 하기 위해서 치료자와 내담자가 공동으로 노력한다. 그리고 치료자는 내담자로 하여금 자신의 문제를 효과적으로 극복해 나갈 수 있는 기술을 습득하게 교육을 시킨다.

임상심리학자의 기능은 지난 50여년간 큰 변화를 겪었다. 1940년대의 임상심리학자는 검사와 진단에, 그리고 1960년대의 임상심리학자는 효과가 보장되지 못한 정신치료에 역점을 두어 왔다. 1970년대에 과학자-진료자 모델은 혁신적 변화를 맞았다. 심리학자는 독자적으로 전문직업인의 지위를 갖게 되었다. 임상심리학자는 정신과 의사들이 지정한 환자는 물론 일반 의사나, 사회사업가들이 의뢰한 환자까지도 연구와 치료의 대상에 포함시켰다.

정신장애에 대한 의학적 모델은 정신생물학적 모델로 대치되었다. 정신장애는 정신생물학의 지식을 바탕으로 이해하며 그에 대한 치료를 위해 정신생물학 지식을 바탕으로 체계화된 기법을 도입하였다. 정신장애를 심리학적 측면과 생물학적 측면으로 구분하는 것은 그에 대한 과학적 이해를 저해하는 결과를 가져 온다. 이러한 상황에서 심리학자가 독자적으로 환자에 대한 약물치료가 제도적으로 보장되었다.

지금까지 환자에 대한 약물치료는 의사의 전유물이었다. 정신장애에 대한 약물치료에서 치료자인 모든 의사가 정신장애에 대한 약물치료적 전문지식을 가지고 있지 않다는 데에서 여러 가지 문제가 발생하였다. 정신치료는 심리학자 고유의 전문 영역이다. 그들이 가지는 정신장애에 대한 약물 치료의 지식수준은 일반의사들의 수준보다 더 높다. 그럼에도 불구하고 임상심리학자의 기능은 임상장면에서 충분히 발휘되지 못하고 있다. 미국 심리학자들을 대상으로 한 여론 조사에서 68%의 응답자는 심리학자가 자신의 환자치료를 위해 항정신제를 처방하는 것을 법적으로 허용해야 한다고 응답하고 있다. 여기서 심리학자라 함은 전문자격을 취득하고 처방을 위한 교육을 필한 대상을 지칭한다(Youngstrom, 1991).

임상심리학자에게 약처방 기능이 부여되어야 한다는 주장에 따르면 정신장애는 약물치료와 심리치료를 병행하였을 때 그 효과가 매우 크다고 한다

(Marissakalian, & Michelson, 1986). 우울증 환자에 대한 치료를 위해 항우울제 치료와 정신치료를 병행하였을 때 예상외로 좋은 반응이 나타난다(Blackburn, Bishop, Glen, Whalley, & Christie, 1981). 실제 치료에 있어서는 누가, 어떤 치료를, 어떤 순서에 따라, 그리고 얼마 동안 지속했느냐가 매우 중요한 요소이다. 만성 정신분열증 치료에는 신경이완제 예방이 천거되는데 그 치료효과는 환자의 심리사회적 환경에 따라 크게 달라진다. 이것을 보면 심리치료의 역할이 매우 중요하다는 것을 알 수 있다.

불안치료의 경우 상황은 보다 더 복잡하다. 불안치료를 위해 바비튜레이트산염과 벤조디아제파인을 투여하는데 이 약에는 불안치료의 효과가 보장된 것도 없고 그 안전성도 보장될 수 없다는 주장이 있다. 수용기 길항제와 같은 약이 새롭게 소개되어 있는 상황에서도 삼환식 항불안제가 공황장애 치료제로 광범위하게 투여되고 있다. 약물치료에만 의존한 불안치료는 매우 비경제적이라는 사실이 널리 인식되었다. 보다 효과적인 불안치료를 위해서는 서로 다른 치료방법을 병행할 필요가 있다(Wardle, 1991).

행동치료에 약물을 보조수단으로 사용하면 환자는 보다 쉽게 치료장면에 적응할 수 있다. 행동치료 과정에 플루마제닐을 투여하면 환자는 자기 스스로 불안을 통제할 수 있게 된다. 이와 같은 훈련을 받은 사람은 치료 장면이 아닌 다른 상황에서도 불안사태에 직면하면 그 장면에서 효과적으로 벗어날 수 있다. 행동치료와 카바마제핀 투약을 병행하면 두부손상에 수반되는 문제행동을 보다 효과적으로 치료할 수 있다. 그러나 이 두 가지 치료를 분리시켰을 때 치료효과는 전혀 나타나지 않는다. 이와 같은 사실은 약물치료와 심리치료를 병행하였을 때 보다 큰 효과가 있다는 사실을 입증한 것으로 생각할 수 있다.

서로 다른 두 가지 치료 방법을 병행하였을 때 그 치료효과가 크다는 사실은 다른 연구에서도 찾아볼 수 있다. 약물오용치료와 금연치료도 약물치료와 심리치료를 병행했을 때 그 치료 효과가 매우 좋다. 금연치료를 위해 행동치료를 하면서 약물치료를 병행하면 성공률이 매우 높다. 단기간의 약물치료만으로도 금주효과를 크게 보는 사례도 많이 있다. 재발된 음주습관은 벤조디아제파인 투여로 큰 효과를 얻을 수 있다. 알코올중독치료를 위해 디설피람을 투여하면 치료의 성공률이 매우 높다. 금세기 초까지만 해도 의사에게만 처방권한이 주어졌다. 그러므로 의사 외에는 아무도 환자에게 약을 처방할 수 없었다. 그러나 시대적 변천에 따라 약을 처방할 수 있는 전문직도 다양해졌다. 그러나 처방할 수 있는 약의 종류는 약사법으로 규정하고 있다. 명문화된 약사법에 따라 의사가 아닌 처방자의 권리와 의무가 분명해졌다.

치과 의사와 안과 의사에게는 치과와 안과 영역에 국한된 범위 내에서 처방이 허용되었다. 약제사에게도 한정적인 처방권이 주어졌다. 다만 응급환자에게 그가 복용하는 5일분의 약을 처방할 수 있다. 지역사회 간호사에게도 한정된 종류의 약에 대한 처방권이 주어져 있다. 간호사에게는 약의 복용량을 어떤 범위 내에서는 변경시킬 권한이 주어져 있다. 이에 대해 의사는 호의적 반응을 보이고 있다. 약의 처방이 의사의 전유물이 될 수 없게 되었다. 미국의 경우 약사, 간호사 그리고 의사에게만 주어져 있던 약의 처방권을 규정한 법률이 큰 변혁을 맞고 있다. 이에 따라 심리학자들이 부분적이기는 하지만 처방권을 부여 받게 된 것이다.

미국 국방부는 군사심리학자가 일정한 교육훈련을 필하면 특정한 약을 환자에게 처방할 수 있는 기능을 부여할 수 있도록 법제화하였다. 이 규정에서 군사심리학자는 2년간의 교육과 1년간의 감독하에서의 실습을 필한 후에는 환자에게 약을 처방할 수 있게 되었다. 국방부의 이와 같은 조치는 부족한 전문인력을 보충하기 위한 것이었다. 미 육군병사 70만 명 가운데에서 발생하는 많은 수의 약물오용자와 외상후 정신장애자를 치료하는 데 종사하는 정신과 의사는 극히 소수였다.

전문인력의 부족을 메우기 위한 또 다른 훈련 프로그램이 있다. 이는 하와이 출신의 미상원의원인 Daniel K. Inouye가 의회에 제출한 것으로 그는 심리학자가 처방권을 가져야 한다는 것을 강력하게 주장하였다. 미 인디언 보건부와 재향군인회소속 임상심리학자는 이미 독자적으로 특정한 약을 처방하고 있다(Dawley, 1991). 전문인력의 부족을 타개하기 위해 미국에서는 심리학회가 입법기관과 접촉을 하고 있다. 1989년 전문직업 분과회에서는 당신 정신건강에 대한 전문지식이 없는 의사가 정신장애치료를 위해 투약하는 것이 부당하는 것을 공식적으로 거론하였다. 더 나아가 정신장애에 대한 효과적 치료를 위해 심리학자가 투약처방권을 가질 수 있는 법적 근거를 마련하는데 성공하였다. 이에 따라 교육기관에서는 교과과정을 개정하는 작업에 착수하였다.

이것을 계기로 전문건강직업인으로서의 심리학자의 위치는 급진적으로 향상하였다(DeLeon, & Wiggins, 1996). 특히 1995년 8월 미국 심리학회 대의원회는 심리학자의 투약처방 권한을 추구하는 활동계획을 승인하였다. 1994년 미국 심리학회 전문직업활동위원회는 임상심리학자가 환자에게 약을 처방할 수 있는 법적 제도를 마련하기 위한 특별위원회를 설치하기로 결정하였고, 이 결정권은 이들로 하여금 구체적인 모델을 개발하도록 하였다. 이 특별위원회는 1996년 미국 심리학회 대의원회의 승인을 받게 되었다. 미국 심리학회 교육훈련부서에서는 정신약리학에 대한 기초교육과정을 작성하였다. 이에 따라 대학에서는 심리학자를 위한 정신약리학의 교과과정을 박사 후 과정에 개설하기도 하였다.

심리학자에게 투약처방의 자격을 주는 것에 대해 많은 의사들은 극구 반대한다. 미국 국방부의 정신약리학 시범프로젝트(1991~1997)는 18～65세의 군인들이 가지는 정신적 문제해결에 도움을 주기 위한 수단으로 임상심리학자가 향정신제 투약을 할 수 있는 방법을 모색한 나머지 그들을 위한 정신약리적 교육 훈련을 시작하였다. 이와 같은 추세에 따라 미국 심리학회는 심리학자에게 향정신제를 사용한 치료의 기회를 주어야 한다는 법안을 의회에 제출되었다. 많은 주에서는 그 법안이 부결되고 뉴멕시코와 루이지애나주와 괌에서만 조건부로 통과되었다. 이 법안은 적절한 약리학적 교육을 받고 실습과정을 거친 심리학자에 한 해 향정신제를 사용한 정신치료의 기회가 주어지도록 되었다.

임상심리학자의 향정신제의 투약에 대한 보다 자세한 것은 이 책의 다른 곳에서 자세히 설명하겠다. 대화치료라고도 불리우는 정신치료는 치료는 주로 언어를 치료 수단으로 사용한다. 그러면 두 사람간에 어떤 대화가 어떻게 이뤄지는가. 환자는 현재 자신이 직면하고 있는 스트레스, 자신이 직면하고 있는 대인관계문제 등을 치료자에게 말한다. 이를 통해 치료자는 환자의 감정이나 사고의 특성을 파악한다. 이것을 바탕으로 환자는 자신의 문제를 효

표 1-1 임상심리학자와 임상심리학 전공학생의 이론적 오리엔테이션 비율(%)

오리엔테이션	심리학자	전공생
인지-행동	18	68.9
실험	2	27.1
대인관계	4	27.1
정신역동	15	27.4
통합적/절충적	29	34.3

과적으로 풀어나간다. 치료자가 선호하는 방법에는 여러 가지가 있다. 주로 정신역동 치료법, 인지행동 치료법, 실험법, 대인관계 치료법 등이다. 치료자들 가운데 절충적 통합방법을 선호하는 사람이 많다. 심리학자와 임상심리학 전공학생의 이론적 오리엔테이션의 내용은 <표 1-1>과 같다.

일반적으로 북미의 임상심리학자는 인지-행동적 접근을 가장 선호하고 있다. 임상심리학을 전공하는 대학원 학생들의 취향도 이런 방향으로 바뀌질 가능성이 많다. 통합적/절충적 방법도 그들의 매력을 끌고 있다. 내담자의 심리적-사회적 문제는 무엇이며, 그의 능력한계가 어디인지를 관찰하고 검토하는 과정이 곧 평가와 진단과정이다. 임상심리학자는 직접 이에 관여한다. 치료자는 치료에 들어가기 전에 내담자의 일반적 기능 특징을 파악해야 하며, 질병유무를 확인해야 하며, 그리고 환경의 특징을 세밀하게 검토해서 그에게 가장 적합한 치료방법을 탐색해야 한다.

올바른 평가를 통해서 치료자는 치료효과를 과학적으로 평가할 수 있는 기반을 만들 수도 있고, 내담자의 문제에 대한 논리적 구성도 가능하다. 임상심리학자는 치료방법의 효율성을 검토하기 위해서는 치료 전, 치료과정 및 치료 후에 검사를 실시한다. 임상심리학자는 환자의 작업알선을 위해, 또 심리적 회복을 촉진시키기 위해서 환자의 지적 능력을 정확하게 평가할 필요가 있을 때도 있다. 임상심리학자의 평가는 단순한 봉사를 위한 것이어서는 안 된다. 어디까지나 치료나 혹은 연구를 위한 것이어야 한다. 역사적으로 보아도 임상심리학자들의 평가와 진단은 단순한 기술적 평가 차원에서 벗어나 전문성을 가진 특수한 업무였다(Kelly, 1961).

구체적인 평가의 이론과 기술은 이 장의 후반부에서 자세히 다루게 되므로 여기서는 더 자세히 다루지 않는다. 관심있는 독자는 이 부분을 참고하기 바란다. 그리고 진단의 이론과 기술을 이 책의 8장에 자세히 소개했다. 관심있는 독자는 이 장을 참고하기 바란다. 초창기 임상심리학자의 2/3 이상은 주로 심리학적 평가와 심리학적 진단에 종사하고 있었다. 실제 평가과정에서는 개인의 심리적 기능, 가족, 가족-자녀관계, 가족관계의 기능특정을 평가하는 데 큰 관심을 두어야 한다. 실제 평가기능은 그 목적에 달라질 수 있다.

평가를 위해서는 적절한 도구가 필요하다. 그것은 피평가자의 특성에 따라 또 문제의 특성에 따라 사용할 도구가 달라진다. 면접, 자기보고, 관찰을 평가 도구로 사용할 수 있다. 평가를 위해 인지적 기능을 평가할 수도 있다. 모든 평가에 있는 피평가자의 심리사회적 특성은 이해하는 것이 중요하다. 현재 그의 특성, 예를 들어 그의 정서적 특성, 문제증후의 특성 등을 자세히 파악할 필요가 있다. 심리 평가는 단순한 검사수단이 아니다. 그것은 평가를 받게 될 사람이 가지는 여러 가지 심리적 특성의 종합특성을 총체적으로 통합한 기능을 평가하는 것이다.

임상심리학자의 진단은 심리평가의 한 부분이다. 진단은 개인의 장애 혹은 문제의 특성을 간략하게 체계화시키는 과정이다. 환자에 대한 진단이 확정되면 임상가는 그것을 바탕으로 그의 장애에 대한 과학적 연구를 진행해 나갈 수 있다. 즉 장애의 원인, 과정, 증후의 특성, 그리고 효과적 치료방법을 결정하여 그것을 환자에게 직접 적용한다.

북미는 물론 세계의 많은 임상가들은 미국 정신의학회가 만든 정신장애의 진단 및 통계 요강에 따라 진단을 하고 있다. 이는 1952년에 제1판이 나온 후 여러 차례 개정되었다. 지금 사용되고 있는 것은 DSM-Ⅳ-TR이다. 2015년에는 DSM-5가 출간될 예정이다. 또 다른 진단 규준은 WHO가 제작한 국제질병분류체계(ICD)로 현재 사용되고 있는 것은 ICD-10이다. 임상심리학자는 정부기관, 교육행정 및 정신건강관리업무에 종사하는 사람, 그리고 개인의 자문요청이 있을 때에는 그에 응하고 있다. 학교 교사가 자기가 맡고 있는 학생의 문제를 어떻게 하면 올바로 이해할 수 있겠느냐는 문제를 가지고 자문을 청해 오면 임상심리학자는 교사로 하여금 적절한 지식을 갖도록 도와 줄 뿐만 아니라, 실제 도움을 필요로 하는 경우에는 구제적인 기술까지도 가르쳐 준다.

임상심리학자는 때로는 환자나 내담자에게 자문하고 조언한다. 이때 환자의 문제를 가장 효과적으로 평가하고 치료하는 방법을 제시한다. 이것이 임상적 자문이다. 이와는 달리 어떻게 하면 보다 나은 예방을 할 수 있고 어떻게 하면 보다 나은 자문을 할 수 있는가에 조언도 하고, 예방업무가 얼마나 잘 수행되고 있는가를 평가하기도 한다. 이것이 조직자문 혹은 지역사회자문이다. 역사적으로 보면 임상심리학자는 주로 임상적 자문에 역점을 두어 왔다. 여러 전문가 협의체의 한 멤버로서의 임상심리학자는 다른 전문가의 치료를 받고 있는 환자에게 유용한 조언을 한다. 또 다른 형태의 자문으로 정책자문이 라는 것이 있다. 정책자문에서는 한 기관의 정책이 원래의 목적과 적합한 평을 전문적 혹은 과학적 관점에서 평가하고 조언한다.

임상심리학자 가운데는 외래환자진료소에서 관리책임을 맡고 있는 사람도 있다. 환자 혹은 내담자 개개인 가지는 목표보다 공통적 목표를 성취하기 위해서 노력한다. 임상심리학자들이 맡고 있는 평가, 치료, 교육 및 자문과 같은 것도 어느 면에서는 행정가로서의 역할을 수행하는 데 있어서 매우 가치 있는 도구의 구실을 한다. 행정가의 역할을 수행하기 위해서는 정치, 경제 및 사회적 문제에 대한 이론도 필요로 한다. 또 개인차를 예민하게 감수할 수 있어야 하고 집단 내에 있어서 사회적 영향과 심리적 영향을 파악해야 한다. 피고용자의 선발 및 관리에 남다른 능력을 가져야 하며, 피고용자의 심리적 장애를 알아야 하며, 그리고 의사소통의 기술을 가져야 한다.

행정이라는 것은 원래 하나의 사무이나 정서적 욕구를 해결하는 것과 같이 단순한 것은 아니다. 위기를 모면하기 위한 상담 같은 것도 아니다. 오히려 철저한 심리검사결과나 연구결과가 나오기 전에 민첩한 결정을 필요로 한다. 행정에서는 사람에 대해 관심을 갖는다는 것, 또 그들을 이해한다는 것이 무엇보다도 중요하다. 임상적 훈련은 행정기술 대신 필요한 것이 아니라 그 자체로서 필요하다.

임상심리학자는 서로 다른 치료방법의 효과, 정신적 장애의 원인과 결과는 물론 평가방법의 정확성 등에 대하여 연구한다. 임상적 연구는 많은 능력을 요한다. 임상적 연구를 위해서 임상가는 기존의 연구와 이론에 대한 지식이 필요하다. 검증이 가능한 가설을 설정해야 하며, 체계적이며 정확한 방법을 알아야 한다. 자료를 수집하는 데 필요한 도구에 대하여 알아야 하고, 이 정보를 분석하여 이해하는 데 필요한 절차를 알아야 한다. 그리고 그 결과에 대하여 명확하고 정확하게 보고해야 한다.

임상심리학자는 연구하고 연구결과를 평가할 수 있는 훈련을 받는다. 대학과정에서는 현장에 직접 활용할 수 있는 연구방법에 대한 교육을 받는다. 그 과정에서 박사학위 논문을 쓴다. 학회의 윤리강령에는 심리학자는 과학적·전문적 지식을 갖춰야 되고 그 지식을 개인이나 조직, 사회에 활용해야 한다고 규정하고 있다. 임상심리학자는 많은 연구결과를 발표해야 한다. 불행하게도 그러한 의무를 충실하게 이행하는 사람은 극히 소수에 지나지 않는다. 임상심리학의 발전을 위해서는 시정되어야 할 점이다.

임상심리학자는 임상심리학, 이상심리학, 상담과 치료, 성격, 지역사회심리학, 면접, 심리검사 및 행동수정에 대한 강의를 한다. 또 교육중인 임상심리학자들이 수행하고 있는 대학 및 대학원의 실험실습 및 현장견학을 체계적으로 수행할 수 있도록 감독하고 지도한다. 여기에는 평가기술과 치료기법이 필요하다. 정신치료의 효율성을 놓고 지금도 열띤 논쟁이 지금 벌어지고 있다. 그 논쟁의 역사는 50년도 넘는다 하지만 학자라면 그에 관심을 갖지 않는 사람은 없다. 그 매력에 끌려 실제 많은 사람들이 정신치료를 하고 있다. 어떤 형태의 정신치료도 치료효과의 긍정적 보장은 받지 못하고 있다. 그 치료효과는 여러 가지 요인에 따라 크게 달라진다. 정신치료의 효과에 영향을 주는 것은 치료자와 피치료자 변인만이 아니다. 정신치료에 관심을 가지는 인접과학들도 많이 있다.

정신치료와 함께 향정신제를 병행 사용하는 나라도 있다. 일부 선진국에서는 심리학자가 환자에게 향정신제를 처방할 수 있는 자격을 부여하고 있다. 미국의 경우 국방부, 뉴멕시코주, 루이지애나주 주 정부가 대표적 사례이다. 여러 해에 걸친 연구에서 임상심리학자들이 하고 있는 일은 심리학적 평

표 1-2 임상심리학자의 전문적 활동영역과 종사하고 있는 비율

전문적 활동	%
평가	64
정신치료	80
상담	47
연구	57
교육	49
지도 · 감독	50
행정	53

가와 심리학적 연구라는 사실이 밝혀졌다. 임상심리학자의 활동이 활발하게 된 것은 2차 대전 후이다. 2차 대전이 끝난 후 임상심리학자의 수가 꾸준히 증가하기 시작하였다. 그들이 주로 하는 것은 정신치료였다. Norcross, Karpiak, & Santoro(2005)의 연구에서 밝혀진 임상심리학자들의 주요활동과 그에 종사하고 있는 심리학자의 비율은 <표 1-2>와 같다. 이 표준에서 보는바와 같이 임상심리학자들이 가장 많이 종사하고 있는 영역은 정신치료(80%)로 절대우위를 차지하고 있고 평가(64%), 연구(57%), 행정(53%) 등 여러 분야에서 활동하고 있다. 이와 같은 현상은 우연이 아니라 심리학의 발전과정에서 파생된 것으로 보아야 한다. 심리학자들이 치료에 관여한 역사는 <표 1-3>, 그리고 평가에 관여한 역사는 <표 1-4>와 같다.

표 1-3 임상심리학적 치료의 역사

연대	국가	치료내용
1879	독일	Wilhelm Wundt(1832~1920) 세계 최초의 심리학 실험실에서 인간의 감각과정 측정
1896	미국	Lightner Witmer(1867~1956) 세계 최초의 심리치료소 설립
1900-1930대	유럽, 미국, 영국	이상행동에 대한 정신분석적 접근 시도
1920대	미국	Marry Cover Jones(1896~1987) 불안의 행동주의 심리학적 치료
1940대	미국, 유럽	전쟁관련장애 치료의 욕구가 점진적으로 증가
1942	미국	Carl Rogers(1902~1987) 『카운슬링과 정신치료』 출간 내담자 중심접근법
1952	영국	Hans Eysenck(1916~1997) 정신치료의 효율성 주장
1951	미국	E. Levitt 아동정신치료의 비효율성 주장
1958	남아공화국	Joseph Wolpe(1915~1997) 공포에 대한 행동주의 심리학적 치료와 관계되는 논문 발표
1977	캐나다/미국	Donald Meichenbaum 『인지행동치료 과정: 통합적 접근』 출판
1979	미국	A Beck, A. Rush, & E. Emery 『우울증의 인지치료』 출간
1980	미국	M. Smith, G. Glars, & R. Miller 『정신치료의 효과』 출간 성인치료에 대한 메타분석결과 개관
1980	미국	J. Weisz, B. Weiss, M. Alicke, U. Klotz 성인과 아동의 치료결과 메타분석결과 개관
1995	미국	미국 심리학회 임상심리 분과회 치료의 경험적 지지평가 기준결정
1995	미국	미국 심리학회, 향정신성 약물처방모델 채택 심리학자를 위한 정신약물학교육커리큐럼 작성
1996	영국	A. Roth & F. Fonagy 『누구를 위해 무엇을 해야 하나? 정신치료에 대한 비판적 개관』 출간
1995	미국	P. Natuan & J. Gorman 『효과적 치료입문』 출간
2005	미국	미국 심리학회 심리학에 있어 '과학적 근거에 기초한 진료' 정책 수용

표 1-4 임상심리학적 평가의 역사

연대	국가	평가내용
1879	독일	Wilhelm Wundt(1832~1920) 세계 최초의 심리학 실험실에서 인간의 감각과정 측정
1899	독일	Emil Kraepelin(1856~1926) 최초의 진단체계 개발
1905	프랑스	Alfred Binet(1857~1911)와 Theódore Simon(1872~1961) 학생의 지적 능력을 측정하기 위해 『*Binet-Simon Scale*』 개발
1917	미국	선병용 『*Army Alpha/Army Beta*』 개발
1920대	스위스	Herman Rorscha(1884~1922) 잉크반점 해설서 발간
1939	미국	David Wechsler(1896~1981) 성인지능평가를 위한 *Wechsler-Belevue/Adult Intelligence Scale* 검사 개발
1940대	미국	*Thematic Aperception Test*(TAT) 개발 Henry Murray(1893~1988)와 C.D Morgan
1943	미국	Starke Hathaway(1924~2005) Chanley Mckinley, L. C. *Minnesota Multiphasic Pcrsonality Inventory: MMPI* 개발
1946	미국	재향국이 주동이 되어 심리학자의 임상진료와 인턴제도 확립을 위한 제도. 초기에는 평가에 집중하고 후에 치료에 역점을 두다
1952	미국	미국 정신의학회 『정신장애의 진단 및 통계요강』 출간
1954	미국	Paul Meehl(1920~2003) 통계적 의사결정과 임상적 의사결정을 구분
1968	미국	Walter Mischel(1930~) 평가에 대한 행동접근 제안
1968	미국	미국 정신의학회 정신장애의 진단 및 통계적 요강 2판 발행
1970대	미국	아동문제에 대한 차원적 접근 H. Quay, T. Achenbach, C. Conner 『평가척도에 의한 아동평가』 출간
1980	미국	미국 정신의학회 『정신장애의 진단 및 통계적 요강』(3판) 출간
1990	국제적 추세	특별평가 기술에 행동평가기술도입
1990대	국제적 추세	컴퓨터를 이용한 심리검사 결과해석방법 도입
1994	미국	미국 정신의학회 『정신장애의 진단 및 통제적 요강(DSM-Ⅳ)』 출간
2000	국제적 추세	지능측정을 위한 국가 특유의 기준 마련
2000대	미국과 캐나다	객관적 근거에 기초한 평가 척도 사용에 관심을 갖다.

임상심리학자의 교육과 훈련 모델

연구활동경험

임상심리학자는 과학자이며 동시에 전문직업인이어야 한다. 그러므로 과학적 연구방법에 대한 훈련은 물론 임상적 기술을 습득해야 하며 전문직업인으로서의 태도를 가져야 한다. 2차 세계대전을 전후로 하여 임상심리학의 교육훈련은 본 궤도에 오르기 시작하였다.

임상심리학자에 대한 교육훈련에서는 전문지식의 습득, 연구에 대한 경험, 그리고 감독자의 지도하에서 이루어지는 임상적 경험 등에 역점을 둔다. 임상심리학자는 핵심적 교과과정의 교육을 통해서 전문적 지식을 습득한다. 핵 교과과정의 교과목은 임상심리학을 전공하는 사람에게만 필요한 것이 아니다. 어떤 분야를 전공하는 경우에도 다같이 필요로 하는 지식을 얻는 데 필요한 교과목으로서 학습, 동기, 뇌생리기능과 행동과의 관계, 행동발달, 성격이론, 통계적 방법 및 실험계획법 등으로 구성되어 있다. 핵심적 교과목은 심리학 전반에 걸친 지식을 습득하는 데 필요한 것이므로 임상심리학자가 되기 위해서는 우선 이를 이수하여 1차적으로 심리학자가 되어야 한다. 서로 다른 임상장면에 심리학적 지식을 응용하는 임상가가 되는 것은 2차적인 기능에 속한다.

핵심적 교과과정을 운영하기 위해서 프로세미나의 제도를 도입한다. 이 제도 하에서는 하나의 주제에 대해서 여러 교수들이 분담 강의한다. 예를 들면 학습을 주제로 하여 네 사람이 프로그램에 참여할 때에는 고전적 조건화, 오퍼런트 조건화, 관찰학습 및 시행착오의 학습 가운데 어느 하나를 분담하여 강의한다. 최종적 평가는 한 사람의 책임하에 행해지는 것이 보통이다. 이 과정의 훈련이 끝나고 나면 한두 가지 서로 다른 세미나에 참가한다. 세미나는 교수의 지도를 받으면서 새로운 문헌을 읽고 보다 높은 수준의 연구를 수행하기 위해서 만들어진 소집단에 참여하는 것을 말한다. 이러한 세미나를 통해서 그에 참여한 사람은 특정한 주제에 대해서 보다 높은 수준의 지식을 얻을 수가 있다. 세미나는 여러 형태로 운영되는데 주당 1회, 1회에 3~4시간씩 할애하는 것이 보통이다. 주제는 지도교수와 그에 참여자의 관심에 따라 결정한다.

보다 높은 수준의 교수방법은 감독과 연구 과정이다. 세미나와 같은 형태로 운영되는데 특히 감독과 연구에서는 한 학생이 한 교수의 지도를 받는 것이 특징으로 되어 있다. 학생은 책을 읽고, 종합하고, 그리고 비평을 가해 거기에서 자신의 연구계획을 발전시키는 기술을 습득한다. 감독과정에서는 특정한 주제에 대하여 철저하게 읽고 그것을 개관하기도 하고, 가설을 세우기도 하고, 필요한 실험과정을 구상하게 되며, 연구과정에서는 실험결과를 서면으로 보고한다. 연구과정에서는 2~3명이 더 참여할 수도 있다. 개인의 능력에 따라서 개별적으로 평가를 받는 것이 보통이다. 보다 효과적인 임상경험을 수행하기 위해서는 사회학, 통계학, 생리학, 그리고 약학과 같은 인접과학에 대한 교육이 절실하게 요청된다. 그 외에도 외국문헌을 읽고 소화할 수 있는 외국어에 대한 상당한 교육훈련은 필수적이다.

임상심리학자의 교육훈련과정에서 연구활동은 필수조건이다. 이를 위해서 교수가 진행시키고 있는 연구에 직접 참여하여 자신의 경험과 능력으로써 감당할 수 있는 일을 분담받아 보는 것이 가장 효과적이다. 연구에 참여하고 있는 사람들끼리도 자신의 수준에 따라서 분담할 일의 성질이 서로 달라진다. 연구에 대한 경험이 전혀 없는 사람은 직접 연구에 참여하기 전에 선임연구자들이 연구 진행하는 과정을 자세히 관찰할 필요가 있다. 즉 연구를 계획하는 것, 자료를 수집하여 분석하는 것, 결과를 해석하는 것, 그리고 보고서를 작성하는 과정에 대해서 자세히 보고 배워야 한다. 공동연구에 있어서는 그에 참여하는 사람들끼리 서로 가르쳐 주고 배우는 것이 매우 중요하다. 다년간 연구경험을 쌓은 사람은 자기의 감독자로부터 새로운 것을 배우는 한편, 자기보다 경험이 적은 사람에게 그것을 가르쳐 주어야 한다. 이렇게 함으로써 모두가 공동연구에 크게 공헌하는 셈이다.

임상경험

임상심리학자가 되기 위해서는 임상경험을 가져야 한다. 연구에 있어서와 마찬가지로 임상경험이 없는 사람은 임상면접장면을 관찰하는 것부터 시작하는 경우가 많이 있다. 관찰한 사실을 바탕으로 면접자와 직접 환자에 대한 토론을 할 수 있게 된다. 그 다음 단계에 가서는 자신의 책임하에 면접을 해보게 되는데 이것이 곧 그에게는 처음으로 주어지는 임상적 역할이라고 볼 수 있다. 여러 가지의 심리검사를 실시하고 그 결과를 해석하는 과정을 관찰하는 것도 중요하다.

이와 같은 과정은 치료나 자문의 경우에도 마찬가지이다. 즉 처음에는 치료자와 공동으로 치료에 참여하고 자문장면에 노출되는데, 그 과정을 거치고 난 다음에 자신의 책임하에 직접 치료하고 자문에 응할 수 있게 된다. 이때는 감독자의 지도를 필요로 하지 않는다. 이러한 교육 훈련의 과정을 거치고 나면 단독으로 자기의 책임하에서 심리적 평가를 하고 그에 대한 보고서를 쓸 수 있게 되고 필요에 따라서는 단독으로 치료를 담당할 수 있게 된다. 더 나아가면 경험이 적은 심리학자에 대한 훈련을 감독 지도하게 된다. 공식적인 임상경험을 얻기 위해 실제로 실습에 참여하기도 하고, 사례보고를 해보기도 하고, 그리고 임상감독을 하기도 한다. 이 과정의 대부분은 인턴과정을 거치면서 습득한다.

서로 다른 임상장면에서 짧은 기간에 간단한 경험을 갖게 되는 것을 실연이라고 한다. 실연은 장소를 달리하면서 평가와 치료의 경험을 쌓는 과정이다. 대부분의 경우 실연장은 학기마다 달라진다. 왜냐하면 임상심리학자에게 서로 다른 임상경험의 기회를 주기 위해서이다. 서로 다른 임상경험을 가지게 되면 특정한 경험을 가져 보고 싶어하게 되고, 그럼으로써 임상심리학자로서의 방향이 결정된다. 아동심리학의 문제에 흥미를 가지게 되면 아동상담소에 수용되어 있는 장애아와 소아정신병원에 입원하고 있는 아이들에게 관심이 쏠리게 되어, 장차 아동을 대상으로 하는 임상심리학자의 생애로 정착하게 된다. 물론 감독자가 실습성적을 그때마다 평가한다.

임상경험에서 큰 비중을 차지하는 것은 매주 열리는 사례토론회이다. 이 회의에서는 각기 서로 다른 전문가들이 자신들의 임상연구활동에 관계되는 문제를 서로 토론하고 의견을 교환하는 것이 보통이다. 사례토론회에서는 진단과 치료의 문제가 중심적으로 논의되는데, 전문직에 따른 문제들을 놓고 논의하는 일도 있다. 예를 들면 환자의 진단이 문제가 될 때에는 특정 환자에 대한 의견을 교환한다.

이때 검사의 결과나 관찰기록 등이 제시되고 이를 바탕으로 진단을 위한 토론을 벌이는 일이 많다. 또 어떤 방법이 환자를 치료하는 데 가장 적절한가를 두고 의견을 교환하기도 한다. 어떤 경우나 사례토론회는 서로 다른 전문분야에 종사하는 사람들이 한 자리에 모여 전문적 의견을 교환한다는 점에서 매우 의미가 있는 모임이 아닐 수가 없다. 보다 더 효과적인 전문가들의 모임이 되기 위해서는 말씨름으로 끝나기보다는 심리검사나 관찰기록을 보다 간편하게 분석해야 하며, 비슷한 문제를 주제로 한 연구사례를 바탕으로 보다 효과적으로 치료를 해 나갈 수 있도록 권장해야 한다는 점을 주장하는 사람도 있다(Meehl, 1973).

전문가들의 모임인 사례토론회를 원활하게 진행하기 위해서는 진행자의 역할이 필요하다. 진행자는 회의의 목적을 간략하게 설명하고 중심과제를 보다 더 건설적으로 토론해 나갈 수 있도록 노력해야 한다. 진행자는 어느 특정한 사람으로 고정해 버리는 것보다는 그 회의에 참여하는 모든 사람이 윤번적으로 맡는 것이 매우 바람직하다. 임상심리학자가 평가자로서 그리고 치료자로서의 기능을 다하기 위해서는 자격을 갖춘 감독자의 지도를 받아야 한다.

초보 임상심리학자는 전문적 기술을 습득하는 것도 중요하지만 전문직을 수행하는 데서 오는 불안을 씻고 자기가 하는 일에 대한 자신을 가져야 한다. 감독자는 피교육훈련자에게 본인이 가지는 장단점을 충분히 이해시킬 필요가 있다. 일반적으로 초보 임상심리학자들은 환자의 문제 치료를 서두르는 경향이 있다. 또 내담자의 고의적인 획책에 그대로 말려들어가는 경우도 있다. 내담자가 치료과정에서 핵심적 문제를 제시하지 아니하고 지엽적 문제만을 제시하는 경우가 있다. 이때 감독자는 이러한 사실들을 교육중인 임상심리학자로 하여금 알게 해 줄 필요가 있다. 실제 교육훈련중인 임상심리학자를 감독함에 있어서 한 감독자가 2~4명의 훈련생을 대상으로 할 수도 있다. 감독자는 치료과정에 있었던 일들을 녹화하여 두었다가 그것을 바탕으로 하여 문제점을 지적하면 퍽 도움이 된다.

임상훈련과정에 있어서 평가 및 치료 기술을 습득하는 것은 무엇보다도 중요하다. 지금까지는 이를 위해 모델링, 실연과 피드백, 그리고 직접교수와 같은 방법을 많이 쓰고 있다. 글로 써서 설명하는 것보다는 그림으로 보여 주는 것이 효과가 더 큰 것과 같이 감독자가 피훈련자에게 직접 행동이나 기술을 보이면 교육효과가 더 크다. 이러한 방법을 모델링이라고 한다.

최초면접을 어떻게 시작할 것인가를 교육훈련시키기 위해서 감독자가 직접 시범을 보여 주면 피교육자는 그것을 일면경을 통해서 관찰할 수도 있고, 비디오테이프를 통해서 보고 들을 수도 있고, 또 슬라이드를 통해서 수행되는 장면을 직접 보고 실연할 수 있기 때문에 모델링은 교육훈련의 수단으로는 퍽 좋은 방법이다. 실연과 피드백은 1차적으로 시범을 보여 주고 그것을 시행착오의 과정을 거쳐서 습득하게 하는 방법이다.

피훈련자에게는 되도록이면 많은 실연의 기회를 부여하는 것이 중요하다. 실연과정이나 연습이 끝난 다음에는 피드백이 주어져야 한다. 이 과정은 시행의 과정 못지않게 매우 중요한 의미를 갖는다. 피교육훈련자는 피드백을 받음으로써 자신의 행동 혹은 시연이 잘 되었는지 혹은 잘못되었는지를 판단해 볼 수 있는 기회를 얻게 된다. 새로운 기술을 습득시키기 위해서 직접 서면이나 구두로 전달하기도 한다. 지금까지 설명한 교육훈련 방법 가운데 어떤 방법이 가장 효과가 큰지에 대해서 단정적으로 말하기는 어렵다. 그러나 임상훈련에 있어서 모델링의 기법은 효과가 크고, 피드백이 수반되는 실연의 기법도 그에 못지않은 효과가 있다는 점이 널리 인정되고 있다. 특히 모델링 기법에 실연과 피드백이 수반되면 효과는 크다. 직접 교수하는 것은 별로 효과가 없는 것으로 판명되었다.

위에서는 임상심리학자의 훈련과정을 연구활동, 임상경험, 그리고 훈련방법으로 나눠 간단하게 설명했다. 다음에는 훈련모델을 몇 가지로 나눠서 살펴보기로 한다. 임상심리학자를 훈련시키는 과정에서 개인의 동기와 성격의 측면을 중시하는 역동적 접근법이 강조되기도 했고, 심리검사의 자료를 가지고 개인의 부적응을 진단하는 진단법이 강조되기도 했다. 또 심리검사의 결과에 따라 개인의 문제를 진단하고 치료하는 진단과 치료의 기능이 강조되기도 했고, 진단이나 치료보다는 이상행동의 과학적 법칙발견들이 강조되기도 하였다. 이것을 보면 임상심리학자의 훈련에 있어서는 과학적 태도를 강조하는 사람이 있는가 하면, 전문적으로서의 기능을 강조하는 사람도 있고 또 과학적 태도를 가진 전문직업인의 기능을 강조하는 사람도 있음을 알 수 있다.

연구활동과 임상경험의 균형통합

연구활동과 임상실연은 별개인가, 아니면 어떤 동일한 과학의 기반 위에서 수행되는 서로 다른 기능인가. 이것은 임상심리학자가 풀어야 하나 풀지 못하고 있는 쉽고도 어려운 문제다. 연구활동과 임상실연은 통합된 하나의 지식체계 위에 상호의존관계를 유지해야 한다. 서로 다른 측면에서 그 지식체계의 발전에 공헌할 의무가 있다. 그를 위해 연구활동과 임상실연은 다시 개념을 설정할 필요가 있다. 즉 연구자는 보다 더 폭넓은 방법론을 수용해야 하고, 임상가는 임상과학자로서의 기능을 수행해야 한다(Stricker, 1992).

임상심리학자들이 제기한 과학자와 임상가와의 관계를 기술하기 전에 다음과 같은 사실을 하나 보자. 1925년에 교육학자 Abraham Flexner(1866~1959)가 의학교육의 평가과정에서 파생한 문제들을 다루는 과정에서 과학자와 임상가의 관계를 이렇게 기술하고 있다. 즉 두 영역이 가지는 지적 심층기저는 동일하다. 연구자도 임상가도 편견에 사로잡혀서도 안 되며 결론을 내리는 데 있어서 비약을 해서도 안 된다. 과학자나 임상가는 주어진 문제가 해결되거나 혹은 파기될 때까지는 계속적으로 같은 방법으로 관찰하고 숙고해야 된다. 그는 과학자와 임상가 간의 보편성을 강조하고 있다는 것을 알 수 있다. 그러나 우리는 여기서 두 입장에는 크게 다른 특징이 있다는 점에 특별히 유의할 필요가 있다. 과학자는 지식 그 자체에 관심이 있고 그것을 발전시키기 위해 노력을 한다. 여기서는 학문적 지유가 최고의 가치로 평가되고 있다. 이와는 대조적으로 임상가는 그 지식체계를 응용 활용하는 데 관심을 둔다. 여기서는 공공봉사가 최고의 가치로 평가되고 있다.

진료자들이 순수한 과학적 지식을 활용한다고 하지만 거기에는 서로 다른 의미가 개재되어 있다(Cohen, 1981). 지식의 활용은 연구 그 자체만을 의식하는 것으로 보다 적극적인 임상실연에 관여하는 것은 전혀 고려하지 않는다. 임상실연을 위해 지식 그 자체를 깊이 고려한다. 그리고 지식의 활용은 연구와 임상실연의 통합균형을 한다. 그러나 이것이 곧 전형적 지식과 임상실연과의 관계가 될 수 없다. Meehl(1954)은 연구와 임상실연의 관계를 보다 체계적으로 다뤘다. 그는 50여년 전에 임상적 예언과 통계적 예언의 타당성을 비교하고 통계적 예언의 타당성을 강조하였다. 그러나 변량분석과 같은 고급통계적 방법이 곧 임상가라는 등식은 받아들이지 않는다. 그의 주장에 따르면 성실한 임상가에게는 확실성이 필요하다고 한다. 이 확실성은 어떤 증거가 뒷받침되어야 하며 이 증거는 연구-학문적 태도에 기반을 둔 것이라야 한다.

성실한 임상가는 이 점을 알고 있어야 한다. 즉 학문적 지식은 연구만으로 충족될 수 없고, 연구는 경험만으로 이뤄질 수 없다. 그리고 경험은 통계만으로 충분할 수 없고 그 이상의 것을 필요로 한다. 그래도 임상가는 통계를 외면할 수 없다. 또 축적한 심리학의 지식도 버릴 수 없다. 이것이 없이는 환자의 문제를 성공적으로 치료해 나갈 수 없다. 이와 같은 입장은 많은 지지를 받고 있다. 과학적 지식을 가지지 않고는 현대 정신치료는 이해할 수 없다. 더 나아가서 정신치료는 심리학, 행동과학 및 사회과학은 물론 생물과학적 지식의 부산물에 지나지 않으며 이러한 학문체계에 대한 지식이 없이는 효과적 치료는 기대할 수 없다(Singer, 1980).

이와는 정반대되는 주장도 있다. 즉 연구는 임상실연에 전혀 도움이 될 수 없다는 것이 그들의 주장이다(Barlow, 1981). 미국심리학회장을 지낸 Matarazzo (1965)는 보다 충격적인 선언을 한 바가 있다. 즉 15년이 지난 요즘, 내 연구를 통해 발견된 사실이 임상실연에 영향을 준 바가 거의 없다. 심리학의 과학 그 자체는 나에게 전혀 도움이 되지 못했다. 나는 열심히 심리학에 관한 지식을 축적해 나가고 있지만 그것이 임상실연에 전혀 도움을 주지 못하고 있다. 임상경험만이 내가 임상실연을 수행하는 데 있어서 유일한 도움을 주고 있다. 그러나 이 점에 대해서는 유의할 필요가 있다. 즉 한때 임상의학의 기초가 되었던 임상적 경험은 매우 치료적 효과가 있고 더 나아가서는 플라세보의 효과보다 큰 치료효과가 있다는 점에 깊이 유의할 필요가 있다. 임상적 경험에 치료적 효과가 있다는 주장을 수용하기에 앞서 치료효과가 전혀 보장될 수 없는 거머리치료나 생체해부기술에도 효과가 있다는 점에 주의할 필요가 있다.

지금까지 연구와 임상실연과의 관계를 살펴보았다. 이 관계는 분명히 양립불가능한 관계가 아니다. 이들은 분명히 양립할 수도 있고 상호의존관계를 유지하고 있다. 그러면 이들의 관계를 어떻게 새롭게 개념화시킬 것인가. 특별한 지식이 없이 임상실연을 하는 것도 윤리에 위반되지 않는 경우가 있다. 특별한 지식이 없는 사람이 수행한 정신치료의 경우가 바로 이에 속한다. 왜냐하면 좋은 치료효과가 눈에 띄게 나타나고 있기 때문이다. 그러면 우리는 이런 상황에서 연구와 임상실연의 관계를 새롭게 개념화시킬 필요가 있다.

임상심리학자의 연구 대상은 논리적 실증주의 인식론자들이 주장하는 관찰가능한 사건, 이론으로부터 연역된 것, 그리고 예언과 통제가 가능한 자료이다. 논리적 실증주의 인식론은 과학철학에서 출발한 것으로 심리학자로부터 많은 비판을 받아 왔다(Cushman, 1991). 뿐만 아니라 철학적으로나 이론적으로 사실인 것으로 밝혀진 것도 거의 없다. 다만 그것들은 경험적 연구를 가능케 한 자료에 불과하다. 이들을 다른 방법으로 접근해 보면 그 재료에서 새로운 특성을 쉽게 발견할 수 있다.

연구자와 임상가는 새로운 연구방법론을 개발하여 그에 따라 자신들이 활용하는 지식체계를 재검증할 필요가 있다. 불행하게도 우리는 아직까지 만족할 만한 연구방법론을 가지고 있지 못하였다. 그러나 사정은 크게 달라지고 있다. 관찰자료와 면접자료를 양적으로 다루는 방법론이 크게 발달되었다(Patton, 1990). 임상심리학자는 새로운 연구방법을 도입하기 시작하고 있다. 그뿐인가. 임상가들은 변량분석, 중다회귀분석법, 그리고 회로분석과 같은 방법을 임상자료를 정리하는 데 매우 적절하게 사용하고 있다.

과학철학에는 실증주의적이며, 인본주의적이며, 건설적이며, 혹은 현상학적인 특징이 있다. 그들의 방법론은 자연과학, 인류학, 수사학 혹은 다른 학문을 바탕으로 개발된 것으로 실험, 유사실험, 상관관계, 사례연구, 양적 연구 및 심리역사 등 여러 가지 방법을 포함하고 있다. 규범적이며 통합적 방법에 따라 임상치료가 이뤄지고 있다. 실제 연구에서는 방법론적 패러다임의 틀 안에서 방법을 선택하는 것은 피해야 한다. 그보다는 여러 가지 방법을 탐색해 보고 보다 더 적절한 문제해결방법을 택해야 한다. 수용될 수 있는 철학적 관점을 상술하고 그에 적합한 방법론을 탐색하면 연구자의 역할과 임상적 실연가로서의 역할은 보다 근접해질 수 있다(Stricker, 1992).

이제 임상실연의 본질을 다시 점검해 볼 필요가 있다. 환자의 문제해결을 위해 연구자가 발견한 지식을 활용하는 것이 임상실연이다. 이것이 임상실연에 대한 고전적 해석이다. 이와 같은 견해의 타당성은 어느 누구도 부인하지 않는다. 전문교육공동연구위원회에서도 임상실연은 과학적 심리학의 기초에서 개발된 지식을 바탕으로 수행되어야 한다고 주장하고 있다. 불행하게도 임상실연에 도움이 될 만한 지식, 혹은 과학적 발견은 그 수가 극히 제한되어 있거나 매우 희소한 것이 사실이다. 설사 그러한 생산적인 지식체계가 있다고 하더라도 일반화시키기가 어렵다. 어떤 연구에서 얻은 혹은 발견된 사실을 일반화할 때 주어진 사태가 발견된 사태와 너무 다르면 일반화시킬 수 없다. 시간과 장소가 달라지면 결론에도 변화가 올 수밖에 없다. 그러므로 지나친 일반화를 시도하는 것보다는 국부적인 사실을 철저하게 관찰하는 것이 연구자가 직면한 사실을 보다 정확하게 이해하는 데 도움이 될 수 있다.

이와 같은 관점은 임상가를 국부적 임상과학자로 보는 견해와 완전히 일치하고 있다(Trierweiler, & Stricker, 1991). 이 견해에 따르면 임상가는 과학적 연구기술을 어떤 국부적 현상연구를 위해 자연적, 질적 및 실증적 방법을 적용할 수 있고 또 적용해야 한다는 점을 알 수 있다. 국부적 임상과학자로서의 임상가는 국부적 현상에 관심을 두고 거기에서 어떤 새로운 사실을 발견해야 한다. 이런 관점에서 볼 때 국부적 임상과학자에게 매우 중요한 것은 기저율의 개념이다(Meehl, & Rosen, 1955). 예를 들면 임상가가 자살의도를 가진 사람을 감시하고 조언한다고 할 때, 대상이 대학생으로 그가 단순한 평가과정의 일부로 검사를 받는 것인지, 회복기에 있는 외과수술환자인지, 혹은 자살기도의 사실이 있는 우울증 환자인지 그에 따라 달라야 한다. 자살의 증후는 다 같지만 그들의 기저율은 크게 다르다.

임상가는 단순히 연구결과에만 의존해서는 안 된다. 그는 연구에도 공헌할 수 있어야 한다. 그러나 어디까지나 국부적 사태에 한정되어야 한다. 또 임상가는 환자에 대한 체계적인 기록을 가지고 있어야 된다. 이 자료는 자신이 환자의 증후를 이해하는 데 뿐만 아니라 다른 임상가에게도 도움이 된다. 국부적 임상과학자로서의 임상가의 연구라고 해서 특정한 문제를 임상가 단독으로만 해결해야 한다는 의미는 아니다. 어디까지나 과학자와 임상가가 공동으로 연구하고 접근해 나갈 수 있어야만 된다.

임상심리학 분야에는 과학자-진료자 모델을 능가할 수 있는 모델은 아직 없다. 앞으로는 임상심리학자를 훈련시키는 과정에서 다음과 같은 두 가지 문제가 더 깊이 고려되어야 하겠다. 첫째, 과학에 대한 정의가 좁은 의미의 실증주의 틀에서 벗어나야 되겠다. 우리들이 사용하는 양적 기술, 유사실험계획, 사례연구, 그리고 N=1 실험연구와 같은 연구에서는 과학자-전문직업인 모델과 고전적 학자-전문직업인 모델이 조화를 이룰 필요가 있다.

고전적 학자와 과학자는 그들이 실제 연구에 어떤 방법을 활용하느냐에 따라 구분된다. 고전적 학자라는 용어에는 매우 폭넓은 의미가 포함되어 있다. 그리고 방법론이라는 용어의 뜻도 폭넓게 해석하면 두 모델이 갖는 유사성을 쉽게 발견할 수 있다. 보다 훌륭한 전문직업인은 고전적 학자모델의 기반에서 훈련되어야 하고 그에 따라 기능을 수행해야 된다. 그렇게 되면 두 훈련모델, 과학자-전문직업인 모델과 고전적 학자-전문직업인 모델은 별개가 아니다. 이들은 서로 조화를 이루고 있는 하나의 방법이다.

고전적 학자-전문직업인 모델에 기초한 훈련과정에서는 서로 경청하고 상호학습을 통해 필요한 지식을 습득해야 한다. 특히 임상심리학자의 훈련에 있어서 과학자 프로그램에는 임상가의 경험을 통합시켜야 한다. 임상가훈련 프로그램에 기초한 훈련에서는 심리학자가 제공한 기초적 지식을 가볍게 다뤄서도 안 된다. 모든 프로그램에서 과학자는 임상실연을 연결지어 특유한 제품을 생산할 필요가 있다. 무엇보다도 상대방의 지식은 자기에게 큰 도움이 된다는 점을 잊어서는 안 된다. 그렇게 되면 고전적 학자의 길을 걷게 되는 사람도 있고, 임상에 종사하게 되는 사람도 있고, 혹은 양자를 병행하는 사람도 나올 것은 분명하다. 이렇게 될 때 우리는 임상심리학이라는 하나의 영역을 개척하는 데 성공했다고 볼 수 있을 뿐만 아니라 과학자-전문직업인 모델의 정신을 훌륭하게 수행하고 있다고 볼 수 있다.

과학자 모델

임상심리학자의 훈련과정에서 과학자로서의 기능을 강조하는데 여기에는 두 가지 서로 다른 측면이 개재되어 있다. 즉 심리적 장애에 영향을 주는 요인에 대한 연구를 강조하는 실험정신병리학과 성격발달요인을 다루는 성격연구가 바로 이에 속한다. 어떠한 경우든지 간에 연구실험설계, 연구계획에 대한 평가, 이상행동의 증후 및 성격이론에 대한 지식은 필수적이다. 정신병리학에서는 이상행동의 원인을 규명하고 그에 따른 성격의 특징을 기술하고 설명하고 있다.

정신병리학에서 흥미를 끄는 것은 무엇보다도 신경증에 대한 연구이다. 신경증의 장애는 불안을 주축으로 하는 심리적 장애의 한 유형이라는 것만이 알려졌을 뿐 더 이상 알려진 바가 없다. 사람의 신경증이 어떤 것인지는 실험적 조작에 의하지 아니하고 확실하게 알 수가 없으나, 그렇다고 사람들을 대상으로 신경증적 증후를 조작한다는 것은 윤리에 위배된다. 그러므로 동물에게 불안을 실험적으로 야기시키고 거기에서 결과되는 부적응적 행동을 관찰한다.

이미 오래 전에 Ivan Pavlov(1849~1936)는 불안의 기제를 연구하기 위해서 실험신경증을 야기시키는 데 성공하였다. 실험자는 개에게 유사한 두 자극을 제시하고 그 자극을 변별하는 훈련을 시켰다. 처음에는 쉽게 변별되지만 나중에 가면 두 자극을 변별하기가 매우 어렵게 된다. 예를 들면 개가 원과 타원을 변별할 수 있게 훈련시킨다. 두 자극을 점차적으로 유사하게 변화시켜 가는데 점차적으로 변별이 어렵게 된다. 결과적으로 개는 두 자극을 변별하는 능력을 상실해 버리고 만다. 개는 우리 속에서 벗어나려고 온갖 행동을 하는데, 그대로 잠들어 버리는 개도 있다. 이 실험결과는 서로 다른 동물을 대상으로 한 실험적 연구에서 확증되었다(Thomas, & Dewald, 1977).

실험정신병리학자들은 학습을 통해서 습득된 무기력상태 모델을 바탕으로 우울증을 설명하는데, 이것이 그들의 큰 업적 가운데 하나이다. 우울증의 정서는 비애, 자기절하평가 및 자기무가치성 등을 내포하는 것이 특징이다. 이 모델은 우울증의 원인을 실험적으로 규명하고 시도한 점에서 높이 평가할 만하다. 이 모델을 개발하기 위한 최초의 실험에서는 개가 피험동물이 되었다. 개는 유해한 장면을 회피하기 위해서 어떤 형태의 반응을 하지 않으면 안 되었다.

회피과제에 노출되기 전에 두 집단의 개는 서로 다른 경험을 하게 훈련시킨다. 한 집단의 개는 처음에 회피할 수 없는 일련의 전기쇼크를 받게 하고 다른 한 집단의 개는 회피할 수 있거나 혹은 전혀 쇼크를 받지 않는다. 이러한 일련의 훈련이 끝난 다음에는 쇼크를 회피할 수 있는 상황에 접하게 된다. 이때 개가 이전에 어떤 훈련을 받았느냐에 따라 반응이 달라진다. 즉 이미 이전에 회피할 수 없는 쇼크를 받은 개는 회피반응이 불가능하지만 쇼크를 전혀 받지 않았거나, 회피할 수 있는 쇼크를 받은 개는 곧 그 장면에서 벗어날 수가 있다.

이와 같이 이미 이전에 회피할 수 없는 장면에 노출된다는 것은 개가 새로운 반응을 학습하는 과정에 있어서 매우 큰 영향을 준다. 개는 곧 무기력하게 행동하게 된다. 이와 같은 실험적 결과를 바탕으로 하여 인간의 우울증을 설명하기도 한다(Seligman, 1975). 또 한편으로는 특정한 개인의 성격에 대한 과학적 연구를 강조한다. 여기서 성격특징은 무엇이며, 이것을 어떠한 방법으로 측정할 것이며, 그리고 행동특징과 성격특징과의 관계를 중심적으로 연구한다. 또 성격에 대한 과학적 연구에서는 선천성과 후천성, 성격특질 및 행동을 예언하는 데 도움이 될 만한 주요 성격특징이 무엇인가를 찾아내는 데 역점을 두고 있다. 성격특질을 발견하기 위해서 특질이라고 불리는 성격의 특징을 객관적으로 측정하는 것은 심리학자의 역할에 속한다.

진료자 모델

임상심리학자를 훈련시키는 데 있어서 전문직업인으로서의 기능을 강조하는 것은 하나의 전통이 되었다. 전문직업인으로서의 임상심리학자를 훈련시키는 과정에 있어서는 치료, 평가 및 기타 다른 전문적 훈련 같은 것도 물론 부과되어야 한다. 고급연구방법론과 학생 스스로가 연구업무에 실제로 참여하는 것은 2차적 문제이다. 임상심리학자의 훈련과정에서 전문직업인으로서의 기능을 1차적으로 강조하게 된 것은 정신분석의 영향을 크게 받은 것이라고 볼 수가 있다. 정신분석적 치료에 있어서는 훈련중에 있는 치료자는 남이나 자기를 분석함으로써 귀중한 경험을 얻게 된다. 이 과정에 있어서는 과학적 의미의 심리학적 연구는 배제되고 있다. 기술적 토론이나 질적 사례연구는 전적으로 정신분석적 방법에 의존하고 있다. 사람에 따라 훈련과정에서 치료기술을 습득시키기 위해서 경험을 강조하기도 한다.

전문임상가를 위한 진단 및 평가 기술훈련은 특별한 전문적 훈련계획에 따라 실시된다. 진단을 목적으로 한 심리검사는 감독자의 지시에 따라 행하여져야 한다. 이 훈련과정에 있어서는 어떻게 심리적 장애를 분류할 것인가, 어떤 종류의 검사, 측정방법, 혹은 관찰방법으로 진단할 것인가, 그리고 실시한 여러 가지 심리검사 결과를 어떠한 방법으로 종합할 것인가 하는 것과 같은 중요한 문제에 직면하게 된다. 이를 해결하기 위해서 이론적 모델이 필요하다. 임상심리학자에게 전문지식을 가진 평가자라는 기능을 인정하고 있기 때문에 심리검사의 결과를 해석하는 데에 있어서는 임상적 기술도 중요하지만 그에 못지않게 과학적 숙련도 쌓을 필요가 있다.

선진국에는 임상업무에 종사할 전문심리학자를 양성할 목적으로 하는 전문교육기관도 있다. 이에 적극 참여하는 사람들은 임상장면보다는 연구쪽에 큰 비중을 두는 종래의 훈련모델은 사회에서 필요로 하는 인력의 필요성을 전혀 무시하고 있기 때문에 새로운 모델에 의한 양성이 불가피하다고 생각하고 있다. 사실 정신건강의 영역에서는 연구보다는 임상장면에 대한 이해가 절실하게 요청되었다(Adler, 1972).

전문심리학자를 양성하는 전문교육기관이 탄생한 것은 임상장면에서 필요한 인력을 양성한다는 의미에서는 크게 반가워할 일이지만 심리학이라는 전체 학문의 성격으로 보면 반드시 그렇지만은 않다. 심리학자로서의 자질이 크게 떨어질 우려가 없지 않다. 자칫 잘못하면 심리학자가 격하된 봉사기술자로 전락할 위험도 없지 않다. 왜 그런가 하면 일반 대학의 심리학과에서 배우는 이론적 학문에 접할 수 있는 기회가 박탈되기 때문이다.

과학자-진료자 모델

이 모델은 전통적 임상심리학자 훈련모델로서 인정된 것이다. 임상심리학자가 되기 위해서는 과학적 연구방법에 대한 훈련은 말할 것도 없고 감독자의 지도를 받으면서 전문적 경험을 쌓는 것도 필요하다. 이 훈련모델은 미국 심리학회가 주동한 1949년의 보울더 컨퍼런스, 1958년의 마이애미 컨퍼런스, 1965년의 시카고 컨퍼런스, 그리고 1973년의 베일 컨퍼런스에서 만장일치로 수용되었다. 베일 컨퍼런스에서 처음으로 임상가 모델 혹은 전문직 모델이 대두되어 학회의 승인까지 받게 되었다. 이 컨퍼런스에서는 임상전문가의 교육에 있어서 심리학의 방법론적 밑바탕을 강조하였을 뿐만 아니라 전통적 과학자로서의 역할과 과학자이며 동시에 임상가이어야 한다는 점을 다시 강조하고 있다.

훈련과정에 있어서 연구의 중요성을 강조해야 한다는 것은 곧 임상가로서의 경험의 중요성을 강조해야 한다는 뜻이 내포되어 있다. 그러므로 과학자이면서 동시에 임상가이어야 한다는 것은 연구와 임상적 경험을 겸비해야 한다는 뜻으로 풀이해야 하겠다. 또 이 모델에 함축되어 있는 의미는 임상가로서의 중요한 기능인 평가의 기술은 연구결과를 바탕으로 해서 발전시켜야 한다는 점이다. 이와 같이 치료에 있어서도 그 치료방법이 얼마나 효과가 있는지를 미리 검토해 볼 필요가 있다. 과학자이며 동시에 임상가인 임상심리학자는 평가에 대한 기술을 습득하고 치료에 대한 경험을 쌓은 것으로 만족해서는 안되며 자기가 활용하고 있는 기법의 효율성에 대하여 계속적으로 검토해 보아야 한다.

지금으로부터 50여년 전 임상심리학자의 교육과 훈련의 기본모델로 채택된 보울더 모델은 지금도 미국의 대학에서 널리 수용되고 있다. 박사학위 과정을 개설한 대학의 97.8%, 석사학위 과정을 개설한 대학의 74.1%가 각각이 보울더 모델을 수용하고 있으며 그에 따라 임상심리학자를 훈련시키고 있다 (O'Sullivan, & Quervillon, 1992). 그러면 과학자-진료자로서의 임상심리학자에게는 어떤 형태의 교육과 임상전문훈련을 시킬 것인가. 얼핏 보기에 임상심리학자에게 과학자의 자질과 임상가로서의 기술을 습득시키는 것은 매우 쉬워 보이나 기술적으로는 그렇지가 않다. 이런 문제해결을 위해 미국심리학회는 1990년 1월 16일부터 20일까지 플로리다 게인스빌에서 총회를 갖고 과학자-진료자의 모델이 가지는 본질을 재정의하고 이를 중심으로 많은 토의를 가졌다.

이 모임은 과학자-진료자협회와 플로리다 대학교 임상건강심리학과의 지원을 받았다.

게인스빌 컨퍼런스에서 재확인된 과학자-임상가로서의 임상심리학자 모델의 특징은 다음과 같다. 과학자-진료자 모델에서는 과학과 임상실습의 통합적 접근을 크게 강조하나 이 두 가지 측면의 종합만을 뜻하는 것은 결코 아니다. 과학자-진료자로서의 임상심리학자는 연구를 바탕으로 한 임상실습과 연구와 관련되는 임상실습을 요한다. 그러므로 과학자-진료자로서의 임상심리학자라고 할 때 그것은 단순한 직책이나 역할을 의미하는 것이 아니라 과학과 임상실연을 통합적으로 접근한다는 것을 의미한다. 이렇게 함으로써 환자에 대한 평가, 진단 및 심리학적 연구의 기술을 보다 증진시킬 수 있다.

과학자-진료자 모델은 심리학의 발전에 크게 공헌하였다. 이는 어느 면에서는 가장 기본적인 역할을 한 것으로 볼 수 있다. 이 모델은 과학과 임상실연을 모두 포용하고 있다. 어느 한쪽에만 편중되어 있지 않은 특징을 가지고 있다. 이 모델은 과학과 전문적 임상실연을 이론적으로, 객관적으로, 그리고 실험적으로 접근하는 것을 특징으로 하고 있다. 과학자요 진료자인 임상심리학자는 과학과 임상실연에 대한 예비교육을 받아야 되고 그에 대한 예비경험을 쌓을 필요가 있다. 이것이 곧 미국심리학회가 제정한 윤리적 행동원리의 기본이다.

훈련과정에서는 비교문화적 차이와 개인차에 대해서도 심도 있게 접해볼 필요가 있다. 보다 더 중요한 것은 심리학은 물론 그와 관련이 깊은 인접과학에 대한 폭넓은 지식을 축적할 필요가 있다. 이 모델은 과학적 지식과 기술반전을 촉진시키는 데 크게 도움을 줄 수 있다. 실제 훈련과정에서는 과학적 연구를 수행하고 여기에서 얻은 결과를 보다 효율적으로 임상실연에 활용할 수 있게 된다. 과학자요 임상가인 임상심리학자들이 필요로 하는 지식과 그들이 직면하는 임상적 문제는 매우 다양하기 때문에 그에 부합되는 새로운 지식을 습득해서 임상장면에 적용할 수 있어야 한다.

과학자-진료자 모델을 바탕으로 한 임상심리학자의 교육과 훈련에서 과학과 임상은 서로 분리시킬 수 없다. 양자는 서로 연속성을 유지해야 한다. 이 모델의 틀 안에서 서로 친숙하게 된다는 것은 곧 두 가지 기능이 서로 통합을 이뤄가는 한 과정으로 볼 수 있다. 이 통합과정에서 심리학자는 자신이 과학적 연구와 임상실습을 성실하게 수행하고 있다는 역할 모델을 뚜렷하게 보여줄 필요가 있다. 이 과정에서 심리학자는 순수과학으로서의 심리학과 임상실연으로서의 심리학간의 교량역할을 해야 한다. 과학자-진료자로서의 임상심리학자는 장차심리학과 임상실연에 필요한 전문적 지식과 기술을 습득할 수 있게 교육을 받아야 되며 임상실연기술을 습득해야 한다. 그럴 때 연구자로서, 또 다른 한편으로는 진료자로서의 기능을 건전하게 수행해 나갈 수 있다. 과학자로서 또 다른 한편으로는 전문직업임상가로서의 심리학자는 전문직업적인 임상장면에서 과학적 방법을 활용할 수 있어야 한다.

과학자-진료자로서의 임상심리학자는 정상인과 이상자를 포함한 모든 인간행동에 대해 과학적이며 체계적인 지식을 습득해야 한다. 이를 위해 심리학 전반에 대한 지식을 습득해야 한다. 여기에는 연구설계방법, 통계법, 심리학적 측정법은 물론 행동의 생물학적 기초, 그리고 행동의 인지 및 정서적 기초 그리고 행동의 사회적 기초 등이 포함되어야 한다. 교육훈련과정에서는 문제를 평가하고 치료하는 데 필요한 지식을 축적하고 임상실연을 통해 얻은 지식을 원만하게 통합할 수 있는 기능을 습득할 필요가 있다.

임상실연교육을 통해서 임상심리학자는 응용연구를 위한 책략을 수립할 수 있는 능력을 가져야 한다. 문제해결을 위해 과학적으로 사고하고 가설검증을 할 수 있는 습관을 길러야 한다. 이와 같은 능력을 가짐으로써 문제에 대한 조작적 정의가 가능하고 치료를 위한 세밀한 계획을 수립해 나갈 수가 있다. 이 문제를 보다 세분해서 생각해 보면 다음과 같은 것도 생각해 볼 수 있다.

1. 의사소통, 면집기술, 전문직 간의 지문
2. 과학적 평가결과를 기초로 한 사례나 문제의 개념설정
3. 설정된 사례나 문제에 대한 개념을 기초로 하여 과학적 접근시도
4. 전문직종간의 상호관계에서 과학자-진료자로서의 심리학자의 특성
5. 평가와 치료에 수반되는 위험성에 대한 분석
6. 새로운 평가 및 치료책략을 도입하고자 할 때에는 그에 따른 도덕적 법률적 문제에 대한 충분한 고려

7. 과학자-임상가 집단에 가입하면 적절한 보상을 받는다.
8. 문화차, 개인차 등에 대한 고려
9. 교육과 지도감독

전문가로서의 훈련은 대학원과정에서부터 시작된다. 모든 임상실연의 교육은 신중하게 선택되고 평가된 대상을 중심으로 실시해야 한다. 이렇게 함으로써 과학자로서 또 임상가로서의 사고와 행동은 계속적으로 유지해 나갈 수 있다. 임상가에서 무엇보다도 중요한 것은 과학적 체험이다. 자신이 현장에 참여해서 스스로 문제를 다뤄보는 것이 곧 체험이라고 볼 수 있다. 과학자로서, 임상가로서의 임상심리학자에게는 비판적으로 사고하는 습관을 갖는 것이 무엇보다도 필요하다. 그에 대한 교육과 실습은 계속성과 통합성을 절대적으로 필요로 한다. 이를 위해 개인에 대한 철저한 지도감독이 필요하다. 이와 같은 과정을 통해 철저한 감독하에서뿐만 아니라 독자적 실습이 가능해지고, 특정한 사건이나 기술을 개념화시키고 종합화시켜 나갈 수가 있다.

과학자-진료자로서의 임상심리학자는 임상실습장면에서는 현상연구를 염두에 두어야 하는데 이는 연구와 관련되어 있는 문제라야 된다. 그러므로 과학적 체험은 연구와 실연에 동일한 비중을 두어야 한다. 이는 두 가지 측면을 통합시켜야 된다는 것으로 해석할 수 있다. 과학적 체험은 교육과 훈련과정에서 공식적이며, 체계적이며, 그리고 고증을 거쳐서 얻을 수 있다. 이러한 공식적 연구경험을 통해 과학적 실연연구결과를 보다 쉽게 일반화시켜 나갈 수 있다. 과학적 체험은 교실에서, 개인교습을 통해서, 그리고 실험실에서의 실연을 통해서 어렵지 않게 습득할 수도 있다. 이와 같은 문제는 다음과 같이 요약할 수 있다.

1. 과학자-진료자로서의 임상심리학자의 과학적 체험은 과학에서 얻은 지식을 개인, 집단, 그리고 조직을 대상으로 활용되어야 한다.
2. 비판적 사고와 가설검증과 같은 과학적 방법은 교육과정을 통해 체험할 수 있게 되어야 한다.
3. 임상실연의 체험은 폭이 넓어야 한다. 특정한 대상에 한정시키는 것은 삼가야 한다. 그러기 위해서는 서로, 다른 사태, 서로 다른 대상을 피험자로 사용할 필요가 있다. 임상실연의 체험을 얻기 위해서는 문제나

사례의 평가, 치료, 그리고 자문의 과정에 모두 내포되어야 한다.

4. 과학적 체험은 훈련 초기에 지휘감독자의 지시를 받아 수행되는 것이 바람직하다.
5. 훈련교육과정에서 과학적 체험에 따르는 법률적 윤리적 문제가 충분히 고려되어야 한다.
6. 문화나 개인차의 문제가 깊이 고려되어야 한다.

임상심리학자의 교육 모델은 교육 장면이나 그를 구성하는 인적 자원의 특성에 따라 다르다(McFall, 2006). 박사과정에서 Ph. D 학위를 받은 임상심리학자는 과학자-진료자 모델에 따라 일정한 교육을 받는다. 이 모델은 미국 심리학회가 승인한 것으로 흔히 보울더 모델 혹은 과학자-진료자 모델이라고 한다(Raimy, 1950). 이 과학자-진료자 모델에서도 피교육자의 연구와 심리학적 봉사의 기능을 강조한다. 심리학자는 독창적 연구를 수행하고 그것을 박사논문으로 제출하고 구술시험에 통과해야 한다. 피교육자를 면접하고 검사를 실시하고 평가보고서 작성한다. 심리치료와 같은 임상적 기술은 교육과정에서 임상실연을 통해서 학습하게 된다. 이 기술은 인턴교육과정에서 수정되기도 하고 범위를 확대시켜 나갈 수도 있다. 이 기간에 학생들은 진료기관에서 전일제로 심리학적 봉사를 한다. 다른 한편 그 기관에 소속된 자격증을 소유한 심리학자로부터 슈퍼버전을 받기도 한다.

과학자-진료자 모델의 기본철학은 임상심리학자는 연구를 수행하고 거기에서 얻은 과학적 자료를 바탕으로 환자에게 심리학적 봉사를 하는 데 있다. 과학자-진료자 모델에서 과학과 진료의 균형을 유지하기 위한 변화가 있기는 하지만 훈련과정에서는 과학과 실연을 통합하는 것이 무엇보다도 중요하다. 연구기술의 발달을 강조하는 모델이 있는데 이것이 임상과학자 모델이다. 이 모델의 1차적 목적은 심리학과 인접과학의 기반지식을 축적하는 데 있다. 1950-1960년대에 보울더 모델에 의한 교육을 받은 사람은 대부분이 진료기관에 취직하였다. 이들 심리학자는 박사학위 논문을 제출한 후에는 연구에는 전혀 신경을 쓸 수 없었다. 과학자-진료자 모델에 불만을 가진 사람들이 중심이 되어 진료자-과학자 모델을 개발하였다.

이 모델은 진료 장면에서 필요로 하는 임상적 기술교육에 역점이 주어진다. 그러므로 연구와는 거리가 생기지 않을 수 없다. 이점을 고려한 나머지 이들에게는 Ph.D 대신 Psy.D 학위가 주어진다. Ph.D 과정에 비해 Psy.D에서는 실험계획은 별로 강조하지 않는다. 그 대신 자연적 계획, 개인사례의 평가 혹은 봉사 중심의 프로그램에 역점을 둔다. 전문심리학 Ph.D 과정에서는 대학교 수준의 교육기관에서 개설한다. 이와는 달리 Psy.D 과정은 대학교 수준의 교육기관과 자체적으로 운영되는 전문교육기관에 개설한다. 이들은 시간제 교수가 주로 강의를 받게 되며 그들은 연구나 교수의 경험은 전혀 가지지 못한다.

임상심리학자의 과학과 윤리

임상심리학자의 가장 중요한 임무는 경험적 연구결과에서 얻어진 건전한 지식을 여러 형태의 장애자에게 제공하는 것이다. 가장 중요한 임무의 심리학자의 행동은 대중에게 심리적 도움을 준다. 그는 항상 새로운 연구프로젝트를 수행하고 일반인이나 전문가를 대상으로 한 계몽교육도 하고, 건강관리에 대한 지식을 축적해 나가야 한다. 다른 전문가와 마찬가지로 임상심리학자는 자신의 임무와 관계되는 전문지식을 축적하는 것이 무엇보다도 중요하다.

미국은 2차대전 후에 심리학자의 윤리강령을 제정하였다. 그것은 그동안 수차에 걸친 수정과정을 거쳐 오늘날의 윤리강령으로 확정되었다. 최종적으로 확정된 윤리강령은 과학의 중심적 역할을 바탕으로 다음과 같은 점을 강조하고 있다. 심리학자는 자기 자신을 이해하고 남을 이해하는 데 과학적이고 전문적 지식을 신장시키는 데 전념해야 한다. 더 나아가서 그 지식을 개인, 조직, 사회개발을 위해 활용할 수 있어야 한다. 임상심리학자는 자기 자신의 행동이 갖는 중요성을 깨닫지 않으면 안 된다. 미국심리학회가 재정한 윤리강령에 포함된 중요행동은 <표 1-5>와 같다.

대부분의 임상심리학자들은 전문적 봉사는 연구결과를 바탕으로 이뤄져야 한다는 점에서 의견을 같이한다. 그러나 연구결과를 바탕으로 한 실제 전문적 봉사를 어떻게 할 것인가, 또 연구결과는 어떤 것이라야 되느냐 하는 문

표 1-5 미국심리학회가 재정한 5대 윤리강령

1. 선행	임상심리학자는 자기의 치료를 받은 환자에게 도움을 주어야 한다. 피해자가 되는 것은 피해야 한다.
2. 성실성과 책임성	임상심리학자는 자기의 치료를 받은 환자와 두터운 신뢰관계를 유지해야 한다. 환자가 자신의 전문적·과학적 책임을 인지할 수 있게 행동해야 한다.
3. 전문성 관계의 통합	임상심리학자는 심리학에 있어서 과학, 교수 및 진료의 정직성과 진실성을 증진시켜야 한다.
4. 정의	모든 사람은 심리학의 혜택을 받을 권리가 있다는 점을 임상심리학자는 알아야 한다. 심리학자는 편견을 가져서는 안 되고, 부당한 진료 행위를 해서도 안 된다.
5. 다른 사람의 권리와 존엄성 존중	임상심리학자는 다른 사람의 권리, 사생활, 비밀, 자기결정을 존중해야 한다.

제에 직면하면 서로 의견을 달리 한다. 실험결과에서 얻은 결과는 모두 임상심리학의 기초지식으로 사용될 수 있다고 주장하는 사람이 있는가 하면 그와 의견을 달리하는 사람도 있다. 실제 임상심리학자들이 직면한 문제를 모두 실험을 통해서 해결하는 것은 불가능하다고 주장하는 사람도 있다(Peterson, 2004). 직관이나 경험에 의해서 해결되는 문제도 많다. 이들의 주장과는 달리 실험적 결과의 뒷받침이 없는 문제해결은 환자에게 도움이 되기보다는 해를 끼친다. 그러므로 도리어 치료를 하지 않은 것이 환자에게 더 유익하다(Nathan, 2004).

임상심리학자가 가진 모든 지식이 과학적 근거가 뒷받침하고 있는 것은 아니지만 그 지식이 환자에게 도움을 주는 경우도 있다. 이와는 달리 과학적 실험결과가 뒷받침하는 지식이 문제 해결에 도움이 되지 않은 경우도 있다. 하지만 과학적 기초가 뒷받침하는 지식이 환자치료에 도움이 되는 경우가 더 많다. 과학적 근거를 기초로 한 임상적 봉사는 가능하면 연구결과를 활용한다. 임상봉사에 활용할 수 없을 때에는 임상심리학자는 마음의 과학적 틀을 통해서 봉사를 극대화시킬 수 있다.

심리학적 봉사에 앞서 봉사자는 먼저 체계적으로 문제를 제기한다. 자기평가를 통해서 일차적으로 그 봉사의 유익성과 유해성을 검토해 본다. 이 과정에서 임상가는 개방성과 회의성의 균형을 잊어서는 안 된다. 과학은 아이디어, 이론, 그리고 사실을 통합하는 기술이다. 과학에는 가설을 통합·검증하는 기능이 있다. 내담자가 자신을 가장 효과적인 봉사를 받고 있다고 생각을 가질 수 있게 하는 것이 임상심리학에게는 매우 중요하다. 그러면 심리학자의 직관법은 환자나 자신에게 어떤 도움이 되는가. 직관은 어떤 대상에 대한 느낌으로 그것은 말로 표현되거나 객관적으로 기술될 수 없다.

임상경험이 많은 임상심리학자 가운데 자신은 경험이 적은 임상심리학자에 비해 보다 질 좋은 봉사를 할 수 있다고 생각하는 사람이 있다. 그러나 이와 같은 생각은 임상심리학자나 건강 관리자의 과학을 바탕으로 한 연구 결과와 상반된다. 경험이 많은 심리학자의 정확하고 타당한 의사결정의 수준은 낮다는 연구 보고가 있다. 그러면 경험 많은 사람의 봉사의 질은 떨어지는 이유는 무엇인가. 이는 임상적 경험만으로는 정확하고 객관적 판단 기능이 결여되어 있음을 의미한다.

임상심리학자는 판단이 어려운 사태에서 또 결과가 불확실한 사태에서도 정확한 판단을 내려도 그에 대한 적절한 피드백은 받지 못한다. 이들은 적절한 피드백을 경험한 사람이 경험하는 것과 같이 질이 좋은 기술 습득은 불가능하다. 그러나 과학적 실험결과를 바탕으로 한 정확한 판단을 긍정적 피드백을 받으며 그것을 바탕으로 새로운 가설을 설정하고 실험을 통해 새로운 사실을 발견하게 된다. 결과적으로 그의 임상심리학적 지식의 수준은 향상된다.

우리는 이제 이론적 배경을 바탕으로 한 임상적 진료를 도입할 필요가 있다. 이는 이론적 오리엔테이션의 중요성을 수용할 때가 되었음을 의미한다. 이론적 배경이 빈약한 과학적 발견은 무가치하다. 임상심리학자는 자기의 연구와 관련이 있어 보이는 것은 물론 무관해 보이는 모든 사건에도 관심을 가져야 한다.

정확성이 결여된 이론에 대한 검증은 필수적이다. Sigmund Freud(1856~1939)가 한 때 자기가 성적 학대를 받은 것으로 진단한 많은 여성 환자 때문에 당황한 적이 있었다. 이 경우를 벗어나기 위해 그는 새로운 대체 이론을 내놓았다. 그는 그 여자들이 성적 학대를 받은 것이 아니라 성적 환상을 하고 있는 것이라고 주장했다. Freud의 주장은 과학적 검증을 거치지 않았다. 그럼에도 많은 사람들은 정확한 이론으로 수용하고 있다. 오랜 세월이 지난 후에 이들에 대한 검사에서 그들은 성적 학대를 받은 사실이 있다고 주장을 바꿨다. 이와 같은 사실을 후세의 과학자들은 어떻게 평가할 것인가. 권위에 의존한 이론체계는 엄청난 부정적 결과를 가져온다. 연구를 기초로 한 임상심리학자의 봉사는 매우 중요하다. 이에 못지 않게 중요한 것이 윤리적 봉사이다.

연구와 전문적 봉사에 있어서 윤리적 문제가 주요 쟁점으로 등장한 것은 2차 대전 후 독일 누렌버르그의 전범자 재판을 계기로 주요 문제로 부각되었다. 의학적 실험이라는 구실로 시행한 흉측한 대학살이 이뤄진 것이 발견되었다. 이 윤리적 강령에서 실험대상이 된 사람은 무슨 실험이 행해자는 자를 이해해야 하고 그 실험에 피험자가 되겠다는 사실에 동의를 해야 한다. 이 고지에 입각한 동의의 개념 즉 환자가 수술이나 실험적 치료를 받게 될 때 의사로부터 자세한 설명을 들은 후에 환자가 내리는 승낙의 개념이다. 이는 환자와 연구자에게 모두 적용되며 이는 전문적 및 연구의 윤리강령의 초석이 되었다.

심리학에서도 심리학자의 불쾌한 감정이 환자의 치료에 부정적 영향을 주어서는 안 된다는 윤리적 강령(<표 1-5>)이 있다. 미국 심리학회의 윤리 강령에서도 이와 같은 점이 명시되어 있다. 심리학자가 기능이 저하되었다고 판단되면 심리적 봉사는 삼가해야 한다. 이와 같은 주장은 다른 건강전문가의 환자에 대한 봉사의 경우도 마찬가지이다. 치료자가 엘저지를 이겨내지 못하거나 악성 감기에 감염되었을 때에는 진료행위를 삼가야 한다. 심리학자는 자신의 정서적 건강상태 때문에 환자에게 부정적 영향이 끼칠 것으로 판단되면 심리학적 봉사를 중단해야 한다. 모든 심리학자가 심리학적으로 건강한가. 그렇지는 않다. 심리학자도 인간이다. 그에게는 일상생활이 있다. 가정문제는 물론 자녀문제도 있다. 경제적으로 어려움도 있다. 이는 곧 그의 심리적 건강을 손상시킨다. 일반적으로 생활문제가 많은 심리학자들일수록 전문가의 역할기능이 크게 떨어진다.

제 2 장

임상심리학의 발달

제 2 장

임상심리학의 발달

Lightner Witmer의 임상심리학

Wilhelm wundt(1832~1920)

현대과학적 심리학의 비조는 독일의 실험심리학자 Wilhelm Wundt(1832~1920)이다. 그는 1879년 Leipzig 대학에 심리학 실험실을 창설하였는데 그것이 세계 최초의 심리학 실험실이요 고전적 심리학의 요람이 되었다. 그는 이 실험실에서 수행된 감각, 생리심리학, 반응심리학, 정신물리학의 연구결과를 『*Philosopical Studies*』에 발표하였다. 그의 연구는 민족심리학의 연구로 이어졌다. 그에 의하면 인간의 간단한 정신작용은 생리심리학의 원리에 따라 설명되나 민족정신과 같은 고등정신은 사회적 작용에 대한 이해가 필요하다고 생각한 나머지 사회심리학에 관심을 가지기 시작하였다. 이에 대한 연구는 1900년 초반에 시작되어 20여 년에 걸쳐 수행된 것이기 때문에 학계에 널리 알려져 있지 않다.

그의 실험실연구에 매력을 느낀 동서양의 저명한 심리학자들이 그의 실험실에 모여들었다. 북미, 유럽의 심리학자는 물론 중국, 일본의 심리학자들도 그의 실험실연구에 큰 관심을 가졌다. 이 실험실을 거쳐간 심리학자로 후에 심리학의 발전에 크게 공헌한 사람으로는 Würzburg 대학교 교수 Oswald Külpe(1862~1915), 미국 최초의 심리학 교수 James McKeen Cattell(1860~1944), 아동심리학과 청년발달 이론가이고 Clark 대학교 총장과 미국 초대 심리학회장을 지낸 Stanley Hall(1844~1924), 미국 Chicago 대학교 교육대학장 Charles Hubbard Judd(1873~1946), 산업심리학의 발달에 공헌하고 Harvard 대학교 교수를 지낸 Hugo Münsterberg(1863~1916), 미국 Cornell 대학교에 최초의 심리학실험실을 개설하고, 구성주의 심리학의 체계를 완성하였을 뿐만 아니라 Wundt의 심리학을 가장 정확하게 미국에 소개한 Edward Bradford Titchener(1867~1927), 미국 Pennsylvania 대학교에 세계 최초의 심리치료소를 개설(1896)한 Lightner Witmer(1867~1956), 지능의 2요인 이론과 주요 통계적 방법을 개발한 Charles Spearman(1863~1945), 루마니아의 철학자로 Bucharest 대학교 철학과장을 지낸 Constantantine Rădulescu-Motru(1868~1957), 1906년 Kyoto 대학교에 심리학 실험실을 개설한 일본의 저명한 심리학자 Matsumoto, 1908년부터 1911년까지 Leipzig 대학교 실험실에서 연구한 후 귀국하여 Peking 대학교 총장을 지낸 Yuanpei Cai 등을 들을 수 있다.

Lightner Witmer(1867~1956)

Wundt의 실험실을 거쳐간 심리학자들은 자국으로 돌아가 심리학의 발달에 크게 공헌하였다. Lightner Witmer도 예외는 아니었다. 그는 1896년에 세계 최초 심리진료소를 Pennsylvania 대학교에 개설하였고 그 해 12월 보스턴에서 개최된 미국 심리학회 5차 연차대회에서 '심리학'에 의사들이 선호하는 '임상'이라는 용어를 추가하여 '임상심리학'이라는 용어를 최초로 사용하였을 뿐만 아니라 1907년에는 학술지 『*Psychological Clinic*』(그림 2-1)을 출간하였다. 이것이 임상심리학과 관계되는 세계 최초의 공적이다. 이러한 세계적 사건들이 곧 오늘날 임상심리학의 기틀이 되었다. 그러고 보면 임상심리학의 역사는 올해로 100년이 훨씬 넘는다.

Leipzig 실험실에서 Pennsylvania 대학교에 돌아온 Witmer는 미국 최초의 심리학 교수인 James Mckeen Cattell(1860~1944)의 심리학 실험실을 이어받은 행운을 맞게 되었다. 이를 계기로 그는 실험적 방법을 실용적 문제해결에 적

Vol. I, No. 1. March 15, 1907

THE PSYCHOLOGICAL CLINIC

A Journal for the Study and Treatment of Mental Retardation and Deviation

Editor:
LIGHTNER WITMER, Ph. D.,
University of Pennsylvania.

Associate Editor:
HERBERT STOTESBURY, Ph. D.,
The Temple College,
Philadelphia.

Associate Editor:
JOSEPH COLLINS, M. D.,
Post Graduate Medical College,
New York.

CONTENTS

THE PSYCHOLOGICAL CLINIC PRESS
West Philadelphia Station, Philadelphia, Pa.

그림 2-1a *The Psychological Clinic* 창간호 표지

THE PSYCHOLOGICAL CLINIC

A Journal for the Study and Treatment of Mental Retardation and Deviation

Subscription price, $1.00 per annum (nine numbers). Single numbers, 20 cents. Foreign subscription price, $1.25.

Published monthly except July, August and September. A single number will contain twenty-eight or more pages.

The Psychological Clinic is published primarily in the interest of a large class of children, who manifest different degrees of retardation in mental and moral development. The number of such children is from five to fifty per cent of the school population, depending upon the point at which the line is drawn to separate those who are backward from those whose progress is considered normal.

The Psychological Clinic will present the results of investigation conducted mainly through the examination and treatment of individual mental and moral peculiarities,—not necessarily abnormal,—associated with developmental phenomena.

This new field of Psychology and Pedagogy is one that touches the interests of physicians and social workers as well as of psychologists and educators.

The Psychological Clinic will also take cognizance of all forms of special work for mentally and physically defective children, juvenile delinquents and dependents. It will, therefore, make an appeal to teachers of blind, deaf or feeble-minded children, to teachers of physical education, and to all those having a philanthropic interest in improving environmental and other conditions to further normal development during the formative period of childhood.

EARLY NUMBERS WILL CONTAIN THE FOLLOWING ARTICLES

A Case of Chronic Bad Spelling—Aphasia visualis verbalis—due to Lack of post-natal Development.
The Role of Imitation in Physical Training.
A Blank for the Clinical Study of Retarded Children.
Will Training in Spastic Paralysis.
The Fifteen Months' Training of a Feeble-Minded Child.
A Blank for the Record of a Child's Development in Articulation.
By the Editor.
Two Years' Experience in a Public Day School for Backward Children.
By Clara H. Town, Resident Psychologist at Friends' Asylum for the Insane, Frankford. Formerly Teacher in Special School No. 9, Philadelphia.
Method of Obtaining Statistics of Retardation with the Assistance of School Principals and Grade Teachers.
By James E. Bryan, Superintendent of Schools, Camden, N. J.
The Backward Children of a City School.
By J. D. Heilman, Harrison Fellow in Pedagogy, University of Pennsylvania.
Clinical Studies of Retarded Children.
By George W. Twitmyer, Ph. D., Superintendent of Schools, Wilmington, Del.

Send subscriptions and all communications to

THE PSYCHOLOGICAL CLINIC PRESS,
West Philadelphia Station, Philadelphia, Pa.

그림 2-1b *The Psychological Clinic* 창간호 목차

용해 보는 기회를 갖게 되었다. 그는 확실하고 정확한 공학적 태도의 중요성을 강조하였다. 그는 어떤 사건의 과학적 가치는 그 응용가능성에 의해서 결정된다고 생각하였기 때문이다. 그는 순수과학과 응용과학 간의 경계선은 존재할 수 없다고 주장하였다. 천문학자가 자신의 관찰에서 개인방정식을 배제할 필요를 느끼지 못했다면 초시계, 광속 등을 측정하는 극미시간 측정기는 발명되지 못했을 것이고 이 두 측정기계가 없었다면 1800년대 이후의 생리학은 한걸음도 발전하지 못했을 것이다.

Hermann Helmholtz(1821~1894)의 극미시간 측정기가 발명되지 못했고 Gustav Fechnaer(1801~1897)가 감각변별식역을 측정하는 방법을 연구해놓지 못했으면 근래 임상심리학은 크게 발전하지 못했을 것이다. 순수과학과 응용과학은 병행해야 한다. 한쪽 발달이 지연되면 다른 한쪽의 발달도 지연될 수밖에 없다. 반대로 다른 한 쪽이 발달하면 다른 한쪽도 발달한다. 심리학의 발달은 다른 과학과 마찬가지로 인류발달에 공헌한 가치와 양에 의해서 결정된다(Witmer, 1907). Witmer는 과학적 심리학의 실용화, 실용적 문제에 대한 과학적 접근을 시도하는 한편 학교심리학의 기초를 구축하는 데 크게 기여하였다. 그는 특정한 사건이나 개인이해에 역점을 두는 개성기술적 임상모델의 선호자로 일반적 법칙을 추구하는 법칙 정립적 모델을 선호하는 Stanley Hall의 정립방법과 대조를 이룬다. 서로 상반되는 모델은 이들의 제자들에 의해 오늘날 학교심리학의 기초를 닦는 데 크게 기여하였다. 아동문제의 해결을 위해 Witmer는 신체적/정신적 검사를 병행하였고 특히 신경학, 안과, 이비인후과의 상호협력체제의 필요성을 강조하였다.

Witmer가 세계 최초로 사용한 '임상심리학(Clinical Psychology)'과 '심리진료소(Psychological Clinic)'라는 용어는 이질적 용어가 아니다. '임상(clinical)'이라는 용어는 Witmer가 자신의 연구를 위해 가장 적합한 것 같이 생각되기 때문에 의학에서 빌려 온 용어이다. 여기서 '임상심리학(Clinical Psychology)'은 '의학심리학(Medical Psychology)'과는 전혀 성격이 다르다. 이 용어는 의사가 환자의 '병상 머리맡에서 진료한다'는 의미는 전혀 포함되어 있지 않다. Witmer의 '임상(clinical)'이라는 용어에는 '방법'의 특성을 의미할 뿐이다. 의학에서 사용하는 임상적 방법은 네덜란드의 Leiden 대학교 Herman Boerhaave(1668~1738)가 최초로 사용하였지만 그것은 철학적인 방법이라고 비난받았고 의학에서도 제한적으로 사용되었다. 이러한 환경에서 임상심리학은 좋은 평판을 받지 못했다. 왜냐하면 아동의 심리문제를 심리학 실험실에서 발견된 방법으로 해결하려고 하는 것은 적합하지 않는다는 생각이 지배적이였기 때문이다.

정서적으로 도덕적으로 지체된 아동에게 임상심리학적 방법은 적용될 수 없다. 이들은 말을 잘하지 못하는 것도 아니요, 이상한 것도 아니고 더욱이 그들을 병적으로 진단할 근거가 전혀 없다. 다만 개인의 발달이 좀 지체되어 있을 뿐이다. 그러므로 임상심리학자들은 평균에서 일탈된 아이들에 대한 관심을 게을리해서는 안 된다. 임상적 방법은 정상아에게도 적용된다. 대상이 어린이거나 성인이거나 그들에게는 임상적 방법에 의한 검사가 필수적이다. 공립 학교 학생 가운데 학교성적이 부진하고 행동문제를 가진 아이들은 임상심리학적 검사가 꼭 필요하다고 생각했다. 어떻게 보면 Witmer는 Wundt의 실험실 전통을 벗어나 새로운 분야를 개척하는 데 관심이 있었다고 볼 수 있고 그것은 새로운 심리학의 분야를 개척하는 데 공헌한 것으로 평가되어야 한다.

Witmer는 이렇게 주장한다. 즉 학교아동의 정신지체와 도덕성 발달의 지체는 통계적 방법과 임상적 방법으로 접근해야 한다. 심리치료소는 신체적 결함과 학교성적이 지체된 아동치료를 위해서 훈련시키는 교육기관으로 보강되어야 한다; 교육과 치료에 종사하는 전문가에게는 정상아동과 지체아동의 행동관찰과 훈련이 필요하다; 전문가가 되려는 심리학 전문가는 학교계통에서 정신적 지체아와 도덕적 지체아에 대한 검사와 치료를 하거나 의학실습을 거쳐야 한다.

Witmer는 심리치료소에서 수많은 사례들을 치료하여 정상생활에 돌아갈 수 있게 도움을 주었다. 그 가운데에는 아이들도 있고 성인들도 있다. 아이들의 경우 부모나 교사의 권유에 의해서, 성인의 경우는 지역사회의 권유에 의해서 진료소를 찾아 왔다. 대표적인 사례를 소개하겠

심리치료소 전경

심리치료소(1) 내부

다. Charles Gilman은 1896년 3월 Witmer의 심리치료소에서 치료받은 최초의 사례다. 이 사례는 글쓰기, 독서, 언어능력이 크게 저하되었다. 그에 대한 의학적 검사에서 시각장애가 있다는 사실이 발견되었다. 그는 시각 교정 후 성적도 향상되었고, 졸업후에는 좋은 직장도 가질 수 있게 되었다. Witmer는 심리학적 문제는 치유가능한 것이라고 믿는다. 이 사례를 통해 자신의 신념이 틀리지 않았다는 사실을 확인할 수 있었다. Don은 현대 심리학자들이 자폐증으로 진단하기 쉬운 사례였다. Witmer는 그의 문제를 정서적 · 사회적 치료를 통해 정상생활을 하는 데 도움을 준 사례이다. Witmer는 이 사례를 통해 자폐증과 정서적 · 사회적 문제는 근본적으로 다르다는 신념을 가질 수 있게 되었다.

심리치료소(2) 내부

Witmer의 활동분야는 임상적 문제에 한정되지 않았다. 그의 활동영역은 매우 다양하다. 실험실 운용매뉴얼을 출판하고(1902) Edward Titchner(1867~1927)와 공동으로 실험심리학그룹을 만들었다(1904). 아동의 성공적 행동변화에 관심을 가진 Witmer는 환경통제의 필요성을 깨달은 나머지 여러 곳에 대규모의 기술학교를 설립하였다. Witmer의 업적에서 빼놓을 수 없는 것은 Clark 대학교 총장 Stanley Hall(1844~1924)과 함께 미국 심리학회

심리치료소(3) 내부

심리치료소(4) 내부

를 창립한 것이다(1892). Witmer는 Pennsylvania 대학교에 들어오기 전에는 Philadelphia의 예비학교에서 역사 · 영어를 가르쳤다. 그 때 언어결함을 가진 학생을 성공적으로 치료하였다. Witmer는 Pennsylvania 대학교에 재직하는 동안 임상심리학의 1세대를 배출하였다. 그 가운데 대표적인 사람이 E. B. Twitmer(Pennsylvania 대학교 교수), Stevenson Smith(Washingtond 대학교 교수), Francis N. Maxfield(Ohio 주립대학교 교수), David Mitchell(미국 최초의 개인진료소 개설자)이다. 다른 한편 그는 Pennsylvania 임상심리학회를 창설하고 회장을 지내기도 하였다.

현대임상심리학의 발달

미국 임상심리학의 발달

미국 심리학회는 1892년 여름 Clark 대학교 총장 Stanley Hall(1844~1924)과 Pennsylvania 대학교 교수 Lightner Witmer(1867~1956)가 주동이 되어 창설되었다. 최초의 모임은 같은 해 12월 Pennsylvania 대학교에서 31명이 참석한 가운데 열렸다. 그 동안 미국 심리학회는 여러 가지 변화를 겪으면서 54개의 분과학회에 150,000여 명의 회원을 거느리고 있다. 임상심리학 분과회는 1939년에 창설된 12번째의 역사가 긴 학회이다. 2009년 자료를 보면 분과학회 회원은 4,067명(남자 2,593명, 여자 1,474명)이다. 미국의 심리학이 전문직업으로 등장한 것은 1890년대이다. 이들은 정신병원의 환자가 주대상이었다. Witmer의 심리치료소에서는 학습장애자와 문제행동자가 주대상이었다. 이전에도 심리학자들은 인간의 부적응문제를 치료한 기록이 있다. 당시의 심리학자는 골상학자, 인상학자, 필적학자, 최면시술자, 심령술사, 선감사, 정신치료자, 심리학자 등 여러 가지 명칭이 사용되었다.

미국의 심리학이 과학적 모델에 따라 심리학자를 교육시키고 과학을 바탕으로 한 진료자를 양성하기 시작한 것은 1900년대 중반이다. 1920년대에 미국의 심리학계에는 규모가 크고 작은 응용심리학이 탄생하였다. 가장 규모가 큰 것은 뉴욕주 자문심리학자회로 1921년에 설립되었다. 이는 1930년에 재조직되어 회원의 범위를 크게 확대하였다. 여기에는 자문심리학연합회(ACP)를 조직하려고 기도하는 사람이 모두 포함되었다. 1933년에는 APA와 공동으로 전문심리학자의 윤리코드를 만들고 1893년에는 『*Journal of Consulting Psychology*』를 출간하였다. 1937년 ACP가 주동이 되어 미국 응용심리학회(AAAP)를 새로 창립하였다. ACP와 APA의 임상섹션은 자발적으로 해체되고 새로운 조직을 만들고 『*Journal of Consulting Psycholoy*』를 출간하였다. 이것이 서로 출범하는 학회의 공식적 조직이 되었다. AAAP는 출발초기에 네 섹션 - 임상, 자문, 교육, 산업 - 으로 출발하여 다섯 번째 섹션으로 군사심리학을 추가하였다. 이 기구는 규모가 가장 큰 학회가 되었다. 그 가운데서도 가장 많은 회원을 가지는 학회는 임상심리학회을 전체 회원 410명 가운데 229명의 이 학회 회원이었다. AAAP의 초창기 회장 가운데에는 Carl Rogers(1902~1987)도 있다.

전문직업 심리학자, 특히 임상심리학자들은 자기들 자신의 조직을 갖고 회원들의 권익보호에 힘썼다. 그러나 그 조직의 수명은 길지 못했다. AAAP는 2차 대전의 위기를 맞으면서 새로운 APA를 창설하고 Washington, DC에 새로운 사무실을 갖게 되었다. 이 규약은 심리학을 과학과 전문직업으로 발전시키는 데 역점을 두기로 규정되어 있다. APA는 AAAP의 섹션구조를 이어 받았다. 이에 따라 임상심리학은 12번째의 APA의 분과학회로 확정되어 오늘에 이르고 있다. 현재 APA는 54개의 분과학회로 구성되어 있다. 임상심리분과회는 임상노인심리학, 임상심리과학회, 소수민족 임심리학회, 위기 응급섹션, 의술심리학회연합회, 평가 심리학회, 대학원생 및 조기 취업 심리학회로 구성되어 있다.

APA는 조직의 공식출판물로 『*American Psychologist*』를 출간하였다. 이는 미국 심리학회의 전문정기간행물이라는 부제가 있다. 이 학회는 전문 직업심리학자는 물론 전문연구기관에 종사하는 심리학자의 권익보호에 역점을 둔다는 점을 명문화 하였다. 임상심리학자가 전문직업인의 주체성을 찾기 시작한 것은 1차 대전부터이다. 대부분의 심리학자들은 대학교원이 되기를 희망하였다. 소수의 심리학자들만이 응용분야, 예를 들면 학교, 병원, 그리고 사업장에 취업하기를 희망하였다. 전쟁 후 응용분야는 상당기간 지속적으로 성장하였다. 전쟁 중 심리학자의 경험을 바탕으로 심리학의 지식을 사회생활에 성공적으로 응용하는 능력을 높이 인정받게 되었다.

Wallace Wallin은 1917년 정신지체아동의 수가 급증하고 있음을 발견할 수 있었고, 같은 시기에 미국 임상심리학회(American Association of Clinical Psychology; AACP)를 조직하였다. 이 학회는 현재 APA의 12번째 분과학회와는 별개의 학회이다. 이 조직에 대한 사회적 인식은 거의없는 상태였다. 그것보다 더 불행한 것은 정신의학에서는 임상심리학을 전혀 받아들이려고 하지 않았다는 점이다. 당시 임상심리학의 교육이나 사업장에서는 좋은 평가를 받고 있었다. 그러한 흐름 속에서도 임상심리학자의 진단이나 검사는 정신의학에서 외면당하고 있었다. 이와 같은 흐름은 개인적인 수준에서 이뤄진 것은 물론 학회 차원에서도 크게 다름이 없었다. 이와 같은 사실은 Leta Hollingworth가 『*Psychological Bulletin*』(1917, 14, 224-225)에 발표한 논문에서 확실하게 밝혀지고 있다. Hollingworth는 Columbia 대학교의 교수였고, New York에 임상업무에 종사하고 있는 AACP의 회원이었다. 그는 1918년 응용심리학자의 자격조건으로 박사학위를 필수조건으로 주장하였다. 그를 위해 심리학 박사 제도를 도입하였다.

이와 같은 주장에 대해 미국 심리학회에서는 찬성하는 쪽과 반대하는 쪽으로 양론이 대립하였다. 찬성하는 쪽에서는 심리학의 발전을 위해 바람직하다고 하지만 반대하는 쪽에서는 그것은 심리학의 발전을 저해하는 것으로 생각하고 있었다. 특히 그것은 과학으로서의 심리학의 발전을 크게 해치는 것으로 생각하였다. 또 그것은 APA의 목적을 크게 해칠 우려가 있다는 것이 그들의 주장이었다. 이와 같은 상황에 처한 AACP는 APA에서 탈퇴할 것인가, APA에 그대로 남을 것인가의 기로에서 큰 갈등을 겪게 되었다. 어떤 결정을 내려도 AACP에게는 큰 도움이 되는 것이 분명하다는 결론이 내려졌다. 결과적으로 AACP는 자신들의 조직을 해체하고 새로운 조직을 다시 만드는 것이 바람직하다는 결론을 내렸다. 이와 같은 결론에 따라 1919년 APA 안에 임상심리학 섹션이 창설되었다.

이와 같은 변화에 대해 AACP의 조직원은 물론 주변의 지식인들은 그들의 결실을 높이 평가하였다. 언론인 Albert Wiggam은 1928년 그의 저서에서 이렇게 평가하였다. 즉 지금까지 남자나 여자가 오늘날과 같이 심리학을 필요로 한 적이 없을 것이다. 젊은 남성과 여성은 자신의 정신적 특성과 능력을 평가해서 자신의 장래를 결정하기 위해 심리학의 지식을 필요로 하게 되었다. 사업가는 훌륭한 고용자를 선발하기 위해 심리학의 지식을 활용하게 될 것이다. 부모와 교사는 자녀와 학생의 교육을 위해 심리학의 지식을 필요로 할 것이다. 고도의 안정성을 보장받기 위해, 또 고도의 행복을 누리기 위해 심리학의 지식을 필요로 할 것이다. 이를 성공적으로 수행하기 위해서는 우리는 자신의 마음과 성격의 특성에 대한 지식을 가져야 한다. 이 지식을 주는 것은 심리학자이다. 영국의 저명한 저술가 Herbert Wells(1866~1946)는 1924년 『*American Magazine*』의 기고문에서 이런 메세지를 전했다. 즉 심리학은 크게 발전하였다. 앞으로 100년 혹은 그 이후까지도 응용심리학은 인간사 개혁의 지표가 될 것이다.

보울더 모델 세계 최초로 임상심리학이라는 새로운 학문을 만들어 낸 미국사회는 1940년 이후 10여 년 동안 크고 작은 문제에 직면하였다. 전쟁 중에는 전쟁 부상병의 치료는 물론 그들의 정신회복이 큰 문제였고 종전 후에는 그들의 사회적응이 큰 문제로 부각하였다. 이 문제 해결에 앞장선 것이 국방부와 재향군인보훈국(VA)이었고 경제적 도움을 준 것이 공중보건국(USPHS)과 국립정신보건원(NIMH)이었다. 이들의 행정적 경제적 도움을 바탕으로 미국 심리학회(APA)가 구체적 교육프로그램을 만들고 그 프로그램에 따라 교육받은 고급 두뇌들의 노력으로 오늘날 미국의 임상심리학이 성장 발달하게 된 것이다.

1942년 미 국방부는 VA와 USPHS로 하여금 부상병의 정신치료와 사회복귀 적응문제를 해결하기 위한 방법을 모색하도록 하였다. 이들은 1차적으로 정신과 전문의사의 도움을 얻기로 하고 그들과 접촉하였다. 결과는 여의치 못하였다. 그들은 대안으로 APA와 접촉하였다. 그들의 취지는 좋은 것으로 생각되었지만 그 자격을 갖춘 전문가는 물론 전문가를 교육시킬 교육기관과 교과과정이 전무한 상태였다.

이 문제를 타결하기 위해 AV는 대학에 경제적 원조를 제공하였다. 이 원조를 받은 대학의 학생들은 여유있는 학교생활을 할 수 있을 뿐만 아니라 VA에서 전문자격을 갖춘 임상심리학자로서 일할 수 있게 되었다. 이러한 상황에서 임상심리학자를 양성하는 교육기관이 늘어나고 거기에서 교육받은 자격을 갖춘 임상심리학자가 지속적으로 배출되었다. 이것이 오늘날 미국 임상심리학의 발전을 위한 초석이 되었다.

VA에서 제공한 경제적 도움은 임상심리학의 발달에 결정적 도움을 주었으나 도움을 받은 심리학 측에서는 이 도움을 효과적으로 소화할 준비가 없었다. VA의 도움을 받은 대학의 교육은 일정한 체계를 갖추고 있지 못했기 때문이다. 이러한 어려움을 해결하기 위해 1946년 미국 심리학회는 임상심리학자의 양성을 위한 위원회를 수립하고 David Shakow(1901~1981)를 위원장으로 임명하였다. Shakow는 NIMH의 경제적 도움을 받아 임상심리학자를 위한 체계적인 교육방법과 체계를 만들기 시작했다. 이 계획안의 타당성을 논의하기 위해 1949년 8월 말부터 9월 초까지 2주간 Colorado 주 Boulder에서 공식적 모임이 있었다. 이 모임에는 심리학자를 비롯해서 사회사업가, 정신과 간호사 등 73명이 모였다(그림 2-2 참조).

보울더 모델 혹은 과학자-진료자 모델의 내용으로 Victor Raimy가 1950년에 편찬한 소책자 『*Training Clinical Psychology*』(New York: Prentice Hall)에 자세히 소개되어 있다. 이 모임에서 단일 훈련 모델을 만드는 데 의견의 일치를 보았다. 이 모델에는 특정한 임상기술, 실습교육, 인턴과정 연구훈련 및 논문에 대한 규정이 포함되어 있다. 이 모임에서 과학자-실연자 모델, 혹은 보울더 모델이 전문심리학자 양성을 위한 초석이 되었다. 이 모델은 임상심리학자의 양성은 물론 카운슬링심리학자, 학교심리학자의 양성에도 널리 활용된다. '과학자-진료자'모델은 미국뿐만 아니라 많은 나라에서 임상심리학자의 훈련기준으로 사용되고 있다.

이제 이 모델 역사는 60년이 넘는다. 오랜 역사를 가진 모델은 과학의 발달에 공헌도 많고 그에 대한 비판도 많다. 보울더 모델은 미국의 임상심리학자의 교육훈련의 기반이 되었다. 이 모델은 임상심리학자의 교육과 훈련에서

그림 2-2 임상심리학 대학원 교육을 위해 마련된 보울더 컨퍼런스에 참석한 전문가들(1949.8~9)

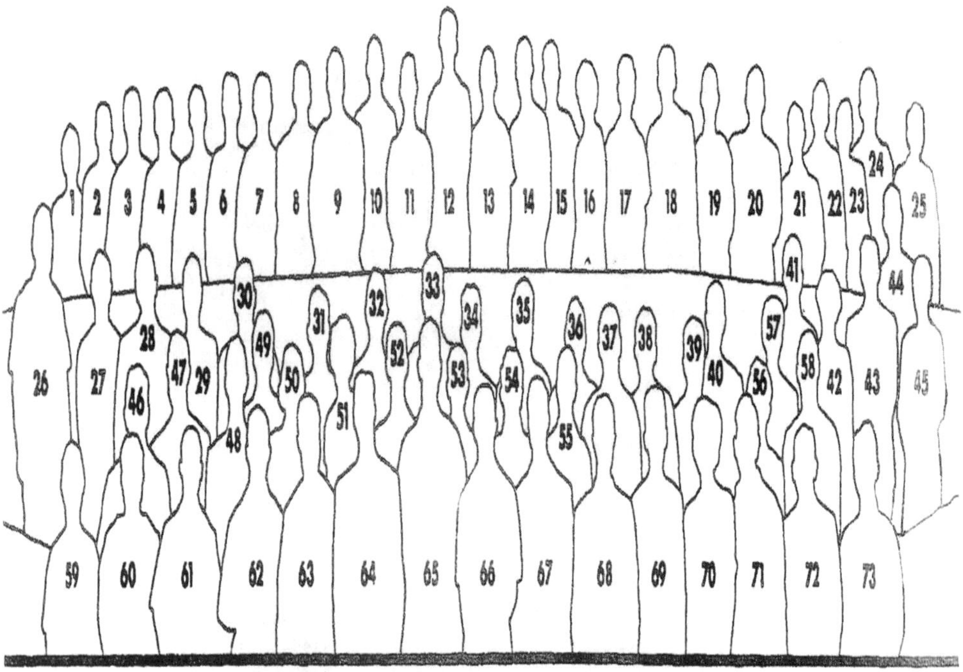

1. Isabelle V. Kendig
성 엘리자베스 병원
(Washington, DC)
2. Robert A. Brotemarkle
Pennsylvania 대학교
3. Robert G. Bernreuter
Pennsylvania 주립대학교
4. Nicholas Hobbs
Columbia대학교
5. Edward S. Bordin
Michigan 대학교
6. C. Roger Myers
Toronto 대학교
7. Joseph E. Brewer
Wichita상담센터
8. Arthur L. Benton
Iowa 대학교
9. Graham B. Dimmick
Kentucky 대학교
10. Eston J. Asher
Purdue 대학교
11. Delton C. Beier
Indiana 대학교
12. Robert E. Harris
California 대학교
(의과대학)
13. Earl E. Swarzlander
보훈병원
14. George F. J. Lehner
California 대학교
15. Harold M. Hildreth
재향군인 보훈국
16. Jane Hildreth
미국 심리학회 직원
17. Robert R. Blake
Texas 대학교
18. Cecil W. Mann
Tulane 대학교
19. Lyle H. Lanier
Illinois 대학교
20. Albert I. Rabin
Michigan 주립대학
21. John Gray Peatman
뉴욕시립대학
22. Jerry W. Carter, Jr.
국립정신보건원
23. Donald K. Adams
Duke 대학교
24. George E. Levinrew
미국 정신사회사업가
25. Robert C. Challman
Menninger재단
26. Julian B. Rotter
Ohio 주립대학교
27. Chester C. Bennett
Boston 대학교
28. John W. Stafford
Catholic대학교
29. Bertha M. Luckey
Cleveland 공립학교
30. William R. Grove
Phoenix 초등학교
31. Carroll A. Whitmer
Pittsburgh 대학교
32. Howard F. Hunt
Chicago 대학교
33. T. Ernest Newland
Tennessee 대학교
34. Marion E. Bunch
Washington 대학교
35. Starke R. Hathaway
Minnessota 대학교
36. Howard P. Longstaff
Minnesota 대학교
37. Brian E. Tomlinson
New York 대학교
38. Paul Henry Mussen
Wisconsin 대학교
39. Carlyle Jacobsen
Iowa 대학교
40. Marshall R. Jones
Nebraska 대학교
41. Clarence L. Winder
Stanford 대학교
42. Helen M. Wolfle
American
Psychologist 편집인
43. Rex M. Collier
Illinois 대학교
44. Dael Wolfle
미국 심리학회 사무총장
45. Dorothy Randall
Colorado 대학교
(컨퍼런스 주관자)
46. James W. Layman North
Carolina 대학교
47. David B. Klein Southern
California 대학교
48. Laurance F. Shaffer
Columbia 대학교
49. Paul E. Huston
Iowa 대학교
50. Mary schmitt
국립간호교육연구원
51. Virgina T. Graham
Cincinnati 대학교
52. O. Hobart Mowrer
Illinois 대학교
53. Eliot H. Rodnick
Worcester 국립병원
54. Max L. Hutt
Michigan 대학교
55. Martin Scheerer
Kansas 대학교
56. David Shakow
Illinois 대학교
의과대학
57. Jean W. Macfarlane
California 대학교
58. Bert Kaplan
Harvard 대학교
59. Thelma G. Alper
Clark 대학교
60. Charles S. Gersoni
미 육군
61. Joseph M. Bobbitt
국립정신보건원
62. Charles R. Strother
Washigton 대학교
63. James G. Miller
Chicago 대학교
64. Wayne Dennis
Pittsburgh 대학교
65. John C. Eberhart
National Institute of
Mental Health
국립정신보건원
66. E. Lowell Kelly
Michian 대학교
67. Karl F. Heiser
American Psychological
Association, Associate
Executive Secretary
미국 심리학회 부사무국장
68. William A. Hunt
Northwestern 대학교
69. Victor C. Raimy
Colorado 대학교
70. Dorothea A. McCarthy
Fordham 대학교
71. Seymour B. Sarason
Yale 대학교
72. Robert H. Felix
National Institute of
Mental Health
73. George Richard
Wendt Rochester 대학교

광범위하고 엄격한 과학적 훈련을 요구하고 있다. 과학은 사회현상과 다르지 않다. 사회현상의 변화는 연구자의 페러다임 변화를 요구한다. 그것을 외면하고는 유용한 연구결과를 얻을 수 없다.

이 같은 논리는 과학자에게만 적용될 수밖에 없다. 특히 심리학자라고 해서 그것을 외면할 수 없다. 60년 전의 심리학과 오늘날의 심리학은 이론, 연구방법, 사회적 요구면에서 크게 달라졌다. 오늘날의 임상심리학자가 임상장면에서 직면하는 문제에도 큰 변화를 맞고 있다. 이 변화에 순응하기 위해서는 접근하는 방법과 이론이 달라져야 한다. 이와 같은 변화를 외면한 임상심리학자는 과학의 본질을 외면한 것과 다름이 없다.

보울러 모델 혹은 과학자-진료자의 모델은 초기의 임상심리학의 발달에 크게 도움을 준 것은 사실이나 몇 가지 문제가 지적되고 있다(Barlow, Hayes, & Nelson, 1984). 즉 (1) 연구패러다임이 심리학적 문제 연구에 적합하지 않다. (2) 이 훈련은 진료자의 연구에 도움이 되지 않는다. (3) 진료자는 연구결과를 별로 활용하지 않는다. (4) 연구결과는 진료행위에 큰 영향을 주지 못한다. 모델의 부적합성은 북미자료에 한정되어 있지 않다. 호주와 영연방에서 이 모델에 따른 교육을 받은 임상심리학자도 많다. 그렇지만 그들은 자신의 논문을 발표하는 것을 달갑게 생각하지 않는다. 자기네들의 훈련 모델에 만족하지 못하다는 증거이다(Martin, 1989).

Barlow, Hayes, & Nelson(1984)의 연구에 다시 돌아가 보자. 그들은 진료에 적합한 연구방법의 필요성을 강조했다. 이는 사실상 매우 어려운 문제이다. 엄격한 과학적 방법에 기초한 훈련을 받은 사람이 임상현장에서 이 두 가지를 병행하기는 쉬운 일이 아니다. 이들은 진료방법을 회의적으로 평가하면서도 정해진 모델을 바탕으로 교육하고, 연구하고 진료할 수밖에 없었다. 이와 같은 진료방법에 대한 회의적 평가자체는 높게 평가되었다. 이 방법은 모든 중요 변인이 통제되고 실험자가 공정한 관찰이 가능한 실험실-연구법을 사용할 때 매우 적절하기 때문이다.

연구와 진료 사이에는 갭이 없을 수 없다. 다행히도 과학자-진료자 모델이 채택되면서 그 갭은 많이 줄어 들고 있는 실정이다. 불행히도 그 갭은 여전히 존재한다고 보아야 한다. 이 문제를 해결하기 위해서 1986년 호주 심리학회는 이론, 연구, 진료 간의 교감 설정이라는 주제를 걸고 연차대회를 가지기도 했다.

진료와 연구 간의 갭을 최소화하기 위한 하나의 프로그램으로 실천적 연구 프로그램이 등장하였다. 이 프로그램이 연구자의 관심을 끌게 된 역사는 매우 길다. Kurt Lewin(1890~1947)은 사회심리학적 문제를 실천적 문제와 결합시킬 필요가 있다는 점을 강조하였다.

그의 주장에 의하면 실천적 단계에서 파생한 문제 해결을 위해서는 기초연구를 바탕으로 연구해서 그 결과를 실천과정으로 환원시켜야 된다고 한다. 실천적 연구는 진료자-고수준 방법론이다. 또 이는 과학자-진료자 모델의 변형인 회의적 경험론자이론과 완전히 일치한다. 이는 실천과 연구의 두 가지 목적을 동시에 추구하려는 접근방법이다. 한 치료자가 중재에 개입할 때 자기가 이해하고 있는 사태, 이론 그리고 방법을 동시에 수정할 필요가 있다. 그 과정에서 이론과 진료도 동시에 발전하게 된다. 이와 같은 방법은 매우 효과적인 교육방법이고 치료방법이 될 수 있다.

실제 임상심리학의 현실은 어떤가. 이론을 바탕으로 진료를 하는 것이 아니라 진료를 통해 이론을 체계화하고 있다. 이제 새로운 페러다임을 도입할 때가 되었다. 실천연구는 문제해결 접근 속에서 이루어져야 한다. 회의적 경험론도 과학적 가치가 있고 진료 그 자체도 가치가 있다. 이런 모델을 심리학의 이론 연구, 진료에서 수용한다면 이들은 보다 가까워질 수 있다. 이러한 패러다임이 이론 연구나 진료에 서로 유일한 정보를 제공하고 보다 유용한 진료를 수행하는 데 도움이 될 것이다.

과학자-진료자로서의 심리학자라는 용어 대신 회의적 문제 해결자로서의 진료자-실천연구자로서의 심리학자라는 용어로 대치될 때 과학자와 진료자의 기능을 중요시하는 임상심리학자에게 보다 적합할 것이다. 심리학에서는 질적 자료의 중요성이 큰 비중을 차지한다. 따라서 질적 연구 방법론은 심리학의 발달에 지대한 영향을 준다. 따라서 실천과학(Argyris, Putman, & Mclain, 1985)과 유연적 방법론(Checkland, 1992)은 이론가와 진료자에게 큰 도움이 될 것이다. 60년이 넘도록 보울더 모델은 큰 비판을 받지 않고 자리를 지켜왔다. 그것은 두 가지 측면에서 생각할 수 있다. 하나는 보울더 모델이 건전하게 탄생하였다고 생각할 수 있다. 다른 측면에서는 과학자에게는 비판할 가치가 없는 것으로 받아들여졌다는 점이다. 과학은 비판의 소리를 듣고 성장발전한다. 이 점에서 이 모델은 다시 고려해 볼 점이 많다.

'요정 40년'이라는 말이 있다. 요정의 수명은 길지 않다는 뜻이다. 요정은 요사스런 정령으로 서양의 전설이나 이야기에 많이 등장한다. 요정은 여러가지 불가사의한 짓을 하는 여성으로 사람들을 놀라게 한다. 하지만 그와 같은 재주를 부리는 여성의 수명은 길지 못하다는 뜻이 담겨져 있다. 이와 같은 사실은 심리학의 역사에서 찾아볼 수 있다. 한 예를 보자. 미국 시민의 생활에 정신분석이라는 생소한 자기 주장으로 엄청난 영향을 준 Sigmund Freud(1856~1939)이다.

그는 유럽의 한 의사로서 미국 시민에게 큰 영향을 주었다. 그는 53세의 의사이다. 그는 Clark 대학교 총장 Stanley Hall(1844~1924)로부터 개교 20주년 기념 연사로 초청받아 처음으로 미국땅에 들어섰다. 그는 연설에서 처음으로 무의식을 소개하고 그것은 정신분석으로 치료된다고 주장했다. 이것을 계기로 미국시민의 생활에는 큰 변화가 왔다. 불행하게도 그것은 오래 가지 못했다. 1960년대에 와서 행동주의 심리학자의 도전을 받고 그의 명성은 쇠퇴하기 시작했다. 그 기간이 꼭 40년이다. 그것은 우연한 현상이라고 보겠지만 과학의 세계와 호흡을 같이 하는 우연 이상의 현상이다. 과학에서 비판은 과학자의 명성을 좌우한다. 아무리 많은 주장을 내놔도 그것이 비판을 받지 못하면 과학자의 명성은 더 이상 존속할 수 없다. 비판의 대상이 되지 못하는 주장은 무가치한 것이다. 그러면 보울더 모델은 건제한가?

시카고 모델 전문직업인으로서의 심리학자에 대한 올바른 사회적 인식과 경제적 권익을 보장하기 위해 1960년부터 임상심리학자들은 재향군인회보훈국과 같은 정부기관에 고용되기도 하였고 다른 한편으로는 개인진료소를 개설할 수 있게 되었다. 이들은 전문직업인으로서의 권익쟁취운동에 적극적으로 참여하였다. 1962년 미국 심리학회는 개인진료소를 경영할 수 있는 심리학자의 자격심사권을 평의회에 위임하였다.

1968년부터 전문임상심리학자들은 의료보험제도에 따라 권익을 보호받을 수 있게 되었다. 당시 신체적 질병을 치료하는 의료인들은 의료보험제도에 따라 수당을 받았으나 심리학자들은 그런 혜택을 받을 수 없었다. 이것을 계기로 심리학자와 정신과 의사 사이에는 또 다른 심한 알력이 생기기도 했으나 결과적으로 정신건강문제를 가진 사람은 정신과 의사나 임상심리학자 가운데 자기 뜻에 따라 자유롭게 선택할 수 있도록 법률이 제정되었다. 1980년 미국에서는 전체 인구의 80%가 이 법에 따라 치료기관을 자유롭게 선택할 수 있게 되었다.

1960년에 이미 미국에서는 주마다 임상심리학자에게 개인진료소를 개설할 수 있는 자격을 부여했다. 1960년말 39개주에서 심리학자의 면허제도가 시행되었다. 1964년 미국심리학자가 성안한 전문심리학자의 훈련계획이 심리학자, 의학자, 그리고 행동과학자의 영향력이 너무 크게 작용했다는 비난을 받았다. 이와 같은 위원회의 비판을 수용하여 전문직업훈련 준비를 위해 시카고 총회를 개최하게 되었다.

시카고 컨퍼런스에서도 과학자-진료자 모델이 다시 채택되었고 이 모델에 따라 대학 심리학과의 교육프로그램은 수정되기 시작하였다. 전문교육기관을 확장하는 한편 보다 구체적인 논의를 위해 베일 컨퍼런스를 갖기로 하였다. 베일 컨퍼런스에는 시카고 컨퍼런스에 참석했던 사람들 대부분 참석하여 시카고 컨퍼런스에서 만족한 해결을 보지 못한 문제해결에 착수하였다. 우선 대학원 교육을 위한 국립대학원 교육재단을 설립하였다. 1969년 또 다른 위원회가 생겨 시카고 컨퍼런스 때부터 논쟁의 대상이 되어 왔던 임상심리학자가 전문직업인으로서 독자적 진료가 가능하도록 법적 근거를 마련하는 데 적극적으로 나섰다.

1970년 캘리포니아주 심리학회는 미국 최초로 전문심리학자 양성을 위한 기관을 설립하였다. 이 교육기관은 주변의 다른 대학으로부터 경제적 도움을 크게 받을 수 있었다. 심리학은 오랫만에 20여 년 간을 두고 논쟁의 대상이 되었던 전문직업인으로서의 독자적 건강관리업무를 수행할 수 있다는 법적 뒷받침을 받게 되었다. 보다 구체적인 것은 베일 컨퍼런스에서 논의하게 되었다.

베일 모델 1973년 콜로라도 주 베일에서는 전문직업심리학자 양성문제를 토의하기 위한 컨퍼런스가 열렸다. 여기서 사회적 문제와 개인의 건강문제를 본격적으로 다룰 전문심리학자 양성모델이 탄생하였다. 이 모델에서도 심리학의 과학적 방법을 존중하면서 지금까지 인정되어 오던 과학자-진료자 모델의 기본정신은 그대로 수용하고 있다. 이것은 심리학자들이 최초로 성취한 임상중심의 훈련모델이며 25년간을 두고 투쟁에서 성취한 결과이다. 베일 컨퍼런스가 있은 후 전문직업에 종사하는 심리학자들이 미국 심리학회에 깊이 관여하여 권익보장을 위해 투쟁할 수 있게 되었다.

1977년 Ted Blau가 미국 심리학회장으로 선출되었는데 이는 개인진료소를 가진 사람으로서는 최초의 학회장이다. 그 뒤를 이어 1979년에는 Nick Cummings가 회장으로, 1983년에는 Max Siegel이 회장으로 각각 선출되었다. 정신의학의 영역에서는 기능적 신경증, 정신병 및 기질적 정신병 치료를 위해 의학적 정신치료라는 새로운 치료기법을 도입하였다. 이를 계기로 치료는 정신과 의사가 전담해야 한다고 주장하고 심리학자와 사회사업가를 치료팀에서 배제하였다. 그러나 1974년 말 미국의 여러 주에서는 자유선택법이 시행됨에 따라 심리학자들은 자유의사에 따라 찾아오는 내담자와 떳떳하게 만날 수 있게 되었다. 결과적으로 1980년까지 전체 인구의 80% 이상이 이 법에 따라 큰 혜택을 받게 되었다.

버지니아 컨퍼런스가 있은 후 Blue Shield는 임상심리학자의 기능을 크게 제한하였다. 즉 임상심리학자는 의사가 의뢰한 환자만을 의사의 감독하에서 치료할 수 있도록 규정하였다. 이러한 조치에 대해 심리학자의 치료를 받고자 하는 내담자는 정면으로 반기를 들고 나섰다. 이에 버지니아 심리학회가 가세하여 미국 심리학회의 도움을 청하기에 이르렀으나 운영위원회에서도 속수무책이었다. 이를 계기로 1975년 버지니아 심리학회회원들은 학술모임을 결성하는 한편 1977년에는 Shield의 위법사실을 법정에 정신으로 소청하기에 이르렀다. 이것과 때를 같이하여 심리학자와 정신과 의사 사이에는 정신치료를 두고 활발한 논쟁이 다시 가열되었다.

1972~1978년 사이에 미국에서는 개인진료소를 운영하는 사람이 크게 증가하였다. 즉 1971년까지 박사학위를 가진 사람의 7.3%가, 1978년까지는 15.16%가 개인진료소를 운영하는 것으로 나타나 있다. 개인진료소를 개설하는 사람의 수가 크게 늘어나는 현상은 크게 두 가지로 나누어 생각할 수 있다. 즉 하나는 대학에서 임상심리학을 전공하는 사람의 수가 크게 늘었다는

점, 다른 하나는 면허를 가진 심리학자에 대한 대우가 현저하게 좋아졌다는 점이다. 그러나 모든 심리학자들이 주에서 실시하는 면허제도를 전적으로 찬성하는 것은 물론 아니었다. 개인진료소를 가진 사람의 수가 크게 늘어남에 따라서 이들의 자격을 철저하게 심의할 필요가 생기게 되었다. 이와 같은 필요에 따라 미국 심리학회는 1970년 자기통정제도를 도입하여 심리학자끼리 서로 다른 동료가 심리치료를 어떻게 수행하고 있는지를 상호감시하게 하였다.

이 제도가 발달하여 1979년에 새로운 위원회가 탄생하였다. 이 위원회가 제출한 자료를 기반으로 하여 미국심리학회와 보건기관은 공동으로 심리학자가 직접 국민건강에 관여할 수 있다는 것을 공식적으로 선언하였다. 이에 따라 심리학자들은 국립정신건강연구소와 협조하여 임원환자에 대한 수준높은 치료를 수행할 수 있게 되었다. 그러나 정신의학자와 심리학자간의 갈등은 더욱 심화되었다. 이러한 문제해결을 위해 정신건강 영역에 있어서 핵심적인 네 개의 전문 직업인—심리학자, 정신의학자, 사회사업가, 정신과 간호사—이 가지는 의견을 일치시킬 필요가 있다는 사실에 합의하였다. 각 분야에서 세 사람씩 나와 위원회를 조직하고 1년에 3회씩 모여 중요한 문제를 토의하였다. 이들은 서로 다른 직업인끼리 서로 협력해야 한다, 상대방의 전문직을 이해하고 존경해야 한다, 전문직업인들끼리 서로 토의하고 논의를 거쳐 문제를 해결하고, 그리고 서로가 받아들일 수 있는 목표를 설정할 필요가 있다는 점을 확인하였다.

한국 임상심리학의 발달*

임상심리분과회 한국의 임상심리학은 전문학회를 바탕으로 하여 출발・성장하고 있다. 전문학회는 이렇게 출발하였다. 즉 1964년 10월 20일 5시 서울대학교 의과대학 함춘원 구내에 위치한 서울대학교 학생생활연구소 김기석 소장실에 9명의 심리학자들이 한자리에 모였다. 이것이 전문학회 창립을 위한 예비모임이다. 9명의 심리학자는 <표 2-1>과 같다. 참석자들은 임상심리학이나 상담심리학에 관심을 가지고 있거나 실무에 종사하고 있는 심리

* 여기에 소개된 자료는 1964년 11월 21일 설립된 (가칭) '임상심리분과회' 간사 이현수가 기록한 『임상 및 상담심리분과회 회의록』(미출판)에서 발췌한 것임을 밝혀둔다.

표 2-1 전문학회 창립을 위한 예비모임 참석자

성명	소속
김기석	서울대 사대 교수
김성태	고대 문과대 교수
김철수	수도육군병원 임상심리 장교
신동균	우석대병원 임상심리 전문가
양원숙	세브란스병원 임상심리 전문가
원호식	청량리 뇌병원 임상심리 전문가
이현수	국립정신병원 임상심리 과장
전용신	고대 문과대 교수
정양은	서울대 사회대 교수

학자들이었다. 이 모임에서는 장차 우리나라에 있어서 임상심리학과 상담심리학이 보다 건전하게 발전할 수 있는 기반을 구축할 필요가 있고 보다 질이 높은 상담가와 임상심리학자를 양성할 제도가 필요하다는 데 의견의 일치를 보고 공식적 전문학회를 만들어 가기로 의견을 모았다.

이와 같은 합의사항을 보다 구체적으로 실현할 목적으로 예비모임에 참석했던 회원 가운데 세 회원(김철수, 원호식, 전용신)이 불참한 가운데 창립총회를 열어 (가칭)'임상심리분과회'를 설립하고 회장(김성태)과 간사(이현수)를 선출하였다(11월 21일). 총회에서는 이들에게 회칙을 상안하도록 위임하였다. 이들이 성안한 분과회 회칙은 12월 9일 총회에서 공식 회칙으로 채택되었다. 이 총회는 창립총회회원 전원과 김기환(가정법원 조정관)이 참석한 가운데 진행되었다. 가칭 '임상심리분과회'는 1973년에 회원들의 요청에 따라 '임상 및 상담심리분과회'로 바뀌었다. 이것도 물론 가칭이다. 전자의 명칭은 학회의 구성원의 특성에 적합하지 못했기 때문이다. 이 분과회를 구성하는 것은 임상심리학자와 상담심리학자들이었다. 이 분과회의 명칭은 1987년에 다시 '임상심리분과회'로 바뀌었다. 이 분과회에 소속된 회원 가운데 상담심리학전공자들이 독자적으로 분과학회를 창립하여 독립했기 때문이다.

임상심리분과회는 회원의 자질향상과 자체 교육을 목적으로 매주 정기적으로 학술 세미나를 갖기로 결정하였다. 이 결정에 따라 11월 25일에 1회 세미나를 갖게 되었다. 발표자는 김성태 회원으로 주제는 불안이었다. 뒤를

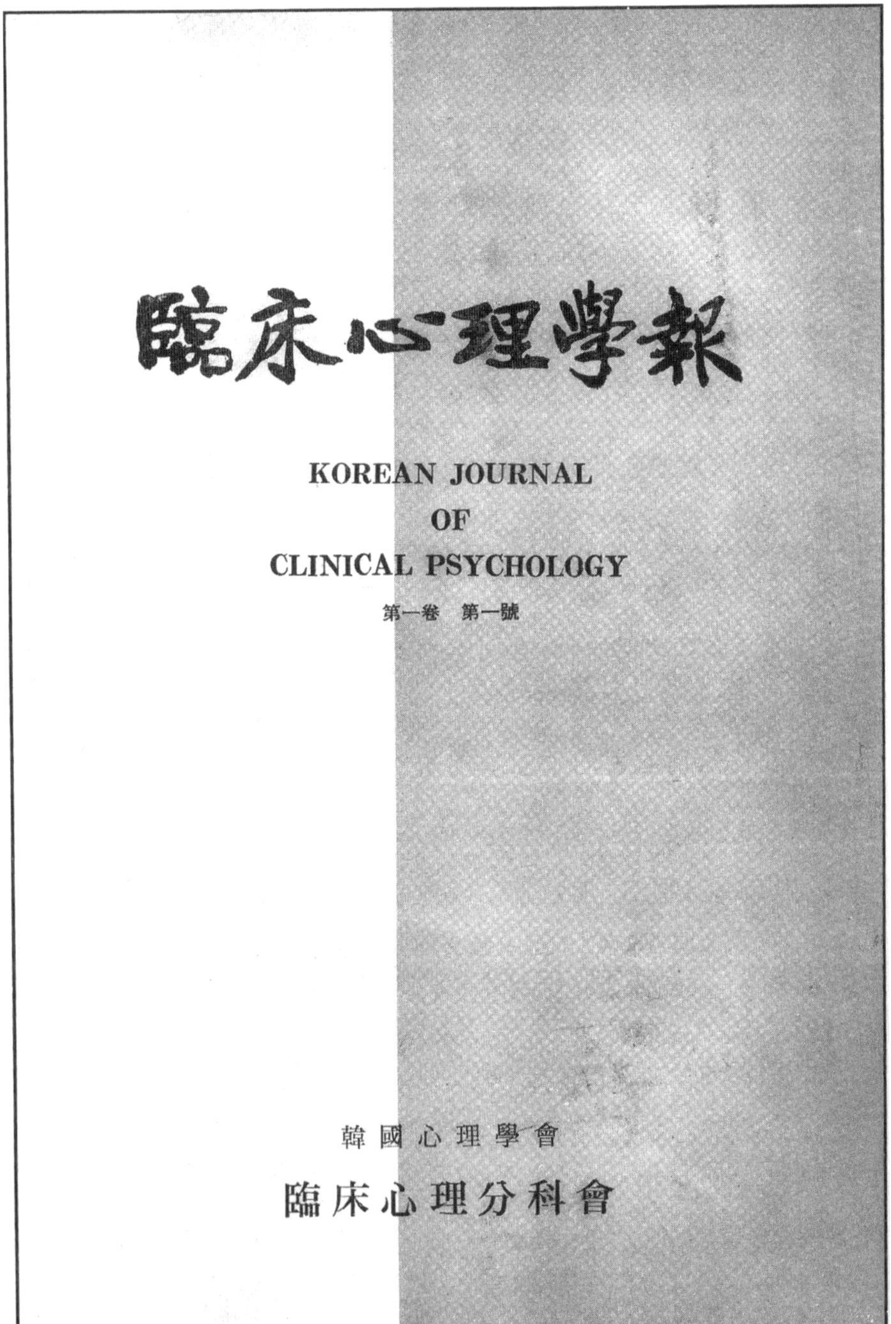

臨床心理學報

KOREAN JOURNAL
OF
CLINICAL PSYCHOLOGY

第一卷 第一號

韓國心理學會

臨床心理分科會

그림 2-3a 臨床心理學報 창간호 표지

═ 目 次 ═

그림 2-3b 臨床心理學報 창간호 목차

이어 세미나는 계속되었다. 1964-1965년까지 47회의 세미나를 가졌다. 주제는 발표자가 자유롭게 선택하기로 되었기 때문에 매우 다양했다. 임상심리학이나 정신병리의 이론, 정신분열증 환자에 대한 사례를 보고, 이혼부부 사례, 청소년의 순결문제, 신경증에 대한 정신치료 사례, 청소년의 비행문제 등이 세미나의 주제였다. 이 주제들은 회원들이 자유롭게 선택·발표한 것들이다.

이 세미나는 회원들만으로 운영되지 않았다. 인접과학 특히 정신의학자에 의한 강의도 병행하였다. 이들의 강의는 회원들에게 큰 도움을 주었다. 이 세미나에서 발표를 해 준 정신의학자로는 동북의원 이동식 원장(정신치료의 원리; 환자-의사 관계), 서울의원 이봉기 원장(신경증), 우석의대 이병윤 교수(정신신체의학의 개념), 서울의대 남명석 교수(기질적 정신병, 동맥경화증, 노인성 정신병), 연대의대 이호영 교수(정신치료의 모델), 성모병원 노동두 교수(정신불열증과 문화적 환경) 등이 있다. 분과학회의 학술활동은 1967년에 창간된 「臨床心理學報」(Korean Journal of Clinical Psychology)를 통해 발표되기 시작하였다. 이 학보의 제자는 김기환 회원(가정법원 조사관)이 썼다<그림 2-3, a·b>. 이 학술지의 명칭은 학회의 명칭변경에 따라, 또 한국심리학회의 출판정책에 따라 『임상 및 상담심리학보』(1983), 『임상심리학회지』(1987), 그리고 『한국심리학회지·임상』(1990)으로 바뀌었다. 2011년 30권 3호가 출간되었다.

임상 및 상담심리학 전문가 임상 및 상담심리학회는 회원의 자질향상을 위해, 또 학회가 인정하는 전문가를 배출할 목적으로 학회가 정한 규정에 따라 자격시험을 실시하기로 하였다. 이 규정에 따라 1973년 2월에 제1회 임상 및 상담 심리전문가 자격시험이 실시되었다. 시험결과에 따라 임상심리전문가 8명과 상담심리전문가 6명이 각각 전문가 자격을 취득하였다. 명단은 <표 2-2>와 같다.

표 2-2 제1회 임상 및 상담심리전문가 자격취득자

임상심리전문가		상담심리전문가	
김성태	원효택	김기석	진위교
이현수	신동균	이상노	홍성화
한명택	염태호	최정훈	한덕웅
김중술	김영환		

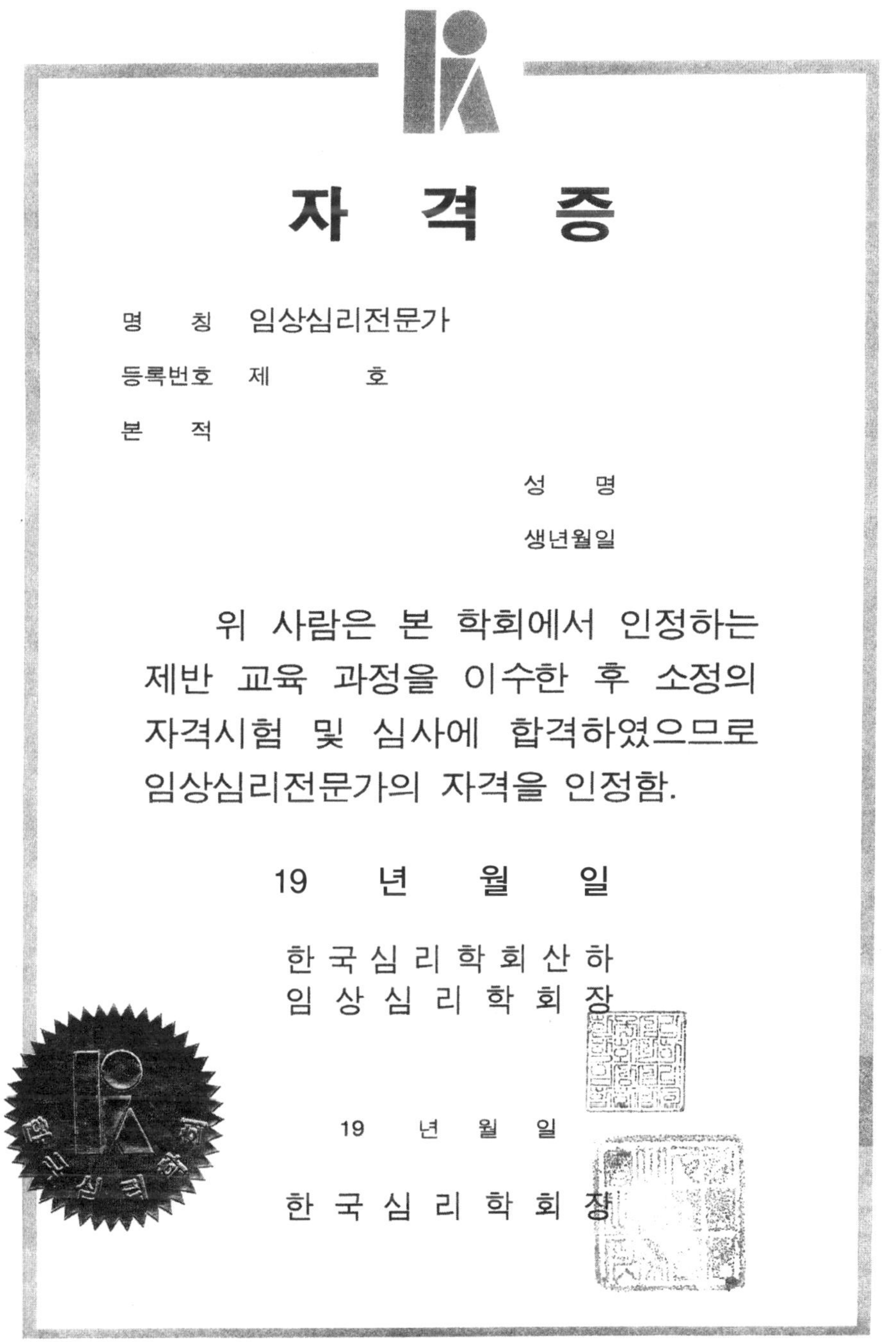

자 격 증

명 칭 임상심리전문가

등록번호 제 호

본 적

성 명

생년월일

위 사람은 본 학회에서 인정하는 제반 교육 과정을 이수한 후 소정의 자격시험 및 심사에 합격하였으므로 임상심리전문가의 자격을 인정함.

19 년 월 일

한 국 심 리 학 회 산 하
임 상 심 리 학 회 장

19 년 월 일

한 국 심 리 학 회 장

초창기에 발행한 임상심리전문가 자격증(국문)

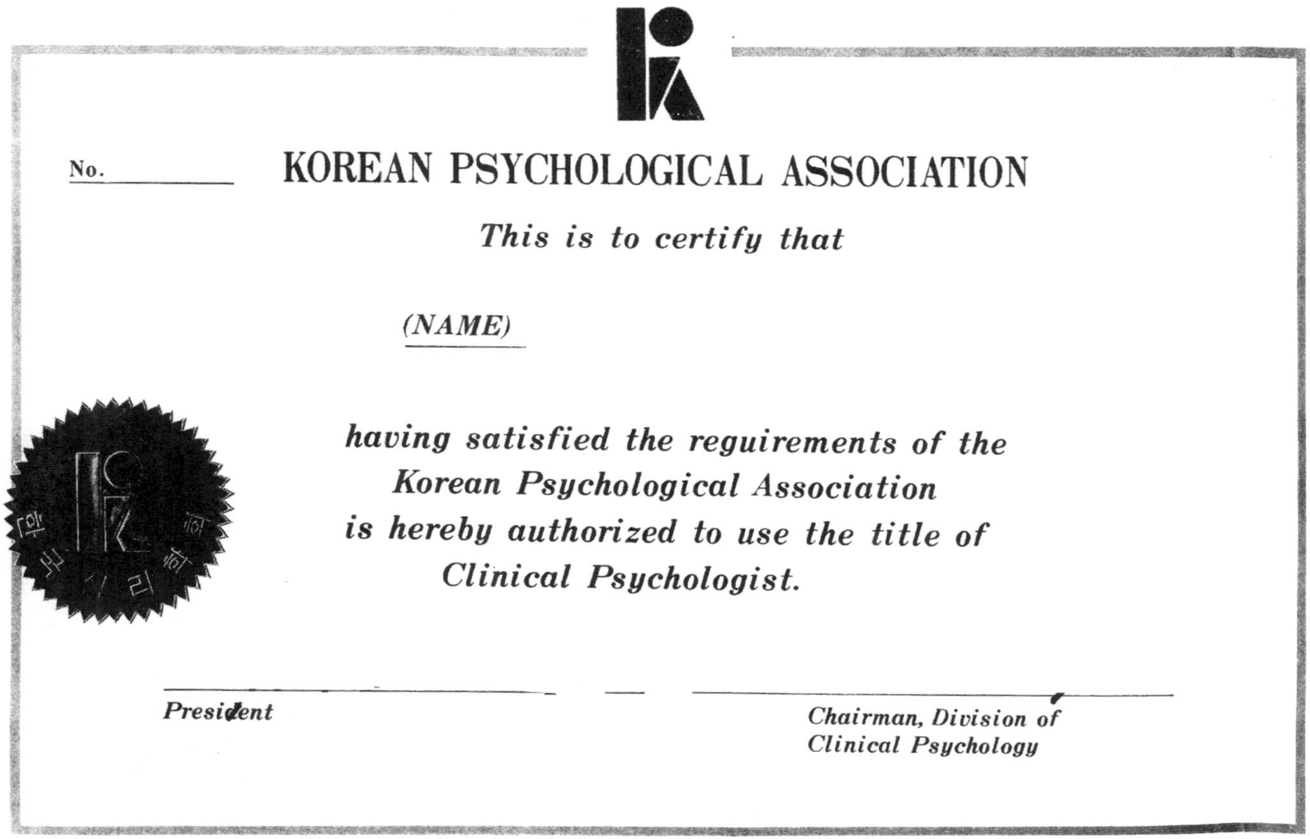

No. ________

KOREAN PSYCHOLOGICAL ASSOCIATION

This is to certify that

(NAME)

having satisfied the reguirements of the Korean Psychological Association is hereby authorized to use the title of Clinical Psychologist.

President

Chairman, Division of Clinical Psychology

초창기에 발행한 임상심리전문가 자격증(영문)

1950년 말에서 1960년 초기에 걸쳐 한국의 임상심리학은 크게 발달하였다. 국가적인 차원에서 임상심리학자의 기능이 부여되었고 종합대학병원의 정신과에는 임상심리학자가 정규 교수직으로 취업되었고 육군에서는 임상심리장교 훈련 제도가 생겼다. 한국 임상심리학의 발전을 위한 좋은 기회로 기록되지 않을 수 없다. 우선 지금 국립서울병원의 전신인 국립정신병원에 임상심리과가 독립된 진료부서의 하나로 인가되었다. 이것이 국가적 차원에서 임상심리학자의 기능을 인정한 최초의 사례이다. 1961년 국립정신병원의 직제가 공포되었다. 이는 1952년 보건사회부의 한 소속기관이었던 노량진구호병원을 통합하여 국내 최대의 정신병원으로 개편되어 정신장애자의 진료와 연구의 센터로 출발하였다. 당시 우리사회의 정신건강에 대한 이해 수준으로 보아서 획기적인 변화였다. 정신건강에 대한 수준을 말해 주는 일화를 하나 소개한다. 당시 공포된 직제를 보아서는 국내 유일의 정신장애의 치료기관이요 연구기관이었지만 기관의 책임자는 내과의사였다. 오랫동안은 아니었지만 초대, 2대 원장은 내과의사를 임명하였고 3대 원장 때 비로소 정신과 전문의사가 임명되었다. 이러한 상황에서 임상심리과를 진료부의 한 부서로 인정하고 거기에 임상심리전공자를 임명한 것을 보면 임상심리학의 사회적 인식 수준을 짐작할 수 있다.

이와 같은 변화는 대학병원의 정신과나 정신병원의 변화로 이어졌다. 1963년에는 우석의대병원, 카톨릭의대병원, 1964년에는 세브란스의대병원의 정신신경과에 임상심리학자가 전임교원으로 임명되었다. 거의 같은 시기에 서울의대병원에도 임상심리학자가 전임 교원으로 임명되었다. 또 가정법원에는 심리학을 전공한 조정관 제도가 생겼다. 거의 같은 시기에 육군에서는 핸넘플랜(Hannum Plan)이 발표되었다. 이는 병사의 정신건강을 향상에 역점을 둔 계획이었다. 이 플랜의 일환으로 의정장교 3명이 서울대학교 대학원 심리학과에 위탁교육생으로 파견되었다. 불행하게도 당시 서울대학교에는 위탁교육의 취지에 맞는 교육을 시킬 준비가 거의 없었다. 이와 같은 사정은 국내 대학이 거의 비슷하였다. 그런 상황에서 그들에게는 큰 도움이 되었고 그들의 짧은 위탁교육은 한국의 임상심리장교 훈련의 씨앗이 되었다.

핸넘플랜에 의한 임상심리장교 양성교육은 미 월터리드 육군병원 파견

교육으로 이어졌다. 이 플랜에 따라 초급장교 3명이 월터리드 육군병원에 파견되어 임상심리장교의 교육을 받고 돌아와 최초의 한국임상심리장교가 되어 군무를 수행한 바가 있다. 다른 한편 육군에서는 과학적 선병을 위한 척도로 사용하기 위해 한국판 Kent EGY를 표준화하였다. 그 결과는 『대한군진의학지』(1962. 2, 131~136)에 발표되었다. 이 연구사업은 서울대학교에서 파견교육을 받은 장교가 중심이 되어 논산 제2훈련소에서 수행되었다.

정신보건 임상심리사 여기서 말하는 임상심리학자는 학회에서 자격을 검증받은 임상심리전문가를 말한다. 임상심리학자는 우선 심리학은 물론 유관 과학에 대한 지식을 가진 과학자이어야 한다. 그들에게는 과학적 검증을 거친 지식이나 과학적 검증가능성이 높은 지식을 요구된다. 심리학을 전공했다고 해서 자동적으로 임상심리학자가 되는 것은 아니다. 임상심리학자가 되기 위해서는 고등교육기관에서 일정한 전문교육을 받고 학회에서 실시하는 자격실험에 통과하고 심리학회가 인정하는 자격을 갖춘 감독자의 수련을 필해야 한다. 그들은 임상심리학회가 주는 자격증을 받게 된다. 이러한 검증 과정을 거친 사람을 곧 '임상심리학자'라고 부른다. 이들은 보건복지부의 심의를 거쳐 정신보건 임상심리사의 자격증도 받게 된다.

이로써 임상심리학자는 두 가지 자격증을 가지게 된다. 이와 같이 임상심리학자가 되는 과정은 쉽지 않다. 체계적인 교육과 엄격한 감독자의 현장수련을 받아야 한다. 이 책에서 임상심리학자의 양성을 위한 교육과 수련에 대한 자세한 정보를 소개하는 것은 적절하지 못하기 때문에 핵심적인 문제만 간략하게 소개하였다. 이에 관심을 가진 사람은 한국 임상심리학회의 홈페이지와 보건복지부의 정신보건 임상심리사 자격규정을 참고하기 바란다.

임상심리학자는 우선 심리학자여야 한다. 그들에게는 심리학이나 인접과학에 대한 체계적인 이론이 요구된다. 명성이 높은 과학은 체계적 이론을 바탕으로 발달했다. 스코틀랜드의 의사는 수학자인 James Maxwell(1831~1879)은 훌륭한 이론보다 실용적인 것은 없다는 말로 이론의 실용적 가치를 주장했다. 스페인의 생물조직학자로 뇌연구를 개척한 노벨과학상을 받은 Santiago Ramón y cajal(1852~1934)은 이론과 가설이 없는 사실은 의미가 없다. 또 그것은 발전이 느리다고 말했다. 이론에는 과학의 의미를 심화시키고 발전을 촉진시

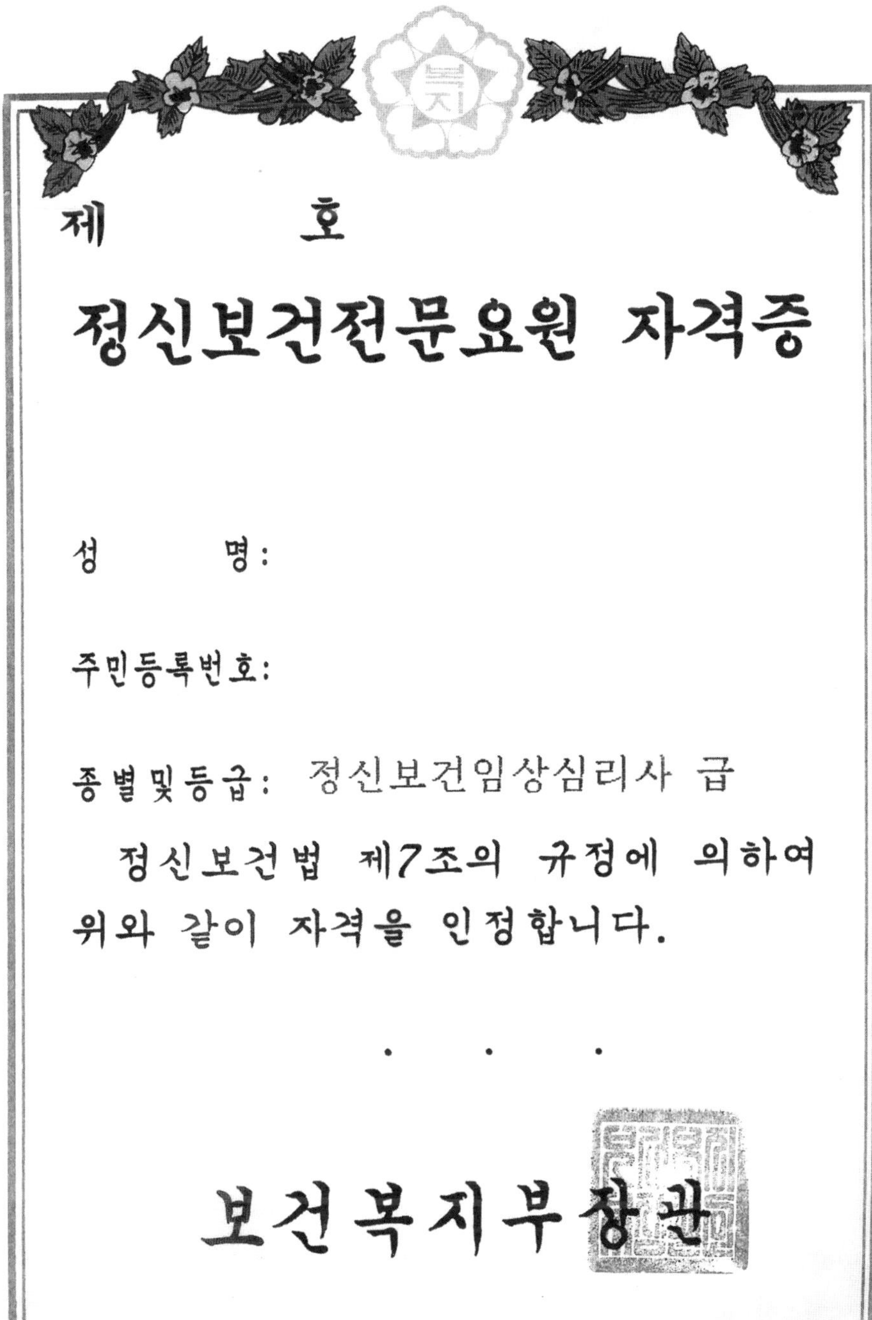

제 호

정신보건전문요원 자격증

성 명:

주민등록번호:

종별및등급: 정신보건임상심리사 급

정신보건법 제7조의 규정에 의하여 위와 같이 자격을 인정합니다.

. . .

보건복지부장관

초창기에 발행한 정신보건 전문요원 자격증

키며 실용적 문제를 보다 효과적으로 처리할 수 있는 기능이 있다.

수준이 높은 임상심리학자에게는 튼튼한 기초과학의 지식이 요구된다. 조건반사의 이론과 실험결과를 바탕으로 이상행동의 연구와 치료방법에 큰 변화를 가져 온 공로로 노벨의학상을 받은 러시아의 생리학자 Ivan Pavlov (1848~1936)도 과학자는 정상에 오르기 전에 기초를 학습하라고 교육시켰다. 임상심리학자가 되기 위해 이미 자격을 인정받은 사람의 감독을 받은 것은 매우 값진 과정이다. 그가 경험한 것을 통해 내가 직면하게 될 문제를 해결하는 방법을 배울 수 있어 큰 도움이 된다. 감독자를 통해 그의 경험을 간접적으로 경험하는 것도 중요하지만 그 보다 더 새로운 것을 볼 수 있다. 이와 같은 사실은 난쟁이가 거인의 어깨에 올라서면 거인보다 더 넓은 세상을 볼 수 있다는 영국의 물리학자 Isaac Newton(1643~1727)의 말과 서로 맥을 같이한 것으로 볼 수 있다.

긍정적 임상심리학

인간특성의 양면성

긍정적 임상심리학은 영국의 Manchester 대학교 Alex Wood와 Nicholas Tarrier가 『*Clinical Psychology Review*』(2010, 30, 819-829)에 처음으로 소개하여 전문가의 관심을 끈 새로운 임상심리학의 영역이다. 그들은 이 논문을 통해 임상심리학자는 연구와 진료에 있어서 긍정적 기능과 부정적 기능을 조화시키고 통합하는 데 역점을 두어야 한다고 주장했다. 그들은 어느 한쪽의 기능에 치중한 나머지 다른 한쪽을 도외시하는 것은 인간기능의 이해에 도움이 되지 않는다고 강조한다. 그들의 주장에 따르면 개인은 두 가지 기능을 모두 수용 통합하여 균형을 이룰 때 개인의 웰빙은 신장되고 고통은 경감된다고 주장한다.

이들은 인간의 긍정적 특성과 부정적 특성은 별개의 실체로 생각할 수 없는 동일한 연속체로 간주되어야 한다고 한다. 슬픔과 즐거움, 행복과 불행, 웰빙과 일빙 등 모두 별개로 생각할 수 없는 실체이다. 그럼에도 불구하고 과거 한 때 심리학자들은 인간의 긍정적 특성과 부정적 특성은 별개의 서로 다른 연속체에 속하는 것으로 생각한 나머지 부정적 특성을 발견하고 치료하는 데 큰 비중을 두었다. 따라서 심리학자는 인간의 행복보다는 불행을 호소하는 사람을 상담하고 치료하는 전문가로만 잘못 인식되었다. 실제 심리학자들의 관심은 부정적 특성의 연구에 관심이 있었다.

이와 같은 추세는 10여 년 전에 등장한 긍정적 심리학의 영향으로 크게 반전되었다. 즉 심리학자는 인간의 부정적 특성보다는 긍정적 특성에 관심을 가져야 된다는 주장이 대두되었다. 이와 같은 주장도 인간 본질에 대한 특성, 즉 긍정적 특성과 부정적 특성을 별개로 생각할 수 없다는 명제에 크게 위배된다. 인간에 대한 이해는 이 두 가지 특성, 긍정적 특성과 부정적 특성에 동일한 비중이 주어져야 한다는 주장이 곧 긍정적 임상심리학의 메니페스토이다.

인간의 건전한 이해는 긍정적 특성과 부정적 특성에 동일한 비중이 주어져야 한다는 긍정적 임상심리학자의 주장은 양면성의 원리와도 합치된다. 로마신화에 등장하는 수호신 제이너스도 양면신이다. 몸통은 하나지만 두개의 얼굴을 가진 신이다. 인간의 행동도 긍정적인 면이 있고 부정적인 면이 있다. 이들을 서로 독립된 실체로 분리시킬 수가 없다. 그럼에도 불구하고 부정적 심리학자는 부정적 측면에, 긍정적 심리학자는 긍정적 측면에 관심을 갖는다. 서로 배타적인 태도로 접근한다. 이러한 관점에서 볼 때 전통적 부정적 심리학이나 연륜이 짧은 긍정적 심리학은 양면성의 원리에 크게 위배된다.

긍정적 임상심리학에서는 환자의 웰빙을 신장시키고 질병을 치유하는 데 두 가지 가능이 통합된 지식을 활용한다. 전통적으로 심리학자는 개인의 부적응을 진단하고 치료하는 것이었다. 이와는 대조적으로 긍정적 심리학자는 전통적 부정적 심리학자들의 관심 밖에 있던 적응행동을 진단하고 그것을 신장시키는 데 1차적 관심이 있었다. 그들은 개인의 긍정적 특성-행복, 애정, 감사, 웰빙에는 전혀 관심을 가지지 않았다.

특정한 심리장애는 긍정적 심리학자나 부적응 심리학자의 관심의 대상이다. 그러나 그에 접근하는 목표와 방식을 크게 다르다. 한 예로 외상 후 장애를 두고 보자. 부정적 심리학자들은 그들의 증후에 대한 치료와 그에 수반되는 부적응적 반응에 관심을 갖는다. 이와는 달리 긍정적 심리학자는 그들의 치료에는 물론 그에 수반되는 긍정적 유익성에도 관심을 갖는다. 모든 심리적 장애를 성공적으로 극복하고 나면 투병 이전에는 발견하지 못했던 긍정적 행동이 수반되지만 전통적 부적응 심리학자는 그것을 인지하지 못한다. 그들은 부적응 행동, 예를 들면 불안에 수반되는 용서, 우울증에 수반되는 긍정적 감정의 변화를 인지하지 못한다. 이것이 긍정적 임상심리학자의 주장이다.

부적응 특성은 강하다

심리학자가 왜 부적응 특성에 관심을 가져야 하는가. 그에 대한 대답은 간단하다. 즉 악한 것은 선한 것보다 그 영향이 크기 때문이다(Baumeister, Blatslavsky, Finkenauer, & Kathleen, 2001). 만일 악한 것은 선한 것보다 강하다는 주장이 사실이라면 선한 것, 악한 것을 어떻게 정의할 것인가. 이는 매우 일반적이며 기본적 용어이다. 이는 어린이와 같이 언어기능이 발달하지 못한 아이들에서도 쉽게 쓰이는 매우 보편적인 용어이다. 선한 것은 바람직하고, 유익하고 즐거운 결과를 함축하는 개념이다. 이와는 대조적으로 악한 것은 바람직하지 못하고, 유해한 것, 불쾌한 것을 의미한다. 악한 것은 선한 것보다 강하다는 것은 이러한 사실을 의미한다. 즉 나쁜일은 규모가 크고, 일관성이 있고, 보다 여러 가지 측면이 있고, 보다 장시간 지속된다(Baumeister, Blatslavsky, Finkenauer, & Kathleen, 2001).

그러면 악한 것은 선한 것보다 강할까. 악한 것이 선한 것보다 더 강한 힘을 가졌다는 것은 설명하기가 매우 어려운 과제이다. 진화적 관점에서 보면 악한 것에 적응하는 것은 선한 것에 적응하기보다 쉽다. 우리의 진화과정을 보면 악한 것에 보다 잘 순응하는 것은 위험을 피해 보다 잘 적응하고 결과적으로 그것이 유전인자에 저장될 가능성이 높아진다.

부정적 사건의 영향은 긍정적 사건의 영향보다 크다(Baumeister, Blatslavsky Finkenauer, & Kathleen, 2001). 중요 생활사건 외상적 경험, 친근한 대인 관계, 사회적 네트워크, 대인관계의 상호작용, 학습과정에서 얻는 긍정적 결과의 영향보다 부정적 결과의 영향이 더 크다. 부정적 정서의 영향, 자녀에게 도움을 주지 못하는 부모의 영향, 부적 피드백의 영향은 긍정적 정서의 영향, 자녀에게 도움을 주는 부모의 영향, 정적 피드백의 영향보다 더 크다. 질이 나쁜 정보처리의 속도는 질이 좋은 정보처리의 속도보다 빠르다. 좋지 않은 인상과 스테레오타입은 좋은 인상과 스테레오타입보다 빠르게 형성되며 그것이 오래도록 지속된다.

인간의 삶은 선악의 투쟁의 과정이다. 형이상학적 입장에서 볼 때 악의 신 혹은 악마는 창조신과 화합의 신은 적대 관계에 있다. 개인적 수준에서 볼 때 유혹과 편파적 본능은 이타주의 욕구 충족을 위한 투쟁이다. 선과 악은 아이들이 말을 배울 때 처음으로 사용하며 대부분의 사람이 자신의 경험, 정서, 결과를 말할 때 선이나 악으로 표현한다. 즉 부정적 사건이나 생활경험, 예를 들면 재물의 소실, 친구로부터 버림을 받는 것 주위의 사람들로부터 심한 비판을 받는 것은 긍정적 사건, 혹은 긍정적 생활경험, 예를 들면 재물을 얻는 것, 개인이 친구로부터 인정받고, 환대를 받고, 칭찬받는 효과보다 개인에게는 훨씬 더 큰 충격을 준다. 이는 곧 악은 언제나 선을 이겨낸다는 점을 의미한다. 개인의 긍정적 생활은 부정적 생활경험을 극복하는 데 도움이 된다. 동일한 긍정적 생활경험과 부정적 생활경험을 했을 때 부정적 생활경험의 영향이 훨씬 더 크게 작용한다. 이것이 일반적 · 심리적 현상의 법칙이며 사회적 응에서 흔히 경험할 수 있는 일이다.

이와 같은 현상은 인상형성의 과정에서 두드러지게 나타난다. 이것이 긍정적-부정적 부조화 효과의 법칙으로 널리 인정되어 있다. 특이한 경우를 제외하고는 일반적으로 부정적 정보는 긍정적 정보보다 빨리 그리고 보다 정확하게 처리된다. 새로 만난 사람에 대한 나쁜 정보를 그에 대한 좋은 정보보다 영향력이 크다.

거의 모든 심리학의 교과서에는 유사성의 개념이 소개되어 있다. 이 개념은 독자들의 매력을 끌고 있다. 뿐만 아니라 이 현상은 이미 60여 년 전에 심리학자의 실험에 의해 확인되었다. 실험자들(Festinger, Schachter, & Back, 1950)은 우정관계의 형성과정을 연구할 목적으로 기혼 학생들의 숙사 주변을 세밀하게 관찰하였다. 동시에 역할상보성, 가치 등이 우정형성에 주는 영향을 조사하였다. 그 실험결과 우정형성에 가장 큰 영향을 주는 것은 신체적 유사성이었다는 사실을 발견하였다. 서로 가깝게 생활할수록 친구가 되는 경향이 있다는 사실을 입증한 결과이다.

유사성이 호감보다 쉽게 싫증을 느끼게 하는 수도 있다. 두 사람이 가깝게 지내면 우정보다 적대심이 발동하는 수가 있다. 이는 다른 변인의 효과를 확대시키는 결과를 가져온다. 왜냐하면 상대방과의 부정적 관계가 긍정적 관계보다 더 강하게 작용하기 때문이다. 친근성에 의해 우정보다 적대적 감정을 야기시켰기 때문이다.

긍정적 임상심리학의 특성

긍정적 임상심릭학의 특성을 다음과 같이 요약할 수 있다. 긍정적 임상심리학에서는 개인의 행동은 긍정적 측면과 부정적 측면으로 구성된 실체로 본다. 이들은 두 가지 측면은 독립된 실체가 아니기 때문에 분리시킬 수 없다. 전통적 심리학자의 일반적 부정적 측면에 대한 연구, 긍정적 심리학자의 일반적 긍정적 측면의 연구는 인간 본성의 연구에도 도움이 되지 못한다. 그것은 논리적으로도 오류를 범하고 있는 것이다.

긍정적 임상심리학은 환자를 이해하는 데 필요한 특유한 지식과 기술의 세트로 환자의 고통 경감과 웰빙 향상에 역점을 둔다. 이 과정에서도 두 가지 측면이 균형을 유지해야 한다. 전통적으로 심리학자들의 과제는 개인의 부정적 행동을 이해하고 치료하는 것이었다. 그들의 관심은 개인의 행복감, 애정, 감사, 웰빙수준을 높이는 데는 전혀 관심을 가지지 않았다. 따라서 이와 같은 그들의 연구는 균형을 상실할 수밖에 없었다. 그들은 다른 심리학자와 마찬가지로 외상 후 장애에 대해서도 큰 관심을 갖는다. 그들의 관심은 그에 수반되는 부정적 반응에 있다. 그것을 극복함으로써 얻게 되는 긍정적 유익성은 전혀 고려하지 못한다.

심리학자의 연구에서 부정적 행동에 수반되는 긍정적 반응, 예를 들면 불안에 수반되는 용서의 감정, 우울증적 인지행동에 수반되는 유쾌한 감정을 다룬 것은 매우 드물다. 임상심리학자가 긍정적 기능의 특성을 이해하게 되면 임상적 장애의 특성을 보다 잘 이해하고 예언할 수 있다. 그럼에도 불구하고 임상심리학자들은 부정적 사건에 보다 많은 관심을 가져 왔다. 그 이유는 무엇인가. 그들은 개인의 부정적 특성, 예를 들면 고통을 이해하는 데 관심이 있었기 때문이다. 아이러닉하게도 고통을 예언하는 지표로서 뚜렷한 부정적 특성보다는 긍정적 특성이 결여되어 있음을 발견할 수 있다. 부정적 특성 대신 긍정적 특성이 결여되었다는 점이 쉽게 발견된다.

대집단을 대상으로 한 종단적 연구결과를 보면 자기수용, 자율성, 삶의 목적, 타인과의 긍정적 관계, 환경정복, 인간적 성장능력이 결여된 사람이 10년 후에 우울증에 빠지는 사례는 정상인 비교집단에 비해 7배나 많다는 사실이 발견되었다(Wood & Joseph, 2010). 이 사례에서 개인의 긍정적 특성의 결여는 심리적 장애의 지표가 된다는 점을 알 수 있다. 이 긍정적 특성의 결여는 개인의 심리적 고통뿐만 아니라 정신장애의 잠재적 원인으로 작용할 수 있다는 함축적 의미도 갖고 있다. 긍정적 특성의 결여가 장차 장애유발의 독자적 위험요소로 작용한다는 실험적 연구결과도 있다(Wood, & Joseph, 2010). 부정적 요인을 통제했을 때 긍정적 특성이 결여된 사람에게는 우울증을 유발할 위험성이 배나 높다. 신경증적 경향성을 통제하는 것은 감사와 우울증의 관계에 아무런 영향을 주지 않는다(Wood, Matby, Gillett, Linley, & Joseph, 2008).

긍정적 특성은 부정적 생활경험과 임상적 장애의 영향을 완화시키는 기능을 한다. 예를 들면 관계지지의 신념과 개인의 극복능력에 대한 긍정적 신념(레질리언스의 평가)은 자살에 대한 생활경험의 영향을 완화시킨다(Johnson, Gooding, Wood, & Tarrier, 2010). 긍정적 신념이 낮은 사람으로서 보다 많은 부정적 생활경험을 가진 사람은 자살하는 성향이 높다. 그러나 긍정적 신념이 높은 사람에서는 이와 같은 위험한 행동이 나타나지 않는다. 유사한 결과가 정신병 환자에서도 나타난다. 긍정적 신념이 결여되고 실망감이 높은 사람에서 자살율이 높다. 그러나 실망감이 높고 긍정적 신념이 높은 사람에게서는 자살위험이 극히 낮다(Johnson, Gooding, Wood, & Tarrier, 2010).

긍정적 정서 수준은 임상적 기술에 의해 향상시킬 수 있다. 임상적 기술은 감사하는 마음의 수준을 신장시키고 신체적 고통과 심리적 걱정의 수준을 경감시킬 수 있다. 이를 위해 일반적으로 쓰이는 것이 인지행동기술이다(Geragnty, Wood, & Hayland, 2010). 이는 PTSD 환자의 사회적 소통을 증진시키기 위해, 또 긍정적 통합을 위해 자기가치의 향상을 위해, 자기표현의 감정을 향상시키기 위해 사용된다. 최근에 개발된 관대한 정동극복기술(BMA)은 긍정적 자서전적 기억의 자료를 바탕으로 긍정적 정서를 회고하고 평가하는 데 사용된다(Tarrier 2010). 극히 제한된 지식을 바탕으로 긍정적 기능이 신체적 고통과 어떤 관계가 있는가를 평가할 수 있다(Gable, & Haid, 2005). 극히 제한된 재료로서 어떤 지식의 체계를 발전시킬 수 있다. 100,000개의 이상의 논문을 활용해서 스트레스에 대한 문헌을 만들어 낼 수 있다. 또 소수의 정서에 대한 연구 결과를 바탕으로 새로운 지식의 체계를 만들어 낼 수 있다.

Wood와 Tarrier의 긍정적 임상심리학은 어떤 평가를 받고 있는가. 그것은 언제 임상연구와 진료에 활용될 수 있을까. 어느 누구도 이에 대한 답을 줄 수도 없고 어느 누구도 명쾌한 답을 얻을 수도 없다. 연구자의 비판을 받았다면 앞으로의 발전도 기대해 볼 만하다. 하지만 비판을 받는 데 충분한 시간이 지난 것도 아니기 때문에 그 이론은 긍정적인 것이든 부정적이든 비판을 받기 어렵다. 더욱이 그것이 임상장면에서의 활용을 기대하는 것은 성급한 일이다. 설령 그의 주장이 옳고 타당성이 입증된다하더라도 그것이 임상이라는 무대에 오르기까지는 많은 시간을 요한다. 모든 과학적 발견이 실용화되기까지에는 많은 세월을 필요로 했다. 우선 심리학의 영역에서부터 그 사례를 살펴보자.

Ivan Pavlov(1849~1936)의 조건반사이론이 행동주의 심리학자들에 의해 신경증치료에 사용되기까지 무려 40년이 걸렸다. 발견에서 실용화까지 40년이 걸린 사례는 또 있다. Michael Farady(1791~1867)가 발견한 전기 원리를 미국의 발명가 Thomas Edison(1847~1931)이 일상용품을 발견하는 데에도 40년이 걸렸다. 네덜란드의 Antony van Leeuwenkook(1632~1723)이 1677년에 현미경을 발견하였다. 이것이 병원 실험실에서 세균연구에 사용되기 시작한 것은 1820년이다. 무려 143년이 걸렸다. Sir Alexander Fleming(1881~1955)이 1872년에 페니실린을 발견하였고 그것이 질병치료에 사용하기 시작한 것은 1941년이었다. 69년이 지난 후에 실용화되었다.

James Lind(1716~1794)가 비타민 C를 발견한 것은 1747년이었고 그것이 괴혈병치료에 사용된 것은 50년이 지난 후 1797년이었다. 그가 세상을 떠난 후에 실용화되었다. Joseph Lister(1827~1912)가 현대외과 기술을 개발한 것은 1865년이었다. 그것이 발견되기 전 감염수술에 의한 사망자가 45%에서 15%로 감소되었다. 이것도 많은 세월이 흘러간 후의 일이다. 이와 같이 과학적 발견이 실용화되기까지는 많은 세월이 흘러야 한다. 이것이 과학의 운명이라면 긍정적 임상심리학이 우리들과 친숙한 임상심리학의 자리를 차지하기까지는 많은 세월을 두고 기다려야 할 것 같다.

근거에 기초한 심리학적 진료

근거에 기초한 의학

1992년 David Sackett와 Gordon Guyatt는 근거에 기초한 의학(Evidence-Based Medicine: EBM)이라는 용어를 세계적으로 권위를 인정받는 *JAMA*(268(17), 2420-2425)에 처음으로 소개하였다. 이 논문에서 그들은 환자진료의 기본철학을 밝혔다. 이들은 이 논문에서 환자의 진료에는 가장 최근에 밝혀진 확실하고 과학적인 지식을 활용해야 한다고 주장하였다. 이들의 주장은 Institute of Medicine (2001)의 근거에 기초한 진료(Evidence-Based Practice: EBP)의 기본모델의 기반이 되었고 이는 다시 근거에 기초한 심리학적 진료(Evidence-Based Psychological Practice: EBPP)의 모델로 채택되었다.

이 연구소에서는 (a) 임상가는 환자에서 수집한 재료와 정보는 체계적으로 정리해야 한다. 그들의 전문지식과 건강관리지식은 환자의 기호에 따라 활용되어야 한다(Institute of Medicine, 2001; Sackett, Rosenberg, Gray, Heynes, & Richardson, 1996). (b) 기존의 연구결과와 환자가 제공한 정보는 환자의 치료, 평가, 예방에 활용되어야 한다고 주장하고 있다. 또 이는 EBP의 기초이며 봉사활동(정신건강, 심리적 건강, 교육, 범죄를 포함한 여러 가지 영역)에 널리 활용되어야 한다고 한다. EBM 모델 의학뿐만 아니라 사회과학, 특히 심리학의 영역에도 널리 활용된다.

심리학자의 근거에 기초한 심리학적 진료 운동은 EBM과 EBP의 모델을 기초로 하여 실무에 종사하는 진료자를 위해 만든 진료 모델이다. 미국 심리학회는 이 운동을 추진하기 위해 특별위원회를 구성하였다(APA, 2006). 미국 심리학회장 Ronald Levant가 중심이 된 이 위원회는 이 분야에 관심을 가진 과학자와 전문적 지식을 가진 사람들로 구성되었다. 위원회는 심리학자들이 근거에 기초로 한 심리학적 진료를 위해 보다 적극적으로 참여해 줄 것을 강조하였다. 다른 한편 보다 나은 건강증진을 위해 새로운 발전 기반을 구축할 필요가 있다는 점도 강조하였다.

미국 심리학회 특별위원회는 EBPP는 임상심리학자들이 환자의 특성과 문화적 특성은 물론 자신이 연구를 통해 얻은 지식을 통합한 진료방법이라고 정의하였다. 이와 같은 EBPP에 대한 정의는 Institute of Medicine(2001)의 EBP에 대한 정의와 맥을 같이한다. 그들의 정의에 의하면 EBP는 근거에 기초한 자료는 임상가의 임상적 경험과 지식을 통합한 최고의 진료형태이다. 여기에는 환자의 기호와 가치가 충분히 고려되어야 한다고 한다.

임상심리학자의 주체성은 1949년 Boulder 모델에서 과학자-진료자로 분명하게 규정되어 있다. 이 모델은 북미의 심리학자를 양성하기 위해 만들어진 것이다. 많은 나라에서 임상심리학자를 과학적 지식과 임상적 경험을 겸비한 전문가로 인정하고 있다. 문화적 배경은 달라도 공통적으로 심리학의 과학적 특성을 인정하고 있다. 이러한 조류에 탑승한 심리학자 가운데 일부 심리학자는 임상심리학이 과학적 지식만으로 효과적 인간 이해가 가능한가, 과학적 지식만으로 임상심리학적 문제해결이 가능한가 하는 의문을 갖게 되었다.

그들의 주장에 따르면 (a) 특정 개인의 문제가 집단자료만으로 해결될 수 없다. (b) 환자가 직면한 문제 연구를 위해 치료를 중단하거나 지연시킬 수 없다. 환자의 문제를 치료하고 그 결과를 얻기까지에는 많은 시간이 소요된다. (c) 환자 개인특유의 특성, 문화적 배경은 그의 정서적 문제해결에 큰 도움이 될 수 없다. (d) 임상심리학자들이 직면하는 다양한 문제는 단순한 연구결과에 의해 해결될 수 없다고 한다. 하지만 EBPP는 매우 중요한 의미를 갖는다. 즉 임상심리학은 일차적으로 치유기술에 속한다. 과학을 기반으로 한 진료기술이다. 사실 임상장면에서 사람들은 잘못된 의사결정을 하는 수가 있다.

사람들은 오류나 편향에서 완전히 벗어날 수 없다. 내담자 혹은 환자를 진단하고 치료하는 데 큰 과오를 범한다. 임상가가 자신의 임상적 경험에 지나치게 의존하면 과학적 지식을 바탕으로 하는 진단과 균형을 상실할 위험이 있다. 다른 한편 과학적 지식을 기초로 한 임상심리학의 정의에 대해 적극적으로 찬동하지 않은 사람도 있다. Richard McFall은 1971년 미국 심리학회 임상심리학회장의 연설에서 연구에서 얻은 효율성이 높고 안정된 지식을 바탕

표 2-3 McFall의 임상심리학적 메니페스토

기본원리

과학적 임상심리학은 유일한 합법적이고 수용가능한 심리학이다.

제 1 추론

심리학적 봉사는 아래와 같은 네가지 기준에 맞지 않으면 공개적으로 행해져서는 안 된다.

기준 1: 봉사의 정확한 본질이 분명히 기술되어야 한다.
기준 2: 봉사에서 얻을 수 있는 유익성이 분명하게 기술되어야 한다.
기준 3: 얻을 수 있는 유익성이 과학적으로 보장되어야 한다.
기준 4: 가능한 부정적 효과는 과학적으로 배제해야 한다.

제 2 추론

임상심리학 전공의 박사과정에 있는 사람은 자신이 성취할 수 있는 능력을 갖춰야 한다.

으로 한 봉사를 기대하는 것은 잘못된 것이라고 지적하고(McFall, 1991), 새로운 메니페스트를 제시하였다. 그가 제시한 임상심리학의 메니페스토는 <표 2-3>과 같다.

McFall의 메니페스트에서는 과학의 역할에 큰 비중을 두고 있다. 오직 과학적 기초를 바탕으로 하는 치료방법을 옹호하는 McFall 주장은 많은 심리학자들의 저항을 면치 못했다. 심리학자의 도움을 원하는 사람들도 그와 같은 자들의 저항을 면치 못했다. 심리학자의 도움을 원하는 사람들도 그와 같은 치료를 받는 것을 달갑게 여기지 않은 나머지 보다 편안한 마음으로 자신의 문제를 해결할 수 있는 치료방법을 모색하였다.

근래에 와서 EBPP를 선호하는 임상심리학자들은 의학자들이 전개한 EBM, EBP 운동에 관심을 가지고 그들의 주장을 적극적으로 수용하고 있다. 이제 EBPP는 정신건강, 행동건강관리, 사회사업, 교육, 그리고 범죄 전문가들로부터 큰 호응을 받고 있다(Barlow, 2004). EBPP는 건강관리에 종사하는 전문직업인으로 현대과학적 문헌에 친숙해야 되고 과학적 지식을 기반으로 의사결정의 기술을 습득해야 한다. 현대 EBPP는 과학적 방법을 활용한 능력을 가져야 한다. 이 모델은 미국 심리학회로부터 전문적 심리진료의 기본으로 인정받았다(APA, 2006). EBPP의 주장은 McFall의 제 1 추론과 매우 유사하다. 이

모델은 초기에는 지나치게 극단적인 것으로 많은 저항에 부딪쳤으나 지금에 와서는 그 추론은 건강관리체계의 중심이 되었고 건강관리 전문가의 목표가 되었다.

임상적 전문지식

임상적 전문지식은 교육, 훈련, 효과적 진료를 통해서 습득한 지식을 말한다. 여기에는 치료과정에서 얻은 정보도 포함된다. 가장 훌륭한 치료목적을 성취할 수 있는 환자의 특성 연구도 포함된다. 임상적 전문지식은 과학적 문헌을 통해 얻은 지식을 바탕으로 가설을 세우고 그 가설검증결과를 통해 얻을 수 있다(Stricker, & Trierweiler, 1995).

인지과학자들은 여러영역에서 어려운 일을 처리하는 과정에서 초보자와 전문가들 사이에는 일관되고 의미있는 차이가 있다는 점을 발견할 수 있다. 전문가는 의미있는 것을 인지하게 되면 관계가 없는 정보는 무시해 버리고 자신의 도메인과 관계되는 것만을 새롭게 조직한다. 거기에서 얻은 지식을 기술적으로 활동하기보다 기능적으로 활용하고 필요할 때 그것을 보다 편리하게 활용할 수 있다. 그들은 그 사태에 적응하여 자신의 지식과 수행을 자기 스스로 모니터링한다. 그들은 자신의 지식이 부적절한 것으로 판단되면 새로운 지식과 비교할 수 있다.

전문적 지식은 결코 완벽한 것이 아니다. 사람은 누구나 과오를 범할 수 있고 편향되기 마련이다. 이들은 인지적 전략이나 발견을 통해 적응적 의미가 있고 효율성의 의미가 있는 새로운 지식이나 기술을 얻는다. 이들은 정서적 반응에서 얻어지는 지식과 기술도 있다. 이는 적응행동으로 이어질 수도 혹은 편향된 것이거나 동기적 추리로 이어질 수 있다. 심리학자는 관찰이나 추리를 통해 일반화시키는 연구나 혹은 진료를 할 때마다 특이한 해석이나 지나치게 일반화하는 경향이 있다.

임상경험에서 피할 수 없는 것은 자기 자신의 지식이나 숙련기술에 한계가 있다는 것, 인지 기능이나 감정이 편향되어 있다는 것을 각성하지 못한다는 점이다. 이 점은 임상적 판단에 영향을 준다. 이러한 편향성은 환자를 통해서 받는 체계적 피드백을 통해 최소화할 수 있다. 치료자의 특성은 임상적 진료에 영향을 줄 수 있고 치료결과는 치료자의 치료효과를 신장시키는 데 매우 큰 영향을 준다.

임상적 전문지식은 환자의 문제를 이론적으로 일관성 있게 개념화시킬 수 있어야 한다. 이는 환자의 병리현상은 그의 스트레스 특성을 이해할 수 있고 환자에 대한 정확한 진단적 판단에 도움이 된다. 전문지식을 가진 임상가는 환자 치료과정에서 그에 대한 개념을 수정할 수 있다. 또 확인된 근거와 미확인된 근거를 구분할 수 있다. 전문지식을 가진 심리학자는 환자가 자신의 질병이나 장애를 이해하는 데 도움을 줄 수 있다.

임상적 전문지식은 유연한 진료기술을 통해 습득된다. 임상적 지식을 가진 사람은 환자의 생활특성에 대해 예민하게 반응한다. 환자의 치료과정에 진전이 없을 때에는 문제점을 탐색하여 그것을 스스로 교정해 나간다. 문제의 개선이 나타나지 않을 때에는 진단의 정확성을 고려해야 된다. 만족한 치료 효과가 나타나지 않을 때에는 치료자는 진단의 신빙성을 검토하고 그것을 슈퍼바이저, 혹은 의뢰자와 의견을 나눌 필요가 있다. 필요에 따라 적절한 시기에 치료를 중단할 수도 있고 치료목적을 다시 세울 필요도 있다. 재발가능성도 동시에 고려해야 한다.

임상전문지식 가운데 대인관계에 대한 전문지식이 가장 중요하다. 이 특성은 언어적 반응이나 비언어적 반응을 통해 나타난다. 이를 통해 상대방을 무시할 수도 있고 동정적으로 반응할 수도 있다. 풍부한 대인관계 경험은 환자에 대한 유용한 유연성을 발휘하는 데 큰 도움이 된다. 대인관계의 기술이 뛰어난 심리학자는 환자로 하여금 보다 많은 변화를 신장시키는 환경에 관심을 갖도록 도움을 줄 수 있다.

심리학적 진료는 본실석으로 심리학자와 환자 간에 이루이지는 대인관계의 한 부분이다. 치료자와 환자의 관계는 치료효과에 큰 영향을 준다. 특히 심리학자와 환자의 친화성은 매우 중요하다. 친화성이 높을 때 치료의 효율성은 높아진다. 정신치료의 경우 개인치료자가 차지하는 변량은 전체의 5~8%를 차지한다는 사실이 이를 잘 입증해 주고 있다. 환자의 적극성이 성공적 치료에 큰 영향을 주기도 한다.

이제 전자기술의 발달로 심리학자가 환자와 직접 대면할 필요가 없게 되었다. 상호전자기술을 활용하면 두 사람의 상호작용은 보다 쉬워진다. 이러한 기술 중재는 매우 효과가 있을 뿐만 아니라 환자들이 선호하는 방법이다. 임상전문가 일수록 치료과정에서 환자로 하여금 보다 적극적으로 참여하게 모니터링할 수 있을 뿐만 아니라 변화에 영향을 주는 요인에 대해 세심한 주의를 기울인다. 임상전문가는 치료과정을 방해하는 것을 찾아 일관되게 설명할 수도 있어야 한다. 임상적 전문가는 자기 자신의 경험, 지식, 가설, 추리, 정서적 반응에 대한 반성할 수 있는 능력을 가져야 하고, 그것을 바탕으로 자신의 진료방법을 수정할 수 있는 능력을 가져야 한다. 임상적 전문가에게 필수적인 것은 자기 자신의 지식과 숙련의 한계를 인지하고 자신의 편향성 특성과 새롭게 습득한 지식의 한계를 분명하게 인지하는 것이다. 왜냐하면 임상적 판단에 직접 영향을 주기 때문이다. 편향된 지식은 부정확한 가설이나 사례를 개념화시키는 과정을 변화시키는 데 방해가 된다. 임상적 전문지식을 발전시키고 또 그것을 유지하고 더 나아가서 이 전문적 지식을 특별한 환자에 적용하기 위해서는 새로운 지식과 기술을 지속력으로 축적되어야 한다.

심리학에 있어서 전문지식은 과학적 전문지식을 포함한다. 이것은 심리학 교육의 한 목표이고 훈련에서 얻어진다. 과학적 방법에 대한 이해를 통해 심리학자는 연구계획의 타당성을 검증하고 연구의 내적·외적 타당성을 평가해 볼 수 있고 연구에서 얻어진 효과의 크기를 평가하고 그것을 개인 환자에게 적용해 볼 수 있다. 임상적 전문가는 임상적 연구에 대한 과학적 태도를 가져야 한다. 이는 자료의 특성을 밝혀야 되고 유용한 임상적 가설을 설정할 수 있어야 된다는 것을 의미한다.

임상전문가는 환자의 개인적 사회·문화적 특성은 물론 연령, 발달, 인종, 문화, 성별, 종교, 사회경제적 특성을 이해해야 된다. 임상전문가는 환자의 세계관, 가치, 기호, 능력, 성격 특성을 평가하는 것도 중요하다. 이러한 필요에 따라 APA는 다문화 배경을 가진 환자에 대한 시술 요령을 제시하고 있다. 심리학자들은 치료효과를 신장시키기 위해 부가자료를 사용한다. 부가적 자료에 의해 환자에서 기대했던 효과가 나타나지 않을 때에는 심리학자는 치료자와 상의하고 그에게 치료를 의뢰하기도 한다.

문화적으로 예민한 대체치료환자의 세계관은 심리학적 치료의 보조 수단으로 활용할 수 있다. 치료과정에서 심리학자와 의사를 교체하는 것은 인지적 정동적 편향을 조정하는 수단이 된다. 임상전문가는 다양한 심리적 문제치료에 절충적 방법도 쓰고 통합적 방법도 쓴다. 그렇지만 심리치료의 효과는 확실하게 나타나 있지 않다. 이때 심리학자는 분명하게 체계화된 사례를 다시 살펴보기도 하고 그에 관련된 지식을 바탕으로 새롭게 개념화한다. 이 과정을 통해 어떤 환자의 장애는 특정한 치료효과를 예언할 수 있는 근거가 분명하게 나타난다.

근거에 기초한 임상적 치료효과

EBPP는 다양한 유형의 장애치료에 진료에 널리 사용되며 좋은 결과를 얻고 있다. 인지행동기법으로 우울증을 성공적으로 치료한 사례는 많다. 인지행동치료에는 여러 가지 형태가 있다. 행동이 중심이 되는 것부터 인지기능이 중심이 되는 것까지 매우 다양하다. 가장 일반적인 인지행동치료의 대상은 우울증이다(Peterson, Davidson, & Tamkins, 2001). 인지행동치료는 부정적 자동적 사고, 기능장애 행동에 역점을 둔다. 우울증 환자를 치료하는 데 있어서 심리학자는 환자의 진단을 위해 초기평가를 시작한다. 이때 그에 수반되는 여러 가지 조건을 평가하기도 한다. 이를 통해 치료자는 환자의 현재 특성을 파악한다.

치료자는 내담자의 대인관계와 사회적 기능의 특성에 관심을 둔다. 환자의 특성과 근자에 경험한 우울증을 촉진시킨 특성을 파악한다. 특히 자살기도와 자살행동의 특성에 관심을 갖는다. 근자에 경험한 사실에 대한 정보를 중심으로 환자에 대한 정보를 체계적으로 재조직한다. 임상심리학자는 체계적으로 재조직한 사례기록을 통해 그의 정동, 인지, 행동증후에 대한 보다 확실한 정보를 얻을 수 있다. 바깥 출입이 없이 집안에서 외롭게 생활하면서 TV시청으로 하루를 보내는 생활은 점차적으로 우울증이 증대되는 결과를 가져온다.

초기 치료과정에서 환자는 자신의 우울증에 대한 정보, 우울증치료를 위해 가능한 한 치료계획에 대한 정보를 얻는다. 인지행동치료에서 환자는 치료과정에 적극적으로 참여한다. 치료자는 환자에게 정보를 제공하는데 이는 치료과정에서 통일된 치료 목적을 갖게 하기 위해서이다. 치료과정에서 내담자는 증후의 변화를 치료자에게 보고하는데 그것이 곧 치료 효과를 결정하는 기능을 한다. 초기 세션에서는 환자에게 1차적으로 신체적 활동을 권장한다. 활동의 종류는 자신이 발병 전에 즐겼던 것이면 된다. 이 환자가 스스로 신체적 활동을 계속하도록 권장할 필요가 있다. 특별한 환자에서는 즐기는 행동 레퍼토리가 극히 제한되어 있다는 점을 잊어서는 안 된다. 우울증환자의 무기력감과 기분장애를 효과적으로 치료하기 위해서는 그들로 하여금 매일 보다 적극적으로 운동하고, 취미생활을 하고 독서하는 습관을 갖게 한다. 이와 같은 생활을 통해 우울한 기분은 점차적으로 줄어든다.

내담자는 치료자가 권장하는 신체적 활동계획을 자기 스스로 수행할 수 있을까 하는 의아심을 갖는 수가 있다. 이것이 곧 부정적 사고를 유발하고 신체적 활동을 기피하는 결과를 가져온다. 몇 세션이 지나면 치료자는 내담자에게 또 다른 수행과제를 부여한다. 여기에는 사고의 모니터링이 포함된다. 그 내용은 자신이 실망했거나 어려운 처지에 있을 때 머리에 떠올랐던 생각들이다. 사고기록에는 어떤 사고에 대한 기록(사건, 기록, 어떤 일을 수행해야 되겠다는 기록) 관련이 있는 행동(토론에 참석해서 다른 사람에게 양보하는 것), 그와 관련되는 정서(좌절감, 슬픔, 실망) 관련되는 사고(문제는 무엇인가, 나는 완전히 실패했다) 등이 포함된다(Peterson, Davidson, & Tamkins, 2001).

다음 치료단계에서 환자는 치료자에게 자기의 사고와 행동에 어떤 변화가 수반되고 있다는 것, 그에 수반되는 정서상태를 보고한다. 치료자는 내담자에게 지금까지 자기의 부정적 사고의 본질을 검토해 보게 한다. 환자 자신도 감정과 사고는 밀접한 관계가 있고, 자신의 신체적 활동이 특히 부족하다는 것을 잘 안다. 환자는 자신의 부정적 사고가 바람직하지 못하다는 것을 계속 부인한다. 이와 같은 부정적 생각을 반복하는 동안 내담자는 보다 긍정적으로 사고할 수 있게 된다. 환자의 필요에 따라서는 심리학자는 환자가 자기의 주장을 가지고 보다 효과적 문제해결에 필요한 기술습득에 도움이 될 수 있게 도움을 주어야 한다.

다음 단계에서는 환자로 하여금 자신의 부정적 신념, 어려운 장면에 직면했을 때 우울해졌던 사건에 적극적으로 도전하게 한다. 이는 그가 자기 생활 적응에 큰 도움을 준다. 최종단계에는 재발방지에 역점을 둔다. 환자는 자기에게 도움을 주었든 일을 되돌아 본다. 치료자는 환자로 하여금 부정적 사고의 특성을 다시 생각해 보고 자신의 적응에 가상 노움이 되었넌 행동을 다시 한번 생각해 보게 한다. EBPP는 여러 가지 형태의 중재를 요한다. 여기서 중재는 조정이나 치료의 의미도 내포되어 있다. 여기에는 평가, 진단, 예방, 치료, 심리치료와 같은 기능이 내포된다. 여기서는 주로 치료에 보다 큰 역점을 두고 설명하고자 한다. 임상장면에서 심리학적 평가에 못지 않게 중요한 것은 치료이다. 치료 환경은 매우 다양하다. 병원, 공공 진료소, 개인 진료소, 각급 학교, 공중보건소, 회복센터, 카운슬링센터, 요양소 등이다.

여기서 근거에 기초한 심리학적 진료의 도움을 필요로 하는 사람을 편의상, 내담자, 환자 혹은 소비자라는 용어를 쓴다. 여기에는 아동, 청소년, 성인, 부부, 가족, 가족집단, 조직체, 지역사회, 기타 심리적 서비스를 받는 모든 사람이 여기에 포함된다. 그들이 심리학자에게 가지고 오는 직업문제, 가정문제 등 매우 다양하다.

EBPP와 ESTS는 엄격하게 구별되어야 한다. 전자는 후자 즉 경험적으로 지지받는 치료보다 포괄적 기능이 있다. 이는 우선 치료하고 그것이 특정 환경에서 특정 질병이나 장애를 치료하는 데 어떤 도움을 주는가를 검토한다. 이와는 달리 EBPP는 어떤 연구결과가 치료자가 가장 훌륭한 결과를 얻는 데 도움이 되는가를 검토해 본다. ESTS는 통제된 임상실험에서 효과가 있어보이는 심리학적 치료이다. 이와는 달리 EBPP는 보다 광범위한 임상적 활동으로 (심리학적 평가, 사례조정, 치료관계), EBPP는 여러 가지 연구결과를 통합하여 결론을 내리는 과정이다.

특정한 질병이나 장애를 잘 치료하는 전문가나 기관이 대중매체를 통해 소개되면 많은 사람의 관심의 대상이 된다. 최소한의 지식을 가진 사람의 반응은 다르다. 어떤 약이 발명되어 실제 질병치료에 활용되기까지는 상당한 시간이 걸린다고 생각하고 그때가 오기만을 기다린다. 특수한 경우에는 공중보건기관의 실험실에서 서둘러 백신을 개발해서 질병치료에 투입하여 큰 도움을 주기도 한다. 그러나 심리학적 중재에 있어서는 그와 같은 방법을 기대할 수도 없고, 그것이 가능하다고 해도 큰 효과를 기대할 수 없다. 한 가지 예를 살펴보자. 약리학적 중재 혹은 치료와 심리학적 중재는 본질적으로 다르다. 제약회사는 특정한 약을 개발하면 거액의 광고비를 들여 광고한다. 그러므로써 그 약은 필요한 환자치료에 큰 도움이 된다. 환자는 곧 정상적 생활을 복귀한다. 어떤 나라에서는 예기되는 소비자를 대상으로 그 약을 집중적으로 선전하기도 한다.

불행하게도 심리학적 중재는 그와 성격이 크게 다르다. 새로 발견된 치료방법의 효율성이 발견되거나 (유효성이 발견된 경우에도) 그것을 광고할 수도 없고 치료를 위해 많은 심리학자를 단시일 내에 훈련시키는 것은 불가능하다. 심리학의 윤리강령이나 전문성의 가이드라인은 심리학적 서비스를 광고하는 것을 엄격하게 금지하고 있다. 효과적인 정신치료를 위해서는 새로운 약을 어떻게 처방할 것인가 보다 그에 대한 많은 교육이 더 중요하다. 적절한 정신치료를 위해 필요로 하는 지식습득은 외과의사가 새로 도입할 외과기술을 환자에게 사용하기 위해 많은 것을 기술을 연마하는 것과 유사하다.

새로 개발한 약에 대한 연구보고와 금기사항에 대한 지식은 약을 처방하는데 충분한 지식이 되지만 외과의사나 정신치료자에게는 그것으로는 충분하지 못하다. 보다 효과적인 정신치료를 위해서는 기본 예비연구, 특별한 훈련, 슈퍼바이저의 지도하에서 치료의 경험을 쌓아야 한다. 임상심리학자는 적어도 본질이 다른 3~4종류의 환자와 비교되는 부정형 환자(보다 복잡하거나 혹은 반성적 문제를 가진)에 대한 치료경험을 가져야 한다(Calhoun, Moras, Pilkonis, & Behn, 1998). 이와 같은 규정에 맞는 심리학자가 되기 위해서는 심리학자는 엄격한 교육을 받아야 된다(Arnow, 1999). 206명의 임상심리학자를 대상으로 환자치료에 영향을 주는 요인을 조사한 결과가 있다. 그 결과에 의하면 환자치료에 가장 큰 영향을 준 것은 치료의 효율성(efficiency)과 경험적 지지 혹은 유효성(effectiveness), 경험적 지지라고 대답하고 있다(Nelson, & Steele, 2008). 환자치료를 위해 임상가의 결심도 매우 중요한 영향을 준다. 임상가는 EBPP 훈련에 있어서 훈련기회의 필요성을 과대평가하는 경향이 있다.

EBPP의 효과는 건전한 이론과 과학적 방법을 사용한 연구를 요구한다. EBPP는 여러 계층의 환자에게 효과가 있고 안전하다는 사실이 입증되었다. 이 치료는 아동, 성인, 연로자의 치료에 높은 효과가 있을 뿐만 아니라 심리적 문제, 중독, 그리고 대인관계의 치료에도 그 효과가 탁월하다. 의학적 치료와 비교했을 때에 심리학적 진료의 효과가 월등하게 높다(Hollon, Stewart, & Strunk, 2006). 또 EBPP는 진료비용을 절감시킬 뿐만 아니라 생명의 안전까지 보장해 준다.

심리학자는 과학적 근거에 기초한 인간관계와 개인 문제 해결을 위한 진료에 역점을 둔다. 근거에 기초한 심리학적 진료는 내적 타당성도와 외적 타당도가 균형을 유지해야 한다. 한 사람의 진료자가 모든 진료를 감당할 수 없다. 진료자는 표집에 따라 서로 다른 진료방법을 활용할 수 있어야 하고 실제 상황에서도 치료의 일반화가 가능해야 한다. 치료횟수와 지속시간이 제한된 경우에도 판단의 범위를 정할 수 있어야 한다. 어떤 과제 수행능력과 특이한 결과를 일으키는 능력에 대한 연구결과는 소수 표집은 물론 관심이 없었던 집단에까지 일반화 시킬 수 있는가를 미리 고려해야 한다.

1970년 이래 메타분석연구에서 일반적으로 많은 문제의 치료에 EBPP에 의한 치료효과가 큰 것으로 밝혀졌다. 그러나 통제집단에서는 치료효과가 나타나지 않았다는 점에 특별히 유의할 필요가 있다. 특별한 문제에 대해 특별한 치료를 받지 않은 사람에서는 특별한 효과나 비효율성 같은 것은 기대할 수 없다. 보다 나은 시술은 과학적 방법으로 조작한 심리학적 시술을 적절한 시간에 시행할 필요가 있다. 널리 활용된 심리학적 시술은 물론 현장이나 실험실에서 개발한 방법은 엄격하게 평가되어야 하고 이러한 연구에 장애가 되는 것은 발견하여 자세히 언급되어야 한다.

믿음직한 과학적 근거는 치료책략, 평가, 임상적 문제, 실험실과 현장에 있는 환자집단, 또 심리학과 관계되는 분야에서 이뤄진 임상적으로 관계되는 기초연구의 결과를 의미한다. 치료효과는 치료자와 피치료자의 특성에 따라 다르다. 어떤 사람이 어떤 사람을 치료했느냐에 따라 그 효과는 크게 다르게 나타난다. 문제의 성격, 성격특성, 사회문화적 특성, 그리고 그의 기초에 대한 지식을 가지고 있을 때 좋은 치료효과를 얻을 수 있다. EBPP에서도 환자의 가치, 종교적 신념, 세계관, 목적에 대한 지식을 가질 필요가 있다. 환자는 경험이 많은 치료자를 선호한다.

EBPP에서 환자의 특성을 파악하기 위해 심리학자는 첫째, 교차진단법을 선호한다. 둘째, 치료방법을 결정하기 위해 환자의 사회적 특성과 문화적 특성을 깊이 고려한다. 여러 계층의 환자 치료효과가 그들의 적응에 도움이 되었는지 검증되어야 한다. 셋째, 중재법이 성인이나 아동에게 널리 활용가능한가 고려되어야 한다. 넷째, 동시이환성과 중다증후보존성의 범위가 어떻게 다른가에 관심을 가져야 한다.

기존자료를 보면 환자와 관련있는 변인에 따라 치료효과가 달라진다. 특히 기능적 상태, 변화에 대한 반응과 같은 성격 변인의 치료효과에 큰 영향을 준다. 환자의 특성에 대한 이해는 치료관계를 유지하고, 특수한 중재에 있어서 크게 도움이 된다. EBPP에서도 개인의 발달 상태에는 물론 성, 문화, 민족성, 연령, 가정 환경 등에 주의를 기울인다. 이들 요인은 성격, 가치, 세계관, 대인관계, 정신병리, 그리고 치료에 대한 태도에 많은 영향을 주기 때문이다. 문화적 영향은 정신병리의 본질과 표현에 뿐만 아니라 환자의 심리적·정신적 건강에까지도 깊은 영향을 준다.

문화적 가치, 신념, 사회적 요인은 사회적 개념으로서의 인종은 사람들을 하나의 카테고리로 묶는 수단이다. 이는 신체적 속성, 선조 등 여러 요인들을 기초로 한다. 인종은 넓은 의미에서는 권력, 지위, 기회의 유목에 속한다. 서양의 문화권에서는 유럽인이나 백인종은 특권을 누린다. 인종은 대인과정이며 정치적 과정으로 여기에는 임상적 기술과 건강의 의미가 내포되어 있다. 환자와 임상가는 자기들의 자아정체감으로 선정한 인종 집단에 속한다. 그러나 임상적 시술에 있어 단순한 환자나 임상가가 아니다. 여러 분야에서 얻어진 많은 자료를 보면 임상가와 환자의 인종간의 권력에는 커다란 차이가 있다. 특히 흑인은 불공정한 치료를 받고 있다. 임상가는 치료에 있어서 인종차에서 오는 영향을 깊이 고려할 필요가 있다.

환자의 사회적·환경적 여건은 환자의 치료와 계획 수립과정에 있어서 매우 중요한 의미를 갖는다. 사회문화적 요인, 가족적 요인, 사회계급, 넓은 의미의 사회경제적 요인은 정신건강에 매우 큰 영향을 준다. 정신치료는 피치료자와 치료자가 긍정적 결과를 얻기 위해 서로 타협을 해가는 과정의 하나로 생각할 수 있다. 따라서 피치료자의 가치선호는 EBPP의 중심되는 요인으로 생각할 수 있다. 피치료자는 선호하는 치료방법과 좋은 결과를 강력하게 요구할 수 있고, EBPP는 가장 효과적인 대체 중재방법이다. 가장 효과적인 시술은 피치료자가 선호하는 것과 심리학자의 판단이 균형을 이루는 것이다. 이는 곧 가장 적절한 치료로 이어진다.

정신건강과 관계되는 전문과학

우리는 문화가 다른 여러 나라의 임상심리학에 대한 정의를 통해 현대임상심리학의 본질과 기능을 이해할 수 있게 되었다. 이에 못지 않게 중요한 것은 심리학자의 역할수행에 필요한 전문직업에 대한 지식을 갖는 것도 매우 중요하다. 심리학자의 봉사와 관계되는 전문과학은 많다. 정신의학, 사회사업학, 정신간호학, 카운슬링과 정신치료 등이 이에 속한다. 임상심리학의 지식은 환자에 대한 평가, 부적응 행동의 예방을 위해 광범위하게 활용된다. 임상심리학자는 봉사를 위해 유익한 심리학적 정보를 축적할 필요가 있다. 임상심리학은 심리학적 봉사에 필요한 지식개발에 활용가능한 지식개발을 위해 꾸준한 연구가 수행되어야 한다.

임상심리학은 심리학에서 개발한 연구방법, 통계분석법, 측정방법을 활용한다. 여러 심리학의 영역, 예를 들면 인지, 발달, 성격, 생리 및 사회심리학에서 발굴된 이론체계는 임상심리학자가 직접 혹은 간접으로 활용한다. 심리학적 연구의 목적은 인간기능에 대한 기본적 지식을 얻는 데 있다. 이와 같은 지식은 1차적으로 기능장애를 평가하고 치료하는 데 도움을 주고, 2차적으로는 인간기능의 향상에 도움이 된다.

심리학적 지식은 여러 분야에 활용된다. 건강심리학, 법률심리학, 신경심리학의 지식은 심리학자가 개발한 기본지식을 바탕으로 한다. 카운슬링 심리학자나 학교심리학자도 일반 시민의 건강봉사를 한다. 이들의 훈련배경이나 실무배경은 임상심리학자의 훈련과정과 크게 다르지 않다. 이들은 자기 특유의 평가, 예방, 치료기술을 개발・활용한다.

카운슬링심리학

카운슬링심리학과 카운슬링은 다르다. 카운슬링은 정신건강전문직을 기술하는 데 쓰이는 일반적 용어이다. 이는 여러 가지 훈련과 자격을 요구한다. 미국의 카운슬러는 100,000명당 49.4명이고, 심리학자는 100,000명당 31.1명이다. 카운슬링심리학과 임상심리학은 공통되는 점도 많다. 카운슬링심리학의 뿌리는 직업가이던스 운동이다. 여기서는 직무수행에 필요한 성격특질, 적성, 흥미을 매우 중요하게 여긴다. 2차대전 후 미국에서는 재향군인회 보훈국(VA)은 재향군의 취업과 교육을 위해 대학과 계약을 맺었다. 역사적으로 카운슬링심리학과 임상심리학의 구분은 그들이 다루는 대상에 따라 다르다. 전통적으로 임상심리학자는 정신병자의 평가와 치료에 역점을 두었다. 이때 불안, 우울증이 큰 관심의 대상이 된다.

이와는 달리 카운슬링심리학자는 삶에 있어서 직면하게 되는 행동변화, 대인관계의 역할 변화, 직장 스트레스나 수학스트레스의 극복에 필요한 조언을 한다. 카운슬링심리학자는 적응을 위한 조언에 역점을 둔다. 이와는 달리 임상심리학자는 자기생활 문제해결에 어려움을 겪는 사람, 정신적 문제나 심리학적 문제해결에 어려움을 겪는 사람에게 역점을 둔다.

임상심리학과 카운슬링심리학은 전문가가 종사하는 기관에 따라 구분된다. 일반적으로 카운슬링심리학자는 대학의 카운슬링 클리닉과 같은 교육기관이나 지역사회기관에 종사한다. 이와는 달리 임상심리학자는 종합병원의 정신과, 정신병원 혹은 개인 진료소에서 봉사한다. 이와 같은 구분의 기준은 변하고 있다. 두 전문직업의 본질 자체가 변하고 있기 때문이다. 오늘날 카운슬링심리학자는 어려운 일상 생활을 하고 있는 사람을 위한 봉사에 관심을 가지게 되었다. 예를 들면 우울증 장애나 사회적 공포증을 가진 사람 개인에 대해 봉사를 한다. 또 임상심리학자나 카운슬링심리학자가 모두 공공기관이나 개인진료소에 봉사하기도 한다.

이제 임상심리학자들은 배우자간의 갈등, 정도가 심한 정신장애, 스트레스와 관계되는 문제치료에 관심을 갖고 있다. 또 임상심리학자는 정신병의 기준에 따라 진단이 어려운 사람에 대한 봉사에 관심을 갖게 되었고 예상되는 질병의 예방프로그램개발에 관심을 가지고 있다. 임상심리학과 같이 카운슬링심리학에서도 과학적 치료를 시도하고 있다. 이와 같은 시도는 과학적 근거에 기초한 진료운동의 영향으로 카운슬링심리학의 훈련과 진료의 변화를 예언하고 있다. 임상심리학과 카운슬링심리학은 학문적 배경은 물론 훈련 방법도 서로 다르다. 출발에서부터 크게 다르다. 카운슬링심리학자의 훈련은 대학 수준의 교육학과에서 Ph. D 수준이나 혹은 Ed. D프로그램을 이수한다. 이와는 달리 임상심리학자는 대학 수준의 심리학과에서 Ph. D나 Psy. D 프로그램을 이수한다. 대학생 사이에 임상심리학 프로그램은 카운슬링심리학의 프로그램보다 인지도가 낮다. 그 이유는 확실하지 않으나 커리큘럼의 특성이 크게 작용한 것으로 본다. 임상심리학은 임상적 장애의 진단과 치료에 역점을 둔다. 이와는 달리 카운슬링심리학은 소수 민족의 사회적 적응문제 등에도 관심을 갖는다.

학교심리학

학교심리학자는 대학에서 심리학이나 교육학을 전공한 사람으로 각급 학교, 공공 진료소, 병원, 그리고 개인 진료소에 취업한다. 학교심리학의 직업적 특성은 임상심리학자의 직업적 특성과 중복되는 점이 많다. 역사적으로 학교심리학자의 주된 관심대상은 아동과 청소년의 학습문제에 있었다. 여기에는 아동과 청소년의 지적 기능에 대한 평가는 물론 교사도 포함된다. 학교심리학자는 아동의 학습능력 향상을 위해 학생 자신은 물론 부모의 적극적 협력의 필요성을 강조한다. 임상아동심리학자는 정신장애의 가능성이 있는 아동을 감별, 진단, 그리고 치료에 큰 관심을 갖는다.

학교심리학은 부모나 정부가 바라는 것이 무엇인가에 귀를 기울리지 않을 수 없게 되었다. 왜냐하면 아동과 청소년의 학업성적은 그들의 정신적 건강에 의해 좌우되기 때문이다. 실제 부모의 불건전한 정신상태, 스트레스 가정환경이 아동의 학습결과에 부정적 영향을 준다는 사실이 많은 연구에 의해 밝혀졌다. 이제 학교심리학자는 사회에 대한 관심은 물론 아동 발달에 영향을 주는 의학적 지식까지도 가질 필요가 있다. 이와 같은 변화는 교육제도의 변화와 깊은 관계가 있다. 양질의 학교는 모든 학생에게 양질의 교육을 보장해야 한다는 법적 근거에 따라 학교심리학자의 수준을 진단하고 아동과 청소년의 정신적 장애, 그에 맞는 치료적 봉사를 하도록 규정되어 있다.

학교심리학자는 학생의 사회적 기능을 개발하고 폭행을 예방 근절하고 갈등을 해소하는 데 보다 큰 관심을 가질 필요가 있다. 현제 미국에서는 학생 100,000명당 12명의 학교심리학자들이 활동하고 있는 것으로 알려져 있다. 학교심리학자와 아동임상심리학자는 매우 친근한 관계를 유지하고 있다. 서로 다른 학문적 배경 때문에 두 전문직에 종사하는 사람들의 사이에 크고 작은 문제가 전혀 없을 수는 없다. 이들에게는 학교중심의 정신건강향상을 위해서는 보다 많은 교육이 필요하다.

정신의학

앞에서는 심리학을 기초로 한 전문직업에 대해서 언급했다. 이제 다른 전문직업의 관점에서 같은 문제를 살펴보기로 한다. 1차진료기관에 종사하는 의사는 정신건강진료에 역점을 두는 것이 무엇보다도 중요하다. 일반 전문의사는 신체적인 것인가 아니면 정신적인것인가를 판단하는 데 역점을 둔다. 정신의학자는 정신병의 진단, 치료, 예방을 전문적으로 다루는 의사이다. 다른 의사와 마찬가지로 그들은 4년간의 의학교육을 통해 인체기능의 특성을 배웠다. 그들은 기초의학 훈련을 마친 후에 상당기간의 레지던트 훈련 과정을 거친다. 레지던트 훈련의 영역은 임의로 선택할 수 있다. 여기서는 하위 전문영역, 예를 들면 소아정신의학, 노인정신의학 가운데 임의로 선택할 수 있다. 그들은 일단 정신의학의 전공을 성공적으로 마치고 난 후에는 그들이 의학훈련과정에서 다루는 기본적 건강문제를 치료하거나 검사하는 일은 없다.

훈련의 측면에서 정신의학과 응용심리학은 크게 다르다. 첫째, 정신의학에서는 생리학, 생화학 등 생물학적 지식을 축적한다. 정신과 의사는 특정한 정신적 장애가 의학적 문제의 산물인지 신체적 질병과 정서적 문제의 통합산물인지 구분할 수 있어야 한다. 정신의학자의 훈련에서는 환자의 심리적 증후가 신체적 질병치료를 위한 투약의 효과를 밝히는 기술도 포함된다. 그러나 인간의 심리적 발달, 인지, 학습, 기타 일반 심리적 기능 특성에 대한 훈련은 경시하는 경향이 있다. 그들에게는 연구에 필요한 방법론적 측면, 예를 들면 연구계획, 통계분석법에 대한 교육의 비중이 극히 낮다. 학문적 추세의 변화에 따라 정신의학자들의 연구방법론은 물론 신경과학과 행동과학적 지식의 필요성을 주장하고 나서는 사람이 증가하는 추세이다. 일반적으로 정신과 의사가 가지는 방법론의 지식 수준은 크게 높지 않다. 그들의 수준은 임상심리학 전공대학원 과정의 수준에도 미치지 못하고 있다.

미국의 한 정신의학자가 연구방법론의 필요성을 강조하면서 이런 비판을 했다. 즉 정신의학자의 레지던스 훈련과정에서 연구방법에 대한 훈련이 강조되지 못하면 미국 정신의학자의 연구는 소멸될 위기를 맞게 될 것이다(McLellan, 2003). 임상심리학자와 정신의학자의 훈련에서 강조하는 면이 크게 다르다. 정신의학자의 훈련에서는 심리학적 치료보다 정신약물학적 치료에 보다 큰 비중을 둔다. 따라서 과학적 심리평가와 심리치료에 대한 훈련은 많이 받지 못한다. 역사적으로 정신의학자는 환자의 치료를 위해 Sigmund Freud (1856~1939), Carl Jung(1875~1961), Alfred Adler(1870~1937)가 개발한 정신분석적 정신역동적 치료에 전적으로 의존해 왔다.

근자에 와서 치료의 기술은 큰 변화를 맞았다. 정신약물학적 치료방법이 도입되고 그 긍정적 효과가 입증되고 근거에 기초한 진료의 운동이 뿌리를 내리면서 정신분석에 기초한 치료방법, 예를 들면 정신역동적 정신치료기법은 그 자리를 지키는 것이 어렵게 되었다. 그 자리는 객관적 자료에 기초한 정신의학적 치료, 인지, 행동치료나 대인관계치료가 차지하는 변화가 크게 일어나고 있다.

근거에 기초한 치료를 선호하는 의사들은 정신약물학적 치료를 선호하고 인지행동치료법이나 대인관계치료법을 수용하기도 하였다. 임상심리학자와 정신과 의사의 큰 차이는 약물처방권에 있다. 정신과 의사는 약을 처방할 수 있으나 임상심리학자에게는 그런 권한이 없다. 그러나 이와 같은 차이는 그렇게 오래 지속되지 않을 것이다. 왜냐하면 북미의 연방정부와 몇몇 주정부에서는 임상심리학자들이 향정신의약품을 처방할 수 있는 훈련을 시키고 있기 때문이다. 미국의 통계를 보면 정신과 의사는 인구 100,000명당 13.7명으로 비교적 많은 편이나 세계적 추세는 반드시 낙관적인 것만은 아니다. 여러 나라에서는 매우 어려운 문제에 직면하고 있다. 왜냐하면 영국이나 인도에서 의과대학을 졸업한 사람 가운데 정신의학을 전공하기를 희망하는 사람이 극히 제한되어 있어 수요를 감당할 수 없는 현실에 직면하고 있다. 미국의 사정도 그렇게 좋지는 않다. 정신과 레시던트를 희망한 사람이 크게 부족하다. 1980년 이래 40%가 줄어 들었다. 미국의대 졸업생으로 정신과 훈련을 받기를 원하는 것은 3%에 지나지 않는다. 이와 같은 사실을 보면 미국에서는 정신의학이 전문직업으로서 인기가 하락하고 있음을 의미한다. 이와는 달리 내과, 소아과, 외과 등이 정신의학 보다 선호하는 분야로 지적되고 있다.

사회복지학

사회복지학은 개인, 집단의 복지를 향상시키는 데 1차적 목표를 둔다. 사회복지사는 개인이나 집단의 최적 발달을 촉진시키는 사회적 조건의 중요성을 크게 강조한다. 사회복지사는 정책개발, 프로그램개발, 프로그램관리, 연구용역, 사회관리, 카운슬링, 치료 등 많은 활동에 참여한다. 또 그들은 병원, 지역사회, 정신병원, 사회봉사기관, 아동복지기관, 교정기관, 가정법원, 개인상담소에서 전문직업인으로 활동한다.

미국의 지방정부에는 주마다 특이한 사회복지사 면허제도가 있다. 학사학위를 요구하는 주도 있고, 석사학위를 요구하는 주도 있다. 감독교육을 필한 박사 수준의 사회사업가는 학술기관이나 연구기관에 고용되기도 한다. 미국의 자료를 보면 등록된 사회복지사는 날로 증가하고 있다. 2008년 현재 미국에는 공인된 학사학위 수준의 교육기관은 463, 공인된 석사학위 수준의 교육기관은 191로 등록되어 있다.

많은 사회복지사는 케이스워커로서 정신건강팀의 일원으로 활동하고 있으며 이들은 사회기관이나 지역사회의 기관과 밀접한 관계를 유지하면서 임무를 수행한다. 케이스 메네이저로서의 사회복지사는 도움을 받을 수 있는 환자에게 도움을 주어 여러기관과 연결을 맺어주는 역할을 한다. 케이스 관리에 있어서는 정신분열증과 우울증 등과 같은 정신장애의 고통을 받고 있는 사람에게 도움을 주는 것이 매우 중요하다. 응용심리학과 정신의학의 영역에서도 과학적 증거를 기초로 한 자료에 대한 욕구가 점진적으로 증가 일로에 있다 (Myers & Thyer, 1997). 과학적 근거에 기초한 자료들에 있어서 성인에 대한 인지치료와 우울증치료는 심리학자, 정신의학자 또 사회사업가도 참여할 수 있다.

정신간호학

정신과 간호사는 정신건강이나 발달과 관련되는 1차 진료기관을 찾는 개인에 대한 봉사를 제공한다. 정신간호사는 입원시설에서 주로 행정적 업무를 처리하며 간호보호원에 대한 교육, 개인에 대한 상담업무를 맡는다. 정신과 간호사는 급성병원, 장기입원병동, 가정진료, 발달장애자를 위한 지역사회 프로그램, 범죄간호, 교정기관, 지역사회 정신건강 프로그램, 아동에 대한 특수교육문제, 취업에 대한 조언, 아동 가이던스, 가족치료 진료소, 정신과 간호사 교육, 요양시설, 회복프로그램, 직업프로그램 그리고 개인진료소의 일에 관여하게 된다. 이러한 시설에서는 정신과 간호사는 전방에 나서서 개별봉사를 하거나 훈련에는 참여하지 않는다. 미국의 자료를 보면 인구 100,000명당 정신과 간호사는 6.5명이다. 이들은 대학의 학사과정에서 2-3년째에 시간제로 훈련을 받게 된다. 정규 일반간호 과정 외에 정신과 간호사 교육과정은 입원중인 정신과 환자의 관리와 치료에 대한 추가 교육을 받게 된다.

청소년과 아동진료자는 정서적 심리적 문제들에 대한 가정치료를 책임진다. 이들은 아동과 청소년의 행동관리를 중점적으로 2년제 대학교육을 받고 자격을 취득하게 된다. 진료비를 절약하기 위해서 정신건강 서비스를 받기 위해 외래치료 봉사 제도를 활용하기도 한다. 대부분의 경우 이들 카운슬러는 2년 이하의 교육을 통해 취득한 디플로마나 자격을 가지고 있다. 이 과정에서 중독이나 외상과 같은 특수한 정신건강문제에 대한 치료와 평가에 대한 집중적 교육을 받는다.

응용행동분석 교육을 받은 카운슬러의 수가 날로 증가하고 있다. 이들은 자폐증과 같이 점진적으로 진행되는 장애를 치료대상으로 한다. 지금까지 아동 및 청소년을 대상으로 한 전문직업은 어느 직종이나 특정한 교육을 이수하고 그 분야에서 요구하는 자격증을 소지해야 한다. 지금까지 살펴본 바와 같이 정신건강 서비스는 여러 영역의 전문가들에 의해서 이뤄지며 이들은 특정한 배경을 가지고 특정한 교육을 필해야 한다. 이제 모든 정신건강 전문직업은 과학적 근거를 기초로 한 진료를 요구한다. 그러므로 평가도구의 사용기법과 치료기법을 습득해야 한다. 다행히 심리학자들도 효과적인 연구를 위한 좋은 위치에 있다. 그러므로 보다 효과적인 기능을 발휘하기 위해 끊임없이 전문직업을 찾아 옮기는 경향이 있다. 과학적 근거에 기초한 진료를 위해서는 광범위한 전문직업지식을 바탕으로 훈련이 뒷받침되어야 한다. 그러므로 임상심리학자의 역할을 불가피하게 달라질 수밖에 없다.

제3장

임상심리학의 연구방법

제 3 장
임상심리학의 연구방법

이 장에서는 임상심리학 분야에서 연구를 수행하는 데 중요한 연구의 기초, 연구 관점과 방법론에 대해서 설명하고자 한다. 임상심리학자가 실무자이면서 과학자로서의 역할을 수행하는 데 필요한 연구자의 관점, 연구의 기초지식, 실험설계와 자료수집 및 분석법, 그리고 임상현장에서 중요시 다뤄지는 단일사례분석과 실험행동분석 등에 대해서 소개하겠다.

연구관점

연구에 대한 여러 관점을 이해하기 전에, 우선 연구란 무엇인지에 대해 생각해보자. 고대 소크라테스가 말한 “성찰하지 않은 삶은 가치가 없다(The unexamined life is not worth living)”는 명언을 되새겨 보면, 인간은 자신이 어떻게 살고 있고, 무슨 생각을 하며 살고 있고, 왜 살고 있으며, 무엇을 목적으로 무엇을 위하여 살고 있는지 돌이켜 보라는 말로 해석될 수 있다. 인간의 지식습득에 대한 학자들의 해묵은 논쟁은 논외로 하고, 인간은 자신이 살고 있는 세계와 자신을 이해하고자 하는 기본적인 성향과 욕구를 타고난다는 것이다. 따라서, 연구는 순환고리와 같아서, 세계와 자신을 이해하고자 하는 아이디어를 지니게 되면, 이에 맞는 정보를 수집하여 결과를 해석하고, 이것과 자신의 원래 아이디어를 비교하고, 이를 통해 다시 아이디어를 재형성하는 일련의 연속된 순환과정으로 볼 수 있다(Barker, Pistrang, & Elliott, 2002).

이 순환과정이 원활히 이뤄지기 위해서는 몇 가지 조건이 필요하다. 우선, 자신의 아이디어에 맞는 실제적이고 현실적인 정보를 수집해야 한다. 그러나, 실제 사건을 통해 검증하지 않고 자신의 이론을 정교화시키거나 적절한 정보수집을 거절하는 것은 현실을 직시하지 못하는 상아탑과 같고 자신의 아이디어에 지나친 확신을 가지는 오류를 범하게 된다. 연구를 통해 수집한 결과를 해석할 때에도 개인의 가치관이나 선입견에 의해 영향을 받을 수 있고 결국에는 연구결과를 왜곡시킬 가능성이 존재하므로, 이런 영향력을 이해하고 통제해야 한다. 또한, 연구자는 합당한 증거를 찾지 못한다면 자신의 아이디어를 수정할 수 있는 능력, 즉 심리적 유연성과 개방성을 지녀야 한다.

그렇지만, 연구가 지식을 습득하고 세상을 이해하는 유일무이한 독보적인 방법은 아니다. 우리는 일상적인 경험과 다양한 문학 및 예술작품을 통해, 더군다나 임상가는 실무 워크샵이나 학술회의, 그리고 슈퍼비전 등을 통해 자신과 타인, 나아가 세상을 이해한다. Morrow-Bradley와 Elliott(1986)의 조사연구에 의하면, 심리치료자가 치료적인 지식을 습득하는 방법 중에서 10%만이 연구발표와 연구보고에 의해서 이뤄지는 반면, 환자와의 경험을 통해서 48%나 된다고 하였다. 그러나, 연구자의 선입견이나 편견을 줄이기 위해 엄격한 연구방법이 발전하게 되었고, 방법론적으로 신중하고 훈련된 그리고 세밀한 연구기법이 개발되었다.

임상심리학자는 임상현장의 경험과 실습 그리고 연구를 함께 수행해야 하는 역할을 지닐 수밖에 없다. 지금까지 여러 모델들이 임상현장에서의 실무자와 연구자로서의 역할 및 그 관계에 대해 제안을 하였는데, 몇 가지를 살펴보겠다. 첫째, 직관적 실무자(intuitive practitioner) 모델은 연구를 거의 하지 않고 임상실무장면에 연구결과를 적용하지도 않는다. 주로 이들은 개인적인 임상경험과 수퍼비젼, 임상사례 보고서 등을 통해 임상현장의 업무를 수행한다. 임상현장의 업무에는 매우 고도로 숙련된 실무자이나 연구를 수행하지도 활용하지도 않는 모델이다(Hayes, Barlow, & Nelson-Gray, 1999; Morrow-Bradley & Elliott, 1986; O'Sullivan & Dryden, 1990). 둘째, 과학자-실무자(scientist-practitioner) 모델은 주로 북미지역에서 과학자적 역할을 강조하는 모델로서 과학자이자 실무자의 역할을 요구한다. 즉, 임상심리학자에게 임상현장에서의 실무자 역할뿐만 아니라 연구를 수행함으로서 연구와 실무를 동시에 요구한다. 따라서, 임상심리학자에게 두 영역 모두의 역할을 담당할 수 있는 높은 수준의 능력과 동기를 요구하며 역할부담이 많고, 연구시간의 부족함을 느끼게 한다. 셋째, 앞서 과학자-실무자 모델에서는 연구와 실무가 비교적 분리된 독립된 활동인데 비

표 3-1 임상심리학자의 모델에 따른 역할과 연구방법

모 델	역 할	연구방법
직관적 실무자	비소비자 또는 간접적 소비자	서술식 사례연구
과학자-실무자	생산자이자 소비자	기초 및 응용
응용 과학자	연구와 임상실무 통합	응용 소집단
지역 임상과학자	연구와 임상실무 통합	평가와 실천
증거중심 실무자	소비자	통제된 시행
임상 과학자	생산자	통제된 시행

해, 응용 과학자(applied scientist) 모델은 영국을 포함한 유럽에서 주목받는 모델로서 연구와 임상실무를 체계적으로 결합시킨 역할을 강조한다(Shapiro, 1967, 1985). 이 모델에서는 일반 심리학적 발견을 정신건강 분야에 적용하고, 과학적으로 확인된 평가방법을 사용할 뿐만 아니라 과학적 방법의 틀 내에서 임상실무를 수행하도록 요구한다. 이는 매우 이상적인 모델이긴 하나 수행이 어렵고 고도의 전문적 능력이 배양되어야 한다. 이외에도 특정 지역 내의 현상에 대해 연구하고 실무자 역할을 하는 지역 임상과학자(local clinical scientist) 모델, 검증되고 경험적으로 지지된 연구결과나 치료기법을 소비자처럼 사용하는 증거중심 실무자(evidence-based practitioner) 모델, 그리고 증거중심 실무자에게 연구결과나 치료기법을 생산자처럼 제공하는 임상과학자(clinical scientist) 모델 등이 있다. 이 모델들을 역할과 연구방법에 따라 비교하면, <표 3-1>과 같다(Barker et al., 2002에서 인용).

임상심리학자에게 가장 이상적인 모델이 과학자-실무자 모델과 응용 과학자 모델이지만, 최근 들어 엄격한 실험연구보다는 임상실무에 쉽게 적용할 수 있는 연구수행을 강조하는 경향이 늘고 있다(Corric & Callahan, 2000). 비록 이런 흐름에 의해 실무지향적인 연구를 주로 수행하며, Ph. D.(철학 박사) 학위보다는 Psy. D.(심리학 박사) 학위를 수여하는 임상심리학 전문학교와 지역 임상과학자가 늘고 있으나, 영국에서 임상심리학자의 자격을 석사학위에서 박사학위(임상심리학 박사)로 상향시킨 것과 같이 연구자로서의 역할을 등한시할 수는 없는 실정이다.

임상심리학자가 전문가이자 과학자로서의 역할을 수행하기 위해 체계적

인 연구의 필요성에 대해서는 이미 언급하였다. 그럼에도 불구하고, 임상심리학자가 연구를 수행하거나 하지 않는 데는 많은 개인적인 이유가 존재한다(Milne, 1987; Hayes et al., 1999). 하지만, 적어도 임상심리학자가 임상장면에서 대면하는 환자로부터의 스트레스를 회피하기 위해 또는 단지 개인의 경력을 위해 연구를 하거나, 반대로 연구가 필요없다는 잘못된 인식이나 시간소모가 많고 어렵다는 이유로 연구를 등한시하는 경우는 없어야 한다.

세렌디피티

Horace Walpole(1717~1797)이 1754년 그의 친구 Horace Mann에게 보낸 편지에서 우연히 새로운 사실을 발견한 사람에게 Serendip이라는 새로운 칭호를 붙여 주자고 제의했다. 이 칭호는 그의 일화집 『*The Three Princes of Serendip*』에서 따온 말이다. 당시 인도의 실론에서는 현인을 가리켜 Serendip이라고 불렀다. 이것이 곧 세렌디피티라는 용어가 등장한 배경이다.

세렌디피티라는 용어는 여러 가지 의미로 정의된다. 우연한 기회에 새로운 사실을 발견한 것이기도 하고, 어떤 사실을 추구하는 과정에서 발견된 사실의 과정 혹은 기술이기도 하다. 과학적 발견에서 세렌디피티라는 용어는 크게 세 가지 다른 의미로 사용된다(Merbaum & Lowe, 1982).

첫째, 연구과정에서 나타나는 것으로 연구자가 자신의 연구문제를 체계적으로 접근하는 과정에서 뜻하지 않게 새롭고 의미 있는 사실을 발견할 때가 있다. 만일 그 사실이 흥미있고, 새롭고, 그리고 의미가 풍부한 것일 때는 연구자는 그 사실에 좀 더 체계적으로 접근하기 위해 연구프로그램을 변화시켜야 한다. 사실 새롭고 의미있는 발견이 이와 같은 과정에서 발견되는 경우가 많이 있다. 둘째, 자신도 모르게 호기심을 자극하는 일에 열중하는 경우가 있다. 이로 인해 지적 정서적 반응이 유발되고 자신의 호기심에 대해 보다 세심한 관찰을 하게 된다. 더 나아가서 실험적 조작을 하게 되고 사태를 통제하고 싶어진다. 셋째, 임상가의 흥미에 의해 발생하는 치료 효과와 같은 것이다. 원래의 치료계획과는 무관한 치료효과가 우연히 나타나는 경우가 있다. 이때 새로운 치료를 하게 되고 예기치 않았던 결과가 나타난다.

1928년 영국의 생물학자 Alexander Fleming(1881~1955)경은 유전적 변이과정을 연구할 목적으로 포도상구균을 배양하였다. 어느 날, 한 포도상구균이 미생물에 의해 감염되었다. 이와 같은 현상은 실험실에서 흔히 있는 일이다. Fleming은 배양균을 보다 자세히 관찰하였다. 그는 감염된 포도상구균에 항박테리아 효과가 있다는 사실을 발견하였다. 그는 이 물질의 잠재적 효과에 큰 관심을 갖고 좀 더 체계적으로 연구한 끝에, 의학에 있어서 새롭고 위대한 발견인 페니실린을 발견하는 데 성공하였다. 이와 같은 발견은 단지 운이 좋았을 뿐 큰 의미가 없다고 비판하는 사람도 있다. 그러나 그것은 프랑스의 세균학자 Louis Pasteur(1822~1895)와 그의 동료들이 50여 년 전에는 발견하지 못했던 것이었다. 의사이며 과학철학자인 Walter Bradford Cannon(1871~1945)은 Fleming은 Pasteur가 간과했던 사실을 발견한 것에 대해 세렌디피티적 발견이라고 높이 평가했다.

또한 과학에 있어서 세렌디피티는 마음의 준비가 된 사람에게 기회가 주어지는 것이라고 설명된다. 마음의 준비는 두 가지 측면에서 이뤄져야 한다. 첫째, 과학자는 자신의 연구 대상에 대해 지식과 이론을 갖춰야 한다. 그렇지 못할 때 연구자는 예기치 못한 사실, 즉, 자기가 생각했던 것과 반대되는 것이거나 새로운 사실이 나타나면 연구방향을 전환하기도 하고 실망에 빠지기도 한다.

둘째, 준비된 마음의 상태는 예기치 않았던 사실을 발견하면 그것을 무의식적으로 경계하는 기능을 지닌다. 비정상적인 것, 혹은 예상치 못했던 것은 기존의 사고 틀에 맞지 않기 때문에 쉽게 뇌리에서 떠나 버린다. 정상적으로 사고하는 사람은 모험을 하지 못한다. 우리는 지혜의 힘을 빌려 새롭게 생각할 수 있고 진기한 생각도 할 수 있다. 우리가 경험을 통해 얻는 지식은 무한하다. 그럼에도 불구하고 그것을 경계하는 경향이 있다. 그러므로 매우 의미있는 사실을 포착하지 못하고 놓쳐 버리는 사례가 많이 있다(Cannon, 1948).

이와 같은 태도는 훌륭한 과학적 발견을 크게 저해한다. 세렌디피티에 의한 발견이 과학에 있어서 큰 비중을 차지한다는 사실은 명성이 높은 과학자들도 인정한다. 이것은 곧 예기치 않았던 과학의 결과는 연구자에게 큰 보상이 된다는 것을 의미하는 것으로 생각할 수 있다. 실제 연구에서 우연히 새로운 사실을 발견하게 되면 그것은 연구자에게 큰 보상이 된다. 그럼에도 불구하고 전통과학자, 특히 가설연역법을 선호하는 연구자는 그 기능을 과소평가하는 경향이 있다. 가설연역법은 특정한 가설을 세우고 그 가설의 타당성을 검증하는 데 역점을 둔다.

다수의 치료 기술은 의학 및 약리학의 이론과 기술을 바탕으로 발달하였다. 그러나 의학분야에서 사용되는 모든 치료기술이 특정 이론과 기술에 기초한 것은 아니다. 세렌디피티에 의해 발견된 치료기술도 많이 있다. 그러나 그것은 쉽게 발견된 것이 아니다. 왜냐하면, 동일한 사건이라 할지라도 연구자가 다르고, 그것을 발견한 때가 서로 다르기 때문이다. 한 예로 인슐린 코마치료의 사례를 들 수 있다. 이는 분명히 정신의학적 치료방법이다. 또 그것은 세렌디피티적 발견임에 틀림없다. 정신병 치료제인 클로로프로마진 합성제가 개발된 지 얼마 후에 모노아민옥시다제 제지제가 개발되었다. 이것 역시 세렌디피티적 발견의 소산이다. 이프로니아지드 혹은 말실리드는 항결핵제로 폐결핵 치료에 사용되는데, 이 약을 복용한 환자에게 뜻하지 않았던 의기충전현상이 나타났다(Silverstone & Turner, 1974).

역시 정신과 환자를 치료하는 데 사용되는 전기충격치료법도 간질환자에 대한 연구과정에서 우연히 개발된 것이다. 이탈리아 정신과 의사 Ugo Cerletti (1877~1963)는 인간의 간질발작 기제를 밝히기 위해 동물에게 전기쇼크를 주어 간질발작을 유발시켜 보려고 시도하였다. 처음에는 전극을 입과 직장에 부착하였다. 돼지에게 전극을 부착시키면 돼지가 무의식상태가 되었다. 또한 전극을 머리에 부착시켜도 돼지는 죽지 않았다. 당시까지만 해도 전극이 머리에 닿으면 곧 죽는 것으로 알고 있었다. 이와 같은 놀라운 사실을 알고 Cerletti는 동물의 머리에 상당히 긴 시간 전기쇼크를 주었지만 동물은 아무렇지도 않았다. 이에 용기를 얻어 사람을 피험자로 실험을 하였다. 처음 단계에서는 정신분열증으로 진단된 환자에게 전기쇼크를 주고 상태를 관찰하였다. 환자는 조용히 웃었다. 그에게 무슨 일이 있었느냐고 물었더니 별 일은 없었다, 약간 졸리는 것 같다고 대답하였다.

정신의학적 치료의 영역에서 우연적 발견이 기반이 되어 정신약물학적 혁명이 일어난 경우가 있다. 프랑스의 외과의 Henry Laboint은 항히스타민제인 프로메타진을 수술과정에서 발생하는 쇼크를 감소시킬 목적으로 사용하였다. 환자에게 프로메타진을 투여하면 환자는 졸리는 것 같이 보였고 근심 걱정이 감소되는 것 같이 보였다. 그는 곧 이 약제가 수술하기 직전에 투여하면 이완제로서 좋은 효과가 있을 것 같다는 심증을 얻게 되었다. 그의 연구 보고서가 발표되자 프랑스의 여러 제약회사에서는 클로로프로마진이라는 이름으로 페노티아진 유도체 합성제를 생산하기 시작하였다. 이 약제들 모두 진정시키는 데 큰 효과가 있다는 사실이 검사결과로써 입증되자, 곧 정신과 환자를 치료하는 데 널리 사용되었다.

양적 분석과 질적 분석

양적 분석, 자연과학적 분석, 설명적 분석, 혹은 실증주의적 분석은 인간 행동법칙을 추구하는 일반 심리학자나 사회학자들이 선호하는 방법으로, 그들은 실험적 방법과 자연과학 방법에 전적으로 의존하고 있다. 이들은 설명 과정을 통해 인과법칙을 발견하는 데 역점을 두고 있다. 이들은 현실적 존재론의 신봉자로 현실은 객관적으로 정의된 사실로 구성된다고 전적으로 주장하고 있다. 그들의 가장 중요한 무기는 가설연역법이다. 과학자들의 임무는 실험을 통해서 사실을 입증하거나 그것이 거짓임을 입증하는 것이라고 주장한다. 그들은 사실을 밝히고 측정하는 일에 종사한다. 표준화하고 측정하는 과정 즉, 수량화 과정은 자연과학적 접근에 있어서 매우 중요하다. 그럼으로써 관찰가능하고, 조작가능하고, 그리고 검사가능한 사실을 발견할 수 있다. 그들에게 수량화의 과정은 필수불가결한 조건이다.

오늘날 자연과학자들이 선호하는 패러다임은 해석학과 현상학의 전통에 기반을 두고 있다(Henwood & Pidgeon, 1992). 이들은 구조주의적 인식론에 큰 비중을 두고 사실의 설명보다는 기술에, 참여자의 관점에서 본 현실표상에, 그리고 경험과 행동의 의미에 역점을 두고 있다. 이들은 과학적 과정을 불변의 사실이라기보다 연구를 위한 가설 생성과정으로 본다. 또, 선험적 이론보다는 자료를 바탕으로 많은 개념을 유추하고 있다. 그러나 이와 같은 자연과학적 패러다임은 인간행동의 본질을 추구하는 데는 적합하지 못하다. 예를 들면, 인간경험의 특성이나 특수성은 양적 분석을 통해서 얻는 자료에서는 밝혀질 수 없다.

양적 분석과 대조되는 것이 질적 분석 혹은 인식론적 분석이다. 이 패러다임의 창시자는 독일의 역사가이자 철학자인 Wilhelm Dilthey(1833~1911)이다. 그는 자연과학과 인간과학을 엄격하게 구분하고 자연과학은 물리적 세계의 법칙을 설명하는 과학이며, 인간과학은 의미나 예지 혹은 의식을 추구하는 과학이라고 정의하였다. 그의 주장에 의하면 심리학자가 자연과학적 방법에 따라 맹목적으로 인간의 의식 세계를 환원론적 방법으로 접근하는 것은 잘못된 것이라고 비판하였다. 과학의 발전에 크게 기여한 것은 질적 연구방법이다. 그럼에도 불구하고 심리학자들은 한때 질적 연구의 중요성을 외면한 적이 있다. 그들은 심리학에 있어서 질적 연구는 양적 연구, 즉 자료를 수집하고 그것을 분석하기 위한 수단으로 잘못 여겨졌다. 근자에 와서 질적 연구에 대한 잘못된 생각이 바로 잡혀가고 있다. 사회적 문제나 건강문제를 해결하기 위해서는 질적 연구방법을 도입할 필요가 있다.

연구설계의 기초

연구를 계획하는 과정은 불안감을 유발할 정도로 많은 노력을 요구하지만, 결국에는 대부분 좋은 결실을 맺게 된다. 연구계획의 첫 단계는 무엇보다 기초작업을 잘해야 하는데, 연구의 목적이나 가설을 체계적이고 논리적으로 구성해야 하고 자료수집과 결과도출을 위한 적절하고 타당한 연구설계를 선택하고 적용해야 한다. 연구자는 일상적인 경험이나 문헌, 임상현장에서 얻게 되는 개인적인 관심사에 의해 또는 동료, 사회적 이슈, 실무적인 문제에 의해 특정 연구주제를 선정하게 되고 이에 대해 의문을 구체화해서 가설을 설정한다. 이를 위해 문헌조사와 같은 방법으로 선행연구를 탐색하고, 전문가와의 상담, 그리고 소집단 표본을 대상으로 예비실험을 수행하기도 한다. 결국, 구체화된 가설은 탐색적, 발견지향적인 접근방법 또는 확인적, 가설검증적 접근방법으로 구성될 수 있다.

좋은 연구는 방법지향적이기보다는 의문 또는 문제지향적이어야 한다. 연구설계는 연구의 목적과 의문에 맞는 절차를 선택하는 것이지, 연구방법에 맞게 연구목적을 구성하는 것은 아니다. 적절하고 타당한 연구설계를 선택하는 과정은 연구자 개인의 능력을 벗어나는 전문성을 요구하기도 한다. 유사한 목적의 선행연구를 참고할 뿐만 아니라 전문가의 자문이 필요하다. 무엇보다, 좋은 연구는 동료의 피드백, 자기 스스로의 의문, 그리고 제안서에 대한 피드백 등의 반복적인 수정과정을 거치므로, 원계획의 변경에 대해 주저해서는 안 된다.

이와 함께, 임상심리학자는 응용 실무현장에서 연구를 수행하다 보면 연구자 개인과 현장 실무자 및 기관의 관계가 연구의 성패를 좌우할 만큼 중요하게 된다. 현장 실무자 및 기관과의 관계가 좋지 않게 되면 연구가 어려워지고 지연되며 결국 좌절하게 된다. 따라서, 현장 실무자 및 기관의 담당자와 충분한 사전 상의와 이해를 바탕으로 관계를 형성하고 각자의 입장과 역할에 대한 분명한 이해와 구분 및 책임감을 지니는 것이 중요하다.

실험설계기법

연구설계라는 용어는 다양하게 사용되고 있으나, 여기서 다루고자 하는 의미는 연구에 있어서 논리적인 구조 그리고 무엇을 어떻게 측정하느냐와 밀접하게 관련되어 있다. 연구설계는 크게 두 가지 형태로 나눠진다. 첫째는, 실험적 설계로서 연구자에 의해 실험적 조작 즉, 능동적인 처치가 이뤄진다. 예를 들어, 실험대상을 두 집단으로 나눠 한 집단에는 인지행동치료를, 그리고 다른 집단에는 정신역동치료를 실시한 후, 그 치료효과를 비교한다. 둘째는, 비실험적 설계로서 현상이나 상황에 대한 처치나 변화 없이 측정한다. 따라서, 실험적 설계는 외적 요인의 영향을 검증할 때 주로 사용되는 반면, 비실험적 설계는 개인들 사이의 차이와 변량을 밝히는 데 관심이 있을 때 적용된다. 여기서는 두 설계기법의 종류와 차이에 대해서 간략히 설명하겠다.

비실험적 설계

비실험적 설계에는 서술적 설계법와 상관 설계법이 있다. 서술적 설계법이란 특정 현상을 서술하기 위한 목적으로 사용되며, 대표적인 예는 대중의 견조사나 인구조사 등과 같이 대중 미디어에 자주 등장하는 수치(비율, 평균,

중앙치 등)를 보고한다. 변인들 간의 관계를 파악하기 어려운 단점을 지니고 있다. 상관 설계법은 두 개 이상의 변인들 사이의 관계를 파악하기 위한 목적으로 사용된다. 비록 단순상관 통계분석만으로 한 변인이 다른 변인의 원인이 되는지를 밝히는 데 한계가 있지만, 고급의 통계분석방법은 변인들 간의 밀접한 관계를 확인하고 예측할 뿐만 아니라 잠재적 변인, 복잡한 자료의 근본적인 구조, 그리고 원인과 결과에 대한 분석에도 적용될 수 있다. 통계적 측정으로는 단순한 카이스퀘어나 상관분석과 함께 중다회귀, 요인분석, 로그회귀분석와 같은 중다변인 측정기법, 그리고 경로분석, 잠재적 구조분석, 구조방정식 모델과 같은 고급 통계기법이 이에 해당한다.

실험적 설계

실험이라는 용어는 시험이나 시행과 같은 의미의 단어로 무엇인가를 시도하거나 시험하려는 행위를 말한다. 임상심리학자는 실험적 설계에 친숙한데, 이는 치료행위 자체가 실험적 설계의 처치와 같은 의미이기 때문이다. 치료자는 환자의 일상적인 삶에서 문제상황을 관찰하여 무엇이 그런 문제를 유발시키고 유지시키는지를 가설로 설정하고, 처치를 가해서 최종적으로 어떤 결과가 일어나는지를 관찰하고 싶어 한다. 따라서, 대부분의 심리치료 연구는 실험적 설계를 통해 결과를 얻는다. 실험적 설계법에는 요인설계, 반복측정설계와 라틴 스퀘어 등이 있으며, 주로 t 검증, 변량분석, 다변량분석, 공변량분석과 같은 통계기법을 사용한다. Cook과 Campbell(1979)은 실험적 설계법을 유사실험(quasi-experimental)과 실험적 설계로 구분하였으나, 보다 정확한 의미를 내포하고 있는 비무선화와 무선화 설계법으로 구분하여 설명하고자 한다. 유사실험 설계 즉, 비무선화 설계법은 처치의 변화를 비교하기 위해 집단을 무선할당하지 않는 것이 특징이다.

비무선화 설계법(nonrandomized design)

단일집단 사후 설계법(one-group posttest-only design)

X O

이 설계법은 한번의 실험적 처치(X) 이후에 관찰 및 측정(O)을 하는 매우 단순한 방법이므로 인과관계를 밝히는 데는 한계가 있다. 즉, 'A 다음에 B가 발생했기 때문에, A는 B의 원인임에 틀림없다(post hoc ergo propter hoc)'와 같이 시간의 전후관계를 인과관계와 혼동하는 논리적 오류에 빠질 수 있다.

단일집단 사전-사후 설계법(one-group pretest-posttest design)

O_1 X O_2

이 설계법은 단일집단 사후 설계법에 사전 관찰 및 측정(O_1)을 추가한 것으로서 시간에 따른 직접적인 변화를 추정할 수 있지만, 단일집단 사후 설계법과 같이 인과관계를 밝히는 데 한계가 있다. 예를 들어, 새로 개발된 항우울제의 효과를 확인하기 위해, 한 우울증 환자집단에게 이 약을 복용시키기 전과 후에 벡의 우울척도로 우울정도의 변화를 측정했다고 가정해보자. 비록 항우울제 복용 후에 우울정도가 감소된다 하더라도, 이 항우울제가 우울증 감소에 효과가 있다고 주장하기에는 한계가 있다. 왜냐하면, 같은 시기와 조건에서 항우울제를 복용하지 않은 우울증 환자집단과 비교하지 않았기 때문이다. 즉, 우울정도의 변화가 단순히 자발적 회복, 개인적 성장이나 성숙, 치료자의 특성과 같은 다른 이유, 평균으로 회귀하려는 경향, 플라시보나 호손효과와 같은 기대효과 등에 의해 발생할 가능성을 배제하지 못하기 때문이다.

비동등집단 사후 설계법(nonequivalent groups posttest-only design)

NR X O

NR   O

이 설계법은 비무선화된(NR) 두 집단을 대상으로, 한 집단에게는 단일집단 사후 설계법과 동일하게 처치를 하는 반면, 다른 집단은 처치를 하지 않고 관찰과 측정만 실시하여 집단비교를 한다. 주로 과거에 이미 발생한 현상을 연구하는 회고적인 연구(retrospective study)에 사용되는데, 처치 전과 후의 직접적인 변화를 추정하기 곤란하고 집단이 무선으로 할당되지 않아 두 집단이 처치 전에 동질적이라는 가정을 할 수 없다.

비동등집단 사전-사후 설계법(nonequivalent groups pretest-posttest design)

NR O_1 *X* O_2

NR O_1 *(Y)* O_2

이 설계법은 비동등집단 사후 설계법에 사전 관찰 및 측정(O_1)을 추가한 것으로서 시간에 따른 직접적인 변화를 추정할 수 있다. 한 집단에 대해서는 주로 처치가 이뤄지며, 다른 집단은 비교대상이 되는 데 다른 대안적인 처치(Y)를 하거나 처치하지 않는 통제집단으로 비교할 수 있다.

비연속적 시계열 설계법(interrupted time-series design)

O_1 O_2 ·········O_{10} *X* O_{11} ·········O_{20}

이 설계법은 단일집단 사전-사후 설계법을 확장하여 처치 전과 후에 여러 번 측정을 반복하는 것이다. 반복측정의 횟수는 임의로 선택할 수 있으며, 처치 전의 기저선 단계와 처치 후의 추적단계의 비연속성을 살펴봄으로써 인과관계를 확인할 수 있다. 주로 자연발생적인 연대기적 자료나 대단위 집단 자료 또는 단일사례자료를 분석할 때 사용된다. 처치를 가할 때, 다른 간섭사건들이 결과에 영향을 미칠 수 있으므로 주의 깊은 관찰이 요구된다.

무선화 설계법(randomized design)

R O_1 *X* O_2

R O_1 *(Y)* O_2

무선화 설계법은 앞서의 설계법과는 달리 실험조건에 피험자를 무선할당(R)시켜 집단선택에 의한 편향의 가능성을 감소시킨다. 단일변인을 조작하는데 적용할 수 있어 새로운 약물이나 치료기법의 평가에 주로 많이 사용된다. 독립변인은 처치를 받거나 받지 않는 집단으로서 흔히 집단간 변인이라 한다. 무선화 설계법에서는 대개 2수준의 집단으로 구성되어 있으나, 2수준 이상의 처치집단이나 통제집단에 대해서도 집단간 차이를 비교할 수 있으며, 집단간 변인이 2개 이상인 경우(multi-factorial design) 또는 동일집단을 2회 이상

반복측정하는 방법(repeated-measures design)도 있다.

무선화 설계법에서는 비무선화 설계법과 달리 통제집단의 구성방법에 대해 신중히 고려해야 한다. 흔히 처치를 받는 실험집단과 비교되는 처치 없는 통제집단을 구성하는 것으로 단순하게 생각할 수 있으나, 처치받지 않는 통제집단은 임상장면에서 심각한 윤리적 문제를 지니게 된다. 즉, 실험을 목적으로 피험자를 치료하지 않고 통제함으로써 발생하는 윤리적 문제에 직면하게 된다. 이를 보완하기 위해 사용되는 통제집단 구성방법으로는 실험집단의 처치가 완료된 후 처치하는 통제집단(wait-list control), 처치집단과 비슷한 효과의 치료기법을 사용하는 집단, 그리고 전체 치료기법은 동일하나 비교하고 싶은 한 가지 치료 요소만을 달리하는 통제집단 등이 있다. 이외에도 치료자와 피험자(double-blind)뿐만 아니라 실험자(triple-blind)도 피험자가 어떤 처치를 받는지 모르게 하여 처치에 대한 기대효과를 줄이는 연구방법도 사용되고 있다.

무선화 설계법의 제한점은 무엇보다 처치집단과 통제집단의 동등성을 보장하기 어렵다는 점이다. 비록 통계적 기법으로 이를 보완하더라도, 실험 중 피험자의 중도탈락의 문제, 실험조건에 대한 정보가 노출되어 결과에 영향을 미치는 문제, 그리고 비용이 많이 들고 시간 소모가 많다는 단점을 지니고 있다. 이와 함께, 피험자들이 자신의 의지로 집단을 선택하지 못하거나 실험 중 부정적인 경험을 해야 하는 윤리적 문제도 내포되어 있다.

따라서, 다른 실험연구에서 사용하는 무선화 설계법과 달리, 임상심리학자가 임상현장이나 환자의 특성으로 인해 선택할 수밖에 없는 단일사례와 같은 비무선화 설계법에 대해 좀 더 자세히 설명하고자 한다.

단일사례: N=1

초기 임상심리학자의 주된 관심은 부적응자를 진단하고 치료하는 데 있었다. 그들이 진단에 사용했던 도구는 주로 투사적 검사였고 치료기술은 정신역동이론이 뒷받침하고 있었다. 그러므로 그들이 사용한 연구기법은 그 종류가 극히 제한되었고, 부적응의 원인을 규명하고 치료하기 위해서는 정신역동이론에 의지하는 수밖에 없었다. 이와는 대조적으로 현대 임상심리학자는 부적응 행동은 물론 신체적 건강문제, 스트레스 극복책략, 그리고 생활습관의 교정 등 매우 다양한 문제를 다루고 있다. 그러므로 투사적 방법으로 측정하고 그 결과를 정신역동이론에 따라 해석하는 것보다는 신빙도와 타당도가 입증된 객관적 심리검사를 주로 사용하고 그 결과를 행동이론에 따라 해석한다.

환자 혹은 내담자의 문제해결을 위해 셀프모니터링 기법을 쓰기도 하고 생리적 과정의 변화를 측정하는 정신생리적 방법을 쓰기도 한다. 임상심리학자는 어떤 표집의 특성을 이해하는 것도 중요하지만 그것보다는 특정 개인의 특징을 이해하는 것이 보다 더 중요하다. 그러므로 현대 임상심리학자는 개인을 중심으로 측정하고 평가하는 데 역점을 두고 있다.

심리학이 인간의 행동을 연구대상으로 하는 과학이라면 임상심리학은 특정한 개인, 즉 N=1을 연구대상으로 한다. 특정 개인에 대한 체계적 연구가 강조되는 것은 그 자체가 행동특징의 세계를 이루고 있기 때문이다. 한 특성에 대한 정보를 얻기 위해 여러 사람을 측정하여 평균치를 내는 것은 인간이 가지는 전체 기능의 단위를 상실할 뿐만 아니라 특정 개인이 가지는 특성도 크게 상실한다. 객관성은 비교적 잘 보장되고 외적 요인의 영향은 줄어들지 모르나 특정 개인에 대한 평가는 어렵거나 불가능하다. 이것이 곧 전통 과학적 방법의 장점이자 단점이다.

집단에서 얻은 자료는 개인을 이해하는 데 도움을 줄 수 없다. 개인을 이해하기 위한 자료는 개인에게서 얻어져야 한다. 현대 심리학은 말할 것도 없고 이제는 개인 이해에 목적을 둔 임상심리학자까지도 심리학자가 걸어 온 길을 외면하고 다른 길로 질주하고 있는 것 같은 인상을 받는다. N=1, 이것은 틀림없는 임상심리학의 연구대상이었고, 앞으로도 연구의 대상이 될 것이다.

심리학과 생리학의 역사는 이미 오래 전에 단일사례연구로부터 시작되었다. 생리학의 영역에는 1865년 프랑스의 의사인 Claude Bernard(1813~1878)의 저서 『실험의학 연구입문』(An Introduction to Study of Experimental Medicine)이 출판된 것을 계기로 단일사례연구방법이 도입되었다. 1830년 Johanes Müller(1801~1858)와 Bernard는 한 사람의 피험자를 대상으로 한 실험 연구 결과를 발표하였다. 심리학의 영역에서는 1860년 Gustav Theodor Fechner(1801~1887)가 인간의 감각능력 측정을 위해 같은 방법으로 실험을 했다. 이들의 전통을 계승한 사람이 Wilhelm Wundt(1832~1920)인데, 그는 인간의 감각과 지각 능력의 측정에 큰 관심을 가지고 있었다. 최초의 임상적 응용연구로는 Piere Paul Broca(1824~1880)의 뇌 연구를 들 수 있다. 그는 1861년에 뇌손상자를 대상으로 한 연구에서 언어중추가 있다는 사실을 발견하였다. 이 연구는 응용생리학적 연구의 효시이며 단일사례를 반복 실험하는 새로운 실험방법을 사용했다는 점에서 큰 의의가 있다.

심리학의 역사에 기록된 훌륭한 업적 가운데 단일사례를 대상으로 한 실험결과가 많이 있다. 즉 Hermann Ebbinghaus(1850~1909)의 기억과 망각법칙 실험에 쓰인 피험자가 자기 자신 한 사람이었다. 1895년 Josef Breuer(1842~1925)가 히스테리의 기제를 연구하기 위해 Anna O를, Toulouse는 천재의 심상과 기억의 연구를 위해 당대 프랑스의 유명한 수학자 Jyles Henri Poincare(1854~1912)를, John Broadus Watson(1878~1958)과 Rosalie Rayner가 공포증의 기제를 연구하기 위해 꼬마 Albert란 아이를, Ivan Petrovitch Pavlov(1849~1936)가 타액반사의 실험을 위해 개 한 마리를 대상으로 실험을 반복하였다. 또한, Sigmund Freud(1856~1939)는 공포증의 형성과정을 설명하는데 꼬마 Hans를 각각 피험자로 사용하였다. 어떤 경우나 특정 개인일 뿐 집단이 아니었다. 또 이외에도 발달심리학의 교과서 가운데는 저자 자신의 한 아이를 계속적으로 관찰하여 기술한 것이 많은데 그것들은 모두 아동심리학의 고전적 교과서가 되어 심리학자들에게 읽히고 있다. 이와 같은 사실은 심리학, 특히 임상심리학의 대상으로 단일사례가 얼마나 큰 비중을 차지하고 있는가를 알 수 있다.

임상심리학자가 특정 개인에 대한 체계적 연구를 위해 단일사례연구법을 도입하기는 하였으나 연구자마다 서로 다른 용어를 사용하고 있기 때문에 독자는 혼란을 피할 수 없었다. 즉, N=1 혹은 단일사례연구법(Hersen & Barlow, 1976), 피험자내 반복법(Kazdin, 1980), 집중반복법(Chassan, 1979), 그리고 시간계열법(Champbell & Stanley, 1963; Glass, Willson, & Gottman, 1975)이라는 용어로 다양하게 쓰이고 있다. 그 외에도 단일사례연구법을 도입한 연구로 고전적 가치가 인정되고 있는 것도 많이 있다.

과학의 이상은 자연현상의 규칙성이나 제일성을 추구하는 데 있다. 그러므로 과학자들은 가장 보편 타당한 진리를 추구한다. 또한, 그들은 일반화된 사실에 관심이 크다. 그들도 특정 사실에 대해 관심을 가진다. 그래도 그것이 잘 관찰되고 일반화되어 하나의 법칙이 되기 전에는 공공연하게 주장하지 않는다. 과거 과학자들은 유기체의 행동이 정신적 과정과 신체적 과정의 상호작용에 의한 산물이라는 사실을 얼마 동안 잘 알지 못하였다. 그들은 전체 행동법칙을 설명하는 데 개인은 단지 수단일 뿐이라고 생각하였다. 다른 사람, 즉 다른 집단과의 관계를 떠나서 개인을 논하는 것은 과학자의 영역에서 벗어난다고 생각하였다. 이와 같은 과학적 방법이 발달하면서 개인의 행동은 심리학자의 관심에서 점점 멀어지게 되었고 심지어 그것은 연구대상이 될 수 없다고 생각하기에까지 이르렀다.

소위 전통과학의 방법론에 도취된 심리학자는 과학자들이 추구하는 일반성의 법칙이 심리적 정신적 세계에도 그대로 통용될 수 있는 것이라고 생각한 나머지 일반심리상태를 추구하게 되었다. 이와 같은 심리학자의 태도는 자연과학자들의 태도와 조금도 다를 바가 없었다. 이것이 곧 심리학자가 자초한 큰 불행이다. 그들은 심리학의 본질을 외면한 충실한 과학적 방법론의 추종자였다. 그들은 개인이라는 특수체계보다 일반화된 체계 속에서 어떤 법칙을 찾으려는 과정에서 여러 가지 어려운 문제에 직면하게 되었다. 무엇보다도 전문 지식을 가진 심리학자가 사람을 평가할 수 있다는 그의 우월성은 인정받을 수 없게 되었다. 또 일반화된 행동법칙을 발견했다고 하더라도 그것은 특정 개인의 정신생활을 이해하는 데 도움이 될 수 없었다.

이와 같은 사실은 곧 과학과 심리학에는 각기 서로 다른 특수성이 있다는 점을 강력하게 시사하고 있는 것으로 보아야 한다. 과학자가 자연현상의 법칙을 알게 되면 그것을 응용해서 자연현상을 통제할 수 있지만, 심리학에는 이러한 논리가 그대로 통용되지 않는다. 즉 인간의 일반심리적 법칙을 알았다고 해서 그것을 바탕으로 어떤 특정인을 이해할 수 없다. 우리가 친구의 심리적 특징을 이해한다고 했을 때 그것은 일반심리적 법칙을 바탕으로 한 것이 아니다. 그 친구가 가지는 특수성을 바탕으로 이해한 것이다. 이 사실을 알면 위에서 말한 논리를 쉽게 이해할 수가 있을 것이다.

심리학자들은 과학적 방법의 속박에서 벗어나지 못하고 있었기 때문에 개인 특성을 이해하는 데도 전통과학의 방법에서 벗어나지 못하였다. 그렇다고 개인의 특성이 심리학에서 큰 비중을 차지한다는 점을 모르는 것은 아니었다. 그러나 실제 문제에 직면하면 전통적 방법에 의한 해결을 시도한다.

예를 들어, 어떤 색채에 대한 개인의 감정치를 알아보고 싶다고 하자. 서슴지 않고 일대일 비교법 같은 것을 써서 여러 가지 서로 다른 색채끼리 비교하여 그 색채가 지니는 감정치를 측정할 것이다. 그러나 곧 피험자의 기호가 획일적으로 결정되지 않는다는 사실을 알게 된다. 그 때 비로소 일반화된 심리상태가 존재할 수 없다는 것도 알게 될 것이다. 또한 동일의 피험자라 할지라도 일관성 있는 감정 반응을 하지 않는다는 사실도 알 수 있을 것이다. 즉 주어진 여러 가지 조건에 따라 서로 다르게 반응한다는 사실을 알게 된다. 그럼에도 불구하고 심리학자들은 특정개인, 즉 단일사례의 특수법칙보다는 자연과학에서와 같이 일반법칙에 더 큰 관심이 있다. 그 이유는 간단한다. 개인이 가지는 특수법칙은 과학연구의 대상이 될 수 없다는 고정관념 때문이었다.

사례연구법

특정 개인을 보다 체계적으로, 그리고 보다 철저하게 연구하는 것이 사례연구이다. 이 방법은 전통적 임상연구법이며 본질적으로는 탐색적인 연구방법이다. 이는 개인연구를 위한 가설설정을 위해 매우 유용하게 쓰여지고 있다. 오늘날 대부분의 유용한 임상지식은 사례연구법에 바탕을 둔 연구결과이다. 임상가가 비교적 알려져 있지 않은 어떤 문제를 해결하기 위해 처음으로 시도하는 것이 사례연구이다.

사례연구라는 용어 자체는 매우 일반적으로 통용되고 있으나 그 의미는 매우 애매하다. 원래 사례연구를 처음으로 시도한 것은 의학자이고, 심리학자가 쓰는 사례연구방법은 정신의학에 그 기초를 두고 있다. 사례라는 말은 신체적 정서적 문제를 가진 사람들을 지칭하는 말이다(Bolgar, 1965).

원래 심리학은 한 집단의 행동특징을 연구하는 학문이었으나 과학의 발달 추세에 따라 임상심리학과 같이 특정사례를 연구하는 학문이 탄생하였다.

임상심리학자는 일반심리학자와는 달리 특정 개인행동의 특징을 좀 더 체계적으로 연구하는 데 관심을 두었다. 그래서 흔히 임상심리학을 지칭하여 개인행동을 연구하기 위해 심리학의 원리와 기술을 적용하는 과학이라고 하는 사람도 있다(Watson, 1951). 임상심리학자가 특정 개인 연구를 위해 선호하는 것이 사례연구 혹은 사례보고이다. 사례연구는 개인에 대한 관찰로 정의되기도 한다(Kazdin, 1980).

사례연구는 심리적 장애의 원인을 규명하는 데 크게 공헌하였다. 정신분석의 이론적 기반이 된 것도 사례연구이다. 사례연구를 통해 심리치료의 기법도 개발되었다. 임상장면의 조건통제가 불가능하거나 혹은 매우 어려운 상황에서 자료를 수집할 때 사례연구는 크게 도움이 된다. 임상장면에서는 실험조건을 통제하는 것이 반윤리적인 행동으로 지적되는 경우도 많이 있다. 이런 상황에서는 사례연구를 기초로 연구를 진행할 수밖에 없다. 사례연구는 실험적 통제나 통계적 통제가 생략되기 때문에 그 결과를 매우 조심스럽게 해석해야 한다.

방법론적 입장에서 볼 때 사례연구법은 몇 가지 문제를 안고 있다. 무엇보다도 엄격한 실험적 통제가 생략되어 있다. 그러므로 어떤 변인이 행동변화를 일으켰는지 전혀 알 수 없다. 이러한 상황에서 자료를 수집할 때에는 사례연구에 의존할 수밖에 없다. 행동특징에 대한 결론을 얻기 위해 여러 사례연구의 결과를 종합 검토하기도 한다.

Emil Kraepelin(1855~1926)이 특정 질병체 혹은 심리적 장애의 원인을 찾아내기 위해서 정신병원에 입원중인 수천 명의 환자를 개별적으로 조사한 것이 그 좋은 예로 손꼽을 수 있다. 그는 환자 개개인의 생활사, 발병시기, 그리고 그 결과를 세밀하게 조사 기록하였다. 여기서 수집된 임상자료를 기반으로 그는 현대 정신의학자들이 활용하는 정신병의 유형을 발견할 수 있었고 그것을 분류하기 위한 진단명칭의 기틀을 마련할 수 있었다(Zilboorg & Henry, 1941). 여러 개인사례에서 얻은 정보는 개인 하나하나에서 얻는 정보보다 더 편리하게 활용할 수가 있다. 그러나 여러 사례연구자료를 결합시켜 얻은 결론은 관찰방법, 사례의 수에 따라 다른 정보를 얻을 수 있다. 일반적으로 여러 사례연구결과를 종합하여 얻은 결론은 단일사례연구에서 얻은 결과보다 더 확실한 사실을 유추할 수 있다.

때로는 한 피험자 집단이 여러 사례보다는 하나의 단위로 취급되는 경우도 있다. 예를 들면 한 치료집단에서 치료받은 개개인의 환자, 한 학급이나 한 학교 학생의 성적을 평가할 때와 같은 경우, 환자집단이나 학생은 하나의 집단이지만 하나의 사례로 다뤄진다. 여기서 얻은 결론은 단일사례에서 얻은 정보보다 분명하지 않은 것이 단점으로 지적될 수 있다. 사례연구는 그 기능에 따라 몇 가지 유형으로 분류할 수 있다(Kratochwill, Mott, & Dodson, 1984).

비치료적 사례연구

비치료적 사례연구는 임상장면과는 다소 거리가 있는 발달심리학자나 교육심리학자가 선호한다. 이 분야에 있어서 가장 고전적 연구로 꼽을 수 있는 것은 Count Philbert de Monteillard가 1759~1781년까지 22년간에 걸쳐 수행한 신체성장에 관한 연구이다. 그는 아동의 신체성장 특징을 찾기 위해 한 아이 출생에서 18세까지 매 6개월마다 그의 신체성장을 측정 기록하였는데, 이것이 오늘날 신체성장 연구에서는 가장 고전적 연구로 지적되고 있다(Tanner, 1970). 또 하나의 고전적 연구는 학습과 망각현상을 다룬 Herman Ebbinghaus (1850~1909)의 연구를 들 수 있다. 이 연구에서는 시간의 흐름에 따른 망각현상을 양적으로 다루었다는 점에서 큰 의의가 부여되고 있다. 에빙하우스는 자신을 포함한 다른 피험자에게 1,000개의 무의미철자를 학습시켰다. 학습한 시간에 따라 학습효과도 다르다는 사실을 발견하였다. 예를 들면, 오후 6~8시 사이에 전체 학습자료를 학습하는 데 소요되는 시간은 오전 10~11시 사이에 학습하는 데 소요된 시간보다 12%가 더 걸린다.

비치료적 사례연구는 기술적이며 통제가 없는 것이 특징이다. 이 유목에 속하는 다른 연구법으로 흔히 사용되는 것이 자서전에서 자료를 얻는 방법이다. 이는 현대 심리학뿐만 아니라 교육학의 발전과정에 크게 도움을 주었다. 이는 과학적 책략이 결여된 극히 제한된 방법이기는 하지만 임상가가 필요로 하는 많은 정보를 얻을 수 있다는 장점 때문에 이 방법을 선호하는 임상가가 많이 있다.

평가사례연구

임상가들은 환자의 문제를 진단하기 위해 혹은 그의 인지기능이나 사회적 행동의 특징을 진단하기 위해 여러 가지 심리검사를 실시하고 그 결과를 해석하고 있다. 평가사례연구법을 사용한 한 사례를 살펴보자. Hartledge(1981)는 소아과 의사로부터 9년 6개월 된 학교생활 부적응 아동에 대한 진단을 의뢰 받았다. 내담자의 지능은 평균수준이나 학습능력이 크게 의심이 되었다. 평가자는 여러 가지 심리검사를 실시하였다. 특히 신경심리학적 평가에서 그의 오른손의 기능이 정상인에 비해 훨씬 우세하다는 사실을 발견하였다. 이와 같이 손과 운동감각기능에 큰 차이가 있다는 사실은 다른 심리검사 결과와 매우 일치하였다. 이를 기초로 하여 평가자는 좌측 뇌반구 기능이 월등하게 우세할 것이라고 가정하고 아동교육을 위해 몇 가지 사실을 제시하였다. 첫째, 단어학습에 있어서 시각적-공간적 단서를 사용하는 것보다는 언어나 음성 단서를 활용하게 한다. 둘째, 읽기는 두 번 이상 되풀이하게 한다. 그럼으로써 의미 있는 연결체계가 형성된다. 셋째, 단서에 대한 언어적 이해를 통해 행동장애를 극복하게 한다. 이와 같은 조언은 좌반구 기능이 우세한 아동의 교육에는 매우 큰 도움을 준다. 심리측정법을 기초로 한 사례연구는 교육장면에서는 매우 유용하게 사용되며 치료보다는 진단을 위해 매우 좋은 정보를 제공해 주고 있다. 또한 심리측정법을 기초로 한 사례연구는 내담자의 인지적 기능이나 사회적 기능의 특징을 파악하는 데에 있어서도 매우 크게 도움이 된다(Kratochwill et al., 1984).

치료적 사례연구

치료효과를 측정하기 위해 사례연구를 하는 것은 임상장면에서 흔히 볼 수 있다. 이를 위해 사용되는 연구방법은 사례의 특징에 따라 크게 다르며(Kazdin, 1980), 어떠한 형태의 사례연구에도 실험통제가 결여되어 있다는 사실은 부인할 수 없다. 이는 곧 내담자의 행동특징을 설명할 수 있는 여러 가지 해석방법을 배제할 수 없다는 것을 의미한다. 그러므로 사례연구는 행동변화에 영향을 주는 변인을 조정하는 실험연구와는 크게 다르다.

표 3-2 사례연구의 차원

특징	유추수준 낮음	유추수준 높음
자료유형	주관적 자료	객관적 자료
평가법	단일측정	반복측정
평가시기	사후	사전
문제의 본질	급성	만성
효과범위	소규모	대규모
효과발생	지연	즉시
피험자수	$N=1$	$N>1$
피험자의 길	동질	이질
치료의 표준화	비표준화치료	표준화치료
치료의 통합	모니터링 없음	반복모니터링
치료효과	단일측정치	중다측정치
평가의 표준화	공식측정 없음	공식측정

어떤 연구에서는 행동변화에 영향을 주는 변인을 조정하는 것이 매우 어렵거나 불가능하기도 하고, 더 나아가서는 그러한 조정 자체가 연구윤리에 크게 위배되는 경우도 있다. 이러한 경우 상관관계법 같은 통계적 방법을 쓰게 되면 문제를 다소 해결할 수는 있으나 만족할 수는 없다. 사례연구는 실험연구가 생략된 것이기 때문에 자료를 해석하는 데 그 모호한 점을 신중히 고려할 필요가 있다. 사례연구를 통해 타당성이 보장된 추론을 위해서는 다음과 같은 몇 가지 차원이 고려되어야 한다. 사례연구의 주요차원은 <표 3-2>와 같다.

예비실험 사례연구

이미 여러 차례 언급한 바와 같이 사례연구는 행동변화에 영향을 줄 수 있는 변인을 통제하지 못하기 때문에 일종의 실험연구를 위한 예비단계, 즉 예비실험연구로 볼 수 있다. 어떤 형태의 연구든지 연구의 타당성에 영향을 줄 수 있는 변인을 완벽하게 통제하는 것은 매우 어렵거나 불가능하다. 실험연구에 있어서 좀 더 타당한 결론을 유추하기 위해서는 다음과 같은 두 가지 점에 특별히 유의할 필요가 있다.

첫째, 통제가 훌륭하게 이루어진 실험연구에서도 연구의 내적 타당도에 영향을 주는 변인을 통제한다는 것은 불가능하다. 둘째, 전통적으로 연구의 내적 타당도를 오염시키는 변인은 정확한 실험계획을 통해 통제되는 것으로 생각되나 사실은 타당도에 영향을 줄 수 있는 변인을 부분적으로 통제하고 있을 뿐이다.

통제가 전혀 되지 않은 사례연구에서 연구자는 타당성이 보장된 연구결론을 내릴 수 없다는 점에 유의할 필요가 있다. 이와 같은 어려움을 극복하기 위해 도입된 것이 예비실험 사례연구인데 여기에는 몇 가지 특징이 있다.

수집된 자료에 따라 사례연구는 여러 가지 형태로 달라진다. 연구자는 자기보고나 주관적 평가를 통해 자료를 수집하기도 하고 보다 직접적이고 객관적인 방법으로 자료를 수집하기도 한다. 특정 변화는 기계적 방법으로 측정된다. 또 치료자는 기계를 사용해서 치료효과를 측정하기도 한다. 이와 같은 직접적 방법은 전통적 사례연구에서 쓰이는 순수한 주관적 반응측정이 가지는 단점을 보완한다고 볼 수 있다. 사례연구에서 체크리스트를 사용해서 자신의 감정이나 느낌을 체크시키기도 하고 평가척도에 따라 자신의 심리적 특징을 평가하게 하는 방법도 쓴다. 이와 같은 직접적 평가방법은 실험연구 방법과는 전혀 상관없이 널리 사용된다.

평가의 시기와 평가의 빈도에 따라 사례연구의 결과는 크게 달라진다. 최소한 치료 개시단계와 종료단계에서 평가는 반드시 수행되어야 한다. 이상적으로 말하자면 연구과정을 통해 평가를 반복하는 것이 바람직하다. 이렇게 함으로써 내적 타당도에 영향을 줄 수 있는 변인을 상당히 제거할 수 있다. 반복관찰 측정에서는 외관상으로 나타나는 행동특징을 대상으로 하는 것이 바람직하다. 그런 목적으로 행동을 관찰하게 되고 모니터링하게 된다.

사례연구에 있어서는 연구자가 독립변인을 어느 정도 조정할 수 있느냐가 매우 중요한 요인으로 작용한다. 독립변인의 성공적 조정이 가능하게 되면 행동변화에 영향을 줄 수 있는 변인을 보다 정확하게 유추할 수 있다.

환자의 과거 및 현재 행동의 본질에 따라 사례연구는 서로 다르게 구분된다. 문제행동이 임상적 관점에서 보면 아주 만성적인 것도 있고 그렇지 않은 것도 있다. 문제의 역사를 철저하게 조사해 보면 계획적 치료 없이는 행동변화를 기대하기 어려운 것이 있다. 그런데 단 한번의 치료를 통해 극적인 행동변화가 생겼다면 진단의 타당성은 크게 문제가 된다.

치료효과의 정도가 사례연구에서는 매우 중요하다. 일반적으로 치료효과가 클 때에는 그것이 작을 때보다 더 높은 수준의 유추를 할 수 있다. 치료효과의 정도를 결정한다는 것은 사례연구나 뒤에 다루게 될 단일사례실험연구에서는 매우 큰 논쟁의 대상이 되고 있다. 치료의 효과가 임상적으로 크게 나타날 때 그 효과는 행동변화를 야기시킬 가능성이 많은 것으로 유추할 수 있다. 치료에서 기인한 것은 통제되지 않은 데서 나타난 효과보다 신빙성이 더 높다.

치료효과가 나타나는 시기가 매우 중요하다. 일반적으로 치료 직후에 그 효과가 나타날 때에는 그 효과가 지연되어 나타났을 때보다 더 타당한 유추를 할 수 있다. 그러므로 연구자는 효과발생의 시간적 관계를 매우 조심스럽게 다루어야 한다.

사례연구에 사용된 사례의 수는 유추의 수준에 크게 영향을 준다. 대부분의 사례연구는 사례 하나를 대상으로 이루어지는 것이 보통이지만 좀 더 의미 있는 자료에 대한 유추를 위해서는 서로 다른 여러 사례를 대상으로 반복 측정하는 것이 보다 더 바람직하다. 일반적으로 많은 사례에서 치료효과를 얻게 되면 행동변화에 영향을 줄 수 있는 예기치 않았던 변인이 줄 수 있는 영향은 크게 달라진다. 그러므로 연구자는 가능하면 여러 사례를 대상으로 반복 측정하면 보다 의미 있는 치료효과를 유추할 수 있다.

서로 다른 사례를 반복 측정함에 있어서 사례의 이질성 혹은 다양성이 고려되어야 한다. 여러 사례를 선정함에 있어서 연령, 사회적 배경, 그리고 정서적 문제 등을 서로 다르게 조정하는 것이 보다 더 바람직한 유추를 할 수 있다.

사례연구를 통해 보다 의미 있는 유추를 하기 위해서는 치료과정을 일정하게 표준화시킬 필요가 있다. 무엇보다도 문제를 분명하게 정의하고 그에 따라 치료계획을 세워야 한다. 이렇게 함으로써 치료를 일관성 있게 추진할 수 있다. 치료과정을 표준화시켜 놓으면 다른 환자에게도 일관성 있게 적용할 수 있다. 치료과정을 표준화시킴으로써 치료효과에 대한 과학적 설명이 가능하게 된다. 더 나아가서는 다른 치료자도 그것을 활용할 수 있다.

치료효과의 정확성은 반복 검토되어야 한다. 행동분석연구에서 수행되는 종속변인의 변화에 대한 관찰은 물론 독립변인과의 관계를 다시 검토해야 한다(Peterson, Homer, & Wonderlich, 1982). 그 위에 독립변인이 다른 연구과정에서도 동일한 변화를 야기시키는지 검토해야 한다. 이와 같이 독립변인의 통합성을 검증하기 위해서 동일한 방법으로 독립변인의 변화를 검증한다.

치료효과의 평가를 위해 하나의 주된 종속변인의 변화를 평가해야 한다. 종속변인, 즉 목표행동은 환자 본인은 물론 그의 가족이나 그를 간호하는 사람의 주된 관심 대상이 된다. 사례연구의 신빙성을 높이기 위해 환자의 행동을 여러 측면에서 측정해야 한다. 그렇지 않을 경우 환자에 대한 중요 정보를 놓칠 우려가 매우 크다. 목표행동을 선정하는 것은 환자에게 부정적·긍정적 효과를 줄 수 있다.

연구/임상실습/사례연구

이미 앞에서 사례연구의 기능에 대해 설명하였다. 이와 마찬가지로 치료적 사례연구에도 여러 가지 기능이 있다. 무엇보다도 환자 혹은 내담자에 대한 적절한 유추를 할 수 있고 더 나아가서는 임상연구와 임상실습의 교량역할을 한다. 치료적 사례연구는 특정 장애를 중심으로 단일피험자 혹은 집단연구의 기반이 된다. 이는 통제연구를 위한 기반이 된다. 임상실습에서 발견된 사실은 실험적 연구과정에서 반복해 볼 수 있다.

연구기능 치료적 사례연구를 통해 임상가는 자신이 임상장면에서 활용한 기술을 다른 사람에게 가르쳐 줄 수 있다. 이 연구에는 적어도 두 가지 기능이 있다. 첫째, 이는 연구자에게 새로운 가설을 제공해 준다. 물론 치료적 사례연구만이 가설을 제공하는 것은 아니다. 임상가는 다른 방법으로 가설을 설정할 수 있다. 예를 들어, 사례연구를 통해 다른 사람에게는 생소한 어떤 특정 장애를 치료하는 데 성공했다고 하자, 만일 그 치료기술이 다른 환자의 문제치료에 응용해 볼 만한 기술이라고 생각되면 통제된 실험실에서 다른 단일피험자에게 활용해 볼 수 있다.

둘째, 사례연구는 임상실습을 통해서 일관성 있는 연구를 할 수 있는 기회를 마련해 준다. 일반적으로 연구는 먼저이고 그것을 바탕으로 임상실습이 수행되는 것으로 알려지고 있는데 사실은 반드시 그렇지는 않다. 어떤 경우에는 연구자가 치료를 위한 기술을 제시하는 수가 있는데 이를 잘 분석해 보면 그것은 이미 임상장면에서 성공적으로 사용되고 있는 것일 때도 있다. 사례연구는 임상적 평가결과를 보고하는 수단이 되며 연구자는 그것을 바탕으로 새로운 연구를 진전시켜 나갈 수 있다.

일반화 가능성 임상가나 연구자는 임상장면에서 발견된 사실이 일반화될 수 있는지에 관심이 있다. 실험실에서 엄격한 실험을 거쳐 발견된 사실이 실제 임상장면에서 뿌리를 내릴 수 없다면 그 연구는 시간, 돈, 그리고 정력의 손실이다. 불행한 일이지만 우리 주변에는 이런 연구가 너무도 많이 있다. 실험실에서 발견된 사실이 임상장면에 적용되지 못하는 데는 몇 가지 이유가 있다. 무엇보다도 임상연구자와 임상가는 치료에 대한 훈련배경이 다르고 치료방법이 다르고, 그리고 결과를 평가하는 방법이 서로 다르다는 것이 중요한 이유이다(Kazdin, 1982).

임상연구와 임상실습 간에 생기는 공간을 메우려면 우선 두 장면의 유사성이 커야 한다. 임상적 반복도 그를 위한 하나의 책략이 될 수 있다(Barlow, Hayes, & Nelson, 1984). 임상적 반복에는 임상가가 발견한 사실의 일반화 가능성과 응용 가능성을 내포하고 있다. 임상적 반복을 통해 사례연구자는 외적 타당도와 효과적 치료방법 등에 대한 중요한 정보를 얻을 수 있다. 임상가들은 임상적 반복을 통해 여러 가지 도움을 받을 수 있다. 왜냐하면 그러한 연구는 임상적 문제와 좀 더 직접적 관계가 있고, 치료의 필요성이 있기 때문이다. 또 임상가는 임상과 치료의 한계가 있다는 것을 임상적 반복과정을 통해 비로소 알게 된다.

임상적 반복이 가지는 장점을 살리기 위해서는 몇 가지 주요한 측면을 함축하고 있어야 한다(Kazdin, 1982). 첫째, 임상적 반복은 연구목적으로 활용되어야 하며 이를 위해 연구결과가 평가되어야 한다. 실험연구를 통해 치료효과의 내적 타당성이 보장되고, 치료효과가 큰 것으로 판단되면 임상장면에서 그 타당성이 다시 검증되어야 한다. 둘째, 임상적 반복은 다른 임상장면에도 적용이 가능할 수 있게 하기 위해서 표준화된 과정을 따라야 한다. 셋째, 임상장면에서의 치료효과가 임상연구장면에서도 나타날 것인지를 결정하는 데 도움이 될 수 있게 내담자의 반응을 평가해야 한다. 이를 위해 표준화된 평가방법이 활용되는데 자기보고, 면접 및 평가척도 등이 바로 이에 포함된다.

임상적 반복을 위해서는 몇 가지에 유념할 필요가 있다. 임상장면은 연구보다는 환자의 문제를 치료하고 그에 대한 봉사를 주로 요구한다는 점이다. 그러므로 환자의 욕구에 따라 치료형태는 변화되어야 한다. 연구자와 임상가는 사례연구에 대해 서로 다른 시각을 가지고 있다. 즉 연구자는 전통적 사례연구가 갖는 한계점만을 생각하고 있는가 하면 임상가는 임상장면을 인위적 상황으로 지각하는 경향이 있다. 임상적 반복사례연구 그 자체는 연구자나 임상가에게 매우 큰 의미를 부여하고 있다. 통제된 임상적 연구를 목적으로 하는 임상적 반복을 통해 치료계획 혹은 연구계획이 임상실습에 적합한가를 판단할 수 있다. 또 임상적 반복을 통해 치료에 관심이 있는 임상가는 피드백을 받을 수 있다. 즉, 임상적 반복은 연구자나 임상가들이 새로운 치료계획을 위한 연구의 출발점이 된다.

사례연구와 실험연구

이미 앞에서 밝힌 바와 같이 사례연구는 임상심리학에서는 매우 중요한 연구방법이다. 이는 특정 개인에 대한 문제해결을 위한 가설을 설정하는 데 매우 유익한 정보를 제공한다. 이와는 대조적으로 실험연구는 사례연구에서 설정한 가설을 검증하는 데 역점을 둔다(Bolgar, 1965). 사실상 두 가지 연구방법을 구분하는 것은 쉽지 않다. 엄격한 실험연구도 단일사례를 대상으로 수행되는 경우도 있다(Kratochwill, 1978). 단일사례실험연구도 직접 아이디어를 검증하는 데 크게 도움을 준다. 이와는 달리 실험연구는 아이디어를 저장하는 장소의 기능을 한다. 연구과정에서 단일사례에서 얻은 사실들도 후속연구에서 검토될 필요가 있는 어떤 가설을 함축하고 있다. 우연히 발견된 사실이 후속연구를 자극하기도 한다.

사례연구와 실험연구는 서로 다른 정보를 다른 방법으로 추구하지만 매우 밀접한 관계가 있다. 사례연구는 개인이 가지는 문제의 복잡성과 특이성을 중점적으로 추구한다. 이를 위해 문제해결에 필요한 어떤 변인을 통제하지 않는다. 사례연구의 큰 특징은 문제해결을 위해 자연조건을 전혀 해치지 않는다는 점이다. 그러므로 문제의 복잡성을 충분히 연구할 수 있다. 사례연구는 인위적으로 사태를 조정한다든지, 평가과정에서 중요 변인이 손상을 받는 일이 없기 때문에 실험연구에서 발견된 것보다 훨씬 순수한 사실을 발견할 수 있다. 이것이 큰 장점이다. 이와는 대조적으로 실험연구는 현상 혹은 변인을 단순화시킨다. 이는 개인의 특성을 최소화시키고 독립변인을 보다 철저하게 연구하기 위해 실험사태나 변인을 단순화시킨다.

이상적으로 이야기하자면 임상적 사례연구와 실험연구는 상보적으로 수행되어야 한다. 임상적 사례연구는 임상실습에 활용 가능한 실험연구의 기반이 되어야 한다. 예를 들어, 치료기술이 임상사례에 적용되었을 때 그것이 어느 정도 효과가 있을 것인지에 관심이 있다고 하자. 치료효과에 의한 변화의 본질을 이해하기 위해서는 적절한 통제조건하에서 실험이 수행되어야 한다. 연구자는 치료기술이 어느 정도 효과가 있는가를 평가하는 것도 중요하지만 무엇이 치료효과를 가져왔는지 그 차원도 세밀하게 검토해야 한다. 실제 연구에서는 치료효과와 관계되는 기술을 세밀하게 검토해야 한다. 검토단계를 거친 치료기술은 적절하게 활용될 수 있어야 한다.

임상심리학에 있어서 사례연구와 실험연구간에 균형을 유지하는 것이 그렇게 용이하지 않다. 정신건강 분야의 연구결과는 사례연구 그 자체가 연구결과로서 끝나버리고 아무런 시사점을 남기지 못하는 경우가 많이 있다. 사례연구에 의해 보다 더 신빙성 있는 사실이 발견되는 경우가 없는 것은 아니다.

사례연구에서 유추한 사실이 연구를 위한 가설보다 더 확실한 명제를 제시하는 경우가 있다. 실험연구의 결과는 아무리 조건통제가 잘 된 경우에도 임상장면과 큰 차이가 있는 경우가 많이 있다. 다른 한편 사례연구를 통해 실험연구에서 얻은 것과 동등한 정보를 얻을 수 있으며, 실험연구를 통해서 임상가는 임상장면에서는 얻기 어려운 매우 중요한 정보를 얻어 낼 수도 있다.

어떤 방법이나 극단적인 경우에는 사례연구와 실험연구만이 가지는 장점과 단점을 모두 상실하게 되는 경우가 있다. 어떠한 경우든지 간에 임상심리학에서 사례연구와 임상연구 간에는 커다란 틈이 없을 수 없다. 그러므로 임상에 종사하는 사람이나 연구에 종사하는 사람이나 모두 그들이 발견한 사실을 임상장면에 적용하고자 할 때에는 그 응용가치에 대해 일단 의문을 제기하지 않을 수 없다(Bergin & Strupp, 1972). 임상실습과 실험연구 간의 상호관계를 유지시키는 것은 매우 중요하다. 사례연구에서 발견된 사실 가운데에는 실험연구에서는 쉽게 발견할 수 없는 중요한 정보를 제공해 주는 것도 있다. 그러므로 임상과 연구를 병행시키는 것은 매우 중요하다. 또 임상과 연구 간에 존재하는 큰 격차를 줄여 나가는 것도 매우 중요하다. 이러한 목적으로 사용되는 것이 단일사례실험연구법이다.

사례연구의 한계

사례연구는 심리학의 한 연구방법으로 오래 전부터 널리 사용되어 왔다. 그럼에도 불구하고 여기에는 몇 가지 문제가 있는데 이것이 곧 사례연구법의 한계점이다. 사례연구법이 가지는 한계점은 몇 가지로 나누어 생각할 수 있다. 우선 사례연구에서 얻은 정보는 과학적 측면에서 보면 매우 약하고 때로는 전혀 받아들일 수 없는 것도 없지 않다. 또 사례연구에서 얻은 자료는 연구자가 임의로 해석한 것이기 때문에 사례가 가지는 참된 의미가 퇴색되어 버린 것이 많이 있다. 비록 객관적 측정에 의한 정보라고 하더라도 그것은 중요요인의 통제가 결여되어 있기 때문에 불필요한 요인이 많이 포함되어 있는 경우가 많다.

특정 개인에 대한 현재의 정보는 다른 각도에서도 얼마든지 해석할 수 있다. 만일 어떤 행동장애의 원인규명을 위해 사례연구를 한다고 할 때 환자가 과거에 경험한 특정 사건들을 선별해서 해석하는데 그것이 곧 환자의 현재 행동을 유발한 원인으로 해석될 수도 있다. 사례연구의 기술이 크게 향상되었다고는 하지만 환자에게 있어서 매우 중요한 사건을 분명하게 파헤치지는 못한다. 사례연구에서 연구자는 과거의 주요한 사건을 회고해서 재구성하는데 이것들이 현재의 행동에 어떤 영향을 주고 있는지를 밝히는 데 도움이 된다. 그러나 과학적으로 보면 그 자료의 타당성을 의심하지 않을 수 없다.

개인의 과거경험은 환자의 현재 행동을 이해하는 데 큰 도움이 된다. 그러나 그것은 환자의 현재 행동에 대한 가설을 설정하고 그것을 객관적으로 검증하는 것은 불가능하다. 과거의 사건이 현재의 행동과 전혀 무관한 경우가 많이 있다. 피험자의 보고는 신빙성이 결여되어 있기 때문에 무조건 모두 받아들일 수 없다.

회고적 방법으로 환자의 문제를 유발한 선행사건을 발견하고자 할 때 큰 문제에 봉착하게 된다. 예를 들어, 우울증이 심하고, 일에 대한 의욕이 전혀 없고, 살맛이 나지 않고, 성욕이 현저히 감퇴하고, 그리고 전혀 원만한 대인관계를 맺을 수 없어서 도움을 받기 위해 심리학자를 찾아온 어떤 청년이 있다고 가정해보자. 면담과정에서 그는 채식주의자라는 사실을 발견하였다. 그러면 그가 왜 채식주의자가 되었는지 그 동기를 찾아내는 데 심리학자는 초점을 맞춘다. 환자는 자신이 어렸을 때 식당에서 닭 요리하는 것을 보고 난 후로는 고기 먹는 것을 기피하게 되었다고 했다. 그러나 그것만으로는 그가 채식주의자가 된 사실을 충분하게 입증할 수 없다. 특히 그 사실의 타당성을 객관적으로 추적하는 것은 거의 불가능하다.

과거의 어떤 사건이 현재의 문제를 유발하는 데 결정적 역할을 하는 경우도 없지 않다. 예를 들면, 어렸을 때 부모와 별거하면 지적으로 그리고 사회적으로 발달이 저해되는 경우는 많이 있다. 이런 경우 과거의 사건은 쉽게 추적이 가능하다. 경우에 따라서는 그러한 사건이 직접 행동발달에 영향을 주는 경우가 있다. 침실에 들어가기만 하면 심한 천식발작 때문에 괴로움을 당하는 중년신사의 경우를 생각해 보자. 이 천식발작은 그의 침실 벽에 걸린 장모의 대형 초상화를 내리면 곧 멈춘다. 이것을 보면 장모의 대형 초상화가 그의 천식발작을 유발하는 원인으로 작용했음이 분명하다. 물론 천식발작과 장모의 대형 초상화와의 관계는 매우 모호한 점도 없지 않다. 다른 통제요인으로 작용할 수 있는 초상화를 사용한 엄격한 실험연구가 수반되어야 한다. 그것이 없이는 결정적 서술은 불가능하다.

대부분의 사례연구에 있어서 환자의 행동이나 치료효과의 변화는 일화적 방법으로 기술되고 있다. 환자에 대한 평가에 있어서 치료자의 판단이나 그에 대한 해석이 매우 큰 비중을 차지한다. 치료를 위한 임상가의 정보는 치료자의 주관적 판단에 의해 취사선택되는 경우가 많이 있다. 그러나 이와 같은 주관적 평가는 객관성이 전혀 보장될 수 없다. 치료자는 환자가 보고하는 것을 기초로 환자의 상태를 해석하기도 한다. 이와 같은 정보는 그 자체가 왜곡된 것이며 환자가 과거에 경험했던 사실과 전혀 무관할 수도 있다. 주관적 설명은 그 자체의 타당성이 검증되지 않는 한 신빙성이 보장되는 자료가 될 수 없다.

실제 임상장면에서 환자가 자기의 과거경험을 사실대로 솔직하게 보고하는 일은 거의 없다. 거의가 왜곡된 것들이 보고 된다. 그럼에도 임상가는 그것을 기초로 하여 환자의 문제를 해석하기도 하고 판단하기도 한다. 치료자에게 혹은 연구자에게 자료의 역할을 하는 정보는 거의 모두가 유추와 주관적 판단에 바탕을 두고 있다. 이 자료를 해석하거나 그것을 바탕으로 결론을 내리다 보면 환자의 문제와는 거리가 먼 판단이 되는 수가 있다.

사례연구를 위한 자료와 과학적 연구를 위한 자료는 엄격하게 구별되어야 한다. 과학적 연구에서는 사실에서 얻은 자료와 유추한 자료는 엄격하게 구분된다. 그러나 사례연구에서는 이러한 구분이 매우 어렵다. 사례연구의 자료는 다분히 유추에 의해 수집된 것이고 내담자와 치료자의 해석에 의해 결정된 것이다. 그러나 사례연구자료와 과학적 연구자료가 분명히 구별되지 않은 것도 있다. 예를 들면, 과학적 연구에서 사용되는 것과 동일한 객관적 자료로 사례연구자료를 사용하는 경우가 있다. 이러한 경우는 독립변인을 어떻게 평가하느냐가 매우 중요한 준거가 된다.

사례연구에서는 자료에 대한 해석이 매우 모호하고, 객관적 결론을 내리는 데 필요한 정보가 많이 결여되어 있다. 대부분의 사례연구에서 발견된 사실은 반복측정 혹은 관찰이 불가능하다. 왜냐하면, 행동변화를 가져온 변인에 대한 조작적 정의가 거의 불가능하기 때문이다. 또한 대부분의 사례연구자료는 과학적 연구결과가 아니라 기술된 일화적 자료이기 때문이다. 사례연구에서 발견한 사실을 다른 사람에게도 적용할 수 있는가. 이것이 사례연구자의 큰 관심거리이다. 과학적 연구에서 독립변인과 종속변인의 관계법칙이 매우 중요시되고 있다. 이러한 관계가 어떤 특정한 개인에게는 분명히 적용된다. 과학은 특정한 개인보다는 좀 더 일반적으로 적용될 수 있는 법칙을 찾는 데 역점을 두고 있다. 과학의 목적은 서로 다른 개인의 특질을 발견하는 데 있지 않다. 왜냐하면 그러한 법칙은 일반과학 발전에 크게 도움이 되지 않기 때문이다.

단일사례연구자들도 일반성의 발견에 반대하는 것은 결코 아니다. 어떤 연구분야에서는 일반법칙을 찾아내기 위해서 통제가 잘된 단일연구를 필요로 하고 있다. 예를 들면, 사람의 시각기능연구를 위해 한 사람, 혹은 극히 소수의 피험자를 대상으로 연구를 진행한다. 왜냐하면, 시자극의 생리학적 구조나 기능은 사람에 따라 크게 다르지 않기 때문에 많은 피험자를 대상으로 다시 실험해 볼 필요가 없다. 일반적으로 연구하고자 하는 문제가 사람에 따라 크게 다르지 않다는 판단이 서면 단일사례를 대상으로 실험연구를 진행한다. 이와는 달리 심리치료에서와 같이 사람마다 특징이 크게 다르고 동일피험자인 경우라 할지라도 사태에 따라 그 변화가 클 것으로 예상될 때에는 단일사례를 대상으로 한 연구는 삼가해야 한다.

단일사례연구에 관심을 가진 사람이 질병의 원인이나 치료기술을 개발하기 위해서는 서로 다른 많은 사례에서 정보를 얻어 지식을 축적할 필요가 있다. 예를 들면, Freud가 발견한 심리적 발달법칙은 서로 다른 여러 사례에서 얻은 경험을 축적해서 만든 것이다. 서로 다른 사례에 직면함으로써 자신의 의견을 점검해 볼 수도 있고 새로운 의견을 가지게 될 수도 있다. 물론 여러 사례를 점검해 봄으로써 좀 더 바람직한 행동법칙을 발견할 수도 있다. 그러나 맹목적으로 서로 다른 사례를 대상으로 연구했다고 해서 보다 적합한 법칙을 찾아낼 수 있다는 생각은 크게 잘못된 것이다. 발견된 사실은 분명한 것이어야 된다. 그러면 그 발견된 사실은 타당성이 입증된다. 그 타당성이 입증되면 그것이 일반화될 수 있을 것인지의 문제가 다른 사람에 의해서 제기될 것이다.

실험행동분석

실험행동분석은 여러 분야에서 기초 및 응용연구방법으로 광범위하게 활용되고 있다. 특히 임상심리학이나 그와 관계가 깊은 과학에서는 특정 개인에 대한 과학적 연구방법으로 활용되고 있다. 대부분의 임상적 연구는 특정 개인에 대한 진단, 평가, 그리고 치료에 역점을 두고 있다. 전통적으로 개인에 대한 과학적 연구는 곧 사례연구와 혼동되고 있다. 사례연구에서도 개인을 깊이 연구한다는 점에서는 실험행동분석과 크게 다름이 없다. 그러나 사례연구에서는 개인에 대한 자료를 얻기 위해 일화적 사건에 전적으로 의존하고 있다.

사례연구자는 주로 일화적 자료를 기초로 치료하는데 그 효과는 매우 불확실하다. 거기에는 많은 가설이 있을 수 있을 뿐만 아니라 많은 문제가 포함되어 있다. 그러므로 이 방법은 실험적 통제가 매우 어렵거나 거의 불가능하고 경험적 과학적 지식을 제공해 주지 못한다. 실험행동분석은 임상적 지식을 얻기 위해 사용되는 과학적 방법이다. 이 방법은 전통적 연구방법으로 사용되는 집단비교법의 결점, 즉 자료의 임상적 의미를 손상시키는 일이 없다.

임상장면에서 직면하는 것들은 모두가 희귀한 현상이다. 이와 같은 희귀한 현상은 동일한 시간에 또는 대규모로 자료를 모으기가 어렵거나 거의 불가능하다. 이러한 경우에는 문제를 연구하고 치료하기 위해서는 개인단위 혹은 개별적으로 접근하지 않으면 안 된다. 그에 대한 정보를 얻기 위해서는 개별사례를 중심으로 집중적으로 접근하지 않으면 안 된다.

실험행동분석은 규모가 큰 집단에 대한 연구의 초석이 된다. 임상장면에서는 내담자의 문제를 효과적으로 치료할 목적으로 여러 가지 방법을 모색한다. 연구자 혹은 치료자는 먼저 실험행동분석이 자신이 의도하는 치료효과를 가져올 수 있을지 검토해야 한다. 이것이 확인되면 치료전략을 점진적으로 확대해 나간다. 치료 초기단계에서는 한 가지 문제만을 치료대상으로 삼는다. 이를 통해 그와 같은 처치방법이 광범위하게 활용될 가능성을 시사해 준다. 치료자가 새로운 처리방법을 모색하기 위한 수단으로 실험행동분석을 쓸 수 있다. 이러한 목적으로 실험행동분석법을 활용할 때에도 특정한 개인을 대상으로 한 연구가 먼저 선행되어야 한다.

실험행동분석의 기초

모든 실험행동분석은 논리적 바탕 위에서 이루어져야 한다. 행동분석은 피검사자의 사고와 감정을 포함한 모든 행동을 반복측정 하는 데서 시작된다. 임상가가 내담자 혹은 환자의 행동수준 및 그 경향성 등을 알고자 할 때에는 몇 시간 혹은 몇 일 동안 계속적으로 관찰하고 측정하고 기록해야 한다.

이를 위해 여러 가지 도구를 사용한다. 임상경험이 풍부한 임상가는 내담자의 행동관찰만으로도 그의 문제를 파악할 수 있다. 그는 또 일정한 평가과정을 통해 기저선 수준을 파악할 수 있다. 이와 같은 자료는 후속되는 임상적 평가자료로도 쓰일 수 있기 때문에 반복측정은 일관성을 유지할 수 있어야 한다.

반복측정을 통해 개인행동의 변화수준을 평가할 수도 있다. 더 나아가서는 이를 바탕으로 앞으로의 행동변화를 예언할 수도 있다. 행동평가치에 아무런 변화가 없다면 치료를 계속하는 것은 무의미하다. 행동특징에 대한 계속적인 측정을 통해서 문제의 본질을 이해할 수 있고 치료효과를 예언할 수 있어야 한다. 큰 치료효과가 기대되면 사소한 행동변화는 무시하고 치료를 계속한다. 그러나 만일 문제의 변화가 커서 치료효과를 기대할 수 없을 때에는 치료를 중단해야 한다.

행동변화가 클 때 임상가는 몇 가지 조치를 취해야 한다. 첫째, 행동특징이 분명히 드러날 때까지 측정과 치료를 유보해야 한다. 둘째, 어떤 때에는 행동상에 문제가 있으나 어떤 때에는 전혀 문제가 나타나지 않을 때 그 원인을 분명히 밝힐 필요가 있다. 예를 들면, 지난번 면접에서는 자존심이 지나치게 강한 것으로 나타났으나 이번에는 그것이 지나치게 약한 것으로 나타났다면 그 원인을 자세히 밝혀야 한다. 셋째, 분석시간단위를 검토해 볼 필요가 있다. 일반적으로 행동특징은 임상가의 편의에 따라 측정 기록하는 것이 보통이다. 만일 문제행동이 유발되는 시간단위가 크다면 측정치도 그에 따라 분석해 볼 필요가 있다. 예를 들어, 이혼부부 문제를 상담하는 임상가의 임상기록에 싸움이 심한 날이 있는가 하면 사이가 좋은 날도 있다고 하자. 이때 매일 상담한 것을 기록하는 것보다는 1주일에 평균 몇 번이나 싸움하는가를 기록하는 것이 보다 바람직하다.

실험행동분석에서는 독립변인을 분명하게 밝힐 필요가 있다. 또 어떤 처치에 수반되는 효과는 어떤 상황에서나 동일하게 나타나야 된다. 집단비교법과 단일사례법을 추구하는 방법은 크게 다르다. 단일사례법은 역동적이어야 하며 실험계획은 확정된 것이 아니라 매우 유동적이다. 치료과정이나 연구과정에서 의미 있는 변화가 나타나면 언제든지 그 계획을 변화시킬 수 있어야 한다. 치료결과는 여러 가지 형태의 그래프로 표시하여 누구나 쉽게 이해할 수 있게 해야 한다. 그러나 이와는 달리 집단비교법은 실험이나 처치가 가해지기 전에 확고한 실험계획이 세워져야 한다.

실험행동분석자들이 집단비교연구자들과 같은 방법을 추구하게 되면 큰 과오를 범하게 된다. 내담자에서 나타나는 반응자료는 연구자가 가정했던 것과 꼭 일치되지 않는 경우가 많이 있다. 즉 가설과 꼭 일치하지 않는 경우가 많이 있다. 이와 같이 예상치 못했던 결과가 나타나면 이미 설정했던 가설, 혹은 예상했던 결과를 폐기하고 내담자에서 나타나는 반응자료에 따라 접근방법을 달리할 필요가 있다(Zaro, Barach, Nedelman, & Dreiblatt, 1977). 실험행동분석에서는 치료나 조작의 시간적 길이를 동일하게 해야 한다. 치료나 조작단계의 길이가 단계마다 서로 다르면 서로 다른 단계에서 나타나는 효과를 정확하게 비교하기가 어렵다.

모든 실험연구에 있어서는 서로 다른 조건하에서 얻어진 결과를 비교해서 추리하는 것이 보통이다. 집단간 연구에 있어서는 서로 다른 독립된 집단에게 서로 다른 조건을 만들어 준다. 가장 일반적으로 쓰이는 경우를 생각해 보자. 실험처치효과를 평가할 때에는 실험처치를 한 집단에서 나타난 실험결과와 실험처치를 하지 않는 집단에서 나타난 실험결과를 상호 비교한다. 그러나 실험적 단일사례연구의 경우는 한 피험자나 혹은 여러 피험자를 서로 다른 조건하에 반복노출하여 어떻게 행동하는가를 중점적으로 비교한다. 예를 들면, 처치기간을 달리하여 나타나는 결과와 전혀 처치를 하지 않은 상태에서 나타나는 것과 서로 비교한다. 단일사례실험연구에서는 실험자가 관심을 가지고 있는 문제를 해결하기 위해서 다른 조건하에서 일어나는 것을 계속 반복 평가한다.

피험자의 행동은 실험행동분석처치가 시작되기 수일 전부터 관찰한다. 이 관찰단계를 기저선 단계라고 한다. 이 단계에서 얻어지는 자료는 곧 내담자가 가지는 문제행동을 정확하게 기술하는 수단이 된다. 또 이 자료는 실제 치료 계획을 세우는 데 도움이 된다. 또한 이 단계에서 얻어진 자료를 바탕으로 문제행동의 발전과정의 특성을 예언할 수 있다. 그러므로 초기의 기저선 단계의 관찰에는 기술적 기능과 예언적 기능이 있음을 알 수 있다. 실험행동

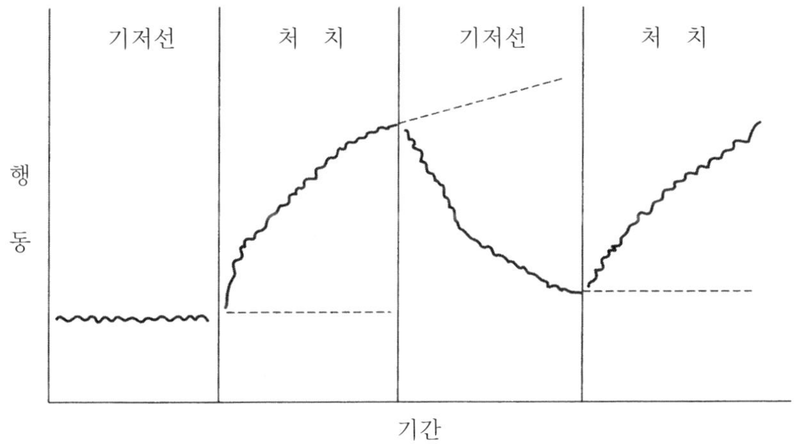

그림 3-1 기저선 단계와 처치 단계에서 나타난 행동빈도

분석을 위한 실험계획에서는 장차의 행동특성을 예언하는 데 큰 역점을 두어야 한다.

기저선 단계의 관찰자료는 실험적 처치를 하지 않을 때 나타나는 행동변화를 예언하는 데 크게 도움이 된다. 처치효과를 평가하는 데 있어서 중요한 내적 준거가 되는 것이 기저선상에 나타난 행동특징이다. <그림 3-1>을 보면 가상적인 기저선 자료가 나와 있다. 기저선과 그 기저선상에 나타나 있는 행동특성은 앞으로 나타날 행동특성을 예언하는 데 쓰여진다. 만일 동일한 조건하에서 계속적으로 관찰하면 그 선이 곧 예상했던 결과가 된다. 기저선 자료가 비교적 일정한 상태를 유지하고 있을 때에는 그에 대한 예언은 비교적 정확하다. 기저선이 안정되어 있고 향후 어떤 행동이 일어날 것이라는 점을 자신 있게 예언할 수가 있을 때 처치를 시작하는 것이 순서이다. 이와 같이 피험자 한 사람에서 나타나는 행동특징을 기술하고 예언하는 것이 곧 실험행동분석의 기본논리이다.

실험행동분석자료의 검증

실험행동분석에 앞서 자료에 일정한 경향이 있는가, 변화의 범위는 얼마나 되는가, 그리고 실험 혹은 치료를 다르게 할 경우 어떤 기준에 따를 것인가 하는 문제를 먼저 신중하게 고려해야 한다. 일반적으로 치료나 처치를 가하기 전에 기저선 자료에 뚜렷한 어떤 경향성이 없을 때에 치료나 처치의 효과는 크다. 실제 임상장면에서 보면 처치나 치료를 가하면 예상했던 것과 정반대의 행동경향이 나타나는 수가 있다는 점에 유의할 필요가 있다. 치료자 혹은 연구자는 치료하고자 하는 목표행동이 이 기저선 단계의 관찰자료에서 뚜렷한 경향성으로 나타날 때 치료에 착수하는데, 이러한 경우 단일 사례를 대상으로 한 치료효과는 평가하기가 어렵다.

연구자는 기존의 어떤 경향이 어떤 처치를 받았을 때 그 효과가 어떻게 나타나는가를 평가해야 한다. 기저선 단계에서 나타나지 않았던 어떤 경향이 어떤 처치 후에 나타났다면 이는 이미 이전부터 잠재해 있던 경향이 치료를 통해 나타난 것으로 평가해야 한다. 이와 같이 특정 자료에서 어떤 경향이 나타날 때에는 어떤 처치를 가하기 전에 그것이 기저선 자료에 나타나지 못하게 억제할 필요가 있다. 이러한 경우 적절한 처치를 급히 서두를 필요가 있다 (Baer, Wolf, & Risley, 1968).

또 다른 경우를 생각해 보자. A/B/A/B 설계법으로 어떤 문제를 치료할 때, 처치기간에 어떤 행동특징이 더 뚜렷하게 나타나는데 이러한 경향은 기저선 단계에서도 연속해서 나타난다. 이 때 치료자가 차별적 강화를 통해 다른 처치를 가하면 이전에 나타났던 것과는 좀 다른 경향이 나타난다. 기저선 단계와 처치 단계에서 서로 다른 처치를 함으로써, 서로 다른 강화를 받게 됨으로써 다른 처치의 효과를 쉽게 평가해 볼 수 있고 다른 한편으로는 이미 이전의 행동경향의 문제를 해결할 수 있다.

기저선 단계에서 어떤 경향이 나타나면 결과해석이 쉽지 않으므로 이를 방지하기 위해서는 중다 기저선 계획법을 도입할 필요가 있다. 이는 여러 기저선을 활용하기 때문에 서로 다른 처치효과를 쉽게 판단할 수 있다. 뿐만 아니라 서로 다른 처치법을 도입하고 그 효과가 자료에 어떻게 반영되었는가를 보고 그 효과를 평가할 수 있다. 자료의 경향성을 처리하기 위해서 통계적 방법을 쓰기도 한다. 특히 처치를 가했을 때 어떤 변화가 나타나는가 또 처치기간을 달리했을 때 어떤 경향이 나타나는가를 점검해 볼 수 있다.

위에서 말한 바와 같이 기저선 단계에서 관찰한 행동자료가 치료하고자 하는 것과 동일할 때 처치효과를 예언하기가 매우 어렵다. 이와 마찬가지로 행동자료의 변화가 너무 클 때에도 역시 처치효과를 평가하기가 어렵다. 일반적으로 행동자료의 가변성이 크면 클수록 처치효과는 예언하기 어렵다. 만일 내담자의 행동이 극에서 극으로 변한다면 처치기간에 나타나는 행동변화는 분명치 않다는 것을 뜻한다. 왜냐하면, 기저선 변화가 클 때, 즉 가변성이 클 때에는 처치효과로서 나타나는 행동변화의 수준을 예언하기가 쉽지 않기 때문이다. 그러나 자료의 높은 가변성 그 자체로 행동의 일관성이 결여되어 있음을 보여주는 것은 의미가 크다. 이러한 경우에는 가변성 그 자체에 대한 처치를 해야 한다. 이때 가변성이 줄어들게 되면 곧 처치의 효과가 있음을 의미한다. 그러나 일반적으로 행동변동수준 그 자체보다는 평균행동변화의 수준을 측정하는 것이 보다 바람직하다. 어떠한 방법으로든지 자료의 안정성이 확증되면 후속처치의 효과는 보다 정확하게 예언할 수가 있다.

가변성의 원인을 규명하는 것이 중요하다. 내담자의 행동과 밀접한 관계가 있는 요인을 찾아낸다는 것은 처치를 위한 중요한 정보를 얻게 되는 셈이다. 처치과정에서 아무런 처치를 가하지 않았는데도 행동변화가 오는 수가 있는데 이것도 처치효과를 평가하는 데 있어서 매우 중요한 정보의 역할을 한다. 이러한 경우에는 처치조건을 안정시킬 수 있는 방법을 강구해서 일관성이 유지되는 행동유형이 나타날 수 있게 조치할 필요가 있다. 그렇게 되면 가변성은 현저하게 줄어든다.

실험행동분석에서는 실제적 문제, 예를 들면 피검자와의 입원가료기간과 같은 것을 고려하지 않고는 처치기간을 미리 정할 수가 없다. 예상했던 수준이 분명히 밝혀질 때까지는 처치를 계속하는 것이 통례이다. 이 과정에서 자료에 어떤 경향이나 가변성이 나타나면 자료의 안정성을 유지하기 위해서는 어떤 부가적 조치가 필요하다는 것으로 해석해야 한다. 때로는 어떤 안정된 유형이 나타나기 전에 처치조건을 변경시켜야 한다. 그에 따라 나타나는 행동변화는 쉽게 평가할 수 있다.

만일 자료에 큰 변화가 나타나면 후속되는 자료는 평균치에 가까워지는 역전현상이 나타난다. 자료에 큰 변화가 나타났을 때 곧 어떤 처치가 후속되면 거기에 나타나는 변화가 처치의 효과인지 혹은 역전현상인지 변별하기가 매우 어렵다. 이 사실을 변별하기 위해서는 처치기간에 나타나는 변화유형을 계속적으로 관찰할 필요가 있다. 특히 어떤 처치가 가해지기 직전에 나타나는 자료의 특징을 자세히 관찰할 필요가 있다.

불행한 일이지만 아직 우리는 처치변경의 객관적 기준을 가지고 있지 못하다. 일반적으로 자료의 안정성이 확고하고 어떤 경향이 나타나지 않을 때 처치를 다르게 할 필요가 있다고 하나, 이와 같은 기준은 실제 크게 도움을 주지 못한다. 이것보다는 연구자가 미리 처치를 달리해야 할 객관적 기준을 마련해야 한다(Scott et al., 1973). 이를 통해 처치변경과정에서 따른 주관성을 줄일 수 있다.

실험행동분석의 기술

실험행동분석에서는 연구과정에 영향을 주는 요인을 효과적으로 통제하고, 종속변인에 영향을 주는 요인을 체계적으로 설명할수록 좀 더 타당한 추론이 가능하다. 실험행동분석은 실험연구과정에서 나타나는 종속변인의 변화를 계속적으로 반복측정할 수 있다. 연구자는 실험연구가 시작되기 전에 필요한 자료를 수집하여 그것을 바탕으로 하여 기저선 수준을 설정하면 그것이 일련의 치료연구를 위한 출발점이 된다.

실험행동분석은 피험자 혹은 환자의 행동특징을 반복측정할 수 있으므로 치료의 특징과 시간경과에 따른 행동변화의 특징도 쉽게 확인할 수 있다. 임상치료장면에서는 치료자가 설정한 목표행동을 반복측정함으로써 그 변화과정의 특징을 파악할 수 있다. 목표행동의 변화수준 및 그 경향을 통해서 좀 더 확실한 변화과정을 유추해 볼 수 있고, 더 나아가 후속되는 치료계획을 수정 보완할 수도 있다. 만일 치료과정을 통해서 과제수행의 변화가 크게 나타났다면 이것은 틀림없는 치료효과로 단정지을 수 있다. 실제 치료에 임했을 때 기저선 자료에 큰 변화가 나타나는 경우는 그렇게 흔하지 않다. 또 실제 치료과정에서는 예상했던 것과 상반되는 경향이 나타날 수도 있는데, 치료자는 이러한 경향을 수정하는 방법을 모색해 볼 수도 있다.

연구자는 치료과정에서 독립변인과 종속변인, 그리고 내담자의 특징을 분명히 파악하고 있어야 한다. 치료자는 치료과정에서 특정변인을 고정하면 독립변인과 종속변인 간의 함수관계를 확실하게 파악할 수 있다. 치료단계에서 특정변인을 동일한 조건으로 유지함으로써 동일한 치료방법을 계속 반복할 수도 있고, 또 치료방법의 외적 타당성을 섬증해 볼 수 있다.

실험행동분석에는 치료효과를 반복검토할 수 있는 여러 가지 방법이 있으므로 치료의 내적 타당도가 확실하게 검증된다. 일반적으로 독립변인이 종속변인에 주는 영향을 확증하기 위해서는 2~4회 반복실험하는 것이 바람직하다. 임상장면에서는 실험행동분석을 활용함으로써 종속변인의 변화를 융통성있게 측정할 수 있다. 치료과정에서 환자의 반응특징이 나타나지 않을 때 치료자는 치료방법을 변경하여 치료를 계속할 수 있다(Roberts & Gordon, 1979). 임상가는 오래 전부터 실험행동분석의 기술을 필요로 하였지만, 지금까지 개발된 것은 그렇게 많지 않다. 지금까지 개발된 중요한 몇 가지 방법에 대해 간략하게 소개하고자 한다.

계열 내 연구계획법 서로 다른 치료기간 내에 나타나는 내담자의 행동변화를 측정하기 위해 쓰이는 것이 계열 내 연구계획이다. 흔히 A/B/ A/B 설계법이라고 부르는데 여기서 A는 기저선 단계를, B는 치료 단계를 각각 의미한다. 이러한 연구법을 사용할 때 나타나는 치료효과는 B단계에서 알아볼 수 있고, 이는 치료효과를 비교하기 위해서 다른 치료효과(C)와 직접 비교해 볼 수도 있다(B/C/B/C /B/C).

A/B/A/B 설계법은 치료방법이 비교적 단순할 때 적용될 수 있고, 치료방법이 보다 복잡할 때에는 이보다 복잡한 연구방법을 도입하지 않으면 안 된다. 아무리 복잡한 연구방법이라 할지라도 기본논리는 A/B/A/B 설계법과 크게 다르지 않다. 치료방법이 보다 복잡할 때에도 여러 가지 치료방법의 효과를 비교해 볼 수 있다. 치료자는 한 가지 치료방법의 효과를 여러 다른 방법과 결합시킨 치료효과와 비교할 수 있도록 계획을 세워야 한다.

예를 들면, 치료자는 A라는 치료방법의 효과를 B(칭찬) + C(피드백) + D(토큰강화)의 치료방법을 결합시킨 치료방법의 효과와 비교할 수 있다. 계열 내에서 이루어지는 복잡한 치료계획의 논리는 단순한 치료계획의 논리와 조금도 다를 바 없다. 보다 복잡한 치료방법을 사용할 때에는 두 변인 이상을 통제해야 되는데, 이들을 개별적으로 통제할 수도 있고 이들을 함께 결합시켜 조정할 수도 있다.

지금까지 계열 내 연구계획의 기본논리와 그 특징을 간단히 설명하였다. 이제 이 치료방법을 활용해서 흡연량을 조절한 치료사례를 하나 살펴보기로 하자(Jason & Liotta, 1982). 실험장소는 대학 구내식당이고, 목표는 금연운동을 확산시키는 데 있다. 실험자는 흡연자의 수를 세고, 흡연에 소요되는 시간을 초단위로 측정하는데 이것이 치료과정에서는 종속변인이 된다. 연구는 A/B/A/B/B+C/B/B+C 설계법에 따라 행동변화를 평가하고 추적평가를 하였다. 치료 단계 혹은 B단계에서 치료자는 실험 테이블마다 '이곳은 우리의 건강을 지키기 위해 설정한 금연구역입니다'라고 쓴 푯말을 붙여 놓았다. 또 '여기는 금연구역입니다. 흡연을 삼가해 주십시오'라는 사인을 벽에 붙여 놓았다. B+C(사인+구두지시)에서는 단순한 사인을 제시하는 방법과 대학생이 흡연자에게 접근하여 다음과 같이 지시하는 방법을 썼다. "나는 비흡연자를 위해 이 구역을 보호하고 있다. 이 구역에서는 금연을 하든지 혹은 흡연구역으로 자리를 옮겨갈 수 없느냐?" 이러한 지시를 준 5분 후에도 여전히 흡연을 하고 있을 때에는 다음과 같이 또 주의를 준다. 즉, "이 구역이 금연구역이라는 것을 당신에게 주의를 환기해 주고 싶다. 이곳에서 금연해 줄 수 없느냐?" 지시자는 학생 세 사람이다. 이 실험결과는 <그림 3-2>와 같다.

이 그림을 보면 2회의 치료기간, 50분 동안에 평균 39명이 흡연하였고 매일 평균 7.7명이 목표장소에서 흡연을 하였다는 것을 알 수 있다. 사인만을 제시하였을 때 평균 흡연자수는 5.3명으로, 그리고 흡연시간은 26분으로 각각 크게 줄어들었다. 그러나 사인으로 제시하고 구두로 지시하는 조건하에서는 평균 1.6명이 6.2분간 흡연한 사실을 <그림 3-2>에서 알 수 있다. 이 연구결과를 보면 사인으로 제시하고 구두로 지시하는 방법은 단순히 사인만을 제시하는 방법이나 구두로만 지시하는 방법보다 크게 금연효과가 있다는 사실을 알 수 있다.

계열 내 연구계획에 속하기는 하지만 수속절차가 약간 다른 연구방법이 규준변경연구법이다. 이 연구방법은 특정한 규준에 따라서 종속변인의 수준을 조정하는 것이 특징이다(Hall & Fox, 1977). 이 연구방법에 따라 환자의 문제를 치료할 때 우선 기저선수준을 설정하고 나서 치료단계에 들어가는데 일정

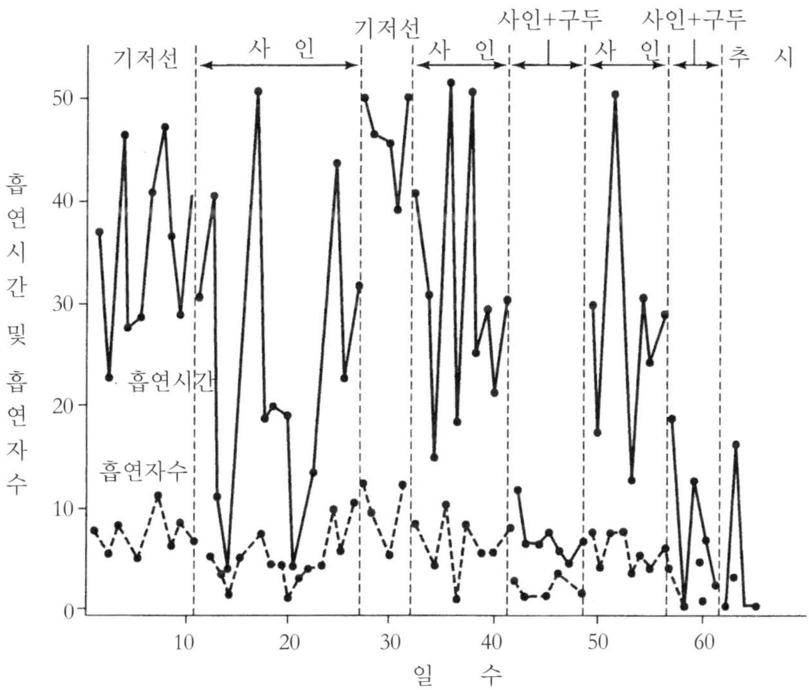

그림 3-2 치료기간에 따른 흡연시간 및 흡연자수의 변화

한 규준에 도달할 때까지 치료를 계속한다. 치료효과가 일정한 수준에 이르게 되었을 때 연구자는 종속변인 측정치에 나타난 과제수행수준을 변화시켜 나간다. 만일 어떤 규준이 치료효과와 직접 연관된다면 그 치료방법은 효과가 큰 것으로 판단될 수 있다.

카페인중독자를 치료하는 데 규준변경연구법이 활용된 사례를 살펴보기로 하자(Foxx & Robinoff, 1979). 치료대상은 커피중독자 3명으로 이들은 자기 자신이 지나치게 많은 양의 커피를 마시고 있다는 사실을 알고 있을 뿐만 아니라 커피의 양을 적절한 수준으로 조절하고 싶어하였다. 치료자는 셀프모니터링기법에 따라 매일 자신이 마시는 커피의 양을 기록하게 하는 규준변경연구법을 활용하였다. 피험자들은 일정량의 커피를 마셨을 때에는 치료자로부터 칭찬을 받으나 반대로 마시는 커피량이 일정량을 초과하였을 때에는 칭찬을 받을 수 없다. 이와 같은 방법으로 치료한 결과는 <그림 3-3>과 같다. 이 그림에서 피험자(3)가 치료 기간에 마신 커피의 양을 보면 기저선 수준보다 현

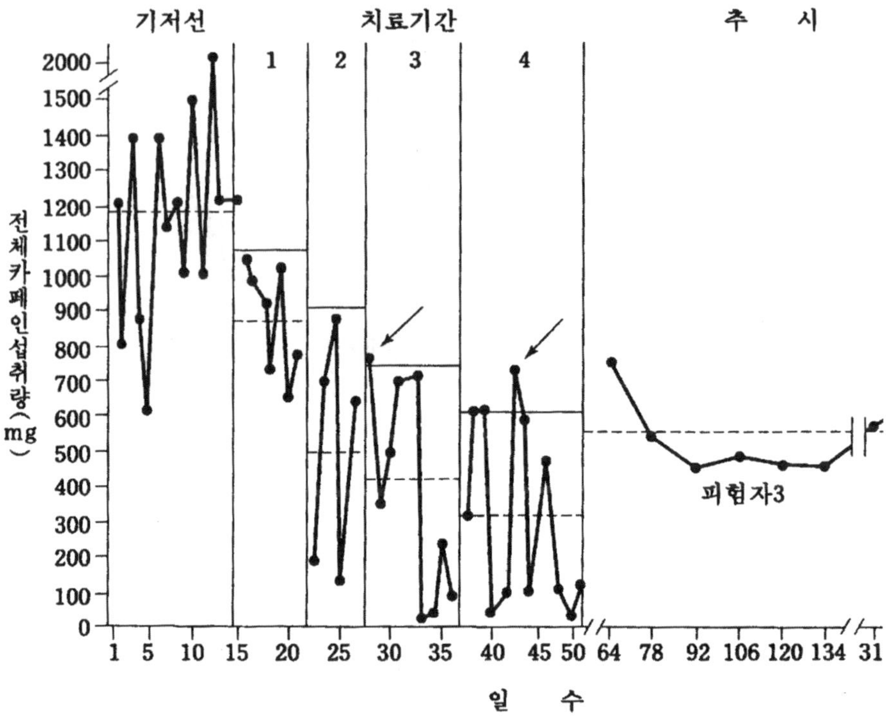

그림 3-3 피험자(3)가 섭취하는 카페인 양(mg)

저하게 줄어들었다는 사실을 알 수 있다. 특히 이 피험자가 치료기간에 마신 카페인 양은 이전 치료기간에 마신 것보다 144mg으로 매우 낮다. 수평선은 각 치료기간에 피험자가 마신 커피의 규준수준 변동을 표시하고 있으며, 점선으로 된 수평선은 그 평균수준을 나타낸다. 이 그림과 같이 피험자가 규준수준보다 훨씬 많은 양의 카페인을 섭취하는 날도 있었다. 이와 같이 치료를 받은 피험자가 마시는 커피 양은 눈에 띄게 줄어든 것은 사실이고, 10개월간 추적한 결과 그 치료효과는 계속 유지되고 있었다.

계열간 연구계획법 계열간 연구계획법에는 교체치료연구법과 동시치료연구법이 있고, 이들은 모두 두 가지 이상의 치료방법이 사용되었을 때 그 효과를 비교하고자 할 목적으로 사용된다. 특히 치료자가 동일한 환자에게 서로 다른 치료를 하고 그 효과를 비교하고자 할 때 교체치료연구법을 쓴다. 이 때 각 치료기술에 소요되는 시간은 동일하다(Barlow & Hayes, 1979). 치료자는 잠시 동안 치료의 기법을 교체할 수 있다. 예를 들어, 어떤 환자를 치료할 때 처음에는 B방법으로 치료하고, 다음에는 C방법으로 각각 치료한다. 치료방법의 우선순위는 치료자가 임의로 결정한다. 치료효과를 높이기 위해 치료의 기법을 일정한 순서에 따라 교체할 수도 있고, 무작위로 치료방법을 교체할 수도 있다. 이 교체치료연구법은 치료자의 필요에 따라 어떤 특정 치료를 중단하는 단점을 극복할 수 있다. 그 대신 치료자의 목적에 따라 특정 치료를 잠시 유보할 수는 있다. 이것이 곧 이 치료방법이 가지는 장점이다.

교체치료연구법으로 폐소공포증 환자를 치료한 사례를 하나 살펴보기로 하자(Agrass, Leitenberg, Barlow, & Thomson, 1969). 환자는 50세된 폐소공포증 환자로 문을 닫고 방에 앉아 있을 수 없고, 교회나 영화관에도 갈 수 없고, 그리고 심지어는 혼자서 장거리 운전도 불가능하였다. 먼저 치료자는 환자가 창문이 없는 방에 앉아 있을 수 있는 시간을 하루에 네 번씩 측정하고, 두 사람이 하루에 두 번씩 치료하였다. 환자가 일정한 시간 동안 별일 없이 방에 앉아 있으면 한 치료자는 칭찬을 하고, 다른 한 치료자는 칭찬하는 일이 없이 환자와 우호적인 관계만 유지했다. 이 결과는 <그림 3-4>와 같다.

이 그림의 기저선 수준을 보면 이 환자가 혼자 방 안에 있을 수 있는 평균 시간은 매우 짧다. 그러나 치료가 시작되자마자 사회적 강화를 받게 되면 방에 앉아 있을 수 있는 시간은 더 길어졌다. 제 2 치료기간에 가서 사회적 강화를 주었던 치료자의 역할을 다른 치료자가 맡게 되었다. 그 결과, 환자는 다른 치료자로부터 칭찬을 받은 사회적 강화조건하에서는 방 안에 앉아 있을 수 있는 평균시간이 더 길어졌다. 제 3 치료단계에 가서 치료조건이 다시 교체되어 치료자의 역할이 원래대로 달라지게 되자 환자는 강화를 주던 치료자와 좀 더 많은 시간을 방에 앉아 있을 수 있게 되었다.

동시치료연구법은 교체치료연구법과는 달리 두 치료자가 동시에 치료에 임하는 것이 특징이다(Kazdin & Hartmann, 1978). 환자가 동시에 여러 사람의 치료를 받을 수 있기는 하지만, 치료자의 치료시간이 같지 않아도 된다. 환자가 같은 기간에 여러 사람으로부터 치료를 받기 때문에 환자의 치료에 대한 선호도를 알 수 있다. 이것을 통해서 치료자는 환자가 어떤 형태의 치료를 보다 선호하고 있는지도 알 수 있다. 동시치료연구법이나 교체치료연구법은 두 가

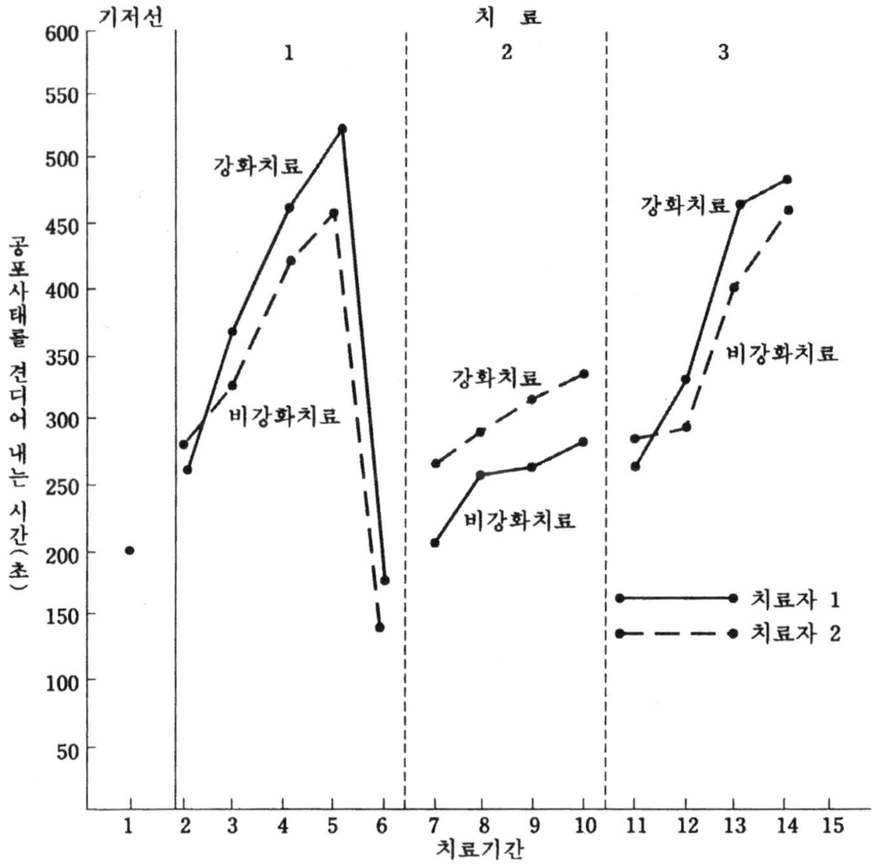

그림 3-4 폐소공포증 치료에 영향을 준 강화 및 비강화효과

지 이상 서로 다른 방법으로 치료하고 그 효과를 쉽게 비교해 볼 수 있다. 반드시 두 가지 치료법의 효과를 비교한다는 제약은 없으나 세 가지 이상의 치료법을 동시에 실시하는 것은 삼가해야 한다. 그러나 이런 주장을 뒷받침할 만한 이론적 근거는 아직 없다(Kratochwill et al., 1984).

계열통합 연구계획법 치료효과를 보다 확실하게 밝히기 위해 여러 가지 연구방법을 결합시켜 활용하는데, 이를 계열통합 연구계획법이라 한다. 이러한 연구방법을 활용함으로써 순수한 연구방법이 가지는 특징을 좀 더 효과적으로 살릴 수 있다. 지금까지 소개한 실험행동분석법은 어떤 독립변인에 변화를 가하고 그에 따라 나타나는 종속변인의 변화를 체계적으로 관찰하기도 하고, 실험적으로 평가하는 방법을 쓰는 것이 보통이다. 예를 들면, A/B/A/B 설계법에서는 서로 다른 시간에 동일한 변인에 대한 관찰을 반복하고 중다기저선연구법에서는 서로 다른 시간에 필요한 조작을 하고, 규준변경연구법에서는 일정한 시간에 변화를 측정하는 규준을 수시로 변화시키는 방법을 쓴다.

계열통합 연구계획법은 앞에서 말한 여러 가지 연구방법의 특징을 결합한 것이다. 실제 임상장면에서 사용되는 연구방법의 종류는 많을 뿐만 아니라 여러 가지 서로 다른 연구방법과 결합시켜 사용할 수 있기 때문에 그 종

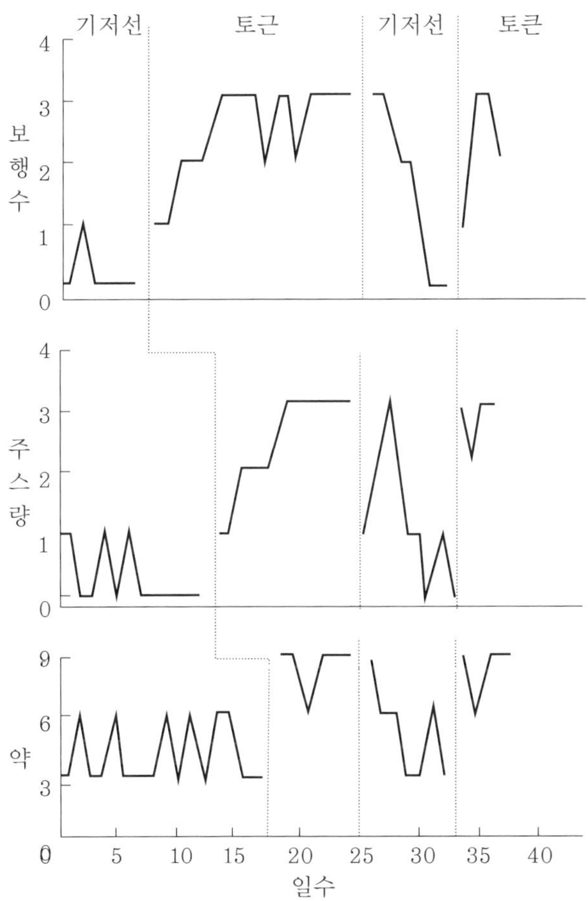

그림 3-5 매일 나타나는 행동횟수

류는 매우 다양하다. 그러므로 여기에 그것을 모두 열거하여 설명할 수 없다. 이 장에서는 비교적 빈번하게 활용되는 방법, 즉 A/B/A/B 설계법과 중다기저선연구법을 통합시킨 연구방법을 임상사례 중심으로 설명하기로 한다 (Dapcich-Miura & Hovell, 1979).

치료자는 퇴원하는 82세의 심장병 환자에게 운동을 많이 하고 오렌지 주스와 바나나 같은 칼슘이 많은 음식을 많이 섭취하면서 약을 계속해서 복용하도록 지시하였다. 환자가 많이 걷고, 주스를 많이 마시고, 그리고 의사의 지시에 따라 약을 복용하면 강화제로서 칩을 받게 되고 자신이 받은 칩의 수에 따라 자신이 먹고 싶은 음식물을 자유롭게 선택할 수 있고, 음식점도 자유롭게 선택할 수 있다. 이와 같은 방법으로 치료한 결과는 <그림 3-5>와 같다. 이 그림을 보면 치료기간을 통해서 강화효과가 계속 지속되고 있음을 알 수 있다.

실험행동분석 결과의 평가

시각적 평가 단일사례자료는 시각적 점검에 의해서 평가된다. 시각적 점검을 통해서 어떤 처치효과가 크게 작용하였는지 스크린할 수 있다. 전통적 통계적 방법으로는 효과가 큰 것으로 판단된 처치방법도 시각적 점검을 통해서 효과가 별로 없는 것으로 판단되면 그것은 처치방법으로 사용될 수 없다. 시각적 점검의 대상이 되는 행동은 여러 시간을 두고 계속적으로 평가될 수 있어야 한다. 연구자는 그 자료가 어떤 특정 처치를 가하지 않아도 안정성이 보장되는가, 또 어떤 처치를 가했을 때에는 체계적 변화를 가져올 수 있는가를 세밀하게 검토해야 한다. 집단간 비교연구에서는 처치 전과 후 두 번에 걸쳐 행동의 특징을 평가하기 때문에 시간경과에 따른 행동유형의 특성을 알아볼 수 없다. 그러므로 집단간 비교에 의존하지 않을 수 없다. 이와는 달리 실험행동분석에서는 처치조건을 필요에 따라 변화시키고 그에 따른 행동변화를 시각적으로 점검해 볼 수 있다.

시각적 점검방법에 의한 판단의 신빙도는 항상 문제가 된다. 비판자들의 주장에 따르면 시각적 점검자의 객관적 규준이 문제가 된다. 극단적 사례의 경우, 처치효과가 분명히 나타나기 때문에 시각적 점검은 별로 큰 문제가 되지 않는다. 실제 연구자는 시각적 점검을 통해서 기대되는 치료의 효과, 자료에서 나타나는 경향의 유무, 실험 혹은 처치기간에 나타나는 자료의 가변량 등을 예언할 수 있다.

통계적 평가 실험행동분석에 있어서 통계적 평가의 필요성을 두고 상당한 논쟁이 벌어지고 있는데 통계적 평가가 절대적으로 필요하다는 주장이 많이 있다. 통계적 평가를 했을 때 피험자 개인에 대한 처치효과가 상쇄되기 때문에 기피하는 사람도 많이 있다. 통계적 방법에서는 임상적으로 중요한 효과보다는 통계적 유의미 수준을 따지기 대문에 임상적 의미는 크게 상실된다.

이제 실험행동분석에서도 통계적 방법을 도입할 필요가 있다. 거기에는 몇 가지 이유가 있다. 첫째, 실험행동분석을 위한 실험계획이 여러 가지 조건을 충족시키지 못했을 때 통계적 방법을 사용함으로써 치료효과를 쉽게 발견할 수 있다. 예를 들면, 기저선 자료의 변화가 크고 어떤 경향이 뚜렷하게 나타나면 단순히 시각적 점검만으로는 그것이 사실상 무엇을 뜻하는 것인지 알아낼 수 없으나 통계적 방법을 사용함으로써 분명히 밝힐 수 있다(Glass et al., 1975).

둘째, 실험행동분석의 초기단계에서는 통계적 방법이 크게 도움을 준다. 새로 처치를 시작할 때 연구자는 처치효과를 잘 알지 못한다. 특히 시각적 점검만으로는 알기 어렵다. 이를 보충하기 위해서는 통계적 방법을 도입하지 않을 수 없다. 실제 임상장면에서는 통계적 유의미 수준을 임상적 의미보다 강조하고 있다. 예를 들면, 한 시간에 벽에 박치기를 100회 하던 자해아동의 박치기 횟수가 50회로 줄어들었다고 할 때 통계적으로는 큰 의미가 있다. 그러나 그것은 임상적으로 아무런 의미가 없다.

통계적 방법을 실험행동분석에 활용하고자 할 때에는 기저선기간이나 처치기간에 목표행동을 보다 장기간 관찰해야 한다. 이러한 점을 염두에 두지 않으면 통계적으로 의미 있는 차이를 발견하기가 매우 어렵다. 예를 들어, A/B/A/B 설계법에 있어서 기저선 기간의 관찰자료를 얻기 위해 보다 장기간에 걸쳐 관찰, 측정할 필요가 있다. 그래도 충분한 자료가 얻어지지 않으면 기저선 기간을 연장해야 한다. 그에 따라 특정한 처치는 뒤로 미루어질 수밖에 없다.

임상적 평가 앞에서 다룬 통계적 방법은 어떤 처치결과에 대한 임상적 의미를 과소평가하는 단점이 있다. 시각적 점검은 처치에 의한 극적인 변화를 쉽게 관찰할 수는 있지만, 그 결과에 대한 양적 의미를 부여하는 데는 어떤 도움도 주지 않는다. 이들과는 대조적으로 임상적 평가는 처치결과에 대한 임상적 의미를 찾는 데 역점을 두고 있다(Risley, 1970). 앞에서 예로 든 자해 아동의 박치기행동을 다시 살펴보자. 이 자해아동은 한 시간에 100회 이상 박치기를 하는데 어떤 처치를 했더니 박치기 횟수가 50회로 줄어들었다.

통계적으로는 의미 있는 차이임에 틀림없으나 임상적으로는 별로 큰 의미가 없다. 통계적으로 의미 있게 줄어들었다고 해서 박치기 자해행동이 임상적으로도 의미 있게 줄어들었다고는 할 수 없다. 박치기가 완전히 자취를 감추기 전까지는 어떤 치료를 했다고 해도 그 치료방법의 가치에 대해서는 논쟁의 여지가 많이 있다. 임상적으로 의미를 갖기 위해서는 박치기 자해행위는 완전히 치료되어야만 한다. 실제 임상적 문제행동의 유무만 가지고 행동변화의 유무를 논할 수는 없다. 그것 이외의 또 다른 규준이 필요하다.

이러한 목적으로 사용되는 것이 사회적 타당성이다(Wolf, 1978). 이 기준은 어떤 처치결과가 임상적 혹은 실제적 의미를 가지는가를 평가하는 데 사용된다. 이 기준은 치료에서 무엇을 강조하였는가, 어떤 방법으로 치료하였는가, 그리고 그 효과는 어떤가에 역점을 두고 있다. 치료효과는 사회적 비교법과 주관적 평가법에 의해서 평가된다(Kazdin, 1977). 사회적 비교법에서는 어떤 처치의 효과를 평가하기 위해서 내담자에서 나타난 치료 전후의 행동특징을 모든 조건이 그와 유사한 사람의 결과와 직접 비교해 본다. 여기서 비교되는 사람은 임상집단이 아니라 정상집단에 속하는 사람이어야 한다. 여기서는 처치 후에 나타난 행동특징이 그의 동료들과 비교해서 크게 다른가 하는 문제가 다루어지게 된다. 그러나 임상장면에서 다루어지는 문제가 이러한 비교가 가능하다고는 볼 수 없다. 전혀 비교될 수 없는 문제도 많이 있다.

다음과 같은 사례를 하나 생각해 보자(O'Brien & Azrin, 1972). 정신병원에서 거주하는 한 정신지체아는 식사습관이 매우 잘못되어 있고, 숟가락이나 젓가락을 쓰는 법이 없고, 밥을 흘리면서 먹고, 남의 밥을 훔쳐 먹는 습관이 있다.

이러한 경우, 통계적 방법보다는 임상적 방법이 보다 효과적이며, 통계적 방법과 비교할 수도 없다. 통계적 방법으로 두 집단을 비교하는 방법을 쓰면 임상적 의미는 과소평가되거나 혹은 거의 묵살되어 버리기 마련이다.

행동변화에 대한 임상적 의미를 평가하기 위해서 사회적 비교법은 널리 응용되고 있다. 예를 들면, 행위문제아는 어떤 치료를 받기 전에는 그 또래 아이들의 행동과는 크게 다르나, 어떤 치료를 받고 나면 정상으로 되돌아온다는 결과는 사회적 비교법에 의해 연구결과를 평가한 것이다(Kent & O'Leary, 1976). 행동변화의 임상적 효과를 평가하기 위해 내담자가 자주 접촉하는 사람들로 하여금 그 효과를 평가하게 하는 방법이 있는데 이것이 곧 주관적 평가법이다. 다음과 같은 사례를 가지고 예를 들어 보자. 어린 비행소녀가 가정적 분위기를 살린 치료소에서 대화하는 훈련을 받았다(Maloney et al., 1976). 전반적 대화훈련의 효과를 평가하기 위해서 비행소녀는 교사나 카운슬러, 그리고 사회사업가와 만났고, 대화 내용이 담긴 테이프가 평가되었다. 평가결과를 종합해 보면, 처치 이전에 비해서 처치 후의 대화가 크게 향상되었다. 주관적 평가법은 여러 가지 문제행동에 대한 치료효과를 평가하는 데 사용된다. 예를 들면, 어린이의 쓰기, 대중 연설, 그리고 비행소녀의 경찰과의 대화 진전상황 등에 대한 평가를 위해 광범위하게 사용된다.

치료효과에 대한 양적 평가를 위해서는 규범적 자료를 사용하지 않을 수 없다. 그러나 거기에도 몇 가지 중요한 문제가 수반된다. 예를 들어, 사회적 비교법을 생각해보자. 여기서는 무엇보다도 규범집단을 얻는 것이 가장 어렵다. 정신지체자, 정신병자 혹은 죄수들에 대한 치료효과를 검증하기 위해 비교집단을 어떻게 선정할 것인가, 그리고 그들을 어떻게 짝을 지어서 비교할 것인가. 여기서 두 집단은 연령, 성, 사회적 계층, 그리고 교육정도 등이 모두 동일해야 한다. 그러나 이런 조건을 모두 동일하게 짝을 맞춘다는 것은 쉬운 일이 아니다.

규범집단이 있다고 하더라도 그들의 행동특징은 매우 다르다. 정상에서 크게 일탈된 행동은 일탈행동이라고 규정하기가 매우 쉬우나 일탈의 정도가 크지 않을 때에는 정상과 구별하기는 매우 어렵다. 이 때는 주관적 판단에 의존할 수밖에 없다. 이것이 사회적 비교법이 가지는 가장 어려운 문제로 지적

될 수 있다. 주관적 평가법을 사용할 때에도 이와 유사한 문제는 얼마든지 생긴다. 다른 사람이 치료효과가 크다고 평가할 때 그것을 어디까지 믿어야 할 것인가 하는 문제가 대두된다. 이러한 경우 다분히 판단자의 주관성이 크게 작용한다.

제 4 장

평가면접

제 4 장
평가면접

면접은 두 사람 혹은 그 이상이 어떤 목적을 가지고 그것을 성취하기 위해 행하는 과정이다. 그러므로 임상장면에서는 필요불가결한 과정의 하나이다. 임상가는 면접을 통해서 내담자와 전문직업적인 대인관계를 형성할 수도 있고 환자가 가지는 문제에 대한 정보를 수집할 수 있고 더 나아가서는 그에 대한 치료계획까지 세울 수가 있다. 또 내담자 혹은 환자는 면접을 통해서 자기 자신의 생활경험을 이야기할 수 있는 좋은 기회가 된다. 여기서는 자신의 성공담이나 실패담은 물론 남들이 자기를 어떻게 지각하고 있을 것이라는 것까지도 자유롭게 이야기할 수가 있다. 또 자신의 현상적 세계나 가치관에 대해서도 피력해 볼 수 있는 기회가 된다. 이들은 자발적으로 말을 할 수도 있고 면접자의 질문에 대한 답으로써 이야기할 수도 있다. 내담자 혹은 환자의 언어와 행동은 임상장면의 특징, 특히 면접자의 행동, 태도 및 정서적 특징에 따라서 크게 영향을 받는다. 그러므로 두 사람 사이의 역학관계는 매우 큰 비중을 차지한다. 임상장면에서는 면접자가 알고자 하는 것이 무엇이며 내담자 혹은 환자가 도움을 받고자 하는 것은 무엇인가에 따라서 여러 가지 형태의 면접을 하게 된다.

임상적 평가에 있어서 가장 기본적이며, 보편화되고, 그리고 강력한 기술은 역시 면접이다. 다른 표준화 검사에 비해서 융통성이 있고 깊이도 있다. 면접을 통해 환자 혹은 내담자의 문제에 대하여 광범위한 정보를 수집할 수 있다. 의사소통의 유형에 따라 말을 바꿀 수도 있고, 질문을 변형시킬 수도 있다. 대부분의 경우 면접은 일상대화를 하는 것과 같이 자연스럽게 느끼기 마련이다. 왜냐하면 특별한 기계장치를 쓰는 것도 아니고, 맞거나 틀리는 답을 요구하는 것도 아니기 때문이다. 면접자는 참여자, 관찰자로서 환자에게 용기를 주기도 하고 그의 행동을 기록하기도 한다.

면접은 심리학자가 내담자를 관찰할 수 있는 풍부한 기회를 준다. 심리학자들은 내담자의 외모, 행동, 정서, 질문에 대한 반응들에 주의를 기울일 수 있다. 커플, 부모-자녀, 가족들을 면접할 때는 그들이 상호작용하는 방식이나 불일치를 다루는 방식을 관찰할 수 있는 기회를 준다.

면접 시 고려사항들

기계적 면접은 성공할 수 없고 실패하기 마련이다 면접하는 사람의 기술이 다르고, 면접을 받는 사람의 능력과 동기가 서로 다르고, 그리고 면접의 내용이 서로 다르기 때문에 맹목적으로 면접을 하면 그것은 면접자나 피면접자 어느 누구도 결코 만족할 수 없다. 면접기초자료를 면접자가 쉽게 입수할 수 있어야 하며 피면접자는 자기의 역할을 인지하고 있어야 하며, 또 자기의 역할을 수행하겠다는 동기가 충족될 때 면접은 성공할 수가 있다.

면접자와 피면접자의 태도

면접자는 피면접자를 하나의 사례가 아닌 한 사람으로 대해야 한다는 생각을 잊어서는 안 된다. 만일 정신과 의사가 어떤 환자 혹은 내담자를 진단함에 있어서 최초면접을 급히 서둘러 마치고 나서 당신이 지금 직면하고 있는 문제는 당신과 나이가 비슷한 연령군에서는 누구든지 겪는 문제라고 말할 때 그들은 몹시 기분이 나쁠 것이다. 또 그를 너무 어린애같이 취급했을 때에도 환자가 만족할 수 없다. 이와 같은 문제는 신체적 질병의 경우에도 같다.

대부분의 환자 혹은 내담자들은 심리학자와 면접하기를 원하고 있다. 그러나 심리학자의 지위와 기능에 대한 스테레오타입이 형성되어 있기 때문에 면접하기를 두려워하는 사람도 있다. 의사소통의 내용이 지위관계에 의하여 영향 받는다. 즉 지위가 낮은 사람은 그의 장래에 영향을 줄 만한 사람에게는 더 낫게 보이려고 하는 반면 권위에 대한 적개심도 동시에 작용하게 된다.

불안은 커다란 역할을 하게 된다. 대부분의 사람들이 심리학자와 면접하는 것을 다소 두려워하는 것은 사실이기는 하나 어떤 환자나 내담자들은 면접 받는 것을 몹시 꺼려한다. 그러나 만일 심리학자가 치료 팀에서 상당히 높은 지위에 있게 되면 그와 면접을 갖고 싶어 한다. 만일 환자 혹은 내담자가 자기의 문제에 대하여 이야기하기를 꺼려할 때에는 자기의 문제와 관련없는 화제로 돌리든지 그래도 되지 않을 경우에는 일단 중단하는 것이 좋다. 보통은 환자 혹은 내담자가 면접을 받고 싶어 함으로 자기 자신에 대한 불안은 설득에 의하거나 안정제를 먹는다든가 혹은 병원에 입원함으로써 쉽게 제거될 수 있다. 불안이 너무 심할 때에는 면접자에게 잘 협조하지 않는다.

면접자의 태도는 Rogers(1977)의 상담자가 갖춰야 할 태도를 참고할 필요가 있다. Rogers는 일치성, 무조건적 긍정적 수용, 공감적 이해라는 세 가지 특성을 상담자의 태도로 제시했다. 일치성은 면접자가 진실하다는 것으로, 면접자는 기만적인 겉치레가 없고 내적 경험과 외적인 표현이 일치하며 내담자와의 관계에서 지금 느껴지는 감정, 생각, 반응 그리고 태도들을 개방적으로 표현할 수 있어야 한다. 두 번째 무조건적 긍정적 수용은 개인의 가치에 대해 기본적으로 존중해 주는 것으로, 면접자는 내담자의 감정, 사고, 행동이 좋거나 나쁘다는 평가나 판단을 하지 않아야 한다. 면접자가 비소유적인 방식으로 내담자에게 관심을 갖고, 수용하고 존중해 줄수록 면접이 성공할 가능성이 크다. 세 번째 공감적 이해는 면접자가 내담자의 감정에 빠져들지 않으면서 내담자의 감정을 자신의 감정인 것처럼 느끼는 것이다. 면접자는 내담자의 관점에서 상황을 보려는 노력을 해야 한다.

라포형성과 주의집중 기술

환자들은 자기가 원해서 임상가를 찾아왔더라도 자신들이 겪는 문제를 꺼내 놓는 것이 매우 불편하고 수치스럽게 느껴진다. 전에 정신과 진단을 받은 적이 있더라도 자신을 부정적으로 판단하는 것에 대해 두려움을 느끼고 부당한 대우를 받을까 염려하기도 한다. 따라서 생산적이고 효과적인 평가를 위해서는 면접자와 환자 간에 좋은 관계를 형성해야 한다. 라포는 면접자와 피면접자 간에 형성되는 편안한 작업관계를 기술하는 데 사용하는 용어다. 임상가는 환자와의 관계에서 긍정적이고, 수용적이며, 신뢰롭고, 존중하며, 도움이 되는 분위기를 형성하려고 한다.

면접자와 내담자 간에 라포를 형성하는 것은 내담자를 참여시키는 데 중요하며, 치료에서도 중요하지만 평가면접 시에도 매우 중요하다. 두 사람 관계가 긍정적이라고 느끼면 서로 전달하는 메시지가 소통이 잘 될 것이다. 면접자가 수용과 이해를 해 줄 것이고 비판이나 거부를 하지 않을 것이라고 생각하면 내담자는 방어와 왜곡을 최소화하여 생각과 감정을 자유롭게 표현하게 될 것이다.

Egan(1994)은 SOLER라는 머리글자로 주의집중시키는 방법을 제시했다. 첫째, 내담자를 향해서 앉는다(Squarely). 즉 앉는 각도와 관계없이 몸과 얼굴을 내담자를 향해 앉는다. 둘째, 개방적인 자세를 취한다(Open). 즉 다리를 꼬거나 팔짱을 끼지 않는다. 셋째, 눈 맞춤을 적절히 한다(Eye contact). 즉 계속 내담자를 똑바로 쳐다보기보다는 내담자의 얼굴 쪽으로 시선을 두되, 가끔씩 진지하게 시선을 접촉한다. 그리고 이러한 시선 접촉에 대한 내담자의 반응을 유의하여 살핀다. 다섯째, 편안하고 자연스러운 자세를 취한다(Relaxed). 즉 상담자가 자신의 불안을 신체적으로 나타내는 경우, 말소리가 지나치게 빨라지거나, 손동작이 지나치게 많아지고, 의자 끝에 겨우 걸터앉거나, 얼굴표정이 굳어질 수 있다. 상담자가 이렇게 긴장하게 되면 내담자에게 집중하기 어려울 뿐 아니라 자기 자신의 감정에 대해서도 편안함을 느끼지 못하게 된다.

적극적 경청

경청이란 내담자의 말과 행동에 대해 상담자가 선택적으로 주목하는 것을 뜻하는데 이를 통해 내담자는 스스로 특정 문제에 대해 탐색하게 된다. 경청은 내담자에게 생각이나 감정을 자유롭게 표현할 수 있게 도와주며 상담에 대한 책임감을 느끼게 해준다. 적극적 경청을 하는 방법으로 다음 네 가지 기술이 있다(Comier & Comier, 1979).

명료화 메시지가 완전히 이해되고 있는지를 확인하기 위해 질문하는 것이다. 명료화는 개인이 자신의 메시지를 정교화하도록 돕고 내담자의 말을 정확히 들었는지를 확인해 주고 모호하고 혼란스러운 메시지를 분명하게 해준다.

바꾸어 말하기 이는 내담자가 말한 내용을 다르게 표현하는 것으로 내담자가 자신이 한 말에 초점을 둘 수 있게 해 주고 감정에 초점을 두는 것이 미숙할 때 객관적인 내용을 강조할 수 있다.

반영하기 내담자의 메시지 가운데 감정과 관련된 부분을 바꾸어 말하는 것으로 더 깊은 수준의 감정을 표현하도록 해 주고, 자신이 표현한 감정을 강력하게 경험할 수 있게 하며, 자신을 지배하고 있는 감정을 보다 잘 지각하게 하고, 감정을 받아들이고 통제할 수 있게 해 주며, 감정에 대한 변별력을 높여준다.

요약하기 몇 가지 논점들을 조리 있고 간단한 메시지로 묶는 것인데 바꾸어 말하기와 반영하기를 모두 포함한다. 요약을 함으로서 공통된 주제나 패턴을 발견할 수 있고, 지나치게 말을 늘어놓는 것을 방지할 수 있으며, 진행된 대화를 검토해 볼 수 있게 된다.

면접자는 자신이 내담자의 말을 얼마나 잘 경청하고 있는지를 다음 질문들을 통해 자기-평가 해볼 필요가 있다(Heiden & Herson, 1995). 첫째, 당신이 반응하기에 앞서 내담자가 자신에 관해 말할 충분한 시간을 주는가? 둘째, 비록 당신은 대수롭지 않다고 생각할지라도, 내담자가 심각하게 말하고 있는 것을 그렇게 받아들이는가? 셋째, 내담자에게 충분한 주의를 기울이는가? 넷째, 때때로 고개를 끄덕이고, 미소 짓고, "음~"이라고 하면서 주의를 기울이고 있다는 것을 보여주고 있는가? 다섯째, 필요하면서도 관련 있는 질문을 하는가? 여섯째, 내담자를 쳐다보고, 자주 눈을 맞추면서 시계 보는 것을 삼가고 있는가? 일곱째, 내담자가 이야기할 때 가로막는 일은 없는가? 논쟁은 피하는가? 여덟째, 주제를 바꿈으로서 내담자의 문제나 호소를 기피하는가? 아홉째, 내담자가 할 말을 찾고 있을 때 당신이 받아 가로채지 않을 만큼 충분히 인내하는가? 마지막으로, 말하기 전에 생각하는가? "즉각적인" 충고를 피하는가?

개방형 질문과 폐쇄형 질문

면접장면에서 어떤 형태로 질문하느냐에 따라서 면접의 질이 크게 달라진다. 피면접자에게 질문하기 전에 면접자는 복잡한 여러 요인을 먼저 고려해야 한다. 질문형태에 따라 피면접자로부터 정보를 쉽게 얻을 수도 있고 그렇지 못할 수도 있다. 피면접자는 경우에 따라서는 자신이 경험한 사실을 전혀 기억하지 못하는 수가 있다. 이 경우 피면접자가 경험한 사실의 질 때문일 수도 있고 질문하는 방식 때문일 수도 있다. 면접장면에서 폐쇄형 질문으로써 아주 간단하게 대답할 수 있도록 질문하면 그에 대한 대답도 쉽게 할 수 있고 자아를 건드리는 일도 없다. 그러나 그 대답의 정확성은 보장될 수 없다.

면접자는 망각된 사건이나 억압된 경험들에 대한 정확한 정보를 얻기 위해서 피면접자로 하여금 자기 자신이 직접 기록을 찾아보게 하기도 하고, 피면접자가 자신의 과거를 회상할 수 있게 질문과 대답을 재조정하기도 하며, 직접적 질문보다는 간접적 질문을 하기도 한다. 면접과정에서는 피면접자가 확실하게 기억하지 못하는 사실에 대하여 확인할 수 있도록 질문하는 것도 필요하다. 자료를 보다 더 쉽게 얻기 위해 환자로 하여금 회상하게 하지 말고 재인시키는 방법을 쓴다. 의사가 환자의 질병내력을 조사할 때를 생각해 보자. 그는 환자에게 그냥 질문만을 던지는 것이 아니라 환자가 기억을 더듬어 갈 수 있도록 한 가지 한 가지씩 사실들을 열거한다. 임상장면에 있어서 면접도 이와 같은 요령을 취하는 것이 더 바람직하다. 과거에 읽은 책명이나 과거 친하게 지냈던 사람의 이름 같은 것을 쉽게 기억할 수 있도록 하기 위해서는 피면접자가 선택이 가능하도록 그 목록을 제시하는 것이 기억에서 떠난 사실들에 대한 정보를 보다 쉽게 얻어내는 방법이다. 이렇게 보면 면접자의 폐쇄형 질문이 개방형 질문보다 피면접자의 기억능력을 활성화시킨다고 생각할 수 있다.

그렇다면 실제 어떤 형태로 질문할 것인가. 다음과 같은 몇 가지 점을 먼저 고려해야 한다. 피면접자의 태도나 편견은 물론 어떤 특정한 사실에 대해서 어떻게 생각하고 있는지를 알고자 할 때에는 개방형 질문이 보다 적합하지만 환자의 태도나 편견에 따라서 피면접자를 분류할 필요가 있을 때에는 폐쇄형 질문이 적합하다고 생각할 수 있다. 그러나 이와 같은 구별은 융통성이 없는 것이 아니다. 즉 개방형 질문과 폐쇄형 질문은 서로 바꿔 활용될 수 있고 또 두 가지 방법을 같이 사용할 수도 있다. 피면접자가 충분한 정보를 가지고 있지 못할 때에는 폐쇄형 질문이 더 적합하고, 본인도 그러한 질문을 해 주기를 바라고 있다. 피면접자에게 선택의 여지가 있는 여러 가지 대답을 제시해 주고 거기에서 가장 적합한 것을 고르게 한다. 이렇게 함으로써 면접을 받는 사람의 마음은 편안하고 계속해서 면접에 응하고 싶은 의욕이 생긴다. 그러나 면접자는 피면접자의 대답의 진실성을 알 길이 없다. 피면접자가 확신 없이 맹목적으로 대답했는지 확증하기 위해서는 개방 질문을 할 수밖에 없다. 피면접자들이 쉽게 경험할 수 없는 사실에 대한 것은 개방적으로 질문하는 것이 보다 타당하다.

피면접자의 동기는 면접의 질을 좌우한다. 그러므로 면접자는 피면접자의 동기를 손상시키지 않도록 질문하고 그에 대한 반응을 얻어 낼 필요가 있다. 면접자가 잘못 알고 질문한다든지, 사회적으로 바람직하지 못한 행동을 한 것 같이 질문했을 때에는 피면접자의 동기는 크게 저하되기 마련이다. 무엇보다도 부정적 가치판단의 대상이 되는 것을 싫어한다. 그러므로 이러한 의미가 담긴 질문에 대한 반응을 회피하려는 경향이 있다. 이와 같은 방어적 태도는 면접기술로서 충분히 극복할 수 있다.

어떤 형태로 질문할 것인가를 결정하기에 앞서 피면접자의 사고구조를 미리 알고 있을 필요가 있다. 피면접자가 질문에 대해서 반응할 준비가 갖춰져 있을 때에는 개방형 질문을 한다. 그럼으로써 경제적으로 시간적으로 많은 도움을 얻을 수 있다. 그렇지 못할 경우에는 면접자가 여러 가지로 도움을 줄 필요가 있으므로 폐쇄형 질문을 하지 않을 수 없다. 폐쇄적 질문으로 면접을 진행하고자 할 때에는 미리 피면접자에 대해 충분한 지식을 가져야 한다.

면접과정에 있어서 의사소통의 동기 혹은 의욕이 큰 비중을 차지하는 것은 말할 나위도 없다. 폐쇄형 질문은 피면접자에게 불쾌감을 주기도 하고 아무런 노력 없이 반응할 수 있고 극단적 반응도 할 수 있는 기회가 주어진다. 면접자는 이것을 기꺼이 받아들일 수 있어야 한다. 다른 한편 폐쇄형 질문은 여러 가지로 제한 받는 것이 많이 있기 때문에 타당성이 결여된 반응을 하는 경우도 있다. 그러므로 이러한 질문은 면접자가 미리 예상되는 반응에 대한 지식을 가지고 있는 경우로 한정시키는 것이 현명하다. 그러나 이와 같은 생각이 모든 면접장면에 공통적으로 적용될 성질의 것은 아니라는 점을 알고 있을 필요가 있다. 피면접자에게 자신의 의견을 말로써 자유롭게 말할 수 있는 조건을 제한하면 면접을 계속하고 싶은 의욕이 상실되며, 그 결과로 많은 정보를 얻을 수 없는 결과를 초래하고 있다.

다음의 몇 가지 지침은 개방형 질문을 하는 데 있어서 유용하다. 첫째, 개방형 질문은 짧고 간단해야 한다. 둘째, 상담자는 몇 개의 질문을 한꺼번에 해서는 안 된다. 왜냐하면 이것은 내담자에게 혼란을 야기시킬 수 있기 때문이다. 내담자는 우선 반응할 질문이 어떤 것인지 잘 모르고 종종 코너에 몰린 것 같은 느낌이 들 수 있다. 셋째, 상담자는 내담자에게 계속 집중해야 한다. 다른 사람에게 주의를 돌리기보다 내면에 무엇이 진행되고 있었는지를 탐색할 수 있도록 내담자에게 초점이 맞춰져야 한다. 넷째, 내담자가 현재 과거의 경험이나 사건에 강한 감정과 반응을 가진다 하더라도 초점은 일반적으로 과거 대신 현재에 있어야 한다(Hill & O'Brien, 1999).

환자 자신이 대답하기가 어렵다고 생각되거나 환자의 문제를 탐색하기 위한 것이 목적일 때에는 간접적으로 투사하는 식으로 대답할 수 있게 질문한다. 이러한 경우 "다른 사람은 어떻게 느끼겠는가? 혹은 행동하겠는가?" 하는 식으로 질문하면 환자를 직접 자극하는 일이 없다. 그럼으로써 환자는 자신의 감정을 비교적 자유롭게 표현할 수 있다. 자살할 의도를 가진 환자에게는 본인에게 직접 그러한 의도가 있는지를 질문하는 것보다는 "사람들이 무엇 때문에 자살하려고 하는가?" 하는 식으로 질문하면 자신의 자살의도를 솔직하게 말해 오는 경우가 많이 있다.

인지적 요인

목적이나 형태는 다르다 해도 면접은 두 사람 사이에 메시지가 왕래하는 대인의사소통의 수단임에는 틀림없다. 의사소통을 얼마나 효과적으로 또 분명하게 했느냐에 따라서 다른 사람에 대한 이해의 정도가 달라지며 임상평가의 정확성도 결정된다. 의사소통은 여러 가지 요인에 의해서 왜곡된다. 환자가 면접자를 신뢰하지 않는다든지 혹은 솔직하게 말하고 싶지 않아서 숨기는 것과 같이 환자의 동기 요인이 의사소통의 과정을 왜곡시키는 경우가 많다.

질문 그 자체에는 복잡한 인지 요인이 크게 작용한다. 인간의 경험은 그렇게 단순한 것이 아니다. 개인이 사물을 지각할 때에는 자기의 경험에 비추어 의미 있게 조직한다. 질문하는 데 있어서도 의사소통, 언어 및 질문 그 자체에 대한 수준과 같은 문제들이 깊이 관여되어 있다.

언어 직접 경험에서 오는 사실들에 대한 지각이나 개념의 체계가 곧 언어이다. 자신의 감정을 말로써 표시하려고 할 때 뉘앙스가 작용하기 때문에 쉽지 않다는 것을 경험해 봤을 것이다. 말을 하는 사람은 적절한 말이 필요하고 그것을 듣는 사람은 그에 같은 의미를 부여해야 한다. 말은 사회계층에 따라서 서로 다르게 사용되는 경우가 많이 있다. 또 어휘나 말의 스타일에 있어서도 개인차가 심한 것은 사실이다. 일반적으로 사회적 계층이 유사하면 유사할수록 그들이 사용하는 말은 비슷하다.

면접자와 피면접자가 원만한 의사소통을 갖고, 더 나아가서는 면접을 성공시키기 위해서는 언어에 대한 충분한 고려가 있어야 한다. 질문할 때 쓰이는 어휘는 피면접자의 수준에 맞는 것을 골라 써야 한다. 피면접자가 쓰는 사투리를 정확하게 모방할 필요는 없지만 피면접자가 충분히 이해하고 대답할 수 있는 어휘를 골라 써야 한다.

면접자와 피면접자가 공동으로 부담 없이 사용할 수 있는 언어로써 의사소통을 하는 것이 가장 바람직하다. 이를 위해 깊이 생각하지 않고도 의미를 상통할 수 있는 상식적 용어를 쓰는 것이 바람직하다. 그럼으로써 면접자와 피면접자 간의 어휘 수준이 동일한 수준으로 조정될 수 있다. 그러나 지나치게 단순화해 버리면 심각한 문제에 직면하게 된다. 무엇보다도 피면접자는 자신의 지적 수준을 과소평가한 사실에 대해서 못마땅하게 생각하기 쉽다.

그러므로 면접자는 자기가 면접하고자 하는 사람이 어느 수준에 속하는 사람인가를 미리 생각해서 어휘를 선택하여 사용할 필요가 있다. 피면접자의 수준에 맞지 않는 어휘를 사용하는 것은 성공적 면접을 기대할 수 없게 만든다. 왜냐하면 그 자신은 면접자와 상당한 거리가 있다고 생각한 나머지 적극적으로 협력하지 않기 때문이며 또 자신을 이해하지 못하는 사람과는 더 이상 대화를 가질 필요가 없는 것으로 판단하고 처리해 버리기 때문이다.

지나치게 단순한 어휘를 쓰는 것과 마찬가지로 지나치게 복잡한 어휘를 사용하는 것도 피면접자로 하여금 면접하고자 하는 의욕을 상실하게 만든다. 이러한 어려운 문제는 경험을 통해서 해결해 나갈 수밖에 없다. 예비적으로 면접해 보고 의사소통이 여의치 않을 때에는 그것을 하나하나 수정해 나가는 방법밖에 없다. 다시 말하자면 임상가는 전문용어를 함부로 사용한다든지 환자의 의사표시를 훼방하는 말을 사용하는 것은 삼가야 한다. 가능하면 환자의 공동으로 또 불편 없이 사용할 수 있는 말을 쓰는 것이 무엇보다도 바람직한 일이다.

준거 일반적으로 개인이 사용하는 언어나 문장은 자기 특유한 것으로서 다른 사람과 꼭 같을 수 없다. 이는 곧 자기가 쓰는 의미는 다른 사람과 결코 동일할 수 없다는 것을 뜻한다. 주어진 말을 어떻게 해석하느냐에 따라서 의사소통의 의미는 달라질 수밖에 없다. 전체적으로 보면 주어진 자극이 분단되어 있고 또 애매하면 할수록 그것을 받은 사람은 자기의 경험이나 의견에 따라 그것을 해석하는 경향이 뚜렷하다.

예를 들어서 길을 가다가 평소에 잘 알고 지내는 사람을 만났다고 생각해 보자. 그때 "안녕하십니까?" 하고 인사를 했을 때 여기에는 자기 나름으로의 견해는 들어가 있지 않다. 관례적인 인사이거나 그가 어떻게 잘 지내고 있는지 어떤지를 말할 수 있게 해 주는 것 외에는 별다른 의미가 있을 수가 없다. 그 때 그가 "좋습니다" 하고 대답했을 때 그것만 가지고는 그가 역시 관례적인 대답이었는지 자기의 직업에 대해서 이야기했는지, 집안의 일에 대해서 이야기했는지를 분명하게 알 길이 없다. 상대방이 묻는 말에 대답하기 위해서 자기 나름으로의 준거를 표했을 뿐이다. 다만 그가 대답한 것에서 몇 가지 단서만 찾을 수 있다.

효과적 의사소통을 위해서는 말 그 자체도 중요하지만 말을 하는 사람의 의도도 충분히 이해해야 한다. 예를 들어 좋은 직장을 얻었다고 환자가 말했다고 하자. 그에 대해 더 자세한 설명이 뒤따르지 않으면 무엇을 뜻하는지 전혀 알 수가 없다. 급료가 많아서인지, 일 자체가 훌륭해서인지 혹은 저명한 인사와 교제할 수 있어서인지 전혀 알 수가 없다. 그의 의도를 알아보기 위해서는 더 많은 이야기가 오가야 한다. 좋다는 것이 무엇을 뜻하는지 알지 않으면 안 된다. 그러기 위해서는 당신이 말하는 좋은 직장은 무엇을 뜻하느냐고 물어서 밝혀야 한다.

경우에 따라서는 의사소통의 장면에서 어떤 역할을 하느냐를 바탕으로 해서 그 준거를 유추할 수 있는 경우도 있다. 예를 들면 자기의 상사에 대해서 "요사이 어떻게 지내십니까?" 하고 인사말을 건넸다고 생각해 보자. 이러한 경우에는 두 사람간의 역할관계가 분명하기 때문에 언어자극의 애매성이 많이 줄어들 수 있다. 이때 애매성이 감소되었다는 것은 주고받는 말에 의한 것이 아니고 두 사람간의 사무적 관계에 의한 것이다. 때로는 피면접자의 특이한 욕구 때문에 의사소통이 크게 장애를 받게 되는 경우가 있다. 이 강력한 욕구 그 자체가 곧 준거가 되어 버린다. 자식이 전쟁터에서 싸우고 있는 아버지는 모든 관심이 아들의 건투에 쏠리고 있기 때문에 최근에 일어난 일들까지도 이와 같은 입장을 떠나서는 전혀 이야기할 수 없다. 또 일에 불만을 가지고 있는 사람은 그 이야기를 빼놓고는 다른 이야기를 꺼내기조차도 못한다. 하는 이야기는 모두 자기가 종사하고 있는 일에 대한 불만뿐이다. 이 같이 어떤 한 가지 문제에 몰두해 있는 경우에는 상대가 무슨 이야기를 해도 자기의 화제로 몰고 가는 경향이 생긴다.

개념수준 언어 및 준거의 문제와 밀접한 관계가 있는 것으로 개념의 수준을 생각할 수 있다. 피면접자는 언어의 의미를 쉽게 이해할 수 있다. 그러나 그것을 개념적으로 조직화하기는 쉽지 않다. 예를 들어서 “네 친구의 성격은 내향적이냐 혹은 외향적이냐?”고 물어 보았다고 가정하자. 그 질문을 받은 사람은 그 질문에 대한 대답을 하는데 필요한 지식을 가지고 있을 필요가 있다. 또 그는 자신의 경험과 감정을 조직화하기 위해서는 많은 작업을 필요로 한다. 피면접자는 극단적 내향성이 사람을 기피하는 경향이 있다는 것은 물론 그들이 보이는 행동 특성도 잘 알고 있다. 그렇지만 자기의 친구에 대한 관찰에서 얻은 관찰결과를 내향성이라는 개념에 쉽게 들어 맞추지를 못한다. 그가 알고 있는 것은 다만 용어에 대한 이해뿐이며 그것은 경험을 기술하는데 적용되지 못한다.

이렇게 개념화의 수준까지 이르지 못한 개념은 자신의 개념을 조직화하지 못하여 의사소통에 장애를 초래할 수 있다. 사무실에서 “너의 사기는 어떠냐?”는 질문을 받은 경우를 생각해 보자. 여기서 사기라는 말은 분명히 하나의 개념이며 피면접자가 알아보고 싶어 하는 문제이다. 이 개념을 분명히 이해하고 있다고 생각될 때에는 피면접자가 대답할 수 있는 형태의 질문으로 제시해 본다. 예를 들면 “사무실에서 일의 분량이 지나치게 많을 때에는 사람들이 서로 돕습니까? 혹은 혼자서 처리합니까?” 하는 형식으로 질문을 해 나간다. 또 “다른 직장에서 급료도 같고 일의 성질도 같은 일을 맡기를 원하느냐?"고 묻고 "옮겨 올 생각은 없느냐고 물으면 어떻게 하겠느냐?" 하고 질문을 해 본다. 면접자는 이미 피면접자가 인지적 조직을 끝낸 사실에 대해서는 다시 질문하지 않는 것이 바람직하다.

단일정보 한 가지 질문을 통해서 한 가지 대답만을 얻도록 질문하는 것이 바람직하다. 한 가지 질문을 통해서 여러 가지 대답을 얻으려고 할 때 그 질문은 애매해지며 그러한 질문으로써는 면접을 성공적으로 이끌어 갈 수 없다. 두 사람이 실망하지 않을 수 없게 된다. 예를 들면 "병원에 올 때 어떤 기대를 가지고 오셨어요? 다른 사람들은 병원에 가는 것을 뭐라고 하던가요?"라고 면접자가 질문했을 때 이에 대답해야 하는 피면접자가 어떻게 반응할 것인가를 두고 생각해 보면 한 가지 질문에 대한 한 가지 대답을 강조하는 의도를 충분히 이해할 수 있을 것이다. 이에 대한 대답은 모호하기 짝이 없고 설령 그에 대한 대답이 나왔다고 하더라도 그것을 의미 있게 해석하기는 어렵다.

비언어적 의사소통

의사소통은 보통 언어로 이루어지지만 표정이나 몸짓, 자세 혹은 침묵 같은 비언어적인 수단도 중요하다. 정보나 생각, 계획 등은 주로 말로 전달하게 된다. 대부분의 인간관계에서는 사실적인 정보교환보다 정서나 감정의 교환이 더 중요한데 사랑, 분노, 만족감 등은 대개 표정, 눈빛 등 비언어적인 수단에 의해서 표현하게 된다.

환자에 대한 정보는 그의 말에 의해서 얻어지기도 하지만 비언어적 행동을 통해서도 그에 대한 좋은 정보를 얻을 수 있다. 손가락을 입술에 대는 것은 조용히 하라는 뜻으로 통하는 바와 같이 몸짓은 중요한 의사소통의 한 수단이다. 몸짓과 같이 몸의 움직임, 자세 그리고 안면표정 같은 비언어적 행동은 사람을 이해하는 의사소통에 있어서 중요한 역할을 한다. 왜냐하면 이것들이 모두 중요한 단서의 구실을 하기 때문이다. 주로 임상가들은 언어적 행동에 크게 의존하고 있는데 예민한 사람은 환자의 신체 움직임에 대해서도 세심한 주의를 하고 있다. 환자의 행동을 통해서 그의 성격특징까지 파악할 수 있다.

비언어적 행동이 대화를 조절하고, 정서를 전달하고, 언어적 메시지를 수정하고, 임상가와의 관계에 대한 중요한 메시지를 제공하고, 자기 지각에 대한 통찰을 가져다주고, 내담자가 자기 생각과 일치하는 말을 하지 않는나는 단서를 제공한다는 것을 발견했다(Highlen & Hill, 1984).

얼굴과 몸 그 자체가 메시지를 전달한다. 두 사람이 입을 다물고 있어도 얼마나 많은 메시지들이 오가는지 경험을 통해 알고 있다. 때로는 얼굴 표정, 몸의 움직임, 목소리의 톤, 신체적 반응이 주고받는 말보다 더 큰 영향을 미친다. 효율적인 임상가는 이러한 의미를 알고, 내담자와의 상호작용에서 효율적으로 사용할 줄 안다. 또한 효율적인 임상가는 내담자의 비언어적인 행동에 담겨 있는 메시지를 읽을 줄 안다.

면접은 여러 가지 방법으로 연구되고 있다. 두 사람간에 이루어지는 메시지의 변화에 대한 연구는 물론 언어구조에 대한 언어심리학적 연구도 매우 활발하다(Gottchalk, 1961). 면접자와 환자 사이에 이루어지는 면접과정에서 나타나는 생리적 변화에 대한 측정을 시도한 연구도 있다(Lacey, 1959). 또 면접과정에서 이루어지고 있는 언어적 상호작용의 특징을 측정하기 위해서 발성의 빈도와 지속시간을 측정하기도 한다. 치료적 의사소통의 장면에서 이루어진 한 연구결과에 의하면 치료자와 환자가 서로 말을 하게 되는데 그들이 말하는 시간의 비율은 비교적 일정하다고 한다(Lennard & Bernstein, 1960).

또 다른 실험연구의 결과를 보자. 이 연구에서는 면접자가 의식적으로 말하는 시간의 길이를 조절하려고 시도하였다. 면접자가 말하는 시간을 배로 늘리거나 반으로 줄였을 때 환자가 말하는 시간도 그에 따라 현저하게 달라졌다. 이와 같은 실험결과에 의하면 면접자는 피면접자의 말하는 시간을 자유롭게 통제할 수 있다고 생각할 수가 있다. 즉, 우울증 환자는 말을 더 많이 하도록 할 수도 있고, 이와 반면에 경조증 환자는 말을 더 적게 하도록 할 수도 있다. 또 피면접자가 말할 때마다 면접자가 고개를 끄덕이면 피면접자의 말하는 길이가 증가한다는 사실도 입증되었다. 이와 같은 사실은 곧 면접과정에 대한 객관적 연구가 가능함을 충분히 시사하고 있는 것으로 해석할 수 있다. 어떤 종류의 비언어적 행동이든 간에 다음과 같이 커뮤니케이션을 강조하거나 수정하는 역할을 한다.

확인 또는 반복 비언어적 행동은 말로 한 것을 확인하거나 반복하는 기능을 한다. 예를 들어 임상가가 내담자의 말을 제대로 이해했을 때, 내담자는 "맞아요"라고 말하면서 눈을 반짝 뜨고(얼굴 표정), 몸을 상담자를 향해 앞으로 기울이고(몸의 움직임), 목소리가 밝았다(목소리의 질). 이러한 비언어적 행동은 언어적 메시지를 확인해주는 역할을 한다.

부정 또는 혼란 비언어적 행동은 말로 한 것을 부정하거나 혼란에 빠뜨릴 수 있다. 임상가가 내담자의 문제를 지적했을 때, 그는 자기가 당황했다는 사실은 부인했지만 말을 더듬거렸고(목소리의 질), 입술이 떨렸다(얼굴 표정). 이러한 비언어적 행동이 언어보다 더 진실한 메시지를 전달한 것이다.

마지막으로 면접자는 내담자의 비언어적 행동을 해석하기에 앞서 자신의 비언어적 행동을 살펴보아야 한다. 상담자의 비언어적 행동은 좋은 방향이든 나쁜 방향이든 간에 내담자에게 영향을 미치기 마련이다. 면접자가 따뜻한 관심을 가지고 내담자와 함께 할 때, 내담자는 상담자를 신뢰하여 마음을 개방하고 자신이 처한 문제 상황의 주요 측면을 탐색하도록 격려하게 된다. 마지못해 앉아 있으면 불신감을 증대시키고 상담자에게 자신을 드러내는 데 주저하게 만들 것이다. 또한 내담자는 상담자의 비언어적 행동을 잘못 해석할 수 있다. 예를 들어 상담자는 내담자와 마주 앉아 있는 거리를 편안하게 느끼지만 내담자는 너무 가까워서 부담스럽게 느낄 수 있다. 또한 내담자에게 생각할 틈을 주기 위해 잠시 말을 멈추고 있는 것이 내담자에게 당혹감을 줄 수 있다. 상담자의 비언어적 행동에 대한 내담자의 반응을 읽는 것도 경청의 한 부분을 이룬다(Egan, 2002).

면접분위기

조용하고 마음이 편하게 느껴지는 방에서 면접해야 한다. 임상가와 환자가 긴장감을 느끼지 않고 대화할 수 있어야 한다. 또 두 사람의 의자는 스타일이나 높이가 비슷해야 한다. 두 사람 사이가 너무 떨어져서 두려움을 느껴서도 안 되고, 서로 방해가 될 만큼 가까워서도 안 된다. 커다란 책상을 가운데 두고 임상가는 회전의자에 앉아 있고 환자는 조그마한 보조의자에 앉아서 질문을 주고받는다면 두 사람 사이는 가까워질 수 없다. 또 환자가 안락의자

속에 폭 둘러 박혀서 면접자를 보는 경우도 자연스러운 것은 되지 못한다.

면접실에서 환자는 방해를 받아서는 안 된다. 옆 방에서 말하는 소리가 환자의 귀에 들리면 자기가 하는 소리를 옆 방에서 엿듣지나 않을까 하고 불안하게 생각한다. 면접실 주위에서 걸어 다니거나 노크하는 일이 없도록 사전에 조치를 취해야 한다. 심지어는 밖에서 들려오는 전화벨 소리 같은 것도 임상가와 환자 사이에 맺어진 관계를 방해하는 경우도 있다. 임상가는 면접하는 동안에 환자가 어떤 감정을 표시했는지, 또 무슨 이야기를 했는지 정확하게 회상할 수 있어야 한다. 면접하면서 기록하는 것을 두고 오랫동안 논쟁을 계속하여 왔다. 면접하면서 기록하는 문제는 이 장의 후반부에 다시 언급하겠다.

면접에 있어서 심리적 조건은 세밀하게 검토하고 주의하지만 물리적 조건에는 별로 신경을 쓰지 않는다. 물리적 조건도 심리적 조건만큼이나 면접에 있어서 중요하다는 점을 알아야 한다. 왜냐하면 심리적 조건은 물리적 조건의 영향을 받기 쉽기 때문이다. 면접실의 면적을 우선 고려하고 의자와 책상을 잘 배열해야 한다. 건물구조도 매우 중요하다. 창문이 바로 면접자의 머리 위에 있어서 그의 얼굴이 그림자에 가려져서 피면접자가 직접 바라볼 수 없어서는 안 된다. 조명장치를 할 때에도 면접자와 피면접자가 똑같이 조명이 되도록 특별히 구상해야 한다. 내담자가 창을 향해 앉을 수밖에 없다면 블라인드나 커튼을 내려야 한다. 안면표정과 몸짓은 의사소통에 있어서 매우 중요하기 때문에 서로 쉽게 바라볼 수 있도록 배열하는 것이 좋다. 책상과 의자는 창문에 대해서 45° 각도를 두고 배열하는 것이 이상적이다. 의자의 크기는 같아야 되고 안락감을 느끼는 정도도 같게 보이는 것이 좋다. 부득이 다를 때에는 피면접자의 의자를 더 크고 안락감도 더 주는 것으로 배려하는 것이 좋다.

자살위험을 평가하기

평가면접은 보통의 대화와는 다르다. 평가면접에서 심리학자는 내담자의 문제를 찾아내야 한다. 우울장애환자에서 자살에 대한 위험을 알아내기 위해 이들을 평가할 때 내담자가 자살을 시도할 위험성이 있는지를 알아내는 질문을 하는 것이 보통이다. 자살행동의 위험을 증가시키는 요인들에 기초하여 질문하여야 한다. 심리학자들은 자살사고, 계획, 치명도, 자살시도 수단의 접근가능성에 대해 직접적인 질문을 해야 한다. 과거의 자살행동과 미래의 자살행동의 위험에 대한 강력한 관계가 있으므로 자살시도의 과거사에 초점을 맞춘 질문을 해야 한다. 일부 자살위험이 있는 내담자는 불행감이나 절망감의 수준에 대한 일반적인 진술만을 하기 때문에 현재의 위험을 평가하는 질문을 하는 것이 심리학자의 책임이다(Hunsley & Lee, 2010).

Wubbolding(1987)은 자살위험이 있는 사람들에게 네 가지 질문을 하도록 권고한다. 첫째, "죽을 생각을 하고 있습니까?" 이 질문은 직접적으로, 명료하고 침착하게 물어야 한다. 자살할 생각이 공개적으로 드러나면 내담자들은 대체로 그 이야기를 할 수 있다는 데 안도감을 느끼게 된다. 그들은 대답한다. "네, 거기에 대해 생각해 봤어요", 아니면 "그런 생각이 마음을 스치고 지나갔어요", 혹은 그와 비슷한 말을 하게 된다. 질문을 더 해보면 많은 경우에 그런 결정들이 절박하거나 가능한 것이 아니라는 것이 드러난다. 그러므로 더 이상 행동을 취할 필요가 없게 된다. 그럼에도 불구하고 "죽을 생각을 하고 있습니까?"라는 질문은 그 위협의 치명도를 가늠해 볼 수 있는 대단히 중요한 첫 번째 단계이다.

둘째, "전에 죽으려고 시도해 본 적이 있습니까?" 과거 자살 시도 여부는 자살위협을 가장 잘 예상하게 해준다. 그리고 현재 위협의 심각도를 반영해준다. 만약 그 사람이 현재 자살을 생각하고 있고 그런 역사가 있다면, 특히 그런 시도가 최근에 있었다면, 자살을 선택할 가능성은 높아지게 된다.

셋째, "계획을 세우고 있습니까? 어떻게 죽으려고 합니까?" 만약 내담자가 자살의 계획을 세우고 있다면 곧 권총을 사용할 것이라든가, 약을 먹을 것이라든가, 차를 나무에 들이박을 것이라든가 등의 이야기를 하면 위협의 치명도는 상승하게 되는 것이다.

넷째, "자살할 도구를 지니고 있습니까?" 만약 내담자가 권총을 가지고 있거나 약물을 소지하고 있거나, 습관적으로 차를 난폭하게 운전하는 등의 상황에 있으면 자살의 위험은 대폭 상승하게 된다. 마지막으로, "우발적으로든 고의적으로든 자살을 하지 않겠다는 일방적인 약속을 하시겠습니까? 얼마 동안 그렇게 할 수 있습니까?" 예를 들어 만약 내담자가 2주 정도 유예기간을 갖겠다고 글로 써서 확고한 약속을 한다면 치명도는 좀 낮아지고 임상가는 더 이상 행동을 취하는 일에 좀 덜 매달려도 되게 된다.

면접의 유형

접수면접

접수면접을 통해 환자는 도움을 청할 목적으로 찾아간 기관에 대한 정보를 얻는다. 이 면접과정에서 면접자는 환자의 욕구와 치료를 받고자 하는 동기 등에 대해서 알아볼 수 있다. 이 면접을 통해서 환자는 그 기관에 대한 정보를 얻을 수 있고 얼마나 돈을 지불해야 되며 어떤 치료를 받게 되는지에 대해서도 알게 된다. 일반적으로 정신의료 사회사업가가 이 면접을 주관한다. 이 최초의 접촉을 통해서 이 기관과 어떻게 접촉할 것인가 혹은 만일 이 기관에서 자기가 도움을 받을 수 없다고 생각될 때에는 다른 치료기관을 주선받을 수 있다. 이 면접 과정에서는 환자가 지금 바라는 것이 무엇인가에 중점을 두는 것이 보통이지만 면접이 진행됨에 따라서 진단적 면접이나 혹은 사회사적 면접을 피할 수 없게 되어 버린다. 공식적으로 접촉하기 전에 전화문의를 해 오는 것이 보통이다. 대부분의 환자들이 대면하기를 꺼려서 전화를 거는 것이 보통이다. 전화로는 임상가가 단서를 얻기 어려우므로 환자에게 도움을 주기가 힘들다. 전화면접은 상당한 기술이 필요하다. 수화자가 특별한 훈련을 받았고 경험이 풍부하다면 환자의 욕구를 이해할 수 있을 뿐만 아니라 환자에게 도움을 줄 수도 있다.

진단면접

환자들의 진단을 위해서 진단면접을 한다. 이는 전통적인 정신의학적 검사법의 한 형태로서 정신과의사가 진단을 목적으로 하는 면접이다. 면접에서는 주로 환자의 질병유형, 지속기간 과거사 및 예후를 정확하게 평가하기 위해서 증후를 중심으로 면접하는 것이 특징이다. 환자에 대한 철저하고도 완전한 정신의학적 검사를 위해서는 첫째, 지능 및 사고과정의 특징에 대한 검사가 있어야 한다. 이를 위해서 복잡한 사고능력의 정도를 평가해야 한다. 이와 같은 능력은 어휘능력, 일반상식, 기억력 및 문제해결능력에 의해 평가되는 것이 보통이다. 둘째, 지각의 장애를 검사해야 한다. 여기서는 환각과 망각의 유무를 중점적으로 다룬다. 셋째, 주의력과 지남력을 검사해야 한다. 여기서는 시간과 장소 및 자기 자신의 신분에 대하여 제대로 지각하고 있는지를 체크한다. 넷째, 정서적 표현능력을 검사해야 한다. 정서의 특징은 무엇이며, 정서의 적합성과 그 강도를 중점적으로 검사해 본다. 다섯째, 통찰력과 자아개념을 검사해야 한다. 여기서는 환자 자신이 자신의 질병에 대한 원인을 알고 있는가, 그리고 자기 자신을 어떻게 보고 있는지를 검사한다. 마지막으로 여섯째, 환자의 행동과 외모에 대하여 관찰해야 한다. 여기서는 환자의 안면표정, 표현행동, 밖으로 나타나는 생리적 반응 및 의복 등에 대해서 세심하게 관찰한다. 이 과정에서는 간단한 질문도 할 수 있다.

생활사면접

정신보건 사회사업가가 환자의 과거력을 중심으로 여러 가지 면접조사를 하는데 이것이 곧 생활사 혹은 사례사면접이다. 여기서는 현재 환자가 당면하고 있는 심리적 문제나 병적 증후 같은 것은 문제가 되지 않는다. 그것보다는 환자 자신이 현재 직면하고 있는 생활 전반에 대한 평가가 보다 중요시된다. 이를 위해서 환자로부터 그의 아동기 경험, 부모나 형제에 대한 태도, 결혼생활 및 취미 등에 대한 정보를 얻어야 한다. 여기서는 의식적으로 기억할 수 있고, 또 객관적으로 보고가 가능한 것에 대하여 중점적으로 추구하고 정서적으로 중요한 의미를 갖는 사실에 대해서는 별로 큰 비중을 두지 아니한다. 환자 개인을 보다 정확하게 이해하기 위해서는 그의 과거력을 아는 것이 매우 중요하다. 이에 못지않게 중요한 것은 그의 생활이다. 사례사 조사에서 얻은 정보를 보강하기 위해서 환자의 배우자, 부모 혹은 평소에 그와 가깝게 지내던 사람들과 면접을 갖는다. 특히 환자 자신이 말하는 것을 달갑게 생각하지 않거나, 말할 수 없는 경우에는 매우 큰 도움을 준다. 정도가 심한 정신병 환자, 우울증 환자, 함구증 환자 혹은 연소한 아이들로부터 정보를 얻는

데 크게 도움을 준다. 그러나 역동적 입장을 고수하는 임상가들은 이와 같은 면접을 갖는 것을 반대한다. 그들은 그와 같은 정보를 별로 믿으려고 하지 않기 때문이다. 또 정보기관 요원들이 제공하는 정보를 임상가는 그대로 받아들이지 않는다. 임상가와 환자가 동시에 배우자나 양친과 같이 만나는 것은 환자를 이해하는 데 도움을 주는 정보를 얻을 수가 있다.

위기면접

환자가 중대하고 외상적 경험을 하였으나 대처기능이 적절하지 않았을 때 겪는 위기상태에서 이루어지는 면접이다. 위기개입의 원리는 첫째, 신속한 개입이다. 위기에 처한 사람은 혼란 상태와 심한 고통 상태에 있으며, 위기 그 자체가 실제적인 위험이 될 수도 있다. 시간 제한적인 본질을 내포하고 있으므로 즉각적인 개입을 필요로 한다. 둘째, 초점적 문제해결이다. 우선 문제를 파악하는 데 초점을 두고, 다음에 그것을 해결하는 데 초점을 유지하도록 노력한다. 임상가가 조종할 수 있을 만큼 현실에 직면하도록 도와야 한다. 즉 사실에 직면해야 하고, 사실을 토의해야 한다. 셋째, 희망과 기대이다. 위기에 처하여 절망감에 빠진 사람들에게 희망을 갖게 하는 것이 중요하다. 처음부터 임상가는 적극적인 문제해결방법을 활용한다. 임상가는 위기가 어떤 방식으로 해결될 것이라고 기대하고, 문제가 해결될 것이라고 기대를 하며, 환자가 기능을 잘 할 것을 기대한다(김기태, 2006).

면접자는 효과적으로 상황을 다루기 위해 질문을 하는 동안에 침착하고 확고하며 따뜻한 태도를 유지해야 하며, 좀 더 지시적일 필요가 있다. 환자가 심각하여 즉각적인 조치가 필요할 때는 비밀 보장을 깨뜨리고 다른 기관의 도움을 받을 필요가 있다. 그러나 위기상황에 대한 조속한 판단이 필요하다고 하더라도 가장 중요한 요소는 공감적 경청이다.

검사전 면접

이 면접은 주로 임상심리학자가 맡는 것으로, 임상가와 환자 사이에 필요한 관계를 형성하는 데 그 목적이 있다. 이는 평가면접과 비슷하지만 몇 가지 다른 점이 있다. 즉 임상가는 환자에게 왜 검사를 하며, 어떤 검사를 하며 그리고 검사의 결과가 나오면 어떻게 활용된다는 점을 소상하게 알게 해 주어야 한다. 환자에게는 검사결과에 대한 비밀이 철저하게 보장된다는 점을 납득시켜 주어야 한다. 검사전 면접에서는 검사결과를 해석할 때 고려할 수 있는 개인적이거나 환경적인 요인에 관한 정보를 수집한다. 검사전 면접을 통해 라포가 잘 형성된다면 환자는 안정감 있는 태도로 심리검사를 받을 수 있고, 따라서 검사에서 환자를 정확하게 평가하는 데 필요한 많은 자료를 도출해낼 수 있을 것이다.

기타 면접

임상장면에서 환자가 다른 전문가들과 면담을 해야 할 때가 있다. 이와 같은 것을 흔히 자문면접이라고 하는데, 이는 환자가 갖는 문제의 성질에 따라서 자문에 응하는 전문가가 달라진다. 전통적 관례에 따르면 진료과의 책임자 혹은 교수가 자문면접을 맡는다.

일반적 임상장면에서 행해지는 것과는 달리 연구 자료를 수집하게 위해서 갖는 면접도 있다. 이는 환자의 욕구보다는 연구자의 목적에 따라서 그 내용과 형태가 달라진다. 이 면접은 기계적으로 행해져서는 안 된다. 다른 환자와 비교하기 위해서 동일한 화제를 가지고 동일한 순서에 따라 질문해 나가야 한다. 사회조사의 경우와 같이 방법론적 문제에 대하여 세심하게 주의해야 한다. 어떤 형태의 연구라 할지라도 환자가 그 목적을 충분히 이해하고 자발적으로 동의하지 않으면 연구자로서의 윤리가 크게 문제가 된다. 그러므로 연구자는 연구의 목적을 충분히 설명해 주고 환자의 자발적 동의를 얻어야 한다.

임상장면에서는 임상가가 어떤 일을 하느냐에 따라서 여러 가지 간단한 면접을 한다. 즉 군인선발에서와 같이 짧은 시간에 간단한 면접을 갖는 경우가 있는데 이를 선발면접이라고 하고, 또 입원가료중인 환자를 다른 병실로 옮겨 주기 위해서 혹은 귀가시킬 목적으로 면접을 하는 경우가 있는데 이를 이송면접 혹은 퇴원면접이라고 한다.

최초면접

최초면접은 네 가지 목적을 가지고 있다. 첫째, 임상적 관계의 형성으로서 최초면접을 통해 면접자와 피면접자는 전문적 직업관계를 형성한다. 둘째, 피면접자에 대한 정보수집으로서 환자를 정확하게 평가하고 치료하는 초석이 된다. 셋째, 임상장면에 대한 정보제공으로서 피면접자는 자기가 도움을 받고자 하는 기관에 대한 정보를 얻어 자신의 문제를 해결해 나가게 된다. 마지막으로, 피면접자의 치료적 동기를 확실하게 하는 것이다. 즉 치료자는 최초면접을 통해서 현재 피면접자 자신이 느끼는 강점은 물론, 과거 경험 및 장래계획까지도 알아내어 치료를 받겠다는 동기를 북돋운다.

어떤 목적으로든지 면접자와 피면접자가 처음으로 만나게 되는 최초면접은 피면접자를 이해하는 데 있어서 매우 중요하다. 그러면 이 최초면접에서는 무엇을 어떻게 다루어야 하는가, 이는 면접의 목적에 따라 서로 다르기는 하지만 공통적인 몇 가지 문제에 대하여 살펴보기로 한다. 최초면접을 통해 피면접자는 자기가 왜 면접을 갖게 되었는가를 충분히 알아야 할 필요가 있다. 특히 피면접자가 본인의 자발적 의사결정에 의해서 면접을 갖게 된 것이 아니고 주위 사람들의 권유에 의해서 면접을 갖게 되었을 경우에는 그에게 그 이유를 충분히 납득할 수 있도록 설명해야 한다. 이 작업이 성공하였을 때 비로소 면접자와 피면접자 사이에는 전문성을 띤 직업관계가 맺어지게 된다. 이때 면접자는 어디까지나 전문가로서의 권위를 유지해야 하는데 이는 피면접자의 모든 행동을 통제해야 한다는 의미는 아니다. 그것보다도 피면접자가 당면하고 있는 문제를 자유롭게 이야기할 수 있도록 도와주어야 한다는 뜻이 내포되어 있다.

생활 사태에 대한 정보수집

이 단계에서 성급하게 피면접자의 문제를 파헤치려고 해서는 안 된다. 먼저 피면접자의 연령, 사회적 경제적 수준, 가족상황, 결혼상황 및 부양가족 등에 대한 정보를 수집해야 한다. 왜냐하면 이들에 대한 정보를 바탕으로 환자 혹은 내담자의 문제를 추리할 수 있기 때문이다. 더 나아가서는 그에 대한 진단과 예후에 대한 판단도 가능하게 된다. 이 자료의 수집은 간단하지 않고 매우 복잡하다. 그러므로 많은 시간을 두고 서서히 조사해 나가야 한다. 급히 서둘러서는 충분한 정보의 수집이 어렵게 된다. 시간이 부족하다고 생각되면 진단이나 예후에 대하여 언급하지 말고 다음 면접 때까지 유보하는 것이 바람직하다. 또 묵비권을 행사하는 것과 같이 반응이 좋지 않은 내담자의 경우에는 그의 가족, 친구를 통해 충분한 정보를 얻을 수밖에 없다.

면접과정에서 피면접자와 주고받은 이야기는 하나도 빠뜨리지 말고 경청해야 한다. 그 외에도 정보수집과정에서 있었던 일, 즉 매우 수줍어서 이야기를 하지 못한다든지, 불안이나 공포를 느낀다든지, 자기 자신이 너무 불행하다고 느끼는 것들은 환자 혹은 내담자의 감정이나 성격 특징을 이해하는 데 크게 도움이 된다. 또한 처음으로 면접하기 위해서 진료실에 들어올 때 불안해 한다든지, 무서워 한다든지, 자기 자신을 소개하는 데 곤란을 느낀다든지, 그리고 정신이 멍청해 보이는 것 등은 내담자의 특성을 이해하는 데 크게 도움이 된다. 체격, 용모, 안면표정, 그리고 옷차림의 특성도 중요한 정보원이 된다. 또 주위환경의 변화에 대한 반응이나 기분 변화의 특징을 관찰하고, 더 나아가서는 그 원인까지 밝혀 보아야 한다. 이는 환자 혹은 내담자의 문제를 이해하는 데 크게 도움이 된다.

면접과 관련된 기초자료를 입수하는 것이 면접에 있어서 가장 먼저 해야 할 일이다. 이는 연령이나 가족관계 같이 비교적 쉽게 얻을 수 있는 것들이다. 이에 대한 자료를 입수하고 나면 피면접자의 인지작용이나 동기과정에 대한 문제에 주의를 돌리는 것이 순서이다. 기본 자료에 대한 정보를 쉽게 입수하지 못하면 효과적인 면접은 기대하기 어렵다. 피면접자로부터 쉽게 정보를 얻을 수 없는 경우를 생각해 보자.

첫째, 피면접자의 단순한 망각 때문에 필요한 정보를 얻을 수가 없다. 예를 들면 자신이 자동차를 산 날짜라든지, 재미있는 영화를 구경한 날짜를 기억하고 있었는데 그것이 전혀 기억에 떠오르지 않는 경우와 같다. 아무리 면접자가 자세히 검토해 보아도 억압한 흔적은 전혀 없고, 단순히 점진적으로 일어난 사실이라는 점이 확증될 뿐이다. 이것이 그 망각의 특징이다. 둘째, 무의식적인 억압 때문에 필요한 정보를 제공하지 못하는 경우가 있다. 사건의 중요성으로 보나 일어난 시간적 관계로 보나 충분히 기억하고 있을 만한데 단순한 정서적 요인 때문에 기억이 불가능하게 된다. 학교에서 무참한 꼴을 당했다거나 병석에 있는 부모와 말다툼을 했다고 생각해 보자. 이와 같은 일들은 사소한 일과 같이 쉽게 망각되지 않는다. 그것을 회상하기 위해서는 특별한 노력이 필요하다. 셋째, 면접내용이 아닌 다른 요인, 예를 들면 면접장면에서 사용되는 언어, 문화, 혹은 관습의 차이 때문에 올바른 정보를 얻는 데 방해를 받게 되는 경우가 있다. 사회적 계급 및 종교적 차이 같은 것도 큰 영향을 미친다.

정보에 대한 평가

수집된 정보의 자료는 면접자의 전문적 지식에 의해 평가되어야 한다. 면접자는 환자 혹은 내담자와의 의사소통을 통해 그의 특징이 정서적 문제의 산물인지 혹은 교육적 문화적 문제의 산물인지 구별할 수 있어야 하고 또 구별해야만 한다. 가령 면접 때 말씨가 매우 느리다는 사실을 발견했다고 가정하자. 교육받은 사람의 말이 느린 것은 두 가지로 생각할 수 있다. 하나는 그가 선천적으로 타고난 성품 때문일 수도 있고, 다른 하나는 신경증적 제지에서 오는 언어장애일 수도 있다.

그러나 교육받지 못한 사람의 경우는 좀 달리 해석되어야 한다. 이들의 말이 더디고 느린 것은 그들이 자신을 적절하게 표현할 수 있는 훈련을 받지 못하였기 때문이다. 정상교육을 받지 못한 사람이 유창한 말로 자신을 표현하는 것은 도리어 병적 현상으로서 경조증의 한 증후로 생각할 수 있다. 사투리는 곧 피면접자의 문화적 사회적 특징을 잘 표현하는 것이기 때문에 그 내용을 완전히 파악하고 있으면 피면접자를 이해하는 데 크게 도움이 된다.

면접과정에서는 면접자의 질문과 전혀 상관이 없는 것 같이 보이는 피면접자의 말이라도 자세히 기록해야 한다. 불쾌한 반응, 놀람, 실망, 근심, 걱정, 불안, 그리고 태연한 안면표정 같은 것을 하나도 빠뜨리지 않고 기록해 두면 피면접자를 이해하는 데 크게 도움이 된다. 면접할 때 피면접자가 간단히 "예"나 "아니요"로 응답할 수 있는 질문은 가급적이며 피하는 것이 좋다. 그러면서도 제한된 범위 내에서, 구체적으로 단순한 의미가 내포된 것을 질문해야 한다. 내담자 혹은 환자의 문제는 매우 복잡하다. 그러므로 최초면접에서 모든 문제는 물론 그 원인을 완전히 파악하지 못한다. 그러나 그것을 완전히 파악할 수 있도록 노력해야 한다.

치료를 목적으로 면접할 경우 기질적 장애가 뚜렷한 동맥경화증과 노인성 마비환자는 제외된다. 왜냐하면 면접만 가지고는 성격의 변화를 가져올 수 없기 때문이다. 지능이 높으면 면접이 원활하게 진행되나 높은 지능이 면접에 있어서 필요하고도 충분한 요건은 될 수 없다. 많은 환자의 경우, 정서적 요인 때문에 지능이 저하되는 것은 부인할 수 없다. 또 치료를 위한 면접에 있어서 피면접자의 연령이 문제되는 경우가 있다.

연령이 너무 어릴 때에서는 피면접자를 직접 면접 치료하기보다는 그의 보호자나 혹은 그와 가까운 사람을 면접함으로써 간접적 효과를 얻는 것이 더 좋다. 이렇게 해서 그들이 잘 치료된다면 어린이를 직접 면접 치료할 필요가 없어지기도 한다. 나이가 많은 경우에는 융통성이 결여되어 있기 때문에 치료에 많은 시간이 소요되지만 그 효과는 크게 기대할 수 없다.

면접을 통해서 충분한 자료가 수집되면 면접자는 그것을 바탕으로 피면접자를 이해하는 데 역점을 둔다. 더 나아가 치료에 대한 피면접자의 욕구수준을 확인해야 한다. 모든 인간은 정신적으로 신체적으로 건강을 누리고 싶은 욕망이 강하나 이는 자동적으로 성취되는 것이 아니다. 오히려 여러 가지 많은 요인들에 의해서 장애를 받게 된다. 그러므로 여기서 면접자는 피면접자가 정말로 건강을 회복하고 싶은 욕망이 있는지를 확인해야 한다. 욕망이 있다는 확증이 생길 때 면접자는 피면접자의 용기를 북돋아 줄 필요가 있다. 그 이후에 피면접자의 문제해결에 자신이 어떤 도움을 줄 것인가를 알아야 하는데 이는 쉬운 일이 아니다. 그렇지만 면접자는 그에게 도움을 주는 방향으로 노력해야 한다.

심인성 장애자는 자기 자신의 문제를 이해하지 못하는 경우가 있다. 이들은 의사가 자기의 문제에 대하여 크게 배려해 주지 않는다고 불평하기도 한다. 치료단계에 있어서 면접자는 피면접자로 하여금 자기의 문제를 다 이야기하게 한다. 더 나아가서는 자기의 호소나 어려운 문제들이 상호관련이 있다는 점을 이해시키고 그것을 심리치료를 통해 회복될 수 있다는 점을 충분히 이해시킬 필요가 있다. 마지막으로 대인관계의 역사를 세밀하게 검토하는 것이 매우 중요하다는 점을 잊어서는 안 된다. 피면접자의 장애정도가 너무 심하거나 거의 함구상태일 때에는 그의 친척이나 혹은 주위의 사람들과 접촉해서 정보를 얻을 수밖에 없다.

개시단계

임상가는 주인이고 환자는 방문객과 같다. 그러므로 임상가는 그가 낯선 장면에 친숙해지도록 하기 위해 짧은 시간이라도 그에게 할애할 필요가 있다. 병원을 찾아오는 데 어려움은 없었느냐고 묻는 것도 한 가지 방법이 될 수 있다. 말로만 하는 것보다는 실제 행동으로써 피면접자와 대화를 가지면서 피면접자의 문제에 대해서 동정하면서 그를 이해해야 한다. "어떻게 해서 병원에 오시게 되었습니까?" 라고 말문을 여는 것이 좋다. 이렇게 말할 때 동정적 이해와 진실성을 수반해야 할 것이다. 피면접자로 하여금 임상가의 도움을 받음으로써 보다 상태가 좋아질 수 있을 것이라는 것을 알아차리게 해야 한다. 또 모든 것을 솔직하게 말할 수 있는 기회를 주어야 한다.

특히 초기에는 임상가가 질문하는 것은 간결해야 하고 피면접자 자신이 자기와 관련되는 문제를 자세하게 그리고 자유롭게 전개해 나가도록 한다. 그러면서도 피면접자가 생소한 면접장면에서 오는 불안을 극복할 수 있도록 여러 가지로 배려해야 한다. 분명치 않은 점을 확실히 알아보기 위해 간단한 논평을 하면서 피면접자로 하여금 자유롭게 자신의 의사를 표시할 수 있도록 용기를 북돋아 주어야 한다.

피면접자는 면접장면이 생소하고 어떻게 행동하는 것이 좋을지 몰라서 매우 불안해진다. 자신이 도움이 필요해서 찾아왔으면서도 면접자에게 자신의 약점을 노출시키는 것을 부끄럽게 생각한다. 자신의 문제를 노출시킴으로써 그것이 해결된다는 것도 알지만, 면접을 함으로써 일상생활에서 망각되었던 불쾌한 감정이 되살아난다고 생각하기도 한다. 피면접자는 자신이 얼마나 심한 장애를 받고 있는지, 또 임상가에게 전혀 가망이 없는 것 같이 보이지 않을까 하고 불안하게 생각하기도 한다.

이와 같은 피면접자의 모든 불안을 임상가는 배려해야 한다. 그러므로 임상가는 피면접자를 염두에 두고 피면접자의 문제에 대해서 신중하게 또 충분히 이해해야 한다. 자기 문제나 약점을 얘기하면 그것을 감싸주면서 다른 문제들도 얘기할 수 있도록 문을 열어주어야 한다. 최초면접에서 처음 대면할 때 피면접자를 격려해 주어야 한다. 피면접자로 하여금 자신이 그 면접장면에서 어떤 역할을 하고 있는지에 대해서 알게 할 필요가 있다. 무엇보다도 중요한 것은 피면접자가 지금 무엇 때문에 괴로워하는지 그 점에 대해서 세심하게 주의해야 한다. 공감적 이해는 꼭 필요하다. 그러나 지나치게 가엾게 여기는 것은 삼가야 한다. “네가 어떻게 느끼고 있는지 짐작이 된다”라고 말하는 것과 “걱정하지 마라. 많은 사람들이 그렇게 느끼고 있다”라고 말하는 것은 의미가 다르다. 즉 전자는 관심과 공감을 표현하는 것이지만 후자는 개인의 감정을 전혀 알지 못함을 뜻한다.

피면접자는 그 기관과 임상가에 대하여 더 알고 싶어서 여러 가지로 질문해 온다. 가능하다면 이 질문에 대한 대답은 가능한 면접의 후반기로 미루는 것이 좋다. 그래도 꼭 알고 싶다고 할 때에는 간결하게 즉석에서 대답하는 것이 바람직하다. 면접 초기에서 중요한 점은 환자 자신이 당면한 문제나 병원에 오게 된 이유를 직접 솔직하게 말하게 하는 것이다. 이 단계에서 피면접자는 대인관계의 문제와 정서적 문제를 노출하면서 스스로 관심을 두는 영역을 밝히게 될 것이다.

중간단계

피면접자가 가지는 문제와 그의 성격특징을 파악하기 위한 정보수집의 단계이다. 일반적으로 임상가가 알아낼 정보는 다음과 같다. 첫째, 피면접자의 현재 증후는 무엇이며, 어떤 것을 호소하는지, 왜 지금 전문가의 도움을 받고자 하는지, 현재의 생활환경은 어떤지, 둘째, 근래에 스트레스를 받을 만한 일이 있었는지, 셋째, 현재 문제와 관련이 있다고 생각되는 성격상의 결함, 성격 및 감정의 특징은 무엇인지, 근래에 어떤 성격변화가 있었는지, 현재의 적응적 문제와 적응적 특징의 설명에 도움이 된다고 생각할 수 있는 초기의 생활경험은 어떠한지, 넷째, 어떤 기질적 요인이 있는지 그리고 의학적 검사나 치료의 필요성 등에 대해서 알아보아야 한다.

그러나 이와 같은 문제에 대하여 초기면접만으로 임상가는 깊이 이해할 수 없다. 장차 연구를 위해 합리적 가설을 설정하는 데 필요한 정보를 수집하는 것으로서 만족하고 평가를 위한 면접이나 심리검사가 수반되어야 한다.

일반적으로 임상가는 피면접자에게 과거 어떤 일이 있었으며 그 환경은 어떠했는가를 아는 데서 출발해야 한다. 피면접자가 그에 대해서 이야기하면 얼마 동안 지속되었으며, 그 일이 있은 후에 생활변화는 없었는지 혹은 또 다른 변화가 있었는지에 대하여 질문해서 보충적 자료를 얻어 둘 필요가 있다. 이와 같은 선행 사건들을 탐색함으로써 현재 피면접자가 직면하고 있는 문제에 대한 정보를 얻을 수 있다. 이 과정에서 피면접자 자신은 의미 있는 변화라든지, 비극적 사실들을 솔직하게 보고해 온다. 이와 같은 사실들을 청취하는 과정에서 근자에 문제가 된 사실들이 과거의 갈등에 의해 재생된 것은 아닌지 자세히 검토해 볼 필요가 있다. 어떻든 피면접자의 현재 문제를 조명해 볼 수 있는 과거에 대하여 선택적으로 탐색해 볼 필요가 있다.

면접자는 어떻게 질문하고 피면접자는 어떻게 대답해야 한다는 각본이 없다. 임상가가 피면접자로부터 단서를 얻게 되면 중요하다고 생각되는 문제부터 중점적으로 해결해 나가면 된다. 임상가는 피면접자가 무엇을 반복적으로 되풀이하는지 또 화제에 따라 어떻게 서로 다른 정서를 표시하는지, 그리고 피면접자가 말하고 싶지 않아서 가볍게 넘어가거나 생략하고 넘어가려고 하는 화제는 무엇인가에 대해 각별히 주의할 필요가 있다.

피면접자가 무엇을 어떻게 말하느냐 하는 것과 무엇을 말하지 않았느냐 하는 것도 피면접자를 이해하는 데 꼭 필요한 지식이 된다. 의식적으로 억압해 버리고 말하지 않은 것도 많이 있다. 그것을 말하면 괴롭기 때문에 회피하는 경향도 많이 있다. 가족에 대해서는 피상적으로 이야기하고 보다 자세한 것은 말하기를 꺼려하는 일이 있다. 이런 경우에는 보다 더 자세하고, 또 깊이 이야기하게 한다. 말하지 않은 것이 더 중요한 것일 수 있다. 만일 환자가 부모에 관해서는 어느 정도 이야기했으나 형제에 대해서는 거의 말하지 않았다면 임상가는 형제관계에 대해 좀 더 자세한 설명을 요청할 수 있다. 이런 경우 “형제관계에 대해 좀 더 이야기해 볼까요”라고 할 수도 있으나 좀 더 도전적으로 “형제관계에 대해서는 왜 거의 말하지 않지요?”라고 말함으로써 환자에게 위협이 될 수도 있는 내면의 이야기를 끄집어 낼 수 있다.

피면접자가 매우 협조적이어서 장시간 어렵지 않게 면접을 했지만 무엇을 빠뜨린 것 같기도 하고 마음에 혼동이 오는 경우가 많이 있다. 이와 같은 일은 최초면접이나 진단면접을 할 때 흔히 경험한다. 피면접자는 별로 도움을 주지 못할 하찮은 일에 대해서는 긴 시간에 걸쳐 자세하게 이야기하거나 중요한 사실에 대해서는 슬쩍 넘어가 버리려고 한다.

같은 사실에 대해서 일관성이 없이 이랬다저랬다 하면 임상가는 크게 낙심한다. 그러나 사실상 자기가 생각하는 것과 느끼는 것을 조리 있게 또 빠짐없이 다 이야기하는 피면접자가 많은 것은 아니다. 특히 임상장면에서 상태가 좋지 못한 피면접자와 대면하게 되면 그 정도는 더 심하다. 그러므로 임상가는 자기가 보고 들은 것을 바탕으로 하여 피면접자를 올바르게 이해해야 한다.

면접이 끝날 무렵이 되면 임상가는 잠정적으로 피면접자에 대한 어떤 체제를 세워야 한다. 그러기 위해서는 피면접자가 현재 당면하고 있는 문제, 신체적 상태, 사회적 환경, 이미 이전에 경험했던 스트레스 및 방어기제 등에 대하여 알고 있지 않으면 안 된다. 어떤 특정한 사람에 대한 이미지는 완전할 수는 없는 것이지만 임상적 상호작용을 위해서는 필수불가결한 요소이다. 임상가는 더 나아가서 어떤 치료를 해야 할 것인지 치료에 대한 잠정적 목표를 설정해야 한다. 이를 위해서 피면접자가 심리치료를 받을 것인가, 아니면 치료에 저항할 것인가, 치료에 대한 동기가 어느 정도인가 등을 미리 판단하고 있어야 한다.

종료단계

면접이 끝나기 전에 피면접자에게 다음 계획을 알려 줄 필요가 있다. 피면접자가 면접을 갖는다는 것은 쉬운 일이 아니다. 왜냐하면 그는 쓰라렸던 과거의 경험을 회상해야 하고, 또 친숙하지 못한 사람에게 그 감정을 노출시켜야만 하기 때문이다. 그러므로 불안과 같은 바람직하지 못한 감정이 야기되기 마련이다. 면접을 종료하기 전에 면접자는 피면접자로 하여금 어떤 성취감을 갖도록 해 주고 더 나아가서는 희망을 갖게 해 줄 필요가 있다. 그렇다고 덮어놓고 안심시킨다든지 혹은 환자의 문제를 대단치 않게 생각하는 태도는 버려야 한다.

면접 초기에 임상가는 면접을 통해서 피면접자가 자기의 문제를 털어놓는다는 것이 어려운 일이라는 점을 충분히 이해하고 감정이입적 의사소통을 해야 한다. 피면접자의 문제를 충분히 이해하며 피면접자로 하여금 희망을 가지게 할 필요가 있다. 면접자는 피면접자에 대한 동정심과 관심을 솔직하게 표시해야 한다. 임상가가 이와 같은 태도를 보이면 피면접자는 유치하고 신경증적 요구를 하는 수가 있다. 임상가가 무조건 받아들이고 안심시키는 것 같은 피상적이거나 맹목적 지지는 오히려 피면접자에게 해로울 뿐만 아니라 고통을 감내하면서 자신을 탐색하는 심리치료에 대한 심리적 자세를 준비시키기 어렵다.

임상가는 가능하면 피면접자의 문제는 무엇이며 욕구는 무엇인가를 충분히 이해하고 다음 계획을 세워 놓아야 한다. 일반적으로 피면접자들은 심리검사도 의학적 검사와 같은 것으로 생각하고 자신의 질병에 대한 진단, 치료 및 그 예후에 대하여 알고 싶어 하고, 자신의 문제에 대해서 어느 누가 결정적으로 말해 주기를 기대한다. 이때 임상가는 의학과 심리학이 근본적으로 다르다는 점에 대해서 자세히 설명해 주어야 한다. 피면접자는 병원에서 어떤 치료를 어떻게 하는지 잘못 알고 있다. 그러므로 이에 대하여 올바른 정보를 갖게 해 주는 사람이 곧 임상가이다. 아울러 심리적으로 접근하는 데 일정한 규준이 있는 것은 아님을 알게 할 필요가 있다.

피면접자는 사태가 달라짐에 따라서 심한 스트레스를 받든지 혹은 심리적 방법으로 치료될 수 없는 만성적 사회문제를 일으키는 수도 있다. 심리학자가 인긴의 모든 문제를 바람직하게 교정할 수 없다. 다만 충분한 지식을 가지고 솔직하게 받아들여야만 한다. 피면접자와의 면접이 끝나고 나면 면접자는 면접과정에서 있었던 문제들에 대하여 자세히 검토해 보아야 한다. 면접과정에서 있었던 것을 잘 기억할 수 없는 것도 있다. 이와는 달리 자동적으로 기억에 떠오르는 것도 있다. 면접기록을 검토해 보고 미비한 것은 보충하여 기록한다. 치료과정에 있어서는 주제가 무엇인가를 파악하여 그것을 이론적으로 설명해 본다. 면접 자료를 추상화시키는 것이 환자에 대한 이해를 보다 증진시킬 수 있지만 이때 피면접자의 과거 생활사에서 세부적 사실이 누락될 수 있는 위험이 있다.

면접 자료의 수집/기록/보고

구조적 면접을 했느냐 비구조적 면접을 했느냐, 피면접자가 가지는 정보, 면접자와 피면접자 두 사람의 문화적 배경 차, 그리고 피면접자의 면접수용 태도 등에 따라 면접내용은 크게 영향을 받는다. 면접할 때 공식적 용어보다는 피면접자의 수준에 맞는 용어를 사용하는 것이 훨씬 효과적이다. 면접을 시작할 때 화제를 조직적으로 이끌어 나가야 한다. 면접을 1시간 이내에 끝내는 것이 바람직하다. 2차 면접 시에는 전반적인 화제를 언급하는 것이 좋다. 구조적 면접은 보다 높은 신뢰성이 보장되기는 하나 내담자의 문제를 보다 더 효과적으로 유도하는 데에는 비구조적 면접이 바람직하다.

자료수집과정에 있어서 윤리적 문제는 깊이 고려되어야 한다. 여기서는 피면접자가 비밀로 하고 싶은 신상에 관한 이야기를 함부로 물어도 되느냐 하는 문제가 생긴다. 면접자가 피면접자로부터 정보를 얻기 위해서 그를 속였다면 그는 윤리적 문제의 책임을 면할 수 없다. 반면 두 사람의 의견이 완전히 일치되어 피면접자는 면접자로부터 어떤 도움을 받게 된다고 생각한 나머지 그에 필요한 정보를 제공하고 그것이 후에 자기에게 도움이 되었다면 윤리적 문제는 개입될 수 없다.

면접내용을 기록하기 위해 속기법을 쓰기도 하는데 이는 환자가 말한 것을 그대로 기록할 수 있다는 장점이 있기는 하지만, 상당한 연습을 필요로 하고 실제로는 거의 불가능하다. 임상가들 가운데는 면접하면서 기록하는 것은 피해야 한다고 주장하는 사람도 있다. 왜냐하면 환자가 말하는 것에 주의를 집중시킬 수가 없기 때문이다.

면접 도중에 중요한 말 몇 마디만 간단히 적어 놓았다가 후에 완성하면 환자와 대면할 수도 있고 환자가 말하는 것도 충분히 들을 수 있고 그리고 그가 생각하는 것을 방해하지도 않는다고 주장하는 사람도 있다(Korchin, 1976). 가끔 조금씩 기록하는 것은 임상가가 특히 관심을 갖고 있는 것을 피면접자에게 알게 하는 신호가 된다. 또 눈을 크게 떠 보인다든지, 다른 몸짓을 해 보여도 이와 같은 효과가 나타나는 수가 있다. 어쨌든 임상가는 면접을 자기가 뜻하는 방향으로 유도해 나갈 수 있는 훈련을 받을 필요가 있다.

면접 후에 기록하면 그 내용이 변조되거나 축소되기 쉽고, 그리고 의미가 전도될 수 있다. 특히 기억에 의해서 기록을 작성한다는 것은 위험하다. 그러나 이와 같은 기록방법을 사용하게 되면 환자는 긴장을 풀고 자유스럽게 이야기할 수 있다는 장점을 가지고 있다. 또 어떤 환자나 내담자는 기록의 정확성을 보유하기 위해서 자기가 말한 대로 기록해 주기를 바라는 사람도 있다.

훈련과 연구가 중심이 되는 임상장면에서는 녹음하는 것이 보통이다. 연구에 사용할 목적으로 면접할 때에는 그 과정을 자세하게 녹음해 둘 필요가 있다. 녹음 자체는 환자가 서술하는 것을 모두 그대로 녹음하는 것이기 때문에 환자는 그러한 면접에 응하고 싶지 않을 때에는 거절할 수도 있다. 그러므로 사전에 환자의 양해를 구할 필요가 있다. 대부분의 경우 순수하게 면접에 응하는데 의심이 많은 환자는 그러한 면접을 거절하는 수도 있다.

녹음기나 녹화장치를 사용해서 면접내용을 기록하는 것은 음의 억양이나 표정 등을 알 수 있는 장점이 있다. 그렇지만 녹음이나 녹화한 내용을 옮겨 써서 편집하는 데 막대한 노력이 필요하다. 뿐만 아니라 면접내용을 기구를 사용하여 기록한 것과 면접이 끝난 후 기억을 더듬어서 기록을 작성한 것을 비교해 보면 25%는 틀리게 나타난다는 보고도 있다. 심한 경우에는 많은 내용이 축소되어 있고 30%만이 제대로 기록된다는 보고도 있다.

녹음에 쓰이는 장치는 완전히 볼 수 있게 내놓아야 한다. 숨겨놓은 장치를 환자가 보면 비밀리에 환자와 면접하는 것을 녹음하고 있다는 것을 노출시키는 것이 되어 버린다. 마이크를 숨겨놓는다든지, 환자와 너무 동떨어져 있을 때에는 녹음의 질이 떨어진다. 사실상 환자보다는 면접자가 녹음 때문에 장애를 받는다. 가끔 환자에게는 녹음한다는 것이 이상하게 보이는 때도 있다. 어떠한 경우에도 환자의 충분한 이해와 동의 없이는 녹음이나 녹화를 해서는 안 된다.

이와는 대조적으로 면접자는 자기가 녹음한 것이 다른 동료들에게 공개되었을 경우 상관이나 슈퍼바이저에게 평가되는 경우를 생각하여 불안하게 생각하는 일이 많다. 그러나 녹음이나 녹화기록은 면접장면에서 있었던 일을 쉽게 피드백 받을 수 있고 연구나 치료진행에 대한 감독을 받을 수 있다는 장점이 있으나 면접자나 환자에게 긴장감을 조성해 주는 단점도 있다. 따라서 면접에 방해되지 않도록 세심하게 주의하여 실행해야 할 것이다.

가능하면 면접내용은 전부 보고해야 한다. 어떤 경우든지 환자 혹은 내담자의 말을 그대로 기록하여야 되며 면접 도중 어디서 얼마 동안 쉬고 어디서 말하기를 망설이는가도 그대로 기록하는 것이 좋다. 면접자가 질문한 것까지도 그대로 기록해야 한다. 괄호 안에 넣어서 피면접자의 반응내용과 구별하는 것이 좋다. 또 면접자가 한 말, 예를 들면 그래, 계속해서 말해, 조금 더 자세하게… 등도 빠뜨리지 않고 기록한다.

다음에는 의뢰자에게 면접내용을 어느 정도까지 보고 할 것인지에 대해 생각해 보자. 이때 의뢰자의 목적에 따라 보고내용이 달라져야 한다. 일반적으로 환자의 문제들은 검사결과, 면접자료, 그리고 사례사자료에서 얻어 보고해 주는 것이 좋다. 대부분의 경우 보고서는 의뢰자에게 주는 비망록 정도로 그치고 자세한 것은 사례토론회의에서 보고하는 것이 좋다. 그러므로 면접에서 얻은 정보를 요약해서 간단하게 보고하고 더 구체적인 것을 요구했을 때에는 보다 더 자세한 서면 보고서를 보내는 것이 좋다. 의뢰자가 지능의 수준만을 검사해 달라는 부탁이 있었던 경우에도 환자의 동기, 협조 여하 등을 기술하고 그에 관계되는 것은 모두 보고한다. 심리학자는 사례토론회의를 통해서 내담자에 대한 보다 더 많은 정보를 얻을 수 있다. 의뢰자가 얻은 정보, 사회사업가가 얻은 정보, 또 자기가 얻은 정보를 서로 비교해 볼 수 있게 된다.

서면 기록을 준비할 때는 내담자의 신상정보부터 주 호소 문제, 최초 증상과 주 호소를 야기하는 촉발 요인들을 포함한 현재의 병력의 개관, 내담자의 정서 상태에 영향을 줄 수 있는 신체적 문제와 심리적 문제에 대한 과거 병력의 개관, 내담자에게 영향을 미칠 수 있는 가족이나 친지들의 심리적, 기질적 문제에 대한 생활사, 마지막으로는 구체적인 문제와 목표 증상을 변화시키기 위해 내담자에게 취해야 하는 처치 등을 제시한다.

면접의 신뢰도와 타당도

평가는 신뢰성이 있고 타당해야 한다. 면접이 일종의 평가수단으로 활용되기 위해서는 이와 같은 조건이 충족되어야 한다. 최초 면접은 평가의 기술이라기보다 임상가와 내담자가 전문적 직업관계를 맺는 과정이며 이를 통해 내담자 자신이 어떤 변화를 가져 보겠다는 의욕이 생기도록 북돋아 주는 단계이다. 이와는 달리 전통적 진단 면접, 임상적 연구를 위한 면접, 혹은 성격특질을 평가하기 위한 면접은 측정도구의 하나로서 그 유용성이 평가되어 왔다. 면접은 목적이 다르고 그 형태도 다양하지만 신뢰성이 있고 타당한 정보를 얻는 데 도움이 된다.

검사는 외적 규준에 의해서 정의되어 그것이 사실과 근사하면 타당하다고 볼 수 있다. 그러므로 내 시계가 기상청의 것과 일치한다면 그것은 타당한 시간을 측정할 수 있는 도구이다. 이와는 달리 신뢰도는 측정치의 항상성만을 의미한다. 여기서는 그것이 타당한지는 문제되지 않는다. 심리검사에서 신뢰도와 타당도는 보다 더 복잡한 의미를 내포하고 있다. 왜냐하면 다루는 변인이 보다 애매하고 시간을 측정하는 시계와 같이 정확하게 표준화 된 것이 없기 때문이다.

신뢰도

임상면접에 있어서 두 사람 이상의 면접자가 동일한 환자 혹은 내담자를 면접하고 동일한 판단을 내렸다고 하면 그 면접은 신뢰도가 높다고 말할 수 있다. 원칙적으로 임상장면에서 이루어지고 있는 여러 가지 판단은 환자 혹은 내담자의 불안수준, 방어유형, 혹은 치료를 받겠다고 하는 동기 등과 같은 행동유형과 비교되어야 한다. 면접을 바탕으로 하고 있는 정신의학적 진단의 신뢰도에 대한 연구문헌을 살펴보면 신뢰도가 전혀 없다는 것부터 독립된 임상가들 사이에 의견이 꽤 일치된다고 하는 것까지 여러 가지 많은 연구가 보고되어 있다(Matarazzo, 1965).

우리가 기대했던 것과 같이 큰 진단유목에 따라 여러 사람이 진단하고 그 결과를 서로 비교해 보면 진단자간의 신뢰도는 높으나 그것을 보다 세분하면 그 신뢰도는 뚝 떨어진다. 즉 한 환자를 기질적 장애, 정신병 그리고 성격장애의 세 가지 진단유목에 따라 분류하게 하면 평가자간에 일치도가 높다. 그러나 진단유목을 세분화하면 평가자간의 일치도는 뚝 떨어진다. 또 진단자의 훈련정도에 따라 진단자간의 일치도가 다르다. 즉 임상가가 보다 많은 훈련을 받으면 진단자간의 일치도는 더 높아진다. 즉 신뢰도가 높아진다(Matarazzo, 1965).

DSM-Ⅲ의 도입으로 정신장애 진단에 대한 판단기준이 개발되면서 다양한 정신장애를 조직적으로 평가하기 위해 구조적 면접을 발전시켰으며 구조적 면접에서 얻은 진단적 정보의 신뢰성은 비구조적 면접에서 얻은 것을 능가한다(Rogers, 1995).

타당도

면접의 타당도에 대한 연구는 많지만 그에 대한 해석은 복잡하다. 무엇보다도 준거의 문제가 중요하다. 타당하다 혹은 타당하지 못하다고 결정하는 표준은 무엇인가. 면접의 목적, 형태, 면접자의 훈련, 그리고 환자의 유형과 같은 여러 가지 요인에 따라서 타당도는 서로 다르게 평가된다. 예를 들면 선발 면접은 매우 정확하며(Wittson & Hunt, 1951), 직무면접을 통해 직무수행능력에 대한 정확한 예언이 가능하다(Vernon, 1963). 좀 다른 영역에서 이루어지고 있는 타당도에 대한 연구결과에 대해서 살펴보기로 하자. 자기 자신이 스스로 결정해서 응답할 수 있는 질문, 즉 자기의 전화를 가지고 있느냐, 집을 가지고 있느냐와 같은 질문에 대해서도 정확하게 대답하지 않는다는 조사보고가 있다. 더욱더 놀라운 사실은 자기의 나이에 대해서 정확하게 말하지 않은 비율은 보다 더 높다는 점이다. 사회적으로 얼마 만큼 바람직한 것이냐에 따라서 반응의 정확성은 크게 달라진다. 자기 아이들의 발달에 대한 질문을 하면 어머니들의 대답은 보다 더 낫게 반응하는 경향이 뚜렷하다.

평가방법으로서의 면접은 여러 가지 이유 때문에 정확성이 크게 상실된다. 대인지각요인은 물론, 면접자의 연령, 성 및 그의 사회적 특징은 사회조사면접에 있어서 중요한 요인으로 작용한다. 그 외에 어떤 내용을 질문했느냐는 것도 피면접자의 반응에 크게 영향을 준다. 보다 더 정확한 면접을 하기 위해서는 위에서 열거한 요인에 대한 이해도 중요하다. 더 나아가서는 이 요인들을 제거할 수 있는 방법을 개발하는 것이 보다 더 중요하다. 그 외에도 면접자를 훈련시킬 수도 있고, 보다 더 바람직한 것은 면접의 목적에 따라 서로 다른 면접의 유형을 표준화시키는 일이다. 그러한 경우에 면접자의 융통성이 전혀 개의될 수 없다는 단점은 있으나 신뢰도와 타당도에 대한 문제는 해결되는 셈이다.

신뢰도와 타당도를 향상시키기 위한 제안

면접을 하나의 심리측정법으로 사용할 때에는 장점과 단점을 겸비하고 있다. 융통성이 보장되어 있기 때문에 면접 자체의 신뢰도와 타당도가 크게 떨어질 우려가 있다. 그래서 심리학자들 가운데는 특별한 목적에 따라 사용될 수 있게 표준화하려고 하지만 임상장면에서는 표준화된 것이 있을 수가 없다. 이것이 면접이 갖는 장점이요 동시에 단점이다. 평가면접은 임상가에게는 주된 도구이기 때문에 그 본질을 충분히 이해할 필요가 있다. 임상가는 동시에 환자에게 어떤 질문을 하면서, 그의 반응을 주의 깊게 들어야 하고, 그리고 환자의 상태를 관찰해야 하는 등 여러 가지 일을 해야 하기 때문에 평가방법으로서의 면접은 매우 어렵지만 의료기록이나 질문지 등의 자료로부터 면접 정보를 보완한다면 좀 더 신뢰롭고 타당한 평가방법이 될 수 있다. Trull(2005)은 신뢰도와 타당도를 향상시키기 위해 다음의 다섯 가지 방법을 제안했다.

첫째, 가능한 구조적 면접을 이용하라. 입원 시 면접, 병력면접, 정신상태검사, 위기면접과 진단적 면접을 위한 폭넓고 다양한 구조적 면접이 있다.

둘째, 목적에 적합한 구조적 면접이 없다면 새로운 것을 개발하도록 하라. 표준적 질문들을 만들고 채점하는 지침서를 개발하고, 이 면접을 표본 집단에게 실시하고, 참가자와 면접자로부터 나온 피드백을 이용해 면접내용을 수정하라. 이 과정을 거치면 평가하고자 하는 것이 무엇인지를 더 잘 이해하게 될 것이고, 좋은 면접자가 될 수 있을 것이다.

셋째, 구조적 면접을 하든지 안 하든 간에 면접기술은 필수적이다. 라포 형성하고 유능한 전달자가 되고, 주의 깊게 듣고, 언제 어떻게 질문해야 할지를 알아채고, 비언어적 행동에 대한 세심한 관찰자가 되도록 하라.

넷째, 면접에 대한 환자의 동기와 기대감을 인식하라. 예를 들어 환자의 사회적 욕망과 인정에 대한 욕구가 얼마나 강렬한가?

다섯째, 스스로의 기대감, 편견, 문화적 가치를 인식하라. 주기적으로 다른 사람에게 자신이 실행한 면접의 신뢰도를 평가 받아라.

제 5 장

지능평가

제 5 장
지능평가

지능이란?

불행하게도 모든 전문가들이 동의하는 지능에 대한 정의나 이론은 없다. 지능을 이해하고 정의내리는 가장 좋은 방법에 대해서 지능연구와 지능검사를 수행하는 많은 전문가 사이에도 서로 상반된 의견이 존재한다(Sternberg, 1997, 2008). 1923년 초만 하더라도 Boring(1923)은 지능을 지능검사로 측정하는 것으로 정의하였고, 그 이후에 Spearman(1927), Thurstone(1931, 1938), Cattell(1963, 1971, 1979), Guilford(1967, 1979, 1985), Piaget(1952, 1970, 1972), 그리고 최근에 Sternberg(1996, 1997, 2008), Gardner(1983, 1986, 1994, 2006), Goleman(1995, 2006, 2007) 등이 지능을 정의하였다. 이 모든 정의와 이론을 이 장에서 언급하기는 어려우므로, 현재 지능과 인지기능을 측정하는 검사를 이해하는 데 도움이 되는 정의와 이론을 간단히 설명하고자 한다.

통계기법의 개발로 잘 알려진 Spearman(1927)은 지능에 대한 2요인이론을 주장하면서 어떤 지적인 과제와 도전은 두 가지 요인과 관련이 있다고 하였다. 이 이요인이 바로 지능의 일반능력(g)과 특수능력(s)이다. Spearman은 요인분석을 이용하여 다양한 능력으로부터 하나의 구체적인 요인을 파악하는 데 관심을 기울였으며, 지능에 대한 하나의 포괄적인 일반능력이라는 개념이 지능의 개념 뿐만 아니라 오래동안 지능검사의 발전에 영향을 미쳤다. 즉, 특수능력은 지능에서 상대적으로 덜 중요한 부가적인 역할을 하는 것으로 보았으며, 지능은 하나라고 주장하였다.

중다요인분석 기법을 사용한 Thurstone(1931, 1938)은 Spearman의 의견에 동의하지 않고 지능이란 한가지 능력으로 이해될 수 없고 여러 개의 중요한 정신능력, 즉 독특하고 독립된 능력(언어관계성, 어휘력, 지각력, 공간력, 귀납력, 추리력, 수리력, 산술추리, 기억력)으로 구성된다고 주장하였다.

Spearman의 2요인이론을 확장시킨 Cattell(1963, 1971, 1979)은 유동지능과 결정지능으로 구분하여, 전자는 유전적이고 타고난 지적 능력인 반면에, 후자는 경험, 문화, 세상과의 다양한 상호작용을 통해 학습된 것이라고 하였다. Spearman의 g와 유사한 유동지능은 일반적 문제해결능력, 추상적 추리력, 빠르고 효율적으로 정보를 통합하고 합성하는 능력이라고 하였으며, 결정지능은 Spearman의 s와 유사하게 훈련과 경험을 통해서 발달되거나 육성된 구체적인 기술이라고 보았다. 또한 Cattell은 지능을 이해하고 탐색하는 데 동기, 성격, 문화의 역할을 강조하였다.

Guilford(1967, 1979, 1985)는 앞서의 Spearman, Thurstone과 Cattell의 이론이나 통계와 요인분석적 방법을 사용하지 않고 지능을 크게 세 가지 범주로 구분하였다. 첫 번째 범주는 조작화(operations)로서 특정 지적 문제를 해결하는 데 필요한 정신능력이고, 두 번째 범주는 내용(contents)으로서 다뤄지는 특정 이슈나 문제이며, 세 번째 범주는 생산결과(products)로서 정신활동의 맨 마지막 결과이다. 이들 각 범주는 각기 세부적으로 구분되어 최종 150개의 지능요인의 조합이 가능하다고 하였다.

앞서의 지능이론과는 다르게 Piaget(1952, 1970, 1972)는 지능이론에 발달적 관점을 추가하였다. Piaget는 실험실 연구나 통계적 기법을 사용하기보다는 자신의 자녀를 대상으로 인지과제 실험을 수행하여 인지발달 4단계(감각운동기, 전조작기, 구체적 조작기, 형식적 조작기)를 구체화하였고, 동화와 조절의 개념을 사용하여 자신의 인지발달이론을 발전시켰다.

이러한 전통적인 이론들은 지능의 구조와 구성요소를 이해하고 밝히는 데 초점을 두고 있어서, 이에 기반한 지능검사도 주로 추리력, 분석적 사고, 언어능력과 같이 다양한 지적 능력과 문제해결능력을 측정하도록 구성되어 있다. 하지만, 최근 정보처리 모델에 기반한 지능이론(예, Gardner의 다중지능이론, Sternberg의 삼원지능이론)은 개인의 문제해결 방법이나 과정을 이해하는 데 관심이 있어(Gardner, 2006; Sternberg, 2008), 문제를 해결하고 처리하는 시간, 수준, 형태 등을 주로 측정한다. 더군다나, 현대의 지능 개념은 전통적인 관점에 부가하여 실용적, 창의적, 사회적, 정서적 측면까지도 고려한 생물심리사회학적 관점을 지니고 있다(Gardner, 1994; Goleman, 1995, 2006, 2007; Sternberg, 1996, 2008). 그러나, 임상장면에서 이런 관점에 기반한 지능검사가 새롭게 개발되지는 않아 전통적인 지능검사 위주로 소개하고자 하며, 이와 함께 지능에 대한 생물학적 관점을 좀 더 설명하고자 한다.

지능과 성격

연구자들 중에는 지능과 성격을 서로 대조되는 용어로 생각하는 사람이 있는가 하면 지능을 성격의 한 부분으로 간주하는 사람도 있다. 지능을 정의할 때 성격을 포함시킬 수도 있고 배제할 수도 있다. Eysenck(1970)는 성격을 정의할 때 지능을 포함하여 기질이라 부르기도 하였다. 그는 성격을 기질과 지능을 포함하는 상위의 개념으로 보았는데, 전자는 성격의 비인지적 측면을, 그리고 후자는 성격의 인지적 측면을 각각 의미한다. 이런 정의에 대해 모든 사람들이 동의하는 것은 아니다. 예를 들면, Binet는 정서를 사고에 있어서 절대 필요한 요소로 간주하고 이것이 곧 흥분을 유발한다고 하면서, 지능적 과정과 정서적 과정으로 구분하여 별개의 개념이라고 주장하였다.

지능이라는 용어에는 세 가지 서로 다른 의미가 내포되어 있다. 즉 지능 A는 개인의 인지적 기능과 능력의 유전적 기반이다. 지능 B는 개인의 일상생활에서 흔히 보는 지적 행동이며 문제해결 행동이다. 이는 유전적 요인, 교육, 문화, 사회경제적 환경, 그리고 기타 여러 가지 환경적 요인의 상호작용에 의해 결정된다. 지능 C는 능력의 측정치를 의미한다. 이와 같은 지능에 대한 구분은 Sir Francis Galton(1822~1911)과 Alfred Binet(1857~1911)의 이론과 연구방법을 이해하는 데 크게 도움이 된다. Galton과 Binet는 지능심리학의 발전에 크게 공헌한 거물이다. 그러나 두 사람의 지능이론과 측정방법은 다음과 같이 세 가지 측면에서 크게 다르다(Eysenck, 1986).

첫째, Galton(1892)은 지능과 인지기능의 일반요인을 중요하고 의미 있는 개념으로 간주하였다. 이와는 달리 Binet는 지능을 순수한 통계적 가공물로 생각하고, 그것은 개별적 정신능력의 평균에 지나지 않는다고 생각하였다. 둘째, Galton은 유전적 요인이 지능의 개인차를 결정하는 데 있어서 매우 중요한 인자로 작용한다고 간주하는 것과는 달리, Binet는 교육자였기 때문인지는 몰라도 환경요인을 지능의 개인차를 유발하는 결정인자로 보았다. 셋째, Galton이 지능측정을 위해 반응시간과 같은 생리적 반응을 측정한 것과는 달리, Binet는 문제해결능력이나 학습능력을 측정하였다. Binet의 지능에 대한 개념은 교육 현장에 널리 소개되었고, 그의 주장을 바탕으로 Wechsler 검사나 Binet 검사와 같은 독특한 검사가 연구 제작되었다.

지능의 개념은 새롭게 이해되고 있다(Eysenck, 1983). 개혁주의자들은 지능을 인지적 능력을 결정하는 생물적 요인이라고 간주한다. 이는 부분적으로는 사회적 지능과도 관련이 있지만(Sternberg, 1985), 사회적 지능은 생물적 지능과는 달리 성격, 동기, 문화 및 교육 등과 같이 여러 요인에 의해 결정된다. 생물적 지능, 정신측정적 지능, 그리고 사회적 지능을 연결하는 모델을 도식화하면 <그림 5-1>과 같다.

이는 세 가지 서로 다른 지능이 소개되어 있다. 생물적 지능은 Galton이 선호한 것으로 가장 기본적이고 과학적 의미를 내포하는 용어이다. 정신측정적 지능은 Spearman, Thurston 및 Cattell 등이 사용한 용어로서 실용적으로는 매우 유용하게 사용되고 있으나 과학적 측면에서 보면 많은 문제를 내포하고 있다. 사회적 지능은 사회 생활에 목적적 적응을 위한 정신적 활동으로서(Sternberg, 1985), 이 유형에는 지나치게 포괄적 의미가 내포되어 있어 과학적 가치를 부여하기 어렵다.

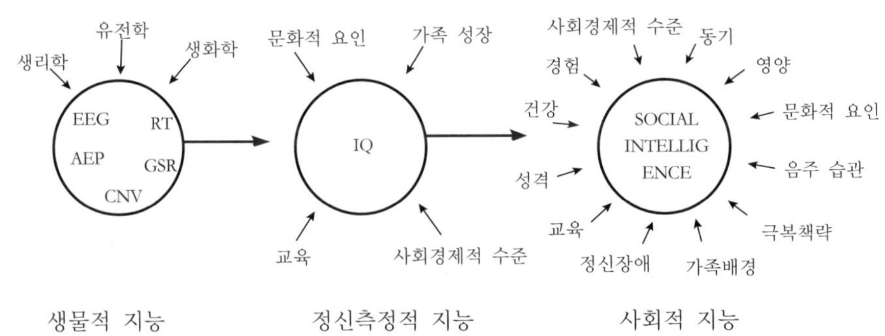

AEP: 평균유발전위, EEG: 뇌파, RT: 반응시간, GSR: 피부전도반응, CNV: 부수성 부적변화

그림 5-1 생물적, 정신측정적 및 사회적 지능의 구조

이제 Binet의 패러다임은 Galton의 생물적 지능 패러다임으로 대치될 필요가 있다(Eysenck, 1986). 지능연구자들이 이와 같이 패러다임을 변화시키지 않고서는 지능에 대해 보다 깊이 이해할 수 없다. 왜냐하면, 생리적 측정치가 심리측정적 지능과 깊은 관계가 있고 외현적 행동특성은 생물적 요인과 깊은 관계가 있다는 사실이 밝혀졌기 때문이다. 영국의 생물학자로 Darwin의 진화론을 지지했던 Thomas Henry Huxley(1825~1895)가 이런 말을 한 적이 있다. 즉, 신경증이 수반되지 않은 정신병은 없다. 이는 생물적 사건이 수반되지 않은 심리적 사건은 존재하지 않는다는 사실을 의미한다.

지능평가

지능평가는 심리평가를 수행하는 데 있어서 가장 필수적인 요인 중의 하나이다. 대부분의 지능검사는 지능이라는 구성개념을 탐색하는 목적보다는 개인의 인지능력에 대한 답을 얻기 위해 사용된다. 그러다 보니, 임상심리학자가 임상장면에서 개인 심리평가를 의뢰받을 때, 단순히 지능검사만을 의뢰하거나 IQ점수만을 알려주는 경우도 있다. 또한, 일반인을 포함한 타전문가에게 지능평가가 단순히 IQ점수만을 밝히는 과정으로 오인되는 경우도 있다.

지능을 평가하는 것은 마치 건축물의 뼈대를 구성하는 것으로서, 한 개인의 인지기능과 능력의 한계를 알려준다. 즉, 지능평가는 개인의 수행가능한 능력의 한계와 영역을 알려줌으로써 개인의 능력에서 벗어나는 과도한 기대를 줄이고 능력에 맞는 치료와 교육을 적용하게 해준다. 또한, IQ점수뿐만 아니라, 한 개인의 인지기능의 장단점과 특징, 선천적으로 타고난 능력과 후천적으로 학습되고 발달된 능력, 인지기능의 과거 및 미래에 대한 예측, 인지기능으로 인한 학습능력 및 사회적 관계, 문제해결능력 등 다양한 정보를 제공해 준다. 다시 한번 강조하지만, 지능평가는 단순한 IQ 테스트가 아닌 것이다.

심리학자는 지능검사를 통해 얻은 총 점수와 하위점수를 이용하여 실제적인 결정을 내린다. 지능을 정확히 측정하기 위해서는 지능에 대한 정의와 구성개념을 확립하는 어려운 문제 외에도 문항구성, 측정기법, 하위검사구성, 채점방법 및 점수산출, 통계적 분석, 최종결과 해석까지 매우 복잡한 과정이 필요하다. 이 과정 속에는 표준화 및 문항분석기법과 같은 심리측정이론과 상관분석이나 요인분석을 포함한 다변량분석과 같은 통계적 기법이 포함되어 있으며, 신경심리학이나 실험심리학적 방법을 통해 뇌와 인지기능의 손상과 이상 정도를 확인하려는 연구 결과도 포함되어 있다. 특히, 이 방법들은 상호보완적이어서 심리측정이론과 통계적 기법이 대단위의 모집단을 대상으로 표준화하여 측정 도구의 타당성과 신뢰성을 높이는 반면, 신경심리학이나 실험심리학적 방법은 뇌손상과 같은 기질적 결함이나 기능적 이상을 보이는 사람의 인지구조를 파악하는 것과 같이 임상적으로 중요한 역할을 한다.

웩슬러형 지능검사

임상장면에서는 지능 수준을 평가하기 위해 여러 가지 지능검사가 활용되고 있다. 그 가운데에서도 가장 사용빈도가 높고 보다 풍부한 정보를 얻을 수 있는 것이 웩슬러형 지능검사이다. 이 검사의 연구개발과정, 실시방법, 그리고 채점방법은 다른 문헌(염태호 등, 1992)을 참고하기 바란다. 여기서는 이 검사의 종류, 하위검사의 임상적 기능, 그리고 진단적 목적으로 어떻게 활용되고 있는가를 살펴보기로 하겠다.

웩슬러형 지능검사의 종류

웩슬러형 지능검사는 David Wechsler가 1939년에 Wechsler Bellevue Ⅰ판(WB-Ⅰ, 7~69세)과 1946년에 WB-Ⅱ판(10~79세)을 개발한 이후에, 아동용 지능검사(Wechsler Intelligence Scale for Children: WISC, 1949), 성인용 지능검사(Wechsler Adult Intelligence Scale: WAIS, 1955), 그리고 유아용 지능검사(Wechsler Preschool and Primary Scale of Intelligence: WPPSI, 1967)를 연령에 따라 개발하였다. 그 후, 이들 초판을 개정하여, 개정된 웩슬러형 지능검사(WISC-R, 1974; WAIS-R, 1981; WPPSI-R, 1989)를 표준화하였고, 이후 3판(WISC-Ⅲ, 1991; WAIS-Ⅲ, 1997)과 4판(WAIS-Ⅳ, 2008)을 발표하였다.

한국에서는 1954년 처음으로 WB-Ⅱ가 웩슬러 지능검사로 번안되었고, 1963년 WAIS가 한국판 웩슬러 지능검사(K-WAIS)로, 1974년 WISC가 한국판 웩슬러 아동용 지능검사(K-WISC)로 각각 번안되었다. 1987년 한국교육개발원에서 WISC-R을 표준화한 한국교육개발원판 웩슬러 아동용 지능검사(KEDI-WISC)와 1992년 한국 임상심리학회에서 WAIS-R을 표준화한 한국판 웩슬러 성인용 지능검사(K-WAIS)가 비교적 오래 사용되었다. 최근 들어, 2001년과 2011년에 한국 웩슬러 아동 지능검사(K-WISC-Ⅲ, K-WISC-Ⅳ), 그리고 2011년 한국판 웩슬러 성인용 지능검사(K-WAIS-Ⅳ)가 표준화되었다. 각 검사마다 하위 요인들이 조금씩 다르기 때문에 이를 모두 설명하기는 어렵고, 대표적인 웩슬러 성인용 지능검사를 예로 들어 살펴 보겠다.

웩슬러형 지능검사의 구성

성인용 웩슬러 지능검사는 언어성 검사와 동작성 검사로 구분된다. 언어성 검사는 (1) 상식문제, (2) 이해문제, (3) 산수문제, (4) 공통성 문제, (5) 숫자문제, 그리고 (6) 어휘문제 6개의 하위검사로 구성되어 있고, 동작성 검사는 (1) 바꿔쓰기, (2) 빠진 곳 찾기, (3) 토막짜기, (4) 차례맞추기, 그리고 (5) 모양맞추기 5개의 하위검사로 구성되어 있다. 그러므로 웩슬러형 지능검사는 11개의 하위검사로 구성되었다고 보아야 한다. 11개의 하위검사의 기능에 대해서 살펴보면, 다음과 같다.

상식문제 이 하위검사는 피검사자의 일반 지식 수준을 측정한다. 피검사자는 자신이 축적하고 있는 지식을 활용해서 검사문항에 대해 답을 해야 한다. 그러나 특별한 고등의 교육경험을 필요로 하기보다는 일상생활에서 얻은 경험과 보통 수준의 교육경험으로 대답할 수 있게 되어 있다. 여기서 기억의 의미를 좀 더 잘 이해하고 있을 필요가 있다. 여기서 말하는 기억은 기계적 학습과정도 아니고 순수한 조건반사의 산물도 아니다. 그것보다는 개인의 발달과정에서 자신의 경험이나 어떤 사실 등이 자신의 욕구, 흥미, 혹은 감정에 따라 개인의 특유한 참조의 틀 속에 통합된 사건들이다(Mayman, Schafer, & Rapaport, 1951).

개체가 새로운 상황에 접했을 때, 이전에 경험한 것과 유사한 욕구나 흥미가 되살아날 때, 자신이 과거에 경험한 사실들이 의식에 떠오르는데 이것이 곧 기억의 작용에 의한 것으로 해석된다. 어휘와 같이 상식도 선천적 소질과 교육에 의해서 발달된다. 상식은 개인의 기본적 통제기능과 밀접한 관계가 있다. 극복하기 어려운 갈등이나 감정은 지식습득을 저해하지만 쉽게 극복이 가능한 갈등이나 감정은 지식습득을 용이하게 하는 기능을 한다. 이미 이전에 습득한 상식은 수의적 노력에 의해 촉진되지 않고 자연스러운 회상이나 노력에 의해 보다 풍부해지는 경향이 있다. 검사과정에서 피검사자가 지나치게 억압을 하면 회상기능은 저하되는 경향이 있다.

이해문제 이 하위검사는 실용적 판단능력과 일반 상식 수준을 측정한다. 또한 사회적 상황판단능력, 지식의 일상 활용능력, 통찰능력 및 추상화능력 수준을 측정한다. 때로는 현실검증 기능 수준을 측정한다. 비교적 객관적 기준에서 세계, 사회, 그리고 자아에 대해서 평가하는 기능도 측정한다.

이해문제는 단순히 기억한 사실에 대한 회상 수준만을 측정하는 것이 아니다. 그것보다는 기억하고 있는 사실 혹은 생활경험을 보다 적극적으로 회상해서 그것을 적절하게 활용하는 기능 수준을 평가한다. 이를 위해 피검사자로 하여금 자신의 특정상황 대처방법을 말하게 하기도 하고 사회적 통념을 설명하게 한다.

일반적으로 판단의 기초가 되는 것은 개인의 이해 수준이다. 판단은 상황을 파악하는 데 있어서 특별한 노력이 없이도 자동적으로 적절히 수행되는 것이 특징이다. 판단의 개념은 지적, 논리적 및 상식적 요인과는 무관하다. 오히려 정서적 태도적 요인에 의해서 결정된다. 그래서 판단은 지적 반응과 정서적 반응의 경계선에 위치하는 개념으로 해석할 수 있다. 안정된 정서 없이는 훌륭한 판단에 필요한 지적 정보선택을 기대할 수 없다. 그러므로 이해문제의 낮은 점수는 부적응자로 진단할 수 있는 단서가 된다.

산수문제 이 하위검사는 피검사자의 초등학교 수준정도의 산수문제 해결능력을 평가한다. 단순한 산수능력만을 측정하는 것이 아니라 주의집중능력과 주의범위를 측정한다. 문제는 구두로 제시하고 피검사자는 구두로 대답해야 하며 종이나 연필 사용은 허용되지 않는다. 산수문제는 일차적으로 주의집중능력 수준을 검사한다. 주의집중능력은 복잡한 상황을 의미 있게 이해하는 데, 혹은 복잡한 사고과정을 의미 있게 조절하기 위해 의식적으로, 적극적으로 주의를 집중시키는 과정이라고 정의되기도 한다(Mayman et al., 1951).

공통성 문제 이 하위검사는 두 사건들간의 공통된 특성을 측정하는 것으로, 이 검사를 통해 피검사자의 기억능력, 이해능력, 추상적 사고능력, 그리고 연합적 사고능력의 수준을 검사한다. 공통성 문제는 피검사자의 언어개념형성의 기능 수준도 평가한다. 특정 사물이나 상황의 유사점과 차이점을 발견하게 되면 그에 대한 개념이 형성된다. 두 사물이나 상황간의 유사성이나 공통성을 추구하는 것은 그들간의 개념적 추상성 혹은 일반성을 추구하는 것과 같다.

모든 개념에는 범주와 내용이 있다. 전자는 개념으로 표시되고 개념이 포함하고 있는 것 모두를 함유하고 있으며, 후자는 범주 내에 있는 모든 대상에 대한 가장 일반적인 기술을 의미한다. 개체가 추구하는 개념에는 구체적, 기능적, 그리고 추상적 개념의 세 가지가 있다. 구체적 개념은 사물의 가장 일반적인 특징이 결합될 때 형성된다. 예를 들면, 오렌지와 바나나는 둘 다 껍질이 있다는 점이 공통된 특성이다. 혹은 두 내용의 구체적 상황이 연결될 때 형성된다. 예를 들면, 파리와 나무는 문 밖에서 볼 수 있다는 점이 공통점이라고 생각하는 경우이다. 기능적 개념은 두 가지 서로 다른 사물의 수행기능을 바탕으로 형성된다. 예를 들면, 오렌지나 바나나는 둘 다 먹을 수 있다는 점에서 공통된다고 생각하는 경우이다. 추상적 개념은 두 가지 서로 다른 사물이 가지는 가장 본질적 공통성을 기반으로 형성된다. 예를 들면, 오렌지나 바나나는 둘 다 과일에 속한다고 생각하는 경우이다.

주어진 상황에 대한 개념 형성 과정의 특징을 통해서 여러 가지 부적응의 형태를 찾아낼 수 있다. 반응의 융통성, 적합성, 적극적 개념적 사고의 특징으로부터 가치있는 진단 단서를 얻어낼 수 있다. 어휘문제는 사실에 대한 의미의 파악을, 상식문제는 특정한 사실에 대한 기억 능력을 측정하는데 이 두 검사의 구별은 쉽지 않다. 그러나 공통성 문제는 사물간의 관계진단에 크게 도움이 된다. 검사자는 이 검사의 결과를 통해 피검사자가 자신의 세계를 어떻게 지각하고 있는지 그 수준을 점검할 수 있다.

숫자문제 이 하위검사에서 피검사자는 검사자가 구두로 제시한 숫자를 구두로 대답해야 한다. 제시되는 순서로 숫자를 반복하는 것과 제시되는 순서의 역으로 숫자를 되풀이 하는 검사로 구성되어 있는데, 긴장수준이 낮고 주의력이 좋은 사람은 주의가 산만하고, 불안하고, 주의집중이 결여된 사람보다 더 높은 점수를 받을 수 있다. 숫자문제는 일차적으로 주의기능을 검사하는 데 사용된다. 여기서 말하는 주의는 비교적 노력이 수반되지 않은 것, 피동적인 것, 그리고 비선택적으로 자극을 지각하는 과정이라고 볼 수 있다.

우리가 강의실에서 특별한 노력을 하고 있다는 생각이 없는데도 교수의 강의를 쫓아가는 것은 곧 주의기능이 작용하고 있기 때문이다. 우리가 강의를 듣는다든지 책을 읽을 때 생각이 흐트러진 것 같은 느낌을 가질 때가 있는데 이것은 곧 주의산만의 특징이다. 임상장면에서 자신이 별로 노력을 하지 않아도 숫자를 잘 기억하는 사람이 있는가 하면 그 숫자를 완벽하게 외우려고 모든 노력을 해도 검사에 실패하는 사람을 많이 볼 수 있다. 숫자문제는 의식적으로 노력한다고 해서 높은 점수를 받는 것이 아니다. 일반적으로 너무 많은 것을 한꺼번에 생각한다든지 불안이 심하다든지, 혹은 감정이 손상되었을 때에는 주의가 심하게 저하된다.

어휘문제 이는 피검사자의 사고내용의 특징과 인지기능의 수준 등을 측정한다. 어휘문제 점수는 검사 전체의 지능 수준과 높은 상관관계가 있다. 이로 인해, 어휘문제는 일반지능 수준을 나타내는 데 가장 좋은 지표, 즉 일반지능의 지표로 간주된다. 어휘문제 점수는 피검사자의 교육배경과 밀접한 관계가 있다. 그러나 피검사자가 최근에 받은 심리적 장애나 외상의 영향은 전혀 받지 않는다는 것이 이 하위검사의 특징이다.

어휘문제는 개인의 기억이나 생각이 언어적 의미와 어떤 관계가 있는지 그 범위를 검토하는 데 활용된다. 사고과정에서 기억과 개념은 어휘의 의미 획득과정에서 매우 큰 비중을 차지한다. 어휘의 정확성이나 그 양은 선천적으로 타고난 소질과 교육 수준에 따라 크게 영향을 받는다. 선천적 소질을 타고나지 못했거나 조기교육을 받지 못했을 때 어휘기능의 발달이 크게 떨어진다. 만일 정서적 발달이 장애를 받게 되면 단어습득을 크게 손상시키는 결과를 가져온다.

바꿔쓰기 이는 심볼과 숫자를 결합하는 능력을 측정하는 검사이다. 궁극적으로는 시각과 근육운동기능, 즉 정신근육운동의 속도를 측정한다. 그러므로 피검사자의 시각-근육운동의 기민성 등을 측정한다고 볼 수 있다. 다음에 언급하게 될 모양맞추기 하위검사가 기대나 배치 기능을, 토막짜기 하위검사가 분석 통합의 기능을 각각 측정하는 것과는 대조적으로 바꿔쓰기는 일종의 모방기능수준을 측정한다. 이 검사는 몇 가지 특징을 가지고 있다. 첫째, 속도요인이 매우 중요하다. 그런 의미에서 이 검사는 주의집중능력은 물론 시각-근육운동의 협응기능 까지도 측정한다. 둘째, 좀 더 복잡한 근육조절기능을 요구하는 검사이다. 피검사자는 도형복사를 위해서 효과적인 눈과 머리운동을 필요로 한다. 셋째, 학습요인의 영향을 크게 받는다. 숫자와 무의미한 도형을 결합시키는 과정에서 주의집중의 요인이 큰 비중을 차지한다.

빠진곳 찾기 이는 피검사자가 주어진 그림에서 빠진 부분을 찾아내는 검사이다. 이를 통해 피검사자의 시각적 변별기능, 주의집중력, 그리고 사물의 식별기능수준을 평가한다. 빠진곳 찾기는 차례맞추기 하위검사와 같이 시각적 조직기능을 필요로 한다. 이 과정에서도 주의집중능력이 크게 작용한다는 점을 잊어서는 안 된다. 피검사자는 보다 의식적으로 주의를 집중시켜야 하고 좀 더 적극적으로 그림을 탐색해야 한다. 피검사자는 과제를 효과적으로 수행하기 위해 체계적이며 선택적으로 행동해야 한다.

토막짜기 이 검사에서 피검사자는 주어진 그림을 보고 그와 같은 모양을 토막으로 짜는데, 되도록이면 빠르고 정확해야 한다. 이를 통해 피검사자의 비언어적 사고기능수준, 동작속도, 그리고 시각적 운동기능의 수준을 측정한다. 토막짜기도 역시 일종의 시각-근육운동의 협응수준을 검사하는 데 쓰여지고 있다. 그러나 모양맞추기와는 다르다. 토막짜기는 개념형성과정에서 작용하는 것과 같은 사고과정을 필요로 한다.

피검사자는 복잡한 도안을 나무토막과 동일한 단위로 분석해야 한다. 이와 같은 시각적 분석과 종합을 위해서 피검사자는 제시된 도형과 나무토막을 계속적으로 상호작용시켜야 한다. 매우 간단한 문항을 수행할 때 피검사자는 시각적 분석을 하고 나면 곧바로 근육운동으로 옮길 수 있다. 그러나 다소 어려운 문항을 수행할 때에는 도안과 토막을 여러 번 재검토하기 때문에 근육운동은 다소 지연된다.

차례맞추기 이 하위검사에서 피검사자는 주어진 단편적 그림을 일정한 논리적 흐름에 따라 배열해야 한다. 이는 피검사자의 정확한 시각적 응용력, 계획능력, 그리고 사회적 상황 지각능력을 측정한다. 언어성 검사의 이해 문제가 단순히 사회적 상황에 대한 이해와 판단력을 측정한다면, 차례맞추기 검사는 그와 같은 이해와 판단을 실제 상황에서 수행할 수 있는 능력과 좀 더 관련이 있다. 검사수행 속도에 따라 가산점수를 받을 수 있다.

모양맞추기 피검사자는 단편적 재료를 되도록이면 빨리 특정 모양으로 맞추어야 한다. 이것도 역시 일종의 시각-근육운동 능력을 측정하는 검사로서 차례맞추기보다 더 적극적으로 사고하고 수행해야 한다. 시각적 분석능력, 단순종합능력, 부분-전체의 관계파악능력을 검사하는 데 사용된다. 모양맞추기는 전체의 모양을 예측하여 부분을 조합하는 것으로서, 여러 번의 시행착오을 경험하게 된다. 따라서, 이러한 시행착오를 경험하기 꺼려하거나 실패가 두려운 피검사자는 수행이 낮아질 수밖에 없다.

지능검사 결과의 임상적 해석과 활용

웩슬러형 지능검사가 끝나고 나면 임상심리학자는 검사실시요강(염태호 등, 1992)에 제시된 절차에 따라 언어성 지능과 동작성 지능을 산출하고 두 지능점수를 더해서 전체지능지수를 산출한다. 이와 같이, 기계적으로 산출된 지능지수는 임상심리학자에게 크게 도움을 주지 못한다. 임상심리학자가 검사결과에서 특정 환자 혹은 내담자에 대한 정보를 얻으려면 임상심리학자는 그것을 임상적으로 분석하고 해석해야 한다. 이를 위해 심리학자는 여러 가지 방법으로 분석하고 해석해야 하는데 그 방법은 다양하다. 중요한 몇 가지 방법에 대해 살펴보겠다.

임상심리학자는 지능검사결과를 기초로 하여 진단을 내리기 위해 지능지수를 여러 가지로 비교분석한다. 이미 오래 전에 David Wechsler(1911~1960)는 지능검사의 결과를 기초로 하여 기질적 손상, 정신분열증, 신경증, 정신결함, 그리고 성인정신병질자 등을 진단할 수 있는 진단적 유형을 제시하였다. 이를 바탕으로 특정 진단집단의 웩슬러 지능검사결과의 유형은 보다 깊이 연구 개발되었다(Rapaport, Gill, & Schafer, 1968). Rapaport의 연구는 개척자의 업적이라는 점에서는 크게 인정받고 있으나 거기에는 여러 가지 결함이 내재되어 있다. 무엇보다도 그가 사용한 진단용어는 진단용으로나 연구용으로 많이 사용되지 않고 있다. 검사를 실시하고 해석하는 방법이 원래 실시요강에 명시된 것과 다소 다르고 몇 가지 통계적 오류를 범하고 있다.

이와 같은 몇 가지 단점이 있지만 검사결과에 대한 질적 분석은 임상가가 내담자의 지적 기능과 그 장애를 진단하는 데 크게 도움이 된다. 그러므로, 많은 심리학자들이 웩슬러형 지능검사의 임상적 활용가능성을 체계적으로 추구하고 있다(Matarazzo, 1972). 이에 대한 부정적 의견도 없지 않다(Guertin et al., 1966). 따라서, 초보 임상심리학자들은 웩슬러형 지능검사 그 자체에 대해서는 물론 심리검사 전반에 걸쳐 회의적 태도를 가질지 모른다. 이와 같은 태도는 다음과 같은 두 가지 사실을 염두에 두고 생각하면 쉽게 해결할 수 있을 것이다.

첫째, 정신의학적 진단의 수속절차와 과정은 진단자가 소속하고 있는 기관에 따라 다르고, 같은 기관에 소속하고 있는 진단자간에도 좀처럼 의견이 일치할 수 없다. 그러므로 웩슬러형 지능검사의 유형 분석결과도 불안정적일 수밖에 없다. 또 특정 이상집단의 행동변화가 크다는 점도 염두에 두어야 한다. 질병의 지속기간, 장애의 정도, 환자의 순간적 동기, 그리고 형성된 라포의 정도에 따라 웩슬러형 지능검사의 유형은 크게 달라질 수밖에 없다. 피검사자의 성, 교육정도, 그리고 사회적 변인에 따라서도 진단은 크게 달라진다.

둘째, 웩슬러형 지능검사를 사용해서 진단유형의 특징을 밝히고자 할 때에는 특정진단집단의 지능수준은 다른 집단에 비해 크게 떨어진다는 점을 알고 있을 필요가 있다. 언어성 지능이나 동작성 지능이나 모두 성격장애의 수준에 따라 크게 달라진다. 즉 피검사자의 성격병리가 지능수준에 직접 영향을 준다. 그럼에도 불구하고 많은 임상가들이 이런 점을 고려하지 않고 지능수준을 진단하는 경향이 있다. 피검사자의 연령에 따라 진단유형이 크게 다르다는 사실이 여러 연령집단을 대상으로 한 지능검사결과에서 잘 나타나고 있다. 또 검사의 내용을 분석 검토해 보면 특정 하위검사의 결과는 연령, 지능지수, 그리고 교육수준과 밀접한 관계가 있다는 사실이 정신분열증 환자의 진단유형 분석에서 잘 나타나 있다. 지능지수에 영향을 주는 것은 정신적 장애요인 뿐만이 아니라는 사실을 생각하면 문제는 더욱 복잡해진다.

임상가가 임상연구를 위해 웩슬러형 지능검사를 사용할 때 몇 가지 점에 유의할 필요가 있다. 웩슬러형 지능검사는 일차적으로 지적 기능을 검사하기 위해 실시한다. 성격특징의 발견은 이차적인 것에 지나지 않는다. 임상심리학자는 웩슬러형 지능검사를 임상장면에 활용하고자 할 때에는 검사의 양적 측면도 중요하지만 질적 측면을 세밀하게 검토할 때 보다 좋은 정보를 얻을 수 있다. 이를 위해 보통수준으로 간주하기 어려운 반응, 반응하지 못한 항목의 성질, 특정 반응유형 등을 점검하고 피검사자의 행동을 세밀하게 관찰 기록한다. 그 외에도 검사자의 경험, 정신병리에 대한 지식 수준, 성격이론에 대한 지식, 그리고 검사경험과 같은 요인은 검사결과에 큰 영향을 준다.

피검사자의 하위검사결과를 임상적으로 의미있게 해석하기 위해서는 발병 전후에 검사를 실시하고 그 결과를 서로 비교하는 것이 매우 이상적이기는 하지만 임상장면에서는 그와 같은 검사는 실질적으로 어렵거나 거의 불가능한 것이 사실이다. 따라서 비록 추정치이기는 하지만, 이와 같은 어려움을 해결하기 위해, 병전지능을 추정하는 몇 가지 방법이 제안되어 왔다. 다시 말해, 병전지능을 추정함으로서 현재 지능이 발병 전과 비교해서 어느 정도 유지 또는 퇴보되었는지를 판단하기 위한 기준을 설정하는 것이다. 첫째, 발병에 의해 영향을 적게 받는 읽기검사(national adult reding test 등)를 실시하여 병전의 지적 기능을 파악한다. 둘째, 인구통계학적 특성, 즉 나이, 성, 인종, 교육수준, 직업을 통해서 지적 기능을 파악한다. 셋째, 학창 시절 생활기록부의 학업성적이나 행동발달, 또는 집단 지능점수 등을 비교한다. 넷째, 웩슬러형 지능검사에서 발병으로 인한 영향력을 적게 받는 소검사(기본지식, 어휘, 토막짜기 등) 점수의 평균으로 기준을 삼는다.

지능지수는 원래 여러 기능이 통합된 것이기 때문에 좀 더 의미 있게 해석하기 위해서는 그것을 질적 양적 모든 측면에서 분석하지 않으면 안 된다. 웩슬러 지능검사를 구성하는 11개의 하위검사는 어느 것이나 피검사자의 교육수준이나 사회적 배경은 물론 연령요인의 영향을 크게 받는다. 그러므로 피검사자의 지능수준을 평가할 때 이와 같은 요인들이 충분히 고려되어야 한다. 특히 검사간의 분산정도를 평가하고 다른 하위검사결과와 비교할 때에는 피검사자의 연령과 교육정도가 반드시 고려되어야 한다(Smith, 1983).

웩슬러 지능검사를 구성하는 여러 소검사간의 비교는 물론, 동일한 소검사를 구성하는 문항을 비교하면서 얻은 정보는 기질적 뇌손상의 유무를 신빙성 있게 진단해 낼 수 있다. 하위검사의 본질과 피검사자의 연령을 고려한 소검사간의 분산도 분석의 결과는 매우 큰 진단적 의미를 갖는다. 예를 들어, 55~64세까지의 정상인 100명의 지능검사결과에서 바꿔쓰기의 평가치가 6.11이었고 상식문제의 평가치가 10.46으로 평가되었다고 하자. 일반적으로 바꿔쓰기는 뇌손상의 영향을 예민하게 받는 것으로 알려져 있다. 위 검사결과에서 바꿔쓰기와 상식문제 사이에 나타난 큰 차이는 임상적으로 큰 의미가 있다. 즉 복잡한 감각기능과 정신기능이 크게 장애를 받은 결과로 해석할 수 있다.

부적응과 지적 기능의 분산도

웩슬러형 지능검사의 결과는 피검사자의 지적 수준뿐만 아니라 부적응의 진단에도 사용되고 있다. 그리고 지적 기능의 분산도는 특정한 개인의 성격특징을 진단하는 데에도 활용된다. 여기에서는 웩슬러형 지능검사의 결과를 해석하는 방법 중 분산도 분석을 살펴보고자 한다. 이는 지능검사 결과가 부적응에 따라 특징적인 분산을 보인다는 점에 착안한 방법이다. 하지만, 이를 통해 기술된 결과가 곧 진단명이 될 수는 없다. 피검사자가 반응한 내용을 잘 살펴보면 외부준거는 생각하지 않고 주어진 상황을 세밀하게 기술하고 있다. 이것이 곧 진단을 위한 주요 단서로 쓰여질 수 있다. 검사상황에서 기술된 사실들은 진단에 도움을 주는 단서에 지나지 않는 것이기 때문에 다른 검사 배터리에 의한 검사결과와 결합시켜 보면 환자의 진단에 도움이 된다 (Rapaport et al., 1968).

임상심리학자는 성격진단을 위해 혹은 연구를 위해 지능검사를 실시하고 지능지수를 산출한다. 그것을 보다 의미 있게 해석하기 위해 백분위 점수와 같은 표준점수로 환산하기도 한다. 그럼으로써 다른 사람과 비교해서 피검사자의 지능수준을 평가하고 유익한 정보를 얻고 있다. 이와 같은 절차만으로는 임상가가 개인의 지적 수준을 서로 비교하는 것은 불가능하다. 예를 들어, 주의집중능력과 시각기능의 수준을 상호비교하기가 불가능하다. 서로 다른 개인의 지적 능력수준을 비교하기 위해 사용하는 방법이 곧 분산도 분석방법이다.

분산도는 지능검사를 구성하는 하위검사가 분산을 이루고 있는 형태를 말한다(Rapaport et al., 1968). 그러므로 두 하위검사의 관계를 곧 분산도라는 개념으로 표시할 수 있다. 분산도는 두 하위검사점수의 관계는 물론 모든 하위검사점수와 특정 하위검사 결과와의 관계라고도 말할 수 있다. 이 분산도는 중앙치를 중심으로 하나의 의미 있는 유형을 형성하고 있다. 일반적으로 모든 분산도는 중앙치를 중심으로 분포를 이루고 있다. 임상장면에서는 하위검사간의 특징을 서로 비교해야 할 필요가 많이 있다. 이러한 목적달성의 수단의 하나로 쓰이는 것이 분산도 분석방법이다. 이 분산도는 개인의 발달과정에 따라 형성된 것으로 개인의 적응형태의 특징을 잘 나타내 준다. 그러나 연령에 따라 크게 변화하지는 않는다.

지능지수의 분산도 측정방법에는 여러 가지가 있다. 이는 크게 (1) 어휘성 분산도 측정방법, (2) 수정된 언어성 평균치 분산도 측정법, 그리고 (3) 수정된 동작성 평균치 분산도 측정법으로 나눠 생각할 수 있다. 먼저 어휘성 분산도 측정방법을 살펴보면, 특정하위검사의 분산도는 그 검사의 점수와 어휘문제 점수의 차에 의해 결정된다. 어휘문제의 평균점수는 다른 하위검사의 점수보다 항상 높으므로 어휘성 분산도는 대개 부적 분산도를 나타낸다. 어휘문제 점수가 모든 분산도 산출의 기준이 된 것에는 특별한 이유가 있는 것은 아니다. 순수한 경험적 바탕에서 채택된 것이라고 보면 크게 틀림이 없다.

어휘문제는 지적 수준을 가장 공정하게 평가할 수 있을 뿐만 아니라 개체가 부적응이나 정신적 장애를 받은 경우에도 비교적 손상되지 않고 그 기능을 건전하게 유지하고 있다. 그러므로 다른 지적 능력을 측정하는 수단으로 널리 쓰여지고 있다. 어휘문제는 부적응의 영향을 받지 않는 검사 가운데 하나로 공통성 문제의 평균점수보다 높다. 어휘문제 표준편차는 다른 하위검사의 표준편차보다 훨씬 작다. 그러므로 어휘성 분산도는 지적 수준의 쇠퇴 정도를 비교적 정확하게 평가하는 데 유용하게 활용될 수 있다.

평균치 분산도는 어떤 특정 하위검사의 점수와 다른 모든 하위검사점수의 평균치의 차이를 의미한다. 평균치 분산도에는 정적 평균치 분산도와 부적 평균치 분산도의 두 가지가 있다. 어떤 것이나 평균치 분산도는 어떤 하위검사의 점수가 중앙치에서 얼마나 일탈되어 있는지 그 정도를 의미한다. 그러므로 지능지수가 특정 개인의 수행능력이 전체 인구의 수행능력에 비해 어떤 수준인가를 측정한다면, 앞서 말한 어휘성 분산도는 특정 개인의 수행능력을 자신의 가장 높은 수행능력과 비교하는 것이고, 평균치 분산도는 특정 수행능력을 자신의 모든 수행능력 수준과 비교하는 것이라고 말할 수 있다.

웩슬러형 지능검사의 분산도는 임상집단과 정상집단을 변별하는 데 크게 도움이 된다. 임상가가 분산도 분석을 하는 데 있어서 몇 가지 유의해야 할 것이 있다. 무엇보다도 임상가는 피험자를 어떤 유목으로 진단할 것인가에 대한 가설을 설정하지 않으면 안 된다. 그리고 나서 단일하위검사의 분산도를 분석한다. 그럼으로써 진단을 위한 특징을 파악할 수 있다. 정적 언어성 분산도(언어성 검사점수가 동작성 점수보다 낮은 경우)는 그렇게 흔하지 않다. 단순 정신분열증의 경우와 같이 언어성 점수가 크게 떨어진 경우가 아니고는 정적 언어성 분산도는 찾아보기 어렵다. 동작성 검사에서 나타난 부적 분산도는 언어성 검사에서 나타난 것보다 크다. 다시 말하자면 언어성 검사는 훨씬 안정성이 보장되어 있을 뿐만 아니라 부적응 상태에 대해서 버티는 힘이 더 강해 쉽게 떨어지지 않는다.

부적 언어성 분산도는 동작성 검사점수가 언어성 점수보다 낮은 것인데 정신병적 우울증에서 많이 볼 수 있는 분산도의 유형이다. 퇴화수준이 높은 정신분열증에서도 언어성 문제점수보다는 동작성 문제점수가 크게 떨어지는 특징이 있다. 부적 언어성 분산도가 크게 나타날 때에는 정신병으로 자신 있게 진단 할 수 있는 반면, 부적 동작성 분산도가 클 때에는 우울증으로 진단되는데 그 정도는 분산도의 크기에 따라 평가할 수 있다.

웩슬러형 지능검사는 임상심리학자가 환자에 대한 평가를 위해 널리 사용하고 있고, 지능퇴화지수는 임상상태를 평가하는 데 좋은 지표가 되기 때문에 널리 연구되어 왔다. 그러나 그 결과는 많은 사람들에게 실망을 주기도 하였다. 무엇보다도 지표의 타당도와 임상적 활용도가 크게 문제가 되기 때문이었다(Garfield, 1957). 그러나 그 지표가 다른 측정치와 함께 사용될 때에는 임상심리학자에게 유용한 정보를 제공한다는 점에 대해서는 의견을 같이하는 사람이 많다(Wechsler, 1958).

환자에 대한 임상적 평가를 위해서 지능퇴화지수를 무비판적으로 사용하는 것은 신중히 고려되어야 한다. 임상심리학자는 지능의 퇴화나 저하의 개념을 다시 검토해 볼 필요가 있고 그것이 임상장면에서 어떻게 진행되는지 그 과정을 보다 자세히 알고 난 후에 지능퇴화지수를 산출하고 활용할 필요가 있다(Garfield, 1974).

웩슬러형 지능검사의 질적 분석

앞서와 같이, 웩슬러 지능검사의 결과를 해석하고 분석할 때, 양적인 자료에 주로 의존하였다면, 질적분석은 피험자의 반응내용, 반응방식, 언어적 표현방식, 검사행동방식 등을 기초로 하여 개인의 독특한 심리적 특성을 알아보고자 하는 분석방법이다. 따라서, 질적 분석법에는 절대적인 기준이 존재하지 않지만, 풍부한 임상적 경험을 통해서 추정할 수 있다.

질적 분석을 할 때, 가장 우선적으로 고려해야 할 점은 피험자들의 특이한 반응에 주목하는 것이다. 쉬운 문항에 실패하고 어려운 문항에 성공하는 경우, 드물거나 기괴한 내용을 응답하는 경우, 한 문항에 강박적으로 여러 가지 답변을 하는 경우, 잘 모르면서 짐작으로 응답하는 경우, 지나치게 구체화된 응답을 하는 경우, 정서적인 응답을 하는 경우, 반항적인 내용의 응답을 하는 경우, 차례맞추기에서 순서는 제대로 맞추었으나 적절한 설명은 하지 못하는 경우 등 매우 다양하다. 이와 같은 경우에는 피험자의 심리적 특성이 드러나는 경우이므로 다른 양적인 검사결과와 함께 분석하는 것이 바람직하다.

웩슬러형 지능검사의 장단점

웩슬러형 지능검사는 매우 널리 사용되고 있고 후속적인 많은 연구를 자극하였다. 이 검사의 가장 큰 장점은 비교적 다양한 계층을 표집하여 기준을 설정하였고 거의 전 연령범위를 포괄하고 있다. 그러다보니, 인지기능의 예측이 정확하고 세분화된 하위 인지기능도 정확성이 높은 편이다. 또한 인지기능뿐만 아니라 성격변인의 평가에도 도움을 준다는 특징을 지니고 있다.

하지만, 단점으로 생태학적 타당성이 부족하다는 점을 지적하고 있다. 즉, 측정하는 문항이 실제 인간생활의 문제해결과 동떨어져 있는 문항이 많다는 점이다. 또한 소수민족이나 낮은 사회계층자에게 적용하는 것이 제한되어 있으며, 개인의 성취, 동기, 창의성 등의 능력을 평가하지 못한다. 점수체계와 계산의 복잡성, 그리고 주관적 채점의 문제로 인해 오류가능성이 높고 신뢰성이 문제가 될 수 있다.

한국판 웩슬러 성인용 지능검사의 단점을 몇 가지 지적하자면 다음과 같다. 첫째, 각 하위검사의 문항 내용이 순차적으로 어려워지나, 정확한 난이도 수준에 따라 배열되지는 않았다. 둘째, 어휘, 이해, 공통성과 같은 언어성 소검사에서 채점기준이 애매한 경우가 많고 정답의 예가 적다. 셋째, 빠진곳찾기 하위검사에서 다른 답의 가능성이 존재한다. 넷째, 동일한 환산점수를 얻었지만, 연령집단간에 지능점수 차이가 크게 나타난다. 다섯째, 지능이 낮은 사람에 대한 감별능력이 떨어진다. 특히, 저연령층의 지능이 낮은 사람은 지능점수가 과소추정되는 경향이 있는 반면에, 고연령층의 지능이 낮은 사람은 과대추정되는 경향이 있다.

뇌손상과 지능 및 행동의 변화

뇌손상이 행동에 미치는 영향에 대한 연구는 20세기 초 Kurt Goldstein (1878~1965)에 의해서 시작되었다. 그는 1차 대전 당시 뇌손상 병사의 행동관찰 자료를 기초로 하여 지적 기능손상을 기술했는데 이것이 곧 뇌손상에 따른 지적 기능손상의 심리학적 연구의 고전이 되었다. 그는 뇌손상자가 추상적으로 사고하는 것이 불가능할 뿐만 아니라 정상적으로는 지각할 수 없다는 사실을 발견하고 이를 뇌손상자의 일차적 증후로 간주하였다.

아동의 뇌손상에 대한 연구는 1930년대에 본격화되었다. 이 연구에서 정신적 지체이의 지능손상은 분만 전후 및 그 과정에서 오는 뇌손상이 주원인으로 작용한다는 사실이 밝혀졌다(Werner & Strauss, 1943). 이들의 행동장애에 대한 기술은 후에 아동의 뇌손상 증후 기술에 필요한 기초적 자료로 사용되었다. 뇌손상자에서는 지적 능력의 장애는 물론 정서적 장애도 뚜렷하게 나타났다. 또한, 뇌손상자에서는 지각적 장애 및 개념형성능력의 장애가 뚜렷하게 나타났는데 언어능력의 수준은 물론 과잉활동, 주의산만 및 공격성의 수준이 높게 나타났다. 이와 같이 발견된 사실을 중심으로 한 뇌손상에 대한 연구는 단일기질성의 개념이 크게 지배하였고, 기질적 장애에 대한 진단은 물론 그들에 대한 치료기술을 개발하는 데 크게 공헌하였다.

뇌손상은 여러 가지 형태의 행동으로 나타난다는 사실이 밝혀졌다. 모든 뇌손상자에 나타나는 증후는 매우 복잡하다. 사실상 동질적 뇌손상이 두 사람에서 상반되는 결과를 보이는 경우도 있다. 뇌-행동간의 관계는 서로 다른 형태로 외부에 나타나며, 이런 관계에 대한 분석은 여러 연구자에 의해 폭넓게 수행되었다(Matarazzo, 1972; Reitan, 1966, 1966b).

뇌병리는 여러 우연요인과 밀접한 관계가 있다. 무엇보다도 연령은 뇌손상에서 오는 행동특징에 크게 영향을 준다는 사실이 밝혀졌다. 성인, 아동, 그리고 유아의 뇌손상에 의한 행동특징은 모두 다르다. 피검사자가 손상전에 받은 교육이나 지능발달은 뇌손상에서 오는 행동증후에 서로 다르게 영향을 미친다. 학령전기 아동의 뇌손상은 모든 지능 수준에 영향을 미친다(Graham, 1963). 노인층에서 발견된 것과는 달리 학령 전기 아동의 뇌손상은 어휘기능, 인지기능, 그리고 지각기능을 크게 손상시킨다. 왜냐하면, 뇌손상 그 자체가 특정한 부위에 한정되어 있지 않고 널리 확산되어 있거나, 혹은 언어기능이나 주의통제기능이 손상되어 다른 기능발달을 크게 저하시키기 때문이다. 한 가지 특이할 만한 것은, 학령전기 뇌손상자에서는 전형적인 정서적 증후가 결여되어 있다는 점이다(Graham, 1962).

뇌손상의 간접적 결과 때문에 지적 기능이 크게 손상되는 경우가 있다. 개인의 기질적 장애와 경험의 상호작용 때문에 개인의 지적 수준이 손상을 받는 경우도 있다. 뇌손상에 수반되는 성격장애와 같은 특징은 기질적 손상을 가진 아이의 지능수준을 저하시키는 요인으로 작용한다. 이와 같은 성격장애의 요인은 장애아동의 부모, 교사, 그리고 주위의 사람들에 따라 영향을 받을 수도 있고 그렇지 않을 수도 있다.

기질적 손상의 간접적 영향은 뇌성마비의 지적 지체현상에서 발견된다. 지적 지체현상이 있는 경우, 피질손상이 두개의 손상까지 큰 영향을 준다. 이러한 경우 근육운동기능과 지적 기능의 손상의 일차적 원인은 기질적 손상에 있다. 어떤 경우는 손상이 피질하의 수준에서 끝나는 경우도 있다. 이 때는 근육운동기능만이 장애를 받는다. 이 근육운동의 기능장애가 심할 때에는 언어능력, 쓰기능력, 그리고 근육기능이 크게 떨어진다. 이런 지적 지체현상은 교육기회나 사회적 훈련의 혜택을 받지 못한 데서 발생하는 경우가 많이 있다. 이들은 특수교육을 통해 장애를 극복할 수 있고 정상적인 지능수준까지 발달할 수 있다.

뇌손상이 여러 기질적 장애를 유발하는 원인이 되며 이는 다양한 행동특징으로서 잘 나타난다. 뇌손상자의 검사결과는 뇌손상의 범위와 그 부위에 따라 서로 다르게 나타난다. 손상받을 때의 나이, 행동평가의 시기, 그리고 질병지속기간에 따라 서로 다르다. 그러므로 뇌손상자의 행동에서 동질성을 추구하는 것은 삼가하는 것이 좋다.

웩슬러 지능검사가 뇌손상을 진단하는 데 큰 도움을 준다는 주장을 계기로 임상장면에서 널리 활용되기 시작하였다(Wechsler, 1958; Guertin et al., 1962, 1966). 웩슬러 지능검사는 확고한 이론적 배경에 따라 다른 검사를 선정하여 함께 사용할 때 뇌손상에 대한 유용한 정보를 얻을 수 있다(Smith, 1983). 몇몇 연구는 뇌손상 연구를 위해 뇌파 등 신경학적 검사를 실시하고 그 결과를 지능검사의 결과와 비교하는 방법으로 중요한 사실을 발견하였다(Guertin et al., 1962; Matarazzo, 1972). 그 결과, 좌반구 손상자의 경우 언어성 지능수준이 동작성 지능수준보다 낮고, 우반구 손상자에서는 동작성 지능수준이 언어성 지능수준보다 현저히 낮다는 사실이 밝혀졌다. 이와 같은 발견은 뇌손상자에 대한 신경학적 검사와 완전히 일치하였다.

언어성 지능지수와 동작성 지능지수에 의해 뇌손상 영역을 예언할 수 있다(Lezak, 1976; Matarazzo, 1972). 언어성 지능을 측정하는 하위검사는 일차적으로 언어능력과 개념형성의 능력을 측정하고, 동작성 지능을 측정하는 하위검사는 시공간지각의 능력을 평가한다. 전자는 피질좌반구에 의해, 그리고 후자는 피질우반구에 의해 각각 지배되고 있는 것으로 알려져 있다. <그림 5-2>를 참조하면 이들의 주장을 보다 잘 이해할 수 있을 것이다(Reitan, 1955).

이들의 주장을 뒷받침하는 몇 가지 실험연구를 살펴보자. 뇌손상의 규준으로 사용할 목적으로 뇌파를 촬영한다(Kloove, 1959). 이상뇌파를 가진 자를 뇌손상자, 그리고 정상뇌파를 가진 자를 뇌손상이 없는 자로 분류하였다. 또한, 언어성 지능-동작성 지능의 격차가 좌반구 뇌손상을 예언하는 데 활용될 수

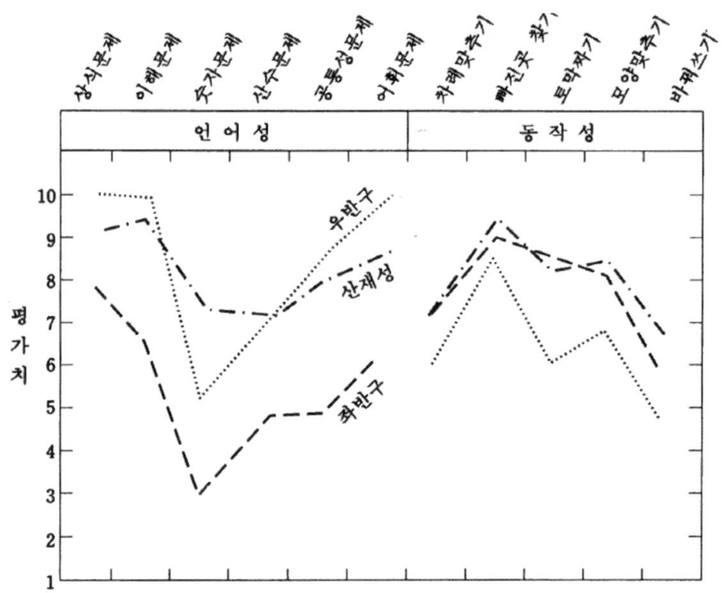

그림 5-2 뇌반구 손상과 지적 기능 손상과의 관계

있는 가능성은 많은 연구자들에 의해 연구되어 왔다. 그러나 동작성 지능-언어성 지능의 격차가 우반구 뇌손상을 예언하는 데 사용된다는 점에 대해서 많은 의문이 제기되고 있다(Golden, 1977; Russell, Neuringer, & Goldstein, 1970; Boll, 1974). 이와 같은 사실은 다음과 같이 설명할 수도 있다. 즉 언어성 지능을 측정하는 하위검사는 시각-공간지각능력을 필요로 하지 않으나, 동작성 지능을 측정하는 하위검사인 빠진곳 찾기, 바꿔쓰기, 그리고 토막짜기는 개념적 사고 기능과 문제해결의 기술을 요하는 것으로 이들은 좌반구의 통제를 받는다.

언어성 지능-동작성 지능 격차는 좌반구 뇌손상을 예언하는 검사의 하나로 강력한 지지를 받고 있으며, 이들 지능의 격차는 비행청소년과 문화적 혜택이 적은 집단의 진단을 예언하는 데 도움을 준다. 또한 언어성 지능-동작성 지능 격차는 뇌손상과 비뇌손상을 비교하는 데 도움을 주지만, 그 자체가 뇌손상을 진단하는 데 도움이 된다고 보기는 어려우며, 특히 이 단일검사만으로는 정확한 진단을 기대하기 어렵다. 단일임상사례의 진단을 위해서는 보다 더 많은 여러 심리검사를 동시에 실시하는 것이 바람직하다.

정신생리학적 지능측정

"자신이 주장하는 것을 측정할 수 있고, 그 결과를 숫자로 표기할 수 있다면 그 주장이 어떤 것인지 알고 있다는 것을 의미한다. 그러나 자신이 주장하는 것을 측정할 수 없고, 결과를 숫자로 표기할 수 없다면 그 주장이 어떤 것인지 조금밖에 알지 못하거나 전혀 알지 못한다는 것을 의미한다." 이것은 아일랜드 태생의 영국 물리학자 William Thomas Kelvin(1824~1907)경이 과학에 있어서 측정의 중요성을 강조한 말이다. 그러나 효과적 측정은 이론체계가 뒷받침되어야 한다. 측정과 이론은 항상 병행해야 한다. 이론이 결여된 측정은 무의미하며 측정이 없는 이론은 무기력하다.

이제 정신생리학적 방법과 정신측정법을 중심으로 하여 이론과 측정이 얼마나 밀접한 통합관계에 있는가를 살펴보기로 하자. 지능측정자들이 정신생리학적 측정법을 도입한 역사는 별로 길지 않다(Eysenck, 1985b). 이 방법보다는 뇌파측정기술을 바탕으로 개발된 것으로 보는 것이 타당하다. 그러므로 이에 대한 많은 비판을 피할 수 없게 되어 있다. 뇌파는 전극, 전극부착의 위치, 자극시간 간격, 그리고 자극에 대한 기대감 등 여러 변인에 의해 각기 다른 형태로 나타나는 것이 사실이다. 그러므로 실제 지능측정에 있어서는 이런 문제들이 매우 신중하게 고려되어야 한다.

어떤 경우나 뇌전위는 지능의 개인차 결정과정에서 큰 기능을 한다는 점에 특별히 유념할 필요가 있다. 특히 평균유발전위는 좋은 지능측정지표가 된다. 이와 같은 사실의 타당성은 웩슬러형 검사를 구성하는 하위검사점수와 평균유발전위간의 높은 상관관계에 의해 입증된다. 이것은 곧 정신생리학적 측정치를 지능측정수단으로 사용할 수 있다는 이론적 근거가 된다. 평균유발전위측정과 같은 지능측정 방법은 열을 재는 온도계나 전압계와 같이 매우 간편하게, 그리고 매우 신빙성 있게 지능을 측정할 수 있다. 정신생리적 방법을 사용함으로써 개인의 환경적 요인, 교육수준, 그리고 문화적 요인의 영향을 완전히 배제한 상태에서 개인의 지능을 측정할 수 있다.

우선 남성과 여성의 지능차에 대해서 생각해 보자. 우리들이 빈번히 사용하거나 친숙한 일반지능검사를 실시해 보면 그들간에 유의미한 차이를 발견할 수 없다. 단순히 이와 같은 결과만 가지고 지능에 성차는 없다고 주장하는 것은 우매하고 의미가 없는 것이다. 왜냐하면, 검사자가 검사를 구성하는 단계에서 성차가 큰 문항은 검사 배터리에서 배제하였기 때문이다. 그러나 뇌전위의 특징에는 성차가 없다. 즉, 남자나 여자의 뇌활동에 큰 차이가 없다고 주장할 수 있다.

뇌전위의 특성은 초기 아동기의 생활경험이나 학교생활의 경험 등에 의해서 영향을 받을 수 있다고 생각할 수 있다. 그러나 이것들은 선천적으로 타고난 능력을 측정하는 순수한 요인으로 생각할 수 없다. 왜냐하면, 쥐의 뇌변화는 초기 성장과정에서 겪은 경험, 예를 들면 환경적 박탈과 같은 조건 변화와 밀접한 관계가 있기 때문이다(Rosenzweig, 1964). 이와 같은 과정에서 나타나는 변화는 극단적인 것으로서 정상적 상태와 직접 비교하기는 매우 어렵다. 그렇지만 뇌전위의 특성은 유전에 의해서 결정된 것이기 때문에 단순한 IQ 측정치보다 많은 중요한 정보를 담고 있다(Eysenck, 1985b). 통상적으로 실시하는 지능검사는 뇌전위의 측정으로 대치될 수 없다. 왜냐하면 지능검사는 실시하기도 쉽고 경비가 크게 절약되기 때문이다. 일반적으로 학교, 사업장, 그리고 군대에서 요구하는 것은 지능검사이다. 지능검사는 선천적 기능과 후천성 기능이 복합된 사실을 측정하기 때문에 뇌전위에 의해서 측정된 것보다 예언기능이 높다는 장점도 있다. 이와 같은 장점 때문에 일반지능검사는 뇌전위에 의한 측정보다 선호도가 매우 높다.

이와 같은 주장이 모든 경우에 통용되는 것은 아니다. 정신분열증, 불안장애, 그리고 사회경제적 수준이나 교육 수준이 크게 다른 사람의 지능검사의 결과를 잘못 해석하는 사례가 많이 있다. 이러한 경우에는 지능검사의 결과가 문화적, 교육적, 그리고 환경적 요인에 의해 크게 오염되지 않은 검사를 개발해서 사용할 필요가 있다. 실용적 측면에서도 이러한 필요성을 외면해서는 안 될 것이다.

이런 필요성을 수용하는 데 있어서 검사에 대한 실험적 수준과 이론적 수준에서 고려할 필요가 있다. 이론적 측면에서 볼 때 지능검사의 변량 20%는 환경적 요소에 의해 결정된다는 점에 관심을 둘 필요가 있다. 그러므로 집단간의 지능차를 지능검사에 의해 연구하는 것은 쉽지 않다. 왜냐하면, 이미 앞에서도 언급한 바와 같이 지능검사는 사회적 문화적 영향을 크게 받기 때문이다. 연령에 따라 지능수준이 떨어지고, 실시한 검사에 따라 서로 다른 결과가 나오는 경우에는 환경적 영향이나 문화적 영향을 받지 않은 정신생리적 측정이 절대적으로 필요하다. 이와 같은 방법은 Francis Galton경이나 Alfred Binet 시대부터 지능연구자들이 해결하지 못한 어려운 문제해결에 도움을 준다는 점에서 큰 의미가 있다. 이 방법은 아직도 많은 경험적 연구를 필요로 한다. 그러나 이 방법은 혁명적 지능연구의 시작을 의미한다.

Thomas Kuhn이 주장한 바와 같이 장기간에 걸친 정상과학의 문제해결 과정에는 혁명이 불가피한 것이다. 이제 우리는 정신생리적 지표를 바탕으로 지능을 연구할 필요가 있다. 그러나 이 기술은 많은 실험적 연구를 필요로 한다. 실험적 연구에서 예기했던 바람직한 결과를 얻게 되면 이는 지능연구자에게는 새로운 과학적 지능연구의 수단이 될 수 있다.

EEG와 IQ

Binet 이후의 심리학자들은 지능측정을 위해 사회적 변인들을 측정하는 데에 역점을 두었다. 1940~1950년대의 심리학자들은 뇌파(EEG)를 지능측정수단으로 사용하여 개인의 선천적 특성을 직접 측정하려고 시도하였다. 같은 목적으로 1960~1970년대의 심리학자들은 사건유관전위(ERP)의 측정에 관심을 두었다. 그들은 뇌파(EEG), 양전자 단층촬영(PET), 그리고 자기공명영상법(MRI)의 기술을 기반으로 하여 <그림 5-3>와 같은 새로운 지능 모델을 개발하였다. 이 모델을 보면 지능은 원심성 선사(DNA)에서 부터 근위성 선사(평균유발전위, 뇌파, 피부전도반응), 근위성 결과(반응시간, 점검시간, 언어반응시간), 그리고 원심성 결과(학업성취, 직업선택)에 의해 크게 다를 수 있음을 알 수 있다.

근본적으로 지능은 피질효율성으로서 이는 피질을 통해 빠르게 전달하는 정보의 이동으로 간주할 수 있다(Eysenck, 1987). 이 모델은 평균유발전위(AEP)(Barrett & Eysenck, 1994), 포도당 채취, 신경적응성(Schafer, 1985) 등을 측정하는 실험을 통해 그 타당성이 확실하게 입증되었다. 이들 방법을 사용한 실험결과는 피질을 통해 수행되는 정보처리의 속도에 따라 해석하는 것이 보통이다. 이 이론은 지능이 갖는 여러 가지 미해결의 문제에 대한 해답을 주고 있다는

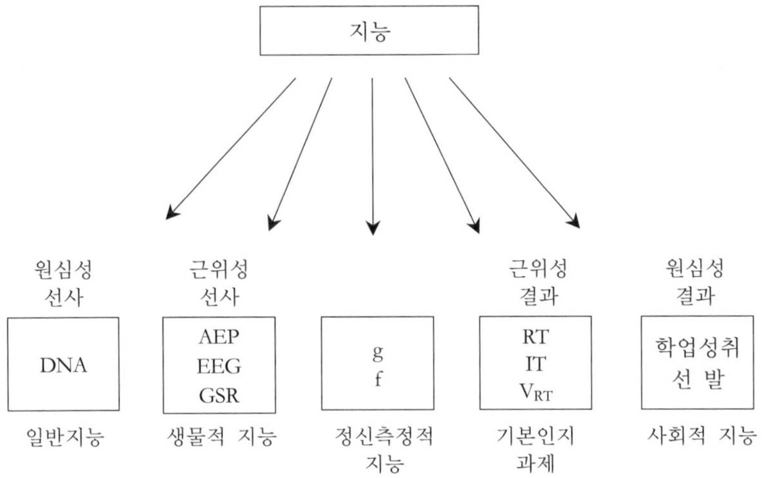

그림 5-3 지능차에 관여되는 변인: DNA부터 사회적 행동까지

DNA: 데속시리보핵산 GSR: 피부전도반응 RT: 반응시간
AEP: 평균유발전위 g: 일반지능 IT: 점검시간
EEG: 뇌파 f: 유창성 지능 V_{RT}: 언어반응시간

점에서 큰 의미를 갖는다. 예를 들어, AEP와 EEG는 정신활동의 특성을 진단하는 최첨단 도구임은 물론 심리학자의 입장에서 보면 문화적 영향을 전혀 받지 않은 지능 측정의 수단이기도 하다. 한 걸음 더 나아가서 이렇게도 생각할 수 있다. 즉 뇌는 생물적 지능의 기반이며, 뇌활동은 EEG를 통해 나타난다. 그러므로 EEG의 결과를 바탕으로 지능을 측정하고 예언할 수 있다. 이와 같은 주장은 매우 논리적이지만 EEG와 지능과의 긍정적 관계는 자신있게 단정하기는 매우 어렵다(Andreassi, 1995).

EEG와 지능과는 밀접한 관계가 없다는 Lindsley(1944)의 연구가 있다. 이는 1930~1940년대에 발표된 논문을 개관한 것이기 때문에 1970년대 이후 개발된 전자기술을 활용한 연구와는 기술적으로 큰 차이가 있다는 점에 특별히 유념할 필요가 있다. Ellingson(1956)도 1944~1956년 사이에 발표된 논문을 개관하고 Lindsley와 비슷한 주장을 했다. Giannitrapani(1969)와 Surwillo(1971)는 새로운 EEG 분석법을 활용한 연구에서 좌반구와 우반구가 모두 지능과 깊은 관계가 있다는 사실을 밝혀냈다. EEG와 IQ 간의 의미있는 상관관계가 있다는 주장이 컴퓨터를 사용한 EEG 자료의 분석방법이 도입되면서 널리 수용되었다(Gasser, Lucadou-Müller, Verleger, & Bächer, 1983).

Gale과 Edwards(1983)는 정확한 뇌활동과 지능의 관계를 얻기 위해서는 몇 가지 점이 필요하다고 강조하였다. 즉, 한 가지 이상의 검사를 사용해야 하고, 여러 부위에서 EEG를 촬영하며, 모든 능력을 다 발휘할 수 있는 이질적 집단을 대상으로 검사하고, 성별과 나이를 통제하며, 그리고 무기명 채점을 한다. EEG의 비정상적인 결과가 지적능력의 저하를 의미하지 않는다. 그러므로 EEG는 지능의 정상-이상을 변별하는 절대적인 기준이 될 수 없다. EEG가 비정상으로 판단되어도 지능이 월등하게 높은 사례가 많이 있다.

ERP와 IQ

ERP도 EEG와 마찬가지로 문화적 배경의 영향을 전혀 받지 않는 지능측정도구에 속한다. EEG에서 얻는 것보다 자세하고 광범위한 정보를 얻을 수 있다는 것이 큰 특징이다. ERP의 잠재기, 증폭의 크기, 그리고 파장의 형태는 지능검사의 형태와 밀접한 관계가 있다.

신경효율성 가설 ERP를 구성하는 요인들의 잠재기는 정보처리 효율성의 지표가 된다(Chalke & Ertl, 1965). 생물학적으로 유능한 유기체는 능력이 결여된 유기체보다 자료처리속도가 빠르다. 그러므로 ERP 잠재기가 짧다. 이것이 곧 신경효율성 가설이다. Chalke와 Ertl(1965)는 33명의 대학생, 11명의 사관후보생, 그리고 4명의 정신박약자를 피험자로 하여 불빛반응시간을 측정하는 동시에 지능검사를 실시하였다. 그 결과, ERP의 잠재시간은 지능수준과 밀접한 관계가 있었다. 즉 지능이 높을수록 ERP의 잠재기는 상대적으로 짧았다. 이 실험은 방법론적 결함이 없는 것은 아니다. 피험자의 지능수준차가 크고, 자필검사는 정신박약에게는 적합하지 않다. 그들에게는 비네 검사나 웩슬러형 검사 같은 것이 더 적합하다. 566명의 학생을 대상으로 한 실험에서도 지능검사결과와 ERP의 잠재기간 간에는 높은 상관관계가 있었다(Ertl & Schofer, 1969).

이 연구가 발표된 후 동일한 결과의 연구뿐만 아니라 상반되는 연구결과가 발표되었다. Davis(1971)는 1,000명 이상의 학생을 대상으로 시각적 ERP 잠재시간을 측정하고 그들의 지능수준을 검사하였다. 두 변인간에는 의미 있는 관계가 없었다. 즉 시각적 ERP의 잠재시간과 지능수준의 관계는 나타나지 않았다. Rust(1975)는 84명과 212명의 피험자를 대상으로 청각적 ERP 잠재시간과 지능수준을 측정하였다. 지능측정을 위해 첫째 집단에게는 Mill Hill Vocaburary Test를 실시하고 둘째 집단에게는 Raven Progressive Matrices를 실시하였다. 이 실험결과에서도 청각적 ERP 잠재시간과 지능 간에는 높은 상관이 없었다.

이들의 연구와는 달리 ERP 잠재시간과 지능수준과는 높은 상관관계가 있다는 연구결과도 많이 있다(Hendrickson & Hendrickson, 1980). 지능수준이 높은 사람은 단조로운 조건에서도 높은 각성상태를 유지할 수 있다는 사실이 실험결과에서 입증되었다(Shucard & Horn, 1972). 시각적 ERP 잠재시간은 웩슬러형 지능검사의 결과와 밀접한 관계가 있었는데, 잠재시간이 짧을수록 지능지수는 현저히 높았다(Gucker, 1973). 시각적 ERP 잠재시간이 지능수준과 밀접한 관계가 있다는 사실이 정교한 실험결과에서 입증되었다. Perry 등(1976)은 5세 아동 98명에게 지능검사를 실시하고, 시각적 ERP 잠재시간을 좌우반구에서 측정하였다. 이 때 잠재시간은 물론 진폭과 ERP의 복잡한 정도까지 함께 측정하였다. 이 결과 ERP 측정치와 웩슬러형 지능검사결과 사이의 중다상관계수는 매우 의미있게 높았다.

단선 가설 IQ와 ERP 간의 관계는 Hendrickson과 Hendrickson(1980)의 단선 가설로 설명된다. IQ는 ERP 단선의 복잡성과 깊은 관계가 있다. 뇌에서 오차를 범하게 되면 그 복잡성은 크게 감소된다. 만일 ERP의 흔적이 직선으로 뻗어나게 되면 이는 단선측정치로 간주하고 그것으로써 지능수준을 측정한다. 즉 선의 길이가 길면 지능수준이 높다. 여기서 진폭이 크고 복잡한 파장이 나타나면 단선의 길이는 길어진다. 이와 같은 가정은 실험결과에 의해서 확증되었다. 즉 웩슬러형 지능검사 전체지능이 높을수록 단선의 길이도 길다(Hendrickson & Hendrickson, 1980). 또 단선의 길이는 Ravens Progressive Matrices의 결과와 높은 상관관계가 있었다(Blinkhorn & Hendrickson, 1982).

근자에 와서 P300과 지능과의 관계가 깊이 있게 검증되고 있다(O'Donnell, Friedman, Swearer, & Drachman, 1992; Polich & Martin, 1992). Ravens Progressive Matrices 지능점수 및 대학생의 수학능력점수와 P300의 진폭수 및 잠재기의 길이 간의

관계를 살펴 보았다. 그 결과, P300의 진폭보다는 잠재기의 길이가 인지기능과 깊은 관계가 있는 것으로 판단되었다. 20~80세까지 여러 계층의 피험자를 대상으로 한 연구에서 P300은 인지기능과 깊은 관계가 있다는 사실이 밝혀졌다. P300의 잠재기는 연령 증가에 따라 지연되지만 지적 수행능력과 P300의 잠재기와는 밀접한 관계가 있다(O'Donnell et al., 1992). 지금까지 자료를 종합해 보면 ERP와 IQ 간에는 밀접한 관계가 있음을 알 수 있다.

제 6 장

성격평가

제 6 장

성격평가

성격연구의 패러다임

성격에 대한 정의는 매우 다양하지만 일반적으로 개인의 안정적이고 일관된 개인차를 성격으로 정의하고 있다. 즉 시간이 흐르고 환경이 바뀌어도 항상 그 모습 그대로 변하지 않는 지배적인 특성이 있으면서 이것이 타인과 구별된다면 성격이라고 말할 수 있다(Mischel, Shoda, & Smith, 2003). 이러한 성격의 개념을 정확하게 이해하기 위해서는 이를 설명할 수 있는 실험적이고 경험적인 연구결과가 존재해야 하고, 이 연구 결과는 건실한 패러다임에 근거한 것이어야 한다. 패러다임에 따른 성격이론은 다음과 같은 기준을 충족하고 있어야 한다.

첫째, 이론은 매우 광범위한 영역을 망라할 수 있어야 한다. 즉, 어느 특정한 영역에 한정되어서는 안 된다. 그렇지 못하면 그것은 이론으로 인정될 수 없다. 둘째, 이론은 논리적 일관성을 지니고 있어야 한다. 그래야만 검증이 가능한 연역을 할 수 있다. 불행하게도 이러한 조건을 모두 갖춘 성격이론이 많지 않은 것이 우리의 실정이다.

반응/습관/특질/유형

성격은 매우 단순한 것부터 매우 추상적이고 복잡한 것까지 하나의 유층을 형성하고 있다. 심리학적 연구의 가장 기본이 되는 단위는 반응이다. 여기서 반응이란 특정한 조건이나 상황에서 나타나는 모든 범위의 행동특징을 말한다. 대부분의 반응은 상황의 제약을 받는다. 친구와 함께 있을 때에는 매우 사교적이고 유머가 풍부하던 사람이 낯선 사람과 만났을 때에는 어떻게 행동해야 할지 당황스러워 하면서 그 장면을 급히 회피하려고 할 수 있다. 이처럼 특정한 상황에서 나타나는 특정한 반응은 많은 사람의 흥미를 자아내지만 심리학자는 일관성이 보장된 행동, 다시 말하면 습관에 보다 많은 관심을 기울인다.

성격이라는 개념은 다양하게 이해할 수 있다. 앞서 언급한 것처럼 성격은 시간의 흐름과 상관이 없이 어느 정도 일관성을 유지하는 행동이라고 정의되고 있지만, 엄격하게 따지고 보면 두 개의 상황이 동일한 경우는 생각할 수 없다. 그러므로 성격이라는 것도 상황에 따라 서로 다를 것이 틀림없다.

어떤 행동이 일관성 있게 반복된다면 습관이라고 볼 수 있다. 그러나 좁은 의미에서 볼 때 습관은 곧 관찰 가능한 반응만을 의미한다. 사고나 심상을 내적 행동이라고 본다면 이는 언어와 같이 직접 관찰이 가능한 반응을 통해 유추해야 하고 그것을 습관적 인지반응으로 생각할 수밖에 없다. 그러나 안타깝게도 사고와 심상 같은 인간의 반응은 직접 관찰할 수는 없다.

서로 관계가 있는 습관을 기술할 때 특질이라는 용어를 사용한다. 특질은 여러 가지 습관적 행동을 기초로 하여 형성되어 있다. 따라서 특정한 반응 유형은 특질이 아니다. 예를 들어, 사람이 손을 씻는 것은 하나의 습관이며, 옷을 자주 세탁하고, 깨끗하게 청소를 하여 청결을 유지하는 것은 하나의 특질이다(Zuckerman, 1991). 다시 말해, 습관적으로 반복되는 행동이 곧 특질이다(Buss & Craik, 1985). 이와 같이 구체적으로 행동의 빈도를 평가하는 것은 행동 평가의 새로운 방법으로 사용할 수도 있다. 그러나 이와 같은 성격평가의 방법은 개인의 인지기능이나 감정 같은 것이 전혀 고려되지 않은 자기보고에 의한 질문지법과 크게 다르지 않다는 비판을 모면할 수 없다(Block, 1989).

습관에 의해 형성된 특질의 정도는 검사문항의 내용에서 얻을 수 있다. 만일 연구자가 특질이 가지는 개념적 의미를 문항 속에 충분히 함축시킬 수 있다면, 요인분석을 통해서 특질의 구조에 대한 정보를 확실하게 얻어낼 수 있다. 특질에 대한 정보는 서로 다른 상황에서 일관성 있게 평가해 낼 수 있다. 서로 관계가 깊은 습관에 대한 이론적 가정을 기초로 하여, 혹은 요인분석 자료를 기초로 하여 특질을 정의할 수 있다. 이때 특질을 측정하기 위한 문항은 선험적 바탕에 근거하여 구성되어야 한다. 연구자가 검사문항을 작성할 때에는 그 문항이 품고 있는 개념을 충분히 고려해야 한다. 이러한 점을 고려하지 않은 자료를 요인분석하면 의미 있고 충분한 요인을 찾아낼 수가 없고 다만 연구자가 제작한 문항간의 관계에 대한 정보만을 얻게 될 뿐이다. 만일 문항제작단계에서 측정하고자 하는 특질을 대표할 수 있는 문항을 활용하지 못하게 되면 그 결과의 타당성은 매우 낮을 수밖에 없다.

성격분류를 위해 오래 전부터 사용된 단위가 유형이다. 고대 희랍에서 사용되었던 다혈질, 점액질, 우울질 혹은 흑담즙질, 그리고 담즙질 등이 그것이다. 체질과 체형에 따라 성격을 내배엽형, 중배엽형, 그리고 외배엽형으로 구분하던 때도 있었다. 정신분석에서도 정신성욕의 발달단계에 따라 성격유형을 구순형, 항문형, 남근형으로 분류하기도 한다.

성격을 유형으로 구분하는 것은 특질의 연속성을 부정하는 것이다. 그러나 특질을 비롯한 거의 모든 심리적 현상은 정상분포를 이루고 있어서 양극단에 속하는 사람은 극히 소수에 불과하다. 대부분의 사람은 그 특질을 어느 정도 적당히 소유하고 있기 때문에 이들을 내향성자나 외향성자로 보는 것보다는 두 가지 성향의 연속선상에서 어느 위치를 차지하고 있는가를 보는 것이 적절하다. 이처럼 특질의 연속성을 가정하여 유사한 특질을 가지고 있는 사람을 묶는 방법을 차원적 접근이라 하며(Zuckerman, 1991), 이는 앞서 언급한 유형적 접근과 대비되는 개념이다.

성격의 기초차원이 가지는 보다 정확한 의미는 그렇게 단순하지 않다. 성격의 기초차원은 여러 가지 기준에 의해서 정의된다. 성격차원의 요인구조를 찾아내기 위해 여러 가지 통계분석 기법을 사용하기도 하는데, 어떤 기법을 사용하든 동일한 개인에게서 측정된 차원은 언제나 일관성 있는 결과가 나와야 한다. 또한 심리학적 측면에서도 다른 주요 기준을 생각해 볼 수 있다. 첫째, 다른 동물에서도 유사한 행동특질이 발견되어야 한다. 둘째, 상당한 유전적 소인이 개입되어 있어야 한다. 셋째, 생물학적 지표로 표시 가능한 차원특질이 있어야 한다. 그리고 네 번째로 생물학적 특징에는 신경학적 요인이 있어야 한다. 성격의 차원론자(Eysenck & Eysenck, 1985; Gray, 1982; Zuckerman, 1984)는 인간의 기본성격특질에서 유전적 요인과 생물학적 구조의 특징을 강조하고 있다. 실제 요인분석을 통해서 주요 차원이 발견되고 있지만, 아직 이 차원과 생물학적 요인 간의 관계는 확실하지 않다.

성격과 기질

생물학적으로 결정된 유기체의 비교적 안정된 특성이 기질이다. 이는 반응특질로 나타나는데, 행동의 에너지 수준과 시간적 특징을 결정하는 데 큰 영향을 준다(Strelau, 1983). 기질과 성격은 여러 차원에 의해 구별되는데 이 때 중요한 몇 가지 기준이 있다.

첫째, 기질에는 생물학적 요인이 비교적 강하게 작용하는 반면 성격에는 사회적 요인이 크게 작용한다. 둘째, 기질의 특징은 아동기 초기에 눈에 띄지만 성격의 특징은 학습과 사회화 과정의 영향을 받는 성인기에 나타난다. 셋째, 기질의 특징은 다른 동물의 행동에서도 나타나지만 성격의 특징은 자아, 자기효능감 등 인지적 개념을 포함하고 있기 때문에 인간을 설명할 때 사용된다. 넷째, 기질은 행동의 에너지 수준, 시간적 특성 및 유형의 특질을 기술하는 데 사용되지만 성격은 성취욕구와 같은 행동목표나 혹은 목표기술을 설명할 때 활용된다. 다섯째, 성격은 기질보다 쉽게 수정될 수 있다. 왜냐하면 성격은 기질 같은 것을 통제하는 기능을 가지고 있기 때문이다(Strelau, 1983).

기질과 성격을 구별하는 데 있어서 정서성이라는 개념이 매우 유용하게 활용되고 있다(Strelau, 1987). 이는 모든 정서표현을 위해 사용되는 개념으로 불안의 의미를 포함하고 있다. 정서성은 정동의 특질 수준에서 정적 정동과 부적 정동으로 분류할 수 있다(Meyer & Snack, 1989). 이러한 정서성의 개념과 직교관계에 있는 것이 정서의 강도차원이다(Diener, Larsen, Levine, & Emmons, 1985). 즉, 정적 정동과 부적 정동은 각각 강도에 따라 강한 정적 정동과 약한 정적 정동, 그리고 강한 부적 정동과 약한 부적 정동으로 나뉠 수 있다. 이러한 개념과 함께 고려할 수 있는 성격특질이 사교성이다. 사교성은 다른 사람과 교제할 필요성을 의미하기도 한다. 그러나 이러한 성격과 기질적 측면의 구분은 용이하지 않다.

두 특질을 보다 정확하게 구분하기 위해서는 표현되는 사실에 의존하는 것만으로는 부족하다. 보다 장기간에 걸쳐 관찰하고 그것이 후에 성격의 표현형과 어떤 관계가 있는지를 세밀하게 조사해야 한다. 이러한 점에서 성격의 평가는 세심하게 계획되어야 하며, 성격을 평가하는 각종 도구는 신뢰도와 타당도를 충분히 확보하고 있어야 한다.

성격검사의 심리측정적 속성

성격검사는 심리측정의 과학적 기초에 근거하여 개발된다. 이 때 주요한 세 가지 개념이 신뢰도와 타당도, 그리고 규준이다. 이러한 개념적 속성을 잘 갖추고 있을 때 성격검사는 좋은 검사로서의 조건을 갖추고 있다고 볼 수 있다.

신뢰도

검사의 신뢰도란 검사 점수의 일관성과 안정성을 말한다. 예컨대 사람의 키를 측정한다고 할 때 여러 번 측정한 값이 동일하다면 신뢰롭게 측정하였다고 볼 수 있다. 이러한 신뢰도에는 검사-재검사 신뢰도와 내적 일치도, 동형검사 신뢰도 및 평가자간 신뢰도 등이 있다.

검사-재검사 신뢰도란 피검사자에게 시간 간격을 두고 같은 심리검사를 두 번 실시하여 두 번의 측정에서 얻은 점수간의 유사성을 의미한다. 이는 일정한 시간이 흐르더라도 변하지 않는 성격특질을 측정하는 검사에서 필요한 신뢰도이다.

내적 일치도는 성격검사 안에 속한 문항이 어떤 동일한 성격특성을 재는가를 확인한다. 이는 검사문항의 안정성을 측정한다고 볼 수 있다. 일반적으로 검사문항을 홀수 문항과 짝수 문항으로 나누거나 전반부에 속한 문항과 후반부에 속한 문항으로 나누어 이들 간의 상관을 보는 반분신뢰도가 대표적인 내적 일치도로 사용되어 왔다. 그러나 Kuder와 Richardson(1937)은 내적 일치도를 보다 정교하게 측정할 수 있는 통계적 방법을 고안하였다. 그것은 문항을 분할할 수 있는 모든 가능한 경우에 얻을 수 있는 반분신뢰도의 평균을 내는 것으로 심리평가와 관련된 여러 영역에서 가장 보편적인 신뢰도의 지수로 보고되고 있다.

동형검사 신뢰도는 두 가지 유사한 형태의 검사를 만들어서 이를 한 피검사자에게 동일하게 실시하고 그 상관을 구하는 것이다. 이 방법은 검사문항의 일관성을 측정한다. 그러나 기존의 검사가 존재하는 상태에서 이를 발전시킨 새로운 검사를 만들었을 때를 제외하고는 그리 많이 사용되지 않는다.

평가자의 주관적 판단에 기초하여 평가가 이루어질 때 평가자간 불일치가 일어날 수 있다. 두 명 이상의 평가자가 평가를 할 때는 같은 행동이나 반응을 관찰하더라도 서로 다르게 평가할 수 있다. 이 때 서로 다른 평가자의 판단이나 점수가 일치하는 정도를 평가자간 신뢰도라고 한다. 특히 이 신뢰도는 비구조화된 검사에 속하는 Rorschach 검사나 주제통각검사와 같은 투사검사를 사용할 때 중요하다.

타당도

검사의 타당도는 검사가 측정하고자 하는 바를 측정해 주는 정도를 말한다. 검사를 개발할 때 신뢰롭기는 하지만 타당하지 못한 검사를 개발할 수도 있다. 예를 들어, 아동기의 어머니와의 애착 형성에 대한 5개의 문항으로 된 검사를 개발하였다면 이 검사는 애착에 대한 검사로서 타당하지만 사교성을 측정하는 검사로서는 타당도가 없다. 통계적으로 신뢰도의 제곱이 타당도를 규정하기 때문에 자연히 타당도는 신뢰도보다 낮은 값을 갖게 된다.

성격검사에서 고려하여야 할 타당도에는 내용타당도와 준거타당도, 구성타당도, 그리고 증가타당도가 있다. 여기에 성격검사에 대해 잘 모르는 비전문가나 피검사자의 입장에서 특정 검사가 정말 측정하려고 하는 것을 측정하고 있는지에 대해 판단하는 안면타당도를 포함시키는 경우도 있다.

내용타당도는 검사문항의 내용이 측정하려고 하는 영역의 내용을 적절하게 표집한 정도를 말한다. 예를 들어 불안 증상을 측정한다고 할 때, 불안의 인지적 측면, 정서적 측면 그리고 행동적 측면을 재는 문항으로 구성되어 있고, 그 안에 불안에 대한 전반적인 행동을 대표하는 문항이 담겨 있다면 내용타당도가 높은 것으로 볼 수 있다.

준거타당도는 검사를 하여 얻은 점수가 다른 검사의 준거가 되는 측정치를 어느 정도 예언해 주는가를 의미한다. 예를 들어, 우울증 검사를 개발하여 이를 Beck 우울증 질문지(BDI)와 비교한 결과 상관이 높은 편이라면 준거타당도 중에서 공존타당도가 있다고 볼 수 있다. 또한 대학 신입생에게 새롭게 구성한 성취동기 검사를 실시하고 이후 대학에서의 성취도와 비교한 결과 이를 잘 예언하였다면 예언타당도가 확보된 검사라고 할 수 있다.

구성타당도는 검사문항이 측정하려고 하는 구성개념을 정확하게 측정하는지를 의미하는 타당도이다. 구성타당도는 위의 내용타당도와 준거타당도 지표를 모두 포함하고 있다. 이외에도 수렴타당도와 변별타당도가 구성타당도를 대표하기도 한다. 수렴타당도는 측정하고자 하는 어떤 개념을 측정하는 여러 가지 검사 결과 간에 존재하는 상관의 정도를 말하고, 변별타당도는 검사가 측정한 점수가 이론적으로 관계가 없는 구성개념을 재는 다른 측정도구의 점수와 상관이 없다고 밝혀지는 정도를 말한다. 이 두 가지 타당도가 충족되면 그 검사는 구성타당도가 있는 것으로 볼 수 있다. 마지막으로 증가타당도는 기존의 측정도구에서 측정한 성격특질을 확인하는 새로운 검사가 기존 검사보다 심리측정적인 면에서 향상된 정도를 의미한다.

타당도는 검사의 성질이나 목적에 따라 사용되는 종류가 다르다. 일반적으로 객관적 성격평가에서는 안면타당도보다 다른 형태의 타당도가 더 중요하다. 하지만 안면타당도가 지나치게 낮다면 검사에 대한 피검사자의 동기수준이 감소할 위험이 있다.

규 준

어떤 검사가 충분히 높은 신뢰도와 타당도를 가지고 있어도 적합한 규준을 갖추고 있지 못하면 임상적인 유용성이 떨어지게 된다. 규준은 검사에 참여하는 개인이 속한 전집을 잘 대표하는 표집에 검사를 실시함으로써 얻을 수 있다(Kanfer & Saslow, 1965). 규준은 검사를 받은 개인을 보다 효과적으로 평가하기 위해 내담자의 검사점수를 해석하는 일정한 준거 틀로서 사용된다. 즉, 피검사자가 얻은 점수를 표준화된 점수로 환산하고, 이를 규준에 근거하여 피검사자가 검사상에서 차지하는 위치를 파악하게 된다.

다면적 인성검사의 편집증 척도에서 환산점수(T)의 평균은 50이고, 표준편차는 10이다. 따라서 어떤 사람이 다면적 인성검사에서 60점을 받았다면 이 사람은 편집증의 정도가 표준편차 1 정도 위에 위치하는 것으로 전체에서 차지하는 백분위는 약 84퍼센트라고 해석하게 된다.

성격평가가 위와 같은 심리측정적 측면을 갖추고 있다면 평가도구로 사용될 자격이 충분하다. 그러나 여기에 더하여 성격평가도구가 갖추어야 할 추가적인 조건이 바로 해석의 용이성과 안정성이다(안창일, 2004).

검사는 측정하는 대상이 모두 다르다. 어떤 검사는 하나의 차원을 다루지만 다른 검사는 더욱 넓은 행동영역을 측정하기도 한다. 그러나 검사가 측정하는 대상이 무엇이든 중요한 점은 해석의 용이성이다. 이 때 정보의 넓이와 깊이 간에 딜레마가 발생할 수 있다. 예컨대, 정보의 양이 너무 많으면 정확성이 낮아지고, 높은 정확성을 요구할 경우에는 정보의 양이 감소할 수 있다. 검사 개발자는 정확성과 양 중 어느 것에 초점을 맞추어 검사를 개발할 것인가를 고민해야 한다. 검사를 개발할 때 이 문제를 해결할 수 있는 차선책 중의 하나는 검사의 목적이 무엇인지를 고려하는 것이다.

두 번째로 안정성은 두 가지 측면에서 정의할 수 있다. 하나는 채점방식의 안정성으로 판단자간의 일치성을 의미한다. 일반적으로 객관적인 검사는 채점방식의 안정성이 확보된 채점 체계를 구비하고 있다. 두 번째 측면은 상황에 따른 안정성이다. 물론 어떤 성격검사도 모든 상황에서 항상 일치하는 결과를 얻을 수 있는 것은 아니다. 그러나 어느 정도 수준의 일관성을 가지고 있어야 하는지에 대해서는 검사를 개발할 때 고려해야 할 것이다.

객관적 성격검사

성격검사는 다양한 방식으로 분류할 수 있다. 우선 실시하는 대상이 개인인가 집단인가에 따라 개인검사와 집단검사로 나눌 수 있고, 사용하는 도구의 형태에 따라 지필용 검사와 도구형 검사로 구분할 수 있다. 또한 구조화가 되어 있는 정도에 따라 객관적 검사와 투사검사로 나뉜다.

객관적 성격검사를 개발하는 과정에는 크게 외적 준거 접근, 내적 구조 접근, 그리고 내적 내용 접근이 있다(Heiden & Hersen, 1995). 이 접근은 각각 고유한 특징을 가지고 있지만 검사를 개발할 때에는 이들을 조합하여 사용한다는 점에서 상호배타적이지는 않다.

외적 준거 접근이란 경험적 준거방식이라고도 불린다. 이 방법은 한 개인이 어떤 특정한 부류에 속할 가능성을 예언하는 데 관심을 두는 것이다. 예를 들어, MMPI-2에서 중독가능성 척도를 개발할 때 물질남용으로 치료를 받고 있는 집단과 물질을 남용하지 않는 사람으로 구성된 집단으로 나누고 이 두 집단을 잘 구별해 주는 문항을 선정하여 검사를 구성하는 방법이다. 이 접근의 기본 가정은 특정 진단을 받게 되는 집단의 반응은 동일할 것이라는 점이다. 결국 검사문항을 선정할 때마다 늘 합리적이고 이론적인 토대가 필요한 것은 아니다. 이러한 방식으로 선발되는 문항의 유용성은 집단의 변별력에 의해 결정된다.

외적 준거 접근은 점수가 가지는 의미를 해석하기 어렵다는 문제가 있다. 여기서 선정된 문항내용이 진단을 받게 되는 집단의 특징적 증상과 직접 연결되는 것이 아니어서 검사 반응을 행동의 표본으로 보기 어렵기 때문이다. 따라서 성격에 관한 객관적 검사를 제작할 때 이 방법만 고집하여 문항을 선정하는 것은 권장하지 않고 있다(Clark & Watson, 1995).

내적 구조 접근은 귀납적인 방식으로 문항을 선정하는 것으로 근본적이고 보편적인 성격구조가 존재한다는 가정에 근거하고 있다(Burish, 1984). 이 방법은 특히 정상 성격을 측정하려고 할 때 사용하는 것으로 척도를 제작할 때 검사 자체에서 수집한 자료 외의 어떤 자료도 요구하지 않는다. 내적 구조 접근에서는 요인분석과 같은 통계 방법에 크게 의존한다. 즉 서로 관련된 문항의 군집을 확인하고, 이것을 다시 그 군집의 기저에 존재하는 소수의 차원으로 환원하여 주요 성격특질이나 요인을 밝힌다. 이 방법은 Eysenck 성격검사나 다차원 성격검사(MPQ) 등을 개발할 때 사용되었다.

내적 내용 접근은 연역적 접근으로 역사적으로 초기에 주로 사용하였던 방법이다. 이 방법은 검사개발자가 측정하고자 하는 특질에 대한 선험적인 이성이나 이론에 의거하여 검사문항을 합리적으로 선정하는 것이 특징이며, 척도를 제작할 때 검사에 포함되어 있는 자료 외에는 어떤 것도 필요로 하지 않다는 점에서 '내적'이다. 최근에 MMPI-2의 내용척도를 구성할 때 이 방법이 사용되었다. 검사개발자는 이를 통해 MMPI-2에 있는 내용 전체를 포괄하고자 하였다. 또한 피검사자와 검사자 간에 직접적이고, 심리측정적인 면에서 신뢰로운 의사소통을 가능케 하는 척도를 개발하려고 하였다(Heiden & Hersen,

1995).

객관적 성격검사는 표준화된 질문에 대해 피검사자가 고정된 반응을 선택하게 한다. 보통은 "예"와 "아니요" 형태의 반응을 하게 하거나 차원척도를 사용한다. 또한 객관적 성격검사는 구조화 되어 있고 문장의 내용이 분명하며 객관적인 실시와 채점이 가능하다. 다음은 객관적 성격검사가 가지고 있는 장점이다.

첫째로 객관적 검사는 경제적이다. 검사에 대한 소개가 간단하고 대규모 집단에 사용할 수 있으며, 검사자 없이 피검사자 스스로 검사를 완성할 수 있다. 둘째로 채점과 실시가 단순하고 객관적이다. 따라서 해석을 위한 특별한 전문적 기술이 필요하지 않다. 물론 이러한 단순함 때문에 제대로 훈련을 받지 않은 비전문가가 검사를 잘못 활용할 위험이 존재한다. 마지막으로 객관적 검사는 결과의 객관성과 신뢰도가 높다.

객관적 검사는 여러 가지 단점을 가지고 있기도 하다. 첫째로 객관적 검사에서는 행동적인 문항을 사용한다. 즉, 피검사자의 특성을 나타내는 행동을 대변하는 문항으로 검사가 구성되어 있다. 따라서 객관적 검사는 피검사자의 역동이나 동기를 확인하기 어렵다. 실제로 두 사람이 어느 한 문항에 대해 동일한 대답을 하였더라도 그 이유는 완전히 다를 수 있다. 예를 들어, '새로운 사람을 만나는 것이 즐겁습니까?'라는 질문에 두 사람이 모두 예라고 반응하였더라도 한 사람은 새로운 사람을 만나면 새로운 경험을 할 수 있을 것이라는 점 때문에 그렇게 대답한 것일 수도 있고, 다른 사람은 많은 사람을 알고 지내는 것이 출세에 도움이 된다고 생각했기 때문에 즐겁다고 하였을 수 있다.

두 번째로 일부 객관적 성격검사의 경우 행동, 인지 그리고 욕구를 다루는 문항이 뒤섞여 있다. 그러나 결과는 보통 하나의 대표값으로 나타나게 된다. 즉, 동일한 점수를 받은 두 사람이 실제로는 상당히 다를 수 있다. 이러한 점이 객관적 성격검사를 해석할 때 하나의 한계로 작용하게 된다.

마지막으로 검사의 질문이 일부 피검사자에게 문항을 오해하게 할 수 있으며, 왜곡된 반응을 하게 할 수도 있다. 일부 독해능력이 부족한 피검사자는 질문지의 문항을 잘못 이해하여 정확한 반응을 하지 못하거나 무선적으로 반응할 수도 있다. 또한 객관적 검사는 대부분 강제선택형으로 이루어져 있기 때문에 반응이 한정될 수밖에 없다. 예를 들어 낚시에 관한 잡지를 좋아하지도 않고 싫어하지도 않는 피검사자는 '나는 낚시에 관한 잡지를 좋아한다'와 같은 문항에 대해 대답하기가 매우 어렵고 곤혹스러울 수 있다.

대표적인 객관적 성격검사로는 정상성격을 측정하기 위한 Eysenck 성격검사(Eysenck Personality Questionnaire: EPQ), 5요인 성격검사(NEO Personality Inventory: NEO-PI), 16 성격요인검사(16 Personality Factors Test: 16PF) 등이 있고, 진단용 검사로 다면적 인성검사(Minnesota Multiphasic Personality Inventory: MMPI-2)가 있다.

Eysenck 성격검사

Eysenck 성격검사는 임상적 관찰이나 선험적 연역자료가 아닌 객관적 검사나 측정도구로 측정한 자료를 요인분석 등의 고급통계방법으로 분석하여 구성한 검사이다. 이 검사는 외향성-내향성 차원, 신경증적 경향성 차원, 그리고 정신병적 경향성 차원이 기본적인 성격차원을 구성하고, 허위성 차원과 중독성 차원, 그리고 범죄성 차원이 보조적인 차원을 구성하고 있는 도구이다.

외향성-내향성 차원은 정서변화의 속도차원을 바탕으로 하여 정서변화의 속도가 빠른 성격을 외향성이라고 하고, 느린 성격을 내향성이라고 정의한다. 이는 특히 대뇌 피질의 각성 수준과 밀접한 관계가 있는데(Eysenck, 1967), 외향성-내향성은 상행망양체 부활성계(ARAS)와 관계가 있고, 신경증적 경향성은 내장 뇌와 밀접한 관계가 있다(그림 6-1 참조). 한편 정신병적 경향성 차원은 스트레스를 받게 될 때 범죄를 저지를 가능성이나 충동성, 적개심과 공격성, 그리고 정신분열병 등의 증후가 나타날 가능성을 의미한다. 이 검사는 이러한 세 차원이 서로 직교관계에 있을 것이라고 가정하고 있다.

일반적으로 외향성-내향성 차원이 높은 사람은 사교적이고, 모험심이 강하고 활동적이며, 새로운 것을 추구하는 사람으로 해석할 수 있다. 물론 이것이 지나치면 자신의 기분을 통제하지 못하는 경향이 나타날 수도 있다. 반면 신경증적 경향성 차원이 높은 사람은 불특정한 각성이 높아서 불안을 호소할 가능성이 높다. 이들은 기분변화가 심하고 쉽게 우울해지기도 하며, 사소한 스트레스에 지나치게 예민하다. 반면에 신경증적 경향성 차원이 낮은 사람은

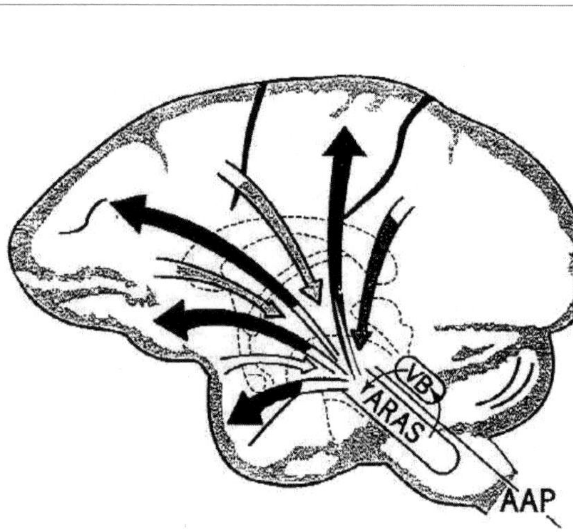

※ VB: 내장뇌 AAP: 상행구심로 ARAS: 상행망양체 부활성계

그림 6-1 망양체, 내장뇌 및 피질의 상호작용

정서적으로 안정된 사람을 대변한다. 정신병적 경향성이 높은 사람은 공격적이고, 냉담하며 동정심이 없고, 충동적이며 자기중심적인 경향이 높다고 해석한다(이현수, 1997). Eysenck 성격검사는 일반인의 성격을 세 차원의 조합으로 설명할 수 있다. 즉, 어떤 사람은 내향적인 경향이 다소 있으면서 신경증적 경향성이 있고, 정신병적 경향성은 미미하다고 설명하는 것이다.

5요인 성격검사

Eysenck와 Cattell을 비롯한 많은 특성연구자는 성격특성의 기본적인 차원의 본질과 개수 등에 대해 논쟁을 벌였다. 그러나 1980년대 이후 요인분석과 같이 측정방법이 정교화 되면서 많은 특성연구자가 동의하는 부분이 나타나게 되었다. 그것은 양극단으로 이루어진 5개의 주요한 차원으로 성격특성을 구조화할 수 있다는 것이었는데(John, 1990; Costa & McCrae, 1992), 이것을 빅파이브 모델이라고 부르게 되었다.

Costa와 McCrae(1985, 1989, 1992)는 이러한 빅파이브 모델에 근거하여 검사를 개발하였는데 그것이 바로 5요인 성격검사이다. 이 검사는 신경증, 외향성, 개방성, 우호성, 그리고 성실성이라는 5개의 요인으로 구성되어 있다.

신경증은 정서적인 적응을 측정하는 것으로 정서적 불안정성과 심리적 고통, 비현실적 생각, 과도한 욕망이나 충동, 부적응적 대처반응을 평가한다. 이 척도의 점수가 높은 사람은 걱정이 많고 과민하며, 감정적이고 불안정하다. 외향성은 대인관계 상호작용의 양과 강도, 활동성의 수준, 자극을 추구하는 정도 및 즐거워할 수 있는 능력을 평가한다. 이 척도의 점수가 높은 사람은 사교적이고 활동적이며, 수다스럽고 낙천적이다. 그리고 즐거움을 추구하는 면이 있으며, 인정이 많다는 특징을 가지고 있다. 개방성은 혁신성을 추구하는 정도와 경험 자체에 대한 존중, 그리고 친숙하지 않은 것을 탐색하고 수용하는 경향을 평가한다. 이 척도의 점수가 높은 사람은 호기심이 많고 관심의 범위가 다양하며, 창조적이고 독창적이다. 상상력이 풍부하고 관습에 얽매이지 않는 면도 가지고 있다. 우호성은 동정심에서 적대감에 이르기까지의 사고, 감정, 행동의 연속선상에서 한 개인이 지향하는 대인관계의 특성을 평가한다. 이 척도의 점수가 높은 사람은 마음이 따뜻하고 온후하며, 믿을 만하고 관대하고 정직하다. 마지막으로 성실성은 목표지향 행동을 하는 데 있어서 한 개인의 동기와 끈기, 그리고 조직화·정도를 평가한다. 이 척도의 점수가 높은 사람은 조직적이고 신뢰할 만하고, 근면하고 성실하며 인내심과 단정하고 꼼꼼한 태도를 가지고 있다고 볼 수 있다.

5요인 성격검사는 기본적인 정서와 대인관계, 그리고 동기의 양상을 측정한다. 이 검사는 직업선택, 성격평가 그리고 정신병리의 진단 및 심리치료와 관련된 결정을 내리는 것과 같이 다양한 영역에 적용할 수 있다. 그러나 아직 국내에서는 이론의 검증을 위한 연구차원에서 벗어나지 못하고 있다. 따라서 빠른 시일 내 한국판으로 구성된 척도의 유용성과 타당성을 검증하여 임상적 활용을 증가시켜야 할 것이다.

16 성격요인검사

16 성격요인검사는 Cattell이 4,000여개의 성격 형용사를 사용하여 요인분석을 하고 이를 성격검사로 구성한 것이다. 처음 성격 형용사의 자료로 요인분석을 하였을 때는 성격이 45개의 범주로 묶였으나, 후에 정교한 요인분석을 실시한 결과 최종적으로 16개의 요인이 확정되었다. 이 척도는 16개의 요인을 크게 1차 요인과 2차 요인으로 나누고 있는데, 1차 요인은 온정성, 지능,

자아강도, 지배성, 충동성, 집단동조성, 대담성, 온화함, 불신감, 상상력, 실리성, 죄책감, 반항성, 자기충족성, 강박성, 그리고 유동불안으로 구성되어 있다. 2차 요인에는 외향성, 불안, 강인성, 독립성이 속한다. 이 척도는 심리측정적 구조가 우수한 편이지만 척도의 명칭이 친숙하지 않고 일상 행동과 연결이 어려워서 비교적 잘 사용되지 않는 편이다(Murphy & Davidshoper, 1991).

다면적 인성검사(MMPI-2)

MMPI는 1943년에 개발된 이후 60여 년 이상 가장 많이 사용된 자기보고형 검사로 자리매김하였다. 원래 진단용으로 개발되었던 이 검사는 이후 정신병의 진단뿐 아니라 일반 직장에서의 인사선발과 배치, 결혼 적합도 등에 이르기까지 그 범위를 넓혀 사용되어 왔다. MMPI는 현재의 심리상태뿐 아니라 이후의 상태나 증상을 성공적으로 예언하였고, 1990년대에 출판된 한 논문에 따르면 MMPI를 사용한 논문이 10,000편에 이를 정도로 보편적으로 사용되어 왔다(Graham, 1990). 그러나 MMPI는 여러 가지 문제로 인하여 개정될 필요성이 제기되었고, 그 결과 재표준화되어 MMPI-2가 개발되었다(Butcher, Dahlstrom, Graham, Tellegen, & Kaemmer, 1989).

MMPI는 문항을 구성할 때 다양한 측면을 고려하였다. 우선 읽기 능력이 부족한 사람도 쉽게 이해할 수 있도록 하였다. 또한 자신을 참조하기 쉽도록 일인칭으로 문항을 구성하였고, 채점할 때 모든 문항이 동일한 가중치를 갖도록 하였다. 문항을 선정할 때는 안면타당도에만 의존하지 않았으며, 정신병리로 채점될 답안에 "그렇다"와 "아니오"가 골고루 분포하도록 하였다. 무작위 반응이나 의도적으로 가장하는 반응태도를 알 수 있도록 F 척도가 구성되었고, 대학생뿐 아니라 성인 집단까지 검사의 규준을 만들어 성인에게도 적용할 수 있도록 하였으며, 경험적 자료 분석에 근거하여 문항을 구성하였다(Heiden & Hersen, 1995).

이러한 노력에도 불구하고 MMPI는 많은 비판을 받았다. 가장 문제가 된 점은 MMPI의 전집이 미국인 전집을 대표하지 못한다는 것이었다. 미국 동부 지역의 평균 8년 이상의 교육경력을 가진 백인, 그리고 소도시에서 온 평균 35세의 기혼자가 MMPI의 규준을 구성한 집단이었다. 또한 많은 문항의 표현이 진부하였고, 성차별적인 용어가 쓰여 있었으며, 기독교적 신념을 부적절하게 나타내었고, 성이나 내장기관, 방광의 기능을 지나치게 강조하고 있었다. 더욱 큰 문제는 최근 많은 사람이 고통을 겪고 있는 자살이나 약물남용과 같은 문제를 적절히 다루지 못한다는 것이었다(Graham, 1990).

이러한 배경에 근거하여 1989년에 MMPI-2가 개발되었다. MMPI-2는 MMPI의 550문항 중 약간의 수정을 거친 82문항을 그대로 사용하고, 약물남용, 자살위험성, 부부문제, 식사장애, 치료나 재활에 대한 태도, 직장이나 직업에 대한 태도를 측정하는 문항까지 포함하여 총 567문항으로 구성되어 있다. 새롭게 포함된 문항은 원판이 평가하지 못한 영역을 포함하기 위한 노력의 결과였다.

MMPI-2는 개발과정에서 다음과 같은 특징을 갖도록 노력하였다(김중술, 한경희, 임지영, 이정흠, 민병배, 문경주, 2005). 첫째는 검사문항의 향상이었다. 즉, 성차별적이거나 진부한 표현을 수정하고 측정할 수 있는 영역을 확장하였다. 이러한 과정에서 원판에 포함되어 있던 13개의 문항은 삭제되었고, 일부는 수정되었다. 이러한 변화가 피검사자의 반응에 미치는 효과는 미미한 것으로 밝혀졌다(Ben-Porath & Butcher, 1989).

둘째, MMPI-2는 동형 T 점수를 갖도록 하였다. MMPI에서 사용한 선형 T 점수는 전집 속에서 피검사자의 위치를 알려준다는 장점이 있지만 백분위 점수에 따른 비교 가능성은 떨어진다. 즉, 같은 T값이라도 분포가 다르면 척도 간의 비교가 어렵다. 이를 보완하기 위해 MMPI-2에서는 Mf 척도와 Si 척도를 제외한 8개의 임상척도와 재구성 임상척도, 내용척도 및 내용 소척도, 그리고 성격병리 5요인 척도(PSY-5)에 동형 T 점수를 적용하였다.

셋째, 타당도 척도를 보완하였다. 기존의 L, F, K 척도에 더하여 VRIN, TRIN, F(B), F(P), S의 5개 타당도 척도를 추가하여 체계적이고 정확하게 피검사자의 수검태도를 평가할 수 있게 하였다.

넷째, 재구성 임상척도를 개발하였다. MMPI의 가장 큰 단점 중 하나는 척도간의 상관이 높다는 것이었다. 이는 임상척도를 개발할 때 경험적 문항 선정 방법을 사용하여 불가피하게 발생한 문제로, 차별적인 해석과 예측을 어렵게 한다. 이러한 문제를 해결하기 위한 방법으로 재구성 임상척도를 개발하였다. 만약 각 척도에서 정신과 환자에게만 나타나는 고유한 특성을 분리해낼 수 있다면, 각 척도에서 이를 제외하고 남은 부분은 각 임상척도가 고유하게 측정하는 핵심적 특성이 될 것이다. 이를 위해 MMPI-2에서는 Mf와 Si를 제외한 8개의 임상척도를 다시 구성하고, 환자의 고유한 특성을 측정하기 위한 재구성 임상척도를 개발하였다.

다섯째, 새로운 내용척도를 개발하였다. 자살과 약물남용, A형 성격유형, 대인관계 등에 대한 새로운 문항을 추가하였고, 기존의 13개 내용척도에서 2개가 증가한 15개의 내용척도를 구성하였다. 내용척도의 이름은 기존의 척도와 유사하지만 그 안에서 측정하는 문항의 구성은 완전히 달라졌다. 그 결과, MMPI-2는 임상적으로 중요한 영역을 폭넓게 평가할 수 있게 되었다.

마지막으로 새로운 보충척도를 개발하였다. 즉, 성격병리 5요인 척도(PSY-5), 중독인정척도(AAS), 중독가능성 척도(APS), 남성적 성역할척도(GM), 여성적 성역할척도(GF), 결혼생활부적응척도(MDS) 등의 보충척도가 새롭게 추가되었다.

MMPI-2의 타당도척도와 임상척도, 그리고 내용척도는 <표 6-1>과 같다. <표 6-1>에서 볼 수 있는 것처럼 MMPI-2는 검사문항에 대한 개인의 반응이 얼마나 정확한 정보를 제공하고 있는가에 대하여 임상가가 판단할 수 있도록 고안된 7개의 타당도척도를 갖고 있다. 이 척도는 개인이 현재 자신의 기능수준에 대해 정확하게 기술할 수 없는 것인지 혹은 기술하고 싶어 하지 않는 것인지를 판단하는 데 특히 유용하다. 예를 들어, 환자가 급성 정신병 상태에 있어서 매우 혼란스러워하고 와해되어 있다면 반응의 일관성이 없음을 나타내는 F 척도와 VRIN 척도 점수가 상승할 수 있다. 이런 경우에 나머지 임상척도의 점수를 해석하는 것은 적절하지 않을 수 있다. 반대로 자신의 정신병적 경향을 감추어 치료를 거부하고 싶은 환자의 경우에는 L 척도나 K 척도의 점수가 높게 상승할 수 있다.

MMPI-2의 임상척도는 MMPI의 척도 명을 그대로 사용하고 있고 일부 문항이 수정되어 있다. 이 척도를 해석할 때에는 척도 자체의 T 점수를 해석하는 방법과 프로파일을 분석하는 방법, 그리고 내용을 분석하는 방법이 있다. T 점수를 해석하는 방법은 평균이 50이고, 표준편차가 10인 T 값에 근거하여

표 6-1 MMPI-2의 척도와 그 기능

척도		기호	약자	측정기능
타당도척도	무응답		?	프로파일이 무의미해질 가능성이 높다. 자신의 정보를 노출시키지 않으려는 조심성과 강박성 때문에 반응을 할 수 없다. 검사에 비협조적이다. 심한 우울증 때문에 반응을 결정할 수 없다.
	무선반응 비일관성 척도		VRIN	독해능력의 부족이나 혼란 때문에 나타나는 반응일 수 있다. 의도적일 가능성도 있고, 부주의로 인한 반응표기상의 실수, 혹은 집중력의 일시적 상실의 결과일 수 있다.
	고정반응 비일관성 척도		TRIN	무선적으로 "그렇다", 혹은 "아니다"로 반응한 것으로 의도성이 있을 수 있고, 독해능력의 부족 및 비협조적인 수검태도의 결과일 수 있다.
	비전형 척도		F	심각한 정신병리가 있을 가능성이 있거나 고의적으로 병을 가장하거나 이상하게 보이려고 가장하였을 가능성이 있다.
	비전형 - 후반부 척도		F(b)	F와 같이 정신병리의 가능성이나 병을 가장할 가능성을 측정하는 것으로서 검사의 후반부에 40개의 문항을 제시하였다.
	부인척도		L	자신을 매우 좋게 보이려는 수검자의 반응을 나타낸다. 자신의 특성을 억압하고 부인하거나 자기 통제가 강하지만 이러한 방식이 세련되지 못하다.
	교정척도		K	어떤 문제를 인정하지 않으려는 방어성 때문에 나타나는 것으로 L이나 F보다 은밀하게 측정한다.
임상척도	건강염려증	1	Hs	자신에게 신체적 질병이 있다고 생각하고, 불특정 증상에 지나치게 예민하고 불평이 많으며, 만사에 부정적이다. 타인을 조종하고 지배하려고 한다.
	우울증	2	D	자신이나 인생에 대해 비관적이고, 우울한 기분과 죄의식을 느끼며, 걱정이 많고 우유부단하다. 현실 회피적이다.
	히스테리	3	Hy	피암시성이 강하고 스트레스를 받으면 신체적 증상을 호소한다. 억압이 강하고, 단순하고 구체적인 문제해결을 요구하며, 미숙하다.

표 6-1 MMPI-2의 척도와 그 기능 (계속)

척도	기호	약자	측정기능
반사회성	4	Pd	권위에 대한 갈등이 심하고 책임감이 없다. 좌절을 경험하면 참지 못하고 충동적으로 행동한다.
남성성 - 여성성	5	Mf	남성이나 여성이 전통적인 성역할과 동일시하지 않는다. 남성은 수동적이고 관계형성에 관심이 많고 여성은 여성다움에 관심이 없고 공격적 충동을 억제하지 못한다.
편집증	6	Pa	대인관계와 타인의 비판에 예민하다. 의심이 많고 적대적이며, 투사하는 경향이 많다.
강박증	7	Pt	책임감이 강하지만 자신의 일을 수행하지 못할 때에는 불안을 느낀다. 주지화를 방어기제로 사용한다. 걱정이 많고 우유부단하며, 초조하고 주의를 집중하지 못한다.
정신분열증	8	Sc	소외감과 유리감을 느끼고 비논리적이며, 주의집중이 어렵다. 사고장애가 있으며, 자아정체의 위기를 느낀다.
경조증	9	M	과잉활동과 정서적 불안정감, 사고의 비약이 있다. 충동적이고 자기도취적이며, 과대망상이 심하다. 계획은 많으나 완성하지 못한다.
내향성	0	Si	혼자 있거나 몇몇 가까운 친구하고만 사귀는 것을 좋아한다. 내향적이고 수줍음이 많다. 사회적 접촉을 기피하는 경향이 있다.

피검사자의 척도상 위치를 해석하는 것이다. T 값이 상승한 척도를 <표 6-1>에 있는 측정기능을 고려하여 해석하는 방법으로서 우울증척도(D)가 상승하였다면 우울증으로 진단할 수 있다고 해석하게 된다. 이러한 방법은 가장 단순하다는 장점이 있지만 임상경험을 통해 볼 때 지나치게 단순하여 충분한 정보를 얻지 못한다는 단점이 있다.

프로파일을 분석하는 방법은 피검사자의 척도 점수 중 높은 척도 2-4개를 살펴보고 그 척도가 동반상승한 사람의 특징을 해석하는 방법이다. 특히 MMPI-2에서 1, 2, 3번 척도는 신경증 경향을 측정하고 7, 8, 9번 척도는 정신병 경향을 측정하는 것으로 알려져 있다. 예를 들어 처음의 세 임상척도인 Hs, D, Hy 척도가 상승되어 있다면 이 사람은 신체적 호소와 함께 우울을 경험한다고 해석하는 것이다. 또한 D와 Pt 척도가 상승하였다면 매우 소심하고 불안해 하면서 우유부단한 불안장애로 진단할 수도 있을 것이며, Pa와 Pt 척도가 상승하였다면 극도의 의심과 정신병적 사고를 가지고 있을 가능성을 고려할 수 있을 것이다.

내용을 통한 해석 방법은 MMPI-2에서 개발된 다양한 내용척도를 고려하여 해석하는 것이다. 이러한 해석은 프로파일을 통한 기계적 해석과 단순한 진단을 넘어 보다 역동적인 수준에서 해석할 수 있도록 해준다. 이 때 내용척도와 보충척도를 함께 분석한다.

한편 MMPI-2를 개발하면서 청소년에게 적용할 수 있는 MMPI-A를 함께 개발하였다. 청소년용을 개발하는 데에는 이들이 어른보다 주의력의 범위가 협소하고, 청소년에게만 특수한 문제 영역이 있다는 판단이 한 몫을 하였다. 따라서 청소년이 쉽게 사용할 수 있도록 문항을 478개로 줄이고, 청소년에게 실효성이 부족하다고 판단되는 문항을 제외하였으며 약물남용과 학업문제, 부정적인 또래 집단의 영향, 그리고 낮은 성취동기 등과 같은 청소년에게 중요한 문제영역의 문항으로 대체하였다.

MMPI-2는 현재까지도 새로운 내용척도와 보충척도를 개발하고 있는 상태이다. 이러한 발전과 함께 MMPI-2의 적용범위가 크게 확대되고 있다. 특히 MMPI-2는 환자의 심리적 문제가 어느 정도 심각한지에 대한 정보가 필요하거나 진단을 위한 가설을 설정할 때 유용하다. 그러나 MMPI-2는 다양한 환자의 특성을 담고 있기 때문에 문항이 매우 많다. 따라서 단지 특정한 장애가 있는지를 확인하고 싶다면 굳이 이렇게 긴 자기보고형 질문지를 사용할 필요는 없다.

MMPI-2의 문항은 이론적인 방법이 아닌 경험적인 방법으로 구성된 정신병리 증상의 측정치이다. 그렇기 때문에 일반 성격특성과 상황적 요인간의 미묘한 상호작용을 이해하고 싶은 임상가는 MMPI-2에서 많은 정보를 얻을 수 없다. 따라서 환자의 성격적인 역동을 이해하고 싶을 때는 다른 검사를 사용하는 것이 더욱 바람직하다.

20110617

MMPI-2™ **다면적 인성검사 II 결과표**

개인고유번호:	이름:	나이: 21	성별: 여자
소속기관1:		소속기관2:	

1. MMPI-2 타당도 척도와 임상 척도 프로파일

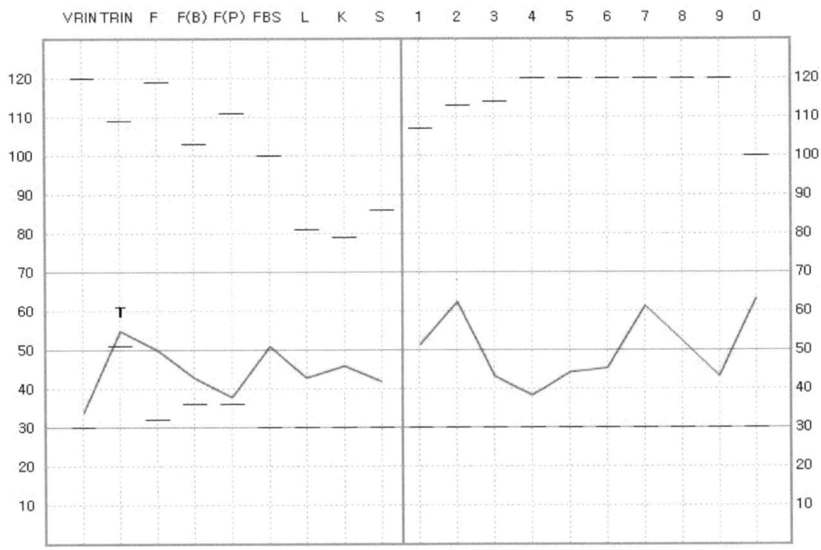

척도	VRIN	TRIN	F	F(B)	F(P)	FBS	L	K	S	Hs +.5K	D	Hy	Pd +.4K	Mf	Pa	Pt +1K	Sc +1K	Ma +.2K	Si
원점수	4	10	12	4	1	17	4	13	19	14	34	22	16	33	10	27	27	17	42
전체규준T	**34**	**55T**	**50**	**43**	**38**	**51**	**43**	**46**	**42**	**51**	**62**	**43**	**38**	**44**	**45**	**61**	**52**	**43**	**63**

주) 5번(Mf) 척도의 T점수는 성별규준에 의한 것임.

2. MMPI-2 재구성 임상 척도와 성격병리 5요인 척도 점수

척도	RCd	RC1	RC2	RC3	RC4	RC6	RC7	RC8	RC9	AGGR	PSYC	DISC	NEGE	INTR
원점수	14	11	11	9	2	0	11	2	14	9	6	11	18	19
전체규준T	**58**	**53**	**61**	**54**	**39**	**36**	**55**	**44**	**51**	**52**	**49**	**47**	**56**	**54**

3. MMPI-2 내용 척도 점수

척도	ANX	FRS	OBS	DEP	HEA	BIZ	ANG	CYN	ASP	TPA	LSE	SOD	FAM	WRK	TRT
원점수	16	7	13	15	13	1	5	14	10	12	7	18	8	17	12
전체규준T	**68**	**44**	**72**	**57**	**51**	**40**	**45**	**56**	**49**	**58**	**49**	**72**	**50**	**56**	**55**

4. MMPI-2 보충 척도 점수

척도	A	R	Es	Do	Re	Mt	PK	MDS	Ho	O-H	MAC-R	AAS	APS	GM	GF
원점수	25	19	25	15	22	24	25	3	26	16	18	1	26	30	35
전체규준T	**62**	**50**	**39**	**54**	**60**	**61**	**64**	**42**	**58**	**59**	**44**	**38**	**66**	**55**	**62**

마음사랑

그림 6-2 MMPI 프로파일의 예

마지막으로 MMPI-2는 MMPI가 가지고 있는 문항의 편파성을 없애려고 노력하였다. 하지만 MMPI-2가 그 문제를 완전히 해결하였다고 평가할 수는 없는 상태이다. 여러 연구에 의하면 다양한 인종 집단간에 평균 점수의 차이가 존재한다는 결과와 차이가 없다는 결과가 혼재하고 있다. 따라서 이러한 검사편향의 문제를 다룬 연구를 시급히 실시하여야 하는 실정이다.

많은 제한점에도 불구하고 MMPI-2는 정신병리와 성격을 측정하는 하나의 자기보고형 검사의 표준으로 자리매김할 것이다. 하지만 임상가는 다른 검사를 대할 때와 마찬가지로 이 검사가 가지고 있는 장점과 단점을 항상 인식하고 있어야 한다.

투사검사

투사검사를 사용한 역사는 매우 길다. 아마도 19세기 후반에 잉크반점을 사용하여 상상력과 지능을 측정하려고 한 시도를 심리학적 방법으로 투사기법을 처음 사용한 것으로 볼 수 있을 것이다. 투사검사가 심리평가의 방법으로 실제적인 영향을 미치기 시작한 것은 1921년 Herman Rorschach의 논문에서 비롯되었다고 볼 수 있다. 그는 정신병리를 감별 진단하는 방법으로 잉크반점을 사용하였다. 후에 이 검사는 여러 연구를 통해 하나의 검사로 자리매김하게 되었고, 실시와 채점 그리고 해석체계를 구축하였다(Trull, 2005). 이후 주제통각검사(Thematic Apperception Test: TAT)와 인물화검사, 문장완성검사 등이 투사검사로서 개발되어 임상장면에서 사용되어 왔다.

투사검사는 기본적으로 정신분석 개념에 근거한다. 즉, 자아방어나 무의식 과정의 성질에 대한 개념을 도입하고 있다. 그러나 이것이 투사검사의 핵심특성은 아니다. 투사검사의 정의에 대한 의견은 매우 다양하지만 가장 일반적으로 받아들일 수 있는 것은 심리학 사전(English & English, 1958)에 실린 정의일 것이다. 이 사전에서는 투사 방법을 "특정한 반응을 유발하거나 강요하지 않는 상황에서 개인의 반응을 관찰함으로써 개인의 특징적 행동방식을 발견하려는 절차"라고 정의하고 있다.

투사검사는 다음과 같은 특징을 가지고 있다(Rotter, 1954). 첫째, 구조화되지 않은 자극을 재료로 사용한다. 물론 같은 투사검사라 하더라도 문장완성검사와 같이 상당히 구체적인 질문을 제시하는 경우도 있다. 하지만 대부분의 투사검사는 애매한 자극을 제공한다는 점에서 비구조화되어 있다고 볼 수 있다. 둘째, 구조화되어 있지 않은 애매한 자극에 대해 피검사자가 반응하도록 함으로써 자신의 성격구조(욕구나 소망, 혹은 갈등 등)를 드러내게 한다. 셋째, 간접적인 방법으로 측정한다. 따라서 투사검사를 받는 피검사자는 이 검사가 무엇을 측정하려고 하는지를 인식하지 못한다. 또는 검사의 목적을 위장하기도 한다. 즉, 피검사자가 이 검사를 하는 이유가 자신이 심리적으로 잘 적응하고 있는지를 알아보기 위한 것이라는 점을 알고 있더라도 자신의 반응이 어떤 의미를 갖는지에 대한 세부적인 사항까지는 알지 못하는 경향이 있다. 투사검사는 직접적으로 피검사자의 욕구나 소망, 갈등 혹은 걱정에 대해 묻지 않는다. 이러한 간접적 측정을 통해 피검사자가 자신의 반응을 검열하여 의도적으로 반응하는 것을 어렵게 한다. 넷째, 개방적인 반응이 가능하다. 즉 객관적 검사와 같이 피검사자가 "그렇다"와 "아니다" 혹은 5점 척도 내에서 자신의 반응을 결정하도록 강요하지 않는다. 특히 그 내용에 있어서 반응의 범위는 무한하다. 마지막으로 반응의 범위가 넓다는 점에서 반응을 해석할 때 보다 많은 변인을 다룰 수 있다. 임상가는 피검사자의 욕구와 적응, 진단범주, 자아강도 등 다양한 차원에서 검사의 반응을 해석할 수 있다.

투사검사는 이처럼 다양한 장점이 있지만, 여러 가지 제한점도 가지고 있다. 우선 투사검사는 그 성질상 규준과 신뢰도, 타당도에 있어서 한계가 있다. 객관적 검사와 달리 규준을 마련하기 어렵고, 피검사자의 반응과 검사자의 해석에 융통성이 있어서 신뢰도는 낮을 수밖에 없다. 최근에 Rorschach 검사의 경우 컴퓨터 채점 방식을 개발하여 신뢰도와 타당도를 확보하려고 하지만, 심리측정적인 기준을 충족시키는 데는 여전히 어려움이 있다.

그런데 투사검사에서 과연 표준화가 필요하고 가능한가? 표준화가 가능하다는 연구자도 제법 있다. 물론 임상가의 해석에서의 편향을 막고 의사소통을 용이하게 한다는 점에서 투사검사도 표준화가 이루어져야 할 것이다. 하지만 모든 사람은 독특하기 때문에 어떤 규준을 갖고 있더라도 결과해석에 있어서 편향을 완전히 피할 수는 없다. 따라서 투사검사를 표준화할 이유가 없다고 주장하는 사람도 있다. 그들은 표준화가 이루어지면 결국 투사검사가 가지고 있는 전체적인 장점을 살리지 못하게 될 것이라는 점과 검사결과를 해석하는 것은 하나의 기술이라는 점을 강조하고 있다.

일부 연구자는 검사란 검사장면에서 제시되는 자극에 대한 개인 반응의 상호작용이라는 점을 지적하면서 신뢰도를 확보하는 것도 적절하지 않다고 주장한다. 한 시점에서 얻은 반응이 다른 시점에서 얻은 반응과 유사하다면 검사-재검사 신뢰도가 있는 것이다. 그러나 투사검사는 검사를 실시하는 시점에서 피검사자가 한 반응이 중요하기 때문에 검사-재검사 신뢰도를 확보할 이유가 없다. 또한 검사에서 제시되는 각 자극이 갖는 의미가 다르기 때문에 반분신뢰도를 얻는 것이 불가능할 뿐만 아니라 무의미하다.

마찬가지로 타당도 역시 검사가 측정하고자 하는 것을 측정하고 있는가를 살펴볼 때 '과연 투사검사가 성격을 측정하는가'라는 의문을 제기할 수는 있다. 그러나 이러한 질문은 무의미하다. 이러한 질문보다는 투사검사에 대해 구체적인 질문을 해야 할 것이다. 예를 들어, "Rorschach 검사에서 F값은 인지적 경직성을 측정하는가?"라고 질문을 한다면 투사검사의 타당도에 대한 논의가 가능할 수도 있을 것이다.

Rorschach 검사

Rorschach 검사는 10개의 대칭적인 잉크반점이 그려진 10장의 카드로 구성되어 있는데, 그 중 5장은 무채색 카드이고, 5장은 유채색 카드이다. 과거에 Klopfer, Beck, Hertz 및 Rappaport 등의 Rorschach 검사 사용법이 있었으나 최근에는 Exner에 의해 실시와 채점, 결과 해석하는 방법이 통합되었다(Exner & Exner, 1972). Rorschach 검사와 유사한 형태의 카드는 <그림 6-3>과 같다.

Rorschach 검사를 실시하는 방법은 매우 다양하지만 대체로 아래와 같은 방법에서 크게 벗어나지 않는다. 먼저 검사자가 피검사자에게 첫 번째 카드를 보여주면서, "이 카드가 무엇처럼 보이나요? 보이는 것을 말씀해주시기 바랍니다. 옳거나 틀린 답은 없습니다. 단지 이 카드에서 보이는 것을 말하면 됩니다."라고 말한다. 검사자는 피검사자가 말한 모든 것을 기록한다. 또한 카드를 받고 피검사자가 처음 반응을 할 때까지 걸린 반응시간과 각 카드에

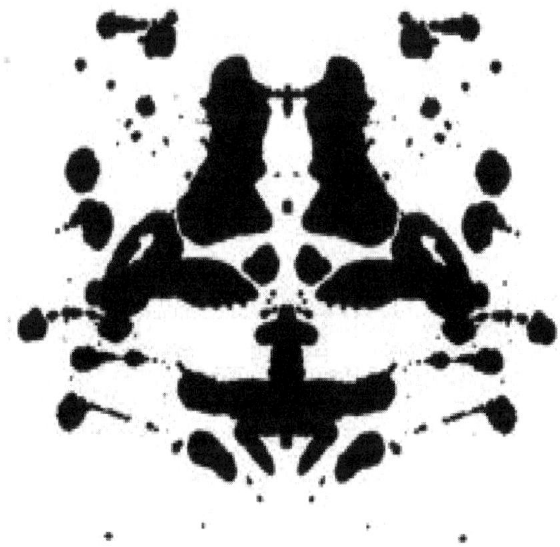

Trull, T.M.(2005), Clinical Psychology(7th Ed.)에서 발췌

그림 6-3 Rorschach 검사와 유사한 형태의 잉크반점

서 소비한 총 시간을 기록하기도 한다. 피검사자가 카드를 바로 들고 응답하였는지 아니면 거꾸로 들고 대답하였는지를 기록하고, 감탄사를 포함한 모든 자발적인 반응을 기록한다. 이 때 피검사자는 하나의 카드에 하나의 반응을 할 수도 있고, 여러 가지 반응을 할 수도 있다. 이러한 자유연상 기간에는 검사자가 피검사자에게 아무런 질문을 하지 않는다.

10장의 카드를 피검사자에게 모두 보여주고 반응을 기록한 후 검사자는 다시 처음 카드를 피검사자에게 보여주면서 다음과 같이 말한다. "이제 당신에게 카드를 다시 보여주겠습니다. 조금 전에 당신이 이 카드를 보면서 어떤 것이 보였다고 말했는데, 나도 당신이 보았던 것처럼 볼 수 있도록 설명해 주시기 바랍니다. 어떤 것을 보고 그렇게 말했나요?"라고 질문을 한다. 피검사자가 지적한 위치와 응답의 내용, 그렇게 보게 된 결정인, 그리고 많은 사람이 그렇게 보는 평범한 반응인지를 확인한다. 이 단계를 한계음미 혹은 질문단계라고 말한다.

검사가 완료되고 나면 고도로 복잡한 체계에 따라 채점을 하고 분석을 한다. 즉, 피검사자의 반응을 반응의 위치, 내용, 결정인 및 반응의 질에 기초하여 주의 깊게 채점을 한다. 반응의 위치는 전체반응, 큰 세부반응, 작은 세부반응, 공백반응 등으로 채점된다. 내용은 피검사자가 본 사물의 성질로 사람, 동물, 바위, 안개, 해부, 신체, 음식 등으로 채점된다. 결정인은 피검사자가 그렇게 보게 된 결정적인 단서를 말하는 것으로 반점의 형태, 움직임, 색채, 결, 음영 등으로 채점하며, 평범한 반응인지 독창적 반응인지를 채점한다. 이러한 채점은 주로 Exner의 채점 체계를 사용하여 이루어진다. 채점이 끝나고 나면 이를 통해 반응의 수나 전체 반응에 근거한 반응의 비율, 반응세트 간의 상대적 비율 등을 계산하게 된다. Rorschach 검사는 채점과정이 매우 복잡하고 상당히 많은 시간이 소요되기 때문에 상당한 숙련이 필요하다.

여러 투사법 검사 중 Rorschach 검사는 피검사자가 모호한 잉크반점이라는 외적 자극에 반응하는 과정에 자기방어가 개입할 여지가 가장 적다는 장점을 가지고 있다. 따라서 허위반응을 할 가능성이 적고, 피검사자는 어떤 반응이 가장 정확한 최선의 반응이고 전형적인 반응양식인지를 알지 못하므로 각자 자신만의 독특한 방식으로 반응하게 된다. 또한 Rorschach 검사는 무의식적 지각이나 정서까지 미묘하게 포착할 수 있어서 여러 정보를 통합적으로 이해하는 데 매우 유용한 측정도구이다(Klopfer & Davidson, 1962).

Rorschach 검사를 옹호하는 연구(Parker, Hanson, & Hunsley, 1988)에 의하면 Rorschach 검사의 타당도 지수가 .41에 이르고 검사자간 일치도나 검사-재검사 신뢰도도 .80 대 중반이라고 한다. 하지만 많은 사람은 Rorschach 검사의 타당도를 지지하는 연구의 질에 대해 비판적인 태도를 취하고 있다(Wood, Nezworski, Lilienfeld, & Garb, 2003). 실제로 연구를 재검토해 보면 타당도 계수가 .29에 불과하다고 결론을 내린 연구도 있다. 그럼에도 불구하고 Rorschach 검사는 임상장면에서 주로 부적응을 측정하는 유용한 도구로 사용되어 왔다. 최근에는 Rorschach 검사의 범위가 천재 소녀의 추적 연구, 하버드 대학생의 60대까지의 추적 연구 등에 적용되는 등 긍정적인 측면으로 사용이 확장되고 있는 추세이다.

Rorschach 검사의 유용성에 대한 결론을 내리기 위해서는 몇 가지 고려해야 할 사항이 있다(Weiner, 1994). 첫째, Rorschach 검사를 통해 얻은 자료는 다양한 이론적 입장에서 해석이 가능하다는 점이다. 예를 들어 정신분석적 관점에서는 잉크반점에 대한 피검사자의 반응을 그들의 무의식에 담긴 욕구나 갈등으로 해석할 것이다. 인지적 관점에서는 내담자의 반응을 통해, 자극에 의미를 부여하는 연상 과정과 이를 설명하는 가운데 드러나는 문제 해결이나 의사결정에 대한 인지 구조화 과정을 살펴볼 수 있다고 말할 것이다. 혹은 이러한 다양한 관점을 종합하여 피검사자의 반응을 해석할 수도 있는데, 이를 통합론적 관점이라고 한다. 통합적인 관점에서는 성격의 구조와 역동 모두에 대한 정보를 얻을 수 있다.

두 번째로 고려할 점은 Rorschach 검사를 검사가 아닌 평가의 한 도구로 보는 것이다. 이러한 입장에서는 이 도구에서 얻은 모든 측면의 자료를 완전히 사용할 수 있게 되며, 보다 철저한 진단적 평가를 내릴 수 있게 된다. 이러한 검사의 유용성을 확보하고 임상적인 사용을 지지하기 위해서는 심리측정적 측면에 대한 더 많은 경험적 연구가 필요할 것으로 보인다.

주제통각검사

주제통각검사는 Morgan과 Murray가 개발한 검사로 독특한 상황이 그려진 그림을 보여주고 이야기를 만들게 하는 검사이다. 검사의 이름에서 알 수 있듯이, 주제통각검사는 사람들이 각각 독특한 방식으로 외부환경을 지각하며, 이러한 통각과정은 특히 애매한 자극에 노출될 때 적극적으로 반영된다고 가정한다. 검사를 실시하는 과정에서 검사자는 일련의 그림을 피검사자에게 보여주게 되는데 각 그림을 보고 이야기를 꾸미게 하여 피검사자의 상상력이 발현되게 한다. 이렇게 발현된 상상력은 피검사자의 기본 성격이 반영된 것으로 해석한다. 이 검사는 피검사자의 핵심적인 갈등과 태도, 목표와 억압된 심리를 알아보기 위한 목적으로 개발되었지만 실제로는 이 외에도 피검사자의 상황과 문화적 고정관념과 같은 것이 결합된 것으로 보아야 할 것이다. 즉, 검사자는 이 반응에서 피검사자의 성격을 판단하는 데 의미가 있는 것과 그렇지 않은 것을 가려내어야 한다(Trull, 2005).

주제통각검사는 대개 피검사자의 심리적인 욕구를 추론하고 피검사자가 환경과 상호작용하는 방식을 밝히기 위해 사용한다. 즉, Rorschach 검사와는 달리 성격의 내용과 사회적 상호작용 방식을 추론하는 데 주로 사용된다. 주제통각검사는 환경적 스트레스 장면에서 피검사자가 반복적으로 언급하는 주제를 파악하고 이를 중요한 심리적 속성으로 간주하여 성격의 역동을 파악한다. 따라서 부적응의 정도를 판단하기 보다는 문제의 소재나 욕구의 성질, 그리고 대인관계에 대한 정보를 얻는 데 도움이 된다.

주제통각검사는 총 31장의 카드로 구성되어 있다. 이 중의 하나는 공백카드로 아무런 그림이 그려져 있지 않은 카드이다. 일부는 사물이 그려져 있지만 대부분은 다양한 상황에 놓인 인물이 그려져 있다. 카드의 일부는 소년 및 성인 남자에게 사용하게 되고, 일부는 소녀와 성인 여자에게 적용하게 되며, 일부는 모든 사람에게 적용된다. 즉, 피검사자는 31장의 카드 중 20장의 카드에 노출되게 되는데, 한번에 20장의 카드를 모두 보고 이야기를 꾸미기도 하지만 검사자가 10장의 카드만을 선별하여 사용하기도 한다.

피검사자에게 지시하는 말은 임상가마다 다를 수 있다. 그러나 일반적으로는 "이제 그림을 보여드리겠습니다. 그림을 보시고 이야기를 만들어 주시기 바랍니다. 이 사람들이 누구이며, 무엇을 하고 있고, 어떤 생각과 감정을 가지고 있는지요? 이 장면이 있기 전에 어떤 일이 있었을 것 같고, 앞으로 어떻게 일이 진행될 것 같습니까? 생각나는 대로 말씀하여 주시기 바랍니다"라고 말한다. 그리고 검사자는 피검사자의 반응을 그대로 기록한다.

피검사자의 반응을 얻고 나면 반복적으로 언급되는 주제를 살펴본다. "대회에 나가서 일등하고 싶고(1번)", "실패한 후 화가 나서 나가려고 하고(6번)"와 같은 반응이 반복하여 나타난다면 이 피검사자는 실패에 대한 불안을 가지고 있다는 가설을 세울 수 있을 것이다. 물론 이러한 가설에 대해서는 피검사자가 호소하는 문제나 평가 및 치료가 의뢰된 사유 등을 함께 분석해서 결론을 내린다.

주제통각검사의 채점방법으로 여러 가지 방법이 제안되고 있다. 그 중 수량화하는 채점방법은 임상적 정보가 왜곡되거나 상실될 우려가 있으므로 임상장면보다는 연구를 할 때 사용해야 한다는 의견이 지배적이다. 또한 이 검사는 실시하는 방법이나 사용되는 카드의 수, 채점체계가 매우 다양하다. 따라서 주제통각검사의 신뢰도와 타당도는 평가하기 어렵다(Lilienfeld, Wood, & Grab, 2000).

주제통각검사를 적절히 사용하는 하나의 방법은 양적인 접근보다는 질적으로 접근하는 것이다. 피검사자의 반응에서 주제가 되는 요소가 얼마나 자주 발생하였는지, 이상하고 기이한 내용의 이야기를 전개하지는 않는지, 줄거리가 어떻게 전개되는지, 카드의 그림을 잘못 인식하고 있는 것은 아닌지, 주로 사용하는 단어는 어떤 것인지, 그리고 등장인물과 자신을 얼마나 동일시하는지 등에 대한 면밀한 검토가 필요하다.

인물화 검사

심리평가 장면에서는 피검사자의 심리적 기능을 평가하기 위해 아동과 성인 모두에게 그림을 그리도록 요구하기도 한다. 대부분은 집과 나무, 그리고 사람을 그리게 하는 집-나무-사람 검사(House-Tree-Person: H-T-P)를 사용하기도 하고 인물만 그리게 하는 인물화 검사(Draw-A Person: DAP)를 사용하기도 한다. 또는 아동의 가족관계를 알아보기 위해 가족활동그리기 검사를 실시하기도 한다. 이 검사를 실시할 때에는 피검사자에게 백지와 연필을 주고 그림을 그리도록 지시한다.

인물화 검사의 신뢰도와 타당도는 썩 좋은 평가를 받지 못하고 있다. 과학적인 채점절차를 마련하기 위한 다양한 노력이 있었음에도 불구하고 아직은 임상가에게 크게 환영을 받지 못하고 있는 것이다. 따라서 인물화 검사를 해석할 때에는 과잉 해석의 가능성을 피해야 한다. 그러나 이 검사는 아동이나 자신의 감정을 언어로 표현하는 데 어려움을 가진 사람과 라포를 형성하는 데 있어서는 유용한 방법으로 알려져 있다.

문장완성검사

문장완성검사의 형태는 매우 다양하다. 피검사자에게 완성되지 않은 문장을 주고 빈 곳을 채워놓게 하는 것이 이 검사의 특징이다. 예를 들어 "내가 어렸을 때에는________"이나 "나의 장래는________"과 같은 방식으로 문장을 제시한다. 피검사자는 문항을 보고 즉시 생각나는 대로 문장을 완성하도록 요구받는다. 이 검사도 표준화된 채점방법을 개발하려는 노력이 있었다. 하지만 임상장면에서 이러한 채점방법을 폭넓게 사용하지는 않는다.

문장완성검사는 피검사자가 자유롭게 문장의 빈 곳을 채울 수 있다는 것과 검사의 목적이 무엇인지 분명하게 알지 못하기 때문에 좀 더 솔직한 표현을 할 수 있다는 장점이 있다. 또한 검사결과를 해석할 때 특별한 훈련이 필요하지 않다는 것과 집단으로 실시할 수 있다는 것, 그리고 문장을 완성하는 도중에 언제든지 수정이 가능하다는 것을 장점으로 들 수 있다. 그러나 이 검사 역시 투사검사가 가지고 있는 한계를 그대로 가지고 있어서 심리측정적 특징인 신뢰도나 타당도를 입증할 수 없다는 문제가 있다. 또한 기본적인 언어능력이 있는 사람에게만 실시가 가능하다는 것과 검사가 측정하려는 것을 완전히 감추기는 어렵다는 한계도 가지고 있다.

검사의 적절한 활용

현재 검사는 사회 전 장면에 걸쳐 사용되고 있다. 성격검사는 임상장면에서 환자의 진단과 심리적 문제의 원인, 그리고 치료의 효과를 판단하기 위하여 사용되고 있을 뿐 아니라 산업장면에서의 인사선발과 배치, 교육장면에서 문제아의 발견, 법정에서의 증거로도 활용되고 있다. 이처럼 폭넓게 사용되고 있는 성격검사는 수많은 사람에게 영향을 줄 수 있기 때문에 신중하게 사용해야 한다. 여기서는 성격검사의 사용과 관련된 몇 가지 논의를 할 것이다.

성격검사의 사용자 문제

심리학자는 자신의 능력 범위 안에서 사용할 수 있는 기법이나 검사만을 사용해야 한다. 이를 위해 임상심리전문가나 정신보건임상심리사의 수련과정을 마련하였고, 충분한 사용능력이 있는 사람에게 학회 및 국가공인 자격증을 제공하고 있다. 만약 성격평가를 의뢰한 사유가 자신의 능력 범위를 벗어난다고 판단이 되면 다른 전문가의 의견을 구하거나 다른 전문가에게 내담자를 의뢰할 것인지를 솔직하고 정확하게 판단해야 한다. 또한 평가자는 자신의 부족한 능력을 보완하기 위해 각종 세미나나 워크숍 등에 참석해야 한다.

최근 검사를 출판하는 출판사에서는 검사를 구매하고 사용할 수 있는 사람의 기준을 정해 실시와 채점 그리고 해석능력이 있는 개인이나 기관에만 판매하고 있다. 그러나 일부 비양심적이고 직업윤리를 가지고 있지 못한 사람에 의해서 성격검사의 내용이 유출되는 사건이 심심치 않게 발생하고 있다. 이는 성격검사를 비롯한 각종 심리검사의 생태학적 타당도를 위협하는 심각한 사태이다. 따라서 이에 대한 검사 사용자의 조심스러운 접근이 필요하다.

사생활과 비밀보장의 문제

사람들은 자신의 태도나 감정 그리고 희망 등에 대해 노출 수위를 스스로 결정할 권리를 가지고 있다. 따라서 어떤 상황에서 검사를 사용하는지와 상관없이 피검사자는 자신이 어떤 검사를 어떤 목적으로 받고 있고, 이 결과가 어떻게 사용될 것인지에 대한 설명을 들을 권리가 있다. 이를 위해서 성격검사를 실시할 때에는 피검사자에게 검사를 받거나 거부할 권리가 있음을 알려야 하고 검사를 실시하는 것에 대한 동의를 받아야 한다.

성격검사를 활용하는 기관이 증가하면서 심리검사 결과에 대한 보호 문제도 중요한 사회 문제가 되고 있다. 우리나라에서도 2000년 경 정신과 진료를 받았던 사람에 대한 정보를 건강보험공단에서 경찰청에 제공하여 이들에게 운전면허 적성검사를 다시 받도록 한 사건이 있었다. 경찰 측은 정신장애가 있었던 사람이 운전을 하면 위험하기 때문에 국민의 안전을 도모하기 위해 취한 조치라고 항변하였으나 개인의 정보가 노출되었다는 점에서 국가인권위원회의 시정권고를 받았다.

미국의 경우에도 상담을 받던 사람이 누군가를 살해할 계획을 가지고 있다는 것을 알고 담당 심리학자가 경찰에 통보하였으나 결국 살인을 막지 못하였던 타라소프 사건이 있었다. 과연 개인의 사생활과 비밀의 보장이 공공의 안전보다 중요한가에 대한 논의를 불러일으킨 사건이었다. 성격검사를 사용하는 경우에도 이 정보를 어느 수준까지 노출할 수 있는가는 검사자에게 있어서 매우 예민하고 쉽게 결정하기 어려운 문제이다. 검사를 의뢰한 사람이 피검사자가 아닌 가족이나 회사 간부, 학교의 교사 등일 때에는 더욱 문제가 복잡할 수 있다. 피검사자나 의뢰를 한 기관 중 어느 한 곳이라도 불리한 결과를 초래하는 일이 절대로 있어서는 안 될 것이다. 이를 위해서 검사자는 전문가의 양심과 윤리규정에 입각하여 정확하고 공정한 판단을 내려야 할 것이다.

차별과 편향의 문제

새롭게 개발되고 있는 성격검사에서는 인종이나 성, 사회경제적 수준 등에서 차별적인 요소를 제거하는 데 많은 노력을 기울이고 있다. 그러나 과거에 개발되어 지금까지 사용되고 있는 검사에서는 차별적인 요소가 그대로 상존하고 있는 실정이다. 이러한 차별적 요소는 피검사자가 검사를 받고자 하는 동기를 저하시키고 불편감을 느끼게 할 수 있다. 또한 더욱 문제가 되는 것은 검사자가 피검사자의 검사반응을 해석할 때 편견이 개입되는 것이다. 이를 막기 위해서는 검사자에 대한 정교한 훈련이 필요하다.

채점을 하는 과정에서 집단 간의 유의한 평균차이가 발견될 때, 이를 검사편향으로 볼 수 있는지의 문제도 검사자가 고민해야 할 점이다. 즉, 검사문항이 특정한 집단에게 불리하게 구성되었다는 의미일 수도 있지만, 검사가 측정하려는 영역에서 특정집단이 제대로 반응하지 못한 것일 수도 있다. 이러한 점에서 검사점수의 평균차이가 검사 편향인가 아니면 집단의 특성인가를 결정할 때 임상가의 정확한 판단이 필요하다.

검사의 전산화

상당히 오래 전부터 컴퓨터를 통한 검사의 실시와 채점이 이루어지고 있다. 현재는 자기보고형 검사나 임상면접도 컴퓨터를 이용하여 실시되고 있고, Rorschach 검사 같은 투사검사의 실시와 해석에도 컴퓨터를 이용하려는 노력이 이루어지고 있다. 컴퓨터를 검사도구로 사용하게 된 가장 큰 이유는 비용을 절감할 수 있고 피검사자의 주의와 동기를 높일 수 있으며 표준화된 절차를 사용할 수 있다는 점이다. 그러나 컴퓨터를 사용하여 검사를 실시할 때에도 주의해야 할 점이 많다. 실제 검사 장면에서는 검사자와 피검사자의 상호작용이 일어나므로 검사자는 피검사자의 언어 반응뿐 아니라 눈빛과 움직임 등의 비언어 반응도 관찰한다. 그런데 컴퓨터를 이용하면 이러한 관찰이 어렵다. 따라서 컴퓨터를 이용하여 검사를 실시하더라도 검사자는 피검사자의 반응을 주의 깊게 관찰하는 것이 필요하다.

인터넷을 이용한 검사도 점차 보편화되어 가고 있으나, 이로 인한 많은 문제가 논의되고 있다(Buchanan, 2002). 첫째는 인터넷을 기반으로 하는 검사가 전통적인 방식의 검사와 얼마나 동일한 심리측정적 속성을 가지고 있는가이다. 아직 이에 대한 연구가 많이 이루어지지 않은 상태라서 연구가 필요하다. 둘째, 인터넷을 이용한 검사는 검사를 하는 상황을 통제할 수 없고, 피검사자가 주의를 집중하지 않을 때 이를 통제할 수 없다는 문제를 가지고 있다.

특히 컴퓨터를 이용하여 검사 반응을 해석할 때에는 더욱 문제가 된다. 검사결과의 해석과정에서는 검사에서 얻은 반응을 세심하게 살피고 이를 임상가의 지식과 경험에 비추어 통합적으로 해석하게 된다. 그런데 컴퓨터를 이용한 해석은 기계적이고 천편일률적인 방식으로 이루어질 위험성이 있다. 따라서 컴퓨터를 이용한 해석은 객관적인 수준의 해석으로 한정하고 통합적이고 총체적인 분석이 필요한 상황에서는 이를 보조적 기법으로 사용하는 것이 적절할 것이다.

제 7 장

행동주의 심리학적 평가

제 7 장

행동주의 심리학적 평가

행동주의 심리학적 평가

임상가는 내담자의 문제를 해결하기 위해 단순한 반응을 기계적으로 측정하고 해석하는 것에서 만족할 수 없다. 이를 넘어서서 근육운동의 반응, 생리적 반응, 그리고 인지적 반응과 같은 복잡한 반응까지 객관적이고 정밀하게 측정해야 한다. 이를 통해 임상가는 내담자의 문제를 종합적으로 이해할 수 있고, 내담자의 환경이나 행동을 어떻게 변화시켜야겠다는 효과적인 치료계획을 세울 수 있게 된다.

임상장면에서 행동주의 심리학적 평가는 임상가의 역할을 확대하는 데 기여를 하였다. 우선 행동주의 심리학적 평가는 전통적인 심리검사 자료에 의존하던 평가과정에 내담자의 행동을 평가한 자료를 포함함으로써 평가의 넓이와 깊이를 확장시켰다. 그리고 단순히 심리평가만 하던 역할에서 벗어나서 행동주의 심리학적 평가를 통해 직접 치료와 개입을 할 수 있게 되었다.

행동주의 심리학적 평가는 기본 가정에서 전통적 평가와 큰 차이가 있다. 전통적 평가는 개인의 성격이나 행동 특성이 장기간에 걸쳐 형성된 것으로 본다. 따라서 특정한 시간이나 장소의 영향을 크게 받지 않는다고 가정하여 시간이나 공간과 같은 요인에는 관심을 두지 않는다. 그들은 성격 특성을 기술함에 있어서 간접적 측정치에 비중을 두며, 평가 자료에서 의미 있는 사실을 추리하여 그것을 규준 집단과 비교하기도 한다. 이와는 대조적으로 행동주의 심리학적 평가에서는 특정한 상황에서 나타나는 특정 개인의 행동특성을 표집하는 데 중점을 둔다. 표집한 행동은 평가하는 순간에 작용한 환경변인의 함수라고 생각하기 때문이다. 그래서 행동평가를 할 때에는 자연환경에서 나타나는 목표행동을 직접 관찰하고 측정한다.

전통적 평가에서는 진단과 분류에 일차적 목표를 두지만 행동주의 심리학적 평가를 할 때에는 문제를 발견하고 그것을 치료하기 위한 계획을 수립하는 데 일차적인 목표를 둔다. 즉, 문제를 기술하고 치료계획을 수립하고 치료결과를 평가한다(Ciminero, 1977). 따라서 평가과정에서 관찰해야 하는 항목에는 치료를 필요로 하는 행동과 그 과정에서 통제할 변인까지도 포함된다. 치료자는 이를 바탕으로 치료방법을 결정한다. 평가단계에서는 목표행동에 대한 지속적 평가가 이루어져야 하고 치료 전에 수집한 자료를 치료과정에서 수집한 자료와 직접 비교할 필요가 있다.

행동주의 심리학적 평가는 정신장애에 대한 전통적 개념에서 탈피한 행동주의 심리학자가 체계화한 평가방법이다. 전통적 개념에 따르면 정신장애는 개체의 내적 변인, 즉, 정신내적 사건이나 갈등에 의한 것으로 신경학적 요인과는 무관한 것으로 본다. 이와 같은 정신장애에 대한 전통적 관점은 오랫동안 심리학을 비롯한 인접과학에서 지배적인 견해로 받아들여 왔다. 이와 달리 초기 행동주의 심리학자는 환경적 변인을 정신장애의 주요 원인으로 간주하였다. 현대에는 이를 절충하는 입장에서 정신장애를 이해하고 있다. 즉, 인간의 행동특징은 환경적 변인과 유기체 변인의 영향에 의해서 결정된다고 보고 그 특징을 평가하는 방법을 도입하였다.

전통적 평가에서는 행동 그 자체를 내적 변인의 징표로 간주하고 이를 평가의 대상으로 삼았다(Goldfried & Kent, 1972). 특정한 행동의 의미도 평가자의 학문적 배경에 따라 다르게 해석한다. 이들은 개인의 특징적 행동은 이미 그가 가지고 있는 정신내적 요인에 의해 확고하게 결정된 것이기 때문에 평가상황에 따라 크게 달라지지 않는다고 본다. 그러므로 심리검사와 같은 측정도구를 쓰면 그 행동특징을 신뢰롭고 타당하게 측정할 수 있다고 주장한다.

이와 달리 행동주의 심리학자는 행동 그 자체를 평가 상황에서 나타나는 반응의 표집으로 보기 때문에 행동은 곧 표면에 나타난 것이 전부이고 이를 뒷받침하는 어느 것도 유추해서는 안 된다고 주장한다. 따라서 특정 행동을 이해하고자 할 때에는 이 행동에 영향을 미치는 상황변인에 큰 비중을 두어야 한다. 반복측정이 행동평가에 있어서 매우 중요한 의미를 가질 뿐만 아니라 평가의 질에 크게 영향을 주는 것은 사실이지만, 보다 정확한 행동의 본질을 이해하고 더 나아가 치료효과를 높이기 위해서는 행동과 상황변인 간의 함수관계를 염두에 둘 필요가 있다.

전통적 평가나 행동주의 심리학적 평가 모두에서 행동관찰법, 면접법, 그리고 질문지법과 같은 여러 가지 기법을 공통적으로 사용하고 있기는 하지만, 그들의 기본과정과 유추수준, 그리고 그들이 이용하는 자료는 크게 다르다. 행동주의 심리학적 평가의 목적은 치료자가 치료 혹은 수정을 요하는 목표행동과 그 행동을 통제하는 변인을 탐색하는 데 있다(Nelson & Hayes, 1979).

표 7-1 전통적 평가와 행동주의 심리학적 평가의 차이

	전통적 평가	행동주의 심리학적 평가
Ⅰ. 가정		
1. 성격의 개념	영구적이고 기본적인 특질	특정한 행동패턴
2. 행동의 원인	개인 내의 갈등	현재 환경의 유지조건
Ⅱ. 함축의미		
1. 행동의 역할	기저의 원인을 드러낼 때에만 중요함	특정상황에서 흔히 하는 행동 표집으로 중요함
2. 과거력의 역할	현재 상태는 과거의 산물이므로 중요함	기저선을 알리는 것 이외에는 중요하지 않음
3. 행동의 항상성	시기나 상황과 관계없이 같기를 기대함	상황에 따라 달라짐
Ⅲ. 자료의 이용	성격기능과 원인론 기술	목표행동과 유지조건의 기술
	진단과 분류	적절한 치료 선택
	예후 판단	치료효과의 평가와 보완
Ⅳ. 기타 특징		
1. 추론의 수준	중간 이상, 높음	낮음
2. 비교	개인 내 비교 강조	개인 간 비교 강조
3. 평가방법	간접적 방법(면접과 자기보고) 강조	직접적 방법(자연환경에서의 행동관찰) 강조
4. 평가시기	치료 전과 후에 혹은 진단할 때	치료 전과 중, 후에 계속
5. 평가영역	그 개인에게 치료가 어떻게 되는지만 전반적으로 평가	많은 요인에 대한 구체적인 측정(다양한 상황의 목표행동, 부작용, 맥락, 강점과 결함 등)

Trull(2005), Clinial Psychology 참조

행동주의 심리학적 평가를 할 때에는 다양한 방법이 사용된다. 정신생리적 과정을 측정하기도 하고 자기보고 자료를 수집하기도 하며 치료자가 직접 관찰을 하기도 한다. 지금까지 발표된 자료를 분석해 보면 이들의 72% 이상이 직접 관찰에 의한 평가에 의존하고 있는 것으로 밝혀졌다(Bornstein, Bridgewater, Hickey, & Sweeney, 1980). <표 7-1>은 위에 설명한 전통적 평가와 행동주의 심리학적 평가의 차이를 도표화한 것이다.

평가의 목적과 책략

치료자와 내담자가 접촉하는 순간부터 행동주의 심리학적 평가는 시작된다. 치료자가 내담자에게 질문할 때에는 반드시 어떤 목적이 있어야 한다. 문제행동에 대한 함수관계를 분석하면 그에 대해 보다 더 많은 정보를 얻을 수 있다. 이와 같은 분석을 통해 자극조건의 변화와 특정한 행동변화 간의 공변 관계를 이해할 수 있는데 이를 행동통제의 A-B-C 분석이라고 한다.

A-B-C 분석에서 A는 선행조건, B는 행동 그리고 C는 결과를 의미한다(O'Leary & Wilson, 1975). 즉 A-B-C 분석은 어떠한 선행조건에 의하여 어떠한 문제행동이 발생하였고 그 행동이 어떤 결과를 이끌어냈는지를 분석하여 행동의 원인과 결과를 정확하게 평가하는 것이다. 바람직하지 않은 행동을 변화시키기 위해서는 행동을 유발한 자극조건과 행동 뒤에 수반되는 강화가 무엇이었는지를 평가한다. 그리고 그 행동을 유발한 선행자극을 조작하는 방법을 사용하거나 혹은 바람직한 행동 뒤에 적절한 강화를 주거나 바람직하지 않은 행동 뒤에는 강화를 제거하여 행동을 수정한다(Barkley, 1997).

예를 들어, 어머니가 아이에게 주목을 하지 않을 때 아이가 어머니가 시청하는 TV를 껐더니 관심을 두는 경우를 생각해보자. 이 때 어머니가 관심을 보이지 않는 것이 선행자극이 되고, TV를 끄는 것은 행동이며, 그로 인해 어머니가 관심을 기울이게 되는 것은 결과가 된다. 이와 같이 인간의 행동은 아무런 이유 없이 일어나지 않는다고 가정하고 이를 분석하는 것이 행동의 함수분석이다.

아이가 어떤 행동을 하는 것은 정적 강화를 받기 때문만이 아니라 부적 강화를 받기 때문이기도 하다. 예를 들어 장난감을 사달라고 떼를 쓰는 행동은 장난감이라는 정적 강화를 받기 위한 행동이지만, 잘못한 행동을 하였을 때 어머니나 아버지를 피하는 행동은 곧 야단맞는 상황을 피하게 된다는 점에서 부적 강화를 받기 위한 행농이라고 볼 수 있다.

행동분석은 피상적인 것처럼 보이기도 하지만 행동치료가 효과가 없다는 주장을 불식시키고, 치료 후에 다른 부적응 행동이 되살아난다는 증후대치의 가능성을 배제하는 데 크게 공헌하였다. 행동을 적절하게 평가하지 못하여 문제를 올바르게 찾아내지 못한다면 성공적으로 치료할 수 없다.

문제행동에 대한 함수분석은 한 번에 완전히 이루어질 수 있는 것이 아니다. 이를 위해 내담자의 과거와 현재의 배경정보를 완전히 파헤칠 필요도 없고 그러한 배경정보는 분석에 도움이 되지도 않는다. 전통적 평가를 통해 얻은 정신역동적인 측면이나 외현화되지 않는 내면적인 심리적 자료 중에는 치료와 직접 관계가 없는 것이 많다. 이러한 개인생활의 내밀한 부분까지 파악하고자 하는 것은 윤리적 측면에서 문제가 될 가능성이 높다.

치료효과를 극대화하려면 철저한 평가를 해야 한다. 행동주의 심리학적 평가자는 전통적 평가의 결함을 보강한 새로운 평가방법을 제시하고 있다. 그들은 면접을 통해 문제를 발견하여 정의하고 목표행동의 결정적 요소를 발견해야 한다고 말한다(Peterson, 1968). 또한 면접을 통해 선행자극 변인과 유기체 변인, 외현적 부적응 행동과 환경의 변화라는 네 개의 변인을 찾아야 한다고 주장한다(Goldfried & Pomeranz, 1968). 선정된 목표행동을 보다 구체적으로 기술하려면 인지과정과 중재반응 및 단서 같은 요소도 고려해야 한다.

실제 평가과정에서는 내담자 자신의 현재 상태는 물론 과거의 생활사에서도 정보를 얻어야 한다. 과거의 생활사를 통해 문제행동이 어떻게 학습되었는지를 이해할 수 있고 그에 적합한 치료계획을 세워 나갈 수가 있다. 이를 위해서 문제행동과 관계가 있는 상황을 밝힐 수 있다. 개인의 동기와 생물·사회적 발달과정, 사회관계와 개인의 사회·문화·물리적 환경을 분석할 필요가 있다(Kanfer & Saslow, 1965). 또한 보다 효과적인 평가를 위해서 내담자의 가족관계, 학교생활 및 직업경력, 성생활 및 현재의 사회생활을 파악하여야 한다(Wolpe, 1969).

행동주의 심리학적 면접

평가의 목적은 문제행동에 대한 정확한 함수관계를 분석하고, 행동과 환경과의 유관성을 발견하며, 효과적인 치료를 위해 필요한 정보를 수집하는 데 있다. 즉, 문제가 무엇이고, 이 문제를 유지하는 요인은 무엇이며, 과거에는 어떻게 대응했는지, 그리고 내담자가 치료에 대해 어떤 기대를 가지고 있는지를 알아보게 된다. 이를 위해 행동주의 심리학적 평가에서는 면접을 통해 자료를 수집하는데 이를 행동주의 심리학적 면접이라고 한다.

초기면접에서는 내담자의 문제에 직접 접근하는 것이 매우 중요하다. 내담자에게 간접적으로 질문하게 되면 면접이 어떤 편견이나 선입관에 좌우될 수 있다. 또한 내담자에 대한 정보를 많이 가지고 접근하는 것이 좋은데, 그렇지 못할 경우에는 보통 접수면접을 통해 정보를 얻는다. 초기면접에서는 치료자가 내담자에게 간단히 면접에 대해 머리말을 주는 것이 내담자의 불안을 경감시키고 내담자가 무엇을 어떻게 해야겠다는 마음의 준비를 하는 데 도움이 된다. 머리말은 여러 가지 형태로 할 수 있는데 다음은 하나의 예이다.

> 평가의뢰서를 보니 당신은 낯선 사람을 만나면 몹시 긴장하여 적절한 행동을 하지 못한다고 쓰여 있군요. 그래서 불안하고 자존심이 상하였다고 기록되어 있습니다. 그 외에는 당신에 대해 내가 알고 있는 것이 별로 없습니다. 이제 나는 당신이 무슨 문제를 가지고 있는지 좀 더 자세히 알고 싶습니다. 어떻게 해서 여기에 오게 되었는지요? 당신의 문제에 대해 어떻게 생각하고 계시는지 말씀해 주시겠습니까?

이러한 말을 듣고 나면 내담자는 자신이 심리학자를 찾아온 이유를 다시 한 번 정리하게 되고 어떤 문제를 어떻게 털어놓아야겠다는 결심을 할 수 있게 된다. 그러나 면접 과정에서 이미 이야기한 사실을 다시 되풀이하면 치료자가 자신에게 관심이 없다고 생각하고 실망하여 라포가 형성되지 않을 수도 있다.

통상 초기면접에서는 치료자는 열심히 듣고 내담자가 이야기를 하게 된다. 임상가는 내담자가 전문가에게 상담을 받아야겠다고 결심하게 되기까지 자신의 문제에 대해 깊이 생각하였을 것이라는 점을 알고 있어야 한다. 내담자의 이야기를 충분히 들은 후에는 내담자가 언급한 문제에 대해 신중하고 분명하게 답을 주어야 하는 경우도 있다. 그렇지 않고 면접을 끝낸다면 내담자는 크게 실망할 것이다.

내담자의 호소를 잘 듣는 것은 면접자의 기본적인 기술에 속한다. 경청하는 자세가 필요하며, 잘못된 질문을 하여 내담자에게 부정적인 정서를 유발하는 것을 경계해야 한다. 또한 환자의 문제를 자기가 뜻하는 방향으로 유도하는 질문을 하면 내담자가 말하는 내용이 왜곡될 수 있다. 이러한 왜곡된 지각을 피하기 위해서는 치료자의 선입관과 편견을 떠나서 내담자의 문제를 주의 깊게 들어야 한다.

초기면접이나 치료과정에서 평가자는 내담자의 문제를 정확하고 완전하게 파악하고 이해했다는 판단이 서기 전에는 부연설명을 하지 말아야 한다. 내담자가 말하는 것을 주의해서 듣고, 필요한 경우에 부연설명을 하여야 한다. 또한 무조건적으로 수용하는 자세도 바람직하지 않다. 이처럼 평가자가 경청하는 태도를 보여주게 되면 내담자는 자신의 문제를 더욱 자세히 말하고 싶은 의욕을 갖게 된다. 간혹 적절한 질문을 던지는 것도 원만한 의사소통을 하는데 도움이 될 수 있다.

초기면접을 끝내기 전에 치료자는 내담자에게 행동주의 심리학적 평가와 치료에 대해 충분히 이해할 시간 여유를 주어야 한다. 이를 위해 평가자는 내담자에게서 수집한 정보를 요약 설명해 주고 필요한 사실에 대해서 상세히 알려주어야 한다. 예상되는 치료결과에 대해서도 솔직하고 논리적으로 설명해줄 필요가 있다. 그러나 너무 함축적 의미를 갖는다든지 기술적 용어가 담긴 요약 설명은 내담자에게 도움을 줄 수 없다. 이 단계에서는 내담자에게 대략적인 치료계획과 치료기간에 대한 정보를 줄 필요가 있다. 모든 문제에 대한 선택권이 내담자에게 있다는 것은 매우 중요한 사실이다.

문제의 상세한 기술

내담자가 면접자의 도움을 받으면 자신의 과거와 현재에 대해 보다 자세하게 기술할 수 있을 뿐 아니라 치료자에게 필요한 정보를 정확하게 제공할 수 있다. 그러나 경우에 따라서는 내담자가 부끄럽게 생각하는 사실에 대하여 말하기를 꺼려할 수 있다. 이 때 경험이 적은 임상가는 당황할 수 있는데, 이를 극복하는 방법 중의 하나는 내담자의 근황을 중심으로 치료를 받기로 결심한 이유를 물어보는 것이다. 일반적으로 전문가의 도움을 받기로 결심한 것은 여러 가지 생활 주변의 변화 때문일 수 있다. 그것을 확인하면 내담자가 어떤 도움을 받고자 하는지를 정확하게 파악할 수 있다. 또한 전문가의 도움을 받기로 결심한 것은 내담자가 아니고 배우자나 부모 등 가족일 수 있으므로, 이를 파악하면 치료에 대한 내담자의 자발적 동기 수준을 알 수 있다.

문제를 확인하고 나면 행동분석을 시작한다. 평가자는 행동 자체를 조심스럽게 기술하고 그 행동의 선행변인과 결과를 찾아내야 한다. 내담자가 정서적으로 혼란스러운 상황에 있다고 하더라도 조심스럽게 질문하면 내담자의 문제를 보다 상세하게 확인하고 기술할 수 있다. 예를 들어, 어떤 장면에 있거나 어떤 사람과 같이 있을 때 더욱 불안한지, 그 때 그 장면을 피하였을 때 어떤 감정을 경험하였는지와 같은 사실을 확인할 수 있다.

면접에서 얻은 자료는 그 자체로 충분하지 않으므로, 행동관찰결과와 정신생리적 측정치를 보충자료로 사용하는 것이 바람직하다. 문제행동의 강도나 지속시간을 알아보는 데에는 평소에 기록한 일기나 여러 생활사 자료가 좋은 자료가 된다. 구체적으로 기술된 행동, 그 행동이 유발된 시간과 장소, 행동의 빈도와 강도 등은 문제행동을 상세히 기술하는 데 도움이 된다.

행동분석을 통해서 내담자가 보고한 내용의 오류를 탐지하고 제거할 수 있다. 행동분석의 경험이 적은 평가자는 내담자가 자신의 문제를 제시하면서 사용하는 불안이나 우울, 내향적 성격 등과 같은 말에 지나치게 주목하지 않는 것이 좋다. 왜냐하면 이와 같은 용어는 내담자뿐 아니라 전문가도 서로 다른 의미로 사용하는 경우가 많기 때문이다. 또한 자신이 사용하는 용어가 무엇을 뜻하는지 정확하게 알지 못하고 사용하는 경우도 많이 있다. 이러한 경우에는 평가자가 그 의미를 분명하게 해 줄 필요가 있다. 평가자가 애매한 용어를 사용하게 되면 내담자는 자신의 문제와 같은 것이 공공연하게 다루기에 적절하지 않다고 생각하여 치료를 회피할 수도 있기 때문이다.

문제의 재정의

행동주의 심리학적 평가는 행동에 대한 함수관계의 분석을 필요로 한다. 이를 통해 내담자의 문제를 사회학습의 측면에서 이해할 수 있다. 행동주의 심리학적 평가에서는 측정이 불가능한 가설적 개념을 사용하지 않고 경험적으로 관찰할 수 있는 조작적 개념을 사용한다. 이러한 점이 전통적 평가와 다르다.

평가자는 내담자가 멋대로 사용하는 정신역동적 개념이나 성격특질 명칭에 주목할 필요는 없다. 그보다는 내담자의 문제를 학습이론에 따라 간단하고 명료하게 설명할 수 있어야 한다. 치료자는 이러한 평가결과에 근거하여 치료의 단계를 설정한다. 그럼으로써 문제행동이 어떻게 형성되었고, 어떤 과정을 통해 유지되었는지를 알 수 있을 뿐 아니라 치료방법까지도 구상할 수 있다. 여기서 내담자가 평가자와 나눈 이야기를 잘 이해하고 있는지와 평가자의 설명에 동의하고 그것을 받아들이고 있는지를 안다는 것은 매우 중요하다. 내담자 자신이 행동주의 심리학적 평가를 바라지도 않고 기대하지도 않았는 데에도 불구하고 치료자 본인 위주로 치료를 한다면 치료효과를 기대할 수 없을 뿐 아니라 윤리적 측면에서도 문제가 될 수 있다.

치료자는 대부분의 내담자가 심리치료에 대한 편견을 가지고 있고, 심리치료를 받게 된 것에 대해 불편해 한다는 것을 이해해야 한다. 또한 내담자는 치료가 가능하다면 어느 정도의 치료를 받아야 하는지 알고 싶어 한다는 것도 염두에 두어야 한다. 행동치료자는 치료에 앞서 이와 같은 문제에 대한 예비지식을 가지고 있어야 한다. 또한 자신의 치료방법에 대한 온갖 비판을 받아들일 태세를 갖추고 있어야 한다.

짧은 시간에 내담자의 생활정보를 모두 알아낼 수 없다. 그러나 내담자의 문제가 다른 생활영역에도 영향을 미치고 있는지를 검토하지 않는다면 치료계획을 세우기 어렵고 치료의 효과도 크지 않을 수 있다. 따라서 행동의 함수관계를 철저히 분석해야 한다. 예를 들어 알코올 중독인 사람의 가정환경을 고려하지 않거나 그의 생활에 영향을 주는 여러 가지 변인을 통제하지 않는다면 이는 전혀 의미가 없다. 이와 마찬가지로 아동의 공격적 행동을 수정하려고 할 때 목표행동과 유사한 다른 행동특징이 있는지를 살펴보아야 치료효과를 크게 기대할 수 있다.

문제행동에 대한 함수분석에서는 현재 문제가 되는 행동특징은 물론 그와 관련된 문제의 특징까지도 폭넓게 고려해야 한다. 내담자의 동기에 대한 분석이나 사회·문화·물리적 환경의 특성을 파악하는 것도 중요하다. 더 나아가 내담자의 문제를 치료한다고 할 때 고려해야 할 점이 무엇인지도 함께 고려해야 한다.

목표행동

초기의 행동주의 심리학자는 외현적 근육운동만을 연구대상으로 하였으나 오늘날 행동주의 심리학자는 유기체의 모든 활동을 행동으로 보고 연구하고 있다. 이에 따라 평가의 대상도 보다 넓어졌다. 즉, 외현적 근육운동은 물론 생리-정서적 행동과 인지-언어적 행동까지도 평가 대상으로 삼고 있다. 이러한 세 가지 유형의 행동은 공변하기도 하지만 그렇지 않은 경우도 있다. 따라서 보다 철저한 행동평가를 위해서는 관계되는 모든 반응과 유형을 자세히 측정해야 한다.

평가의 목표가 되는 목표행동은 정밀하게 수량화할 수 있도록 조작적으로 정의하여야 한다. 목표행동을 조작적으로 정의할 수 있는 차원은 매우 다양하다. 그렇지만 행동평가의 목표와 가장 관련이 있는 차원은 반응의 내용, 반응의 크기와 강도, 비율과 지속기간과 같은 시간적 특성, 그리고 환원의 수준과 같이 네 가지로 나눌 수 있다(Haynes, 1992; Schwartz, 1986). 예를 들어 어떤 사람이 발표상황에서 공포를 보고한다면 그 내용(예: 부정적인 진술, 신체적 증상, 회피와 같은 외현적 근육운동), 크기(발표를 할 때 경험하는 공포의 강도), 시간적 특성(발표를 앞두고 언제부터 불안해지는가? 공포감이 언제까지 지속되는가?), 그리고 환원의 수준(공포의 전체적인 평정이나 정신생리적 측정결과)을 각각 정의할 수 있을 것이다.

위의 반응은 반복측정이 가능하며, 이를 위해 여러 가지 평가기술이 크게 발달되었다. 근육운동을 평가하기 위해서 훈련받은 관찰자나 다른 환자의 도움을 받을 수 있고, 상황에 따라 통제가 가해지는 자연상황에서 관찰하거나 통제상황에서 관찰할 수도 있다. 반복측정이 가능하므로 두 관찰자가 특정한 행동을 같은 시간에 관찰하여 그 일치도를 볼 수도 있다. 이를 위해서는 행동을 언어적으로 정확하게 정의하는 것이 요구된다.

인지반응은 자기보고법이나 질문지법, 그리고 면접법 등을 통해 객관적으로 측정할 수 있고, 지능검사나 동작검사를 실시하여 알아볼 수도 있다. 그러나 일반적으로 인지기능은 쉽게 관찰할 수 있는 것이 아니며 반복하여 관찰하기도 어렵다. 그러므로 임상가는 누구나 쉽게 관찰할 수 있는 언어반응을 인지반응의 측정대상으로 하고 있다. 물론 언어와 인지기능이 반드시 일치하는 것은 아니다. 내담자가 현재 평가를 받는 상황에서의 단서나 기억 등에 의해 전혀 일치하지 않는 반응을 할 수도 있고, 평가를 하는 임상가가 편향된 판단을 할 수도 있기 때문이다. 이러한 문제를 보완하기 위해 인지-언어적 반응도 수량화를 위해 도표로 작성하거나 유목화하기도 하여 빈도를 세기도 하고, 질적 분석을 실시하기도 한다.

생리-정서적 반응은 도구를 사용하여 비교적 정확하게 기록할 수 있다. 평가자는 평가에 사용한 도구의 각종 제원을 정확하고 빠짐없이 기록해 두어야 한다. 이는 이후 다른 사람이 필요할 때 사용할 수 있도록 하기 위해서이다.

이렇게 얻은 자료는 치료계획을 세울 때와 효과를 분석할 때에 중요한 자료가 된다. 대다수의 평가자는 내담자의 반응을 다른 많은 사람의 반응과 비교하기 위해 고급통계방법을 사용하기도 하고 개인 내에서 여러 심리적 변인과의 관계를 비교하기도 한다. 전자를 규범적 분석이라고 하고, 후자를 개별적 분석이라고 한다. 이 둘은 서로 보완적인 관계를 가지고 있으므로 이를 병행하면 내담자를 좀 더 정확하고 폭넓게 이해할 수 있다.

수집한 목표행동 반응을 통해 임상가는 최종적으로 내담자에 대한 치료나 수정을 기획하게 된다. 이러한 최종적인 의사결정을 할 때에 고려해야 할 점이 몇 가지 있다. 첫째, 내담자 자신이나 남에게 위협이 되는 행동은 치료되거나 교정되어야 한다. 둘째, 목표행동은 내담자의 사회적 강화가 수반되는 것이어야 한다. 셋째, 불합리한 행동을 제거하는 것보다 합리적인 행동을 격려한다. 마지막으로 목표행동은 바람직한 행동목록을 극대화시키는 데 도움이 되는 것이어야 하며, 그것은 결국 개인이나 사회에 도움이 되어야 한다.

통제변인

행동평가를 통해 치료나 수정을 요하는 행동목록이 결정되면 직간접적으로 내담자에게 영향을 줄 수 있는 변인을 찾아서 통제해야 한다. 주요한 통제변인으로는 환경변인과 유기체변인이 있다. 환경변인은 유기체 외부에 존재하는 것으로서 이미 이전에 유기체에게 영향을 주었거나 앞으로 영향을 줄 가능성이 있는 환경이 포함된다. 여기에는 소음이나 기온, 습도나 구성된 환경의 물리적 구조와 같은 물리적-무생물적 환경이 속한다. 유기체변인은 생리적 조건이나 학습을 통해 이미 결정된 개인차 등이 포함된다. 이러한 유기체변인은 목표행동과 유사하게 외현적 근육운동, 생리-정서적 반응 그리고 인지-언어적 반응으로 세분할 수 있다(Delprato & McGlynn, 1988).

통제변인의 관계는 간략하게 S(자극)-O(유기체)-R(반응)-C(결과)로 표시할 수 있다(Goldfried & Sprafkin, 1976). 경우에 따라서는 문제의 성질에 따라 다른 변인에 대해 보다 더 세밀하게 조사해 볼 수도 있다. 예를 들어 정신분열증으로 진단된 환자의 경우 가족을 집중적으로 조사할 수도 있고 사회적 철회행동의 원인을 세밀하게 조사할 수도 있다.

평가자가 행동평가 과정에서 다소 과소평가하거나 전적으로 무시하기 쉬운 것이 유기체변인이다. 이는 과거 학습경험이나 생리에 기초하고 있는 것이어서 치료가 어렵거나 불가능하기 때문이다. 그러나 문제행동의 본질을 정확하게 이해하기 위해서는 유기체변인을 정확히 평가해야 한다. 치료나 수정이 필요한 경우에는 특히 이를 정확하게 이해하고 평가해야 한다.

개인의 행동은 상황변인과 생리적 변인에 의해 이미 오래 전에 결정된 산물이다. 그러므로 환경조건에 따라 그 행동이 크게 달라지지 않는다. 하지만 환경의 영향을 무시할 수는 없다. 일반적으로 행동에 영향을 미치는 개인적 변인(생리적 변인)과 환경변인(상황변인)의 설명력은 유사한 정도로 나타난다.

개인 행동의 일관성을 평가하기 위해서는 상황의 일관성과 시간의 일관성을 고려해야 하는 경우가 있다. 학습이론에서 상황의 일관성을 설명할 때에는 환경변인이 행동을 유발하는 변별자극의 역할을 하거나 강화제의 역할을 한다고 본다. 따라서 환경변인은 특수한 행동을 하도록 자극하는 역할이나 동기를 부여하는 기능을 하는 것으로 볼 수 있다. 인지이론에서도 인간의 행동에 영향을 미칠 것으로 생각되는 상황변인을 찾는 것을 평가의 중요한 목적으로 본다.

시간의 일관성을 확인하기 위한 하나의 방법은 종단적인 평가를 하는 것이다. 일반적으로 유기체의 생활이 안정되어 있거나, 간헐적으로 보상을 받을 수 있거나, 인지적 기호화가 잘 되어 있거나, 혹은 생리적 욕구가 계속 충족되는 경우에는 시간이 흐르더라도 행동은 일관성 있게 나타난다. 평가를 할 때에는 이러한 행동의 일관성을 발견하는 것에 만족할 것이 아니라 행동이 일관성 있게 나타나게 하는 변인을 검토하는 것이 더욱 의미가 있다.

이러한 상황의 일관성과 시간의 일관성 이론이 모든 행동에 적용되는 것은 아니다(Nelson & Hayes, 1979). 그러므로 정확한 평가를 하기 위해서는 그와 관계가 있는 자극 상황을 주의 깊게 기술할 필요가 있다. 평가자는 경험적인 객관적 자료 없이 상황이나 반응 유형에 대해 일반화하는 것을 삼가야 한다. 마찬가지로 평가기술 그 자체가 부분적이기는 하지만 하나의 평가 상황이기 때문에 기술적 문제에 대한 일반화도 피해야 한다. 평가자는 평가에 있어서 그 상황이나 시간의 속성에 대해 특별히 주의를 해야 하며, 측정한 사실을 실제 문제에 적용할 때 신중해야 한다.

행동주의 심리학적 평가를 통해 측정한 사실을 상황이나 시간, 반응유형 혹은 평가기술에 상관없이 일반화할 수 없다면 자료를 해석하는 데 문제가 발생할 수 있다. 목표행동과 통제요인 간의 관계를 확인하기 위하여 행동주의 심리학적 평가를 실시할 때에는 다음과 같은 순서로 함수분석을 하게 된다. 첫째, 문제행동을 체계적으로 관찰하여 기저빈도를 파악한다. 둘째, 행동 전에 야기되는 자극조건을 파악한다. 셋째, 문제행동과 관계가 있다고 생각되는 조건을 실험적으로 조작한다. 넷째, 행동변화를 관찰 기록한다. 이러한 절차는 일종의 A-B-A-B 단일사례실험설계와 유사하다. 여기서 A는 기저선을 의미하고 B는 처치를 의미한다.

자료수집 절차

유기체는 언어적인 행동뿐 아니라 비언어적인 행동을 항상 한다. 이러한 일련의 행동에서 관찰된 변화는 상황적 통제요인과 개인적 통제요인의 변화에 그 원인을 돌릴 수 있다(Schoenfeld & Farmer, 1970). 그러나 이러한 행동을 언제 어디에서나 모두 관찰할 수는 없다. 따라서 행동주의 심리학적 평가를 하기 위해서는 자료를 수집하기 위한 표본추출 절차가 계획되어야 한다. 이 때 중요한 점은 표본으로 추출한 환경에서의 행동은 표본으로 추출되지 않은 환경에서의 행동을 타당하게 추론할 수 있도록 추출되어야 한다는 점이다(Paul, 1986). 행동주의 심리학적 평가자는 어떤 방식으로 어떤 장면에서 자료를 수집할 것인가를 주의 깊게 고려하여야 한다.

자료수집전략

모든 행동을 모든 시간과 상황에서 측정할 수는 없다. 평가를 할 때는 결국 행동전집에서 일부를 추출할 수밖에 없기 때문에 상당량의 정보를 잃게 된다. 따라서 자료수집전략을 세울 때에는 '최소한의 비용으로 대표성과 민감도 및 신뢰도를 최대화할 수 있는' 절차를 개발하는 것이 필요하다(Hartmann, 1984). 행동주의 심리학적 평가에서 가장 널리 사용되고 있는 자료 기록 절차는 다음과 같다.

먼저 서술적 기록법은 평가자가 평가하고자 하는 사람의 행동에 대한 확실한 정보를 가지고 있지 않은 평가 초기에 주로 활용된다. 이 때 기록하는 것은 관찰자가 관찰한 것뿐 아니라 피관찰자가 말이나 글로 보고한 것 모두가 포함된다. 그러므로 이는 많은 노력과 시간이 필요한 방법이다.

관찰기간에 일어난 행동을 빠짐없이 모두 기록하는 것은 불가능한 일이다. 한 가지 사건에 주목하여 기술하다 보면 의미 있는 다른 행동특징을 빠뜨릴 수가 있으며, 자료의 신뢰도도 떨어지게 된다. 이와 같은 문제를 해결하기 위한 방법은 표준화된 기록법을 사용하거나 두 관찰자가 서로 다른 행동을 관찰하여 기록하는 것이다.

사건기록법은 적절한 시간 동안에 조작적으로 정의한 목표행동이 발생한 빈도를 측정하여 더하는 것이다. 이 때 적절한 시간은 목표행동에 따라 몇 시간에서 며칠 혹은 몇 주가 될 수 있다. 이 방법은 사건의 시작과 종료시점이 분명한 불연속적 행동을 측정할 때 주로 사용된다. 예를 들어 금연 프로그램에 참여한 흡연자에게 지난 1주간 담배를 피운 빈도를 기록하도록 하는 것이 이에 속한다. 이는 가장 활용성이 높고 신뢰도가 높은 기록방법이다.

지속기간 기록법은 목표행동의 시작에서 종결까지 경과된 시간을 기록하는 것을 말한다. 예를 들어 흡연자가 금연 프로그램에 참여한 후 흡연 후 다음 흡연까지의 시간을 기록하게 할 수 있다. 또는 불면증으로 수면에 들기가 어려운 사람의 경우 인지행동 치료를 받은 후에 수면 개시까지의 시간이 감소하는지를 기록하게 할 수도 있다(Heiden & Hersen, 1995).

간격기록법은 시간을 일정한 간격으로 나눈 후 그 시간에 나타나는 목표행동을 기록하는 것이다. 이 방법은 발생빈도가 매우 높은 행동이나 시작과 종결이 분명하지 않은 행동을 기록할 때 가장 적합하다. 예를 들어 몹시 산만한 아동이 수업시간에 산만한 행동을 얼마나 많이 하는지를 확인하기 위해 시간을 1분 간격으로 나누어 관찰자가 관찰하는 것이다. 놀이치료 프로그램에 참여한 당뇨병이 있는 아동과 부모의 상호작용 역시 시간 간격을 나누어 측정할 수도 있다(송수미, 현명호, 유재호, 2012).

실제 시간 기록법은 각 행동의 시작과 종결시점의 시간을 시계로 측정하는 것을 말한다. 이 방법을 통해 행동의 빈도와 지속시간에 대한 자료를 얻을 수 있다. 사건 기록법이나 지속시간 기록법과 마찬가지로 실제 시간 기록법은 목표행동의 시작과 종결이 분명한 행동을 측정할 때 유용하다.

순간시간 기록법은 특정한 시간과 장소에서 나타나는 특정한 행동을 측정하는 것을 말한다. 보통 체계화된 체크리스트를 가지고 특정한 순간에 그 곳에서 발생한 행동에 대한 기록을 얻는다. 이는 마치 스냅사진을 찍는 것과 유사하다고 볼 수 있다.

자료 기록 장면

행동은 그 행동이 발생하는 맥락의 영향을 크게 받는다. 그러므로 자료를 수집하는 장면을 신중히 결정하고, 다양한 장면에서 행동을 추출할 수 있도록 노력해야 한다(Forster, Bell-Dolan, & Burge, 1988). 평가가 이루어지는 장면은 내담자가 생활하는 자연장면에서부터 고도의 통제가 이루어지는 모의장면까지 하나의 차원을 구성한다.

자연장면에서는 보다 실제 생활에 가까운 목표행동과 통제요인의 상호작용에 대한 정보를 얻을 수 있다. 따라서 자연장면은 생태학적 타당성을 갖는다. 그러나 자연장면은 다음과 같은 단점을 가지고 있다. 첫째, 관찰하고자 하는 행동의 발생빈도가 너무 낮다. 둘째, 관찰장치나 측정장치를 자연장면으로 이동해야 하기 때문에 비용이 많이 든다. 마지막으로 생리학적 모니터와 같은 정밀한 측정장치를 자연장면에 옮겨서 사용하기 어렵다.

이러한 자연장면의 단점 때문에 대부분의 행동주의 심리학적 평가는 자연환경과 유사하게 고안한 모의장면에서 이루어진다. 모의장면은 행동이 일어나는 자연환경과 매우 유사한 것에서부터 인위적으로 행동이 일어날 수 있도록 고도로 조작이 이루어진 장면까지 범위가 다양하다. 고도로 꾸며진 장면의 예로는 방음이 되어 있고 외부 전기 활동이 간섭하지 않게 차폐가 되어 있으며 온도가 통제되고 기록을 하는 동안 평가자가 편안하게 앉을 수 있는 정신생리학 실험실을 들 수 있다. 반면 보다 자연적인 모의장면의 예로는 음주행동을 측정하기 위해 주의 깊게 설계된 연구용 술집이 있다.

모의장면을 설계할 때에는 특정한 목표행동과 통제요인의 상호작용을 쉽게 관찰할 수 있도록 한다. 예를 들어 애착문제가 있는 아동과 부모의 상호작용을 측정한다고 할 때, 모래놀이실을 두고 어머니가 편히 앉을 수 있는 공간을 마련한 후 두 사람의 행동을 측정할 수 있다. 또는 스트레스가 생리적 반응에 미치는 영향을 측정한다고 할 때 실험실에 암산과 같은 과제를 실시할 수 있는 공간을 구성하고 생리적 측정을 할 수 있는 기구를 장치하여 반응을 측정할 수 있다(O'Brien et al., 1993).

모의장면은 효율성이 높고 정밀한 측정이 가능하다는 장점이 있다. 즉, 적절한 모의장면을 설계함으로써 매우 드물게 발생하는 목표행동과 통제요인의 상호작용을 관찰할 수 있다. 예를 들어 부부간의 갈등이 심한 부부의 경우 자연장면에서 대화를 하지 않는다면 모의장면을 구성하고 적절한 과제를 부여하여 의사소통하는 방식을 관찰할 수 있다. 매우 내향적이어서 사회적 상호작용을 피하는 사람의 경우에도 모의장면에 들어가게 함으로써 그들의 대인관계 패턴을 확인할 수 있다. 정밀한 측정이 가능하다는 점은 특히 휴대가 불편하거나 불가능한 실험실 장비나 정신생리적 측정노구를 사용할 수 있고, 이를 통해 다른 환경요인의 영향을 배제한 채 목표행동을 측정할 수 있다는 것을 말한다.

내담자의 행동을 보다 일관성 있게 관찰하고 기록하기 위해서는 내담자가 조작되지 않은 자연환경에서 특정 자극에 대하여 반응하는 것과 비교적 유사하게 반응할 수 있는 임상/연구 모의장면을 조성하여야 한다. 물론 이와 같은 모의장면에서 반응을 측정하는 것이 전혀 문제가 없는 것은 아니지만, 그래도 보다 쉽고 정확하게 정보를 수집할 수 있다는 점에서 유익한 방법이다. 대표적인 모의장면으로는 지필모의장면, 녹음을 이용한 모의장면, 비디오를 이용한 모의장면, 대면모의장면, 역할실연 모의장면 등이 있다.

지필모의장면은 가장 저렴한 경비로 쉽게 실시할 수 있다는 장점이 있다. 이 방법은 지면에 쓰인 장면에 대해서 자신이 어떻게 반응할 것인지를 기술하게 하는 것으로, 자극장면을 묘사할 때 가급적 내담자의 자연스러운 주위환경에서 일어날 법한 상황을 자세히 기록하여야 한다. 이와 같은 모의장면을 활용할 때 평가자는 내담자에게서 나타나는 외현적 행동이나 신체적 표현은 전혀 고려할 필요가 없다.

지필모의장면을 활용하면 동일한 상황에서 많은 사람을 대상으로 검사를 실시할 수 있다. 그리고 복잡한 기구가 필요하지 않기 때문에 임상장면이나 비인위적 장면에서 쉽게 사용할 수 있다. 중다선택법을 이용하여 반응을 수집하면 양적 처리가 가능하다는 것도 이 방법이 갖는 장점이다.

지면에 상술한 장면이 사람의 정서반응을 불러일으키는 것은 사실이지만 자극 자체가 그 장면을 충실하게 그렸다고 볼 수 없다. 청각이나 시각 혹은 시청각적으로 기술한 장면이 자극장면과 더욱 유사할 수 있다. 따라서 지면에 기술된 자극에 대한 반응이 청각과 같은 형태로 주어진 자극에 대한 반응과 다를 수 있다(Nay, 1975). 또한 지면에 기술된 자극에 대한 반응은 실생활 환경에 직면했을 때와는 다르므로 지필모의자극에 대한 반응의 타당도는 크게 의심스럽다.

지필모의자극은 일차적으로 내담자가 생활하는 데 필요한 지식을 제공하는 역할을 한다. 그러므로 행동치료자는 내담자가 실제 생활장면에 노출되기 전에 그 지식의 정도를 평가해 보아야 한다. 그러나 사실상 지필모의장면에 대한 반응을 측정하고 그것과 외현적 행동지표간의 상관을 구하면 유사성의 정도가 낮다(Mischel, 1981). 즉, 지필모의장면은 내담자에게 어려움 없이 쉽게 적용할 수 있고 수량화가 용이하다는 장점이 있지만 그것을 가지고 내담자가 일상생활 장면에서 어떻게 반응할 것인지 예언하기는 어렵다.

녹음테이프를 이용한 모의장면은 녹음된 내용이 마치 주위에 있는 사람에게 말을 건네는 것과 같다. 녹음을 할 때에는 가급적 녹음할 내용과 이야기하는 스타일, 그리고 음성을 실제 생활과 유사하게 하여야 한다. 이렇게 청각을 이용하여 자극을 제시하고 내담자에게 말로 반응하도록 하는 방법을 사용한다. 만약 양적으로 평가해야 할 필요가 있을 때에는 중다선택법으로 그 반응을 기록할 수도 있다.

말을 녹음할 때에는 시간을 엄격하게 제한할 필요가 있다. 녹음한 것을 자극으로 제시할 때에는 평가자가 꼭 참석하지 않아도 된다. 또 모의장면에 대한 반응은 평가자가 편리할 때 적당한 시간을 내서 검토하고 채점할 수 있다. 이와 같은 융통성은 임상장면이나 자연생활환경 어디에서든지 자유롭게 활용할 수 있게 하여 준다. 또한 검사를 구성하는 사람은 특정한 사람에 따라 서로 다른 의미로 반응할 수 있게 만들 수도 있다. 일정한 모의장면을 여러 차례 반복해서 제시할 수 있기 때문에 경제적으로도 유리하다.

녹음에 의한 모의장면은 소리만 들을 수 있을 뿐, 자극을 주는 장면이나 자극을 주는 사람의 표정 같은 것은 볼 수 없다는 것이 큰 단점이다. 비언어적 단서가 의사소통에 있어서 매우 큰 비중을 차지하고 있다는 점은 널리 알려진 사실이다. 아버지가 엄격하게 명령하는 것과 웃으며 이야기하는 것은 전혀 다른 효과를 가져 온다. 그러나 녹음에 의한 모의장면에서는 이러한 효과를 기대할 수 없다. 그러나 단점이 어떻든 내담자로 하여금 자극장면에 주의를 집중하게 하고 거기서 큰 효과를 기대할 때에는 녹음을 사용한 모의장면을 제시하는 것이 바람직하다.

비디오테이프를 이용한 모의장면도 녹음을 사용한 모의장면과 유사하다.

녹음테이프와 마찬가지로 해설자가 장면을 제시하고 두 사람이 어떻게 반응해야 하는지를 알려준 후 서로 대화하거나 행동하는 장면을 녹화한다. 이를 내담자에게 보여주고 그에 대한 반응을 기록할 수도 있고, 반응을 실제 행동으로 나타내 보일 수도 있다.

비디오테이프를 사용하는 것은 모델을 활용하지 않고도 생생한 자연환경을 만들 수 있기 때문에 경제적이다. 그리고 이 방법은 청각 자극과 시각 자극을 함께 사용할 수 있다는 장점이 있다. 또한 내담자의 행동을 비디오테이프에 녹화하여 보관할 수 있고, 후에 내담자의 행동특징을 보다 정확하게 분석할 수 있다. 따라서 치료자가 행동특징을 관찰하는 데서 범하는 오류를 최대한 줄일 수 있다.

최근에는 과학기술이 발달하여 비디오테이프보다는 삼차원 영상을 제공하는 방법이 사용되기도 한다. 특히 가상현실을 활용한 모의장면은 평가뿐 아니라 치료장면에서도 활발히 사용되고 있다. 가상현실의 장점은 컴퓨터 프로그램을 활용하여 실생활과 매우 유사한 모의장면을 구성할 수 있고 그 안에서 대화뿐만 아니라 외현적 운동도 측정할 수 있다는 것이다. 가상현실 안에서는 내담자의 상대 역할을 할 수 있는 아바타를 등장시켜서 내담자와의 상호작용을 측정하는 것도 가능하다. 이 방법은 주로 노출치료의 한 방법으로 개발되었지만 최근에는 각종 중독행동이나 대인관계 행동, 대화방식 등을 평가할 수 있는 방법으로도 활용되고 있다.

대면모의장면은 자극장면을 글로 제시하거나 녹음이나 녹화를 하여 제시하는 것이 아니고 자극을 주는 인물이나 혹은 대상과 직접 대면하는 모의장면을 사용하는 것이다. 평가자가 자극장면을 만들기 위해 사람을 불러들이기도 하고, 때로는 시물을 실험실로 운반해 오기도 한다. 실제 실험에서는 내담자가 그 사람 혹은 사물과 가까워지는가를 직접 관찰한다. 다른 모의장면과 달리 내담자가 본래의 자기 환경을 직접 접해 볼 수 있다는 점과 내담자가 어떻게 반응하는지를 치료자가 직접 관찰할 수 있다는 점이 장점이다.

대면모의장면은 극히 제한된 임상적 실험장면이기는 하지만 내담자를 비교적 유사한 생활환경에 접하게 한다는 데 큰 의미가 있다. 평가자의 입장에서 보면 앞에서 말한 다른 기법에 비해 비교적 가공하지 않은 환경에서 실제 인물이나 대상에 대한 반응특징을 관찰할 수 있다는 것이 가장 큰 장점이다. 이러한 상황에서는 약간의 사회적 의사소통 기술이 있으면 내담자와 쉽게 접촉할 수 있다. 만일 대인관계가 힘들다면 계속 반복하여 시도한다. 그래도 힘들 때에는 새로운 모의장면을 구성할 필요가 있다. 동시에 비디오테이프를 사용하는 것과 같은 다른 방법을 쓸 수 있다.

여기서 임상장면이란 어디까지나 인위적인 장면이므로 생활환경과 똑같지는 않다. 그러므로 그 모의장면의 타당도는 크게 문제가 된다. 또 실생활 장면과 똑같다고 하더라도 그것을 임상장면에 도입할 수 없는 경우도 있다. 예를 들어 회피행동을 생각해보자. 다리를 건너는 것이 무섭게 느껴진다거나 불에 접근하기를 두려워하는 사람이 있다고 할 때 임상적 실험실장면에서는 이와 같은 장면을 구현하는 것이 쉽지 않다. 이러한 경우는 대면을 통한 모의장면보다는 비디오테이프를 활용하는 것이 훨씬 더 바람직하다. 실용적인 면에서 사람과 대면시키고자 하지만 상대방이 잘 응해 주지 않는다는 점 또한 커다란 결점이 아닐 수 없다.

역할실연모의장면은 인위적 방법으로 자극장면을 제시하기 어려울 때 사용하는 방법이다. 일정한 상태 아래에서 내담자 자신이 자극장면을 머릿속에서 상상해 보게 하여 스스로 장면에 노출시키는 방법이다. 이 방법은 평가나 치료를 위한 수단으로 널리 사용된다. 사실상 내담자의 문제행동을 임상장면에 그대로 노출시킬 수는 없지만 자기 자신이나 다른 사람의 역할을 해 보게 할 수는 있다. 때로는 이미 짜여진 역할실연장면에 내담자를 노출시키고 그에 따라서 실연해 보게 할 수도 있다. 이 때 평가자는 내담자가 어떻게 역할을 수행하는가를 관찰함으로써 문제의 성질을 쉽게 파악할 수 있다. 평가자는 역할실연을 전후로 내담자에게 자기보고를 하게하고 생리적 변화와 같은 것을 함께 측정하기도 한다. 내담자는 자신의 역할을 실연해야 하지만 경우에 따라서는 다른 사람의 역할을 실연하기도 한다.

역할실연법은 다른 기법에 비해 융통성이 있다는 특징이 있다. 다른 모의장면에서는 제시하기 어려운 장면도 쉽게 상상시켜 그 안에서 자기의 역할을 실연해 볼 수 있다. 또 내담자에게 어떤 특정한 행동 혹은 역할을 실연하게 하기 위해서 자극인물이나 대상을 자유롭게 통제할 수 있다. 역할실연 장면에서 나타나는 언어적 반응이나 비언어적 반응은 녹음을 통해서 듣는 것보다 훨씬 실감난다. 또 내담자의 반응을 유발하기 위해서 모든 조건을 자유롭게 통제해 나갈 수 있다.

이와 같은 장점이 있는 반면에 역할실연장면과 실생활의 환경이 꼭 일치하지 않는다는 단점도 있다. 즉, 내담자의 아내역할을 실연할 사람의 능력에 따라 아내의 역할이 매우 다르게 실연되기도 하고 장면이 서로 다르게 묘사될 수도 있다. 그러므로 모든 내담자에게 역할실연을 일률적으로 적용할 수는 없다. 아직까지는 이러한 요인에 대한 실험적 연구가 거의 이루어지지 않은 상태이다.

행동주의 심리학적 평가방법

행동주의 심리학적 평가를 위해서는 다양한 방법을 사용할 수 있다. 정신생리학적 평가, 자기보고법, 면접법, 관찰법, 셀프모니터링기법 등이 주로 사용되는 기법이다. 이러한 행동주의 심리학적 평가를 할 때에는 무엇보다도 목표행동과 통제변인의 상호작용을 함수분석할 수 있도록 설계해야 한다. 이를 위해 대부분의 평가에서는 목표행동을 조작적으로 정의하며, 중다평가방법을 사용하곤 한다.

정신생리학적 평가

심리적 상태에 따라 나타나는 생물학적 변화를 관찰하고 그것을 수량화시키는 기술이 정신생리학적 평가이다. 생리적 변화는 외현적 행동과 동일한 종속변인이다. 이는 외현적 행동변화와 관계있는 생리적 변인을 조작하는 생리심리적 방법과는 다르다(Kallman & Feuerstein, 1977). 즉 정신생리학적 평가에서는 심리적 변화를 유도하고 이로 인한 생리적 변화를 측정한다.

행동주의 심리학적 평가에서 생리반응을 측정하는 데에는 두 가지 이유가 있다. 첫째, 생리적 반응은 다른 방법으로 측정할 수 없다. 예를 들어 생리적 측정방법을 사용하지 않으면 혈압을 측정하는 것이 불가능하다. 둘째, 생리적 측정치를 환경변인과 연결시킴으로써 행동특성을 예언할 수 있고, 그것은 치료과정에 크게 도움이 된다. 예컨대 긴장성 두통환자의 근육긴장을 낮추기 위해 바이오피드백 기술을 활용할 수 있다. 즉, EEG에 의한 피질활동을 측정하여 감각운동의 리듬 특성을 알아볼 수 있다.

일반적으로 정신생리학적 측정치는 직접적인 측정이나 간접적인 측정을 통해 얻을 수 있다. 약물사용 여부를 알아보기 위해 소변검사를 한다든지, 알코올 소비량을 측정하기 위해 혈액의 알코올 수준을 측정하는 것은 직접적인 측정방법이다. 하지만 이는 측정하는 것이 치료하고자 하는 행동 그 자체가 아니기 때문에 자주 활용되지는 않는다. 그러나 심장박동이나 혈압을 측정하는 것과 같은 간접적인 측정방법은 치료 전후에 나타난 행동특성을 측정할 수 있기 때문에 많은 평가자가 선호한다.

정신생리학적 평가를 위해서는 무엇보다도 독립변인(환경변인)에 대한 정확한 이해와 측정이 중요하다. 환경변인을 적절하게 조작하는 것은 이로 인한 종속변인(행동변인)의 변화에 대한 결론을 내릴 수 있게 해주기 때문이다. 이를 위해 정신생리학적 평가에서는 자극을 반복 제시하는 방법을 사용한다. 특정한 변화를 일으킨 변인을 반복 제시함으로써 다른 시간, 다양한 피평가자, 다양한 환경에 주는 영향을 구체적으로 이해할 수 있다. 이는 또한 관찰된 현상에 대한 신뢰도의 정보를 제공한다(Sidman, 1960). 따라서 특정한 변화를 일으킨 변인을 반복하여 제시하고 거기에서 오는 반응을 관찰하는 것은 연구나 치료에 있어서 큰 의미를 갖는다.

측정의 신뢰도를 높이기 위해서 변인을 반복 제시할 때 체계적인 변화를 줄 수도 있다. 만약 여러 가지 상황에서 행동의 변화를 일으킬 수 있는 변인의 일부를 변경하였을 때 두 상황에서 얻은 결과가 차이가 있다면 두 상황 간의 함수 관계에 대한 의문을 제기할 수 있다. 이 때 평가자가 그 결과에 실망할 필요는 없다. 부가 연구를 통해 일치된 결과를 얻지 못한 주요한 원인을 발견하는 것은 그 자체로 큰 의미가 있기 때문이다(Hersen & Barlow, 1976).

자기보고법

자기보고법은 전통적 평가법과 크게 다르지 않다. 이 방법은 언어보고 체계에 바탕을 두고 있는 것으로 외현적 근육운동이나 정신생리적 반응과 같이 널리 사용된다. 개인의 행동특성은 외부로 노출되고 이것을 다른 사람이 관찰할 수 있다는 점을 기본 가정으로 한다. 행동주의 심리학적 면접과 심리검사 장면에서도 자기보고법을 많이 사용한다. 그러나 어느 장면이든 행동주의 심리학적 자기보고법은 전통적 평가법과 중요한 차이가 있다. 정신분석의 틀 안에서 분석을 하는 전통적 평가와 달리 행동주의 심리학적 자기보고법에서는 행동과 환경, 그리고 그들의 관계에 대한 함수분석을 위해 행동특성에 대한 정보를 수집하고 해석한다. 행동주의 심리학적 평가자는 문제해결을 위해 문제를 발견하고 그것을 분석하는 단계를 거치게 된다(Bergan, 1977).

행동주의 심리학적 면접법

행동주의 심리학적 면접은 지시적인 정도와 초점, 행동에 대한 해석의 관점에서 다른 형태의 임상적 면접과 차이가 있다. 즉, 행동주의 심리학적 면접은 다른 면접보다 지시적인 경향이 있다. 예를 들어 내담자가 애매한 말보다는 구체적인 행동적 용어를 사용하여 자신의 경험을 기술하도록 격려한다(Rankin, 1990). 면접에서는 언어적인 의미(의미적 내용), 목소리의 크기와 억양 및 속도와 같은 유사언어적 반응, 자세와 눈 마주침과 같은 비언어적 운동반응, 그리고 얼굴이 붉어짐과 같은 정서-생리적 반응 등 폭넓은 행동 특징에 초점을 맞추고 표집한다.

마지막으로 해석은 크게 두 가지 방식으로 이루어진다. 하나는 '표지' 접근으로 내담자의 반응을 자연환경에서 나타나는 행동의 하나로 보는 것이다. 즉, 내담자가 면접 중에 말을 더듬고 목소리가 떨리는 것과 같은 행동을 드러낸다면 이것을 자연환경에서 경험하는 불안의 대표행동으로 보는 것이다. 두 번째 해석은 '목표' 접근으로 내담자의 불안이 면접 중에 표현된 것을, 내담자가 면접 중에 보인 반응에 대한 평가자의 강화나 주의와 같은 자극의 영향을 받은 것으로 보는 것이다.

행동주의 심리학적 면접은 목표행동과 통제요인을 선정하고 조작적으로 정의하는 초기 단계에 유용하게 사용할 수 있다. 왜냐하면 광범위한 정보를 평가도구 등의 도움 없이도 수집할 수 있기 때문이다(Morganstern, 1988). 그러나 행동주의 심리학적 면접은 심리측정적 측면에서 평가자간의 일치도가 낮다.

따라서 신뢰도와 타당도를 높이기 위한 연구가 시급하다.

관찰법

관찰자가 피관찰자의 언어적 행동과 비언어적 행동을 관찰하는 이 방법은 위에서 설명한 것처럼 자연장면과 모의장면 모두에서 이루어질 수 있다. 그러나 자연장면과 달리 상황을 통제하여 목표행동과 통제요인의 상호작용을 정밀하게 측정할 수 있는 모의장면에도 여러 가지 문제가 있을 수 있다. 모의장면의 가장 큰 문제는 피관찰자가 자신이 관찰된다는 것에 주의를 기울이게 되어 자연장면에서 관찰한 것보다 생태학적 타당도가 낮다는 것이다. 이를 막기 위해 관찰대상자가 관찰되고 있음을 모르게 하는 방법이 있고, 관찰자의 기대 요인을 통제하기 위해 관찰자도 관찰하는 목적이 무엇인지 모르게 하는 방법이 있다. 그러나 후자의 방법에는 윤리적 문제가 뒤따른다.

행동관찰기술이 발달함에 따라 관찰자가 직접 관찰하는 방법과 기구를 이용하여 자동적으로 관찰하는 방법도 등장하였다. 기구를 사용하는 방법은 관찰자가 관찰하고 기록하는 동안에 범할 수 있는 오차를 크게 줄일 수 있다는 장점이 있다. 하지만 경비가 많이 들고 예기치 않은 기계의 오류가 발생할 가능성이 있다. 또한 사람이 직접 관찰하는 것보다 융통성이 부족하다.

관찰의 신뢰도는 여러 가지 요인의 영향을 받는다. 행동주의 심리학적 평가에서 개념적으로나 방법론적으로 중요한 것은 평가하고자 하는 목표행동을 설정하는 것이다. 목표행동을 설정할 때에는 몇 가지 기준을 고려해야 한다. 내담자나 피평가자가 빈번히 접촉하는 가족이나 교사와의 대인관계를 고려하고, 자기 자신이나 타인에게 위험을 줄 수 있는 행동, 일상생활에 영향을 주는 불안, 정상에서 크게 이탈한 행동 등이 무엇인가를 고려해서 목표행동의 목록을 설정하여야 한다(Kazdin, 1982).

일반적으로 목표행동은 위에 설정한 유목 중 하나에 속하게 된다. 왜냐하면 이들은 빈도나 지속성, 혹은 특정한 환경에 있어서는 정상행동과 크게 다르기 때문이다. 물론 목표행동이 모두 정상에서 크게 벗어난 것을 의미하지는 않는다. 이타행동을 높이기 위해 그것을 목표행동으로 정하는 경우도 있기 때문이다. 즉, 바람직한 행동이 목표행동으로 선정될 수도 있다. 행동이 정상인지 이상인지 구분하는 데 있어서 관찰자의 주관적인 판단이 중요하다. 그러나 해석을 할 때에는 객관적인 사실에 기반을 두어야 한다.

관찰에 의해 얻은 정확한 자료는 측정과 치료, 진단 및 평가에 있어서 매우 중요하다. 따라서 관찰자의 관찰 자료는 정확해야 한다. 그러나 여러 사람이 관찰한 자료가 일치한다는 것과 자료가 정확하다는 것은 별개의 문제이다. 관찰자간 일치도란 한 관찰자가 관찰한 결과와 다른 관찰자가 관찰한 결과가 일치하는 정도를 의미하는 것이지 관찰하고자 하는 피관찰자의 행동 그 자체는 아니기 때문이다(Johnson & Penny-Packer, 1980).

관찰의 정확성은 관찰방법의 특성, 관찰자 특성, 그리고 환경변인의 영향을 크게 받는다(Wasik & Loven, 1980). 관찰 코드가 복잡하거나 자료를 수집하는 방법이 복잡하면 관찰의 정확성이 크게 떨어진다. 지나치게 복잡한 경우 관찰자가 코드의 특성을 모두 기억하지 못할 수 있기 때문이다. 평가자가 관찰할 변인을 주의 깊게 조작적으로 정의하고 자료수집절차에 대해 알기 쉬운 지침을 마련한다면 이러한 문제는 해결할 수 있다(Hartmann, 1984).

관찰자의 피로나 훈련경험의 부족도 정확성을 떨어뜨리는 중요한 요인이다. 이러한 문제를 방지하기 위해 관찰자가 서로 교대하여 관찰하거나 관찰자를 훈련시키고 다양한 경험을 쌓도록 하여야 한다. 자주 정확성을 체크하고 휴식 기간을 계획하며, 정확한 기록에 대한 강화를 제공하는 것은 이러한 문제를 해결하는 한 방법이 될 수 있다. 또한 너무 짧은 기간 안에 빈번히 관찰하는 것을 피해야 한다.

소음이나 기온 등 환경요인도 정확성에 영향을 미친다. 또는 관찰자가 피관찰자의 눈에 띄게 되면 선정한 목표행동에 변화가 올 수 있다. 행동빈도가 변하고 수행이 저하되는 경우도 발견된다(Haynes & Horn, 1983). 이와 같은 점을 고려하여 관찰이 이루어지는 장면을 세밀하게 설계할 필요가 있다. 예를 들어 관찰자가 본격적인 관찰을 시작하기 전에 단순히 그 장면에 머무르고 있음으로써 관찰자와 피관찰자가 적응하게 하는 것도 하나의 방법이다.

관찰은 전형적으로 두 가지 형태로 이루어진다. 하나는 비참여관찰로 내담자의 행동을 관찰하고 기록하기 위해 훈련된 조수를 사용하는 것이다. 다른 하나는 참여관찰로 가족이나 간호사 혹은 행동치료자가 직접 관찰하는 것이다.

비참여관찰에서 관찰자는 내담자를 관찰하는 것 이외에 내담자와 의미 있는 접촉을 하지 않는다. 이들은 치료에 참여하거나 내담자를 돌보아야 할 부담이 없기 때문에 복잡한 행동을 신뢰롭고 타당하게 관찰하여 기록할 수 있다(Paul, 1986a, b). 이 방법은 사회기술(Kern-Dunlap, Dunlap, Clarke, Childs, White, & Stewart, 1992), 자해행동(Durand & Crimmins, 1988), 정신병적 행동(Glynn, Bowen, Rose, Marshall, & Liberman, 1990), 정서표현(Tarrier, 1989), 공격행동(Charlop, Kurtz, & Casey, 1990)과 같이 외현적인 운동반응을 관찰하거나 치료자의 치료기술(Hahlweg, Hemmati-Weber, Heusser, Lober, Winkler, Muller et al., 1990)을 관찰할 때 자주 사용된다.

비참여관찰을 설계할 때에는 먼저 목표행동과 통제요인을 다른 변인과 분명히 구별할 수 있도록 조작적으로 정의해야 한다. 또한 평가정보를 일반화하고 생태학적 타당도를 높이기 위해 표본의 추출과 자료의 기록 방법을 결정해야 한다. 마지막으로 관찰할 장면을 선정해야 한다. 예를 들어, 유치원에서 친구와의 상호작용처럼 목표행동이 자연장면에서만 발생하는 사건이라면 자연장면에서 관찰하여야 할 것이다. 그러나 여러 요인의 조작을 통해 이 행동을 실험실이나 관찰실에서 만들 수 있다면 모의장면에서 관찰하는 것도 가능하다(Heiden & Herson, 1995).

비참여관찰은 두 가지 한계를 가지고 있다. 첫째, 인지와 정서-생리적 상태는 쉽게 관찰할 수 없기 때문에 보통 외현적 근육운동을 관찰하는 것으로 한정이 된다. 둘째, 관찰자를 숙련되도록 훈련시켜야 하고, 관찰자가 여러 시간의 관찰 기간 동안 참여해야 하기 때문에 비용이 많이 든다.

참여관찰을 할 때에는 보통 행동평가를 수행하기 전부터 관찰자가 내담자의 자연환경에 머물게 된다. 참여관찰을 할 때 관찰장면을 설계하는 방법은 비참여관찰과 유사한 면이 많다. 더구나 참여관찰자는 평가자료를 수집하는 것 이외에 다른 책임도 가지고 있기 때문에 복잡하지 않고 노력이 크게 필요하지 않은 관찰 체계를 설계하는 것이 일반적이다. 이를 위해서 목표행동과 통제요인을 보다 포괄적인 수준에서 조작적으로 정의하게 된다. 이러한 노력은 관찰을 하고 기록할 때 지나치게 정교한 구분을 할 필요성을 감소시킨다. 관찰의 횟수와 기간을 단축하는 것도 좋은 방법이다.

참여관찰은 광범위한 자연장면에서 행동을 관찰하여 기록할 수 있기 때문에 생태학적 타당도가 높다는 장점이 있다(Forster, Bell-Dolan, & Burge, 1988). 또한, 참여관찰은 이미 내담자의 일상 환경에 관찰자가 참여하고 있기 때문에 관찰을 위한 추가 인력이 필요하지 않다. 즉, 관찰 조수를 사용하지 않기 때문에 비용이 적게 드는 것이 장점이 될 수 있다. 마지막으로 참여관찰자가 내담자를 도와주려는 동기가 높다는 점도 장점이다.

참여관찰은 비참여관찰과 마찬가지로 외현적 근육운동의 평가에 한정된다는 한계가 있다. 또한 참여관찰자가 치료나 돌봄 행동을 수행하다 보면 관찰을 하는 데 방해가 되어 기록상의 오류를 범할 가능성이 있다. 이를 보완하기 위해 관찰이 이루어지기 전에 관찰체계 전반에 대해 예비적으로 검토를 하는 방법이 있다. 마지막으로 일부 참여관찰자는 편향된 관찰과 기록을 할 우려가 있다. 이들은 이전에 내담자와 상호작용을 한 경험이 있고, 내담자의 행동에 변화가 일어나기를 기대하며, 내담자의 행동에 관한 문제점을 검증하고자 하기 때문이다. 따라서 비참여관찰과 마찬가지로 이를 최소화하기 위해 관찰자를 훈련하고 정기적으로 정확성을 체크하여야 한다.

셀프모니터링 기법

셀프모니터링 기법은 가장 보편적으로 사용되는 자기기록법 혹은 자기관찰법을 말한다. 아무리 관찰자가 경험이 많더라도 관찰이 불가능하거나 통제를 할 수 없는 상황이 있다. 이러한 상황에서 관찰자는 셀프모니터링 기법을 이용하여 내담자의 의미 있고 정확한 자료를 수집할 수 있다. 또한 자기 스스로 관찰하고 기록한 목표행동에 대해 치료를 수행할 수 있다. 심리학의 역사를 보면 이러한 셀프모니터링을 실시한 사례는 얼마든지 있다. 심리학의 역사에서 가장 유명한 사례는 정신물리학 연구에서 구성주의 심리학자가 내성법이라는 이름으로 셀프모니터링을 널리 사용했던 것이다.

자기행동을 기록할 때에도 목표행동과 통제요인을 정확하게 기록해야 한다. 목표행동의 빈도를 측정하기도 하고 그 행동이 일어나는 단위시간을 측정하여 반응의 비율을 계산하는 사건표집을 할 수도 있다. 일정한 양의 과제를 수행한다거나 집안을 청소하는 것과 같이 시간이 유한한 반응일 때에는 퍼센테이지를 측정할 수도 있다. 이 때 반응의 수는 분모가 되고 완성한 반응의 수는 분자로 계산한다. 공부를 하거나 태권도 연습을 하거나 전화를 거는 것처럼 지속 시간이 다를 때에는 그 시간을 각각 측정하기도 한다.

내현행동과 같이 반응이 언제 일어나고 종료되는지 분명하지 않은 경우나 반응이 너무 빠르게 나타났다가 사라지는 경우에는 빈도를 측정하기가 쉽지 않다. 이러한 경우에는 시간표집법을 사용하는 것이 바람직하다. 이것은 미리 정해놓은 시간에 목표행동이 나타났는지를 기록하는 방법으로 행동이 관찰되었는지 관찰되지 않았는지에만 관심이 있기 때문에 실무측정법이라고 부르기도 한다(Mahoney & Thoresen, 1974). 그러나 이 방법은 중요한 정보를 상실할 우려가 있다. 이를 보완하여 반응의 유무만이 아니라 빈도도 측정할 수 있다면 행동의 비율도 측정할 수 있다(Stumphauzer, 1974).

목표행동의 발생빈도가 높을 경우에는 시간표집법과 사건표집법을 병행하여 사용한다. 이 때 밤 10시에서 11시 사이와 같이 관찰이 이루어지는 시간 간격을 정해 놓고 행동의 유무와 빈도를 관찰할 수도 있고, 타이머를 가변적으로 설정하여 타이머가 울리는 시간에 행동의 유무를 측정하는 방법을 사용할 수도 있다. 그러나 이러한 방법은 그 시간에 목표행동이 발생하였는가에 주목하여 관찰이 이루어지기 때문에 통제요인에 대한 관찰에 소홀하여 그 행동의 선행요인과 후속결과를 측정하기 어렵다는 문제가 있다.

셀프모니터링 기법에서는 이러한 문제를 보완하기 위해 체계적으로 기록할 수 있는 기록지를 사용할 수 있다. 이 기록지에는 목표행동이 발생한 시간과 장소 등 환경요인과 그 행동의 빈도 등 행동특징, 그리고 그 행동을 한 후 발생한 심리적 환경적 변화 등을 기록한다. 이를 통해 특정행동의 선행요인과 결과를 확인할 수 있어서 행동의 함수분석을 할 수 있다는 장점이 있다.

보통 셀프모니터링에 사용하는 기록장치는 다른 것보다 조잡한 편이다. 기록장치는 휴대가 가능하고 필요에 따라 즉시 기록할 수 있어야 한다. 손쉽게 사용할 수 있어야 하며, 저렴해야 한다는 한계도 있다. 기록장치는 내담자의 여러 가지 특성과 설정된 목표행동의 본질에 따라 자유롭게 선정될 수 있어야 한다.

지필법은 스스로 자신의 여러 가지 행동특징을 종이에 기록하는 방법으로 가장 흔히 사용된다. 단순히 목표행동의 빈도를 기록하게 하는 방법도 있고, 자신의 행동을 상세하게 기술하게 하는 방법도 있는데, 보통 치료자의 필요에 따라 그 내용이 달라진다. 치료가 주목적일 때에는 행동을 하게 된 이유와 행동을 지속하게 한 것이 무엇인지를 중점적으로 관찰 기록하게 된다. 지필법의 가장 일반화된 방법은 행동일지를 기록하는 것이다. 이 방법은 관찰자가 통제해야 할 변인과 지금 나타난 반응의 특성을 알고 싶을 때 유용하다. 내담자의 목표행동이 언제 어떠한 상황에서 발생하는지를 구체적이고 객관적으로 기술하게 하는 것이다.

예를 들어 과도한 흡연으로 건강에 문제가 발생하여 금연 프로그램에 참여한 사람이 셀프모니터링을 한다고 하자. 이 흡연자는 식사를 한 후나 커피를 마신 후, 그리고 술을 마실 때와 지루함을 느낄 때 흡연을 할 수 있다. 그리고 이러한 경우 흡연을 함으로써 무료함이나 긴장감을 벗어나기도 하였고 행동을 끝낸 것 같은 충족감을 느꼈을 수 있다. 셀프모니터링을 위한 기록지는 <표 7-2>와 같이 구성하여 기록하게 할 수 있다.

표 7-2 셀프모니터링 기록지의 예

당신이 담배를 피울 때마다 이 기록지에 상세하게 기록을 하기 바랍니다	
날짜와 시간	2011년 10월 2일 오전 11시 30분
흡연을 한 장소	사무실이 있는 빌딩의 옥상
누구와 함께 있었습니까?	직장 동료 김OO, 이XX
흡연을 하기 전에 당신은 어떤 일을 했습니까?	사무실에서 보고서 작성
흡연을 하기 전에 당신은 어떤 생각을 했고 무엇을 느꼈습니까?	보고서가 잘 작성되지 않아서 짜증스러웠고, 지겹다는 생각이 들었음
그 외 흡연과 관련하여 도움이 될 것이라고 생각되는 점도 적어주십시오.	특히 동료인 김OO이 같이 담배를 피우자고 자주 권함
전반적으로 오늘 당신의 기분은 어떻습니까?	긴장감이 느껴지지만 한편으로 짜증스럽고 모든 것을 놓고 잠시 쉬고 싶음
흡연을 한 후 어떤 일이 있었습니까?	사무실로 가서 일을 마치려고 하였고 할 수 있을 것 같은 생각이 들었음

또 다른 방법으로 스터디 카드 정도 크기의 카드를 이용하는 방법이 있다. 이 방법은 비용이 저렴하고 휴대와 사용이 간편하다는 장점이 있는데, 매일 관찰을 할 때 뿐만 아니라 목적에 따라 정해진 시간에 기록할 수 있도록 구성할 수 있다. 어린이도 쉽게 사용할 수 있다는 것은 이 방법의 또 다른 장점이다(Thoresen & Mahoney, 1974).

행동주의 심리학적 평가를 위한 또 다른 지필법으로 행동그래프가 많이 사용된다. 흔히 사용되는 그래프 용지를 이용하여 한 축에는 시간을 기록하고 다른 한 축에는 행동의 빈도나 지속 기간과 같은 특징을 내담자가 기록하게 되어 있다. 이 방법은 관찰한 행동특성을 기록하여 저장하는 데 도움이 되어 언제 어떤 행동이 얼마나 발생하였는지를 자세하게 기록할 수 있다. 또 여러 날 관찰한 자료를 연결하면 행동이 어떻게 변하였는지를 알 수 있다.

되풀이할 수 없는 행동기록을 보존하기 위해서는 녹화나 녹음을 할 수 있다. 교사가 자신의 교수법을 교정하기 위해 자신의 교수태도를 녹화하는 것은 이미 교육장면에서 많이 사용되고 있는 방법이다. 그러나 이 방법은 행동에 수반되는 선행요인이나 후속 결과를 기록할 수 없다는 문제가 있다.

자동적으로 행동을 기록할 수 있는 장치도 개발되어 사용되고 있다. 특히 질병을 가진 사람이 약물 처방을 잘 준수하도록 하기 위해 약병을 열 때마다 그 시간이 자동적으로 기록되고 표시가 되도록 하는 것이 상용화되어 사용되고 있다. 담배의 경우에도 담배를 피우기 위해 담뱃갑을 열고 담배를 꺼내면 자동으로 그 시간과 누적빈도가 기록되도록 설계한 도구도 있다(Azrin & Powell, 1968).

이처럼 다양한 셀프모니터링 기법은 많은 이점을 가지고 있다. 우선 내담자가 이 방법을 사용하여 인지, 정서-생리 및 외현적 근육운동 반응을 측정하는 것이 가능하다. 부가적으로는 불법 약물사용이나 성적 행동과 같이 은밀하고 개인적인 행동 측정치를 보다 쉽게 얻을 수 있다(Hartmann, 1984). 마지막으로 내담자에게 목표행동과 통제요인의 상호작용에 대하여 주의를 기울이게 하는 효과가 있기 때문에 문제행동의 이해를 돕고 치료과정을 용이하고 신속하게 진행할 수 있다는 장점이 있다(Kazdin, 1984).

한편 셀프모니터링도 다른 측정법에서 설명한 관찰자 편향에서 자유롭지 못하다. 더욱이 내담자가 관찰장면에서 행동을 하면서 동시에 통제요인과 목표행동의 상호작용을 관찰하고 기록하는 것은 쉬운 일이 아니기 때문에 관찰의 정확도가 낮아질 우려가 있다. 치료를 받으러 온 내담자는 경우에 따라서 자신의 행동을 매우 좋게 보이거나 좋지 않게 보이려고 가장할 수 있다. 예를 들어 신경성 식욕부진증이 있는 사람이 보고한 셀프모니터링 자료에서는 매일 1,500 칼로리 이상을 섭취하였다고 하였으나 체중이 급속도로 감소하는 경우도 있다. 내담자에게 이러한 불일치에 대해 질문하자 내담자는 치료자가 많이 먹으라고 채근하는 것이 싫어서 자신이 섭취한 양을 부풀렸다고 보고하였다. 마지막으로 오랫동안 셀프모니터링을 하게 하면 내담자가 잘 따르지 않는 경우도 있다(Bornstein, Hamilton, & Bornstein, 1986).

질문지법

질문지를 통해서 많은 목표행동을 평가할 수 있다. 질문지를 사용하여 행동분석을 하는 것은 여러 가지 장점이 있다. 비용이 저렴하고 자료를 쉽게 얻을 수 있고, 실시와 채점 및 해석도 용이한 편이다. 더욱이 매우 많은 수의 질문지를 사용할 수 있다는 장점이 있다. 또한 질문지는 임상장면에 광범위하게 사용할 수 있다. 예를 들어 선별을 목적으로 사용할 수 있고, 진단을 돕고 목표행동의 정도와 빈도 및 지속기간을 수량화할 수 있으며, 치료 과정과 치료의 효과를 수량화하는 데 사용할 수 있다(Jensen & Haynes, 1986).

행동주의 심리학적 평가에서 질문지를 사용할 때에는 다음과 같은 사항에 역점을 두어야 한다. 첫째, 수정할 행동이 무엇이며, 그 행동은 왜 지속되는지를 규명한다. 둘째, 반응과 강화인과의 관계를 평가한다. 셋째, 치료수단으로 활용가능한 것은 무엇이며, 방해요인은 무엇인가를 확인한다. 마지막으로 활용가능한 치료기법을 결정한다.

여러 가지 서로 다른 환경에서 여러 내담자를 평가하기 위해 <표 7-3>과 같은 행동주의 심리학적 질문지 배터리가 개발되었다. 이러한 척도는 다음과 같이 세 가지 수준으로 구성되어 있다. 첫째, 1차적 척도는 가장 일반적으로 폭넓게 적용할 수 있는 것으로 환자 개인에 대한 치료계획을 세우는 데 필요한 여러 가지 정보를 수집하는 데 사용할 수 있다. 둘째, 2차적 척도는 보다

표 7-3 행동주의 심리학적 분석에 사용되는 척도

1차적 척도	2차적 척도	3차적 척도
생활사 질문지(Behavioral Analysis History Questionnaire: BAHQ)	자기주장행동조사표(Assertive Behavior Survey Schedule: ARSS)	알코올 질문지(Alcohol Questionnaire)
자기평가표(Behavioral Self-Rating Checklist: BSRC)	사고중단조사표(Thought Stopping Survey Schedule: TSSS)	식사습관 질문지(Eating Habit Questionnaire)
강화계획표(Reinforcement Survey Schedule: RSS)	긴장불안조사표 (Cues for Tension and Anxiety Survey Schedule: CTASS)	성행동 질문지(Sexual Behavior Questionnaire)
공포조사표(Fear Survey Schedule: FSS)	심상조사표(Imaginary Survey Schedule: ISS)	흡연 질문지 (Smoking Questionnaire)
	상태-특성 불안 검사 (State-Trait Anxiety Inventory: STAI)	사회적 성취도 조사표 (Social Performance Survey Schedule)
		체중 질문지 (Weight Questionnaire)
		아동청소년행동평가척도 (Korean Child Behavioral Checklist: K-CBCL)

특수화된 것으로 실제 문제행동을 어떤 기술로 치료할 것인가에 대한 정보를 제공한다. 셋째, 3차적 척도로는 내담자가 안고 있는 문제가 무엇인가에 대한 정보를 얻을 수 있다.

치료에 착수하기 전에 치료자는 내담자로 하여금 자신의 문제를 구체적으로 기록하게 한다. 그 후 행동장애에 대한 행동주의 심리학적 모델에 대해 설명해 주고, 앞으로 어떤 계획에 따라 치료하게 되는지를 자세하게 설명해 준다. 내담자가 치료계획에 동의하면 다음과 같이 행동주의 심리학적 분석과정을 진행한다.

일반적으로 행동치료자는 모든 행동을 환경조건에 의해 결정된 것이라고 생각한다. 여기서 환경이라는 말에는 사고와 심상 등도 포함된다. 물론 우리 주위를 둘러싸고 있는 사건도 포함된다. 이들은 특정한 사람의 특정 문제 같은 것을 진단하기보다는 특정한 문제행동을 대상으로 분석하게 된다. 이와 같이 행동주의 심리학적 분석에서는 수정하고자 하는 문제행동의 빈도와 강도를 측정하고 왜 그런 행동을 하며, 그 행동의 결과는 어떻게 될 것인가에 대해 세밀하게 조사한다. 또한 행동의 선행요인과 그 결과를 알고 난 후에는 그에 대한 수정 및 치료계획을 수립하게 된다.

문제행동의 선행요인과 그 결과가 어떻게 발전할 것인가를 알기 위해서 면접과 관찰을 하고 더 나아가서는 큰 영향을 주었을 것으로 생각되는 사람과도 대화한다. 또한 표준화된 검사도 하는데 이는 치료에 도움이 되고 행동주의 심리학적 분석에 유익한 정보를 얻는 데 그 목적이 있다.

<표 7-3>에 언급된 대표적인 척도를 다시 살펴보자. 먼저 생활사 질문지는 내담자의 결혼, 취업, 가족, 종교, 건강 및 교육 배경을 기록하고 내담자가 치료자를 찾아온 이유를 자세히 기록하게 된다. 이는 면접에서 밝혀내지 못한 정보를 얻는 데 크게 도움이 된다. 일반적으로 최초면접을 하고 나서 기록하게 하고 2, 3회 치료가 진행되는 과정에서 내담자가 기록한 것을 치료자가 내담자와 함께 개관할 필요가 있다.

자기평가표는 자신의 외현적 행동 및 내현적 행동을 비롯하여 부적응적인 접근행동과 회피행동을 기술하게 하는 것이다. 이러한 유형의 평가표는 자신이 어느 정도 잘 적응하고 있는가를 평가해 보는 데 크게 도움이 되며, 치료자와 직접 토의하지 않았던 문제까지도 찾아낼 수 있다는 장점이 있다. 자기평가를 할 때 치료자는 내담자와 그의 문제에 대해 간단하게 토의할 수 있고, 이 문제를 어떻게 수정할 것인가에 대해 공동으로 협력하여 결정해 나간다. 이를 통해 치료자는 내담자와 함께 치료의 우선순위를 결정할 수 있다.

강화계획표는 치료계획에 따라 사용한 강화가 내담자에게 얼마나 효과가 있었는가를 평가한다. 강화계획표의 첫 단계에서는 자기가 만족하는 정도를 평가하게 한다. 이는 주로 입원환자를 개별적으로 치료할 때 사용한다. 특히 토큰경제를 사용할 때, 행동형성이 목적인 치료를 할 때, 그리고 치료자와 내담자 모두에게 강화의 효과를 증대시킬 필요가 있을 때 사용한다(Cautela & Wisocki, 1971). 그리고 개별치료에 있어서 내현적 조건화 기법을 쓰는 경우 내현적 강화의 효과를 알아보고자 할 때에도 매우 유용하다.

공포조사표는 특정한 대상에 대해 경험한 공포의 수준을 평가하게 한다. 이 척도에서 높이 평가된 행동특징은 수정을 요하는 것으로서 이에 대해 체계적 둔감법이나 내현적 정적 강화기법 혹은 내현적 부적 강화기법을 사용한다. 이러한 방법을 통해 내담자가 혐오자극 장면에 노출되었을 때 경험하게 되는 부적응행동을 줄이고 적응행동의 빈도를 증가시킬 수 있다(Ascher & Cautela, 1972).

다음은 2차적 척도에 의해 정보를 수집하는 방법이다. 먼저 긴장불안조사표는 긴장과 불안을 수반하는 행동이나 감정에 대한 정보를 수집하기 위해 실시한다. 내담자가 불안과 긴장을 경험할 때 이를 해소하기 위해 어떤 수단을 사용하는지를 자세히 확인하고, 실제 치료를 통해 불안과 긴장에서 벗어나려고 노력할 때 신체의 어느 부위가 가장 많은 영향을 받는지를 보고하게 한다. 또한 긴장과 불안에 수반되는 생리적 혹은 행동단서에 주의를 기울이게 한다. 내담자 중에는 자신의 행동이나 감정을 파악하는 데 어려움을 느끼는 사람도 있다. 따라서 긴장과 불안 상태에서 어떻게 감정을 통제하고 어떻게 행동할 것인가를 철저히 교육시키면 곧 그에 익숙해지고, 그에 따른 생리적 단서도 쉽게 파악할 수 있다.

자기주장행동조사표는 자기주장훈련을 포함한 치료계획을 세울 때 필요한 자료를 얻는 데 도움이 된다. 내담자에게 자기주장을 할 수 있는 여러 가지 상황을 제시하게 하고 자기주장을 함으로써 대인관계에 어떤 영향을 줄 것인가를 기록하게 한다. 이는 내담자가 자기주장을 하는 데 있어서 가장 어렵게 느끼는 장면에 대한 정보를 얻는 데 큰 도움이 된다. 특히 내담자가 다른 사람의 반응에 대한 두려움 때문에 자기주장을 할 수 없다고 반응하였을 때 이 자료는 매우 큰 의미를 갖는다.

사고중단조사표는 특정한 사고를 중단시키는 것과 같은 치료계획을 세울 때 유용한 정보를 제공한다. 이는 불안이나 우울 혹은 다른 부적응 행동을 유발하는 사고, 심상 등과 관계있는 51 문항으로 구성되어 있다. 5점 평정척도를 사용하여 자신의 감정을 표시하게 하는 이 척도는 부적응적 사고의 빈도에 대한 기저율을 미리 결정하는 데 사용할 수 있고, 사고중단 치료 프로그램의 효과를 검증하는 데 유용하게 사용할 수 있다.

심상조사표는 청각과 후각, 미각, 촉각, 운동감각 및 시각에서 오는 심상의 정도를 내담자가 평가하게 한다. 심상의 명료성과 행동의 변화 정도 사이에 밀접한 관계가 있다는 사실은 이미 오래 전에 밝혀졌다(Tondo & Cautela, 1974). 심상은 여러 가지 형태의 행동치료기법에서 큰 비중을 차지하고 있기 때문에 불안계층표를 구성하기 전에 심상의 명료성을 미리 점검하는 것은 치료효과에 큰 영향을 미친다. 내담자가 보고하는 심상의 명료성이 극히 의심이 될 때에는 심상을 명료하게 경험할 수 있도록 예비훈련을 시켜야 한다.

상태-특성 불안 검사는 비교적 안정적인 특성불안과 어떤 특정한 시간 혹은 상황에 일정한 강도로 일어나 감지할 수 있는 상태불안과 불안경향성을 측정한다. 이 척도는 시험불안이나 연설불안, 학업성취 및 기억 등 수행에 영향을 미치는 불안의 효과를 확인하는 데 도움이 된다. 이를 통해 현재 불안의 수준과 불안에 취약한 정도를 평가함으로써 불안을 감소시키는 긴장이완법이나 명상법 등의 치료효과를 검증하는 데 사용할 수 있다(한덕웅, 이장호, 전겸구, 2000).

3차적 척도에는 알코올, 식사, 성행동, 흡연, 체중, 도박행동 등 다양한 영역의 문제행동을 평가하는 데 도움이 되는 척도가 속한다. 특히 최근에는 종합적으로 문제행동을 측정하는 다양한 척도가 개발되어 사용되고 있다. 대표적인 척도가 아동 청소년 행동평가척도이다(오경자, 이혜련, 홍강의, 하은혜, 1997). 이 척도는 아동과 청소년기의 다양한 사회적 적응 및 정서, 행동문제를 다차원적으로 평정하는 척도로서, 기초 역학조사 도구로 사용될 뿐만 아니라 심리장애를 알아내는 데 유용한 도구로 알려져 있다.

제8장

정신장애의 진단

제 8 장
정신장애의 진단

정신장애의 진단

정신장애란 무엇인가. 매우 정의하기가 어렵다. 임상심리학자는 이에 대한 대답을 미국 정신의학회가 출판한 정신장애의 진단 및 통계요강(DSM)에서 얻으려고 한다. 그러나 이것은 우리들이 요구하는 만족한 해답을 주지 못한다. 이는 정신장애를 진단하는 데 필요한 요강일 뿐이다. 거기에는 장애의 개념에 대한 정확한 정의가 내포되어 있지 않다.

다행히 DSM-Ⅲ-R의 연구 출판에 참여한 사람들은 장애에 대해 명백한 정의를 내리려고 시도한 흔적이 보인다. 이를 위해 그들은 몇 가지 가정을 제시하고 있다. 그들은 정신장애에는 뚜렷한 증후가 수반되어야 한다고 가정하고 있다(Guze & Helzer, 1987). 또 정신장애는 정신건강 전문가에 의한 전문적 치료를 요하는 상태라고 가정하고 있다. 이 가정들은 논쟁의 여지를 많이 내포하고 있다. 즉 신체적 질병의 경우 정상적 기능상태와 구분되지 않은 장애가 많이 있다. 또 모든 신체적 질병이 의사에 의해서 치유되는 것도 아니다. 부모에 의해서 치료되는 것도 있고, 완전히 방치된 상태에서 치유되는 것도 있다. 정신적 질병은 불쾌, 불이익, 그리고 불구와 밀접한 관계가 있다고 가정한다. 그러나 신체적 질병에도 이러한 불쾌감, 불이익, 그리고 불구와 같은 현상이 흔히 수반된다. 그럼에도 불구하고 이것을 곧 장애의 지표로 삼고 있다. 많은 사람들이 정신장애를 가정적 개념으로 생각하고 위와 같은 잘못된 지표에 의해서 그 실체를 밝히려고 하고 있다.

정신장애를 기본으로는 신체적 장애라고 보는 입장이 있는가 하면 그 경계를 전혀 인정하지 않으려고 하는 사람도 있다. 어떤 주장도 그 정당성은 인정되지 않는다. DSM-Ⅳ에서는 정신장애가 신체장애의 일부라는 인식을 불식시키기 위해 기질적 및 신체적 질병이라는 용어를 삭제하고 있다. 여기서 기질적 기분장애를 2차적 기분장애로 명명하고, 치매, 섬망증, 및 기억상실증은 인지적 장애라는 유목에 수록하고 있다. 정신장애를 정신의학적 장애로 명명하는 사람도 있다. 이는 정신의학, 신경의학, 심리학 및 다른 전문분야들 사이에 분명한 한계가 없다. 따라서 정신의학자들이 자신들의 전문성을 내세우기 위한 방법에 지나지 않는다.

정신장애는 근본적으로 본인의 심리적 기능(인지, 정동, 기타 심리적 장애)이 손상된 상태이다. 스트레스에 대처할 능력이 떨어지고, 삶에 대한 즐거움을 느끼지 못하며, 그리고 의미 있고 만족스런 대인 관계를 유지할 수 없는 것이 곧 정신장애의 표출이다. 이 정의에는 사소한 일상생활에서 느끼는 어려움 같은 것도 내포되어 있다. 이와 같은 특징은 신체적 장애에서도 쉽게 발견할 수 있다. 신체적 장애에는 사소한 감기나 열 같은 것이 포함된다. 정신장애의 경우도 마찬가지다. 불쾌한 기분과 같이 매우 가볍고 생각할 수 있는 것이 있는가 하면, 성격장애와 같이 만성적인 것도 있고, 그리고 정신분열증과 같이 만성적이며 정도가 심한 것도 있다.

정신장애에 대한 정의와 진단은 엄격하게 구분되어야 한다. 장애에 대한 정의는 비정상적 상태를 자세히 서술하는 것이다. 이와는 달리 진단은 장애를 유발하거나 유발할 가능성이 높은 증후나 증후군에 관심을 갖는다. 장애의 유무를 찾아내는 데 있어서 중요한 것은 장애를 기술하는 데에 있어서도 중요하다. 이와 같은 주장은 어떤 경우에나 통용되는 것은 아니다. DSM-Ⅲ-R을 제작할 당시 제시된 진단 규준이 장애에 대한 정의와 진단을 위해 퍽 도움이 되었으나 지금에 와서는 여러 가지 어려운 문제에 직면하고 있다.

정신적 장애가 어느 정도까지는 이 규준에 따라 조작적으로 정의되며 이는 곧 진단에도 활용 가능하다. 이와 같은 관점에서 보면 DSM-Ⅲ-R의 정신분열증 규준에 딱 들어 맞는 사람은 정신분열증 환자임이 틀림없다. 왜냐하면 규준에는 정신분열증이 무엇인가를 확실하게 규정하고 있기 때문이다. 여기에는 정신분열증으로 발병할 것이라는 잘못된 지표가 되는 규준도 포함되어 있다(Fenton, & McGlashan, 1989).

임상심리학자는 다양한 사람들에게 봉사한다. 그들 가운데에는 자신의 경험과 행동이 정상인가 아니면 이상인가 하고 자문을 구하는 사람도 있다. 그들이 호소하는 것도 매우 다양하다. 부인과 때때로 의견이 일치하지 않은 일이 있다, 아버지의 죽음에 대해 슬픈 생각이 든다, 신경이 과민할 때 100부터 역으로 센다, 자기가 다른 사람의 마음을 상하게 하지는 않았는가 고민한다. 앞의 두 사례는 정상적으로 누구나 경험하는 일이다. 심리학자는 적절한 치료방법을 알려준다. 이는 어느 정도의 교육이 필요하다는 점을 알려준다. 세 번째 사례는 임상적 장애의 가능성이 높다. 이것 때문에 자신의 일상생활이 얼마나 장애를 받는가에 따라서 그 가능성은 달라진다. 넷째 사례는 분명히 이상한 것으로 진단이 가능하다. 이 두 사례는 보다 자세한 평가가 필요하고 치료가 필요하다.

이상행동은 희귀한 행동도 괴이한 행동도 아니다. 그 행동에 대한 진단은 환경에 대한 지식을 바탕으로 쉽게 내릴 수 있다. 다음과 같은 행동 특성을 가진 아이를 두고 생각해 보자. 부모의 말과 반대로 행동한다. 집에 혼자 두지 못한다. 애완동물을 잔인하게 다룬다. 모험행동을 한다. 여러 사람 앞에서 성기를 노출시킨다. 지속적으로 울며 음식물에 관심이 없다. 이러한 행동은 모두가 이상행동에 속한다. 이들에 대한 정보없이는 이상-정상 진단은 어렵다.

어떤 경우나 중요한 것은 그의 연령이다. 방 안을 정돈하라고 했을 때 도리어 방 안을 지저분하게 하는 것은 그의 나이에 따라 신경질적 발작이나 혹은 반항적 행동으로 진단된다. 그의 나이가 2세라면 별로 문제 될 것이 없다. 만일 그의 나이가 상당히 많을 때에는 그의 행동은 정상으로 볼 수 없다. 진단도 나이에 따라 달라진다. 동물학대의 경우 그가 학령전이거나 학령기라면 별로 문제 될 것이 없다. 그러나 그의 나이가 많으면 그것은 비정상적 행동이다. 학령기나 학령전기에는 극히 정상적인 행동으로 간주되더라도 청소년기의 행동으로는 정상적으로 받아들일 수 없는 경우가 있다.

배우자가 세상을 떠났을 때 슬퍼하는 것은 극히 정상적이다. 슬퍼하는 감정도 문화적 특성에 따라 다르다. 아동기 행동장애는 발달 수준에 따라 서로 다르게 진단된다. 연령에 맞지 않은 발달 상태는 정상이 아니다. 아동 행동특성 진단은 그의 발달상태가 깊이 고려되어야 한다. <표 8-1>과 같은 진

표 8-1 진단체계의 활용 목적
ⓐ 환자의 기본적 상태의 간결한 기술
ⓑ 현재 정신병리에 대한 과학적 지식의 표출
ⓒ 임상가, 연구자, 환자의 보편적 언어 마련
ⓓ 현재 상태의 원인 규명
ⓔ 현재 상태의 발달 상태
ⓕ 동시에 야기될 수 있는 문제에 대한 정보
ⓖ 고려해야 될 치료의 선택
ⓗ 현재 상태와 관련되는 과학적 문헌의 주요용어
ⓘ 건강봉사의 과제를 결정하고 특수치료의 틀 구성

단체계를 활용하면 큰 도움을 얻을 수 있다.

발달정신병리학은 각 연령단계에서 나타나는 문제 행동을 중점적으로 연구 하는 분야이다. 이 연구에서는 지속적으로 변하는 개인의 생물학적 체계에 역점을 둔다. 개인의 언어습득, 사춘기의 시작, 또 부모와의 사별, 빈곤에 의한 개인 행동의 변화, 그리고 회상경험 등도 주의 깊이 관찰해야 한다. 개인의 발달 정신병리학의 연구는 정신발달의 경험적 지식을 필요로 한다. 유아 및 아동기의 문제는 발달정신병리학적 지식으로 보다 효과적으로 해결할 수 있다. 이 지식은 성인기는 물론 은퇴 후의 문제를 이해하는 데도 큰 도움이 된다.

개인의 장애나 이상행동의 특성은 단일 증후만으로는 진단될 수 없다. 진단기준은 동시에 나타나는 증후의 군집을 고려해야 한다. 이상행동이나 장애의 진단은 개인의 경험이나 문화적 배경의 영향을 받는다. 개인의 이상은 과학적 근거에 의존하는 것이 무엇보다도 중요하다. 단순히 가치판단에 의존하는 것은 바람직하지 못하다. 단순히 인간기능에 대한 이론적 모델을 기초로한 신념은 공정한 진단의 기능을 크게 해칠 수도 있다.

좋은 예로 젊은층의 우울증에 대한 진단을 들을 수 있다. 성인의 우울증에 대한 문제는 수세기 전부터 전문가들의 관심대상이었다. 그러나 정신건강 전문가들이 아동의 우울증에 대한 관심을 가지기 시작한 것은 1980년대부터이다. 그 역사는 매우 짧다. 왜냐하면 이론적으로 아동기의 우울증은 고려될 수 없기 때문이다. 정신분석 모델에 의하면 우울증은 자아의 부분적 장애에 속한다고 한다. 초자아의 성장 전에는 우울증은 발달될 수 없기 때문에 우울증의 경험을 방어하는 것이 불가능하다. 행동주의 심리학 모델도 우울증에 대한 명쾌한 설명은 불가능하다. 우울증의 1차적 증후는 곧 슬픔이다. 아동과 성인의 슬픔과 기쁨을 표출하는 것은 크게 다르다. 어린 아이들은 즐거움을 표시하기 위해서는 큰 소리로 웃는다. 또 노래도 부른다. 성인은 이런 형태의 기쁨 표출들을 하지 않는다. 성인은 언어를 통해 슬픔을 표출한다. 그러나 아이들은 슬픔을 표출하기 위해 무관심해진다. 어떤 증후이든 연령에 따라 표출방법이 크게 다르다.

미국 정신의학회가 2000년에 출간한 정신장애의 진단 및 통계요강(4판, 교육용 DSM-Ⅳ-TR)에서는 장애를 임상적으로 의미있는 행동이거나 심리적 증후군이라고 정의하고 있다. 이는 현재 개인이 경험하고 있는 불쾌감(동통 증후)이나 한 두 가지 불구(신체적 기능의 저하)이다. 여기에는 동통, 불구, 자유로운 행동 손상을 가져올 큰 위험이 따른다. 이 증후군이나 행동유형은 예를 들면 배우자의 사망과 같은 행동이 아니다. 이는 원인이야 어디있든 개인의 심리적·생리적 기능장애로 표출되는 것이어야 한다.

사회적으로나 개인적으로나 일탈행동도 아니고 갈등도 아니지만 그것이 개인의 증후나 기능 장애가 아니면 그것은 정신장애이다. 이와 같은 정의는 널리 수용되고 있기는 하지만 몇 가지 문제가 따른다. 우선 장애를 분명히 입증하기 위해서는 보다 분명하고 간결한 정의가 필요하다. Wakefield(1992)는 정신장애를 유해한 기능장애라고 정의하였다. 이와 같은 정의에는 이상행동이나 장애의 분류에는 가치평가가 수반되어야 한다는 의미를 내포하고 있다. 따라서 장애의 진단에서 단순히 통계적 희귀성은 필수 조건이 아님을 의미한다. 그에 못지 않게 어떤 잘못이나 기능장애가 수반되어야 한다. 또 이 기능장애는 자기는 물론 주위의 사람들에게 어떤 해를 끼치는 것이어야 한다. 다시 말하면 어떤 병적 상태가 분명해야 하고 이 상태가 개인의 기능 손상의 원인으로 작용되어야 한다.

이와 같은 조건을 충족시키는 장애는 흔하지 않다. 개인의 기능 손상을 수반하지 않은 병적 현상도 비교적 흔히 발견할 수 있다. 예를 들면 고혈압과 같은 질병이 이에 속한다. 환자는 어떠한 기능장애도 자각하지 못한다. 고소

공포증도 이와 같은 유형에 속한다. 이것 때문에 개인의 일상생활이 장애를 받지 않는다. 그러므로 유해한 기능장애라고 생각할 수 없다.

기능장애나 유해성이나 모두 가치를 기초로 한 개념이지만 이를 조작적으로 정의하기 위해서는 연구자료에 의존할 수밖에 없다. 이를 정신장애에 대한 정의를 위해서는 또 다른 제 3 의 개념 통제장애의 개념을 추가하지 않을 수 없다(Widiger, 2004). 이 개념에 따르면 어떤 기능저하는 불수의적인 것이거나 미리 통제하는 것이 불가능한 것이라고 한다. 이 개념은 법률적 문제에 직면하였을 때 매우 중요한 의미를 갖는다. 통제불가능한 행동을 하는 사람은 의도적으로 범행을 한 것이 아니다. 그렇지만 통제장애의 개념에도 가치의 개념이 개제되어 있기 때문에 조작적으로 정의하기가 매우 어렵다. 그런데 그가 통제가 불가능하다는 것을 어떻게 평가할 수 있을까.

WHO는 2004년 정신건강조사를 위한 컨소시엄을 조직하여 여러 국가를 대상으로 주요 정신장애의 발생빈도를 조사하였다. 이 조사에서는 SDSM-Ⅳ의 정의를 기초로 하였다. 주요국의 정신장애 발병빈도는 <표 8-2>와 같다. 이 표에서 보는 바와 같이 주요 정신병의 발병빈도는 나라마다 다르다. 상하이의 4.3%부터 미국의 26.4%까지 큰 차이가 있다. 우크라이나에서는 불안장애의 발병빈도가 가장 높고 그 다음이 기분장애이다. 세계은행 자료를 보면 조사 참가국 가운데 6개국(중국, 콜롬비아, 레바논, 멕시코, 나이지리아, 우크라이나)의 수입이 매우 낮다. 이 연구에서 정신분열증은 누락되어 있다는 것이 큰 단점으로 지적되고 있다. WHO가 조사한 정신장애와 신체장애 치료결과에서 약간 의외의 사실이 발견되었다.

이 연구에 참여한 모든 나라에서 정신적 장애가 만성 동통, 심장병, 암보다 더 심각한 장애로 간주되고 있다는 공통적 사실이 발견되었다(Ormel, Petuknova, & Chatterji, 2008). 다른 한편 정신병과 불구의 빈도가 높은 국가의 경우 개인의 사회적 대인관계는 양호하다는 사실이 아울러 밝혀졌다. 또 정신장애자는 불구자에 비해 많은 치료를 받지 못하고 있고 수입이 많은 국가의 경우 신체적 장애자는 비교적 많은 사람이 좋은 치료를 받고 있는 데 비해 정신장애자는 24%만이 치료를 받고 있다. 수입 수준이 낮은 국가의 경우 신체장애자의 53%, 정신장애자의 8%가 치료를 받고 있다.

표 8-2 정신장애의 발생 비율(%)

국가	불안	기분	충동성 통제	약물 오용	기타
콜롬비아	10.0	6.8	3.9	2.8	17.8
멕시코	6.8	4.8	1.3	2.5	12.2
미국	18.2	9.6	6.8	3.8	26.4
벨기에	6.9	6.2	1.0	1.2	12.0
프랑스	12.0	8.5	1.4	0.7	18.4
독일	6.2	3.6	0.3	1.1	9.1
이탈리아	5.8	3.8	0.3	0.1	8.2
네덜란드	8.8	6.9	1.3	3.0	14.9
스페인	5.9	4.9	0.5	0.3	9.2
우크라이나	7.1	9.1	3.2	6.4	20.5
레바논	11.2	0.8	1.7	1.3	16.9
나이지리아	3.3	0.8	–	0.8	4.7
일본	5.3	3.1	1.0	1.7	8.8
베이징	3.2	2.5	2.6	2.6	9.1
상하이	2.4	1.7	0.7	0.5	4.3

출처: WHO 정신건강조사단(2004)

생물심리사회적 모델을 바탕으로 정신장애의 원인은 찾아볼 수 있다. 이 모델에서도 각 요인이 차지하는 비중이 서로 다르다. 생물학적 이론에서는 유전적 요인에 큰 비중을 둔다. 이와는 달리 심리학자들은 인지, 발달, 대인관계의 요인에 큰 비중을 둔다. 많은 정신병리학자들 사이에는 정신장애의 발달은 생물학적, 심리학적, 사회적 요인의 영향을 받는다는 점에서 의견을 같이한다. 그렇지만 이 세가지 요인이 어떻게 정신병리의 발달에 영향을 주는가에 대해서는 의견을 달리한다. 장애의 변화에 따라 각 요인이 차지하는 비중이 달라진다. 또 이 요인이 차지하는 비중은 개인의 삶의 과정에 따라 달라진다. 공포환자에 대한 종단적 연구결과를 보면 공포의 강도에 영향을 주는 유전적 영향은 아이가 성장하면서 점차적으로 감소 되지만 생활경험의 영향은 성장하면서 점차적으로 증가한다는 사실을 알 수 있다.

과학적 근거에 기초한 이상행동의 발달연구자료는 매우 많이 있다. 그 가운데 중요한 것 몇 가지만 살펴보기로 하자. 스트레스는 장애의 발달에 있어서 큰 위험요소로 작용한다. 이와 같은 사실은 여러 가지 형태의 스트레스, 예를 들면 부모의 실직, 부모로부터 받은 학대, 중병간호 경험을 가진 사람의 의해 심한 스트레스가 면접결과에서 밝혀졌다. 대인관계의 스트레스 모델에 기초한 연구 결과를 보자. 할머니와 어머니의 우울증은 대인관계의 스트레스에 직접 영향을 준다. 어머니의 우울증은 사회적 경쟁력 발달을 손상시킨다. 어머니가 경험한 대인관계의 스트레스는 아동의 대인관계 손상, 우울증 발병에 영향을 준다. 모든 장애에는 스트레스가 관련되어 있지만 스트레스 원에 노출된 모든 사람이 다 장애를 입는 것이 아니다. 장애가 발생한다 해도 모든 사람이 동시에 장애를 받는 것은 아니다. 또 동일한 스트레스 원에 노출되었다고 해도 그들에게 동일한 정신장애의 진단기준이 적용되지 않는다.

DSM-Ⅳ/DSM-Ⅳ-TR에서는 정신장애를 분명하게 정의하고 있고 이 정의는 진단체계로 널리 활용되고 있다. 그렇지만 이 정의에 동의하지 않은 전문가도 있다. 한 예로 Wakefield(1992)는 그 정의는 모든 진단체계에 기술된 모든 조건에 적응될 수 없다고 본다. 그는 고통을 겪지 않고 사별한 사람에서 나타나는 우울증 반응은 기분장애로 간주하지 않는다. 이와 같은 주장은 우울증의 증후는 슬픔의 정상적 우울증의 한 부분이라는 점을 가정하고 있기 때문이다. 그는 우울증의 증후를 이혼이나 회생 불가능한 사건에 대한 일반적 반응이라고 생각한다. 하지만 두 우울증 장애자의 경우 진단 기준에 꼭 일치하는 사람들 사이에서도 장애의 특성에 따라 증후는 크게 다르다. 배우자 사망과 관계되는 우울증, 결혼파탄에 의한 우울증, 실직에 의한 우울증 간에는 큰 차이가 있다. 단순히 특정한 사건의 특성, 문화적 특성만이 장애의 기준으로 일관되게 적용될 수 없다.

정신장애 진단의 신빙도는 DSM이 개정되면서 다소 높아졌다. 이와 같은 사실은 현장연구에서도 뚜렷하게 나타났다. DSM-Ⅲ의 신빙도는 DSM-Ⅱ에 비해 월등하게 높다는 사실이 현장연구에서도 나타났다. 하지만 평가자간의 진단 수준은 예상했던 것보다 낮다. 그러므로 진단자간에 진단의 낮은 신빙도에 대한 불만은 여전히 남아 있다. 진단의 신빙도는 두 가지 점이 강조되는 것이 바람직하다. 첫째, 평가자의 진단 능력이 중요하다. 평가자의 진단 유목에 변화가 있는가를 본다. 예를 들면 여러 사람이 주의결핍행동장애를 진단할 때 진단자간에 동일한 유목의 장애로 진단할 능력이 있는가를 평가한다. 대부분의 연구에서 이런 유형의 신빙도를 산출하는데 평균 신빙도 지수는 K =0.70으로 진단자간에 비슷하게 진단하는 것으로 보아 그에 대한 진단의 신빙도는 비교적 높은 것으로 간주할 수 있다. 둘째 , 독자적으로 진단할 때 동일한 유목으로 진단하는 수준이 중요하다. 이 방법으로는 수용할 만한 수준의 신빙도를 얻기가 쉽지 않다. 또, 신빙도에 극단적 변화가 따른다.

이와 같은 결과는 차원적 진단 결과보다는 유목적 진단의 경우에 뚜렷하게 나타난다. 이는 유목에 의한 정신장애의 진단법은 차원에 의한 정신장애의 진단법보다 신빙도가 떨어진다는 사실을 의미한다. 여기서 평가자는 유목에 의한 진단 수준은 차원에 의한 진단 수준보다 낮다는 점을 발견하게 된다.

DSM의 신빙도는 다극적 장애의 영향을 크게 받는다. 동일한 진단을 받은 모든 사람에게 동일하게 적용할 수 있는 엄격한 기준을 만드는 것은 이상적이지만 현실적으로는 매우 어렵다. 그러므로 진단자간의 신뢰도는 높을 수가 없다. 이것이 단극적 진단이 갖는 결정적 결함이다. 환자의 심리치료나 약물치료 반응의 다양성은 치료받은 증후의 다양성과 관계가 있다. 그럼에도 불구하고 이와 같은 문제가 지금까지 깊이 고려되어 있지 못했다. 왜냐하면 진단자는 진단과 그 결과의 관계에 관심이 집중되었기 때문이다. 그들은 서로 다른 증후프로파일과 치료 반응 간의 관계는 별로 중요시하지 않았다. 예를 들면 우울증 환자의 증후가 어떤 약물복용의 영향으로 상태가 호전되었다는 것만 가지고는 왜 약이 우울증 치료에 도움이 되었는지를 전혀 알지 못한다. 이와는 대조적으로 우울증의 신체적 증후가 향상된 85%는 약물치료에 잘 반응한다는 것을 아는 것은 인지적 증후가 향상된 25%만이 잘 반응하는것도 후속연구와 치료에 보다 유익한 정보를 제공한다.

단극적 접근법은 진단유목 내에서 임상적으로 관계있는 하위 유목을 설정하는 데 큰 비중을 둔다. 이와 같은 노력은 크게 성공하지 못했고, DSM-Ⅳ에 수록된 많은 하위 유목 가운데 경험적 검증을 받은 것을 극히 소수에 지나지 않는다. 신경성 식욕과잉증을 구성하는 세척형과 비세척형을 구분하는 연구는 경험적 타당성이 확증된 연구에 속한다. 세척형은 비세척형보다 정신병리의 수준이 심하다. 이와 같이 경험적으로 타당성이 검증된 하위유형을 가진 장애는 많이 있다. 즉 우울증장애에는 여러 가지 복잡한 특수성, 예를 들면 장애의 수준, 만성의 정도, 증후의 본질 등이 포함되어 있다. 이 진단 유목에 속하는 증후는 매우 다양하므로 모든 환자의 프로파일에 이용하는 것은 무의미하다.

분류체계의 가치는 그 타당도에 의해 결정된다. 진단의 타당도는 하나의 지표로서 개인의 장애가 다른 장애와 분명히 다른 독립된 실체인지 아닌지를 구분하는 지표이다(Kendell & Jablensky, 2003). 진단의 타당도가 보장된 정신적 장애는 별로 많지 않다. 다만 진단의 타당도가 입증된 것은 생물학적 원인이 분명한 다운증후군과 헌팅턴병 정도이다. 진단의 타당도가 크게 의심되는 것은 급성 스트레스 장애(ASD)이다. 이는 외상후 스트레스 원에 노출되면 불안장애, 해리성 증후, 기타 여러 가지 증후가 뚜렷하게 나타나는 것이 특징이다.

DSM-Ⅳ는 ASD가 PTSD 진단명으로 메꿔질 수 없는 부분을 보충하기 위해 도입하였다. 외상성 사건 1개월 내에 나타나는 증상에는 PSTD라는 진단명을 부여할 수 없다. 이는 외상이 있은 후에 나타나는 PTSD와 유사한 증후를 나타내는 사례에 부치는 진단명이다. 만일 ASD의 증후가 1개월 이상 지속되면 PTSD로 진단할 수 있다. ASD라는 진단명은 박탈 당할 수 밖에 없다. ASD는 전문가로부터 많은 비판을 받고 있다. 무엇보다도 크게 문제가 되는 것이 진단의 타당도이다. 여기에는 해리성 증후가 외상 후 증후가 결여되어 있다는 비판이 따른다. 다른 진단을 위해 ASD를 DSM-Ⅳ에 도입하는 것은 적절하지 못하다. 왜냐하면 경험적 지지를 받지 못한 진단명을 진단체계에 도입하는 것은 적절하지 못하기 때문이다. 단순한 증후 비교 결과만 가지고 두 장애를 구별하는 것은 적합하지 못하다는 등 ASD의 진단에 대한 비판은 매우 심한 수준에 이르고 있다.

진단의 기능과 체계

임상적 진단에는 특정한 질병이나 장애를 발견하거나 혹은 가려내는 기능이 있다. 원래 진단이라는 용어는 질병체 개념을 바탕으로 의학분야에서 사용되기 시작했다. 진단은 효과적 치료를 위한 기본이다. 의학은 생화학, 유전학, 그리고 미생물학은 물론 측정기구의 발달에 힘입어 금세기에 와서 급진적으로 발전하였다. 이제 많은 질병의 원인, 증후 및 진행과정은 물론 그 예후까지도 비교적 정확하게 밝혀졌다. 질병치료의 기술도 크게 발전하였다.

한때 정신적 장애를 대상으로 하는 정신의학자는 일반의학의 전통에 따라 환자를 치료하였다. 19세기 후반부터 정신의학자와 신경학자의 공동노력으로 진행성 마비나 코사코프 병의 실체도 밝혀지기 시작했다. 질병의 증후와 그 진행과정과 발병원인도 잘 밝혀졌다. 특히 기질적 장애나 신경학적 장애의 진행과정을 보다 자세히 기술할 수 있게 되었다. 그러나 질병체 모델이 적용되지 않은 장애에 대해서는 언급하는 것이 불가능하였다. 이미 100여 년 전에 파과병과 긴장병이 별개의 정신병에 속한다는 주장을 정신과 의사가 개별적으로 혹은 집단적으로 주장하고 나섰다.

발명원인이나 진행과정이 밝혀진 질병 유목은 상당기간 생명을 유지할 수 있었다. 그렇지 못한 것은 유목자체가 없어져 버리기도 하고, 다른 유목으로 대치되기도 하였다. 조발성 치매가 정신불열증으로 명칭이 바뀌진 것이 한 좋은 예가 된다. 질병분류법의 변화와 함께 새로운 진단체계가 등장하였다. 이 변화는 어떤 과학적 근거를 바탕으로 한 것이 아니고 개인이나 집단의 주장에 의해서 이뤄진 것이다. 정신의학에서는 진단명칭을 사용한다. 이는 의학의 전통에 따른 질병 모델과 부합되는 것들이다. 이 모델에 따라 정신장애나 일탈행동이 진단되었다. 장애자의 치료를 맡은 의사는 그들을 정신병자로 진단하고, 그들의 일탈행동, 사고 및 기분은 정신병의 증후로 간주하였다. 이는 이론이나 치료의 측면에서 매우 중요한 의미를 갖는다.

질병에 대한 정확한 진단은 효과적 치료를 위한 선행조건이다. 질병의 정도가 심한 경우에 부정확한 진단을 받았을 때에는 목숨을 잃게 되는 수도 있다. 의학에서는 질병에 대한 지식이 축적되면서 보다 효과적으로 진단하고 치료할 수 있게 되었다. 결과적으로 의사의 환자에 대한 봉사수준이 높아진 셈이다. 그러나 정신의학의 경우는 사정이 좀 다르다. 거기에는 여러 가지 문제가 있기 때문이다. 무엇보다도 정신의학적 진단체계로는 정신적 질병상태와 그렇지 않은 상태를 변별하기가 매우 어렵다. 동성애가 DSM-Ⅱ에 정신장애의 한 유목으로 들어 있다가 얼마 후에 삭제되었다. DSM-Ⅲ에는 병적 도박이나 독서장애와 같은 진단 유목이 새롭게 추가되었다. 이것만이 아니다. 세월이 지나면서 공식적으로 장애 유목에 수록될 수 있는 유목의 수가 크게 증가하고 있다. 이는 정신적 장애의 기술이 보다 세분화된 결과라고 보는 것이 옳겠다.

초창기의 임상심리학자들은 말할 것도 없고 지금까지 대부분의 임상심리학자들은 정신과 의사들의 요청이 있을 때 여러 가지 심리검사에 의한 심리진단을 전담하고 있다. 이와 같이 간접적 측정방법을 쓰는 심리학자의 역할은 정신과 의사의 진단을 확인해 주는 역할에 지나지 않았다. 그가 정신과 의사에게 보낸 심리학적 평가보고서는 치료에 전혀 도움을 주지 못하고 있었다. 그러므로 그의 역할은 X-선 기사와 다름이 없는 평가자에 지나지 않았다.

역사적 관점에서 볼 때 임상심리학자가 전문가로서 임상장면과 인연을 맺은 것은 2차 대전 이후였다. 당시의 심리학자들은 환자의 치료에는 관여할 수 없었고 환자의 행동을 평가하는 기능밖에 수행하지 못하였다. 당시의 임상심리학자들은 정신과 의사들과 마찬가지로 풍부한 정신분석적 용어와 극히 보잘것 없는 검사결과로써 환자의 문제를 기술하는 정도였다. 지금도 사정은 그렇게 많이 달라진 것은 아니다. 유능한 임상심리학자들은 구습을 벗어나서 치료자의 역할을 개발하기에 이르렀다. 이들은 이름이 알려진 정신과 의사를 그대로 모방하고 나섰다. 이들은 자기 자신이 크게 성공한 것처럼 생각하였으나 결과적으로는 정신병원에서 자기 특유의 역할이 없어져 버린 것이다. 이들과 입장을 달리하는 임상심리학자들은 과학적 방법론에 큰 관심을 가지고 경험적 자료수집에 열중하기도 하고 먼 훗날 임상적 문제해결에 도움을 줄 수 있는 이론연구에 정력을 쏟기도 하였다. 이것이 바탕이 되어 1960년 초반기부터 임상심리학자들의 역할에 큰 변화가 오기 시작하였다. 그들은 행동치료자로서의 역할을 갖게 되었다. 그러면서부터 경험적 사실을 중요시하게 되고 과학적 평가와 치료에 관심을 가지기 시작하였다.

심리진단에서 무엇보다도 큰 비중을 차지한 것은 투사적 검사였다. 한때 심리학자들은 투사적 방법으로써 간접 측정한 것을 절대적인 것으로 믿고 있었다. 간접적 측정방법을 쓸 때에는 무엇보다도 그 측정치의 타당도가 문제가 된다. 특히 투사적 검사는 검사자의 편견이 결과해석에 크게 작용한다. 마지막으로 진단과 치료와의 관계가 매우 불분명해진다. 진단과 치료의 관계가 불분명할 때에는 평가 혹은 진단은 임상적 유용성을 상실하고 만다.

진단과 치료의 관계는 행동주의 심리학적 평가와 전통적 평가가 다른 점을 살펴봄으로써 쉽게 이해될 수 있다. 행동주의 심리학적 평가와 전통적 평가는 크게 세 가지 면에서 다르다. 첫째, 성격에 대한 개념을 서로 달리하고 있다. 전통적 평가에서는 개인행동의 일관성을 설명하기 위해서 사태적 접근과 특질적 접근을 병행하고 있다. 그러므로 평가에서는 행동을 하나의 징표로 보고 행동특징을 예언하는 데 있어서 매우 중요한 개념으로 간주한다. 이와는 대조적으로 행동주의 심리학적 평가에서는 내재적 요인을 유추하는 것보다는 외현적 행동에 보다 많은 비중을 둔다. 그러므로 개인의 행동과 그의 환경요인간의 관계를 중요시한다.

둘째, 검사문항이나 상황이 크게 다르다. 이는 앞에서 말한 두 가지 서로 다른 접근방법에서 자연스럽게 유래된 사실이다. 전통적 평가자들은 행동이란 환경의 변화와는 비교적 무관하기 때문에 큰 변화가 있을 수 없는 것이라고 가정한다. 그러므로 검사문항의 내용은 별로 문제삼지 않는다. 경우에 따라서는 검사문항을 고의적으로 애매하게 만드는 수가 많다. 이와는 달리 행동주의심리학적 평가자들은 행동과 환경과의 밀접한 관계가 있기 대문에 환경에서 일어나는 일들을 보다 정확하게 표집하려고 시도한다.

셋째, 행동의 징표를 해석하느냐 혹은 행동의 표집을 해석하느냐가 크게 다르다. 전통적 평가자들은 개인의 성격은 징표에 의해서 잘 표현되므로 그것을 평가하는 것이 보다 중요하다고 생각한다. 그러나 행동의 표집을 중요시하는 행동주의 심리학적 평가자들은 검사 그 자체가 개인행동의 표집으로 이루이진 것이기 떼문에 그 표집을 해석하는 것이 곧 평가의 수단이 된다고 강조한다. 성격에 대한 개념을 달리함으로써 접근하는 방법도 크게 다르다. 전통적 입장은 고도의 직관에 크게 의존하지만 행동주의 심리학적 입장은 경험적 자료의 중요성을 크게 강조한다(Goldfried & Kent, 1972).

전통적 견해와 행동주의 심리학적 견해의 차이는 평가와 치료의 관계를 어떻게 보느냐에서도 뚜렷하게 나타나 있다. 즉 전자의 입장에서는 진단, 평가 및 치료는 별로 상관이 없다고 본다. 이들의 관계는 간접적인 것으로 평가

결과는 특정한 치료기술을 천거해 주는 역할에 지나지 않는다. 전통적 방법에 의한 평가결과에서는 바람직한 치료에 대한 시사를 받을 수 없다. 그러나 행동주의 심리학자들의 주장에 따르면 평가에 따라 치료기술이 결정되고, 또 치료효과에 대한 평가도 가능하게 된다고 한다. 그러므로 행동주의 심리학적 평가에는 충분한 임상적 활용성있다고 보아야 한다.

진단의 신빙도와 타당도

정신의학자들은 증후를 바탕으로 장애를 진단한다. 그들은 정신적 질병의 표출이 증후라고 생각하기 때문이다. 이와 같은 가정을 바탕으로 여러 가지 정신병을 진단한다. 정신분열증, 분열성 정동장애, 양극성 장애 혹은 조울증이 이렇게 해서 붙여진 명칭이다. 증후를 바탕으로 한 진단에는 여러 가지 장점이 있다. 즉 보다 간편한 의사소통이 가능하고, 보다 복잡한 증후를 보다 간편하게 기술할 수 있다. 의사는 보다 적절한 치료를 위한 수단으로 진단을 할 수 있다. 증후를 바탕으로 한 진단은 의사들의 사회에서는 확고한 기틀이 잡혀져 있다. 정신의학적 진단은 특정한 행동을 기술하는 레이블 혹은 꼬리표이다. 그러나 이 레이블에서는 이상행동을 유발한 원인에 대한 어떠한 정보도 얻을 수 없다. 진단자가 그 용어를 잘못 활용하게 되면 진단 꼬리표는 전혀 예상치 못했던 의미를 갖게 되는 수가 있다. 그러므로 진단 그 자체가 반드시 유용한 것은 아니다.

보다 유용한 진단이 되기 위해서는 진단의 신빙도와 타당도가 보장되어야 한다. 진단 유목에는 일관성과 유용성이 보장되어야 한다. 진단자는 특정한 유목에 따라 신빙성있게 진단해야 한다. 즉 두 임상가가 사용하는 유목에 의견이 일치되어야 한다. 그럼에도 불구하고 진단자의 진단을 위한 의견은 서로 다를 뿐만 아니라, 그 진단은 문화적 배경에 따라 크게 다른 것이 사실이다. 진단자들이 진단의 일관성을 높이기 위해 많은 노력을 하고 있다. 그 결과가 DSM-Ⅳ(APA, 1994)에 나타나고 있다. 그럼에도 불구하고 그것은 임상가와 연구자에게 만족감을 주지 못한다.

진단 유목이 갖는 또 다른 특성은 진단의 타당성이다. 이는 과학적으로 의미가 있고, 유용성이 있어야 된다는 것을 의미한다. 진단 유목의 유용성은 여러 가지 형태로 나타난다. 증후의 원인을 관찰하는 능력을 예고하는 것은 한 가지 방법이다. 말라리아의 경우를 예로 들어 보자. 그가 바이러스에 감염된 환자가 최근에 열대지방을 여행했다는 사실을 발견하게 되면, 그는 어떤 치료가 효과적이며, 그 예후는 어떻게 나타날 것이라고 예언할 수 있다. 정신병도 이와 같이 예언할 수 있어야 한다. 진단이 타당하게 이뤄지면 예후도 정확하게 예언할 수 있다. 불행하게도 정신의학적 진단에는 일관성이 보장되어 있지 않다. 그 예로 정신분열증에 대한 진단을 들 수 있다. 정신의학자들은 보다 일관성이 보장된 진단을 시도하고 있기는 하나, 뚜렷한 성공적 사례는 발표된 것이 없다.

진단자는 효과적 치료방법을 제시할 수 있어야 한다. 정신분열증과 양극성 장애에 대한 약물치료의 결과도 일관성이 결여되어 있다. 예를 들면 신경이완제 혹은 항정신병제로 알려진 랄각틸은 정신분열증치료를 위해 쓰여지고 있다. 그러나 그 약을 정신분열증으로 진단된 사람에게 투여했을 때에는 좋은 효과가 없다. 하지만 그 약을 정동장애로 진단된 사람에게 투여했을 때에는 좋은 효과가 나타난다. 양극성 장애치료에 사용되는 리티움의 치료효과에도 일관성이 결여되어 있다. 신경이완제 복용집단, 리티움을 복용한 집단, 어느 것도 복용하지 않은 집단으로 나눠 약의 효과를 검토한 실험에서 약의 효과는 진단명과는 상관없이 그가 가진 문제에 따라 결정된다는 사실이 밝혀졌다. 즉 상상과 환상은 신경이완제에 의해, 그리고 기분변화는 리티움에 의해 효과적으로 치료되었다. 여기서 진단명은 크게 문제되지 않는다. 이것을 보면 진단유목은 치료과정이나 치료결과에 매우 제한적으로 사용되고 있다는 점을 잘 알 수 있다(Moncrieff, 1997).

진단의 타당도연구에 통계적 방법이 유용하게 활용된다. 이 통계적 방법은 정신적 증후가 진단자들이 예언한 어떤 군집으로 묶여질 수 있는지 그 가능성을 탐구하는 데 역점을 두고 있다. 아직까지 특정한 진단 유목의 높은 타당도는 밝혀진 것이 별로 많지 않다. 증후간의 상관관계는 증후를 무작위로 결합시킨 것보다 별로 높지 않다. 특성을 고려해서 집단을 형성하고, 거기에서 얻은 자료를 군집분석한 결과에서도 대다수의 정신과 환자들이 어떤 특이한 진단집단으로 묶여지지 않는다. 다행히 통계적 방법을 사용하면 정신분열증이 다른 정동장애와 많이 중복된다는 사실을 알 수 있다. 진단의 중요기능은 분류하는 데 있다. 즉 특정한 심리적 문제를 하나로 묶어 볼 수 있다. 즉 정신분열증은 정동장애와 다르다는 점을 알 수 있다. 심리적 문제에 대한 진단적 접근은 장애의 본질을 파헤치는 데 도움이 되지 않는다(BPS, 2000).

정신분열증 혹은 양극성 장애로 진단된 사람의 행동은 정상인의 행동과 크게 다르다고 생각하는 사람이 많다. 그러나 그것은 큰 잘못이다. 정신이상 혹은 정신병을 구분하기가 매우 어렵기 때문이다. 이와 같은 연속성 가설은 전통적 의학개념과는 부합되지 않는다. 이들의 주장에 의하면, 정신적 질병은 질적인 면에서 정상과 다르다고 한다. 정신병적 증후는 정상과 연속성을 이룬다. 이는 정상인에서도 나타날 수 있는 특징의 강도가 더 강한 것에 지나지 않는다. 사람은 극히 정상적인 사람부터 이상야릇한 사람, 더 나아가서, 심한 정신장애까지 하나의 연속성을 이룬다. 그러므로 증후와 같은 정신적 질병과 특질과 같은 개인차는 그 한계가 분명치 않다.

정상인에서도 정신병적 특성을 흔히 발견할 수 있다. 그것이 곧 정신병 유발성이 높은 특성, 혹은 정신분열형 성격이다. 연속성의 개념은 불안과 같은 매우 일반적 특성에도 쉽게 적용된다. 그러나 그들이 느끼는 불안의 정도는 서로 다르다. 이는 유전적 요인과 성장과정의 특성에 기인한 것으로 생각할 수 있다. 공황증과 같이 심한 불안을 느끼는 사람이 있는가 하면 그렇지 않은 사람도 있다. 편집병과 같이 극단적으로 의심이 많은 사람이 있는가 하면, 일상생활에서 때때로 의심을 하는 사람도 있다. 이들은 모두 연속성을 이룬다.

임상적 진단은 환자나 내담자에게 어떤 명칭이나 표찰을 부여하는 과정이다. 환자나 내담자에 대한 평가자료를 바탕으로 임상가는 그에 맞는 진단명을 부여한다. 진단자가 특정한 질병과정에 대한 지식을 가지고 있으면 진단자간의 의견이 일치될 수 있다. 그러나 질병과정에 대한 지식이 없거나 진단 유목이 불분명할 때에는 진단의 정확성은 크게 떨어진다. 진단의 정확성은 진료나 연구에 있어서 매우 중요한 의미를 갖는다. 예를 들어 어떤 장애를 정확하게 진단했을 때에는 효과적 치료를 할 수 있다. 그러나 진단이 잘못되었을 때에는 효과적 치료는 기대할 수 없다. 연구에 있어서도 진단이 잘못되었을 때에는 타당한 결과를 기대할 수 없다. 이와 같이 진단의 신빙도는 치료의 결과는 물론 연구결과에도 큰 영향을 준다.

지금까지 발표된 정신의학적 진단의 신빙도는 일반적으로 높지 않다. 보다 자세한 연구 결과는 Garfield(1993)를 참고하기 바란다. 이들 연구 자체가 완벽한 것은 아니지만 정신의학적 진단에는 신빙성이 결여되어 있다는 사실을 입증하는 데는 충분하다. 보다 구체적 자료를 살펴 보자. 특정한 환자에 대한 진단자간의 상관관계를 보면 전혀 상관이 없을 수도 있고 보통의 상관관계가 있는 경우도 있다.

같은 병원에 근무하는 정신과 의사라 할지라도 그들간의 진단 일치도는 매우 낮다. 정신의학적 진단의 낮은 신빙도는 1940년부터 10년마다 한번씩 조사한 정신분열증 발병 통계자료에서도 잘 나타나고 있다. 즉 1940년, 1950년, 그리고 1960년에 발생한 정신분열증 환자는 100,000명당 각각 17.2, 22.0, 그리고 25.3명이다. 이 자료를 보면 1960년에 발생한 정신분열증은 1940년에 발생한 것보다 크게 증가하였다는 것을 알 수 있다. 같은 해에 발생한 정동장애는 11.2명에서 7.4명으로 크게 감소되었다. 이것을 보면 정신분열증으로 입원한 환자는 증가하고 정동장애로 입원하는 환자는 크게 감소되었다고 생각할 수 있는가. 조심스런 해석이 필요하다.

정신의학적 진단의 타당도는 매우 낮아 새로운 분류체계의 필요성을 강조하는 사람이 많이 있다. 특히 미국 정신의학회에서 제정한 DSM-Ⅲ는 DSM-Ⅰ과 DSM-Ⅱ의 결합을 과감히 시정 보충하였다고 하지만 이것은 정신의학적 진단 교육에 적합하지 않다. 그것보다는 서로 질을 달리하는 유목이 아니라 장애의 정도가 다른 여러 차원에 의해서 기술 분류되는 체계를 도입할 필요가 있다(Hines, & Williams, 1975).

정신의학적 진단의 신빙도에 대한 논쟁의 역사도 짧지 않다. 일반적으로 여러 정신과 의사가 독자적으로 진단하고 그 결과를 비교해 보는 평가자간의 일치도는 매우 낮다. 두 정신과 의사가 52명의 외래 환자를 진단한 결과를 보자. 특수 진단 유목에 의해 진단하였을 때 평가자간 일치도는 20%에 불과하다. 주요 진단 유목에 따라 진단하면 그 일치도는 47.7%로 약간 높아진다. 또 의사가 짝을 지어 진단하면 그들간의 일치도는 51.4%까지 높아진다. 그러나 이와 같이 높은 평가자간의 일치도는 기저율을 전혀 고려하지 않은 데서 지나치게 높게 평가된 것이다. 우연에 의한 일치도를 감안하면 그들간의 일치도는 각각 45.7%로 그보다 훨씬 낮아질 수밖에 없다.

11명의 정신과 의사와 14명의 선임진단의사에게 정신병원 초입원자 91명으로 된 한 집단을 진단평가하게 하였다. 2차에 걸친 진단 평가에서 그 일치도는 약 57%였다. 진단 유목을 달리함에 따라서 진단자간의 일치도는 다르게 나타났다(Sandifer, Pettus, & Quade, 1964). 36세의 남자 환자를 32명의 정신건강요원들로 하여금 독자적으로 진단하게 하고 그 결과를 체크리스트에 적게 하였다. 32명의 평가자를 그들의 경험 특성을 살려서 네 집단으로 나눴다. 경험이 많은 사람들일수록 기질적 장애자로 진단하고 기질적 장애의 증후를 잘 찾아내는 경향이 있었다. 그와는 달리 경험이 적은 사람들은 정신분열증 혹은 우울증으로 진단하였다. 사실 이 환자는 만성 알코올중독자로서 기질적 증후와 정신적 증후가 복합적으로 두드러지게 나타나 있다(Nathan, 1969).

정신과 의사의 심리사회적 배경에 따라 진단 유목은 달라진다. 267명의 성인 정신병 환자 가운데 33명(12%)이 정신병으로 진단되었으나 퇴원 당시에는 성격장애나 혹은 신경증으로 진단되었다. 진단이 달라진 사람을 18명의 정신과 훈련을 받는 레지던트가 면접한 바, 그들은 정신적 상태의 변화가 아니었다(Cohen, Harbin, & Wright, 1975). 이와 같이 정신의학적 진단은 일관성이 보장되어 있지 못하다. 즉 진단하는 사람에 따라서, 진단 유목에 따라서, 그리고 진단환경에 따라서 변동이 퍽 심한 것을 보면 신빙도는 극히 의심스러울 수밖에 없다. 이와 같이 발표된 자료를 보면 정신의학자가 진단한 자료를 가지고 환자를 적절하게 치료할 수 있을까, 또 그 자료를 가지고 연구한 결과를 믿어도 되는가 하는 생각이 들지 않을 수 없다.

이제 진단의 타당도에 대해서 살펴보기로 하자. 임상적 진단의 신빙도 못지 않게 중요한 것이 임상적 진단의 타당도이다. 신빙도는 진단에 있어서 필요한 조건이기는 하지만 그것이 타당도에 충분한 조건이 될 수는 없다. 그러므로 정신분열증에 대한 진단의 신빙도가 확증되었다 하더라도 그에 대한 타당도는 보다 더 자세히 검토할 필요가 있다. 일반적으로 임상가들은 진단의 타당도에 대해 큰 관심을 가지고 있지 않은 것이 사실이다. 거기에는 그럴 만한 이유가 있다. 무엇보다도 서로 비교할 수 있는 규준을 쉽게 얻을 수 없다는 것이 큰 이유가 될 수 있다. 불안장애나 혹은 정신분열증을 타당하게 진단하는 방법에 대해서 생각해 보자. 신제석 증후나 확실한 원인을 알지 못히는 상태에서서는 임상적 판단이나 심리검사의 결과에 의존할 수 밖에 없다. 임상적 판단에 활용할 수 있는 표준이나 규준이 없을 때에 진단의 타당도를 결정하기는 매우 어렵다. 이와는 달리 신빙도의 결정은 별로 어렵지 않다.

많은 임상가들이 임상적 진단의 타당도를 결정하기 위해 발병위험률이 높은 정신분열증에 대한 연구에 큰 비중을 두고 있다. 낮은 정신의학적 진단의 신빙도를 높이기 위해 진단자를 교육시키기도 하고 구조면접을 하기도 한다. 그 결과 신빙도는 다소 높아진다. 그러나 타당도는 이와 같은 교육이나 특수한 기술을 도입해서 높일 수 있는 것은 아니다. 그러므로 진단의 타당도 연구는 그 신빙도 연구에 비해 어렵다.

정신의학적 진단의 타당도는 여러 가지 서로 다른 방법에 의해 연구되고 있다. 규모가 큰 정신병원에 입원한 진단 유목이 다른 172명 환자가 경험한 스트레스를 조사한 바에 의하면 스트레스와 정신의학적 진단 유목과는 상관이 없다고 한다. 구호병원에 입원한 103명의 재향군인 남자환자를 정신의학적 진단 유목에 따라 분류하고 치료기간에 그들에서 나타난 변화를 조사하였다. 이 연구에서 이들 두 변인간에는 아무런 상관관계가 없는 것으로 나타났다. 이것을 보면 현재 정신병원에서 쓰고 있는 분류체계의 타당성을 인정할 수 없다. 낮은 정신의학적 진단의 타당도는 분류 유목 그 자체는 말할 것도 없고 평가자의 평가능력에서 그 원인을 찾을 수 있다.

진단의 신빙도와 타당도에 영향을 주는 요인은 많이 있다. 연구자들은 자신이 흥미를 가지고 있는 극히 제한된 표집을 연구대상으로 한다. 어떤 사람은 한 진단 유목에 대한 연구를 위해 30~50명을 피험자로 쓰기도 하고 그보다 더 많은 사람을 대상으로 하는 사람도 있다. 그러면 적절한 표집의 크기는 얼마로 보아야 하느냐. 이것은 대답하기 매우 어려운 질문에 속한다. 우리는 아직 표준 측정치를 가지고 있지 못하다. 그러나 연구를 위해 표집의 크기를 선택하는 것은 매우 중요하다. 표집을 선택하는 데 있어서 크기도 중요하지만 표집의 인구학적 특성도 신중히 고려되어야 한다. 연령, 성별, 사회적 계층, 입원기간, 입원빈도, 결혼상태, 취업기록, 치료받은 사실, 가족관계, 교육정도, 지능, 투약과 같은 변인은 심리검사, 치료효과, 그리고 치유촉진 정도 등에 큰 영향을 준다.

진단의 신빙성은 표집을 어디에서 수집하였느냐에 따라 다르다. 대학병원 혹은 사립병원에서 수집한 표집의 특성은 시립병원이나 재향군인 병원에서 수집한 표집의 특성와 크게 다르다. 정신분열증으로 진단되었다 하더라도 본질에 있어서는 크게 다르다. 정신분열증의 예후에 대한 연구에서 주립병원의 환자에서는 예후가 양호한 것으로 판단되는 사례는 별로 없다.

표집의 크기도 신빙도를 크게 좌우한다. 크기가 제한된 소수의 표집에서 얻은 자료의 신빙도는 일관성이 없다. 표집의 특성도 매우 중요하다. 특정한 행동장애에 대한 비교 연구를 위해서는 표집의 특성은 분명하게 명시되어야 한다. 집단을 대상으로 한 연구에 있어서는 진단방법이 분명하게 밝혀져야 한다. 옛날 기록을 바탕으로 한 진단이나 서로 다른 진단자에 의한 진단에는 높은 신빙도가 보장될 수 없다. 진단의 기준이나 진단유목은 시간이 지나면 달라진다. 그러므로 서로 다른 진단기준에 의한 진단은 서로 비교될 수 없다(Goldstein & Anthony, 1988).

피험자를 선정하는 데 있어서 무작위법을 쓴다든지 이미 이전에 선정된 피험자에서 적당한 피험자를 뽑는 것은 적절하지 못하다. 진단을 위해 특별히 고안된 검사를 실시하고 그 결과에 따라 선정하는 것이 바람직하다. 예를 들어 정신분열증을 확인하기 위해서 Lev Vygotsky(1896~1936)의 개념적 사고 검사 같은 것이 널리 쓰여지고 있다. 그러나 검사를 받게 될 사람의 교육수준이 낮을 때에는 고려할 필요가 있다(Garfield, 1974). 단일검사의 결과에 따라 피험자를 선정하는 것은 높은 진단의 신빙도를 기대하기 어렵다.

DSM-Ⅲ-R의 기준에 따라 환자를 판단하고 분류하고자 할 때에는 새로운 구조면접 결과에 큰 비중을 둘 필요가 있다. 이 과정에서는 공개적 질문형식을 취하게 된다. 성격장애는 120개의 자기평가 질문지에 의해 진단될 수 있다. 그 외에도 보다 특수한 면접기술이 많이 쓰여진다(McReynolds, 1989). 정신분열증의 사고장애 진단을 위해 실험적 방법도 많이 활용된다. 진단의 타당도는 임상적 기술을 통해 검증해 볼 수 있다. 여기서 특정한 진단규준을 필요로 한다. 진단에 대한 타당도 연구자들은 신 Kraepelin학파의 주장을 기반으로 한다. 정신의학은 의학의 한 분야이다. 이들은 정상과 이상 간에는 경계가 있다고 간주한다. 정신의학은 엄격한 경험연구를 바탕으로 한 연구결과를 기초로 해야 한다. 연구와 교육에서는 진단과 분류에 역점을 두어야 한다. 또 생물학을 바탕으로 한 현대과학적 방법을 도입할 필요가 있다(Klerman, 1983).

DSM에 의한 진단

정신장애의 진단을 위해서는 세계적인 권위를 인정받은 요강들이 쓰이고 있다. 미국 정신의학회가 출간한 정신장애의 진단 및 통계요강(Diagnostic and Statistical Manual of Mental Disorders; DSM), WHO가 출간한 국제 질병 분류체계(International Statistical Classification of Disease and Related Health Problems; ICD) 등이 바로 이것이다. 정신장애의 진단 및 통계요강은 미국 정신의학회가 정신장애자를 진단하고 분류할 목적으로 연구개발한 매뉴얼이다. DSM을 구성하는 주요내용 및 그 특징은 다음과 같다.

1952년, 미국 정신의학회는 정신장애의 진단과 분류에 사용할 목적으로 DSM-Ⅰ을 내놓았다. 이는 그 후 50여 년 동안 개정을 거듭하면서 오늘에 이르고 있다. 가장 최신판인 DSM-Ⅳ는 ICD-10을 기초로 하여 정신장애 진단요강의 내용을 크게 개정, 보완한 것으로, 그 질과 양이 크게 달라졌다. 하지만 그것이 안고 있는 문제는 해결되지 않았다는 것이 전문가들의 주장이다. 정신장애의 진단요강은 어떤 특정한 이론 체계나 가설을 바탕으로 만들어진 것이 아니다. 그러므로 이론이 결여된 진단 분류 체계는 정신의학의 발전에 도움이 될 수 없다는 것이 빈론자들의 주장이다. 정신장애의 진단요강 구조는 개정을 거듭하면서 진단의 유목수와 그 분량만 크게 늘어났다. 지금까지 수정・보완된 정신장애의 진단요강, 특히 그에 수록된 진단 유목 수, 분량, 기타 필요한 참고 자료는 <표 8-3>과 같다.

DSM은 미국 정신의학회가 미국 전상병 조사국에서 사용하는 분류 용어를 바탕으로 1918년에 최초로 만들어졌다. 이것은 생물학적 기반이 전혀 고려되지 않고 정신역동적 정신의학, 정신분석적 정신의학을 바탕으로 제작되었다

표 8-3 정신장애 진단요강에 개정 수록된 진단 유목 수 및 분량

DSM	수정 연도	분량	진단 유목 수	기타
Ⅰ	1952	130	106	
Ⅱ	1968	134	182	
Ⅲ	1980	494	265	
Ⅲ-R	1987	567	292	
Ⅳ	1994	886	297	
Ⅳ-TR	2000			텍스트 판
Ⅴ	2015			출간 예정

는 것이 큰 단점으로 지적되고 있다. 제2차 세계대전을 계기로 그들은 분류 용어를 채택하는 데 정신의학적 용어 외에 인접 과학의 용어를 도입하였다.

분류 체계에 대한 비판을 면치 못한 미국 정신의학회는 1980년에 다시 DSM-Ⅲ을 출판하였다. 이 판에서는 임상적 지식을 바탕으로 한 정신의학적 지식보다는 연구를 기초로 한 의학적 지식에 큰 비중을 두고 있다. 이를 계기로 정신장애의 진단요강은 기술적 정신의학의 틀을 벗어나게 되었다. DSM-Ⅲ에서는 정신분석적 이론과 치료의 핵심인 '신경증'이라는 개념이 삭제됨에 따라 특별위원회로부터 큰 저항을 받게 되었으며, 이들과의 협상 끝에 장애라는 용어를 상용하기에 이르렀다. 이를 계기로 다음에 설명하게 될 외상후 스트레스 장애라는 진단용어가 정신장애의 진단요강에 처음으로 등장하게 되었다.

DSM-Ⅰ

초기 미국의 의사들은 정신병을 단일유목으로 분류하였다. 1840년에 이것을 바탕으로 통계조사에 착수하였다. 1980년 미국 정신의학회는 정신적 장애를 7개 유목으로 분류하였다. 1917년 미국 정신의학회는 크레펠린의 분류 체계를 모체로 하여 새로운 분류체계를 만들어 1934년까지 활용하였다. 표준 질병분류법에는 24개의 주요유목이 있는데, 그 가운데 19개 유목은 Emil Kraepelin(1856~1926)의 교과서에 이미 나왔던 것들이다. 이 분류체계는 정신역동에 관심을 갖는 정신과 의사들 사이에서는 크게 환영받지 못하였으나 두

번에 걸친 세계대전을 겪는 동안, 특히 정신분석이 각광을 받게 되면서 사태는 크게 달라져 분류에 대한 필요성이 고조되기 시작하였다.

제 2 차 세계대전 당시 전문가들에게는 정신질환자에 대한 진단과 분류체계가 필요하였다. 입원가료중인 만성정신병을 주대상으로 했던 1934년의 분류체계는 수정이 불가피하였다. 왜냐하면 당시의 분류체계에는 급성장애, 성격장애, 그리고 정신신체적 장애와 같은 유목이 포함되어 있지 않아서 당시의 필요에 부응할 수 없었기 때문이었다. 이를 계기로 재향군인회가 생기고 육군과 해군은 각기 자기들 나름대로 분류체계를 개발하기 시작하였다. 미국 정신의학회는 1952년 여기에서 파생되는 혼란을 방지할 목적으로 미국 표준분류체계를 만들기 위한 특별위원회를 구성하였다. 이들이 주동이 되어 처음으로 만들어낸 것이 정신적 장애의 진단 및 통계요강 Ⅰ판이다. DSM-Ⅰ은 의사소통을 원활하게 할 수 있었다는 것이 가장 큰 장점으로 지적되었다. 재향군인회의 분류체계가 DSM-Ⅰ의 근간이 되었다.

DSM-Ⅱ

미국 정신의학회는 국제질병분류법 8판(ICD-8)을 기반으로 하여 1968년에 DSM-Ⅱ를 출판하였다. 미국 정신의학회는 연구자간의 원활한 의사소통을 위해 ICD-8에 충실하게 따른 흔적이 여러 면에서 잘 나타나 있다. DSM-Ⅱ는 크게 10개의 분류 유목으로 구성되어 있다. DSM-Ⅱ는 구조 그 자체가 DSM-Ⅰ과 크게 다르다. 즉 DSM-Ⅱ는 DSM-Ⅰ에 비해서 유목의 수가 훨씬 많다. 여기에서는 반응이라는 용어를 사용하지 않고 있다. 왜냐하면 그 용어가 정신장애에 대한 일반사람들의 사고에 변화를 가져오지 못하였기 때문이다. DSM-Ⅱ에 대한 비펀이 없는 것은 아니지만 그것이 1968년부터 1980년까지 10여 년간 미국뿐만 아니라 많은 나라에서 정신장애를 진단하고 분류하는 데 널리 사용되었다는 점에서 높이 평가할 만한 가치가 있다. 또 DSM-Ⅲ이 출간된 후에도 많은 연구자들이 DSM-Ⅱ에 대한 연구를 진행하고 있는 것을 보면 아직도 정신의학자들이 그에 대한 미련을 버리지 못하고 있는 것 같다. 무엇보다도 특기할 만한 것은 ICD-9는 DSM-Ⅲ보다는 DSM-Ⅱ에 더 가깝다는 사실이다.

DSM-II가 출판된 후로 그에 대한 많은 비판적 연구결과가 발표되었다. 우선 신빙도에 대한 연구결과를 살펴 보자. 신빙도를 산출하기 위해서 평가자간의 일치도를 산출하는 사람이 많아 졌다. 이는 동일한 대상을 서로 다른 진단자가 독자적으로 진단하였을 때 그들간에 일치하는 정도를 말한다. 임의로 진단 유목을 정해 놓고 진단하게 하였을 때 신빙도는 매우 낮다. 예를 들면 두 임상가로 하여금 100명의 환자를 독자적으로 진단하게 하면 그들간에 의견이 전혀 일치하지 않는다. 왜냐하면 진단자가 진단 유목을 자기 나름대로 정의하고 있기 때문이다. 그러나 만일 진단자간에 의견이 상당히 일치한다면 이것은 진단 유목이 객관적으로 정의되었다고 볼 수 있다.

일반적으로 DSM-II에 있는 진단 유목의 신빙도는 매우 낮다. 예를 들면 기능적 정신병과 같은 주요 진단 유목에 대한 진단의 신빙도는 파과형 정신분열증과 같은 하위 진단 유목에 의한 것보다 낮다. 기질적 정신병, 기능적 정신병, 반사회적 성격, 비사회적 성격, 성행동장애, 알코올중독, 약물중독, 그리고 신경증과 같은 진단유목의 신빙도는 70% 이상으로 비교적 높으나, 정신병적 우울증, 편집반응 및 불안반응과 같은 진단유목의 신빙도는 매우 낮다.

DSM-II를 구성하고 있는 진단 유목의 신빙도는 유목의 성질에 따라 크게 다르다. 예를 들면 정신신경증과 같이 넓게 정의된 유목, 알코올중독과 같은 특수한 유목, 그리고 기능적 정신병과 같이 흔히 볼 수 없는 유목의 신빙도는 상당히 높다. 왜냐하면 폭넓게 정의된 유목에는 여러 가지 서로 다른 유목들이 포함되어 있을 가능성이 높고, 특수한 유목은 그 자체가 너무도 분명하고 특이한 유목은 그 증후가 곧 파악되기 때문이다. 문제는 특이하지도 않고, 좁게 정의된 진단분류 유목에 대하여 정확하게 진단해 낼 수 있어야 신빙성이 높고 정확한 것이라고 인정할 수 있다. 그러나 사실상 DSM-II의 진단 유목에 따라 진단하기란 어렵거나 거의 불가능한 것들이 너무 많다.

다음에는 DSM-II에 있는 진단 유목에 의한 진단의 타당도에 대하여 살펴보기로 하자. 결론부터 이야기하고 넘어 가면, 아직까지 이상행동의 원인은 확실히 밝혀진 것이 없다. 그러므로 그에 대한 타당한 기술을 기대할 수 없다. 그러나 다운증후군, 페닐케틴뇨증(PKU), 정신지체의 하위 분류 유목 및 기질적 뇌증후군과 같은 것은 예외이다. 어떻든 분류는 곧 장애와 직접 관계가 있다. 예를 들면 정신분열증은 가족의 의사소통장애, 유전적 소인, 그리고 정신병질은 파탄된 가정과 각각 깊은 관계가 있다. 그리고 성적 장애가 불안과 깊은 관계가 있어 보이지만 그 과정은 확실히 알 수 없다.

DSM-II에 따라 분류된 이상행동은 그 진전과정을 확실하게 알 수 없다. 그러나 여기에도 예외가 없는 것은 아니다. 성행동장애는 발병 수주 내에 치료되기도 하고, 알코올중독자의 3분의 2는 2~3년 내에 금주하게 되고, 그리고 정신지체아동의 지능은 그들이 성장함에 따라서 10~15점까지 높아진다. 그러나 정상수준까지는 올라가지 못한다. 신경증과 우울증은 2~3년 내에 자발적으로 회복되며, 정신과 환자 가운데 2~3개월 내에 정상으로 회복되는 사람도 있다. 반면에 점진적으로 그 장애가 악화되는 경우도 있다. 어떠한 경우든지 간에 정확한 통계적 예언은 거의 불가능하다.

DSM-II에 있는 진단 유목에 따라 이상행동을 분류한다는 것에는 치료한다는 의미가 다소 내포되어 있다. 정신분열증 치료에 정신안정제가, 그리고 성행동장애 및 공포증과 불안장애 치료에는 행동치료기법이 각각 큰 효과가 있다. 아직까지 치료기법의 타당성이 널리 인정된 것은 아니지만 정신병적 우울증 치료에는 전기충격치료가, 성격장애치료에는 통찰치료가 각각 널리 활용되고 있다. 많은 치료자들이 관심을 갖는 오퍼런트 치료기법은 사회문제 치료를 위해 널리 쓰여지고 있다. 기질적 뇌증후군 치료에는 외과수술이 불가피하다. 임상심리학자들이 사용하는 치료기술은 1950년대에 개발되기 시작하였다. 이것은 틀림없는 역사적 개혁이라 아니할 수 없다. 치료는 문제를 완전히 제거한 것이 아니고 관해에 지나지 않는다고 비판하는 사람이 없는 것은 아니지만 치료기술이 급진적으로 발달한 것만은 부인할 수 없는 사실이다.

DSM-II 그 자체는 완벽하지는 않으나 미국 정신의학계에서 뿐만 아니라 세계적으로 정신적 장애의 진단과 분류 도구로 널리 사용되었다. 경우에 따라서는 분류체계가 의도하는 것과는 조금 다르게 활용되기도 하였다. 예를 들면 제 3 자의 판단보다는 임상가가 관찰한 정신병 증후를 바탕으로 진단을 내리는 경우가 많이 있다. 이론적으로 전혀 무관한 요인들이 정신의학적 진단에 직접 영향을 주고 있다는 연구보고가 발표되고 있다. 이를 보다 구체적으로 살펴보자. 실제 진단자가 정상인을 정신병으로 잘못 진단할 수 있는데,

이를 잘못된 긍정적 진단이라고 부르고, 이와는 달리 정신병 환자를 정상인으로 잘못 진단할 수가 있는데, 이를 잘못된 부정적 진단이라고 한다. 일반의 학적 진단에서도 잘못된 부정적 진단보다는 잘못된 긍정적 진단을 하는 경우가 많이 있다. 이것을 보면 정신병 환자를 정상인으로 보는 경우보다는 정상인을 정신병 환자로 잘못 진단하는 경우가 많다는 것을 알 수 있다.

정신병원에서는 입원 여부를 결정하기 어려울 때 잘못된 긍정적 진단을 하는 수가 많이 있다. 진단자는 두 가지 진단결과를 미리 평가한 나머지 최종적으로 정상인을 정신병 환자로 진단하게 된다. 이러한 결정을 내린 것에 대한 비판은 학술잡지에서나 부각될 뿐 일반대중의 비난을 사지 않는다. 이와는 대조적으로 정신병 환자를 정상인으로 진단을 내리게 되면 진단자는 대중의 비난의 대상이 된다. 왜냐하면 이들이 사회에 물의를 일으키고 있기 때문이다. 흔히 정신병원에서 퇴원한 환자가 살인을 했을 때 퇴원시킨 의사에 대한 일반인의 비판이 어떻게 나올지 생각해 보면 쉽게 알 수 있다.

모든 정신병 환자가 위험을 안고 있는 것은 아닌 데도 불구하고 대부분의 사람들은 정신병 환자를 입원시키는 정책에 대해 전적으로 찬동하고 있는 추세이다. 이들의 주장에 따르면 정상인을 입원시켰을 경우 정신적 장애자를 입원시키지 않았을 경우에 생기는 위험보다 훨씬 적다고 한다. 그러나 그가 입원함으로써 개인의 자유는 박탈되고 그의 입원기간이 연장된다는 사실은 전혀 고려하지 못하고 있다.

임상가의 진단결과는 명성효과에 따라 크게 좌우된다. 어떤 사람의 정신건강상태를 평가하기 위해서 심리학자, 정신과 의사, 그리고 심리학 전공학생들에게 면접녹음한 것을 들려 주었다고 하자. 두 집단으로 나누어 한 집단의 평가자들에게는 피면접자는 이 방면의 권위자로부터 정신병으로 진단된 사람이라고 말해 주었고, 다른 통제집단에게는 사전에 아무런 지시도 주지 아니하였다. 면접녹음을 듣고 나서 그에 대하여 평가시킨 결과 통제집단의 평가자들은 그가 정신병 환자라고 평가하는 사람은 아무도 없었다. 그러나 사전에 그가 권위있는 의사로부터 정신병 환자라는 진단을 받았다고 지시받은 사람의 상당수는 그를 정신병 환자로 평가하였다. 그 결과 가장 부정확한 평가를 한 것은 정신과 의사였고, 가장 정확한 평가를 한 것은 심리학 전공학생이었고, 그리고 임상심리학자는 그 중간이었다.

이론적 배경을 서로 달리하는 임상심리학자에게 면접장면을 찍은 비디오 테이프를 보여 주고 내담자를 평가하게 하고 그 정확성을 조사한 연구가 있다. 한 임상심리학자 집단은 정신분석에 관심이 있는 집단이고, 다른 한 임상심리학자 집단은 행동치료에 관심이 있는 집단이다. 행동치료에 관심이 있는 치료자 집단에게는 내담자가 취업희망자라고 소개하고, 정신분석에 관심이 있는 치료자 집단에게는 내담자가 치료를 받고 있는 환자라고 서로 다르게 소개하였다. 평가결과는 서로 달랐다. 즉 내담자가 치료를 받고 있는 환자라고 소개를 받은 집단은 취업희망자라고 소개받은 집단보다 심한 장애를 받고 있는 것으로 평가되었다. 이를 보면 평가에 있어서 편견이 크게 작용한다는 것을 알 수 있다. 대학생과 같이 비전문직 평가자들이 대학생을 평가할 때에는 편견이 더 크게 작용한다.

이상에서 살펴본 바와 같이 정신의학적 진단은 명성이나 암시 같은 요인에 의해서 크게 영향을 받기도 한다. 또 정신의학적 진단은 실제 환자에서 나타난 행동이나 특징에 의해서 좌우되기도 한다. 즉 여러 가지 유형의 환자에서 나타나는 이상행동은 진단에 대한 예언적 요인이 된다고 해석할 수 있다. 이상행동의 증후가 전혀 없는 사람에게도 진단은 내려질 수 있지만 그 진단은 사실과 크게 다르다. 대학원 학생, 심리학자, 정신과 의사, 소아과 의사, 화가, 그리고 가정주부들로 구성된 가짜 환자들이 정신병원에서 정신분열증과 조울정신병으로 진단되어 입원된 사례가 있다. 더 재미있는 사실은 그들의 평균 입원일수는 19일 밖에 되지 않는데 그동안 2,100개 이상의 약을 복용하였으며, 퇴원할 때에는 정신분열증 관해로 진단되었다는 점이다.

이와 같은 사실이 있은 후 정신과 의사들은 큰 충격을 받았고, 이 결과를 놓고 많은 논쟁이 벌어지게 되었다. 우선 정신병원에서 정상과 이상을 구별하지 못한다는 결론의 타당성을 중심으로 많은 사람들이 비판을 가하고 있다. 가짜 환자를 진짜 환자로 진단했다고 해서 타당성이 전혀 결여된 것은 물론 아니다. 가짜 환자가 정신병원에 들어가서 꾀병을 부리다가 보면 그것이 진단자에게는 증후로 지각될 수 있다. 이를 입증할 만한 다른 영역의 임상사례를 하나 생각해 보자. 어떤 환자가 심장병을 호소하며 입원했다고 하자. 또 그 가짜 환자가 심장병의 증후를 보이기 위해서 약물을 복용했다고 하자. 그러면 의사가 그를 심장병이라는 진단을 내릴 수밖에 없다.

DSM-Ⅲ

정신의학적 진단의 신빙도와 타당도가 모두 문제가 되자 이를 극복하기 위한 여러 가지 연구가 시작되었다. 그 가운데 대표적인 것이 신 Kraepelin 운동이다. 대표적인 연구는 Washington 대학교의 John Feighner가 중심이 되어 개발한 파이너 척도(Feighner Scale)와 연구진단기준(Research Diagnostic Criteria)이다. 파이너 척도는 특정한 장애를 긴단하는 데 필요한 특징을 명시하고 있으며, 16개의 유목으로 구성되어 있다. 또 특정한 장애를 진단하는 데 필요한 임상적 기술단계, 실험연구단계, 분별단계, 추시단계, 그리고 가족연구단계를 제시하고 있다. 이는 DSM-Ⅱ에 비해서 간편하고 그 결함을 보완했기 때문에 널리 보급되었다. 파이너 척도를 계승 발전시킨 것이 연구진단기준이며, 이는 DSM-Ⅲ의 기반이 되었다.

DSM-Ⅲ의 서론에는 그 발전과정이 자세히 기록되어 있다. 미국 정신의학회는 1974년 정신장애의 진단용어와 통계문제를 전문적으로 다룰 특별위원회를 구성하고 20세기의 가장 영향력 있는 정신과 의사 Robert Spitzer(1932~)를 위원장으로 임명하면서 그에게 DSM-Ⅲ를 개발할 임무를 주었다. 이 특별위원회는 정신과 의사, 역학자, 심리학자, 그리고 다른 전문위원들로 구성되었다. 이 위원회는 되도록이면 많은 전문가들을 참여시킨다는 취지하에 1976년 미국 심리학회에 세 사람의 전문가를 이 위원회에 참여할 수 있도록 추천을 의뢰하였다. 이 외에도 14개의 자문위원회와 다른 자문위원들의 도움을 받았다.

미국 정신의학회는 DSM-Ⅲ 출간을 위해 여러 자문위원회뿐만 아니라 전문가들에게 자문을 구하였다. 미국 정신의학회 이사회, 미국 정신의학회 총회 및 지방분과회에서 보내 오는 의견을 충분히 들었을 뿐만 아니라 개인적인 회원접촉도 병행하였다. 이를 바탕으로 1976~1980년 사이 DSM-Ⅲ의 기틀이 잡히게 되고, 약 800여 명에 달하는 임상가들을 대상으로 현지답사까지 실시하였다. 마지막 단계에 가서 연방정부로부터 경제적 도움을 받아 2년간 걸쳐

120개 기관에 종사하는 의사뿐만 아니라 개인진료소에 종사하는 의사 80여 명을 대상으로 현지답사를 하여 그것을 기초로 최종적 결정을 하였다.

DSM-Ⅲ은 이전에 출판된 DSM-Ⅰ이나 DSM-Ⅱ와는 달리 여러 개의 차원, 축에 의해 구성되어 있다. DSM-Ⅲ은 심리적 장애와 정신적 장애를 진단 분류하기 위한 다섯 개의 독립된 축으로 구성되어 있다. 축 Ⅰ은 모든 정신의학적 장애, 축 Ⅱ는 아동기의 발달장애와 성격장애, 그리고 축 Ⅲ은 신체적 장애로서 축 Ⅰ 및 축 Ⅱ와 밀접한 관계가 있다. 임상가가 진단할 때에는 위에 든 세 개의 축을 모두 활용하게 된다. 예를 들면 축 Ⅰ에서는 우울증과 알코올중독, 축 Ⅱ에서는 의존적 성격장애, 그리고 축 Ⅲ에서는 알코올에 의한 간경화증과 같이 한 사람의 장애를 진단하는 데 세 개의 축이 모두 활용된다.

축 Ⅳ와 축 Ⅴ는 DSM-Ⅲ에만 있는 특유한 차원으로 이는 진단계획을 세우고 예후를 예언하는 데 필요한 정보를 제공하는 기능을 갖고 있다. 축 Ⅳ와 축 Ⅴ는 심리사회적 스트레스의 강도와 적응수준을 각각 평가하는 것으로 모두 8점평가척도이다. 여기에서는 주로 사회관계, 직업생활, 그리고 여가활동 등이 평가된다. 여기에서 얻은 정보는 예후평가에 크게 도움이 된다. 축 Ⅰ과 축 Ⅱ에 따라 환자를 평가하기 위해서는 환자의 특성, 발병연령, 과정, 장애의 수준 및 그에 관계되는 요인들을 중심으로 한 임상적 기술에서 출발해야 한다.

DSM-Ⅲ의 특징을 다음과 같이 요약할 수 있다. 첫째, 다른 DSM보다 진단 유목이 많다. 즉 DSM-Ⅰ에는 106개, DSM-Ⅱ에는 182개, 그리고 DSM-Ⅲ에는 265개의 진단 유목이 있다. 그러므로 복잡한 정신적 장애를 보다 포괄적으로 다루고 있다고 볼 수 있다. 고대 분류 유목은 10여 개에 지나지 않았었다.

둘째, 앞에서도 말한 것처럼 DSM-Ⅲ은 여러 개의 축을 사용해서 진단하고 있다. 이전의 진단자들도 여러 개의 축에 따라서 진단하였다. 즉 발병원인과 관계되는 축과 임상적 증후에 관계되는 축을 분리시키기도 하고, 장애의 유형와 수준 및 적응유형을 서로 다른 축으로 진단하기도 하였다. 바로 이들의 주장을 받아들일 것이 DSM-Ⅲ이다.

셋째, 진단 유목에 커다란 변화가 왔다는 점이다. 특히 기질적 뇌증후군, 아동기 및 청년기 장애, 정동장애, 성격장애, 그리고 신경증적 장애에 대한 진단이 크게 달라졌다. 정동장애는 신경증적 장애와 정신병적 장애, 그리고 선천성 우울증의 구별이 없어지고 단극성 장애와 양극성 장애로 구분되고 있다. 정신분열증의 경우 14개의 하위 진단 유목이 5개로 축소되었다. 아동기 장애의 하위 진단 유목은 지적 장애, 행동장애, 정서장애, 신체장애, 그리고 발달장애로 그 유목의 수가 증가하였다.

DSM-Ⅲ은 DSM-Ⅰ이나 DSM-Ⅱ에 비해서 크게 발전되었는 데도 불구하고 비판의 대상이 되고 있다. 첫째, 진단유목을 선정할 때 실험적 바탕 위에서 가장 의미있는 유목을 선정하지 아니하고 참여한 몇 사람이 제시한 자기들의 임상적 경험이나 직관에 의존하였다.

둘째, 두 개 이상의 축에 의해 진단하고 있다. 여러 축에 따라 진단할 때 임상가에게는 더 많은 노력과 시간이 필요하다. 보다 더 중요한 것은 두 개 이상의 축에 따라 진단한다고 해도 측정문제 그 자체가 쉽게 해결되지 아니한다. 예를 들면 축 Ⅳ와 축 Ⅴ는 조잡한 서열척도에 의해서 평가되고 있다. 이는 결코 DSM-Ⅱ에 의한 이중진단과 크게 다르지 않다.

셋째, DSM-Ⅲ에는 그 유목에 속하는 정신병리를 이해하는 데 도움을 주는 어떤 참고문헌이 겸비되어 있지 않다. 그뿐만이 아니라 그를 이해하는 데 필요한 사례가 전혀 인용되어 있지 않았을 뿐만 아니라 진단 유목에 대한 기술에 일관성이 결여되어 있다. 또 각 진단 유목에 대한 기술에 일관성이 결여되어 있다. 기술적인 용어가 나와 있기는 하지만 대부분이 정신의학적 의미가 결여되어 있다.

넷째, 진단분류 유목을 구성하는 장애의 임상적 특징, 진행과정, 그리고 치료 과정을 너무 세분화하고 있다. 예를 들면 DSM-Ⅱ의 분열성 성격장애를 DSM-Ⅲ에서는 분열형 성격장애와 회피성 성격장애로 세분하고 있다. 이와 같이 세분화하면 신빙도는 상대적으로 떨어진다는 실험적 보고가 있다. 무진단 혹은 진단유보와 같은 유목은 DSM-Ⅰ과 DSM-Ⅱ에도 포함되어 있지만 행정목적으로 쓰인다는 것뿐 별다른 설명이 부각되어 있지 않다.

DSM-Ⅱ에 있는 아동기 장애가 DSM-Ⅲ에서는 세분화되었는데, 이에 따른 진단자간의 일치도는 매우 낮다. 5개의 하위 유목으로 분류하는 것은 옳지만, 그의 신뢰도와 타당도는 보장되지 않는다는 주장도 있다. 이와는 달리 DSM-Ⅲ의 진단 유목과 요인분석의 결과가 매우 일치한다는 긍정적인 결과도 있다. 이 결과에 의하면 내면화 증후군과 외면화 증후군이 주요요인으로 추출되는데, 이는 DSM-Ⅲ에 있는 정서적 장애와 행동장애와 각각 유사하다. 그러나 DSM-Ⅲ에 있는 모든 유목들이 객관적 자료, 즉 요인분석의 결과와 반드시 일치한다는 것은 아니다. 예를 들면 과잉행동증을 수반하지 않는 주의결핍이라는 것은 요인분석에서는 주요요인으로 추출되지 않는다.

아동기의 우울증장애와 같은 유목이 DSM-Ⅲ에는 없지만, 아동들에서 모은 자료를 요인분석하면 우울증을 주증상으로 하는 요인들이 추출된다. 이를 바탕으로 아동기 우울증을 진단하기 위한 기준이 마련되었다. 이것이 계기가 되어 아동의 우울증은 그의 발달단계, 원인, 그리고 기타 여러 가지 조건을 고려한 이론과 분류체계가 나오게 되었다. DSM-Ⅲ은 성인과 같은 진단기준에 따라서 아동기의 우울증을 진단할 수 있는 기준을 마련하게 되었다. 그러나 여기서 문제에 부딪히게 된다. 왜냐하면 아이들은 어른과 같이 우울증을 진단험하지 않기 때문이다. 그래서 이 기준을 달리하여 아이들의 진단에 필요한 증후군집을 찾아내야 할 필요가 있다.

DSM-Ⅲ을 구성하고 있는 성격장애의 유목에도 문제가 있다. 여러 성격장애들간에 있어서만이 아니라 성격장애와 정신장애간의 경계가 매우 불분명하다. 하위 진단 유목에 대한 타당도의 연구를 위한 군집분석의 결과에서도 지지할 만한 결과를 얻지 못하고 있다. 또 디스티미아 성격과 순환성 성격을 정동장애로 분류하는 것은 정신분열증을 성격장애로 분류하는 것만큼이나 일관성이 없는 것으로 나타나 있다. 정신분열증의 하위 유목을 결정한 논리적 근거가 매우 불분명하다. 잔재성 정신분열증은 정신병적 장애가 아닌데도 불구하고 여전히 그대로 남아 있다.

이와는 대조적으로 잠재성 정신분열증과 단순정신분열증의 유목에 속하는 사람들은 정신병이 아니라는 이유로 삭제되고 있다. 조직상실 정신분열증, 편집성 정신분열증, 긴장성 정신분열증, 잔재성 정신분열증, 그리고 미분류 정신불열증과 같은 5개의 하위 유목은 그대로 남아 있는데, 그 타당도는 극히 의심된다. DSM-Ⅲ에는 이와 같은 여러 가지 문제점이 내포되어 있지만 20세기에 가장 권위있는 미국의 공식적 분류체계로서 세계 여러 나라에서 널리 활용되고 있다.

DSM-Ⅲ-R

미국 정신의학회는 1987년 DSM-Ⅲ에 약간의 수정을 가한 진단요강을 발표하였는데, 이것이 바로 DSM-Ⅲ-R이다. DSM-Ⅲ과 같이 이 진단요강도 중다차원 혹은 중다축으로 구성되어 있다. DSM-Ⅲ-R을 구성하는 주요 축 및 그 기능은 다음과 같다. 축 Ⅰ은 임상정신의학적 증후로써 정신분열증, 양극성 정동장애, 혹은 성격장애와 같이 이상행동의 유형을 진단하는데 사용된다. 축 Ⅱ는 발달장애/성격장애로서 아동과 소년의 학습기능장애는 물론 성인의 성격장애를 진단하는 데 사용된다.

DSM-Ⅲ-R에서는 지금까지 축 Ⅰ에 수록되었던 정신지체를 축 Ⅱ에 수록하고 있다. 축 Ⅲ은 신체적 장애로서 환자를 이해하는 데 필요한 신체적 특징을 기술하고 있다. 축 Ⅳ는 심리적 사회적 스트레스 원의 정도 및 정신적 장애에 직접 간접으로 영향을 주고 있는 심리적 사회적 스트레스의 정도를 평가하는 데 사용된다. 여기서는 7점 평가척도를 사용한다. 축 Ⅴ는 기능에 대한 전반적 평가를 위해 사용되며, DSM-Ⅲ에서도 평가자가 환자의 일반적 적응수준을 평가하기 위해 환자의 사회적 관계, 직업관계, 그리고 여가활동의 정도를 종합적으로 평가하였다. DSM-Ⅲ-R에서도 이와 같은 기능을 바탕으로 환자의 적응능력을 평가하는데, 현재는 물론 과거의 수준까지도 참고로 한다. 그러므로 예후의 타당도를 평가하는 데 활용될 수 있다.

DSM-Ⅳ

미국 정신의학회는 국제질병분류 10판(ICD-10)이 출판될 것을 의식한 나머지 DSM-Ⅲ-R을 수정하여 DSM-Ⅳ를 출판하기 위한 예비책자를 출판하였다. 곧이어 학회는 미국 정신의학회 진단특별연구위원회에서 제출된 보고서를 기초하여 1993년 3월 DSM-Ⅳ를 시판하게 되었다. DSM-Ⅳ는 이전판과는 여러 면에서 크게 다르다. 이 진단 체계는 세 단계를 거쳐 제작되었다. 첫째, 제작하고자 하는 진단체계에 대한 문헌을 체계적으로 고찰하였다. 특히 전판에서 논쟁이 되었던 진단의 문제와 진단 유목과 유목 사이에서 생기는 문제에 대해 집중적으로 조사하였다. 둘째, 당시 논쟁되고 있는 문제를 해결하기 위해 기존의 자료를 재분석하였다. 그리고 셋째, 진단 유목에 대해 다시 정의하고 그에 대한 신빙성과 타당성을 체계적으로 검증하였다. 장애 유목을 일차적으로 선정하고 앞에서와 같은 단계를 거쳐 재검토했다. 이를 4~8명으로 구성된 연구자가 집중적으로 평가하였다. 이 결과는 최종적 진단 유목으로 결정되기 전에 학회의 특별위원회에서 재검토되었다. 특히 불안과 우울증 유목에 대한 평가에 역점이 주어졌다(Frances, Widiger, & Pincus, 1989)

DSM-Ⅳ도 이전의 진단요강과 같이 중다 축을 사용한 분류체계이다. 이 진단체계에 따라 모든 환자, 내담자, 혹은 개인은 다섯 개의 독립된 차원 혹은 축에 따라 진단할 수 있다. 이 진단요강에는 특정한 사람에 대해 보다 광범위한 정보를 얻을 수 있는 장점이 보장되어 있다. 축 Ⅰ은 모든 진단 유목을 포함하고 있다. 그러나 성격장애의 유목은 빠져 있다. 왜냐하면 이는 축 Ⅱ에 포함되어 있기 때문이다. 그러므로 축 Ⅰ과 축 Ⅱ는 모든 이상행동의 분류기준이 된다. 그러나 장애의 정도가 장기간 지속되는 경우에는 축 Ⅰ과 축 Ⅱ가 분리된다. 예를 들면 헤로인중독자는 축 Ⅰ에 따라 물질관련장애로 진단되며, 장애가 장기간 지속되는 경우에는 반사회적 성격장애로 진단된다. 이는 곧 축 Ⅱ에 있는 진단 유목이다.

다른 세 개 유목은 진단에 직접 활용되지 않으나 성격평가과정에서 유익하게 활용되고 있다. 축 Ⅲ은 문제가 되는 정신장애가 일반의학적 상태와 어떤 관계가 있는가를 판단하는 데 사용된다. 가령 어떤 사람이 신경학적 기능장애를 받았다면 이 신체적 장애는 곧 이상행동의 원인으로 작용할 수 있다. 또 행위장애가 있는 아동의 당뇨병은 아동의 일반적 상태에 매우 중요한 요인으로 작용한다. 축 Ⅳ는 심리사회적 문제와 환경적 문제에 대한 정보를 얻는 데 사용된다. 이 축에는 직업적 문제, 경제적 문제, 대인관계를 비롯해서 생활주변의 문제와 직접 관계되고 있다. 마지막으로 축 Ⅴ은 개인의 적응기능수준을 평가하는 데 사용된다. 사회적 대인관계, 직무수행기능, 그리고 여가선용의 문제 등을 통합하게 된다. 이런 평가자료를 기초로 하여 치료의 필요여부를 결정하게 된다.

DSM에 수록된 진단명은 출판 당시의 특수성에 따라 서로 다르다. 1952년 미국 정신의학회는 DSM-초판을 출간하였다. 이 판에서는 대부분의 장애를 정신역동적 · 역학적 요인에 지나치게 역점을 두고 있다. DSM 출판은 그 자체가 큰 결함을 안고 있었지만 별로 큰 문제가 되지 않았다. 왜냐하면 진단 그 자체가 큰 문제가 아니었고 정신분석이라는 유일한 치료에만 큰 관심이 있었기 때문이다. 1968년 DSM-Ⅱ이 출간될 때에는 약물치료와 같은 치료방법이 등장하고 정신의학자는 정신장애의 생물학적 및 신경학적 측면에 관심을 가지고 있었다. 따라서 DSM-Ⅱ판에서는 정신역동적 측면의 중요성이 떨어지면서 용어의 정확성이 점차적으로 높아졌다(Shea, 1991). 1980년에 출간된 DSM-Ⅲ이 갖는 이런 특성은 이전판들과는 크게 다르다.

Robert Spitzer가 좌장이 된 특별위원회는 정신장애를 새롭게 조직하고 분류하는 데 많은 노력을 기울였다. 첫째 이는 특정한 이론에 얽매이지 않고 모든 정신건강분야에서 수용할 수 있는 것은 모두 수용하고 정신장애에 대한 구체적 기술 방법을 도입하였다. 둘째, 정신의학적 진단의 신빙도를 높이기 위해 수천명의 환자와 수백명의 전문가가 동원되었다. 셋째, 중다축의 진단체계를 도입하였다. 이에 따라 진단자는 환자를 진단할 때 증후에만 얽메이지 않게 되었다. 이는 분명히 야심적 변화이다. 이를 통해 보다 과학적 문헌에 대한 관심을 갖게 되는 것은 물론 과학적 분류에 관심을 가질 수 있게 되었다. 이와 같은 시도는 이전판에서는 찾아 볼 수 없다.

수많은 정신병리학의 문헌을 바탕으로 1987 DSM-Ⅲ-R이 출간되었다. 이 판에는 최신문헌은 물론 진단기준의 변화가 많이 소개되어 있다. DSM-Ⅲ과 DSM-Ⅲ-R이 임상가와 연구자의 호응을 받게 되자 그것을 바탕으로 DSM-Ⅳ의 출판을 위한 준비가 박차를 가하게 되었다. 연구자는 각 분야의 연구자와 전문가로 구성하였다. 이들은 연구문헌을 개관하고 그것을 기반으로 진단기준을 작성하기 위한 제안서/신청서를 작성하였다.

DSM-Ⅳ-TR

미국 정신의학회는 물론 세계적으로 명성이 있는 정신건강전문가와 전문기관의 조언을 바탕으로 요강을 만들었다. 여기에서 나온 요강은 완벽하지는 않지만 이전 판에 비하면 보다 과학적으로 만들어진 것이 분명하다. 이러한 과정을 거쳐 1994년 DSM-Ⅳ가 출간되었다. 2000년에는 교육용 DSM-Ⅳ-TR이 출간되었다. 이는 DSM-Ⅳ에서 발견된 오류부분을 교정하고 장애에 대한 최신정보를 보충하여 DSM-Ⅳ의 교육적 가치를 높여 놓았다. 이 판은 1992년판을 뒷받침하는 과학적 문헌을 대폭 수정하였다. 이는 2015년에 출간 예정인 DSM-5의 기반을 제공할 것으로 기대되고 있다. DSM-Ⅳ-TR은 장애진단에 활용한 달라진 기준을 포함되어 있지 않다. DSM-5의 출판 작업이 지금 진행되고 있기 때문에 2015년에는 출간될 것으로 기대하고 있다. 여기에는 많은 저명한 임상심리학자가 참여하고 있기 때문에 임상심리학자는 큰 기대를 걸고 있다. 그러나 결과는 두고 볼 수 밖에 없는 실정이다.

DSM-Ⅳ는 유목적 분류체계에 따라서 17개의 진단 유목으로 정신장애를 분류하고 있지만 통합된 과학적 체계로 인정받지 못하고 있다(<표 8-4> 참조)(Clark, Watson, & Reynolds, 1995). 대부분의 진단 유목들은 불안장애나 수면장애와 같은 공통되는 특성을 바탕으로 하고 있지만 진단 유목의 1/3은 절충적이고 실용적 기반 위에서 이뤄지고 있다. 예를 들면 '유아기, 아동기 혹은 청소년기에 처음 진단된 장애' 진단 가운데 가장 보편적인 특성은 연령이다. 많은 기분장애나 불안장애는 아동기에 처음으로 진단되어 성인기까지 지속된다. 그러나 이 진단 유목은 이 진단 유목에 포함되어 있지 않다. 그러므로 이와 같은 진단 유목은 임상적 가치나 유용성이 결여될 수밖에 없다(Widiger, & Sankis, 2000).

표 8-4 DSM-Ⅳ/DSM-Ⅳ-TR 진단유목

1. 유아기, 아동기, 혹은 청소년기에 처음으로 진단된 장애
   - 정신지체
   - 광의의 정신지체
   - 중요결핍과 파괴성 행동장애
2. 섬망, 치매 및 기억상실과 기타 인지적 장애
   - 약물중독성 섬망
   - 알츠하이머형 치매
   - 약물에 의해 유발된 지속적 기억상실장애
3. 일반의학적 조건에서 기인한 정신장애
   - 일반의학적 조건에서 기인한 긴장성 장애

- 일반의학적 조건에서 기인한 성격변화

4. 약물과 관계있는 장애
   - 알코올과 관계되는 장애
   - 흡입제와 관계되는 장애
   - 니코틴과 관계되는 장애
5. 정신분열증과 기타 정신병적 장애
   - 정신분열증
   - 분열성정동장애
   - 망상적 장애
6. 기분장애
   - 우울증장애
   - 양극성 장애
7. 불안장애
   - 사회성 공포증
   - 강박성 장애
   - 일반불안장애
8. 신체형 장애
   - 전환성 장애
   - 동통장애
   - 신체기형장애
9. 꾀병
   - 심리적 증후와 증후군이 뚜렷한 꾀병
   - 신체적 증후와 증후군이 뚜렷한 꾀병
10. 해리성 장애
    - 해리성 기억장애
    - 해리성 둔주
    - 해리성 자아주체감장애
11. 성주체감장애
    - 성적기능장애
    - 성도착증
    - 성주체감장애
12. 섭식장애
    - 신경성 식욕상실증
    - 신경성 식욕증진증
13. 수면장애
    - 일차적 수면장애
    - 기타 정신장애와 관계되는 수면장애
    - 기타 수면장애
14. 달리 분류되지 않는 충동통제장애
    - 절도광
    - 방화광
    - 병적 도박

15. 적응장애
  • 우울증기분을 수반하는 적응장애
  • 행동장애를 수반하는 적응장애
16. 성격장애
  • 편집성 성격장애
  • 경계성 성격장애
  • 회피성 성격장애
17. 임상적 주의의 내상이 된 기타 조건
  • 투약으로 유인한 운동장애
  • 관계성 문제
  • 확대나 무관심과 관계되는 문제

DSM-Ⅳ는 <표 8-5>와 같은 중다분류법을 바탕으로 하고 있다. 개인의 증후군이나 일반기능은 5개의 서로 다른 축에 따라 평가되고 있다. 처음 2개의 축은 정신장애의 본질을 자세히 설명하고 있고 나머지 3개의 축은 개인의 장애에 대한 의학적, 심리사회적 정보를 제공하고 있다. DSM-Ⅳ에 포함된 개별 정신장애는 진단특성, 차별적 진단, 특수문화, 연령, 성별, 특성 등에 대한 정보를 제공한다. 이런 자세한 정보를 통해 정신장애에 대한 특성은 물론 환자평가에서 역점을 두어야 할 점은 무엇인가를 알 수 있다.

이러한 정보를 통해 필요한 진단기준을 적용할 수 있다. 어떤 종류의 장애, 예를 들면 신경성 식욕과잉증진에 다른 진단기준이 적용될 수 있다. 물론 장애의 하위 유형이 달라질 수는 있다(<표 8-6> 참조). 신경성 식욕과잉증과는 달리 많은 장애에는 진단에 필요한 증후 배열구성이 매우 다르다. 이는 <표 8-7>에 제시된 외상후 스트레스장애(PTSD)의 진단기준을 보면 분명하게 이해할 수 있다. 이 진단에 있어서 기준 A는 두 요건이 모두 충족되어야 하나 기준 B는 다섯 가지 요인이 서로 다르게 충족되어야 한다. 기준 C(7가지 증후 가운데 3가지 요인이 충족되어야 한다) 기준 D(5가지 증후 가운데 2개의 증후가) 여러 가지 방법으로 충족되어야 한다. 신경성 식욕과잉증후는 진단받은 사람에게 모든 기준이 동일하게 충족되어야 하는 단일규범적이다. 이와는 달리 PTSD는 이 진단을 받은 사람은 서로 다른 증후형태를 나타내는 중다규범적 진단의 대표적 진단명칭이다.

표 8-5 DSM-IV의 중다분류 체계

축 Ⅰ: 임상적 관심을 가져야 할 임상적 장애와 기타 조건

이 축은 DIS-Ⅳ에 수록된 모든 정신장애를 포함한다. 단 성격장애와 정신지체는 제외된다. 만일 축 Ⅰ에 수록된 장애 이외의 다른 증후가 나타나면 모든 장애는 이 축에 포함시킨다.

축 Ⅱ: 성격장애와 정신지체

이 축에는 성격장애와 정신지체와 관련되는 진단 유목이 포함된다. 이 장애는 축 Ⅰ 장애에 관심이 있을 때 빠트리지 않기 위해서 별개 축에 기록한다. 축 Ⅰ의 장애자가 치료를 받고자 할 때 매우 중요한 의미를 갖는다.

축 Ⅲ: 일반의학적 조건

이 축은 개인의 현재 의학적 조건에 대한 정보를 제공한다. 개인의 축 Ⅰ과 축 Ⅱ 장애에 대한 치료에 관계되는 정보가 된다.

축 Ⅳ: 심리사회적 및 환경적 문제

이 축은 축 Ⅰ과 축 Ⅱ의 정신장애에 대한 진단, 치료 및 예후에 대한 정보를 제공한다. 이 축에서는 다음과 같은 점을 고려해야 한다.

(a) 일차적 지지 그룹과 관계되는 문제
(b) 사회적 환경에 대한 문제
(c) 교육의 문제
(d) 직업의 문제
(e) 가정의 문제
(f) 경제적 문제
(g) 건강관리의 문제
(h) 법률체계/범죄에 관계되는 문제
(i) 기타 심리사회적 및 환경적 문제

축 Ⅴ: 기능의 총체적 평가

임상가는 이 축을 통해 개인의 총체적 기능을 평가할 수 있다. 이를 위해 연구 개발된 것이 기능의 총체적 척도(*The Global Assessment of Functioning: GAF*)이다. *GAF* 척도는 개인의 심리적, 사회적, 직업능력은 1-100에 따라 평가된다. 지속적으로 자기 자신이나 타인을 손상시킬 위험이 있을 때에는 1-10, 사회적, 직업수행능력, 학업수행 기능이 손상이 뚜렷할 때 41-50, 아무런 증후도 보이지 않고 모든 기능이 양호할 때에는 81-90으로 평가된다.

DSM-Ⅳ 제작과정에서는 인종 및 문화적 특성이 충분히 고려되었다. 그러므로 진단에서는 이 점을 충분히 고려하고 같은 나라에 서로서로 다양한

표 8-6 신경성 식욕과잉증에 대한 DSM-Ⅳ 진단기준

A. 게걸스럽게 음식을 먹는 일이 수시로 정기적으로 되풀이된다.
 (1) (예를 들면 2시간 내에)보통 사람보다 훨씬 더 많은 양의 음식을 섭취한다.
 (2) 일정 기간 섭식통제 감각이 결여된다(다른 사람들이 음식 먹는 것을 중지하지 못하거나, 다른 사람이 무엇을 얼마만큼 먹어야 할지를 통제하지 못한다).
B. 체중 증가를 예방하기 위해 부적절한 대상적 행동을 한다. 여기에는 자기 인위적 구토, 안화제, 이뇨제, 관장제, 기타 의료약물의 남용, 과도한 신체적 운동 등이 포함된다.
C. 음식을 게걸스럽게 많이 먹고 부적절한 대상 행동을 한다. 주당 2회씩 3개월간 이상 지속한다.
D. 체형과 체중에 의해 자기 평가가 크게 영향을 받는다. 신경성 식욕상실증이 있을 때에는 장애가 일어나지 않는다.

특수유형

세척형: 신경성 식욕과잉증 기간에는 정기적으로 그리고 자기 스스로 인위적으로 토하거나 완화제, 이뇨제, 관장제를 복용한다.

비세척형: 신경성 식욕과잉증이 있는 기간에는 과도한 운동같은 부적절한 대상 행동을 한다. 그러나 자의적으로 토하거나 완화제, 이뇨제, 관장제는 사용하지 않는다.

표 8-7 외상후 스트레스 장애의 진단 기준

A. 외상적 사건에 노출된 경험이 있어야 한다. 여기서는 다음의 두 가지 특성이 모두 충족되어야 한다.
 (1) 생명이 위협받거나 심한 신체적 손상을 받을 만한 사건을 실제 경험한 것이 확실하게 입증되어야 한다.
 (2) 그 반응에서 심한 공포, 무기력감, 전율감이 현저하게 나타나야 한다.
  * 아동에게서는 조직이 결여된 행동 혹은 흥분한 행동 대신 이와 유사한 행동이 표출된다.
B. 외상적 사건은 한 가지 혹은 그 이상의 사건을 다시 경험하게 된다.
 (1) 심상, 사고, 지각을 포함한 사건들이 반복적으로 발생한다.
  * 어린 아동은 외상 주제들이 반복되는 유희를 거듭한다.
 (2) 외상적 사건에 대해 자꾸 꿈을 꾼다.
  * 어린 아동은 무서운 꿈을 자주 꾸는데, 그 내용을 전혀 회상할 수 없다.
 (3) 외상적 사건(경험으로부터의 구제감, 착각, 환각, 이인증), 중독 상태에서 나타나는 것도 포함된다. 다시 직면한 것과 같은 행동을 하고 그러한 감정을 갖는다.
  * 어린 아동은 외상적-특수 연기를 보인다.
 (4) 외상성 사건에 노출하게 되거나 그와 유사하거나 혹은 그것을 상징하는 외적 단서에 노출되면 심한 심리적 불쾌감을 느낀다.

(5) 외상적 사건이나 그와 유사하거나 유사한 단서에 직면하면 생리적 반응이 일어난다.

C. 외상적 사건과 관계되는 자극에 직면하면 그것을 지속적으로 회피하기 위해 다음의 행동 가운데 세 가지 이상의 행동을 취한다.

(1) 외상적 사건과 관계되는 사고, 감정, 대화를 회피하려고 한다.
(2) 심리적 외상을 회상시키는 활동, 장소, 인물을 회피하려고 한다.
(3) 외상적 경험의 주요한 측면을 회상하지 못한다.
(4) 흥미의 범위가 좁아지고 사회 활동 참여가 현저하게 줄어든다.
(5) 다른 사람과의 유대관계가 현저하게 줄어든 것 같은 감정이 든다.
(6) (사랑의 감정이 감소되는 것과 같은) 정동 범위가 제한된다.
(7) 장래의 희망에 줄어든다(생업, 결혼, 정상적 생활 범위 등이 줄어든다).

D. 각성 상태가 다음의 행동 가운데 두 가지(혹은 그 이상) 형태로 지속된다.

(1) 잠들기 어렵다.
(2) 불안정감이나 분노를 노출시킨다.
(3) 주의 집중이 어렵다.
(4) 각성 수준이 지나치게 높다.
(5) 심하게 놀란다.

E. 장애의 지속 기간에 B, C, D 규준에 있는 증후가 1개월 이상 지속된다.

F. 위와 같은 특성 때문에 심한 불쾌감을 느낀다. 이러한 장애 때문에 사회생활이나 직장생활이 어렵다. 여러 주요 기능이 손상된다.

특기 사항

(1) 증후 지속 기간이 3개월 미만일 때 급성으로 진단한다.
(2) 증후 지속 기간이 3개월 혹은 그 이상일 때 만성으로 진단한다.
(3) 스트레스 원에 노출된 6개월 후에 장애의 증후가 나타났을 때 발병의 지연으로 진단한다.

문화적 배경을 가진 사람에 대한 진단에서는 깊이 고려되어야 한다. DSM-Ⅳ와 DSM-Ⅳ-TR에는 진단 과정에서 문화적 특성과 관련시킬 수 있는 정보들이 많이 포함되어 있다. 첫째, 정신적 장애에 대한 문화적/인종적 특성이 뚜렷하게 나타나면 그것은 진단적 기준으로 활용이 가능하다. 둘째 문화적 특성에 따른 특유 장애, 문화적 특성에 따른 증후군은 부록에 수록되어 있다. 예를 들면 서아프라카나 아이티족에서 흔히 나타나는 증후(boufée délirant)에는 갑자기 흥분하고 공격적 행동을 수반된다. 이때 혼돈상태에 빠지기도 한다. 지중해 문화권 환자에서 특유한 증후(mal de ojo)가 나타난다. 증후가 나타나면 아이들은 이유 없이 울고, 토하고, 열이 심하게 나타난다. 에스키모족에서 흔히 나타나는 증후(pibloktoq)는 해리성 장애를 수반하며 극단적으로 흥분하고

심한 경련 발작을 일으키고 12시간 이상 혼미상태가 지속된다.

이 정보는 임상가가 문화적 특성을 고려한 적절한 진단을 위해 유용한 정보를 제공할 뿐만 아니라 광범위한 임상정보를 체계화하는 데 큰 도움이 된다. 이 정보를 통해 피평가자에 대한 문화적 정체성의 특성을 파악할 수 있고 개인의 장애에 대한 문화적 요인에 기초한 설명을 할 수 있다. 개인의 심리 사회적 기능의 특성을 이해하는 데도 도움이 된다.

임상장면에서는 같은 시기에 두 가지 혹은 그 이상의 진단을 받을 수 있는 경우가 많다. DSM-Ⅲ에서는 이러한 문제를 해결하기 위해 위계적 배제의 원칙에 따라 한가지 진단을 내린다. 한 환자에서 주요 우울증장애와 불안장애가 동시에 나타났을 때 기분장애로 진단한다. 이 규칙을 뒷받침할 수 있는 이론적 경험적 근거는 아직 없다. 이와 같은 진단은 치료나 연구에 큰 도움이 되지 못한다. 그러므로 DSM-Ⅲ-R에서는 이 유목이 사용되지 않는다.

임상진단에서는 두 가지 장애가 동시에 발병하는 연구가 상당히 많다. DSM-Ⅳ 진단기준에 따라 불안과 기분장애 공동발병으로 진단된 성인이 스트레스와 불안장애 치료를 받는 사람이 많다. 불안이나 혹은 기분장애 진단을 받은 사람 가운데 57%는 또다른 축Ⅰ 장애를 받고 있다. 예를 들면 공황장애자 가운데 36%는 또다른 불안장애의 기준에 적합하고 17%는 기분장애의 진단기준에 적합하다. 주 우울증장애로 진단된 사람 가운데 64%가 불안장애 진단기준과 일치한다(Brown, Campbell, & Lehman, Grisham, & Mancill, 2001). 젊은 연령층에서도 동시이환율이 높다. 외래환자의 임상기록을 보면 과반수 이상이 공동발병환자이다(Staller, 2006).

동시이환율은 임상집단에서는 물론 지역사회 거주자에서도 매우 높다. 단일장애자와 공동이환자를 비교할 때 공동이환자의 일상생활 기능이 크게 떨어지고 심한정신적 건강문제를 가지고 있으며 보다 빈번한 신체적 건강문제에 대한 치료를 받는 경향이 있다. 이러한 특성은 연구 장면에서나 진료 장면에서 흔하게 볼 수 있다. 연구측면에서는 공동이환율을 정확하게 평가하는 것은 그 장애와 그 치료 결과를 평가하는 데 있어서 꼭 필요하다. 임상군의 공동이환장애자의 임상증후치료는 정상인의 임상증후보다 치료하기가 어렵다. 환자는 좀처럼 치료에 만족하지 않는다. 그들이 만족할 만한 치료에는 많은 시간이 걸린다. 이런 특성 때문에 정신치료에서 공동이환장애자를 제외시키는 것이 매우 중요하다.

불안치료자들 가운데 기분장애와 불안장애를 동시에 치료하는 사람도 있다. 이들의 주장에 따르면 이전의 DSM-Ⅲ에서는 기분과 불안장애는 원래 정신병리학의 연구에서 배제되어 있다. 이들은 불쾌감과 공포를 내면화한 보다 넓은 의미로 개념화시키는 것이 바람직하다고 한다. 이들은 유목적 분류체계보다 차원적 분류체계를 보다 선호하는 경향이 있다(Clark, & Watson, 2006).

정신의학적 진단에 획기적 변화를 가져온 것은 DSM-Ⅲ이다. 이는 정신병리학의 연구에 있어서 중요한 기준을 제공해 주었다. 진단체계는 치료에 대한 정보는 물론 진단에 관련되는 여러 가지 문제를 검증하는 데 큰 도움이 된다. 이것이 곧 진단요강이 갖는 유용성이다. 특히 DSM-Ⅳ는 이것을 바탕으로 회복 재발 퇴행, 그리고 사회적 회복을 보다 유용하게 진단할 수 있다. DSM-Ⅳ의 기술적 정보는 건강문제 전문가의 훈련 촉진 기능이 포함되어 있다.

이전의 DSM과 마찬기지로 DSM-Ⅳ에도 제한점이 많이 있다. DSM은 정치적 관점에서는 높은 평가를 받았을 뿐만 아니라 그것을 선호하는 사람이 많았다. 하지만 그것은 과학적 관점에서는 높은 평가를 받지 못했다. DSM-Ⅳ도 완전무결한 진단체계는 아니다. 전문가들의 주장에 따르면 이상에 대한 정의, 진단의 신빙도, 동일장애 내의 증후 프로파일의 이질성, 진단의 타당도, 유목적 진단에 묶여 차원적 진단체계를 과감하게 수용하지 못하는 것이 큰 오점으로 지적되고 있다.

ICD에 의한 진단

국제질병분류체계(International Statistical Classification of Disease and Related Health Problems; ICD)는 WHO가 제작한 건강상태에 대한 통계적 분류체계이다. ICD-10은 1983-1992년까지 9년에 걸쳐 연구 제작한 것이다. WHO의 분류기준에 따라 질병의 증후, 이상, 호소, 사회적 환경이나 외적조건의 코드로 구성되었다. 이 코드는 14,400개가 넘으며 임의로 하위 분류 유목을 만들 수 있게 되어 현재 16,000개의 코드를 쓰고 있다.

ICD의 국제판은 미국의 ICD-10 CM(Clinical Modification of ICD)과 다르다. 이는 보다 복잡한 구조를 가지고 있으며 미국 내에서는 보다 일반적으로 사용되며 155,000개의 코드로 구성되어 있다. ICD는 그 나라의 사성에 따라 조금씩 변형되어 사용되고 있으며 우리나라에서는 2008년 이후 계속 사용하고 있다. 대부분의 나라에서는 사망원인에 따라 분류하고 있다. 미국과 다른 나라에서는 ICD의 임상적 수정판에서는 모든 상태와 건강진료소를 방문한 이유를 중심으로 분류하고 있다.

ICD-10 임상적 수정판은 다른판에 비해 보다 정확한 진단정보는 물론 개인의 건강상태에 대해 보다 정확한 정보를 제공한다. 순수한 통계적 연구보다 진료를 목적으로 한 진단일 때에는 보다 자세한 정보가 필요하다. 이때 ICD 임상적 수정판은 큰 도움이 된다. 행동의 기술과 개념화 방식에 있어서 ICD-10과 DSM-Ⅳ은 크게 다르다. 예를 들면 ICD-10의 급성장애는 DSM-Ⅳ의 급성장애와 크게 다르게 정의되고 있다. ICD-10에서는 그것을 단순히 PTSD의 잠재적 전조로 보지 않는다. 그것은 불안과 우울증 증후가 나타나고 외상적 사건이 있은 후 2일 정도 나타나는 특징이 있다(Harvey & Bryant, 2002).

WHO는 ICD와 쌍벽을 이루는 분류체계를 개발 사용하는 데 그것이 곧 국제 기능 불구 및 건강 분류체계(International Classification of Functioning, Disability and Health; ICF)이다. 이는 개인의 질병 분류는 물론 그의 건강과 관계되는 기능을 종합적으로 기술하는 데 사용된다. 기능과 불구(기능저하, 활동저하, 참여활동의 제한)는 개인의 신체(신체조직 및 신체구조의 기능)에 대한 정보, 개인의 사회적 참여(활동과 참여) 등을 의미한다. ICF는 개인의 건강 기능에 영향을 주는 환경적 요인에 대한 정보도 제공한다. 이와 같이 개인의 기능과 불구에 역점을 두는 것은 단순한 임상적 진단과는 달리 심리학자가 자기 개인의 회복과 동통관리에 큰 도움을 준다.

정신장애 진단체계와 근본적으로 다른 경험적 자료를 바탕으로 분류하는 체계(ASEBA)도 주요분류체계이다(Achenbach, 2002). 근자에 이 체계의 성인판도 출판되었다. 이는 경험적 자료를 바탕으로 연구개발된 것으로 개인의 능력과 문제를 평가하는 데 사용된다. ASEBA는 아동과 성인의 문제 이해 유용하게 사용된다. 이 척도의 유형은 피평가자의 연령에 따라 다르다. 나이가 어린아이의 경우 부모가 대신 완성한다(아동행동 체크리스트/1.5-5). 학령기 아동은 자기 스스로 평가한다(CBCS/6-1 8). 동일한 특성을 성인이 완성하는 것도 있다(청년 자아평가 : YSR) 젊은 성인에 의해 평가되는 것도 있다(YASR). 교사와 양육자가 평가하는 철도(양육자-교사 보고형/2-5) 학령기 아동의 교사평가형(교사 보고형 TRF-5-18) 성인의 기능평가 척도(성인 자가보고/18-59, 성인행동 체크리스트/8-59, 노인 자기보고/6-905, 노인행동 체크리스트/60-905)도 있다. ASEBA는 여러 평가 자료를 모아 개인의 기능과 문제를 평가하고 표준화해서 하나의 기준을 만드는 데 목적이 있다.

국제질병분류법(ICD)은 전세계적으로 활용되는 질병 분류체계이며 여기에는 임신, 분만, 산욕, 선천적 이상, 분만시의 사망률, 사고유형, 그리고 공격유형 등이 포함되어 있다. ICO-9는 WHO(1980)가 세계인구사망에 대한 정보를 얻기 위해 만든 것으로서 여기에는 새로 개정한 진단 유목이 추가되어 있고, 중다코딩체계로 구성되어 있으며, 그리고 건강에 영향을 주는 여러 가지 요인은 물론 보고방법까지 포함되어 있다.

ICD-9에서 크게 새로워진 것이 있다면 중다코딩체계로 바뀌었다는 점이다. 이전의 ICD에서는 정신적 장애와 신체적 장애를 단일코드에 따라 진단하였으나 ICD-9에서는 그것을 두 축으로 분리시켜 놓았다. 예를 들면 AIDS 말기에 치매 증후가 있을 때에는 정신장애(치매)로 분류하고 나머지는 신체적 장애(AIDS)로 분류하였다. ICD-10은 여러 가지 측변에서 ICD-9와 크게 다르다. 즉 정신장애의 진단 유목이 30에서 100개로 크게 증가하였다. 많은 정신장애가 신체형 장애나 스트레스와 관계 있는 질병으로 분류되고 있다. 이 분류체계는 55개국의 건강관리자들이 현장답사를 바탕으로 연구 제작된 것으로 전세계적으로 활용되고 있다(Sartorius, 1988).

진단과 분류

모든 사람은 특이한 존재이다. 사람마다 야망이 있고, 목적이 있다. 취약점이 있고 자기 특유의 문제가 있다. 이는 유전, 생리적 조건, 생활경험과 깊은 관계가 있다. 개인 특성의 기술, 이해, 예언은 일정한 체계가 필요하다. 이에 따라 유목화하고 분류하면 그 작업은 훨씬 쉬워진다. 분류는 순수과학은 물론 사회과학의 기초이다. 과학자들은 새로운 사실을 발견하기 위해 기존의 학설을 조직하고 기술하고 분류한다. 어떤 대상이나 개념을 분류할 때에는 형태, 기능, 그리고 목적을 고려한다. 어떤 대상을 분류하는 데에는 여러 가지 방법이 있다. 지질학자가 돌을 분류할 때에는 그 형태, 구조, 그것이 형성된 연대 등에 따라 분류할 수 있다. 심리학적 분류의 적합성은 타당성과 유용성의 두 가지 측면이 고려되어야 한다(Kendell, & Jablensky, 2003).

분류의 타당성은 효율적인 특성파악수준을 의미하며 유용성은 분류계획의 실용성을 의미한다. 보다 중요한 것은 분류체계이다. 분류는 유목적 분류와 차원적 분류로 구분할 수 있다. 유목적 분류는 특정대상을 동일한 카테고리에 따라 분류하는 방법이다. 이렇게 해서 분류한 대상은 다른 대상과는 크게 다르다는 점을 가정한다. 정신병리의 유목적 분류는 환자에게 우울증이나 신경증과 같은 진단명을 부여하는 방법으로 환자의 장애가 어떤 카테고리에 속하는지를 결정하는 과정이다.

유목적 분류과정에서는 유목의 체계가 중복될 수도 있다. 이와는 달리 차원적 분류는 어떤 대상이 가지는 특성의 범위에 따른 분류체계로서 대상간의 양적 차이가 중요시된다. 이들은 모든 대상은 하나의 연속성을 이루고 있다고 가정한다. 차원적 분류에서는 특정 차원이 다른 차원과 관계가 있을 수도 있고 없을 수도 있다. 차원은 고차순위의 개념으로 해석하면 된다. 단순한 특성의 기술이 아니다. 슬픔, 신경과민, 고독, 자존심은 신경증적 경향성과 같은 고차순위의 개념이다. 지금까지 정신장애는 유목에 따라 진단 분류되었다. 진단자는 특정인의 장애 정도가 아니라 장애의 유무에 관심을 두었다. 이러한 상황에서 진단자는 차원적 분류법과 유목적 분류법이 가지는 장단점을 비교해 볼 필요가 있다(Grove, & Andreasen, 1989). 유목적 진단에는 보다 쉽게 그리고 보다 간편하게 의사소통이 가능하다는 장점이 있다. 유목적 진단은 임상가에게 매우 친숙한 방법이며 임상적 의사결정의 결과와 일치되는 방법이다. 모든 임상적 의사결정은 흑백논리에 따르고 있다. 이제 임상가들은 유목적 분류를 차원적 분류로 전환시킬 필요가 있다. 차원적 모델은 심리학자들이 선호하는 방법이다.

이와 같은 유목적 진단의 장점은 차원적 진단이 가지는 장점을 이해하면 별로 특이한 방법도 아니다. 대부분 현행 진단체계 예를 들면 DSM이나 ICD는 유목적 진단체계이다. 이 유목적 진단체계는 특성이 현저하게 나타난 사례 진단과정에서는 크게 문제되지 않는다. 그러나 애매한 사례 진단에 직면하면 진단자는 유목적 진단의 기본틀을 이탈하는 경향이 있다. 그 예로 DSM-Ⅲ-R에 의한 진단 사례를 들 수 있다. 4주 동안에 적어도 4회 이상 공황발작이 있거나 한달동안 공포가 지속되면서 1회 이상의 발작이 있을 때에는 공황장애로 진단되며 적어도 6개월 이상 병적 상태가 지속되면 정신분열증으로 진단된다. 진단기준으로 제시한 7항목 가운데 4항목이 해당되면 회피성격으로 진단되는데 이와 같은 기준은 경험적 자료에 의해 검증된 것이 아니다.

DSM-Ⅲ-R은 경계선급 성격장애나 분열성 정동장애를 진단할 때에는 임의적 판단에 의존한다. 이것이 유목적 진단이 갖는 큰 결점이다. 정신분열증, 단순 정신분열증, 그리고 정신분열형 등은 임의적 판단이 크게 지배한다. 그러므로 유목적 체계에 의한 진단보다는 차원적 체계에 의한 진단이 보다 더 바람직하다. 왜냐하면 이 체계는 그들 장애를 구분가능하고 병의 정도, 진행과정, 그리고 증후 등이 보다 객관적으로 평가될 수 있기 때문이다.

차원적 모델은 환자에 대한 보다 유익한 정보를 얻는 데 크게 도움이 된다. DSM-Ⅲ-R은 향정신성 약물사용자와 성격장애자를 유목체계에 따라 진단할 수 있게 수정되었다. 그럼에도 불구하고 진단 유목체계에 따라 진단할 때 유목의 동질성이 상실되어 버린다. 이와 같은 결함을 보충하기 위한 것이 차원적 분류체계이다. 이는 유목적 분류과정에서 손상되기 쉬운 여러 가지 중요한 정보를 유지할 수 있기 때문에 보다 나은 진단결과를 가져올 수 있다 (Kendler, 1990).

단일유목에 의한 진단은 임의적 판단이 될 수 있다. 이점에 대해서는 이미 앞에서 언급하였기 때문에 다시 되풀이하지 않는다. 위에 언급한 차원적 진단법의 타당성은 여러 가지 심리측정적 방법으로 검증되고 있다. 차원적 진단법의 우월성은 임상심리학자들에 의해서 확증되었지만 전통적 진단법을 주장하는 사람들의 저항을 받고 있다. 이들은 정신장애를 질적으로 특이한 질병이라고 간주하고 있기 때문이다. 그러므로 장애를 양적으로 측정하기를 거부하면서 유목적 측정을 고집하고 있다(Guze & Helzer, 1987).

이와 같은 태도는 그들의 전문적 실체를 유지하기 위한 방어수단에 지나지 않는다. 이제 사태는 크게 변하고 있다. 유목적 진단자들은 단일항목 대신 중다항목에 따라 진단하고 있다(Spitzer, 1987). 즉 향정신제복용자나 성욕도착증을 진단할 때 단일유목보다는 중다유목을 바탕으로 그 특성을 진단하고 있다. 또 이들은 이전과 같이 흑백논리를 바탕으로 한 진단명은 물론 정신분열증이 주가 되는 정신분열성 정동장애, 혼합된 불안 우울증, 여러 가지 유형의 공황장애, 그리고 광장공포증과 같은 진단명도 사용하고 있다.

과학적 연구의 발전을 위해서는 연구 대상을 분류할 필요가 있다. 이때 연구자간의 의견이 반드시 일치될 필요가 있다. 지금까지 정신의학과 심리학의 분류는 전적으로 DSM에 의존하였다. 이는 유목적 체계이다. 그렇다고 그들이 전적으로 유목적 체계에만 의존하고 있는 것은 물론 아니다. 왜냐하면 DSM-Ⅲ-R의 Ⅴ축 적응수준기능은 다분히 차원적 요인을 평가하고 있기 때문이다. 유목적 질병 분류체계에서도 규준의 세트에 따라 분류하기도 한다. 유목적 질병분류체계에서는 유목과 유목 사이에 질적 차이가 있고, 그것들 간의 연속성을 인정하지 않는 것이 특징이다.

유목적 분류체계의 결함을 극복한 새로운 분류체계가 곧 차원적 분류체계이다. 차원적 분류체계에서는 특정 현상 사이에는 양적 차이가 있고, 연속성이 있고, 그리고 직교관계에 있다고 가정한다. 이점이 곧 유목적 분류와 크게 다른 점이다(Moras, & Barlow, 1992). 차원적 분류는 환자의 정서나 행동의 특성을 차원적 연속성 가정에 따라 증후수준과 그 빈도를 중점적으로 평가한다.

과학자의 입장에 따라 선호하는 분류체계가 서로 다르다. 우선 정신의학자와 심리학자가 서로 다른 분류체계를 선호하고 있다. 정신의학자는 유목적 분류법을 선호하는 반면 심리학자는 차원적 분류법을 선호한다. 유목체계에 의한 진단의 결함은 신 Kreapelin 학파에 속하는 정신과 의사들에 의해 많이 지적되었다(Klein, 1989). 심리학자들은 차원적 모델에 따라 성격장애(Eysenck, 1987), 아동기장애(Achenbach, 1988), 정신병적 장애(Strike, Malfa, & Cabras, 1989), 그리고 불안과 기분장애를 진단 분류하고 있다.

진단분류수단으로 DSM외에 흔히 쓰이는 것이 다차원적 정신의학적 평가척도 같은 것이 있다. 이는 DSM 체계에 비해 널리 사용되고 있다고 보기는 어렵다. 그러나 이는 심리검사나 평가척도의 결과를 요인분석한 자료를 바탕으로 구성된 것으로 정신장애의 유목을 보다 정교하고 신빙성 있게 측정할 수 있다는 장점이 있다. 이는 요인분석의 결과에서 나온 12개의 장애유형, 예를 들면 흥분, 지각장애, 그리고 근육운동장애 같은 것을 측정하고 있다. 이 척도가 가지는 장점이라면 유목척도보다 더 많은 정보를 얻을 수 있다는 점이다. 정신장애의 진단을 위해 군집분류와 같은 통계적 방법을 쓴다. 다만 이는 기술적 방법으로 정신장애를 접근한다는 중다차원 접근자들의 심한 비판을 받고 있다. 중다차원적 접근의 결과와 달리 군집분류법에 의한 진단 결과에서는 일관성을 발견하기가 매우 어렵다(Lorr, 1986).

진단분류를 위한 여러 보조수단이 연구개발되어 있었지만 1950년대까지의 임상학자들은 전통적 분류체계의 틀에서 벗어나지 못했다. 현대 임상심리학자들, 즉 의학보다는 행동주의 심리학적 지식을 바탕으로 한 심리학자들은 정신의학적 용어를 사용한 진단을 기피하는 경향이 있다. 그들은 진단이라는 용어 대신 평가라는 용어를 선호한다. 또 환자나 내담자에게 진단을 보여주기보다 그들이 가지는 문제의 실체, 그 강도, 그리고 그 결함을 밝히는 데 역점을 둔다. 이와 같은 방법은 전통적 질병 모델에 의한 진단보다 광범위하게 활용된다. 이미 앞에서 언급한 바와 같이 진단이라는 용어는 매우 다양한 의미로 사용된다. 이 용어는 의학분야에서 사용되었기 때문에 질병과 깊은 관계가 있는 의미로 사용되고 있다. 이것이 심리학자가 진단이라는 용어보다 평가라는 용어를 선호하는 한 이유이다. 진단이라는 용어를 사용할 때 심리학자는 임상적 진단에 직면하였을 때 여러 가지 문제에 직면하게 된다.

아동정신병리학의 영역에서 Vermont 대학교 정신의학과 심리학 교수인 Thomas Achenbach(1940~)는 아동의 문제자료를 요인분석한 결과에서 외현화 문제와 내면화 문제의 차원을 발견하였다. 외현화 문제는 자신의 문제를 밖으로 노출시키는 것, 물건을 훔치는 것, 공격성 등이고 내면화 문제는 슬픈감정, 근심걱정 그리고 다른 사람과 어울리지 못하고 외톨이가 되는 것 등이다. 아동의 행동은 차원적 방법으로 외현화 행동과 내면화 행동으로 진단할 수 있다. 이 두 차원은 연령에 따라 서로 다른 정신병리현상의 원인으로 작용한다.

유목적 분류와 차원적 분류는 질병과 장애를 체계화하는 규칙에 따른 분류체계이다. 이를 분류하는 체계는 개인의 상태를 간단하면서도 명료하게 하는 곧 진단이 된다. 심리학자와 정신과 의사는 여러 가지 목적으로 진단체계를 사용하다. 그 목적은 매우 다양하다(<표 8-1> 참조).

유목적 진단이나 차원적 진단은 어느 것이나 진단을 위한 체계이며 이는 질병이나 장애를 체계화하고 이해하는 데 필요한 규칙을 바탕으로 만들어진 체계이다. 이 의사결정의 규칙이 특정한 환자의 증후와 관계가 있을 때 이 분류체계는 곧 진단체계로 이는 개인의 현재 상태를 나타내는 간략한 기준이 된다. <표 8-1>에는 심리학자나 정신과 의사가 사용하는 진단체계가 포함되어 있다. 대부분의 건강관리는 진단체계를 사용하는 것을 선호한다. 그 이유는 이 표에서 쉽게 발견할 수 있다. 환자에게 진단명을 부여하는 것은 장점도 있지만 진단을 받는 사람에게 수치심을 자극하는 결점도 있다. 건강관리자는 진단체계를 통해 환자가 받게 될 봉사의 특성을 알게 된다.

인간의 이상행동을 진단하고 분류하는 것은 Emil Kraepelin(1856~1926)에서부터 시작되었다. 그는 정신병을 조발성 치매와 (정신분열증)조울병으로 양분하였다. 그의 분류체계가 오늘날 정신장애의 분류체계의 기반이 되었다. 이 체계는 현재 북미는 물론 많은 나라에서 사용되는 정신의학적 진단체계의 기본 틀이 되었다. 신 크레펠린식 진단분류체계에는 여러 가지 특성이 있다. 이들은 진단명을 하나의 질병으로 간주하고 유목 진단을 위한 특별한 기준을 사용하고 있다. 이들은 진단신빙도의 중요성을 강조한다. 과거 수 십년 전 정신의학자들은 원형 모델을 바탕으로 한 분류체계를 선호했다. 이 원형모델에 의하면 진단 유목을 구성하는 요인들은 서로 다르다고 한다. 정신의학적 진단에 원형모델을 적용하면 동일한 진단을 받은 모든 사람의 증후는 동일할 수가 없다. 동일한 진단을 받은 사람의 증후는 다를 수밖에 없다. 따라서 그들은 동일한 진단을 받은 사람의 장애의 본질은 동일할 수 없기 때문에 서로 다른 방법으로 치료한다.

임상장면에서 서로 다른 장애가 동시이환하는 현상을 흔히 볼 수 있다. 유목적 분류체계에 따라 진단하였는데 동시이환현상이 나타나면 이는 진단적 유목을 독립적 현상으로 동일한 피험자에서 같은 시기에 발병하지 않는다는 가정에 부합되지 않는다. DSM-Ⅳ에서는 정신장애 유목은 반드시 독립성을 유지한다는 것을 분명히 인정하고 있다. 그렇다면 유목적 체계에 의한 것보다 차원적 체계에 따라 정신장애를 분류하는 것이 더 바람직하다. DSM-Ⅳ에서도 유목적 체계를 차원적 체계로 대치해야 한다는 합치된 의견은 아직 없다. 하지만 DSM-5의 준비과정에서는 차원적 분류의 장점과 필요성을 크게 강조하고 있다.

특정한 장애에서는 차원의 특성이 문제가 될 수도 있다. 특히 우울증에서는 이 문제가 큰 논쟁의 대상이 되고 있다. 우울증은 독자적 진단 유목인가, 아니면 그것은 임상적 증후는 물론 하위 진단적 불쾌감을 모두 표하는 연속선상에 존재하는 것으로 보아야 할 것인가에 대한 의견은 일치되지 않고 있다. 일부 연구자는 우울증에는 특수한 조건과 연속성이 공존하고 있다고 생각한다. 우울한 임상군과 우울하지 않으나 괴로움을 겪는 성인의 증후를 평가한 자료를 비교했을 때 특수한 증후에 집단차가 크게 나타난다. 우울한 기분, 쾌감상실증, 자살은 우울증 집단보다 많이 발생한다. 이와는 달리 심계증과 불면증은 정상집단에서 보다 빈번하게 나타난다. 따라서 우울증 증후의 심한 정도는 연속선상에 표현할 수 있다.

연속성(차원적) 모델은 중요한 진단적 집단 차이를 하나의 연속선상에서 나타낼 수 있지만 이 차원적 모델은 서로 관계있는 집단차를 나타내지 못하는 수가 있다. 우울증 증후에 대한 자기평가자료를 분석해 보면 임상자료나 일반자료에서 유목적 특성과 차원적 특성은 쉽게 발견된다. 일반적으로 불쾌감을 표출하는 자기보고 문항을 분석해 보면 하위 임상적 우울증에서 주 우울증까지 하나의 연속성을 이루고 있음을 발견할 수 있다. 어떤 신체적 증후군을 측정하는 문항을 독립된 증후를 나타내는 문항으로 사용되고 있음을 알 수 있다.

정신장애의 기저차원연구에서 특정장애를 측정하는 문항이 모든 장애에 동일하게 적용가능한가를 탐색할 필요가 있다. 역학적 자료를 분석해 보면 특정 정신장애의 공존현상은 진단 유목간의 중복에 역점을 두는 연구방법만으로는 밝혀낼 수 없다. 여러 가지 증후는 여러가지 병적 과정에 의해서 외부로 노출된다(Krueger, & Markon, 2006). 한 예를 보자. 최초로 미국 아동의 문제에서 발견된 내면화 차원과 외현화 차원은 많은 나라에서 널리 수용되고 있다. 이 차원은 성인의 문제를 이해하는 데에도 큰 도움이 된다. 정신장애에 동시이환현상은 서로 다른 문화권의 장애자에서도 잘 나타난다. 이 연구결과를 보면 우울증, 신체적 장애 및 불안은 단일증후로 나타나고 알코올 오용은 다른 증후와 동시에 발병하는 경우가 많다. 이와 같은 사실에서 정신장애는 내면화 정신병리현상과 외면화 정신병리현상이 줄고 있다는 사실을 알 수 있다.

차원적 진단 분류

심리학자들은 전통적 진단체계가 갖는 문제를 효과적으로 극복하기 위해서는 새로운 체계를 도입할 필요가 있다. 새로운 심리학적 설명체계는 환상이나 의사소통장애 같응 행동기제까지도 밝힐 수 있어야 한다. 새로운 심리학적 설명체계는 문제해결에 도움을 주는 체계이다. 이 체계에는 환자가 문제라고 생각하는 것, 그 원인, 그 결과에 대한 정보가 폭 넓게 포함되어야 한다. 여기서 환자의 문제는 다른 사람에 의해서 관찰된 증후보다는 자신이 경험한 것, 즉 불행감을 느낀다든지, 소화기능이 떨어진다든지, 눈에 이상한 물건이 보이는 것이 주가 되어야 한다.

심리학자는 행동의 본질을 이해하기 위해 환자와 협동해야 한다. 자신의 관찰자료만으로 문제의 특성을 결정해서는 안 된다. 다른 한편 심리학적 설명체계는 개인중심의 체계여야 한다. 심리학적 설명체계는 개인의 생활 속에서 일어난 사건의 특성을 찾아내고, 개인은 그에 어떻게 대처하는가를 알아내야 힌다. 이렇게 하는 것이 자신의 문제가 무엇인지를 이해하는 데 도움이 되고, 그에 상응한 행동을 취하는 데 크게 도움이 된다.

설명체계는 심리학자가 자기문제의 본질을 이해할 수 있게 되면 변화시킬 수 있다. 심리학적 설명체계란 문제를 보다 정확하게 적중할 수 있도록 설계되어야 하며, 제기된 문제는 장시간을 두고 검증되어야 한다(Brewin, 1996). 심리학적 설명체계는 심리학자와 환자가 공동으로 개발해야 한다. 그럼으로써 보다 확실하게 문제의 본질이 무엇이고, 그것을 야기한 요인은 무엇이며,

어떻게 함으로써 그에게 도움을 줄 수 있는가를 알아낼 수 있다. 심리학적 사례설명체계는 매우 복잡하다. 그러므로 심리학자는 과학적 연구를 위한 이론을 개발해야 한다. 심리학적 사례설명체계를 세우기 위해서는 많은 훈련기회도 가져야 한다.

미국 정신의학회에서 발간된 DSM의 역사는 길뿐만 아니라, 전세계적으로 통용되는 정신장애의 진단요강이다. 그럼에도 불구하고 그것은 많은 비판을 받고 있다. 무엇보다 DSM은 과학적 배경은 결여되어 있으나 사회적 필요는 부분적으로 충족시켜 주고 있다. 진단체계는 높은 신뢰도와 타당도가 보장되지 못하였고, 정신의학적 장애에 대한 이론적 설명이 불가능하다. DSM의 연구제작에 주도권을 쥔 정신과의사들은 정신적 장애의 연속성을 수용하지 않는다. 이것이 곧 정신과의사들이 범한 가장 큰 잘못된 가정이다. 이와 같은 환경에서 정신의학적 자료에 대한 정확한 설명과 기술은 기대할 수 없다. 정신과 의사는 정신장애에 대한 정확한 진단을 할 수 없을 뿐만 아니라, 자기들에게 매우 중요한 자료를 놓쳐 버릴 수밖에 없다(Hempel, 1967).

DSM에 의한 진단은 오진가능성이 매우 높다. 정신분열증 스펙트럼 장애는 다른 장애와 구별되지 못한다. 이 장애는 유전적 방법으로 쉽게 진단된다. 정신의학적 장애는 연속성 가정 위에서 이해되어야 한다. 특정한 환자를 진단할 때 특정한 유목을 사용하는 것보다 유목과 유목 사이의 특징을 고려할 때 환자에 대한 보다 유익한 정보를 많이 얻을 수 있다(Straus, 1973). 이것이 곧 차원적 접근 방법의 기본 가정이다. 일반질병은 서로 다른 병원체에 의해서 발병되었기 때문에 모두 별개의 실체이다. 그들간에는 어떤 연속성도 가정할 수 없다. 더 나아가서 예후도 서로 다를 수밖에 없다. 이것이 일반의학자들의 주장이다. 이와 같은 의학의 전통에 따라 정신과 의사들은 한동안 환자를 이해하고, 치료하고, 연구하였다. 결과적으로 정신적 장애에 대한 이해는 왜곡되고, 치료효과는 크게 기대할 수 없게 되었으며, 연구는 임상상황과는 거리가 먼 것이 될 수밖에 없었다.

우선 기능적 정신장애를 두고 생각해 보자. 일반의학에서는 말라리아나 암을 일종의 질병으로 간주한다. 이와 같이 정신의학에서는 기능적 정신병을 질병으로 간주한다. 이것 또한 큰 잘못이다. 기능적 정신병은 물론, 다른 정신병을 질병으로 이해해서는 안된다. 양적으로 정신병은 정상과 크게 다른 실체이다. 정상은 신경증이나 히스테리와 비교할 때 양적으로 크게 다르다. IQ 70인 사람은 IQ 100인 사람과 양적으로 다르다는 논리와 크게 다르지 않다. 그럼에도 불구하고 전통에서 벗어나지 못한 정신의학자, 극히 일부 현대정신의학자, 역동적 정신분석자는 정신병과 신경증이 단일차원 혹은 단일연속성을 형성하고 있다고 본다. 이 주장에 따르면, 정상적 정신기능과 정신병적 장애는 신경증에 의해서 연결되어 하나의 연속성 혹은 차원을 이룬다고 한다. 이러한 관점에서 신경증은 정도가 가벼운 정신병으로, 또 가벼운 정신병은 정도가 심한 신경증으로 생각하였을 가능성도 다분히 있다. 이와 같은 견해의 타당성은 입증되지 못하였고 이와 같은 문제는 임상적 방법에 의해서는 해결되지 않는다. 우리는 여기서 수준높은 통계적 방법을 도입하지 않을 수 없다.

과학에는 현상을 기술하고 설명하는 기능이 있다. 이 기능은 절대적인 것이 아니라 상보적인 것이다. 경우에 따라서 설명은 기술의 수단으로 쓰여지기도 한다. 중력의 법칙은 물체의 낙하현상과 천체의 운동현상을 설명하는데 쓰여지고, 이는 동시에 설명된 사실에서 유도한 일반적 기술의 공식에 지나지 않는다. 이와 같이 일반과학에서는 그히 간결한 사례의 경우 설명과 기술의 기능이 서로 전도될 수가 있다. 이상행동의 연구에 있어서 심리학자와 정신과 의사가 공동으로 관찰한 사실에 있어서도 과학의 두 가지 기능인 기술과 설명의 기능은 분명하게 구분되어야 한다. 그럼에도 불구하고 정신의학자들은 증후군의 체계를 세울 때 전적으로 증후에 대한 기술자료에만 의존한다. 이와는 달리 정신분석자는 증후와 증후군의 원인을 찾아내서 그것을 설명하려고 시도한다. 그래서 우리는 그들에게 역동적 정신의학자와는 또 다른 명칭을 부여한다.

순수한 기술적 입장에서 환자를 진단하려고 하면 진단자간에 의견이 일치되지 않은 경우가 많이 있다. 이는 동일한 환자를 진단할 때 서로 도립된 질병체가 양적 연속성을 유지하고 있는 것으로 보는 것이 무엇보다도 중요한 원인으로 작용할 수 있기 때문이다. 또 역동적 진단자들 사이에도 기본적 문제를 다룰 때에는 좀처럼 의견이 일치되지 않는다. 심지어는 명성이 높은 진단자의 진단에서 그 일관성을 찾아 보기 어렵다. 그러므로 그들은 적어도 50여 년 동안 치료에 성공한 사례 하나 자신있게 내놓을 수가 없고 그들은 정신치료효과가 자발적 회복보다 낮다는 비난을 감수하지 않을 수 없게 되었다. 고전정신의학자들이 환자의 증후를 정확하게 기술할 수 없는 것이나, 역동정신의학자들이 치료에 성공하지 못한 것은 모두 그들이 사용한 방법에 큰 결함이 있었기 때문이다. 무엇보다도 그들은 직관이나 임상적 관찰 및 소박한 임상경험에 의존한 나머지 엄밀한 실험이나 정확한 통계적 분석은 외면하였기 때문이다.

가설을 세우고 이론을 체계화하기 위해서는 임상적 관찰, 실험 및 직관이 큰 비중을 차지하는 것은 사실이지만, 그것이 곧 과학적 연구를 위한 도구는 될 수가 없다. 임상적 경험이나 직관에 의해서 얻어진 자료를 바탕으로 설정된 가설도 실험을 거쳐야 하고, 거기에서 얻은 자료는 통계적 방법에 의해서 분석되어야 한다.

최초로 정신장애의 분류체계를 세운 Emil Kraepelin(1856~1926)도 정확한 정신장애의 진단을 위해서는 심리학실험실에서 얻은 자료가 꼭 필요하다는 점, 정신의학에서는 단순한 관찰자료보다는 적립된 이론이 필요하다는 점, 그리고 어떤 특정한 현상에 대한 체계적 기술이 필요하다고 강조한 바가 있다. 이와 같은 주장은 고전적 정신의학에 큰 변화를 가져왔다. 그는 Leipzig의 Wilhelm Wundt(1832~1920)의 실험실에서 익힌 실험적 연구법을 정신의학에 도입한 것이다. 그래서 그는 실험정신의학의 선구자로 꼽히고 있다.

임상장면에서 심리학자에게 요구되는 것은 보다 정확한 평가이다. 이러한 욕구를 충족시키기 위해서 필요한 것이 신빙도와 타당도가 확증된 평가척도이다. 임상심리학자에게 사용이 권장되는 척도는 많이 있다. 그 중에서 몇 가지만 선정해서 <표 8-8>에 수록하였다. 고전적 차원척도로는 1970년대에 Washington 대학교의 John Feighner 등이 개발한 파이너 척도(Feighner Scale)와 연구진단기준(Research Diagnostic Criteria; RDC) 등이 있다(Feighner, Robins, Guze, Woodroff, & Winkur, & Munoz, 1972).

표 8-8 주요성격차원검사

저 자	성격차원 검사	출 처
Clack & Harrison, J	*Schedule for Nonadaptive & Adaptive Personality (SNAP)*	Clark. L. Harrison, J.(2001) *Manual for the Schedule for Nonadaptive and Adaptive Personality(SNAP-2).* Minneapolis: University of Minnesota Press.
Cloninger, C.	*Temperament Character Inventory(TCI)*	Cloninger, C(2000) A practical way to diagnosis to personality disorder: A proposal. *Journal of personality Disorders*, 14, 99-108.
Costa, P. & McCrae, R.	*Neo-personality Inventory Revised (NEO PI-R)*	Costa, P. & Mccrae, R.(1992) *Revised Neopersonality Inventory(NEO-PI-R) and NEO Five-Factor Inventory(NEO-FFI) Professional Manual.* Odessa: Psychological Assessment Resources.
Eysenck, H.	*Eysenck Personality Questionaire(EPQ)/ Eysenck Personality Scale (EPS)*	Eysenck. H. J.(1987) The definitions of personality disorders and criteria appropriate for their description. *Journal of Personality Disorders*, 1, 211-219. Eysenck, H. J. & Eysenck, S. B.(1991) *Eysenck Personality Scale(EPS) Manual of the Eysenck Personality Scale.* London: Hodder & Stoughton.
이현수	한국판 아이젱크 성격검사	이현수 한국판 아이젱크 성격검사: 실시 및 해석을 위한 지침서(1997) 서울: 학지사.
Harkness, A. & McNulty, J.	*Personality Psychopathology-5(PSY-5)*	Harkness, A. & mCnulty J.(1994) *The Personality Psychopathology Five(PSY-5)* In Strack & M. Lorr (Eds.), *Differentiating Normal and Abnormal Personality*: New York: Springer(1994)

Livesley, W. et al.	*Dimensional Assessment of Personality Pathology of personality Pathology Basic Questionaire(DAPD -BQ)*	Livesley, W. et al.(2003) Diagnostic dilemas in classifying personality disorders. In R. Phillips et al (Eds.), *Dilemas in Psychiatric Diagnosis.* Washington, DC: American Psychiatric Association
Millon, T.	*Millon Clinical Multiaxial Inventory-Ⅲ(MCMI-Ⅲ)*	Millon, T.(1997) *MCMI-Ⅲ Manual Minneapolis National Computer Systems.*
Millon, T.	*Millon Index Personality Style(MIPS)*	Millon, T.(1996) *Disorders of Personality DSM-Ⅳ and Beyond.* New York : Wiley.
Shedler J. & Westen D.	*Shedler & Westen Assessment Procedure-200 (SWAP 200)*	Shedler, J. & Westen, D.(2004) Refining DSM-Ⅳ pesonality disorder diagnosis. Integnationg sciednce and practice. *American Journal of Psychiatry*, 161, 2004, 1350-1365.
Tellegen, A. & Waller, E.	*Multidimensional Personality Questionaire (MPQ)*	Tellegen, A. & Waller, E.(1987) *Exploring Personality through Test Construction: Development of Multidimensional Personality Questionaire.* Unpublished unscripts. Minneapolis.
Tyrer, P.	*Personality Assessment Schedule(PAS)*	Tyrer, P.(Eds.) *Personality*(2000) *Disorder: Diagnosis, Management, and Curse.* London: Arnold.
Tyrer, P. & Johnson, T.	*Personality Assessment Schedule(PAS)*	Tyrer, P. & Johnson, T.(1996) Establishing the liverty of personality disorder. *American Journal of Psychiatry*, 153, 1593-1597.
Westen, D. & Shedler, J.	*Shedler & Westen Assessment Schedule (SWAP)*	Westen, D & Shedler, J.(2000) Prototype matching approach to diagnosing personality. *Journal of Personality Disorders*, 14, 109-126.
Wiggins, J.	*Interpersonal Circumplex Measure (IPC)*	Wiggins, J.(2003) *Paradigims of Personality Inventory.* New York: Guieford.

Zuckerman, M.	*Zuckerman Personality Questionaire(ZKPQ)*	Zuckerman, M.(2002) *Zuckerman-Kuslman Personality Questionaire(ZKPQ)*: An alternative five-factorial model. In B. de Read & M. Perugini(Eds.), *Big Five Assessment*. Kirkland; Hogrefe & Huber.

유목적 진단 분류

외관상으로는 이론이 결여되어 있고, 내면적으로는 강력한 설명이 불가능한 의학적 모델을 기초로 하여 연구개발된 것이 DSM이다. 1952년 이래 발표된 DSM을 살펴보면, 양적으로 크게 발전하였다는 것을 알 수 있다. 즉 책의 분량과 진단 명칭이 외형상 크게 팽창하였다. 이와 같은 사실은 서가에 꽂혀진 DSM-Ⅰ부터 DSM-Ⅳ까지를 살펴보면 쉽게 이해할 수 있을 것이다. 1952년에 출판된 DSM-Ⅰ부터 1994년에 출판된 DSM-Ⅳ의 책의 부피와 진단명칭의 수가 크게 팽창되었다. 출판년도의 간격이 단축되면서 진단에 사용된 행동의 종류는 크게 늘어났다. 이것은 무엇을 의미하는가. 여기서 DSM이 과학적 지식을 기초로 하고 있는가에 대해 회의적 의문을 가지게 된다(Follette, & Houts, 1996). 이에 대해 많은 비판이 가해지고 있다. 우선 DSM의 발전과정은 다른 과학의 철학적 · 역사적 발전과 전혀 틀을 달리하고 있다는 것을 들을 수 있다.

Hempel(1967)은 과학발전에 있어서 분류의 역할을 철학적으로 분석 · 발표하였다. 그의 주장은 DSM에 대한 토의자들에 의해서 빈번하게 인용되고 있다. 그러나 모든 DSM에 Hempel의 주장이 적용되지는 않는다. Hempel의 과학발전 모델은 보다 많은 사실들을 특정한 법에 따라 탐구하는 데 있어서는 매주 중요하다. 과학적 설명에 있어서 법칙 모델은 또한 과학적 발전을 설명하는 데 매우 중요한 기능을 한다. 과학적 설명은 논리적 연역법이다. 이는 직면한 사실에 대한 기술이다. 여기서 관찰된 현상은 논리적으로 연역할 수 있다.

논리적 실증주의의 입장에서 Hempel이 주장하는 보다 더 중요한 개념은 이론적 환원과 생리적 환원을 병행하는 것이다(Weinberg, 1985). 어떤 현상을 설명하는 데 사용된 개념과 용어가 다른 현상을 설명하는 데 쓰여지는 개념과 용어에 의해서 설명 될 때 과학적 발전이 가능하다고 말할 수 있다. 예를 들면, 어떤 물질에 대해서 물리화학적 수준에서 이야기하고 그에 포함된 요소의 주기에 대해서 기술할 수 있다. 일단 원자이론의 법칙이 분명히 밝혀지면 그 물질의 물리화학적 주기가 연역될 수 있다.

Hempel의 논리적 실증주의 모델에 의하면, 일반법칙에 따라 관찰된 사실을 보다 많이 설명할 수 있을 때 과학적 발전은 기대할 수 있다고 한다. 여러 가지 관찰된 사실을 설명할 수 있는 이론의 혁신에 의해 분류체계가 연역될 때 과학은 발전한다. 예를 들면, 최초의 생물학적 지식은 유기체의 표면에 나타난 특성을 바탕으로 조직화된 것이다. Charles Darwin(1809~1882) 이전에도 복잡한 분류법이 있었다. 이에 따라 생물체를 분류하는 데에는 수많은 유목이 필요했다. 진화이론이 등장하면서 표면적 특성에 의한 생물체의 분류는 계통발생학 혹은 유전적 개념에 의한 분류로 바뀌게 되었다. 분류법은 단순한 정보를 저장했다가 다시 상기시켜 주는 기능에서 만족할 수 없다. 기존이론의 타당성을 입증해 주는 기능까지 할 수 있어야 한다. Hempel은 어떤 사실이나 분류유목의 이론에 의해 연역될 때 그에 대한 과학은 발전한다고 했다. 단순한 유목의 나열은 과학발전의 증표가 될 수 없다. 논리적 실증주의의 관점에서 볼 때 DSM이 인간행동을 설명하기 위해 정신장애의 진단 유목수를 늘렸는데, 이것은 과학적 발전과는 전혀 무관하다.

Kendell(1991)은 이 점에 대해서 이렇게 평가하고 있다. 즉 의학이나 학습분야에서는 그들의 주제를 분류체계에 따라 맹목적으로 분류했다고 해서 그 과학이 발전한 것은 아니다. 새로운 개념을 습득하고, 기본적 기제를 명료하게 기술할 수 있게 될 때 과학은 발전한다. DSM의 제작자들은 진단 유목의 수를 늘려 나가는 데에만 역점을 두었는데, 이는 과학발전과는 전혀 무관하다. Guze(1995)는 DSM-Ⅳ를 개관하고 진단 유목의 수가 늘어난 현상을 보고 걱정이 앞선다는 심정을 피력하기도 하였다. DSM의 성장에 대해 걱정하는 사람들은 그것을 설장한 결과로 보기보다 버려진 것을 하나씩 주워 모은 작품에 지나지 않는다고 보고 있다. 왜냐하면 증후를 한데 모으고, 더 나아가서 증후를 한 데 묶은 진단체계는 이론을 바탕으로 만들어 진 것이 아니기 때문이다.

이렇게 볼 때 DSM은 일정한 이론이 결여된 진단체계임이 틀림없다. 그것은 병약한 의학 모델에 지나지 않는 것으로 생각할 수 있다. 이론이 결여된 DSM 현대판은 방법론적으로도 큰 결함을 안고 있다. 특히 제작에 참여한 사람들의 의견일치를 매우 중시하고 있다. 이와 같은 특성은 DSM-Ⅳ의 제작과정에서 현저히 나타나고 있다. 보다 자세한 것은 DSM-Ⅳ에 대한 비판을 참고하기 바란다.

DSM-Ⅳ은 그 분량이나 그에 수록된 진단 유목의 수에 있어서 이전판을 크게 능가하고 있다. 그러나 그에 수록된 진단 유목의 취사선택과정에서는 과학적 방법을 외면하였다. 진단유목들은 연구자들간의 의견일치에 의해서 결정된 것들이다. 또 축의 개념을 도입하는 데 그 과학적 근거를 전혀 찾아보기 어렵다. 축 Ⅱ의 특성을 진단하는 데 31개의 방어기제를 사용하였다. 그것들이 모두 정신분석에서 사용되는 억압, 반동형성, 투사와 같은 개념들이다. 이와 같은 개념들은 DSM-Ⅲ에서도 사용되지 않고 있다. 이 과점에서 보면 DSM-Ⅳ는 DSM-Ⅲ으로 퇴보한 것이나 다름없다.

종합적 관점에서 보면, DSM은 검증이 불가능하고 신빙성이 보장되지 않은 이론을 바탕으로 하고 있다고 특징지을 수 있다. DSM-Ⅳ에 수록된 축은 이론적으로나 임상적으로 많은 연구를 필요로 한다. 과학철학의 입장에서 볼 때 DSM은 이론이 결여된 분류체계로 정신의학의 발전에 크게 도움이 될 수 없다. 이론적 배경이 없이 진단 유목의 수만 늘리는 것은 신빙성있는 진단이 불가능하고, 효과적인 치료도 기대할 수 없다.

DSM에 대한 Follette, & Houts(1996)의 비판은 몇 가지로 요약될 수 있다. 첫째, 인간의 행동이란 원래가 매우 다양하기 때문에 정신장애에 대한 단일이론체계는 존재할 수 없다. 둘째, 진단 유목이 증가하는 것은 과학의 발전과는 무관한 것이고 경험적 자료에 의해서 입증될 수 없다. 셋째, DSM의 새 진단 유목의 증가는 정신장애의 범위를 확대시킨다는 주장이 있으나 이것도 경험적으로 입증될 수 없다. 넷째, 이론을 바탕으로 한 진단과 이론적 바탕이 없는 진단결과는 유사하다. 다섯째, 이론적 바탕이 결여된 진단과 원인론을 바탕으로 한 진단이 통합될 필요가 있다.

제9장

심리치료의 개관

제9장
심리치료의 개관

심리치료는 치료를 목적으로 하는 일종의 대화이다. 사람들은 여러 가지 이유로 임상심리학자의 서비스를 찾는다. 어떤 사람들은 생활 속에서 발생하는 문제를 다루는 데 도움이나 조언을 필요로 하기도 한다. 예를 들면, 대학에서 거처를 정하는 일, 관계가 악화되면서 생기는 고통, 직장에서의 어려움 등을 다루는 것이다. 부모가 되는 것과 같이 인생의 한 국면에서 다른 국면으로 전환하는 것은 새로운 즐거움도 주지만 새로운 요구가 생기기도 한다. 부모나 배우자의 사망과 같은 예상할 수 있지만 고통스러운 생활사건이 생겼을 때 사람들은 치료를 시작할 수 있다. 많은 경우에 사람들은 일상의 기능을 방해하는 정서적 비탄에서 빠져나오려고 한다. 전문적 서비스를 찾기 전에 몇 달, 몇 년 동안 정신장애를 겪기도 한다. 어떤 사람들은 개인의 정체감이나 가치관, 그리고 자기이해 등의 의문을 풀기 위해 치료자를 찾는다(Hunsley & Lee, 2010).

심리치료는 전문가가 다른 사람의 심리적 고민을 해결해 주고 성장을 촉진하기 위해 심리학적 원리에서 나온 기법들을 체계적으로 적용하는 과정으로 정의된다. 이 같은 폭넓은 정의는 상담과 심리치료를 적절하게 구분할 수 없게 만든다. 내담자, 심리학자, 그리고 건강관리체계에서 일하는 여러 전문가들을 위해 이런 상황을 명확히 하려고 Barlow(2004)는 심리학적 치료라는 용어가 임상적으로 중요한 문제(예로, 축 I 과 축 II 의 진단들)를 치료하기 위해 설계된 구체적이고 증거에 기반을 둔 개입이 많아지도록 하기 위해 사용되었다고 했다. 심리치료가 심리학, 정신의학, 사회복지, 의학, 간호학 등을 포함하여, 많은 분야의 전문가들에 의해 실행된다는 것을 인식하는 것이 중요하다. 심리치료자라는 명칭은 그 사용권한으로 볼 때 어떤 전문가 유형에 제한되거나 특별히 허가받는 것은 아니다. 따라서 누구라도 심리치료자로서 자신의 서비스를 광고할 수 있다. 캘리포니아 심리학 기록위원회에서 발표한 선언문, '심리학적 서비스에 대한 소비자 가이드'에서는 자격 있는 심리학자로부터 서비스를 받아야 하는 이유를 다음과 같이 밝히고 있다.

> "위원회는 당신에게 자격 있는 심리학자를 선택하라고 강력하게 권고한다. 자격증은 심리학자가 교육적 수준이나 경험이 엄격한 기준에 도달했다는 것과 포괄적인 시험에 통과했다는 것을 보증한다. 또한 범죄 배경에 대한 검열도 통과했다는 것을 보증한다. 심리학자가 현대적이고 타당한 자격증을 갖고 있다는 것을 증명하는 것은 중요하다. 이것은 그 사람이 최근에 지속적인 교육적 요구들을 충족하고 합법적으로 심리학을 이용할 수 있다는 것을 의미한다. 현재의 자격증은 심리학자를 법적으로 유효한 제공자라는 것을 인정하기 위해 보험회사에서도 요구하는 것이다."

정신건강 서비스의 전체적 이용이 최근 10년간 증가되었다는 증거가 있다. 그러나 이러한 증가 대부분은 심리치료라기보다는 약물치료의 이용과 연관된다. 예를 들어, 지난 20년 간 미국에서, 심리치료를 포함하여 정신과 의사를 찾는 환자의 비율은 1/2에서 1/3로 줄었다(Mojtabai & Olfson, 2008). 캐나다 앨버타에서 우울증의 치료패턴을 알기 위해 전화조사를 실행하였을 때 이와 유사한 자료가 나왔다(Esposito, Wang, Adair, Williams, Dobson, Schopflocher et al., 2007). 그들은 주요 우울증의 진단 기준에 맞는 사람들 중에 거의 40%가 항우울제를 사용한 반면, 14%만이 상담이나 심리치료라는 형태의 서비스를 받는다는 것을 밝혔다. 1993년에 영국 전집조사에서 여자의 6.7%, 남자의 6.2%가 축 I 의 장애로 심리치료를 받았다고 보고했다(Brugha, Bebbington, Singleton, Melzer, Jenkins, Lewis, et al., 2004). 2000년에도 통계적으로 유의미한 차이가 없었다. 즉 여자의 7.9%, 남자의 9.8%만이 심리치료를 받는다고 보고했다. 뚜렷하게 대조되는 것으로, 이 기간 동안 약물처방의 비율은 여자(9.6%에서 20.1%)와 남자(9.7%에서 19.1%) 모두에게서 급격하게 증가했다.

약물처방에 보조하는 것이나 대안적인 것이거나 간에 치료를 결정하는 사람은 누구인가? 역학조사에서 보면 많은 사회인구학적 특성이 심리치료의 이용과 관련된다(Hunsley, Lee, & Aubry, 1999; Vessey & Howard, 1993). 심리치료에 대한 모든 접근들을 통틀어서 심리치료 내담자들 대부분은 여자이고 중년보다 좀 젊은 사람들이다. 불행하게도 서비스를 필요로 사람들 중 대부분은 결코 어떤 종류의 전문적 도움도 찾지 않는다.

임상심리학자들로부터 처치를 받을 수 있는 많은 통로가 있다. 어떤 나라에서는 병원이나 지역사회 진료소에서 심리학자들이 제공하는 서비스들을 국가 건강관리체계에서 부담한다. 다른 나라에서는 주정부가 지원하는 서비스를 저소득층에서만 제공받고 대부분의 사람들은 개인 보험으로 부담한다. 대부분의 건강관리 체계에서는 사적인 치료 장면에서 임상심리학자의 서비스를 받는 것은 가능하다. 특히 내담자가 서비스 비용을 직접적으로 지불해야 하는 경우도 있다. 즉 어떤 내담자는 직장에서 모든 비용이나 혹은 일부 비용을 부담하여 건강관리를 받는다. 병원 같은 공적인 장면에서 실시되는 심리학적 서비스를 받아야 할 때는 의사로부터 의뢰를 받는 것이 필수적이고, 보험회사에서도 요구한다. 그러나 내담자들이 사적인 치료 서비스를 원할 때는 스스로 찾아갈 수 있다.

심리학적 서비스의 재정적 경비는 많은 잠재적 내담자에게는 주요 장벽이 될 수 있다. 이러한 경제적 부담은 많은 사람들이 치료를 결정할 때 직면하는 여러 장애물 중에 가장 으뜸이 되는 문제이다. 특히 우리나라에서는 심리학자 단독으로 서비스할 경우 심리학적 치료에 대하여 보험제도가 보장하지 않으므로 내담자의 경제적 부담은 상당하다. Saunders(1993)는 심리치료를 찾는 과정을 일련의 네 가지 상호 연관된 결정으로 개념화하였다. 즉 문제가 있다는 것을 인식하기, 치료가 필요하다는 것을 결정하기, 실제로 치료를 찾는 것을 결정하기, 마지막으로 치료자나 진료소와 연락하기 등이다. 그의 연구에서 결과적으로 치료를 찾는 사람들 대부분은 심각한 문제가 있다는 것을 인식한 것에서부터 치료가 도움이 될 것이라고 결정할 때까지 수개월이 걸린다고 보고했다. 그럴 때조차 내담자의 반 이상은 치료를 받겠다고 결정하기까지 적어도 몇 주가 걸린다고 한다. 이런 과정에서 잠재적 내담자가 중요한 타인에게서 지지를 받는다고 느끼는 정도가 치료를 찾는 결정에 영향을 미칠 수 있다(Saunders, 1996).

심리치료의 목표

심리치료자마다 서로 다른 궁극적 목표와 중간 목표를 가지고 있다. 인간 본질에 대해 어떤 생각을 가지고 있으며, 어느 정도의 정신건강상태를 바라고 있느냐에 따라 궁극적 목표가 결정된다. 환자의 증후를 제거시키고, 발병 이전의 상태로 정신기능을 증대시키고, 자기를 실현하게 하고, 개인의 의미와 가치를 발견하게 하고, 그리고 성격을 개조하는 데 도움을 주는 것이 치료자의 궁극적 목표이다. 이에 못지않게 중요한 것이 중간 목표인데 이는 환자로 하여금 궁극적 목표를 향해서 노력할 필요를 느끼게 하는 것이다. 심리치료의 체계에 따라 치료의 중간 목표가 크게 달라진다.

환자가 올바로 일을 할 수 있게 동기를 강화시켜 준다. 이와 같은 사실은 치료자들이 오래 전부터 끈질기게 주장한 것이었으므로 지도적 치료법과 같은 방법이 파생되게 되었다. 보다 나은 행동을 하게 할 목적으로 여러 가지 방법들이 사용된다. 가장 쉬운 충고로부터 보다 어려운 훈계나 최면까지 매우 다양하다. 전문적 지식을 가진 치료자가 등장하기 이전은 물론 그 후에도 심리적 문제를 해결하기 위해서 심령과학이라고 불리는 비과학적 방법에 크게 의지하는 사람들이 많이 있다. 무엇보다도 중요한 것은 환자 자신이 올바른 방향으로 자기의 문제를 해결해야 되겠다는 동기를 가지게 하는 것이다. 예를 들면, 알코올 중독자와 약물 중독자를 설득하고 사회적 압력을 가해서 중독 상태에서 벗어나도록 하게 한다.

강한 감정노출을 촉진시킴으로써 정서적 압박감에서 해방시키는 것이 치료의 목적이다. 이것이 곧 정화이다. 이 말은 희랍어에서 유래한 것으로 위대한 연극을 관람함으로써 정서적 긴장이 풀린다는 의미가 내포되어 있다. 특히 히스테리 환자에서는 억압되었던 기억이 정서를 통해서 폭발될 때 극적으로 치료되었다는 사실들을 초기의 치료자들은 잘 알고 있었다. 그러나 외상성 불안신경증과 같은 경우를 제외하고는 심리치료는 강력한 치료적 정화경험을 얻는 데 도움이 되지 못한다. 그러한 경우에는 최면이나 약에 의해서 촉진시킬 수밖에 없다. 울적한 감정을 풀게 하는 것은 어떤 치료에서도 매우 중요하기 때문에 치료자는 상상하는 인물이나 사물에 대해 감정을 폭발시키는 방법을 쓰고 있다. 그러므로 근래에 와서는 자신의 감정이나 경험에 대해서 치료자에게 고하는 것보다는 직접적으로 정서를 표시하게 하는 치료방법이 등장하는데 게슈탈트치료 같은 것이 바로 그것이다.

환자의 잠재적 성장능력을 개발해 주는 것이 심리치료이다. 정상적인 발달단계에 따라서 인간은 성장하는데 이것이 저해를 받으면 신경증 같은 정신적 장애가 수반된다. 정신분석자들의 견해에 따르면 이와 같은 발달장애는 해결되지 못한 갈등이나 억압된 초기의 갈등의 고착에서 그 원인을 찾을 수가 있다고 한다. 실제 치료장면에서는 환자와 치료자 사이에 전이감정의 현상이 나타난다. 이러한 감정이 의식에 떠오르게 되면 그것을 다시 검토해 보게 된다. 그리고 나면 증후에서 해방되고 강박적 행동은 중단되며 미숙한 성격특징은 자연스럽게 소실된다.

인본주의적 치료자들에게도 발달단계는 매우 중요시되고 있다. 그래서 Rogers와 Maslow는 성장과 자기실현의 중요성을 강조하고 있다. 또한 이들은 인간이 가지는 잠재력을 변용시킬 수 있다는 점을 강조하고 있다. 그들의 주장에 따르면 그 성장과 자기실현은 지연될 수도 있고 혹은 장애를 받을 수가 있다고 한다. 그러므로 심리치료자는 기계적이어서도 안 되고, 어떤 기계장치의 결함을 수선하는 식이어서도 안 된다. 그것보다는 잡초를 제거하고, 영양분을 공급해 주는 정원사의 역할을 해야 한다(Sundberg, Tyler, & Taplin, 1973).

사고의 변화를 가져오게 하는 것이 또한 치료의 목적이다. 치료 자체가 곧 학습의 한 과정이다. 신경증의 증후도 환자가 학습을 통해서 얻은 부적절하고 바람직하지 못한 행동유형이다. 치료한다는 것은 다름이 아닌 부적절하고 바람직하지 못한 행동 대신 적절하고 바람직한 행동을 배울 수 있는 새로운 학습사태를 마련하는 것에 지나지 않는다. 이 때 조건화의 원리에 크게 의존할 수밖에 없다. 이미 오래 전에 바람직하지 못한 행동을 제거시킬 목적으로 조건화의 원리가 사용되었다는 것은 주목할 만한 사실이다. 밤에 오줌 싸는 아이들의 습관을 교정하기 위해서 패드와 벨을 써서 조건화 훈련을 시켜 매우 좋은 성과를 얻을 수가 있었다(Mowrer & Mowrer, 1938).

사람의 인지 구조에 변용을 가져오는 것이 치료의 목적이다. 여기서는 자기 자신은 물론, 다른 사람이나 자기의 세계를 어떻게 지각하느냐가 크게 문제가 된다. 인간의 기본적 문제인 개인의 개념체계(Kelley, 1955)나 위장체계(Frank, 1973)는 곧 편견과 크게 다름이 없다. 본인들은 자신이 어떤 개념체계를 갖고 있다거나 위장을 하고 있다는 것 자체도 전혀 이해하지 못하고 있다. 그러나 치료자는 건강한 사람의 반응형태를 이미 확실히 알고 있다. 환자는 치료됨에 따라서 자신의 인지 구조가 변해 간다는 사실을 비로소 알게 된다.

환자로 하여금 보다 효과적으로 의사결정을 할 수 있는 기능을 증대시키고 그에 대한 지식을 가지게 하는 것이 곧 심리치료의 목적이다. 이 점에 있어서 심리치료와 상담의 기능이 다소 중복되지만 이들의 기능을 명확하게 구분 짓는다는 것은 매우 어려운 일이다. 기본적 입장을 보면 심리치료자들은 환자의 생활공간을 보다 넓게 보고 있는 데 반해서 상담자들은 직업선택이나 의사결정에 갈등을 느끼고 있을 때보다 쉽게 결심을 할 수 있게 도움을 주고 있다고 보겠다. 이 목적을 달성하기 위해서 상담자들은 환자의 능력 및 흥미를 고려하여 실제장면과 결합시켜 보려고 시도한다. 그에 앞서서 상담자는 내담자의 특성을 알아보기 위하여 여러 가지 심리검사를 실시한다. 심리치료의 영역에서도 이와 같은 시도가 실제 문제를 해결해 나가는 데 크게 도움이 될 것만은 틀림없는 사실이다.

자기에 대해서 알게 하는 것, 즉 통찰력을 가지게 하는 것이 심리치료의 목적이다. 어떤 형태의 치료에서도 자신이 무엇을 어떻게 행동할 것인가를 알게 하는 것이 곧 기본적인 과제이다. 이와 같은 주장은 고전적 정신분석의 기법과도 통하는 것으로서, 환자로 하여금 억압된 동기를 의식케 하고 그것을 다시 검토하게 함으로써 부적응행동이나 강박적 행동에서 벗어나게 한다. 이것은 어디까지나 지적 작업이 아니라 정서적 학습이다. 또 이 견해는 곧 고대 철학자들이 주장한 네 자신을 알라는 격언과도 의미가 통하는 바가 있다. 그러나 사실상 심리치료에 있어서는 환자 자신이 통찰한 바 없이, 즉 무의식의 세계에 억압되어 있는 동기를 의식하지 않고도 치료적 변화를 가져올 수가 있다. 그러나 자동적으로 통찰이 이뤄지지 않고는 성격변화나 행동변화는 크게 기대할 수가 없다. 그러고 보면 통찰이라는 개념은 심리치료에 있어서 매우 중요하다.

개인의 심리적 문제해결보다는 대인관계를 강조하는 사람도 있다. 인간의 성장은 다른 사람과 접촉함으로써 이루어진다. 이 과정에서 얻은 경험에 따라 정신적으로 장애가 생기기도 하고 건전한 인격으로 성숙하기도 한다. 대인관계의 이론은 학자에 따라 다르다. 즉 가족 성원과의 관계를 중요시하는 사람도 있고, 그와는 달리 배우자, 친구, 애인 그리고 직장 상사와의 관계를 중요시하는 사람도 있다. 어떤 입장이든 간에 대인관계가 무엇보다도 중요시되고 있다. 그 특징을 밝히는 것이 치료자의 역할이다.

여기서 환자가 갖는 다른 사람과의 의사소통이 큰 비중을 차지한다. 치료에 있어서는 일상적 대인관계에서 벗어나 보다 새로운 대인관계를 형성시켜야 한다. 이때 치료자는 환자와 직접 접촉을 가짐으로써 의사소통의 방법을 가르쳐 줄 수 있고, 자기에게 어떤 감정을 가지고 있다는 것을 직접 보여 줄 수가 있다. 이와 같이 직접 상호작용을 통해 실존인물과 접촉할 수 있다는 것이 큰 장점이다. 이 대인관계의 이론을 발전시킨 것이 곧 집단치료와 가족치료이다. 치료자는 이와 같은 치료방법을 통해서 환자가 다른 사람을 어떻게 생각하고 있으며 또 그들과 실제로 어떤 교섭을 가지는지를 직접 관찰할 수가 있다. 치료과정에서는 그에 대한 관찰을 하고 그 행동을 이해하기 위해서 사회적 기능을 발휘하게 할 필요가 있으며, 사실 그것을 통해서 치료적 변화를 가져올 수가 있다.

환자의 환경을 변화시켜 주는 것도 치료의 한 가지 방법이다. 환자의 복지는 그를 둘러싸고 있는 사회적 환경의 영향에 따라 크게 좌우된다. 그러므로 환자에게 영향을 주는 사회적 영향을 통제하거나 교정 없이는 환자 개인의 상태에는 변화를 가져올 수 없다는 것은 오래 전부터 계속적으로 연구되어 왔고 주장되어 왔다. 전통적으로 아동정신분석자들은 아동을 치료할 때에는 아버지나 어머니 혹은 부모들을 동시에 치료하는 것으로 되어 있다. 더 심할 경우도 있다. 즉 가정환경의 영향을 크게 받을 우려가 있는 아이들을 가정에서 격리시키고 있다.

정신병원과 같은 기관에서는 치료적 환경을 조성하기 위한 계획도 세우고 있다. 최근에 와서는 정신장애의 예방을 위해 지역사회운동이 전개되면서 환자에게 영향을 주는 사회적 환경이 눈에 띄게 개선되었다. 이는 심리치료자들이 직접 참여하는 것은 아니고 개인이 스스로 자기에게 알맞은 주거 환경과 일자리를 택하는 것이다. 이보다 더 야심적인 계획이 있다면 그것은 특정한 장애아동의 문제를 다루기보다는 모든 아이들에게 정서적으로 보다 건전한 학교 환경을 마련해 주는 일이다. 이와 같은 계획은 엄격하게 따지고 보면 심리치료의 영역에서 벗어난다고는 보겠으나 정신건강사업에 크게 공헌하는 것은 틀림없다.

쓰라린 감정을 해소시키기 위해서 신체적 과정에 변화를 가져오는 것도 심리치료의 한 가지 수단이 될 수가 있다. 사람들은 자신이 사회적 유기체임을 알게 되고, 임상가들은 그들의 생물학적 조건에 대하여 관심을 쏟게 된다. 다른 한편 불안, 우울, 흥분 및 괴로운 감정을 직접 치료할 수 있는 정신약리제가 발달하였다. 이들 약제는 주로 의사들의 처방에 의해서 쓰이는 것이 보통이다. 치료효과를 떠나서 향정신약제는 심리치료의 보조제로서 널리 쓰이고 있다. 불쾌감을 감소시켜 줌으로써 환자는 심리치료에 순수하게 응하여 온다. 긴장과 불안을 감소시키는 수단으로서 긴장이완훈련은 행동치료에서 가장 기본적인 방법으로 쓰이고 있다. 긴장을 풀고 괴로움을 숨김없이 이야기하게 하는 것은 환자에게 크게 도움이 된다.

자아를 통제하고 창조성을 증대시켜 의식에 변화를 가져오는 것이 심리치료의 한 목적이다. 심리치료에 있어서 신체적 측면도 중요하지만 그에 못지않게 중요한 것은 꿈이다. 꿈은 특이한 의식상태하에서 경험되는 심리학적 경험의 세계이다. 정신분석과 다른 역동적 심리치료자들은 무의식적 원망이나 충동을 이해하기 위해서 의식의 세계로 끌어올리는 데 큰 비중을 두었다. 사람들은 합리적으로 시험해 보고 의식적으로 통제하기 위해서 현실에 적합한 사고방식에서 이탈하는데, 이것은 곧 Jung이 말하는 창조적 무의식과 같다. 동양의 철학자들은 내적 경험을 중시하는 반면, 서양의 철학자들은 합리적 사고의 의식적이며 목적 지향적 활동을 보다 중시하고 있다. 따라서 동양철학자들은 현실적이며 외적 세계에 주의를 돌리기 위해서 고립이나 통정과 같은 방법을 쓰고 있다. 그럼으로써 환자는 정서적으로 평안하고 자기각성을 높이는 경험을 갖게 된다. 신체적 각성과 마찬가지로 자기에 대한 각성을 높여 주기 위해서 서로 다른 여러 가지의 방법이 사용되는데, 어떤 것이나 궁극적으로는 자기정복과 자기지식을 증대시킨다는 것은 틀림없는 사실이다. 다른 유형의 심리치료와 비교해 보면 이와 같은 방법은 의식적인 의사소통의 중요성보다는 경험 그 자체를 많이 강조한다는 것을 쉽게 알 수 있다.

지금까지 심리치료의 목적을 들어 간략하게 성명하였다. 그러나 이것이 심리치료의 목적 전부는 물론 아니다. 모든 치료체계는 그 나름대로 서로 다른 치료목적이 있다. Rogers의 인간중심치료에서는 일차적으로 성장에 대한 잠재력을 강조하고 있다. 자아에 대한 지식의 중요성을 강조하는 심리치료도 있고, 환자의 인지적 구조를 변화시키려는 심리치료도 있고, 대인관계를 강조하는 심리치료도 있다. 또 설득을 치료의 목적으로 하는 심리치료도 있고 혹은 행동수정을 목적으로 하는 심리치료도 있다. 시간의 흐름에 따라서 치료자가 강조하는 것도 서로 달라지고 있는 것만은 사실이다. 1950년대 초반기에 있어서 Rogers와 그의 동료들은 환자가 느끼는 신념과 감정의 내용을 검토해 보는 데, 그리고 근자에 와서는 대인관계의 중요성에 각각 다른 데 역점을 두게 되었고, 최근에 와서는 비언어적, 신체적 측면 및 좀 특이한 의식 상태에 관심을 가지게 되었다.

이미 앞에서도 지적한 바와 같이 치료자는 융통성이 있어야 한다. 치료자는 환자의 욕구와 환경에 따라서 서로 다른 치료기술을 발휘할 수가 있어야 한다. 그런데도 불구하고 대부분의 치료자들이 특정한 방법에 대한 훈련밖에 받지 못했기 때문에 모든 환자를 동일한 방법으로 치료하려고 한다. 환자가 어떤 문제 때문에 치료를 받게 되었는지를 생각하는 것보다는 치료자가 할 수 있는 방법으로 치료하는 경향이 있다. 이러한 환경에서는 환자가 어떤 문제를 가지고 있으며 그에게 어떤 치료방법이 가장 적합한가는 전혀 고려될 여지가 없다.

심리치료의 단계

최초면접

임상장면을 찾은 내담자들은 본인 스스로 원하는 것을 잘 인지하지 못할 수 있고 자신의 문제를 드러내는 것에 대해 불안과 수치심을 가질 수 있다.

혹은 임상가를 만나는 것에 대해 비현실적인 기대를 할 수도 있다. 따라서 임상가는 내담자에게 임상장면에 대해 설명해주고 도움 받을 수 있는 내용을 알려주어서 전문적 서비스를 어떻게 이용할 것인지를 결정하도록 해준다.

면접의 첫 회기에서 전문가들을 소개하고 치료비, 비밀 유지의 약속과 한계 그리고 이 내담자와 계속 절차를 진행할 것인지, 타 기관이나 전문가에게 의뢰해야 할 것인지를 결정해야 할 것이다. 최초 면접에 대해서는 4 장에 있는 내용을 참고할 필요가 있다.

평가

내담자가 계속 치료를 받기로 했다면 임상심리학자는 정확한 진단과 치료계획을 세우기 위해 평가를 시작한다. 정확한 평가를 위해서는 임상심리학자의 자료뿐 아니라 배우자, 가족, 친구, 직장동료 들을 면접한 자료, 의학적 자료 등을 통합하여야 하고, 이를 통해 내담자의 문제를 개념화 할 수 있으며 치료 대책을 세워서 진행되어 갈 수 있다. 평가는 일회적인 것이 아니고 치료와 함께 계속되는 일련의 과정이다.

치료목표의 설정

평가가 끝나면 치료에 들어가면서 제일 먼저 해야 할 것은 치료목표를 정하는 것이다. 치료목표는 합리적인 수준에서 임상가와 내담자가 합의하여 설정해야 하는데 모든 문제를 완전히 치료하거나 해결하는 것은 현실적으로 거의 불가능하므로 내담자의 현재 기능수준과 기대에 맞추어서 적절하게 설정해야 할 것이다. 내담자가 치료에 대해 비현실적 기대를 가지고 있을 때는 치료를 쉽게 포기하는 경향이 있고, 치료를 내담자의 상태에 맞추어서 적절한 속도로 진행해 나가야 내담자가 치료에 잘 협조할 수 있을 것이다. 또한 치료자와 좋은 관계를 형성하고 치료목표를 향하여 공동으로 노력할 때 치료성과는 더 좋아진다는 것을 언급하여 치료에 적극적으로 참여하도록 유도할 필요가 있다.

치료 실시

치료자와 내담자는 치료를 통해 목표를 달성할 수 있다는 희망을 가지고 시작한다. 치료 계획에 따라 치료가 진행되는데 보통은 일주일 한 번 1회기당 50분 정도의 시간으로 이루어지며, 내담자의 문제의 성질과 치료자의 이론적 지향 그리고 치료자의 훈련배경에 따라 서로 다른 심리치료 이론으로 접근한다. 치료 계획은 내담자에 따라 다양하게 변화될 수 있고 내담자에 맞춰 독특하게 진행될 수 있다.

심리치료는 끝없이 계속되는 과정이다. 왜냐하면 인간의 성장이나 행동의 완성이란 일정한 기간 내에 성취되는 것이 아니고 평생을 두고 지속되는 것이기 때문이다. 심리치료는 바람직한 삶을 갖게 하기 위한 한 가지 방편이다. 그러므로 치료기간에 이뤄지는 한 사람의 노력으로만 이루어질 수가 없다. 이러한 치료적 태도는 전문가에 의해 치료기간을 통해서 습득되는 것으로 장차 생활에까지 지대한 영향을 미친다.

치료의 종결 및 평가

환자가 말하는 것이 지루하게 들리면 심리치료는 사실상 끝난 셈이다. 이것은 심리치료를 비꼬는 사람들이 하는 말이지만 부분적인 진리가 내포되어 있다. 즉 환자는 자신의 문제를 진지하게 이야기하고 듣는 사람도 진지하게 들을 수 있을 때 진정한 치료관계는 존속한다(Korchin, 1976).

보다 한정된 의미에서 심리치료를 이해한다면 일정한 목적이 성취되었을 때 치료는 종결되어야 한다. 보다 더 확실하게 이야기한다면 현존하던 증후가 소실되고 환자가 건강을 되찾았다고 느낄 때에 심리치료는 종결된다. 그러나 환자 자신은 정서적으로 성숙되었다거나 창조적 생활을 영위하기 위한 원동력이 생겼다는 사실에 대해서도 별로 자신감을 가지지 못한다. 심리치료가 진행됨에 따라서 새로운 시야가 전개되고 목적에 변화가 오는 것이 보통이다. 그러나 치료자와 환자가 치료 종말에 가서 기대하는 것은 서로 다르다. 어떠한 경우든지 간에 환자의 현재 상태는 물론 미래의 전망에 대해 치료자와 환자의 의견이 일치되었을 때, 또 설정했던 목적이 충분히 달성되었다고 판단될 때 치료는 종결되어도 된다.

이러한 결심이 서게 되면 최종 치료일자를 대충 미리 결정할 수가 있다. 대체로 6주 후에 끝맺음을 하는 것이 보통이다. 이 단계에서는 치료를 끝맺음 하는 것도 중요하지만 장차 계획을 세우는 것도 중요하다. 이때는 치료를 시작할 때와 같은 정서적 문제도 생긴다. 어떤 환자에게는 치료를 한다는 것이 삶의 한 가지 방법이 되기도 한다. 치료를 마무리 짓는다는 것은 하나의 성취임에 틀림없고, 자기관리가 높은 수준에까지 이르게 됨을 경험하는 것이지만 여전히 거부당하는 것과 같은 것을 경험하는 경우도 있다. 때로는 의존감정 때문에 혼자서 자기의 문제를 해결한다는 것이 두렵게 생각되기도 한다. 그래도 몇 번이라도 더 치료를 받을 수 없겠느냐고 하소연하는 환자도 있다. 이런 경우 내담자와 합의하에 치료횟수를 서서히 줄여나가면서 종결에 대한 내담자의 감정과 태도를 충분히 표현하도록 해주고 앞으로의 생활에 대한 계획도 같이 나눠야 한다.

치료의 목적이 성취되기 이전에라도 심리치료를 종결할 수 있다. 치료가 종결되기 전에 고원상태에 직면하여 더 이상 진전이 되지 않는 경우가 있다. 또 다른 한편으로는 아직도 커다란 문제가 많이 남아 있는 데도 불구하고 환자가 자신의 치료는 종결되었다고 생각하기 때문에 치료가 미숙한 채로 끝나게 되는 경우도 있다. 일반적으로 환자 자신이 기대하는 것보다는 치료자가 기대하는 것이 훨씬 더 많은 때가 있다. 그러므로 환자의 입장에서 보면 그러한 치료는 미숙한 채로 끝나는 것이 아니고 오히려 거의 완전하게 끝맺음을 했다고 볼 수도 있다.

치료자가 더 이상 환자와 유대관계를 이어갈 수 없다고 판단이 될 때에도 치료는 중단되는 수가 있다. 치료자가 자기의 기술이나 지식으로써는 그 환자를 치료해 낼 수 없다고 판단되거나 혹은 어떤 치료의 공평성이 상실되었다고 느낄 때에는 정신분석적 의미의 역전이 현상이 나타난다. 마치 환자가 치료자에 대하여 부적절한 감정을 표시해 보이는 것 같이 치료자가 환자에게 그러한 감정을 노출시키게 되는 것이다. 이러한 감정은 조용한 성격을 가지는 환자이거나 극단적으로 매력적인 환자에 의해서 자극되는 수가 있다.

원칙적으로 훈련을 잘 받은 치료자라면 환자가 증오나 혹은 좋지 못한 감정을 노출하더라도 그에 대한 충분한 지식을 가지고 재치 있게 통제해 낼 수 있다. 그러한 감정을 환자와 솔직하게 토론하고, 감독자나 동료와 충분히 토론할 수가 있다면 치료를 종결하는 것이 현명한 해결방법이다. 만일 치료자에게 무슨 문제가 있어서 부득이 치료를 종결시켜야 할 경우가 생기면 그 점을 환자에게 솔직하게 밝힐 의무가 있다. 이것은 환자로 하여금 자신이 무가치하다거나 전혀 치료될 가망성이 없기 때문에 치료가 끝나는구나 하는 생각을 가지지 않게 하기 위해서이다.

종결 전후에 치료를 통해 향상된 과정을 내담자와 같이 평가하는 것이 중요하며, 치료에서 좋았던 점이나 미비했던 점들을 잘 기록하여 이후 치료에 반영하는 것이 좋을 것이다. 치료 서비스의 차원으로 추후 회기를 계획하는 것은 내담자의 적응에 많은 도움이 될 것이다.

심리치료의 기간과 영향

대부분의 사람들에게 심리치료라는 단어를 언급하면 연상되는 것이 긴 의자나 수수께끼를 풀듯이 거의 말하지 않고 고개만 끄덕이는 치료자를 연상한다. 영화나 TV에서도 심리치료를 장기간의 형태로 이루어진 치료로 묘사한다. 이러한 이미지가 맞는 것도 있지만 현실을 반영한 것은 아니다. 심리치료를 받는 대부분의 사람들은 10회기 이하로 진행되고 있으며, 증거에 기반을 둔 치료들은 매우 적극적인 치료자를 요구한다. 임상장면이나 문제를 호소하는 내담자나 국가에 상관없이 심리치료의 기간은 몇 십년 간 놀랍게 일관성이 있었다(Garfield, 1994; Phillips, 1991). 즉 소수의 내담자들이 오직 1~2 회기에 참여했고 치료회기의 중앙치는 5~13 회기 범위 안에 들었다. 오랜 기간에 걸쳐서, 많은 연구들은 치료기간이나 치료 종결의 이유를 포함해서 많은 치료 관련 요인들에 대한 내담자나 치료자의 기대에 대해 검토해 왔다(예, Hunsley, Aubry, Vestervelt, & Vito, 1999; Steenbarger, 1994). 역설적이게도 치료기간에 대한 내담자의 기대가 치료자의 기대보다 치료의 실제기간과 더 일치한다. 내담자들은 짧은 치료기간에서조차도 치료자보다 치료에서 더 많은 이득을 보았다고 보고했다.

한 연구(Hansen, Lambert, & Forman, 2002)에서 보고된 결과는 심리치료의 기간과 영향에 대해 알려져 있는 여러 가지 측면을 잘 설명하고 있는데 이는 고용원 보조 프로그램, 대학상담센터, 지역사회 정신건강진료소, 건강유지조직 등을 포함하여 다양한 장면에서 6,000명 이상의 성인 환자들에서 나온 자료들이다. 이들 환자들 중 1/3이 심리치료의 단일 회기에 참가했고 치료회기의 중앙치는 3 회기였다. 임상장면에 상관없이 환자의 8.2%는 치료기간 동안 악화되었고, 56.8%는 변화가 없었고, 35%가 개선되거나 회복되었다. 이와 유사한 결과가 다른 연구(Wampold & Brown, 2005)에서도 보고되었는데 그들은 6,100명 이상의 미국 성인들의 자료를 분석했는데 그들 모두는 축 I 의 장애진단을 받은 사람들이고 기관에서 치료를 받는 사람들이다. 치료회기의 중앙치는 8 회기였고, 29%의 환자가 치료종결 시에 개선되거나 회복되었다.

심리치료의 성과에 대한 일반적 결과는 매우 실망스러운 것 같다. 대충 살펴본다고 해도 치료를 시작한 사람들 중 1/3만이 이득을 얻는다. 회의적으로 본다면, 모든 대규모의 연구결과들은 과대평가되었을 가능성도 있다. 즉 임의로 배정된 치료받지 않은 통제집단을 포함하는 실험설계를 사용하지 않았으므로 그들의 기능상의 변화가 치료의 영향이라고만 말하기는 어렵다. 반면에 미국연구에서 보고된 치료회기의 중앙치가 한 자리 숫자라는 것을 고려한다면 심리치료가 그런 제한된 영향만을 가진다는 것은 그렇게 놀라운 일은 아니다(Hunsley & Lee, 2010).

심리치료의 공통요인

심리치료에 대한 주요한 접근들 간에 선호되는 개입기법이나 이론에서 명확한 차이가 있음에도 불구하고, 많은 임상심리학자들은 모든 접근들의 효과성은 치료요인의 공통집합에서 생긴다고 주장한다. Rosenzweig(1936)는 치료요인들의 공통집합을 확인한 첫 번째 연구자이다. 그는 심리치료에 대해 두 개의 폭넓은 전제를 했다. 즉, 첫째, 모든 치료는 내담자의 개선을 책임질 수 있는 공통 치료요소를 공유한다(특히, 치료관계와 내담자 문제의 실체에 대한 설명). 둘째, 모든 치료가 변화를 일으키는 것은 이러한 공통요인들에 의존하기 때문에 모든 치료들의 성과는 동등하다는 것이다. 그는 그 시대의 치료들은 거의 모두 정신분석적 치료의 일종이라고 주장했으며 그의 주장을 지지할 어떤 증거도 제시하지 않았다. 그럼에도 불구하고 이 두 가지 주장은 후대의 심리치료 연구자들에게 큰 영향을 미쳤다.

21세기 중반에 치료에 대한 새로운 이론적 접근이 많이 생겨났다. 1970년대에 Jerome Frank는 공통요인 관점을 다시 제안했다. 정신병원의 실습경험, 위약효과, 무당의 실제에 대한 인류학적 보고서 등에 대한 연구로서 다양한 자료 원천을 가지고, Frank는 모든 치료효과를 설명하기 위해 흥미롭고 강력한 모델을 개발했다(Frank, 1973, 1982). 그의 모델은 자기 문제를 해결할 수 없고 고통스러워 하며 사기가 저하된 사람들을 대상으로 시작했다. 사람들은 사회적으로 인가 받은 치유 서비스를 제공하는 치료자에게 도움을 구하고, 치료가 성공적이라면 내담자의 사기는 되살아난다. 이러한 회복은 인정받은 치유 장면에서 일하는 치유자의 덕목으로 발생하는데 이들은 내담자의 문제에 대한 합리적 근거를 제공하고 개선이 가능하다는 희망을 부여하고 문제를 해결하기 위해 일련의 치유의식을 사용한다. 그는 모든 건강관리 치료에 이 모델을 치유자(심리학자이든 신비주의자이든), 장면(병원이든 종교적 사당이든), 의식(긴 의자에 기대어 자유연상, 회기사이에 과제를 해오기, 분노한 영혼을 달래기 위해 동물을 제물로 바치든지)에 상관없이 적용할 수 있다고 보았다.

Frank의 모델에 고무되어, 심리학자들은 심리치료로 공유되는 공통요인들의 목록을 개발하고 이들 요인들의 영향력을 증명하기 위해 이론적 지향을 초월한 심리치료의 일반적 모델을 개발하기 시작했다. 1990년대까지 공통요인 관점은 매우 대중적이었는데 Weinberger(1995)는 흥미로운 딜레마를 확인했다. 즉 심리치료 변화에 대한 공통요인 모델을 제안한 사람들은 실제로 공통요인의 집합을 가설적으로 구성하는 것에 동의하지 않는다. Weinberger가 그의 문헌개관의 제목에서 비틀어서 말했듯이 "공통요인들은 그렇게 공통적이지 않다." 공통요인 관점을 취하는 데 있어서, 그는 치료관계, 내담자 기대, 치료에서 문제에 직면하기, 내담자의 유능감 개발, 치료성과에 대한 내담자의 귀인 등을 강조했다.

또 다른 접근을 취한 연구자들은(Lambert & Ogles, 2004) 가장 일반적으로 제시되는 공통요인들을 범주화하기 위해 세 개 차원의 주요 공통요인(지지요인, 학습요인, 행동요인)을 사용했다. 첫째, 지지요인은 고립의 감소, 확신의 제공, 치료적 동맹, 치료자의 전문기술, 치료자 존중과 감정이입, 수용과 온정, 정화, 긴장해소 등이고, 둘째, 학습요인은 충고, 인지적 학습, 정서적 경험, 통찰, 피드백, 가정의 탐색, 신념과 기대 등이며, 셋째, 행동요인은 연습, 모델링, 현실검증, 공포에 직면하기, 문제들을 훈습하기, 기능의 개발, 행동조절 등이다.

공통요인 접근에 대한 직관적 호소력과 심리치료의 강한 잠재력으로 인하여 통합치료 모델의 개발이 촉진되었다. 이런 모델들은 환자의 문제나 특성과는 관계없이, 공통요인의 영향을 최적화시키기 위해 중요 치료접근의 이론과 기법을 빌려온다(예, Hubble, Duncan, & Miller, 1999; Lampropoulos, 2000). 많은 공통요인들이 다양한 치료에서 밝혀졌지만, 내담자의 발전을 책임질 수 있는 주된 치료요소가 있다는 것을 어떻게 알 수 있는가? 공통요인들 목록에서 볼 수 있는 다양성과 그 요인들의 일관성 없는 작용들로 인하여 치료성과에 영향을 미치는 공통요인들의 연구들을 축적시키지 못했다. 이러한 여러 문제에도 불구하고 연구자들로부터 계속 관심을 받아온 일반적인 공통요인이 하나 있는데 이것이 치료적 동맹이다.

치료적 동맹

치료적 동맹은 내담자와 치료자 간에 협력관계의 질과 강도를 의미한다(Horvath & Bedi, 2002). 치료적 동맹은 긍정적인 정서적 결속(예, 상호신뢰, 호감, 존중, 배려), 치료목표에 대한 일치와 개입, 치료과정에서 구성원으로서의 유대감 공유 등을 포함한다. 원래 정신역동적 접근에서 발달되었다고 하더라도 치료적 동맹의 구성개념은 심리치료의 모든 접근에 적용된다. 특히 치료의 처음 몇 회기에서 치료적 동맹과 치료성과의 관계에 대한 메타분석 시리즈는 동맹이 치료의 영향력에 대한 일관성 있는 예측치라는 것을 밝히고 있다. 이것은 성인의 치료(예, Beutler, Malik, Alimohamed, Harwood,Talebi, Noble, et al., 2004; Horvath & Bedi, 2002; Martin, Garske, & Davis, 2000)나 청소년의 치료(Shirk & Karver, 2003) 모두에서 타당성이 인정된다. 동맹은 비디오 기록을 보면서 회기를 평정하는 방식으로 환자, 치료자, 관찰자의 관점으로 평가될 수 있다. 치료적 동맹의 수많은 측정치들이 매우 높은 상관이 있다는 증거는 없지만 메타분석의 결과는 치료적 동맹의 측정치들이 본질적으로 동일하다는 것을 입증하고 있다(r = .20).

동맹과 성과의 관계에 대한 연구를 해석하는 데 있어서의 문제 중 하나는 상관에서 추론하지 못한 인과관계의 중요성이다. 좋은 동맹은 좋은 성과에 필수적이라는 것이 명확한 것 같지만 방법론적 요인으로 인하여 이러한 결론은 다소 퇴색된다. 첫째, 빈약한 동맹은 내담자에 의한 치료의 조기 종결로 이끌 수 있는데 이것은 경계선 성격장애에 대한 인지치료와 정신역동치료, 모두에서 밝혀졌다(Spinhoven, Giesen-Bloo, van Dyck, Kooiman, & Arntz, 2007). 좋은 동맹을 맺은 내담자들은 치료를 잘 마치기 때문에, 연구자들은 강한 동맹을 보고하는 내담자에서 치료효과에 대한 자료를 얻을 기회가 더 많다. 결과적으로 우리가 치료성과에 대한 치료적 동맹의 효과에 대해 알고 있는 것 대부분은 비교적 긍정적인 치료적 동맹을 경험한 내담자들로부터 나온 자료를 바탕으로 한 것이다. 둘째, 동맹이 최초 치료회기 후에 보통 평가되므로, 초기 내담자 증진은 동맹과 치료성과 간의 관계를 혼입시킬 가능성이 있다. 일반적으로 이런 가능성을 특별히 검증하도록 설계된 연구들은 초기 동맹의 초기 증진효과를 통계적으로 통제한 후에도 치료성과를 예측한다는 것을 밝혔다(예, Barber, Connolly, Critis-Christoph, Gladis, & Siqueland, 2000).

치료적 동맹에 대한 설명을 마치기 전에 마지막으로 한 가지를 더 고려해보자. 동맹-성과 관계에 대한 연구는 치료에서 공통요인들의 힘을 믿게끔 만든다. 증거기반 치료자가 실시한 치료를 바탕으로 하는 이러한 심리적 개입은 많은 사람들을 치료하는 데 매우 도움이 될 수 있다는 증거가 늘고 있다. 내담자와 직접 만나지 않고 동맹을 맺는 것이 가능한가? 수백 마일 떨어진 곳에서 비디오나 전화선의 목소리로만으로도 환자와 건강 서비스제공자 간에 치료적 동맹이 맺어질 수 있다는 사례가 있다. 자조적 매뉴얼이나 컴퓨터 치료 프로그램을 사용하는 사람은 어떤가? 그러한 도구들이나 그 도구를 개발한 보이지 않은 개발자와 치료적 동맹을 맺을 수 있는가? 컴퓨터 프로그램과 유대감이 생겼다면 이는 내담자의 적극적 개입을 증진시키기 위해 공감적 방식으로 제시되는 도구들에서 나온 것인가? 이런 식의 유대감을 치료적 동맹의 한 형태로 보는 것이 의미 있는가(Hunsley & Lee, 2010).

심리치료 효과의 등가성

Rosenzweig(1936)는 모든 심리치료들이 공통 치료요인들에 기초하기 때문에 그들은 그 효과도 동일해야 한다고 제안했다. 공통요인 관점과 마찬가지로 심리치료 등가성이라는 개념은 많은 형태의 심리치료들이 개발되어 온 수십 년간 거의 주의를 끌지 못했다. 그러나 치료연구를 개관한 연구(Luborsky, Singer, & Luborsky, 1975)로 다시 활기를 띠게 되었으며, 연구에서 그들은 치료효과가 서로 차이난다는 실재적 증거가 없다고 결론지었다. 후속 문헌리뷰(Luborsky, Diguer, Luborsky, Singer, Dickter, & Schmidt, 1993; Luborsky, Diguer, Seligman, Rosenthal, Krause, Johnson et al., 1999; Luborsky, Rosenthal, Diguer, Andrusyna, Berman, Levitt et al., 2002)에서 그들은 이 입장을 되풀이했고, 모든 치료가 등가적이고 심리치료는 독특하거나 특정한 효과를 내지는 않는다는 압도적인 증거가 있다고 결론지었다. 어떤 심리학자들은 심리치료 그 자체가 경험적으로 지지되는 것이며(예로, Elliott, 1998), 효과적인 치료를 위해서 꼭 필요한 것은 치료적 동맹이고 문제를 해결하기 위한 내담자의 능력을 발휘하게 하는 노력이라고 주장했다(Bohart, O'Hara, & Leitner, 1998).

여러 가지 심리치료의 영향에 대한 증거를 적절하게 고려하기 위해 어떤 규칙을 부과해 볼 필요가 있다. 첫 번째 규칙은 경험적 증거가 고려되어야 한다는 것이다. 일반적 치료의 등가성에 대한 Rosenzweig의 주장은 치료에서의 모든 치유효과가 공통요인에 기인한다는 가설에만 기초했다. 이러한 첫 번째 규칙을 현대의 모든 심리치료에 적용하여, 등가성에 대한 폭넓은 주장(예로, 내담자의 문제나 생활 맥락과는 상관없이 심리치료자가 시행한 모든 치료는 다른 치료만큼 효과적일 수 있다)은 모든 심리치료가 경험적으로 평가되지 않았기 때문에 지지될 수 없다는 것이다. 두 번째 규칙은 다양한 심리치료의 영향을 평가하는데 고려될 수 있는 증거유형을 다룬다. 이런 점에서 치료성과 연구나 비교치료 연구들이 적합하다. 치료성과 연구는 치료의 영향이 어떤 서비스도 제공되지 않는 통제조건(전형적으로 대기 통제집단)과 비교하는 실험들이다. 대조적으로 비교 치료연구들은 적어도 두 개 치료들의 차별적 영향력이 비교되는 실험이며 어떤 치료도 없는 통제집단은 포함될 수도 있고 아닐 수도 있다. 물론 이런 유형의 연구들에서 심리치료 등가성에 대한 증거가 있다면, 평가되었던 치료들이 임상가가 실시한 치료들의 대표적 표집이 결코 아닌 것처럼, 연구에서 평가되었던 심리치료만이 등가적인 것으로 가정할 수 있다는 것을 의미한다(Kazdin, 1995).

중요한 메타분석 연구결과(Smith, Glass, & Miller, 1980)를 보면 연구자들은 치료의 성과연구에 근거한 다양한 유형의 치료효율성을 계산했고 인지치료와 인지행동치료가 가장 큰 효과 크기(*d*값이 1.31, 1.24)를 갖고 다음이 행동치료(.91), 정신역동치료(.78), 인본주의치료(.63)이며, 마지막으로 발달치료(직업-개인 발달 상담과 구분되지 않는 상담을 포함하여)(.42)였다. 이러한 증거는 치료가 모두 등가적이지는 않다는 것을 시사한다.

심리치료 등가성 관점을 주장하는 사람들은 Smith 등이 실행한 다른 분석들의 중요성을 지적하는데 이는 치료접근들의 비교로써 행동주의적 치료(d=.98)와 언어적 치료(d=.85)가 비교할 수 있는 효과를 낸다는 것을 밝혔다는 것이다. 그런 범주화 체계에서 Smith 등은 인지행동, 행동수정, 체계적 둔감법, 그리고 다른 행동주의적 치료들을 행동주의 접근에 포함시켰고, 언어적 접근에는 정신역동, 인본주의적, 인지적 치료들이 포함되었다. 연구자들은 이러한 범주화 도식은 임의적이지만 믿을 만한 것이라고 주장한다(예, 모든 행동주의적 치료들은 행동변화를 달성하는 데 주로 초점을 맞춘다). 그러나 인지치료가 행동적 요소를 포함한다는 사실을 간과하여 행동주의적 치료에 인지적 치료들을 포함하지 않는 것은 정당화하기가 어렵다.

Smith와 동료들은 행동주의적 접근의 치료들과 언어적 접근의 치료들의 56개 치료성과 연구에서 나온 자료를 분석했다. 분류오차에도 불구하고 두 접근의 치료들간에 유의미한 차이가 있었다(행동주의적 치료들은 d=.96, 언어적 치료들은 d=.77). 그러나 연구자들이 측정 유순성(measurement tractability)으로 결과를 조정했을 때(불안, 자존감, 전체적 적응은 신체적 호소나 생활 적응과 같은 측정치들보다 더 다루기 쉬운 것으로 평가되었다) 집단 간 차이는 사라졌다. 이러한 통계적 조정에 대한 근거는 다른 연구자들이 보고한 수많은 분석에서 이러한 조정을 하지 않았기 때문에 지지되기가 어렵다. Smith 등에 의해 발표된 영향력 있는 메타분석은 심리치료 등가성의 평결을 지지하지 않는 수많은 결과를 냈다. 치료 하위접근들로(예, 인지, 인지-행동, 행동주의적, 정신역동적, 인본주의적, 발달적) 검토하거나 치료 하위접근들 내의 내담자 조건으로 검토하거나 간에 치료들 간에 명확한 차이가 증명되었다.

다른 메타분석의 결과를 가지고 심리치료의 등가성을 검토해보자. 아동과 청소년 치료 문헌에서 치료효과를 검토한 메타분석들은 이론적 지향간의 명확한 차이가 나타난다. 즉 행동주의적 치료들이 다른 치료들보다 더 효과적이다(예, Weiss & Weisz, 1995). 임상적 대표성을 보증할 수 있는 메타분석 연구(Shadish, Matt, Navarro, & Phillips, 2000)에서 연구자들은 내담자, 치료, 치료자들이 전형적인 임상장면의 대표가 되는 연구들을 선정했다. 그들이 검토한 90개의 연구에서 인지행동치료 계열들이 다른 치료접근보다 효과적이었다. 우울증, 불면증, 금연, 통증 등과 같은 특정 상태의 치료를 다루는 수많은 메타분석이 있는데, 그들 대부분은 치료효과에서 차이가 있다는 증거를 제시하고 있다(Westmacott & Hunsley, 2007).

Luborsky와 같이, Bruce Wampold는 심리치료 등가성의 입장을 주장해왔다. 그들은(Wampold, Mondin, Moody, Stich, Benson, & Ahn, 1997) 적어도 두 개의 치료를 비교하는 1970년에서 1995년 사이에 출간된 성인 치료연구들의 자료를 메타분석했다. 그들은 평균 d=.19라는 값을 보고했는데 통계적 유의성이 있음에도 불구하고 그 숫치는 너무 작고 상대적으로 중요하지 않은 차이만을 말해준다. 따라서 그들은 그러한 결과를 심리치료 효과의 등가성 관점을 강력하게 지지하는 것으로 해석했다. 그러나 그들은 드러난 결과들이 모든 심리치료가 동등하게 효과가 있다는 증거가 되지는 않는다고 명백하게 경고한다. 그들 분석에 포함된 연구들 대부분은 다양한 이론적 지향들이 아닌 인지행동치료의 여러 가지 형태들 사이의 비교라는 점을 지적했다(Crits-Christoph, 1997). 이에 덧붙여 치료들 사이에 아주 작은 평균차이는 특정 장애에 대한 치료선택간의 차이 역시 작다는 것을 말해준다고 결론 짓는 것은 잘못된 것일 수도 있다. 평균 효과가 비교적 작았다하더라도, 특정 장애에 대한 차별적 치료효과 크기에 상당한 변량이 있을 수 있다(Chambless, 2002).

또 하나의 메타분석(Siev & Chambless, 2007)은 어떤 치료들이 다른 치료들보다 더 효과적이라는 예를 제시하고 있다. 인지행동치료와 더 간단한 치료형태인 이완치료가 많은 불안장애환자들을 도울 수 있다는 증거가 있다. 그들은 이들 두 개 치료로 일반화된 불안장애와 공황장애의 치료효과를 비교한 모든 출판된 연구들을 검토했다. 일반화된 불안장애에 대한 두 개의 치료는 불안증상과 불안관련 사고의 개선이라는 점에서 비교되었다. 즉 그들은 기능상 임상적으로 유의미한 변화를 이끌기 위해 환자를 돕는 능력에서 동일했다(각 치료에서 환자의 45% 가량이 호전되었다). 매우 다른 양상이 공황장애의 치료에서 나타났다. 이들 연구에서 인지행동치료를 받은 환자들은 이완치료를 받은 환자들에 비해 공황증상이나 공황관련 사고들이 더 유의미하게 감소되었다. 기능상으로 임상적 유의미한 변화를 이룬다는 점에서, 인지행동치료는 이완치료를 크게 앞질렀다. 즉 인지행동치료를 받은 환자의 72% 대 이완치료를 받은 환자의 50%가 임상적으로 유의미한 변화가 일어났다. 명백하게 어떤 치료들은 다른 것보다 훨씬 더 효과적이다.

치료연구에 대한 중요한 이슈를 이해하기 위해 원래 기술한 규칙으로 되돌아가 보자. 비교할 만한 치료연구를 하기 위해, 연구자들은 훈련, 치료자 비용, 몇 년에 걸쳐 연구 보조업무 비용, 연구에서 사용된 장비 비용(컴퓨터, 기록장비) 등을 부담할 수 있는 적당한 재정자원이 필요하다. 이것은 적어도 수천 달러가 드는 대부분의 경우에 연구자들은 연구재단으로부터 재정적 지원을 받을 필요가 있다는 것을 의미한다. 이런 필요는 연구의 성격에 결정적이지만 전형적으로 인식하지 못하는 영향을 미칠 수 있다. 비교치료연구를 위한 연구비를 제공하는 재단을 위해 제안된 연구가 가치 있다는 증거가 확인되어야만 하고, 적당한 방법들로 질문에 답을 해야만 한다. 따라서 연구의 가장 강력한 사례를 만들기 위해 비교치료연구계획은 항상 이미 효과적인 것으로 드러난 치료들을 대표적으로 비교한다. 결국 연구는 어떤 치료가 가장 좋은 것이라는 것을 결정하기 위해 의도된다. 반면 경험적 지지를 받지 못한 치료의 효과와 어떤 치료를 비교하는 연구는 연구비 지원을 받을 수 없고, 경험적 지지가 없는 것과 강력한 치료를 비교하는 것은 시간과 돈을 낭비하는 비윤리적인 행동이다. 따라서 비교치료문헌이 주로 효과적으로 알려진 치료들 간에 비교들로 구성되어 있다는 것이다. 연구된 치료들 모두가 효과적이라면 비교치료연구에서 치료들 간의 아주 작은 차이만 나타난다는 것은 놀라운 일이 아니다(Hunsley & Lee, 2010).

심리치료의 효과가 동등한가에 대한 질문에 대해 일치하는 답이 없다고 하더라도 절대적 등가성 대 절대적 특정성과는 정반대로 대립되는 입장에 대한 대안이 있다(Chambless, 2002; Westmacott & Hunsley, 2007). 대부분의 조건에서 여러 치료들의 성과는 동등하지 않다는 증거가 있다. 그러나 성인 우울증 같은 적은 수의 사례에서 인지행동치료, 대인관계치료, 단기 심리역동적 치료, 과정경험치료들은 내담자를 위한 효과적 선택으로 간주할 수 있는 충분한 증거가 있다. 여러 장애를 치료하기 위해 어떤 치료가 다른 것보다 더 효과적이라는 강력한 증거가 있다하더라도 덜 효과적인 치료들을 생각 없이 폐기해서는 안 된다. 증거에 기반을 둔 실제장면에서 가장 큰 지지를 받는 개입을 사용할 것을 강조하지만, 그러한 개입이 특정 환자에게 성공적이지 못하다면 경험적 지지를 덜 받는 차선책의 치료로 돌아가는 것이 전적으로 옳다. 최선의 치료가 작용하지 않을 때 다른 치료선택으로 돌아가는 전략은 의학에서 상식적으로 사용되는 것이고, 증거에 기반을 둔 심리치료의 선택에서도 심리치료를 받는 환자를 고려해야 한다.

치료관계

치료관계의 특성

치료과정에서 치료자는 환자가 이야기하는 것을 주의 깊게, 그리고 공감적인 태도로써 경청해야 한다. 이때 치료자는 자기 자신의 욕구나 감정을 개입시키지 아니하고 순수하게 경청할 수 있어야 한다(Fromm-Reichman, 1950). 적절한 순간에 치료자는 환자가 무엇 때문에 괴로워하는지 알게 되었다고 자연스럽게 알려 줄 필요는 있다. 치료자는 환자의 노력과 성실성을 높이 평가해야 한다. 그것을 환자의 결점으로 간주해 버려서는 안 된다. 또 치료자는 편견에 사로잡히지 말고 성실해야 하며 동정심이 있어야 한다. 그는 자신이 가진 전문적 지식, 지성 및 온정으로써 환자를 도울 수 있어야 한다. 이러한 태도로 환자와 접촉할 때 그는 비로소 새로운 정서적 학습을 할 수 있다. 이와 같은 태도를 가지고 심리치료를 할 때는 치료자가 무엇을 시도하며, 무엇을 성취했느냐보다는 현재 무엇을 하고 있느냐가 보다 중요하다(Reisman, 1971).

심리치료는 일반적인 대인관계나 전문직업적 관계와는 다르다. 어떤 점에서는 전문가와 내담자, 교사와 학생, 그리고 목사와 신자와의 관계와도 유사하지만 다른 측면에서 보면 친구, 친척 및 가까운 사람들끼리 서로 어울리는 것과 비슷하기도 하다. 치료자와 환자는 특이한 존재이다. 환자는 자기의 친구나 애인을 괴롭히면 그들로부터 위로를 받기도 하고 물질적 도움을 받기도 한다. 그러나 친구는 왜 자기가 괴롭힘을 당하는지 그 이유를 알 수 없다. 그럴 만한 전문적 지식도 가지고 있지 못하다. 목사와 법관은 도덕적인 측면을 너무 강조한다. 일반 의사는 환자의 질병에 대해서는 고도의 전문적 지식을 가지고 있으나, 정신적 문제에 대해서는 별로 아는 바가 없다. 대부분의 심리치료자들은 전문가-내담자의 관계를 엄격한 관계로 보고 있다. 심리적 문제를 가지는 사람은 치료자가 될 수 없다. 환자가 치료과정에 협조하는 정도에 따라 그 효과는 달라진다.

어떻든 심리치료는 일종의 전문 직업적 관계이다. 전문적 지식을 가진 사람이 도움을 필요로 하는 사람에게 도움을 주고 그 대가를 받는 관계이다. 도움을 받는 사람을 흔히 내담자라고 부르는데 이들은 전문적 지식을 가진 사람의 도움을 필요로 한다. 치료자는 정당한 대가를 정해 놓고 약속된 시간에 환자를 보기도 하고 어떤 계약관계를 맺었을 때에는 그에 종사할 의무까지도 가진다. 환자에게는 비밀이 보장되어야 하며 도의적으로는 중립성이 지켜져야만 한다. 치료기간에 치료자는 환자에게 모든 주의를 집중해야만 한다. 자신의 필요에 따라서 환자를 통제해서는 안 된다. 치료자는 오직 환자의 복지증진에만 정력을 쏟아야만 한다. 단순한 위로 같은 것은 심리치료자가 할 일이 아니다.

심리치료의 효과를 비관적으로 생각하는 환자가 있는가 하면, 매우 낙관적으로 생각하는 환자도 있다. 심리치료에서 어떤 도움을 받는다는 것보다는 많은 시간과 경비를 낭비해가면서 자기를 미친 사람으로 여기지나 않을까 하고 걱정하는 사람도 있다. 또 수치감을 가지고 있는 사람도 더러 있다. 친구나 친척과 같은 주위 사람은 전문가의 도움이 필요하다는 사실을 전혀 알지 못한다. 또 자기의 문제를 해결하지 못하는 것을 퍽 고통스럽게 생각하고 있다. 환자 자신은 전문가의 도움으로 심리적 문제가 어떻게 생기며, 또 그것은 어떻게 해결되는지를 진심으로 알고 싶어 한다.

치료자는 환자의 치료에 대한 욕구와는 상관없이 치료를 받게 할 권리가 부여되어 있다. 환자는 자신의 비밀을 털어놓아야 된다는 것을 알고 있으며 치료자는 환자로 하여금 모든 것을 성실하게 이야기하도록 분위기를 만든다. 환자는 치료자에게 협조하면 쉽게 치료될 수 있을 것이라고 생각한다. 사실상 치료 초기에 대부분의 환자들은 자신의 상태가 많이 호전된 것으로 생각한 나머지 거기에서 치료를 중단해 버리는 경향이 있다.

치료자에 대한 환자의 신념이나 신용이 매우 중요하다. 그러나 이것이 우선되어야 한다거나 그것만으로 치료적 변화가 가능하다는 것은 아니다. 치료자를 믿고 치료를 받으면 자신의 상태가 보다 호전될 것이라는 기대를 하게 된다. 이것은 치료적 변화를 기대하는 치료자들의 공통된 소망이기도 하다. 특히 치료를 통해서 크게 호전될 것이라는 기대감은 신체나 정신에 지속적인 영향을 미칠 뿐만 아니라 심리치료의 성공 여부를 결정하는 데 절대적으로 크게 작용한다(Frank, 1973).

심리치료에 있어서 기대효과는 의학에서 다루는 플라시보의 효과와 같이 생각할 수 있다. 일반적으로 어떤 약에 대한 효과는 약의 작용에 대한 믿음, 의사에 대한 신뢰감, 약의 생리적 작용은 물론 환자의 심리적 요인에 따라 결정된다는 것은 널리 알려진 사실이다.

신뢰성은 심리치료에 있어서 매우 중요하며 서로 다르게 작용한다. 무엇보다도 환자는 자기의 문제가 치료될 수 있다는 신념을 가지기 전에는 치료를 계속적으로 받으려 하지 않는다. 설사 환자가 치료를 받기 시작했다고 하더라도 장기간 지속될 수가 없다. 환자는 지난날의 불안이 되살아나는 것을 별로 반갑게 생각하지 않는다. 치료자가 자신을 보다 더 이해하려고 하는 것을 알게 되면 그를 존중하게 된다.

치료적 계약관계

환자와 치료자가 공동으로 수행해야 할 일과 이해해야 할 일들을 총칭하여 치료적 계약관계라고 말한다. 이는 환자와 치료자가 서로 이해하고, 공개적으로 토론하고 자유롭게 절충해 나아가는 과정이라고도 말할 수가 있다. 그러므로 피차간에 말로 표현되지 아니한 어떤 기대감 같은 것도 내포되어 있는 경우가 많이 있다. 심리치료의 과정에 있어서도 다른 대인관계에서와 마찬가지로 서로 다르게 이해되는 경우가 없을 수가 없다.

두 사람 사이에 말로 표현되지 아니한 서로 모순되는 기대 속에서 심리치료가 진행되면 그 심리치료는 성공될 수가 없다(Beall, 1972). 그러므로 두 사람은 치료가 시작되면서 서로 의견을 일치시키는 노력을 해야 한다. 일반적으로 이 치료적 계약관계는 5~6회기의 치료가 진행되면 쉽게 맺어지기는 하지만 후에 곧 무너지는 경우가 많다. 환자와 치료자의 모든 행동을 자세하게 기록할 수는 없지만 기본적 치료 계획을 분명하고도 공공연하게 논의할 필요가 있다.

치료계획이나 그 비용의 지불에 대해서는 의견이 쉽게 일치될 수가 있다. 약속시간과 치료비 지불에 대한 의견이 일치되면 주당 몇 회 치료할 것인가도 결정해야 한다. 환자는 꼭 약속된 시간을 지켜야 하며, 그 시간을 지키지 못할 일이 생기면 곧 치료자에게 통보해야 하며, 쌍방 간에 합의된 방법에 따라 치료비를 지불해야 한다. 치료자도 예기치 않았던 일이 생기면 곧 환자에게 알려서 기다리게 되는 일이 없도록 해야 한다. 다른 한편 치료자는 치료과정에서 나타난 환자의 비밀을 충분히 보장하여 주어야 한다.

치료가 얼마 동안 계속될 것인가 하는 문제는 매우 중요하다. 일정한 시간이 정해진 경우를 제외하고는 어느 누구도 치료기간에 대해서는 예언할 수가 없다. 그러므로 치료자는 그것을 솔직히 환자에게 말해 주어야 한다. 자기의 경험에 비추어 대략 얼마 동안 계속될 것인가를 말해 줄 수는 있다. 제 1차 치료기간에 치료자는 환자에게 상호간의 이해를 위해서는 서로 평가를 해보아야 할 필요가 있고, 서로 문제를 모색하는 것이 필요하다는 점을 알게 할 필요가 있다. 몇 차례의 치료가 진행되어감에 따라서 치료자는 환자의 문제가 무엇이며, 환자는 치료자로부터 어떤 도움을 받을 수 있을 것인가를 알게 된다. 이 단계를 거치고 나서야 비로소 치료를 위한 계약관계가 확고하게 결정되는 셈이다.

치료계획과 치료비 등에 대한 합의가 끝나고 나면 기본공약이 문제가 된다. 치료과정에서 치료자는 환자의 행동에 대해 계속적으로 주의해야 하며, 편견에 치우친 판단을 피해야 하며, 환자의 비밀을 지켜 주어야 하며 환자에 대한 신의를 고수하여야 한다. 또 자기의 직업적 전문성을 고수해야 하지만 그것 때문에 환자와의 의사소통이 장애를 받아서는 안 된다.

치료자는 치료결과에 대한 어떤 보장을 해서는 안 된다. 치료자는 어떤 목적을 설정해 놓고 그것을 성취하기 위해서 최선을 다해야 하지만 꼭 치료에 성공할 수 있다는 것을 보장해서는 안 된다. 어떤 순박한 생각을 가지는 등산공포증 환자 가운데는 "내가 10회쯤 치료를 받고 나면 산에 대한 두려움은 없어지고 자유롭게 등산할 수 있겠지요?" 하고 치료자에게 묻는 사람도 있다. 그러나 이에 대해서 자신을 가지고 대답해 줄 수 있는 치료자는 아무도 없다.

동맹과 응집력

Norcross(2002)는 경험적으로 지지된 치료관계의 일반적 요인에 대한 목록을 제시했다. 우선 상당히 효과적인 요인들은 치료적 동맹, 집단치료에서의 응집력, 감정이입, 그리고 목표 일치성과 협력이다. 그 다음으로 효과적일 가능성이 높은 요인들로는 긍정적 관심(따뜻하고 수용적인 방식으로 내담자를 다루기), 조화성 혹은 진정성(치료에서 그 자신이 되거나 치료과정에서 충분히 개입하는 치료자), 피드백, 동맹관계의 불화를 극복하기(치료적 관계에서 발생한 문제에 중점두기), 자기개방, 역전이의 관리(내담자에 대한 부정적이거나 긍정적인 감정을 적절하게 다루는 치료자), 관계 해석의 질(내담자 생활에서 대인관계 주제에 대한 치료자 해석의 정확성과 적절성) 등이다.

치료관계의 일반적 요소 중에서 치료적 동맹의 질이 치료성과에 영향을 미친다는 것은 의심할 여지가 없다. 내담자와 좋은 작업관계를 설정하고 유지하려는 노력은 모든 치료자들에게 중요하다는 증거가 있다. 특히 집단치료에서는 내담자들 간에는 물론이고 내담자와 치료자와도 많은 관계로 얽혀 있다. 이런 모든 관계를 다 합하여 응집력이라고 말한다. 따라서 집단치료 지도에서 응집력을 촉진시키는 것이 중요하다. 해결되지 않은 대인관계 갈등, 집단과 구성원들 간에 다루어지지 않은 긴장, 집단 구성원들 간에 소외나 거부의 감정들은 집단치료의 효과를 해칠 수 있다.

감정이입

감정이입은 다른 사람의 경험을 이해하는 능력으로 정의된다. 치료성과에 대한 치료자의 감정이입이 치료성과에 큰 영향을 미친다는 메타분석 결과(Greenberg, Elliot, Watson, & Bohart, 2001)는 환자를 이해하고 그들과 효과적으로 소통하는데 있어서 치료자의 대인간 감수성의 중요성을 강조한다. 이것은 환자의 현재 문제의 성질이나 치료적 지향과는 상관없이 중요하다. 환자가 치료자에 의해 이해받는다는 느낌은 치료의 효율성과 직접적으로 연관된다.

목표 일치성과 협력

마지막으로 증명할 수 있는 효과적인 요소는 목표 일치성과 협력인데 이는 환자와 치료자가 치료목표를 세우고 그것을 달성하기 위해 함께 작업해야 할 필요성을 강조한다. 치료의 성질과 방향에 대해 분명하게 일치하는 것은 치료가 환자에게 적절한 영향을 미치는 데 중요하다.

내담자 저항과 기능적 손상

치료가 잘 되기 위해 신경써야 할 두 가지 주요한 내담자 특성이 있다. 이미 논의했듯이, 저항에 대처하기 위해 치료자는 치료자 지시(낮은 반응을 보이는 내담자에게)를 강조하거나 내담자 자기-지시(높은 반응을 보이는 내담자)를 강조하거나간에 어떤 한 방식을 선택하는 것이 필요하다. 숙련된 치료자들은 내담자의 반응수준을 정확하게 측정하는 과정 속에서 치료에 대한 수정을 할 수 있어야 한다. 중요한 기능적 손상을 보이는 내담자를 다룰 때(예, 여러 가지 생활 영역에서 나타날 수 있는 기능상의 심각한 고통이나 붕괴), 치료자는 그런 손상이 치료에서 이득을 볼 수 있을 때마다 나타날 수 있다는 한계를 이해해야만 한다. 그러나 기능적 손상의 부정적 효과는 치료기간이나 빈도를 증가시킴으로써 부분적으로 극복될 수 있다(Beutler, Rocco, Moleiro, & Talebi, 2002). 치료를 늘리는 것은 내담자와 치료자가 특정한 내담자의 관심에 중점을 맞추고 문제가 되는 생활상황 전반에 걸쳐 이득을 일반화할 수 있는 기회를 확장시켜준다(Hunsley & Lee, 2010).

심리치료의 성과와 관련된 요인

치료성과 연구와 과정성과 연구 사이의 관계를 이해하기 위해 스포츠 경기의 성과를 생각해 보자. 한 시즌의 팀의 성적은 많은 방식으로 분석될 수 있다. 예를 들어, 한 시즌 동안의 승리 횟수를 계산할 수 있고 팀이 홈에서 경기했을 때의 승리 횟수와 전체 경기의 승리 횟수, 팀이 특별한 대상과의 경기에서 기록 등을 계산할 수 있다. 치료성과 연구에서와 같이 이런 모든 예들은 다양한 조건에서의 성과에 초점을 맞추거나 다른 팀들과 비교한 성과에 초점을 맞춘다. 이런 것들 중 어떤 것도 팀이 어떻게 그런 기록을 냈는지를 설명해주지 않는다. 이것을 알기 위해 우리는 각 게임 안에서의 과정을 검토할 필요가 있고 팀이 경기한 모든 게임들에서 이런 과정이 일관성 있게 나타났는지를 검토해야 한다(Hunsley & Lee, 2010).

스포츠 팀의 기록을 검토하는 방법은 여러 가지 의문점을 가지고 있다. 이와 유사하게 심리치료 연구의 여러 유형들 역시 여러 가지 의문점을 가질 수 있다. 치료성과는 어떤 개입이 더 유효한지에 대해 중점을 두는 반면, 과정 연구와 과정성과 연구는 개입이 어떻게 작용하는지에 대해 의문을 갖는다. 과정성과 연구의 역사를 개관한 연구자들(Orlinsky, Ronnestad, & Willutzki, 2004)은 지난 50년에 걸쳐서 심리치료 연구에서 이 계통의 발달을 추적했다. 1950년대와 60년대에 심리치료의 과정에 관심을 가진 심리학자들은 두 가지 중요한 자료원천을 사용하였는데, 이는 심리치료 회기의 기록과 치료과정의 내담자와 치료자 경험의 표준화된 측정치이다. 치료에서 어떤 것이 드러나는지를 연구하는 전략(과정 연구)과 그것이 내담자의 변화와 어떻게 관련되는지(과정-성과 연구)는 극적으로 성장했고 더 복잡해졌다.

심리치료 과정에서의 질문들을 검토하고 이런 정보를 치료성과와 연관시킴으로써 심리치료 연구자들은 치료가 어떻게 작용하는지에 대해 많은 것을 알게 되었다. 예를 들면 많은 연구들은 치료회기 동안 치료자들의 행동이 다양한 이론적 지향에 따라 변화하는 방식을 검토했다. 일반적으로 치료자 행동 사이에 상당한 유사성이 있을지라도, 치료자들은 그들의 이론적 지향과 일치하는 방식으로 행동하는 경향이 있다(예, Blagys & Hilsenroth, 2000). 치료적 실제에 영향을 미치는 이런 연구를 이용하여 임상심리학자들은 환자에게 제공하는 서비스를 개선할 수 있다.

내담자 요인 검토하기

무선화된 통제시행이 대다수를 이루는 심리치료 연구는 진단과 현재 문제들을 기초로 분류된 다양한 집단의 내담자들에 대한 치료성과를 검토한다. 심리치료 연구자는 진단이 치료성과를 결정하는 일차적 요인이라고 믿지는 않는다. 진단보다 내담자 특성이 치료성공이나 실패를 예언하는 데 매우 중요하다. 결과적으로 심리치료에 대한 내담자 변인의 영향을 검토하기 위해 대규모의 문헌을 조사했다. 이 연구의 대부분은 실제 임상장면에서 제공된 치료연구에서 나왔으나 점점 치료 효과성의 매개변인과 조정변인을 확인하기 위한 무선화된 통제시행 연구가 증가하고 있다(Kazdin, 2007).

내담자 변인을 검토하는 데 있어 첫 번째 도전은 어떤 변인을 평가해야 할지를 결정하는 것이다. 어떤 내담자 특성을 설명해야 할까? 많은 잠재적 변인들 중에는 성격특성, 현재 생활환경, 생활 경험, 원가족의 특성, 인종 문화적 특성, 심리적 문제에 대한 신념, 치료에 대한 기대 등이 있다. 우리가 그런 특성들이 치료에 미치는 영향을 안다면 내담자의 요구에 적절하게 반응하는 치료계획을 세울 수 있다. 치료에서 내담자 요인에 대한 방대한 연구의 결과를 종합하려는 노력은 연구의 비체계적 성질로 인해 방해받아 왔다. 다른 말로 여러 연구자들은 내담자의 치료기대와 같은 변인을 연구에 따라 다른 방식으로 검토하는 경향이 있었다. 다양한 유형의 측정치(예, 자기보고 측정도구를 완성하기 대 치료회기 동안 이루어지는 진술을 코딩하기)와 서로 다른 평가시기(예, 치료시작 전이나 한 회기 치료 후)로 인해서 연구들 간에 패턴을 탐지하기가 극도로 어렵다. 몇몇 연구자들(Petry, Tennen, & Affleck, 2000)이 내담자 변인에 대해 간결하게 요약했는데 이러한 다양성 때문에 수천 편의 경험적 연구가 있음에도 불구하고 우리는 내담자 변인이 어떻게 치료반응에 영향을 미치는가에 대해 기초적인 이해만 할 수 있다.

그들이 치료에 영향을 미치는 내담자 변인으로 제시한 것들을 보자(Petry et al., 2000). 첫째, 사회인구학적 특성으로써 여기에는 사회경제적 수준, 인종, 성, 연령이 속한다. 즉 사회경제적 수준이 더 높을수록 치료를 지속하거나 참여할 가능성이 더 커진다. 내담자와 치료자의 인종이 유사할수록 내담자가 치료적 변화나 치료를 지속할 가능성을 더 커진다. 여자는 남자보다 치료를 받을 가능성이 더 크지만 서비스를 조기 종료하는 것에서는 성차가 없으며, 내담자와 치료자의 성의 조화는 치료성과나 치료만족에 거의 영향을 미치지 않는다. 마지막으로 내담자 연령은 치료성과와 관련이 없다.

둘째, 심리적 기능으로써 증상의 심각도와 기능적 손상이 있다. 즉 심리적 증상이 더 심할수록 치료성과는 더 나빠진다. 또한 기능상의 전반적 손상(예, 여러 가지 사회적 역할과 건강 상태 등에서)이 클수록 치료성과는 더 나빠진다.

셋째, 성격특성으로써 성격장애, 자아강도/심리적 마음자세, 심리적 반응, 치료기대 등이다. 즉, 축Ⅱ의 진단을 받았다면 조기 종료, 치료과정에서의 문제가 있을 수 있고, 치료 동안에 변화가 더디다. 자아강도(넓게 부정적 정서 상태나 개인적 정체감에 대한 위협을 다룰 수 있는 성격 자원을 사용하는 능력으로 정의된다)는 긍정적 치료성과와 관련된다. 심리적 마음자세(넓게 심리적 용어로 사람이나 문제를 이해하는 능력으로 정의된다)는 긍정적 치료성과와 관련된다. 심리적 반응으로 보면 반응이 낮은 내담자들(넓게 한 사람의 행동이나 선택을 제한하거나 영향을 미치려는 시도에 대항하여 반응하려는 경향으로 정의된다)은 지시적 치료일수록 치료적 이득을 더 많이 경험하고 반응이 높은 내담자들은 지시적 치료가 덜할수록 치료적 이득을 더 많이 경험하는 경향이 있다. 마지막으로 치료에 대해 긍정적인 기대를 할수록 치료를 유지하며 치료적 이득을 더 많이 얻는다.

위의 정보는 개별 내담자에 대한 치료 계획을 치료자가 맞춤으로 할 수 있도록 명료한 안내를 해 준다. 사회경제적 지위의 예를 들어 보자. 낮은 사회경제적 지위를 가진 내담자가 조기 종결에 대한 위험이 높다는 것을 안다면 심리학자들은 내담자가 치료에 참가할 가능성을 높이도록 조처를 취할 수 있다. 예를 들어, 불규칙하게 일하는 파트타임 직장을 가진 두 명의 어린아이들 둔 독신 엄마에게 서비스를 제공하는 데 있어서 심리학자는 그녀의 스케줄에 따라 치료 약속을 잡을 수 있도록 선택권을 줄 수 있다. 심리학자는 보통 사무실 근무시간으로 정해지는 규칙적인 스케쥴을 잡기보다 아이 돌보는 약속을 따로 잡거나 작업시간을 빼지 않고도 만날 수 있는 시간을 정하도록 배려해야 한다. 더구나 사설 장면에서 많은 심리학자들은 낮은 수입을 올리는 환자들이 낮춰진 요금을 지불할 수 있도록 변동요금제를 적용한다. 적절한 서비스를 제공하면 독신 엄마가 치료에 참여하여 서비스를 조기에 종결하지 않도록 하는 것에 확실하게 영향을 미칠 수 있다.

미리 존재하는 내담자 변인, 즉 현재의 생활맥락, 생활 경험, 성격 등은 치료를 찾거나 참여할지를 내담자가 결정하는 데 큰 영향을 미칠 수 있다는 것을 명심하는 것이 중요하다. 그러나 일단 치료가 시작되면 내담자와 치료자 사이에 역동적인 상호작용은 치료의 경과나 성과에 더 강력한 영향을 미친다(Clarkin & Levy, 2004). 치료의 궁극적 성과는 내담자의 치료자에 대한 감정, 내담자의 질문과 도전에 대한 치료자의 반응, 치료 초기에 내담자가 경험하는 이득정도, 치료가 내담자의 매일의 생활에 영향을 미치는 범위 등에 의해 결정된다. 예를 들면, 우울증의 치료에 대한 대규모의 연구에서 처음에 치료가 효과적일 것으로 기대했던 환자는 치료를 지속했고 치료회기에 적극적이고 건설적으로 참여했으며 증상이 감소되었다(Elkin, Yamaguchi, Arnkoff, Class, Sotsky,& Krupnick, 1999; Meyer, Pilkonis, Krupnick, Egan, Simmens, & Sotsky, 2002).

치료자 요인 검토하기

연구자들은 치료과정과 성과에 대한 내담자 변인의 영향을 탐색해왔던 것 같이 그들은 치료자 특성이 심리치료에 영향을 미치는 방식을 강조했다. 이 연구는 환자의 치료반응에 대한 심리치료의 영향에 대한 예민하고 미묘한 결과를 산출했다. 내담자 변인에 관해 언급했듯이, 이것은 부분적으로 환자와 치료자와의 상호작용이 치료의 과정에 일어나는 방식과 치료적 변화과정에서 그런 상호작용이 작용하는 힘 때문일 것이다. 치료자 요인이 심리치료의 과정과 성과에 미치는 공헌에 대한 연구(Beutler et al., 2004; Teyber & McClure, 2000)에서 나온 결과를 요약한 내용은 다음과 같다.

치료에 영향을 미치는 치료자 변인들은 사회인구학적 특성, 전문적 배경, 성격특성 등이 있다. 첫째, 사회인구학적 특성에 속하는 변인은 인종, 성, 연령이다. 즉, 치료자의 인종과 문화적 배경이 치료성과에 미치는 영향을 조사한 체계적 연구는 매우 제한되어 있으며, 일관성 있는 효과는 아직 없다. 치료자의 성은 치료성과에 일관성 있는 효과는 없다. 마지막으로 치료자 연령은 치료성과와 관련되지 않았으며, 내담자와 치료자 간의 연령의 유사성은 치료성과에 유의미하게 영향을 미치지는 않는다.

둘째, 전문적 배경에 속하는 변인은 전문적 훈련과 전문적 경험이다. 즉, 정신건강 분야에서 훈련을 받은 치료자들은 일반 건강분야에서 훈련받은 사람들보다 치료성과가 더 좋은 경향이 있으며, 다양한 정신건강 분야에서 훈련받은 치료자들(예로, 임상심리학자, 정신과의사, 사회사업가, 결혼 및 가족 상담자)의 상대적 효과성에 대한 연구는 결론내리기 어렵다. 전문적 경험으로 볼 때 다양성을 증명하는 것이 중요하지만 치료자 경험(치료에 종사한 기간이나 치료한 내담자 수로 측정한)은 치료성과와 정적 관계가 있다.

셋째, 성격특성에 속하는 변인은 성격특질, 정서적 안녕, 치료자의 가치, 태도, 신념, 그리고 자기개방 등이다. 즉, 치료자의 성격특질은 치료성과와 거의 관련이 없다. 그러나 치료자의 정서적 안녕은 치료성과와 일관성 있게 정적 관계가 있다. 치료의 과정이나 결과에 대한 치료자의 가치, 태도, 신념의 영향에 대해서는 일관성 있는 결과패턴이 밝혀지지 않았다. 마지막으로 치료자의 자기개방(넓게 치료과정에서 개인적 경험이나 관점에 대한 치료자의 현명한 공유로 정의된다)은 치료성과에 적지만 정적 효과를 가지는 것으로 밝혀졌다.

많은 치료자 변인은 치료에서 상호작용할 수 있다. 치료자의 개인자질의 총합은 좋은 치료기술의 중요한 요소라는 것은 분명하다. 결국 좋은 심리치료자는 상당한 지식, 기술적 기법, 대인관계의 민감성, 고통에 대한 인내심 등을 지니고 있어야 한다. 예를 들면, 외래환자 진료소에서 일하는 임상심리학, 정신의학, 임상사회사업, 정신과 간호학으로 훈련받는 치료자들을 연구했다. 각 훈련생에게 임의로 두 명의 내담자를 배정하여 치료한 결과를 참고하여 자기가 맡은 두 명의 내담자가 모두 개선된 30명의 치료자와 두 명 모두 개선이 안 된 30명의 치료자를 선택했다. 환자와 치료자에서 나온 자료는 이들 두 집단 사이에서 치료자들의 차이를 검토하기 위해 사용되었다. 그들의 정서적 적응이나 일반적 삶의 가치라는 점에서 치료자 집단들 간에는 아주 적은 차이가 있었지만 치료 동안 중요한 집단 차이가 있는 것으로 분석되었나. 특히 더 효과적인 치료자들의 환자들은 덜 효과적인 치료자의 환자들보다 감정을 보고했고 더 많이 치료를 이해했다(Lafferty, Beutler, & Crago, 1989).

충분한 자격이 있고 활동하는 치료자들 사이에서 치료적 효과성의 전반적 차이에 대해 우리는 무엇을 알고 있는가? 치료자들의 성공을 검토하는 두 개의 대규모 연구에서 내담자 개선에 작용하는 변량의 5~8%가 치료자 효과로 귀인될 수 있다고 밝히고 있다(Lutz, Leon, Martinovich, Lyons, & Stiles, 2007; Wampold & Brown, 2005). 게다가 무선화된 통제시행에서 환자 변화에 책임이 있는 다양한 요소들을 조사하였는데 환자의 치료성과에 특정 치료자의 효과는 특정 치료의 효과보다 더 크다는 것을 밝혀냈다(Lyons & Howard, 1991). 명백한 치료 매뉴얼에 기초한 체계적 훈련이 치료자들의 전반적 효과를 증진시켰다하더라도 특정 치료자들 사이에 중요한 변량을 제거하지는 못한다(Teyber & McClure, 2000).

불행히도 우리는 더 효과적인 치료자와 덜 효과적인 치료자를 구분하는 특성이나 치료자가 특별히 다른 동료들과 어떻게 다른지에 대해 거의 아는 것이 없다. 예를 들면, 알코올 문제를 가진 대규모의 치료(1,700 명 이상의 환자) 연구에서 54명의 치료자들 중 4명은 가장 빈약한 치료성과를 냈으나 이들 4명의 치료자들이 다른 치료자들과 변별될 수 있는 특성을 확인할 수 없었다(Project MATCH Research Group, 1998). 치료자 효과성의 차이에 대한 증거는 실제 장면에서 얻어진 결과에 기초하여 치료자가 효과적인지를 확인하는 것이 필요하다(Krause, Lutz, & Saunders, 2007).

치료요인 검토하기

연구자들은 특정한 치료 지향 안에서 지향에 상관없이 치료의 어떤 측면이 치료효과를 내는데 특히 중요했는지를 조사해왔다. 내담자의 행동을 명확히 해석하는 것이 치료자에게 중요한가? 회기사이의 과제를 사용하는 것이 치료간의 차이를 만들어내는가? 과정-성과 연구자들은 이러한 질문들과 그

외의 많은 요인들에 대해 연구했다.

해 석 내담자 행동의 해석은 정신역동적, 경험적 치료 접근에서 간혹 나타난다. 이것은 사고, 정서, 행동에 영향을 미치는 것으로 믿어지는 무의식적 과정이나 내담자의 문제를 설명하는 것을 말한다. 해석에 관한 연구를 개관하였을 때 연구들 간에 일관성 있는 결과가 밝혀지지 않았다(Beutler et al., 2004). 해석이 긍정적 치료성과와 강하게 상관되었다는 많은 연구들이 있었다. 일반적으로 이러한 연구들에서 치료자 해석은 좋은 대인관계 기술을 가진 내담자와 함께 한 치료에서 가장 성공적이었다는 것을 밝히고 있다.

지 시 치료자는 얼마나 지시적이어야 하는가? 적극적이면서 이끌어가는 치료자와 중립적이고 반영적인 입장을 취하는 치료자 중에 어떤 쪽이 더 좋은가 어떤 쪽이 긍정적 성과에 도움이 되는가? 이런 것을 개관한 연구(Beutler et al., 2004)를 보면 평균 효과크기는 r=.06으로 통계적으로 유의미하지 않았으나 효과크기의 범위는 연구에 따라 -.17～.79로 크게 차이가 났다. 그런 큰 변량이 있을 때 연구들 간에 평균을 계산하는 것은 어떤 중요한 정보를 모호하게 할 가능성이 있다. 치료자 지시가 적절하게 작용하는 정도에 영향을 미치는 조절변인이 있을 수 있다. 우리가 치료에 미치는 내담자 변인들을 요약한 증거들을 볼 때, 치료자 지시의 최적 정도는 내담자의 심리적 반응 수준에 의해 결정되는 것 같다. 심리적 반응은 사람들의 행동에 직접적으로 영향을 미치는 시도에 대해서 반응하는 경향이다. 낮은 반응의 내담자는 좀 더 지시적 치료에서 더 큰 치료적 이득을 경험하지만, 높은 반응을 보이는 내담자는 덜 지시적 치료에서 더 큰 치료적 이득을 경험하는 경향이 있다.

통찰 대 증상 감소 환자 통찰이나 혹은 환자 증상 감소에 초점을 맞춘 치료의 상대적 장점에 대해서 Beutler et al.(2004)은 이 문헌에서 전체적으로 0의 효과크기를 보고했다. 그러나 환자의 대처방식은 치료의 초점과 치료성과 간의 관계에서 중요한 조절변인이 될 수 있다. 전반적으로 내관적이거나 내성적인 환자에게는 환자의 자기인식과 자기문제의 이해를 증진시키는 데 초점을 맞추는 것이 좋다. 대조적으로 충동적이고 통제가 잘 안 되는 환자들은 증상 감소에 초점을 맞추는 것이 최선이다. 대부분의 현대 치료들은 내담자의 경험과 문제를 더 잘 이해하도록 하고, 내담자의 일상생활을 변화시키도록 돕는 데 초점을 맞춘다. 치료의 지향에 관계없이, 치료자 지시의 정도에 따라 치료자가 내담자 양식과 선호에서의 개인차를 고려하여 치료의 초점을 맞추는 것이 가능하다.

회기 간 과제 다양한 이론적 지향을 가지고 있는 많은 임상 심리학자들과 심리치료자들이 회기 간 과제를 사용하고 있다(Kazantzis, Busch, Ronan, & Merrick, 2007; Kazantzis, Lampropoulos, & Deane, 2005). 치료자가 회기에서 강조하는 것을 공고하게 하기 위해 과제를 내는지, 또한 내담자가 실제로 그 과제를 하는지가 실제로 의문인가? 이 두 질문에 대한 대답은 "예"이다. 27개의 인지행동치료 연구의 메타분석(Kazantzis, Deane, & Ronan, 2000)에서 과제할당과 긍정적 치료성과 간에 연합에 대해 효과크기가 r=.36이었고, 환자의 과제완성정도와 긍정적 치료성과 간의 관계에 대해서는 효과크기가 r=.22였다. 환자가 과제를 완성하는 데 따르는 것은 긍정적 치료기대와 초기의 기능 개선과의 관계에서 조절변인으로 작용한다. 다른 말로 하면 회기 간 과제에 참여하는 것은 개선에 대한 희망을 실제적 개선으로 전환하는 데 결정적인 것 같다.

치료적 변화의 공통원칙

여러 가지 경험적 연구에서 나온 치료적 변화에 대한 공통원칙을 정리해 보자(Castonguay & Beutler, 2006b). 첫째, 내담자 변인은 다음의 경우에는 치료에서 이득을 얻을 가능성을 줄이는 것으로 가정되었다. 즉 치료를 받기 전에 많은 손상을 입었을 경우, 성격장애가 존재할 경우, 재정적이거나 직업상의 어려움을 겪을 경우, 발달 초기에 중요한 대인관계의 문제가 있을 경우, 그리고 자기의 문제와 치료에 대하여 비호의적 기대를 할 경우에는 심리치료에서 이득을 얻을 가능성이 줄어든다.

둘째, 관계조건은 치료에서 생기는 이득을 얻을 가능성을 증가시키는 것으로 가정되었다. 즉 치료하는 동안 치료자와 내담자 간에 치료적 동맹이 잘 맺어지고 강하게 유지되는 경우, 또한 집단치료를 받는 동안 강한 수준의 집단 응집력이 발달되고 유지되는 경우에는 치료에서 더 많은 이득을 얻을 수 있다.

셋째, 치료자의 행동은 치료에서 생기는 이득을 증가시키는 것으로 가정되었다. 즉 내담자와 협력을 잘 하는 경우, 치료자가 공감 반응을 잘 하고, 진정성, 배려, 따뜻함, 수용의 태도를 보이는 경우, 동맹이 깨뜨려지는 것에 대해 민감하고, 공감적이고 융통성 있는 방식으로 이러한 불화에 초점을 잘 맞추는 경우, 구조화된 치료대책을 가지고 있으며, 이것을 일관성 있으면서도 융통성 있게 개입에 적용하는 경우, 비지시적 기법을 기술적으로 잘 사용하는 경우에는 치료에서 더 많은 이득을 얻을 수 있다.

넷째, 개입목표는 치료적 변화로 이끄는 것으로 가정되었다. 내담자의 개인내적 문제, 내담자의 임상적 증상과 연관된 대인관계 문제, 문제가 되는 인지, 부적응적 행동, 정서, 생리적 반응들, 내담자의 자기탐색, 수용력과 인내심, 충분한 정서경험, 극단적 정서를 통제하기 등을 개입목표로 하는 경우에는 치료에서 변화가 더 잘 일어나는 것으로 보인다.

제10장

행동치료

제10장

행동치료

행동치료는 행동수정, 행동변용 혹은 조건화치료라는 이름으로 불리어지고 있으며 심리학, 생리학 및 정신생리학에서 얻은 경험적이며 이론적 지식을 체계적으로 활용하여 이상행동의 원인과 그 기제를 설명할 뿐만 아니라 그것을 치료하고 예방하는 과학이다. 행동치료는 Pavlov와 그를 따르는 사람들에 의해서 각각 체계화되고 발전하였다.

행동주의 심리학적 접근을 시도하는 사람들은 실험이나 관찰에서 얻은 지식체계를 바탕으로 하여 이상행동을 이해하고 치료하고 있다. 정신적 질병에 대한 전통 정신의학적 접근과 정신역동적 접근에 대한 불만과 임상심리학자의 평가 위주의 역할에 대한 불만이 노골적으로 표면화되기 시작하면서 행동주의 심리학적 접근법이 등장했다.

행동치료의 특징

행동치료, 인지치료, 인지행동치료의 여러 형태들은 단일 지향을 가진 것으로 간주할 수 있다. 행동주의적 접근은 문제행동들이 학습된 것이고 잘못된 학습은 학습원리의 적용을 통해 되돌릴 수 있다는 가정에 기초한 것이다. 행동치료의 최초 적용은 다룰 수 없는 것으로 간주된 환자, 즉 정신병이나 정신지체인 사람들을 관리하는 데 오퍼런트 조건화를 이용한 것이다. 행동치료의 분야는 고전적 조건화와 오퍼런트 조건화의 적용에서 시작해서 지각, 인지, 행동의 생물학적 기초 등의 영역에서 나온 연구결과들을 적용하는 절차들까지를 망라하는 것으로 진전되었다. 치료자들은 아동기 생활사에 대적되는 것으로 현재의 기능에 초점을 맞춘다. 따라서 행동주의적 개입은 바람직한 행동을 증가시키는 것(예, 즐거운 활동에 참가하기, 세미나에 침착하게 참가하기,

화난 고객을 자기 주장적으로 다루기 등)은 물론이고, 바람직하지 않은 행동을 줄이기(예, 외상적 사건에 대한 침투적 사고, 자해행동, 회피)를 통해 특정한 목표에 초점을 맞춘다. 행동치료의 본질적 특징은 과학적으로 도출된 원리를 문제의 개입에 적용하는 것이다. 치료하는 동안 전략이 수정되어야 하는지를 결정하기 위해 경과를 평가한다. 행동치료는 목표를 명확히 할 필요가 있고 미래를 지향한다(Emmelkamp, 2004).

행동치료의 특징은 다음과 같다(Corey, 2009; Stuart, 1998; Heiden & Herson, 1995). 첫째, 행동치료는 과학적 방법의 원리와 절차에 따른다. 실험에서 나온 학습원리들을 부적응 행동을 변화시키는 데 사용한다. 관찰에 근거해서 결론을 내리며 자신이 개입한 것을 반복할 수 있도록 치료목표를 구체적이고 측정 가능한 용어로 기술하여야 하며 진행과정이 주기적으로 평가되어야 한다. 치료계획은 내담자와 치료자가 적극적으로 참여하여 협력적으로 세운다.

둘째, 치료의 초점은 일반적으로 현재에 두어야 한다. 행동치료는 과거를 중요시하지 않으며 현재 문제에 영향을 주는 요인들을 다룬다. 행동이 장기적으로 지속되는 것이라 해도 그것은 현재의 환경적 요인에 의해 유지되는 것이라고 본다. 따라서 치료자는 문제행동을 지속시키는 현재의 환경사건들을 찾고 내담자들의 행동분석을 통해 선행요인이 되는 환경사건을 변화시켜 새로운 행동을 할 수 있도록 돕는다.

셋째, 행동치료자들은 내담자의 행동을 성공적으로 변화시키기 위해 치료에서 적극적인 역할을 해야 하며 내담자에게도 구체적인 행동을 하도록 요구한다. 내담자는 치료장면 내에서나 밖에서 자신의 행동을 관리하고, 대처기술을 배우고 실습하며 새로운 행동을 연습한다. 또한 치료과제를 통해 매일 실행해야 한다. 즉 학습과 학습의 전이를 촉진하는 교육은 치료의 핵심부분으로 이를 통해 부적응 행동을 새롭고 적응적인 행동들로 대체해 나가게 된다.

넷째, 행동치료의 전략은 특정 사람과 특정 문제에 맞춰 개별화될 수 있다. 어떤 사람이 어떤 상황에서 어떤 문제를 보이는 것에 대해 어떤 기법을 시도하는 것이 효과적인지 평가해서 시행할 수 있다.

다섯째, 행동치료에서는 평가와 개입이 밀접한 관계를 갖고 있다. 평가는 개입방법을 선택하는 데 직접적인 정보를 준다. 평가와 개입을 밀접하게 연결시키는 것은 개인차에 관심을 두기 때문이다. 개입방법은 개별화된 평가에 기초해 선택되며 각 상황의 특수한 환경에 따라 독특하게 설계된다.

여섯째, 치료의 진전을 추적하고, 일반화와 행동의 유지를 계획한다. 행동치료에서는 개입의 효과에 대한 자료를 수집하고 개입 전의 행동 빈도, 강도, 지속 기간, 생각이나 감정 등이 개입 후에는 어떻게 달라졌는지를 비교한다. 치료의 진전에 대한 자료는 내담자에게 제공하여 셀프모니터링을 할 수 있게 하고 나아가서는 자기교정 기능을 할 수 있도록 한다. 또한 행동치료에서는 개입의 기간 동안 일어난 실제 생활장면에서의 변화를 일반화시키고 지속시킬 수 있는 계획을 세운다. 예로, 문제행동의 유지에 가족 구성원의 책임이 일부 있다면 평가와 개입에 이들을 참여시켜서 긍정적인 성과를 잘 유지시키도록 돕는다.

체계적 둔감법

체계적 둔감법은 불안을 매개로 하는 행동장애를 치료하는 기법이다. 불안과 양립할 수 없는 생리적 조건을 활용하여 불안을 주는 자극이 그 기능을 완전히 상실할 때까지 반복 제시하는 기술이다. 우리 속에 있는 동물이 심한 전기쇼크를 받고 조건화 공포가 형성되고 나면 아무리 배가 고파도 먹이를 먹지 않는다. 그러나 쇼크를 받은 우리와 거리가 먼 곳으로부터 점차적으로 거리를 좁혀 가면 나중에는 그 우리 가까이에서는 물론 우리 속에서도 먹이를 자유롭게 먹을 수 있다. 이 과정에서 섭식과 불안은 상호대립현상을 유지한다. 즉 불안이 너무 강하면 섭식은 제지되지만, 불안이 낮으면 섭식은 불안을 제지할 수 있게 된다. 섭식이나 불안 어느 것이 더 눈에 띄게 나타나느냐는 그 강도에 따라 결정된다. 이것이 곧 상호제지의 기본원리이다.

불안은 어떤 단서나 혹은 자극에 의해 일어나는데, 이는 불안반응만을 일으키는 것이 아니라 불안과 양립할 수 없는 다른 종류의 반응, 즉 동시에 반응할 수 없는 반응도 야기할 수 있다. 그러므로 지금 불안을 일으키는 단서가 있을 때에도 만일 불안과 양립할 수 없는 반응을 일으키려고 하면 그 단서와 불안반응과의 결합은 점차적으로 약화되어 간다.

상호제지법

불안을 유발시키는 장면에서 그와 양립할 수 없는 반응을 일으키면 그 불안반응은 부분적으로 혹은 완전히 억압되어 버린다. 다시 말하면 자극과 불안반응과의 유대는 약화되는데 이를 상호제지법이라 부른다(Wolpe, 1958). 이 원리를 바탕으로 수많은 치료방법이 개발되었다. 그 가운데 널리 쓰이는 것이 근육긴장이완법이다. 이는 불안을 매개로 하는 증후의 감도를 체계적으로 둔감화시키는 기반이 되고 있다. 이 방법은 진료실에서 손쉽게 실시할 수가 있어서 시간을 절약할 수 있을 뿐만 아니라 실생활 장면에서는 경험하기 어려운 불안장면을 진료실 안에서 쉽게 경험해 볼 수 있다는 장점이 있다.

체계적 둔감법을 활용하는 기술을 골라 간단히 소개하기로 한다. 우선 거미를 본다든지, 혹은 그것을 생각만 해도 불합리하게 공포를 느끼는 거미 공포증 환자의 경우를 생각해 보자. 그의 공포를 체계적 둔감법으로 치료하고자 할 때, 우선 환자로부터 거미에 대한 자세한 정보를 수집해야 한다. 특히 불안의 강도와 관계되는 요인에 대하여 세심한 주의를 기울여야 한다. 즉 거미의 경우는 크기, 빛깔, 운동의 여부, 그리고 거리 등을 주요 요인으로 생각할 수 있는데, 크고, 새까맣고, 살아 움직이고 있으며, 그리고 아주 가까운 거리에 있을 때에는 보다 강한 불안을 느낄 것이라고 가정할 수 있다.

이러한 정보를 바탕으로 하여 불안계층표를 구성할 수 있다. 이 때 조그맣고, 빛이 엷으며, 그리고 멀리 떨어져 있는 거미에 대해서는 별로 심한 불안을 느끼지 않지만 크고, 빛이 검고, 자기 옆으로 기어오는 거미에 대해서는 심한 불안을 느낄 것이라는 점을 염두에 두고 불안계층표를 구성해야 한다. 환자에게 제시한 불안계층표에 들어 있는 항목은 작은 종이에 써서 환자에게 보여주고 그것을 일정한 순서에 따라 배열하게 한다. 보통 2~3회의 면접을 갖는 동안에 계층표는 완성되어야 한다.

불안계층표를 구성한다는 것은 쉬운 일이 아니다. 둔감법의 기술에서 가장 어렵고 중요한 작업이다. 완전한 계층표를 구성하기 위해서는 불안자극에 대하여 자세히 알고 있지 않으면 안 된다. 불안계층표는 불안을 일으키는 자극을 그 정도에 따라 보기 쉽고, 그리고 알기 쉽게 만들어 놓은 표에 지나지 않는다. 불안계층표에는 쉽게 반응을 일으키는 항목도 있지만 그렇지 못한 항목도 있다. 계층표는 근육긴장을 이완시키기 전이나 혹은 그와 동시에 구성할 수가 있다. 자료를 수집하거나 그에 대한 보충할 필요가 있을 때에는 근육 긴장이완의 상태보다는 정상적인 대화를 하는 가운데 자연스럽게 이루어지는 것이 보다 바람직하다.

불안계층표를 구성하는 데 필요한 자료는 환자의 사례사, 심리검사결과, 그리고 공포조사의 결과에서 얻을 수 있다. 치료자가 장애의 원인을 알게 되면 그것을 몇 개의 테마로 분류한다. 한 개의 테마로 이루어지는 경우는 거의 없다. 테마가 확실함에도 불구하고 잘못 분류되는 사례도 없지 않다. 예를 들면 영화구경을 하는 것, 사람이 모이는 장소에 가는 것, 또 대중이 모이는 곳에 가는 데 공포를 느낀다고 하면 광장공포증으로 단정하기 전에 좀 더 세밀하게 검토해 볼 필요가 있다. 흔히 사교장면을 회피하거나 두려워하는 것은 남의 비판이 무서워서 그럴 수도 있고 남으로부터 거절당할까 두려워서 그럴 수도 있다. 어떤 사람은 대중 앞에서 맡았던 음식냄새에 조건화되어 사교적 장면을 두려워하게 되는 경우도 있다.

근육긴장이완훈련

불안은 근육긴장과 깊은 관계가 있다. 그러므로 최초면접에서는 Edmond Jacobson의 약식방법에 의해 근육긴장이완훈련이 수반되어야 한다. 이 훈련은 신체의 모든 근육을 수축시켰다가 이완시키는 과정으로 보면 틀림없다. 실제로 어느 부위에서부터 이완을 시켜야 한다는 일정한 법칙이 있는 것은 아니지만 일정한 체계를 갖추는 것이 바람직하다. 일반적으로 팔에서부터 시작한다. 특별한 이유가 있는 것은 아니고 시범보이기 쉽고 체크하기 쉽기 때문이다.

환자로 하여금 안락의자의 팔걸이를 힘껏 쥐게 한다. 그 다음에 앞 팔과 손에 오는 감각의 차이를 식별할 수 있는지 체크한다. 또 굴근과 신장근에서 느끼는 긴장감을 자세히 보고하게 한다. 다음에 치료자가 환자의 팔목을 꼭 붙잡고는 환자로 하여금 힘을 주어서 구부리게 한다. 이 때 이두박근에서 일어나는 근육긴장감을 주시하도록 한다. 다음에는 팔을 힘주어 펴면서 신장근에서 나타나는 긴장수준을 주의 깊게 관찰 보고하도록 한다. 환자가 다시 팔

꿈치를 당겼을 때에는 이두박근을 점차적으로 이완하도록 한다. 팔이 안락의자의 팔걸이에 가까이 왔을 때에 치료자는 팔목의 힘을 풀고 자유롭게 움직이게 한다. 이와 같은 요령을 습득하였다고 생각되면 양팔을 마음껏 이완시키게 한다. 그때 다른 어떤 감각을 느끼게 되면 즉시 보고하게 한다. 단 한 번의 이완훈련에서 성공하는 예는 별로 많지 않으나 연습을 반복하면 성공할 수 있다. 그렇게 되면 전신을 이완시키는 데 어려움을 느끼지 않게 된다.

다음에는 두부부위의 근육긴장을 이완시킨다. 이 부위는 불안억제의 효과가 가장 잘 나타난다. 우선 안면 근육을 통해서 이완의 정도를 알아볼 수 있다. 치료자는 환자로 하여금 눈꺼풀을 수축시키면서 힘을 주어 이마에 주름살을 접게 한다. 그 다음에 점진적으로 이완을 계속하게 한다. 5초 간격으로 더 이상 변화가 나타나지 않을 때까지 계속한다. 이 때 환자는 이마에 이상한 감각이 온다고 보고할 것이다. 이는 곧 이완상태가 고도에 이르렀다는 표시로 생각할 수 있다.

다음 이완훈련의 대상은 치아이다. 환자로 하여금 이를 꽉 다물게 한다. 입술은 근육긴장이완의 정도를 알아볼 수 있는 좋은 지표가 된다. 긴장이 이완되면 입술에 잘 나타난다. 그렇다고 멍하니 벌린 입이 완전한 이완의 표시는 아니다. 훈련과정에서는 혀의 근육도 아울러 이완시킨다. 이를 위해 혀끝에 힘을 주어 앞니를 밀어내다가 힘을 풀어준다. 어깨 부위의 근육긴장도 이완훈련의 대상이 된다. 그 외에 등, 다리 및 발 등 모든 주요 부위는 긴장이완훈련의 대상이 된다. 긴장이완훈련이 계속되는 동안 환자로 하여금 긴장했을 때 느끼는 감정과 반대로 이완했을 때 느끼는 감정이 어떻게 다른지 스스로 알게 할 필요가 있다. 환자로 하여금 긴장이완훈련을 집에서도 혼자 반복하도록 할 필요가 있다.

긴장이완이 만족한 상태에 이르렀다고 판단할 때 불안강도를 둔감화시키기 시작하는 것이 바람직하다. 이완의 정도는 환자 자신의 보고나 그에 대한 주의 깊은 관찰에 의해서 판단할 수 있다. 일반적으로 2~3회의 훈련을 마치고 나면 마음이 차분해지고 졸리는 느낌을 갖게 되는데 전혀 그러한 마음의 변화를 느끼지 못하는 사람도 있다. 근육긴장이완의 정도를 객관적으로 측정하기 위하여 전기피부반사(GSR)나 근전도(EMG)를 쓰고 있다. 환자 자신이 보고하는 정서 상태를 가지고 충분히 짐작할 수도 있다.

보통 임상장면에서는 절대적 심리적 안정상태를 요구하지만 그것보다는 주관적 방해단위(SUD)가 영(0)에 이르면 그것으로 족하다. 불안이 심한 환자에 있어서도 SUD가 50에서 15 정도로 떨어졌을 때에는 불안에 대한 민감도가 많이 낮아진 것으로 판단할 수 있다. 긴장이완이 어렵다고 느껴지면 면담 1시간 전에 메프로바메이트, 클로르프로마진, 혹은 코데인 인산염 등과 같은 약을 투여하면 크게 도움이 된다. 확실하게 어떤 약을 투여할 것인지는 환자의 반응에 따라 결정하는 것이 좋다. 최면에 의해서 불안의 감도가 낮아지는 경우도 상당히 많이 있다.

긴장이완훈련과정에 불안하거나 불쾌한 생각이 들면 오른손 둘째 손가락을 들게 한다. 그 다음에 불안과는 거리가 먼 중립장면을 상상하게 한다. 다음에는 불안계층표에서 불안의 정도가 낮은 1~2개의 장면을 환자에게 제시하게 하고 얼마나 빨리 그리고 생생하게 상상해 낼 수 있는가를 알아내야 한다. 훈련이 계속될 때에도 이와 같은 기본적 수속절차는 고수하는 것이 좋다. 다음 훈련을 계속할 때에는 이전 훈련과정에서 전혀 불안한 기색이 보이지 않으면 다음 항목을 제시한다. 이와 같은 요령으로 심한 불안을 일으킬 것으로 예상했던 문항에 대해서 불안을 느끼지 않을 때까지 훈련을 계속한다.

둔감법을 일관성 있게 적용하기 위해서는 둔감화 과정 그 자체에 의해서 불안이 매개되는 일이 없도록 해야 한다. 그러기 위해서는 시종일관 이완상태를 유지할 필요가 있다. 만일 맨 처음 항목이 제시되었을 때 환자가 불안을 느끼고 신호를 보낸다든지 혹은 치료자 자신이 어떤 장애의 증후를 발견하였을 때에는 훈련을 중단하고 다시 충분한 긴장이완의 훈련을 시킬 필요가 있다. 때로는 환자로 하여금 평화스런 광경을 상상하게 할 필요도 있다. 그리고 불안계층표에 있는 항목을 골라서 제시한다. 그래도 환자가 불안을 느낄 때에는 환자가 쉽게 극복해 낼 수 있는 항목을 포함시켜 불안계층표를 수정해야 한다. 특정한 자극에 대하여 불안이 계속 유발될 때에는 이미 쉽게 극복할 수 있었던 항목을 다시 제시함으로써 크게 도움이 되는 수가 있다.

새로운 문항에 대해서 계속적으로 불안을 느낄 때에는 이미 쉽게 극복할 수 있었던 항목과 불안 때문에 극복할 수 없었던 항목 사이에 새로운 문항을 만들어 넣으면 둔감화 훈련은 쉽게 진전될 수가 있다. 환자가 여전히 불안을 느낀다고 해서 거기서 치료를 중단해서는 안 된다. 다음 훈련기간에 그 항목을 극복할 때에는 더 많은 시간이 걸린다. 그러므로 훈련을 종결시킬 때에는 보다 쉽게 극복할 수 있는 문항을 제시하는 것이 관례로 되어 있다(Lazarus, 1964).

불안계층표

처음 항목을 제시할 때에는 그 시간은 수초로 제한한다. 단계적으로 제시시간을 연장시키는 데 수초 동안 불안을 느끼지 않을 때까지 훈련을 계속한다. 제시 지속시간은 장면의 성질에 따라 다르고, 또 그것을 얼마나 생생하게 상상할 수 있느냐에 따라 달리한다. 예를 들면, 불빛을 비추는 장면은 수초 동안으로 충분하지만 시가를 산책하는 장면 같은 것은 수분 동안 지속해야 충분한 효과가 있다.

항목간의 시간간격은 수초로 족하다. 그 때 환자가 불안하다고 할 때에는 다시 긴장이완훈련을 시켜야 한다. 실제 둔감화 훈련을 시킬 때 한 번에 몇 개의 항목을 몇 차례나 제시하는 것이 효과가 있는가에 대해서는 일률적으로 정해진 것이 없다. 이것도 역시 제시될 문제 장면의 성질, 환자가 얼마 동안 참고 견디어 낼 수 있느냐, 또 얼마나 시간여유가 있느냐에 따라서 결정된다. 일반적으로 훈련횟수는 주당 3회, 한 번 훈련에 소요되는 시간은 20~30분이 족한 것으로 알려지고 있다. 그러나 90분까지 지연되는 사례도 있다.

치료훈련 때마다 최고 4항목까지 제시할 수 있고, 한 장면을 3~4회까지 반복 제시할 수가 있다. 이는 훈련이 진행됨에 따라서 조정할 수가 있다. 한 장면의 제시 지속시간은 5초 정도로 한정하는 것이 좋으나 문제의 성질이나 환자의 상태에 따라서 이것도 역시 조정할 수 있다. 둔감화 훈련은 집중적으로 시킬 수도 있고 분산적으로 시킬 수도 있으나 후자의 방법이 전자에 비해 훨씬 효과가 있는 것으로 알려지고 있다. 대부분의 경우 환자의 불안을 일으키는 자극은 그 주제에 따라 달라진다. 그러므로 불안계층표는 그 주제를 두 개 이상으로 구성할 필요가 있다. 최근에는 집단을 대상으로 한 둔감법도 널리 보급되고 있다. 예를 들면 폐쇄공포증과 같이 유형이 비슷한 공포증 환자를 치료할 때에는 동일한 불안계층표를 적용할 수 있다. 그러나 그 유형이 다를 때에는 불안계층표를 따로 구성해야 한다.

광장공포증 환자를 치료하기 위해서 자농 오퍼런트 둔삼법이 개발되었는데 특수한 녹음장치에 환자 자신의 목소리로 근육긴장이완훈련과 둔감화 훈련에 필요한 지시사항을 녹음한다. 환자는 그에 따라서 독자적으로 훈련할 수 있다(Migler & Wolpe, 1967). Jacobson의 근육이완훈련법 대신 메프로바메이트와 클로르프로마진 같은 진정제나 코데인 인산염 같은 약제가 사용되기도 한다. 본격적인 훈련에 들어가기 전에 페티딘과 스코폴라민을 투여하기도 한다.

자기주장훈련

불안과 양립될 수 없는 것으로 자기주장반응을 생각할 수가 있다. 예를 들면 대인관계에서 불안을 느낄 때, 혹은 불공평한 대우를 받을 때 정당하게 자기주장을 할 수 있도록 훈련시킬 필요가 있다. 또 스트레스 장면에서도 자기주장을 할 수 있도록 훈련시킬 필요가 있다. 이 자기주장훈련은 체계적 둔감법과 병행시키는 것이 보통인데, 현실장면에서 그것이 불가능할 때에는 치료실에서 치료자와 함께 훈련받게 되는 경우가 많이 있다. 이때 치료자는 환자에게 스트레스를 주는 사람, 또 불안을 야기 시키는 사람의 역할을 맡게 된다. 이것이 곧 심리극이다. 심리극에서 성공적 자기주장이 가능하게 되면 실생활 장면에 가서 행동연습을 해보게 한다.

일상생활에서 일어나는 불합리한 정서를 제지하는 것이 자기주장훈련이다. 우리가 보통 즐겁게 느끼는 정서는 어느 것이나 대부분이 불안을 극복한 신체적 반응과 깊은 관계가 있다. 보는 것, 냄새 맡는 것, 소리 및 말은 직접 지각적 조화를 이룬다든가 혹은 이전의 조건화 때문에 정서 원의 구실을 한다.

불행하게도 아직까지는 여러 가지 정서에 대한 정신생리학적 연구는 별로 많지 않다. 러시아의 연구자들은 분노와 불안의 경우는 서로 독립적이면서도 서로 제지하는 중추가 중뇌에 존재한다는 사실을 밝혀냈다(Simonov, 1967). 여러 가지 의미에서 자기주장행동은 치료수단으로서 매우 가치가 있다. 대부분의 환자들은 신경증적 공포 때문에 정상적 행동을 하지 못한다. 즉 누가 보더라도 정당하고 합리적인데도 말 한마디 하지 못하고, 행동으로 실천할 수 없다. 식당에 가서 서비스가 나빠도 종업원의 비위를 거스를까 두려워서 말을 한마디도 못한다. 친구가 싫어할까 두려워서 좀처럼 다른 의견을 제시하지 못한다.

위에서 열거한 대인관계에서 오는 불안 때문에 부적응 현상이 초래되는 수도 있다. 이성간의 성교를 두려워한 나머지 동성애, 소아기호증 혹은 노출증으로 발전되는 경우도 있다. 행동으로 나타내야 할 것을 너무 억압하면 정신신체적 증후로 발전하고, 드디어는 기관에 병적 변화가 수반된다. 이러한 경우는 이상성욕과 같이 외부에 나타난 것을 곧 치료목표로 삼을 수 없고 대인관계에서 오는 불안을 치료해야 한다. 자기주장훈련이 필요한 사람은 성장과정에서 사회적 복종을 강요당했다는 사실을 쉽게 찾아볼 수 있다. 또 어렸을 때 남의 권리를 존중해야 한다는 교육을 지나치게 받았다는 사실도 많이 찾아볼 수 있다.

치료자는 환자로 하여금 억압된 충동을 점진적으로 노출시키게 함으로써 불안을 감소시켜 마지막에 가서는 약화된 불안반응을 통제할 수 있도록 시도해야 한다. 대인관계의 장애가 불안 때문에 온 것이 아니고, 다만 적절한 운동습관을 획득하지 못한 데서 오는 경우에는 오퍼런트 조건화의 기법을 활용하기도 한다. 다른 치료의 기법과 마찬가지로 자기주장훈련의 방법도 역시 아무렇게나 적용되어서는 안 된다. 자기의 주장을 거의 내세우지 못하는 제지적 성격이라는 것이 있는데, 이들에게는 자기주장훈련이 꼭 필요하다. 장사나 낯선 사람은 제법 마음대로 잘 대할 수 있지만, 어머니나 아내와 같은 사람에 대해서는 복종적이며 벌벌 떠는 사람이 있다. 이와는 달리 가까운 사람들에게는 군림하지만, 낯선 사람들만 보면 비겁해지고 두려움을 느끼는 사람도 있다.

자기주장훈련에 착수하기 전에 환자는 자신이 왜 그러한 훈련을 받아야 되는지 충분히 알아야 한다. 사람들이 자기주장을 하지 못하고 다른 사람에게 맹종하는 것은 하나의 미덕이기도 하지만 심리적으로는 반드시 바람직한 것만은 아니다. 자신의 주장을 적당히 펴나갈 수 있어야 한다. 자기의 뜻을 주장하지 못하는 것은 정서적으로 불쾌하며 다른 사람에게는 그렇게 좋은 인상을 주지 못한다는 점, 또 불안이 감소되면 자기주장은 증대된다는 점까지 알게 할 필요가 있다.

자기주장훈련은 자연스럽게 시작되어야 한다. 그러기 위해서는 환자로 하여금 근래에 경험했던 사실을 자연스럽게 이야기하게 한다. 또 환자 자신이 쉽게 감정이 상한다든지, 부끄러움을 많이 탄다든지, 남이 자기를 비판하면 쉽게 기분이 상한다든지, 또 사회적 지위가 높은 사람 앞에서는 수줍어진다고 말할 때에는 본격적으로 훈련시킬 필요가 있다. 자기주장훈련이 매우 어렵거나 혹은 거의 불가능한 경우도 있다. 치료자가 그 이유를 밝혀야 한다. 환자들 가운데는 자기 자신이 너무 공격적으로 행동하지나 않는가 하는 생각을 가지는 사람이 있다. 이들은 공격성을 마치 죄악과 같이 생각하고 있기 때문에 체계적 둔감법에 의한 불안치료가 선행되어야 한다.

환자가 자기주장이 어려울 것 같이 판단될 때에도 자기주장이 가능하도록 세심한 주의가 필요하다. 그를 위해서 환자의 동기를 유발시킬 필요가 있으며 다른 한편으로는 자기주장을 부정적으로 생각하는 태도를 변화시켜야 한다. 실제 실연을 해보는 것도 바람직한 방법의 하나이다. 행동실연은 행동주의적 심리극으로써 환자가 자신을 표출하는 데 크게 도움을 준다. 이 때 치료자는 반대자의 역할을 하고, 환자는 그것이 마치 현실장면인 것처럼 반응한다. 처음에 나타나는 환자의 반응은 매우 방어적이며 주저하는 경향이 있으나 두 사람 사이에 이루어지는 상호교섭에 따라 양상은 크게 달라진다. 그러므로 치료자가 만족할 때까지 계속 반복한다. 환자의 말소리, 정서적 표현, 그리고 적절한 동작 같은 것을 주의 깊게 관찰할 필요가 있다. 그러므로 행동치료자들은 훈련이 잘된 배우들로 하여금 실연케 하고 환자는 그것을 보고 모방하게 하는 모델링 기법 같은 것을 활용하기도 한다. 환자가 이것을 보고 모방하여 실연하게 되면 불안은 점차적으로 감소되면서 자기주장행동이 형성된다.

정적 조건화 기법

조건화의 원리, 특히 정적 조건화의 원리는 유뇨증이나 말더듬이의 행동

교정에 널리 쓰인다. 유뇨증이란 3세 이후의 아이들이 불수의적으로 혹은 무의식적으로 배뇨하는 것을 의미한다. 이는 뚜렷한 유전적 결함, 학습장애, 신경계통이나 비뇨기계통의 질병은 물론 심리적 결함과는 무관한 것이 특징이다(Crosby, 1950). 그러면 유뇨증을 치료한다는 것은 정상적 배뇨의 기제를 이해해야 되고 정상적 배뇨를 방해하는 요인을 이해해야 한다. 유뇨증의 원인은 매우 다양하다. 즉 피질에서 일어나는 조건화제지 및 이완기제와 밀접한 관계가 있다. 생리학적 및 신경학적 성숙에 결함이 있거나 배뇨습관이 잘못 형성된 것이 원인일 수도 있다. 혐오동기 상태가 유뇨증을 일으킬 수도 있다. 또 이들 요인들이 유뇨증의 복합적 원인으로 작용할 수도 있다. 그러므로 치료방법도 다양하다. 가장 보편적인 것이 정적 조건화의 기법이다.

방광긴장에 의한 자극과 각성반응을 직접 연결시키는 적당한 훈련을 하고나면 방광충만감을 느끼고 배뇨 전에 잠에서 깨어날 수 있다. 다시 말하면 만일 유뇨증 환자가 배뇨할 때 눈을 뜨게만 하면 방광긴장이 배뇨 수준에 이르지 못했을 때에도 그것을 알아차릴 수 있다. 그러므로 조건화치료를 받은 후에는 오줌을 싸는 일이 없이 잠을 잘 수 있게 된다.

유뇨증 치료는 수면 중 배뇨를 억제하도록 하는 것에 불과하다. 일반적으로 사용되는 도구로는 벨과 요뿐이다. 요 위에는 홑이불을 깔아 놓는다. 환자가 오줌을 싸서 홑이불을 적시고 요를 적시게 되면 벨이 울려 잠자리에서 깨게 된다. 이런 훈련을 한 후 변기에 갈 때까지 오줌 싸는 것을 억제하게 된다. 고전적 조건화에서 사용되는 용어를 사용하면 벨은 조건자극이고, 방광의 팽창은 무조건자극이고, 그리고 정신을 차려 일어나는 괄약근을 수축시키는 것은 조건반사이다. 여러 차례의 훈련을 거치고 나면 방광팽창을 지각해도 괄약근이 충분히 수축된다. 이와 같이 조건화 기법에 의한 유뇨증에 대한 치료는 벨과 요에 의한 치료방법에 한정되어 있지 않고 전기쇼크를 사용한 치료방법도 있고 1960년대에 와서는 오퍼런트 회피훈련과 같은 방법도 개발되어 활용되고 있다.

말더듬이로 하여금 정상적으로 말할 수 있도록 하기 위해서 정적 조건화의 방법이 사용된다. 말더듬이의 원인은 아직 확실히 알려져 있지 않으나 선천적 요인과 심리적 요인이 크게 작용하고 있다고 보는 견해가 지배적이다.

대화에 대한 불안이 조건화되어 이와 유사한 사회적 장면에 부딪치게 되면 말을 더듬게 된다고 본다. 어떻든 간에 불안 때문에 말이 방해되고 주저 반복과 같은 형식으로 회피하려고 하게 된다. 그렇다고 이와 같은 설명이 완전한 것은 될 수 없다.

말하는 사람이 자신의 언어행동을 조종함으로써 말더듬이의 정도가 심해질 수도 있고 호전될 수도 있다. 즉 말더듬이는 청각적 피드백으로 그 증후를 어느 정도까지 제거시킬 수 있다. 환자는 실험자의 말이나 녹음기에서 나오는 소리를 큰 소리로 반복한다. 큰 소리로 동시에 읽거나 청각적 피드백이 큰 소리에 의해서 억압될 때 말더듬이가 억제된다. 말더듬이를 치료하기 위해서 음절로 된 단어를 보다 빨리 연습시킨다. 음절로 된 단어를 말더듬이 어린이에게 훈련시키고 그것을 일상생활에 있어서도 활용토록 훈련시킨다. 메트로놈을 사용하여 음률을 들려주고 그에 맞추어서 말을 하게 하면 말더듬이가 교정된다(Andrews & Harris, 1964).

그러나 이와 같은 기술은 다만 치료기간 동안에만 유효하고 치료실 밖이나 스트레스가 많은 곳에서는 통제할 수 없게 되고 음률에 맞추어서 말할 수 없게 된다. 이와 같이 어려운 문제를 극복하기 위해서는 귀에 걸 수 있는 특수 장치를 한 전기기계를 사용하면 된다. 이 기계장치를 사용하면 진동수와 진폭을 자유롭게 조절할 수 있다는 것이 장점이다. 이를 사용하여 치료할 단계는 대략 다음과 같이 구분된다.

첫째 단계에서는 메트로놈을 가지고 환자를 훈련시켜 최적 박자수를 결정한다. 둘째 단계에서는 그 기계에 맞추어서 점진적으로 스트레스가 많아지는 상태에서 말하게 한다. 셋째 단계에서는 자신이 생기면 기계를 정지시키고 말을 계속하게 한다. 만일 불안에 직면한다든가 곤란하게 느끼게 되면 말을 다시 리듬에 맞추어서 천천히 하면 된다. 이로써 순조롭지 않을 때에는 다시 기계를 사용하면 된다. 이와 같은 방법은 분명히 불안을 부분적으로 억제하는 데 도움을 주고는 있으나 불안의 원인을 밝히는 데는 도움을 주지 못한다.

오퍼런트 조건화 기법

이 치료기법은 오퍼런트 조건화의 원리에서 출발하였다. 모든 인간의 행동은 정적, 부적 강화에 의해서 변화될 수 있고, 새로운 반응은 형성과정이나 변별과정에 의해서 이루어진다. 더 나아가면 모든 정신적 증후는 잘못된 강화에 의해서 형성된다. 증후는 곧 오퍼런트 반응으로서 부적합한 강화의 역사와 밀접한 관계가 있다. 일단 잘못 형성된 오퍼런트 반응은 어떤 환경에서 강화를 받을 수 있는 기회가 주어져도 그것을 충분히 활용할 수 없다.

오퍼런트 조건화 기법은 처음에는 만성정신분열증 환자의 동기유발수단으로 활용되었으나 지금은 학교, 교회, 교도소, 사회단체, 그리고 정부기관에서까지 활용하게 되었다. 오퍼런트 조건화 기법에서는 관찰이 가능한 행동은 물론 그 행동을 유발시키고 또 그것이 유지되는 환경에 큰 역점을 두었다. 오퍼런트 조건화 기법에는 강화를 조작하여 행동을 유발시키는 기능도 있지만 반대로 행동을 소거 혹은 소멸시키는 기능도 있다. 즉 바람직하지 못한 행동을 소거시키고 바람직한 행동유목을 증대해 나가는 것이 곧 치료과정이라고 할 수 있다.

가장 먼저 오퍼런트 조건화 기법이 응용된 곳은 만성정신병 환자를 수용하는 정신병원이었다. 심리학자들은 폐쇄병동에 수용되고 있는 만성정신병 환자의 부적응행동이나 파괴행동을 교정하는 데 오퍼런트 조건화 원리를 응용하여 큰 성과를 얻을 수 있었다(Ayllon, 1963). 정신병원에는 병적으로 손을 씻고 마루를 닦고 쓸데없는 물건을 비축하는 환자도 있고 밥을 먹지 않는 환자도 많이 있다. 이와 같은 부적응행동은 모두 사회적 강화의 산물이다. 다시 말하자면 병동에 근무하는 치료자와 간호사들이 그들에게 관심을 보여준 것이 부분적 원인이 되었다. 그러므로 치료자나 간호사는 환자에게 늘 관심을 가져서는 안 된다. 그보다는 바람직한 행동을 할 때에만 관심을 가지고, 같이 이야기도 하고, 먹을 것이나 마실 것을 주는 것이 더 바람직하다. 보다 구체적으로 이야기한다면 식사 시간만 되면 말썽을 부리는 환자에게는 전혀 관심을 보이지 말 것이며, 그보다는 시간에 맞춰 식당에 들어와서 식사하는 환자에게만 맛있는 후식과 차를 제공한다. 그러면 식사습관은 보다 더 좋은 방향으로 발전된다.

언어행동과 행동형성

사람의 언어도 어떤 강화를 받느냐에 따라서 달라진다. 즉 조리가 서지 않은 정신분열증 환자의 말은 사회적 강화를 받게 되면 그 빈도가 증가되지만(Ayllon & Houghton, 1964), 정신분열증 환자의 망상을 간호사나 치료자가 묵살해 버리면 그 빈도는 현저하게 감소된다(Kennedy, 1964).

장애의 정도가 심한 환자를 치료 혹은 훈련시킨다는 것은 보통 어려운 일이 아니다. 특히 바람직한 행동유형 항목이 전혀 없거나 사회적 강화에 대한 반응을 기대할 수 없는 환자를 치료하는 일은 어렵다. 만성정신분열증 환자의 행동유목을 형성시키는 것도 예외일 수 없다. 환자가 사회적 강화에 대해 반응할 수 없을 때에는 밀크나 초콜릿과 같은 과자를 가지고 1차적 강화제로 쓸 수밖에 없다. 긴장형 정신분열증 환자의 언어장애를 치료하기 위해서 행동형성의 기법을 활용한다. 무감각한 상태로 전혀 말을 하지 않는 환자에게 껌을 보여준다. 이 때 껌은 안구운동에 대한 보수로 사용될 수 있다. 계속해서 안면표정, 입술의 움직임, 그리고 무의미한 표정에 대해 보수를 주게 되면 마지막 단계에 가서는 의미 있는 말에 대한 보수로도 사용할 수 있게 되어 언어장애는 쉽게 치료될 수 있다.

모델링

목표로 했던 행동이 나타나면 강화를 주는 것이 보통이지만 그것만으로는 불충분하다. 목표행동을 보다 효과적으로 유발하고 유지시키기 위해서는 모델링이 병행되어야 한다. 예를 들면 만성 함구증의 말문을 열기 위해서는 강화만으로는 불충분하므로 모방을 하게 할 필요가 있다. 처음에는 비언어적 행동을 모방하게 하다가 마지막 단계에 가서는 상당히 복잡한 말까지도 모방하게 한다. 모델링에 의해 행동이 일단 형성되고 나면 모방 자극은 점차로 줄이고 그 대신 그것이 없이도 명명할 수 있게 장면을 조정할 필요가 있다. 이렇게 함으로써 모방에 의해서 습득된 행동의 의미는 확고해진다.

아동기의 정신병적 행동, 예를 들면 자폐적이며 파괴적 행동을 수정하는 데, 또 인지적 사회적 행동을 통제하는 데까지 오퍼런트 조건화의 기법을 쓴다. 반향언어증과 같은 언어장애도 오퍼런트 행동원리에 따라 교정이 가능하다. 즉 처음에는 말문을 열기 위하여 행동형성법과 모방을 병행하기도 한다. 전혀 말이 없는 자폐아의 언어장애를 치료하기 위해서 오퍼런트 기법을 쓴다. 말이 없었던 아이가 어떤 소리만 낼 수 있어도 음식물에 의한 강화를 받는다. 그러나 나중에는 치료자가 하는 말을 모방할 때에만 강화를 받게 된다. 다음 단계에 가서는 두 사람의 말을 들려주고 변별하게 한다. 변별이 가능할 때에는 강화를 받지만 그렇지 못할 때에는 강화가 유보된다.

토큰경제

성인 정신병 환자를 치료하기 위하여 오퍼런트 조건화 기법이 쓰인다는 것은 널리 알려진 사실이다. 특히 토큰경제 기법의 비중은 매우 크다. 병원에서는 환자가 병상에서 일어나 산책을 한다든지, 단정한 옷차림을 한다든지, 침구를 정돈한다든지 혹은 작업장에서 하는 일에 적극적으로 참여를 하는 등 치료자가 바람직하다는 판단이 서는 행동을 할 때마다 일정한 토큰을 준다. 이 토큰은 후에 환자에게는 큰 특전이 된다. 즉 그것을 가지고 간식을 사서 먹을 수도 있고, 담배를 사서 피울 수도 있다. 이때 빈번하게 일어나는 행동은 그렇지 못한 행동에 대한 강화제가 된다(Premack, 1959). 토큰을 받는 사람의 행동유목은 점차적으로 증가하지만, 토큰이 무계획적으로 주어진다든지 혹은 그것을 받지 못하면 행동유목은 현저하게 줄어든다. 토큰경제 기법에 의한 치료계획은 입원환자에게만 그 적용이 한정되어 있지 아니하고 퇴원한 후 그들의 사회생활을 촉진시키는 수단으로도 널리 쓰인다.

신경증적 행동이나 행동장애를 치료하는 데 크게 도움을 주는 것이 토큰경제 기법이다. 즉 손가락을 빨 때마다 TV의 만화프로를 보지 못하게 한다. 실금증을 치료하기 위해서 식사 후와 취침 전에는 반드시 화장실에 데리고 가서 재미있는 책을 읽어준다. 변비가 심한 아이들에게는 통변을 시원하게 할 때마다 사탕 같은 것을 주면서 칭찬을 한다. 이 때 하는 강화물은 그 아이의 흥미와 특성에 따라 서로 다른 것을 사용할 수가 있다. 오퍼런트 조건화의 기법은 심리학자, 간호사, 환자, 그리고 그의 보호자가 상호 협력하여 운영될 때 보다 효과가 크다. 학교에서는 교사와 부모가 치료자의 역할을 할 수 있다. 왜냐하면 이들은 직접 어린이의 행동에 영향을 줄 수 있기 때문이다. 어떠한 경우, 그리고 누가 치료자가 된다고 하더라도 행동에 대한 함수관계 분석은 필수적인 과정이다. 이와 같은 분석이 선행되지 않을 때에는 행동 통제에 대한 계획은 세울 수가 없다. 세울 수 있다고 하더라도 그것은 의미가 없다.

학교공포증을 치료할 때 오퍼런트 조건화 기법과 체계적 둔감법을 병행하는 경우가 많이 있다. 이 때 전자는 학교에 나오도록 하는데, 그리고 후자는 학교에 대한 불안을 소거시키는 데 크게 도움을 주고 있다. 학교에 나가는 습관을 기르기 위해서 긴장을 이완시키고 안도감을 갖게 하며 토큰으로 정적 강화를 해주는 것이 관례로 되어 있다. 토큰경제의 기법은 성인의 신경성 식욕상실증을 치료하는 데도 활용되고 있다. 이때 환자가 정상적으로 식사하면서 체중이 눈에 띄게 증가하기 시작하면 사회적 보수나 특전 같은 것이 주어지면서 증상은 약화된다(Bachrach, Erwin, & Mohr, 1965). 안면경련을 치료하기 위해 음악을 들려주기도 한다. 안면에 경련이 일어나면 음악은 곧 차단되어 버린다. 이러한 훈련을 통해서 자기통제의 방법을 습득하게 된다. 이와 같은 방법은 계속적으로 음악을 들려주는 것보다 훨씬 효과가 있다.

기질적 장애

뇌손상에 의한 행동증후도 오퍼런트 통제의 대상이 된다. 전두엽 간질 환자의 발작전조가 나타날 때 어떤 냄새를 맡게 하면 그 발작이 중지된다. 팔찌와 어떤 냄새를 짝 지워 훈련시킨 후에는 팔찌만 제시해도 냄새가 나서 간질발작은 멈추게 된다. 어떤 단계에 가서는 팔찌를 생각하라는 암시만 주어도 발작은 멈추게 된다. 뇌손상을 입은 사람의 기능항진증후를 치료하기 위한 수단으로 청자극과 정적 강화제를 결합시키는 방법을 쓰는데 이것도 역시 효과가 크다.

혐오치료법

혐오치료법은 행동치료기법 중 하나이지만 논쟁의 여지도 많다. 이 방법은 주로 알코올 중독, 약물 중독, 동성애, 의상도착증, 그리고 절편음란증과 같이 개인적으로나 사회적으로 용납되기 어려운 이상행동을 치료대상으로 하고 있다. 이 치료방법은 바람직하지 못한 습관에 대하여 혐오조건화를 형성시킨다. 즉 치료자는 환자가 바람직하지 못한 행동을 하면 유해자극을 주기도 한다. 조건화 불안반응은 다시 바람직하지 못한 행동과 연합시켜 양립할 수 없는, 즉 상반되는 반응을 일으키게 한다. 그러므로 혐오치료법은 일종의 양립할 수 없는 반응의 조건화라고 볼 수 있다.

알코올 중독

알코올 중독자를 치료하는데 많이 쓰이는 혐오약제는 에메틴과 아포모르핀이다. 알코올 중독자를 치료하기 위하여 중독자를 술집으로 데리고 들어간다. 에메틴 하이드로클로라이드, 발한을 촉진시키는 필코카핀, 혈압강하를 방지하는 에페드린 같은 것을 주사한다. 환자가 불쾌감을 느끼면서 속이 메스껍기 시작하여 그것이 최고로 고조되었을 때 그가 좋아하는 술을 선택하여 마시게 한다. 그 때 치료자는 토기를 준비한다. 혐오치료는 다른 행동치료와는 달리 매일 실시하고 재발하는 것을 예방하기 위해서 불규칙적으로 보조치료를 해야 한다. 치료가 끝나고 다음 치료가 시작될 때까지 자기가 좋아하는 음료를 자유롭게 마시게 하여 주류와 비주류를 구별할 수 있게 한다. 이와 같은 치료는 집단을 대상으로 실시할 수도 있다.

알코올 중독자를 치료하기 위해서 디설피럼을 쓰는 사람도 있는데 이는 알코올의 신진대사를 방해하는 약리작용을 한다. 디설피럼을 복용하면서 술을 마시게 하면 심한 두통과 구토가 오고 얼굴이 화끈해진다. 이것은 약물과 알코올의 상호작용에 의한 생리적 반응이다. 환자는 자신이 아침에 디설피럼을 복용하고 알코올을 마시게 되면 어떤 반응이 올 것이라는 것을 잘 알고 있다. 이렇게 해서 알코올과 불쾌한 반응 사이에는 어떤 연합이 형성되어 알코올과 멀어지는 요인으로 작용한다.

혐오조건화치료에서 쓰이는 에메틴과 아포모르핀은 부작용이 클 뿐만 아니라 허약한 사람에게는 처방하기가 어렵기 때문에 기피하는 경향이 없지 않다. 특히 아포모프핀은 최면작용의 성분까지 함유되어 있어서 조건화 과정을 저지시키기도 한다. 또 약효가 발생하는 시점과 속이 메스껍다고는 하지만 그것이 어느 정도인지 확실하게 알 수 없다는 것이 큰 단점이 되고 있다.

고전적 조건화의 과정에서는 자극간의 시간적 요인이 큰 비중을 차지하는데 에메틴과 아포모르핀을 사용하게 되는 경우는 그에 대한 조절이 불가능하다. 알코올 중독을 치료하기 위해서 혐오자극으로서 근육과 호흡을 마비시키는 수도 있다. 석시닐 콜린클로라이드 혹은 스콜린을 정맥주사하면 의식장애 없이 근육이 60~90초 동안 마비된다. 이때 환자는 숨을 쉴 수도 없고 움직이지도 못한다. 환자가 알코올 냄새를 맡고 나면 스콜린을 식염수에 타서 정맥주사하고 마비가 오기 전에 알코올을 한 모금씩 마시게 한다. 마비가 오면서 알코올에 대한 혐오감이 증대되어 술과 멀어지게 한다.

전기쇼크

혐오치료를 할 때 혐오제를 쓰는 경우가 많은데 이에 따른 부정적 요인을 통제하기 위해서 약 대신 전기쇼크를 쓰는 치료자들이 있다. 전기쇼크는 자극의 강도와 지속시간을 정확하게 통제할 수 있고 간헐적 강화가 가능하다는 장점이 있다. 또 부작용의 위험이 없고 불쾌감을 최대한으로 줄일 수 있다. 그러나 전기쇼크를 무분별하게 혐오제로 사용하는 것은 삼가야 한다.

전기쇼크는 예민한 청각, 시각 및 촉각 반응을 일으킨다는 사실이 임상실험에 의해 밝혀졌다. 그러므로 고전적 조건화를 형성시키기 위해서 많이 쓰이고 있다. 볼트는 비교적 높은 85~120볼트가 적절하며, 전류는 0.005암페어보다 적은 것이 좋다. 전기쇼크를 혐오자극으로 쓸 때에는 불쾌감과 통감을 주는 강도를 미리 결정해 둘 필요가 있다. 동성애를 치료할 때 전기쇼크와 함께 동성의 나체사진을 같이 제시하기도 하고, 순간노출기를 써서 성적 자극어를 제시하기도 한다. 이와 같은 방법으로 알코올 중독자를 치료할 때에는 알코올의 냄새나 혹은 맛을 전기 쇼크와 연합시키기도 하고 알코올에 관계되는 단어와 연합시키기도 한다. 또 상상력이 풍부한 환자의 경우는 이상

행동의 장면을 상상하게 한다. 그에 대한 심상이 뚜렷해지면 전기쇼크를 주는 방법도 있다.

도피학습

도피학습의 원리는 행동치료의 기법으로 널리 응용되고 있다. 의상도착증을 치료하기 위해 도피학습의 원리를 적용한 임상장면을 생각해 보자. 환자로 하여금 자기가 좋아하는 이성의 옷을 입고 거울 앞에 서서 자신의 모습을 관찰하게 한다. 이 때 환자는 심한 압력을 받는다. 환자의 발에는 전기쇼크가 통할 수 있게 되어 있다. 환자가 옷을 바꾸어 입을 때까지 전기쇼크가 오든지 혹은 불쾌한 부저소리가 울리기 시작하여 옷을 완전히 벗어던질 때까지 계속한다. 같은 목적으로 경계신호를 사용하는 경우도 있다. 환자가 이성의 의복을 입거나 물건에 손을 대면 120초까지 비교적 장시간에 걸친 경계신호를 준다. 그리고 난 후에는 무선적 시간간격으로 2~3회 전기쇼크를 주다가 입고 있던 옷을 벗어버리거나 손댔던 물건에서 손을 뗄 때면 곧 전기쇼크를 중단한다(Marks & Gelder, 1967).

비만과 알코올 중독을 치료하는 데 위에서와 같은 기법이 쓰인다. 치료자는 환자가 기호음식물에 접근할 때마다 전기쇼크를 준다. 환자가 먹는 것에서 손을 떼자마자 전기쇼크는 중단된다. 이와 같은 도피훈련이 일단 형성되고 나면 쇼크가 없어도 음식물에 접근하는 것을 주저한다. 알코올 중독자의 경우는 환자가 알코올을 홀짝 마셔 넘기기 직전에 강한 전기쇼크를 준다. 환자가 알코올을 내뱉자마자 전기쇼크는 중단된다.

벌의 본질과 그 효과에 대한 논쟁이 있은 후에 혐오치료의 기법은 크게 수정되었다. 벌을 언제 주었느냐, 즉 벌한 시간이 매우 중요하다. 보수가 주어지기 전에 벌이 주어지면 그 효과는 제지되지만 보수 다음에 주어지는 벌의 효과는 크다. 이와 같은 시간적 관계의 중요성은 어린아이를 대상으로 사회적 벌에 대한 실험에서도 알 수 있다. 혐오자극과 벌은 구별되어야 한다. 즉 벌은 임의적이며 행동에 직접 영향을 주지 못하기 때문에 습관변화에 별로 영향을 주지 못하지만 혐오자극은 경험한 행동에 따라서 곧 영향을 주기 때문에 습관변화를 가져올 수가 있다. 벌의 효과를 예언하기는 쉽지 않다. 일반적으로 벌에 의해서 제지된 반응은 벌이 약화되거나 없어질 때에는 다시 되살아나는 경향이 있다. 벌이나 그에 대한 위협은 행동에 직접적 영향을 준다. 그러나 일률적으로 그 효과를 논할 수는 없다. 즉 도피 가능한 벌의 효과와 도피 불가능한 벌의 효과는 크게 다르다. 전기쇼크를 사용한 실험에서 전기쇼크를 피할 수 없을 때에는 학습이 더 빨리 되었지만 학습효과는 도피훈련이 가능할 때 더 크다.

부적 연습법

부적 연습법은 피로법, 포만법, 혹은 소거법이라고도 불리는데 그 원리는 매우 간단하다. 즉 강화를 받지 못하는 학습반응이 집중적으로 계속되면 그 반응은 소거되어 버린다. 안면경련과 같이 계속적으로 되풀이되는 근육반응을 치료하기 위해서 환자로 하여금 그와 같은 습관적 행동을 수의적으로 반복하면 습관강도는 증대되지 않는다. 왜냐하면 그 행동은 이미 그 강도가 최절정에 이르렀기 때문이다. 치료자가 최절정에 이른 학습행동을 집중적으로 강화 없이 훈련시키면 소거되어 버린다. 이것이 곧 치료효과이다. 이를 위해 부적 연습에 있어서는 장기간 집중적으로 연습시킨 다음에 장기간 휴식을 하게 한다. 장기간의 집중연습 기간에는 환자가 피로를 느낄 때까지 반복시킬 필요가 있다. 그럼으로써 반동제지가 가능하게 된다.

반향언어증이나 추어증을 수반하는 길 드 라 뜨레뜨 증후군을 치료하기 위해서 부적 연습법을 쓴다. 환자로 하여금 될 수 있는 대로 큰소리를 내서 현재 유행되고 있는 음담을 하게 한다. 지쳐서 쉬는 동안에는 가벼운 전기쇼크를 준다. 연습기간에 임의로 휴식을 취하지 못하도록 하기 위해서 메트로놈에 맞춰서 말을 계속하도록 한다(Clark, 1966).

부적 연습법 이론은 Dunlap(1928)에 의해 체계화되었고, 그것은 임상장면에서 널리 활용된다(Wakeham, 1928). 부적 연습에 의한 습관형성은 α, β 및 γ의 세 가설로 설명되는데 이는 내적 제지의 개념으로 환원될 수 있다(Hull, 1943). 내적 제지는 욕구상태의 조작에 따라 좌우된다. 유기체의 어떤 행동은 어찌할 수 없는 욕구상태를 감소시키기 때문에 더욱 더 확고하게 된다. 특정한 반응을 함으로써 욕구상태는 어느 정도까지 감소된다.

어떤 상태에서는 두 가지 이상의 욕구가 생기는데 이들이 서로 상반되는 방향으로 작용하는 경우가 있다. 한참 동안 행동하고 나면 그것을 중단해 버리고 싶은 강한 욕구가 생긴다. 이렇게 되면 행동 그 자체가 불쾌하고 피로하게만 생각된다. 그러면 행동과 욕구결합의 본질은 변해서 행동을 중단한다는 것이 곧 욕구감소가 되어 다른 학습형성에 매우 유리한 조건으로 작용한다. 이 때 행동을 중단시킴으로써 피로를 경감시키는 데 도움이 된다. 복합경련의 임상장면을 이와 같이 이론으로 설명해 보자(Yates, 1958). 우선 경련 그 자체가 지속되는 것은 욕구상태로서의 불안이 부분적으로나마 해소되기 때문이다. 경련은 불수의적으로 일어나는 것이기 때문에 의식적으로는 통제가 불가능하다. 치료자는 환자에게 의식적으로 경련을 일으키게 한다. 집중적으로 경련을 일으키고 나면 환자는 과잉학습 때문에 더 이상 경련을 일으킬 수 없게 되는데 이것이 곧 새로 형성된 제지상태이다. 이 때 더 이상 경련이 일어나지 않았으면 하는 강한 욕구도 생긴다. 이 욕구는 의식적으로 경련을 일으켜야 한다는 고통에서 해방될 때에는 감소된다. 이론적으로 말하자면 경련을 일으키지 말아야 되겠다고 생각할 때 욕구상태가 저하되며 경련을 일으키지 말아야 되겠다는 습관은 강화된다.

이와 같은 이론을 바탕으로 한 부적 연습법은 신경증의 증후보다는 말더듬이나 손가락 빠는 습관과 같은 근육운동의 장애를 교정하는 데 보다 널리 응용된다. 부적 연습의 원리가 적용된 최초의 고전적 사례도 여기에서 찾을 수가 있다. John Sebastian Bach의 토카타와 푸가를 연주하는 데 너무 실수를 범하기 때문에 화가 났다. 그는 자신의 실수를 의식하면서 몇 번이고 계속 되풀이하였다. 2주일 계속한 끝에 실수를 완전히 극복하며 성공적으로 연주할 수 있게 되었다(Wakeham, 1928). 밤에 심하게 이를 가는 버릇이 있는 환자에게 의식적으로 쉬지 않고 계속 이를 갈게 함으로써 이가는 버릇을 교정한 사례도 있다. 이 연습은 매일 30회, 1분간 휴식하게 하고, 1분간씩 계속하게 하였다. 2주 반의 치료를 받은 후 환자의 상태는 매우 호전되었고 재발되는 일도 없었다.

부적 연습법은 환자가 피로에 지칠 때까지 일련의 연습을 반복하기 때문에 시간이 많이 걸린다는 것이 큰 단점이다. 이를 극복하기 위해서 불안을 제거시키는 조건화 훈련과 병행시킬 수도 있다. 예를 들면 안면경련이 일어날 때마다 불쾌한 전류를 계속적으로 주다가 경련이 멈추자마자 단선 시킨나. 과잉 학습시키는 것이 특징인데 사실상 대량학습이 이루어질 수 없다. 예를 들어 말더듬이의 습관을 교정하기 위하여 어떤 말을 쉴 새 없이, 즉 피로에 지쳐들 때까지 반복하였을 때, 반복과 반복 사이에 휴식할 충분한 시간적 여유가 있다. 그러므로 순수한 반복행동이 될 수 없다. 부적 연습법은 하나의 독립된 치료기술보다 그것을 하나의 보조수단으로 활용될 때 보다 큰 효과를 기대할 수 있다.

홍 수 법

불안을 치료하기 위해서 양립할 수 없는 반응에 대해서 역조건화 시키는 방법이나 혹은 강화가 수반되지 않은 오퍼런트 회피반응을 피로할 때까지 반복시켜 소거시키는 방법을 사용한다. 불안을 소거시키기 위해서 환자를 조건자극에 계속 노출시킨다. 이 때 환자는 이미 이전에 학습한 오퍼런트 회피반응을 자유롭게 할 수가 있다. 다른 불안제거의 기법과 같이 강화가 수반되지 않는다는 점에서는 비슷하다. 그러나 환자는 공포를 주는 장면이나 공포경험을 할 때 회피반응을 해도 거기에서 벗어날 수 없다는 점이 다르다(Polin, 1959).

회피반응을 할 수 없게 하거나 혹은 지연시킴으로써 그 반응의 소거는 촉진된다(Lomont, 1965). 이와 같은 사실은 이렇게 설명될 수 있다. 즉 만일 회피반응이 조건화 불안에 의해 야기된 것이라면 회피반응을 억제하는 것은 곧 조긴자극의 소거에 대한 기대이다. 이는 고전적 조건화과정의 변별과정에 필연코 수반되는 현상이다. 회피반응이 계속되는 한 변별이 불가능하다. 또 다른 관점에서 보면 홍수법에 의한 불안의 소거는 대량 집중학습에서 오는 불안의 조건화 제지의 현상으로 생각할 수 있다.

홍수법은 체계적 둔감법과 대조를 이루는 불안치료기법이다. 여기에서는 강한 반응을 야기 시킨다는 특징이 있다. 홍수법은 행동치료의 영역에서 흔히 쓰이는 것으로 마음대로 통제할 수가 있고, 그 내용을 수량적으로 표시할 수 있다. 그러므로 치료자는 치료의 한 수단으로써 자극을 임의로 통제하고 있다. 자동차를 무서워하는 사례를 두고 생각해 보자. 치료자가 그를 뒤에 태우고 하루에도 몇 시간씩 차를 몰고 다녔더니 자동차에 대한 공포는 소실되었다. 그 후로는 자동차 타는 것을 재미로 여기게 되고, 그에 대한 공포가 완전히 소실된다. 이것이 곧 홍수법에 의한 불안치료의 기본원리이다.

시험 공포를 가지는 학생을 두고 생각해 보자. 치료자는 환자에게 시험에 실패하였을 때 친구들로부터 놀림을 당하는 것, 가족을 실망시키게 되는 것, 그리고 장학금을 받지 못하게 되는 것과 같은 불쾌한 사실들을 말하게 하였다. 또 친구가 자기에게 손가락질을 하고, 어머니와 아내가 슬퍼하는 것을 상상케 하였다. 처음에 환자는 이 지시에 따라 행동함으로써 점차적으로 슬퍼지기 시작하였다. 그러나 곧 떨리지 않게 되자 그 장면을 계속 유지하도록 하였던바, 1시간 반 후에 마음이 편하게 되었다. 치료자는 다시 환자로 하여금 그 무서운 장면을 상상하게 하였다. 그 때 환자는 다소 정도가 심한 공포를 느낀다고 보고하였지만 중단하지 않고 계속적으로 더욱 생생하게 상상해 보게 하였다. 20~30분이 지나도 더 심한 두려움을 느끼지 않게 되었다. 이와 같은 훈련을 하루에 2회씩 시험 전날까지 반복시켰다. 그 결과 시험 날에는 별로 큰 두려움 없이 시험을 치를 수 있게 되었다.

이와 같은 방법은 실존정신의학자들도 쓰고 있다. 이들이 실존분석적 방법으로 공포를 치료한 예를 하나 보기로 하자. 환자는 높은 데 올라가는 것, 혼자 있는 것, 식당에서 식사를 하면 토하지나 않을까 하고 걱정하는 것, 슈퍼마켓에 가는 것, 그리고 지하철을 타는 것을 두려워한다. 치료자는 환자를 위에서와 같이 두려워하는 장면에 계속적으로 노출시켰다. 그는 가족들과 함께 식당에 가서 식사를 하고는 일부러 토해 보게 하고, 하루에도 몇 번씩 차를 타고 슈퍼마켓에 가보게 하였다. 6주 후에는 그와 같은 증후가 소실되었다. 자동차를 타고 치료자를 찾아오게 되었고 4개월 뒤에는 상당히 먼 거리도 자유롭게 여행할 수도 있었다. 그리고 그는 마음 놓고 즐겁게 식사도 할 수 있게 되었다.

환자가 계속적으로 조건화 불안유발자극에 노출되나 강화되지 않으면 그 불안반응은 소거된다. 치료자가 피할 수 없는 조건하에서 환자에게 무서운 자극을 주면 그것은 불안을 유발시킬 수 없다(London, 1964). 그러나 여기서 몇 가지 주의해야 할 것이 있다. 실험신경증에 대한 실험에서 실험동물이 최대의 불안을 야기 시키는 장면에 비교적 장기간 노출되었을 때에도 동물의 불안은 조금도 감소되지 않는다(Masserman, 1943).

이것을 보면 홍수법의 효과가 곧 실험적 소거의 기제를 만족하게 설명할 수 없다는 것을 알 수가 있다. 그러면 홍수법에 의해 불안을 치료할 때에는 중간 정도의 크기를 가진 자극으로써 비교적 장시간 자극하는 것이 이상적이다. 또 불안이 제지될 때까지 계속해서 자극을 제시한다. 그럼으로써 그것이 홍수법에 의한 것임을 확인할 수 있다.

창의적 혁신행동치료

창의적 혁신행동치료는 암과 관상성 심장병을 예방하는 데, 또 이미 암이나 관상성 심장병을 앓은 병력을 가진 사람의 수명연장에 큰 도움을 주는 새로운 심리치료의 한 기법이다(Grossarth-Maticek & Eysenck, 1991, Eysenck & Grossarth-Maticek, 1991).[1] 종양 발병에 있어서 성격과 스트레스가 차지하는 비중은 매우 크다(Eysenck, 1984; 1985). 즉 대인관계에서 받는 심한 스트레스는 암을 유발하고 그 진행과정을 촉진시키는 기능을 한다. 또 병력을 가진 사람의 수명은 대인관계의 스트레스에 의해 크게 단축된다. 심리학적 기술로 그에 대한 반응형태를 교정하면 암의 발병은 물론 그 진행과정을 제어하고 그의 생명은 연장된다(Friedmen, 1987; Eysenck, 1990). 이와 같은 목적으로 사용되는 것이 창의적 혁신행동치료이다. 이는 이론과 기술의 측면에서 Wolpe의 둔감법, Lazarus의 극복책략, 시회적 숙련훈련, 긴장이완훈련, 암시요법 및 최면요법과 유사한 방법이다.

우리의 생활환경은 사회적, 문화적, 그리고 생리적 요인이 서로 통합된

1) 창의적 혁신행동치료라는 용어는 creative innovation behaviour therapy를 번역한 것으로 혁신적(innovation)이라는 용어에는 새로운 형태의 행동을 개발 발전시킨다는 뜻이 있고, 창의적(creative)이라는 용어에는 환자 자신이 자기 자신에 대한 자기관찰, 자신의 경험을 통해 창의적으로 새로운 행동을 발전시킬 수 있도록 조장시킨다는 뜻이 내포되어 있다.

공간이며 우리의 행동은 인지적 및 정서적 요인에 의해서 크게 영향을 받으며, 우리의 욕구는 자극-반응의 결합과정에 의해서 충족된다. 이 과정에도 인지적-정서적 기능이 포함된다. 이 과정에서 우리는 특정한 행동유형을 학습하게 된다. 이는 개인의 사회적 적응에 도움이 되고 자기 평가의 기반이 된다. 이는 일종의 학습과정이다. 개인의 생활사 특성은 개인의 욕구충족 특성에 의해 결정된다. 개인은 그것을 바탕으로 자신의 행동특성을 예언할 수도 있다. 그러나 예언이 불가능한 사례도 있는데 이것이 곧 정신장애이다.

예언이 불가능한 대표적 행동으로 대상 의존적 제어형을 들 수 있다. 이는 외부의 대상이나 특정인에게 의존하여 자신의 욕구를 충족시키기도 하고 문제를 해결하려는 시도하는 것이 특징이다. 이 과정에서 자기 자신은 피동적 역할로 만족하고 있다(외적 통제 소재). 즉 그들은 자기 자신에게는 자동적 자아제어기능과 욕구충족의 능력이 전혀 없다고 생각한다. 또 특정한 행동변화를 가져올 기능도 없고, 좋은 기회가 주어질 수 없다고 생각한다. 이와 같은 피동적 특성이 암유발성 성격에서는 큰 비중을 차지한다(Grossarth-Maticek & Eysenck, 1991).

타인에 대한 심리적 의존은 피동적 태도 형성과정에서 결정적 역할을 한다. 즉 개인의 욕구가 좌절되면 실망과 불안수준이 높아지면서 타인이나 대상에 대한 의존성은 크게 증가한다. 결과적으로 사태에 대한 정확한 판단은 불가능하고 그것을 피동적으로 수용하게 된다. 결과적으로 심한 우울증에 빠지게 된다. 관상성 심장병 유발가능성이 높은 사람의 특성은 암유발 가능성이 높은 사람의 특성과 크게 다르다. 즉 전자는 사소한 대인관계가 상실되었을 때에는 심한 분노를 느낀다. 그는 자신에게 실망을 준 사람이나 사태를 비난하고 분노를 느낄 뿐만 아니라 새로운 대인관계를 맺기가 어렵게 된다.

이와는 전혀 다른 행동형태가 있다. 자기 자신의 행동특성을 인식하고 그것을 스스로 변화시켜 보려고 노력하는 사람도 있다. 이것이 곧 자율성 행동이다. 예를 들면 자기 스스로 대인관계의 특성을 평가하고 필요에 따라서는 그것을 스스로 제어할 수 있다. 이것이 자율성 행동수준이 높은 사람의 특징이다. 이와 같은 자율성 행동은 의존성 행동과 대조되는 것으로 보다 바람직한 행동유형이다. 이와 같은 특성은 자신의 욕구를 충족시키는 데 큰 도움이 된다. 일정한 자율성 행동의 수준에 이르지 못한 사람일수록 자기를 평가절하하고 자기는 버림받은 사람이 아닌가 생각한다. 그럼으로써 그는 스스로 심한 불행감에 사로잡히게 된다. 자율성 훈련을 통해 바람직한 사율적 자아제어의 능력을 향상시킬 수 있다. 이 훈련과정을 통해 자신의 기대감을 평가해 볼 수 있고, 더 나아가서는 외부의 사람이나 사물에 의존하지 않고 그것을 스스로 제어해 나갈 수 있다. 자율성 훈련은 자신의 욕구를 충족시킬 수 있고 불안을 감소시키는 데 큰 도움이 된다.

창의적 혁신행동치료의 단계

치료에서는 개인의 특성이 최대한 존중되어야 한다. 우선 개인으로 하여금 자신의 목표와 욕구를 스스로 알게 하고 그에 따른 결과도 기대해 보게 한다. 치료자는 자율성 훈련과정에서 환자 스스로 어떤 목적을 설정하게 한다. 이때 치료자는 내담자와 개별적 접촉을 갖는 것이 무엇보다도 중요하다. 또 치료자는 개인의 동기가 해결하고자 하는 문제의 영향을 받지 않도록 세심한 주의를 해야 한다. 자율성 훈련의 기법은 매우 다양하고 그것은 몇 가지 단계를 거친다. 어떤 경우에서든지 치료자는 내담자의 욕구나 목표의 특성에 따라 치료기술을 융통성 있게 시행할 필요가 있다.

첫째, 자율성 훈련의 본질에 대해 설명한다; 내담자로 하여금 현재 자신이 처한 환경, 목표 및 욕구의 특성 등에 대해 간단히 설명하게 한다. 치료자는 이것을 바탕으로 그에게 치료의 목적과 그에게 적합한 자율성 훈련방법에 대해 설명해 준다. 이 과정에서 내담자의 동기상태에 대해 세심한 주의를 해야 한다. 자율성 훈련은 긍정적 행동결과를 장기간 유지할 수 있는 기술을 습득하는 과징이라고 볼 수 있다.

이 과정에서 내담자는 적극적으로 행동하며 능동적 역할을 수행한다. 내담자는 바람직한 행동의 본질에 대한 정의를 다시 검토하고, 치료자가 제시한 치료방법을 선택하는 데 있어서 적극적으로 참여한다. 치료자는 내담자에게 긍정적 효과를 장기간 유지하는 행동은 심리적 신체적 건강에 큰 도움이 되며 원만한 대인관계를 유지하고 어려운 문제를 해결하는 과정에 크게 도움이 된다는 사실을 내담자가 알게 할 필요가 있다.

둘째, 행동분석을 한다; 치료자는 내담자로 하여금 자기 자신에게 긍정적 영향을 준 생활경험은 물론 부정적 영향을 준 큰 생활경험까지도 치료자에게 솔직하게 이야기하게 한다. 여기에 소요되는 시간은 약 한 시간 정도이다. 자율성 훈련과정에서 이 점에 대해 반복 토의한다. 이 과정에서 아동기의 경험, 가족관계의 특성, 부모와의 관계, 그리고 직업생활에 관계되는 기억에 대해 자세하게 이야기하게 한다. 이 과정에서 치료자가 내담자의 문제를 정신분석 관점으로 설명하려고 하는 것은 금물이다.

셋째, 바람직한 행동레퍼토리를 말하게 한다; 치료자는 내담자로 하여금 자기 자신이 생각하는 바람직한 행동이 어떤 것인지를 자세하게 설명해 보게 한다. 이렇게 함으로써 자기 자신이 수용 가능한 자신의 목표가 어떤 것인가를 확인할 수 있다. 만일 치료자가 독자적으로 목표를 설정하고 제시하였을 때에는 내담자의 저항에 직면하게 된다. 경우에 따라서는 정반대되는 행동을 하는 경우도 있다. 이 과정에서 치료자는 내담자에게 나타나는 행동을 주의 깊이 관찰할 필요가 있다. 치료자는 그것을 바탕으로 내담자가 치료과정에서 수행하게 될 치료기술을 모색할 수가 있다.

치료자는 내담자에게 규칙적으로 긍정적 효과가 장기간 지속될 바람직한 행동이 어떤 것이 있는지, 또 자발적으로 자아 제어가 가능한 행동은 어떤 것이 될지 탐색해 보게 한다. 일단 바람직한 행동레퍼토리가 결정되면 치료자는 그것을 서면으로 작성하여 내담자에게 건네주고 그것을 자주 반복하게 한다. 내담자로 하여금 자율훈련과정에서 자시 관찰을 하게 하고 그 결과가 자신의 행동과 어떤 관계가 있는지 스스로 분석하도록 한다.

넷째, 행동목표를 설정한다; 행동목표는 건전한 자기개념을 증가시키는 데 있다. 자기개념이 빈약할수록 신경증적으로 행동할 가능성이 매우 높다. 이 과정에서 내담자로 하여금 자신의 특정 행동에 대해 생각하게 하고 그것이 자기에게 어떤 영향을 주게 될지 탐색하게 한다. 그 다음 단계에서는 또 다른 행동목표를 세우고 그에 따른 결과도 생각하게 한다. 예를 들어 내담자로 하여금 알코올 습관 때문에 자신의 생활이 부정적으로 변했다는 사실을 생각하게 한다. 그것을 바탕으로 내담자는 금주를 결심할 수 있게 된다. 특정한 경험을 반복하게 한다. 장기간 긍정적 효과가 있었던 행동을 통해 내담자는 긍정적 경험을 습득하게 되고 그것을 바탕으로 새로운 자기개념이 형성된다. 그러므로 그와 같은 행동을 반복할 필요가 있다.

최면 혹은 암시성 긴장이완훈련을 시킨다. 내담자 가운데에는 자신에게 바람직한 행동이 어떤 것이라는 사실을 깨달았지만 그것을 실제행동으로 옮길 능력이 결여되어 있는 사례가 있다. 이때 내담자의 수행을 돕기 위해 그에게 최면을 걸기도 하고 고도의 암시적 긴장이완훈련을 시키기도 한다. 환자에게 이 방법을 사용할 때에는 기술적으로 어려운 문제가 따른다. 치료자는 암시의 내용을 내담자가 인정하는 내용으로 구체적으로 구성해야 한다. 치료자는 내담자로 하여금 지속적으로 10시간의 수면을 취하게 한다. 이를 통해 내담자는 매우 수준이 높은 안정감을 얻을 수가 있다. 깊은 최면 상태에 들어가면 내담자는 극도로 좋은 자기감정을 경험하기도 하고 예기치 못했던 좋은 감정이 새롭게 싹트게 되기도 한다.

자율성 훈련

암유발 성향이 높은 사람, 또는 관상성 심장병 유발가능성이 높은 사람에게는 특이한 행동특성이 있다(Eysenck, 1991; Grossarth-Maticek, Eysenck, Vetter, & Schmidt, 1988). 이들의 부정적 행동특성은 자율성 훈련을 통해 건전한 정상적 행동으로 변용된 사례가 많이 있다. 훈련은 집단을 대상으로 할 수도 있고 혹은 특정 개인을 대상으로 할 수도 있다. 단기 개인행동치료와 독서치료법을 결합시킨 방법을 쓰기도 한다. 개별 치료의 경우 30시간 정도 소요된다. 치료에서 어떤 점에 큰 비중을 둘 것인가는 단적으로 말하기 어렵다. 왜냐하면 개인마다 호소하는 문제가 다르기 때문이다.

또 개인의 특성에 따라 치료기술도 다르다. 어떤 경우나 주당 2시간씩 20 30시간 정도 소요된다. 진단 치료과정에서 내담자는 서로 도움을 주고받을 수 있다. 한 집단은 보통 20~25명으로 구성하는 것이 바람직하다. 자율성 훈련을 위해 단기 개인행동치료법과 독서치료법을 결합한 방법도 쓴다. 창의적 혁신행동치료에 앞서 치료자는 내담자에게 자신의 문제해결방법의 특성을 스스로 점검해 보게 한다. 치료자는 <표 10-1>과 같이 다양한 문제 장면과 그것을 해결 극복하는 방법을 기록한 용지를 환자에게 준다. 이 내용을 1시간

표 10-1 나의 문제해결방법 점검표

모든 사람에게는 어려운 문제에 직면하였을 때 그것을 해결하는 자기 특유의 방법이 있다. 나는 어떤 방법으로 문제를 해결하고 있는지 아래 질문지에 따라 스스로 점검해 보기로 하자.	
1. 내 자신 때문에 발생한 문제를 어떻게 해결해 나가는가?	내 잘못 때문에, 내가 잘못된 견해나 태도를 고수하였기 때문에 부정적이고, 해롭고 그리고 불쾌한 결과를 초래하였다. 이런 상황에서도 나는 긍정적이고, 기분 좋고 그리고 유쾌한 결과를 기대한다. 이것이 실현되지 않을 때에는 몹시 괴로운 생각이 든다.
2. 문제해결이나 극복을 위해 내가 할 수 있는 것은?	1) 주어진 사태에 적응할 수 있게 행동변화를 시도한다. 대인관계의 습관을 변화시킨다. 체중을 감소시킨다. 마시는 커피의 양을 줄인다. 2) 자기 자신에게 도움이 될 것 같지 않은 상황이면 물러선다. 3) 자신의 태도나 가치체계를 바꿔 자신이 적응할 수 있는 사태를 탐색한다. 이렇게 함으로써 보다 효과적인 문제해결의 기회를 포착할 수 있게 된다.
3. 문제해결을 위해 태도나 가치체계를 바꾸는 데 있어서 고려해야 할 점은 무엇인가?	1) 자기 자신을 잘 관찰해 보고 다음 물음에 대답해 본다. (1) 당신에게 부정적이며 바람직하지 못한 영향을 주는 조건은? (2) 왜 이러한 조건에 변화를 가져오지 못하는가? 긍정적 효과는 기대할 수 있는가? (3) 보다 긍정적 결과를 가져오는 행동을 취할 수 있는 다른 대책은 있는가? 2) 대체행동을 생각해 보자. 이는 당신의 일상적 행동에 큰 변화를 가져올 것이다. 경우에 따라서는 행동에 큰 변화를 줄 것이다. 사고나 정서의 두 가지 새로운 행동결과에 대해 기대해 보라. 여기서 긍정적 변화가 있었다면 그와 같은 결과를 일상생활의 측면에서도 지속적으로 시도해 본다. 3) 자기 자신에 대해 통찰을 해 본다. 자신의 욕구와 욕망은 자신에게는 매우 중요하다. 그러나 다른 사람으로 하여금 그렇게 생각하도록 강요해서는 안 된다.
4. 일이 뜻대로 되지 않을 때 그것을 어떻게 처리하는가?	실패는 새로운 일을 탐색해 볼 수 있는 좋은 기회라고 생각한다. 이는 자신의 경험의 범위를 넓히는 데 전혀 도움이 되지 않는다. 시행착오의 원칙을 적용해 본다. 새로운 행동이 예시했던 결과가 나타나지 않았을 때 그것을 포기하고 새로운 활동을 시작해

	본다. 이 때 스스로 매우 큰 괴로움을 피할 수 없을 것이다. 그러나 실망하지 않는다. 보다 나은 결과를 얻을 수 있는 행동을 하도록 노력한다.
5. 무슨 일을 할지 좋은 생각이 떠오르지 않을 때에는 어떻게 하는가?	그 사태를 정직하게 수용한다. 나의 욕망과 행복을 해치는 조건을 발견하기 위해 지속적으로 자신에 대한 관찰을 한다.
6. 자기각성의 중요 목표는?	1) 자기 자신의 행복한 생활조건을 발견하는 데 일차적 목적을 둔다. 2) 긍정적 행동결과는 증가시키고 부정적 행동결과를 감소시키는 행동은 지속하고 불행한 결과를 가져오는 행동은 중단한다.
7. 내 문제를 해결하는 데 있어서 다른 사람의 역할은 무엇인가?	자율성 훈련은 완전한 독자적 인간을 형성하는 데 목적이 있는 것이 아니다. 그것보다는 즐겁고 행복한 생활조건을 만들어가는 사람을 양성하는 데 그 목적이 있다. 다른 사람으로부터 지지를 받고 도움을 받는 것은 생활에 있어서 매우 큰 도움이 된다. 그러므로 다른 사람의 도움을 받을 필요가 있다. 예를 들어 자신이 금주나 체중감소를 시도하나 그것이 어려울 때에는 다른 사람의 도움을 받는 것이 자신의 목표를 달성하는 데 큰 도움이 된다. 내 자신이 자신의 문제를 효과적으로 해결할 수 없을 때에는 다른 사람의 규칙에 따라 문제해결을 시도하는 것이 효과적 문제해결의 길이다.
8. 자율적 자기제어를 어떻게 수행하고 있는가?	자유롭게 운동하고 잠을 잘 잔다. 좋은 대인관계를 유지하고 심리적 균형을 이룬다. 심리적 안정이 깨어졌을 때 적절하게 대처해 나간다. 불만과 불행을 일으키는 사태나 사람을 효과적으로 피할 수 있다. 지나치게 많은 커피를 마시는 것, 술을 마시는 것, 그리고 다른 약물에 대한 의존하는 인물이나 사태, 바람직하지 못한 결과를 가져오는 인물이나 사태를 알아내기 위해 자기 자신에 대해 예민하게 관찰한다. 예를 들면 지나치게 많은 커피를 마시면 흥분하게 되고 단잠을 잘 수 없다. 이런 때는 마시는 커피의 양을 조절할 수도 있다. 다른 생활습관을 가지게 되면 그때 자기 스스로 자율적 생활의 기쁨을 경험할 수 있다.

정도 검토한 후 내담자는 자신의 문제해결 책략과 비교해 본다. 내담자의 문제에 대해 치료자와 내담자는 3~5시간에 걸쳐 토의한다.

자율성 훈련이 암이나 관상성 심장병을 예방하는 것은 물론 같은 병을 앓은 사람의 수명을 연장시켜 주는 데 큰 효과가 있다(Eysenck, 1991). 실제 치료에서는 다음과 같은 문제에 역점을 둔다.

1. 의존적 행동을 탈피하여 자율성 행동을 하게 한다; 환자로 하여금 자신이 병적으로 의존하고 있는 대상이나 인물에 대해 상상하게 한다. 이 기술은 행동치료에서 흔히 사용하는 체계적 둔감법과 매우 유사하다. 이 과정을 통해서 내담자는 공포와 죄의식에서 성공적으로 해방될 수 있다.
2. 긴장이완상태에서 인지지능의 변화를 시도한다; 내담자의 인지기능을 변화시키기 위해 긴장상태를 이완시킨다. 효과적 긴장이완을 위해 최면상태를 조성하기도 한다.
3. 반응을 변화시킨다; 자신의 부정적 감정을 유발하는 사람이나 사태에 대한 반응양식을 변화시킨다. 이 변화는 사회적 숙련훈련에 의해 크게 달라진다. 긍정적 상상을 통해 공격성을 유발시키는 사람이나 대상에 대해 영구적으로 호의적 감정을 가질수 있게 한다.
4. 인지기능, 정서기능, 그리고 직관의 기능을 통합시킨다; 이는 전문적 기술을 필요로 한다. 모델링 과정을 통해서 부정적 정서반응을 긍정적 정서반응으로 대치시킨다. 불합리하게 제지되었던 언어반응도 모델링 과정을 통해 자유롭게 반응할 수 있게 한다.
5. 안정된 감정표현을 하게 한다; 의존적 행동특성으로서의 정서표현은 그의 의존사태나 인물에 따라 크게 다르게 나타난다. 예를 들면 암유발성 성향이 높은 사람의 경우 그의 의존 대상이나 인물이 손실되어도 곧 실망하거나 우울증에 빠지는 일이 없다. 의존성이 높은 사람의 정서는 불안정하고 안정성이 결여되어 있다. 이와는 달리 자율성 수준이 높은 사람의 정서적 안정수준은 높을 뿐만 아니라 자유로운 표현이 가능하다. 그들의 감정표현은 매우 자연스럽다. 주변의 대상이나 특정인과는 전혀 무관하다. 창의적 혁신행동치료의 기술은 암유발 가능성이 높은 사람의 행동을 자율성 성격으로 변화시키는 데 큰 도움이 된다. 이를 위해서 그의 행동 특성은 평가체계에 의해 정확하게 평가될 필요

가 있다. 우선 내담자에게 의존적 정서나 불안정 정서가 가져오는 부정적 효과를 제시하는 것은 물론 자율성 정서나 안정된 정서의 긍정적 효과를 제시한다. 내담자는 이것을 통해서 정서표현의 특성을 학습할 수 있게 된다. 이 과정에서 치료자는 내담자로 안정된 정서의 긍정적 효과와 의존성 정서의 부정적 효과에 대해 지속적으로 관심을 가지게 할 필요가 있다.

6. 내담자에게 사회적 행동통제의 가능성을 부여한다; 우리는 자신의 뜻에 따라 남의 행동을 변화시켜 보고자 한다. 여기에는 전문적 지식이 필요하다. 사회적 숙련훈련은 다른 사람의 행동을 통제하고 자기가 바라는 결과를 가져올 수 있게 통제하는 방법을 학습하는 과정이다.
7. 스트레스 유발사고와 증후유발 사고를 억제한다; 사회적 행동과 스트레스 유발사고는 밀접한 관계가 있다. 치료자는 치료과정에서 내담자로 하여금 그러한 관계를 단절시킬 수 있도록 훈련시켜야 한다. 예를 들면 심장병에 대한 공포가 심한 사람의 경우 심장병 증후가 농후한 사람과의 관계를 단절시키는 것도 심장병에 대한 공포에서 해방시키는 한 가지 방법이다. 심한 불안, 반응성 우울증, 그리고 흥분과 같은 증후는 스트레스 유발사고와 증후형성 사고와 깊은 관계가 있다. 그러므로 분석 초기 단계에서 치료자는 증후형성 사고의 유무를 세밀하게 검토할 필요가 있다. 이 때 커피나 알코올의 소비, 대인관계의 갈등상태에 대한 특징도 포함시킬 필요가 있다.
8. 위계적 가치구조를 성취시킨다; 내담자는 자기 자신의 행동결과를 부정적으로 보는 경향이 있다. 그러므로 치료자는 행동분석의 초기단계에서 내담자의 가치구조의 특성을 밝힐 필요가 있다. 바람직한 가치구조의 형성은 일정한 계층에 따라 성실한 자율성 훈련을 통해서 이뤄진다. 이러한 가치구조의 계층이 형성되면 내담자의 행동은 그 계층의 순위에 따라 성실하게 변화될 수 있다.
9. 의존적 반응에서 탈피한다; 치료자는 내담자로 하여금 자기 자신의 행동특징과 자기지각의 특징을 알아보게 한다. 치료자는 거기서 나타난 부정적 평가의 내용과 특성을 분석 초기에 발견하도록 노력한다. 훈련

과정에서 치료자는 내담자가 부정적 자기평가 태도를 지양하고 자신에 대한 긍정적 평가태도를 훈련시키는 데 역점을 둔다. 자기 자신에 대한 보상이 성공하면 이것이 곧 긍정적 강화의 기능을 한다.

행동주의적 부모훈련 프로그램

아동은 스스로 치료 서비스를 찾지는 않는다. 어른들이 아동과 청소년을 정신건강 서비스에 의뢰하는 경우에 파괴적 행동의 문제가 가장 흔하다(Kazdin, 2004). 적대적 반항장애는 8세 이전에 보통 나타나고 지속적인 부정적이고 적대적인 행동패턴을 보인다. 보통 아동들은 부모의 요구에 응하지 않고 어른과 다툼이 일어나며 쉽게 혼란스러워지는데, 적대적 반항장애로 진단된 아동들은 일관성 있게 이렇게 행동하고 이로 인해 정상적 기능이 방해받는다. 적대적 반항장애를 가진 아동들은 학교와 가정 같은 여러 상황에서 문제를 보인다. 적대적 반항장애는 간혹 품행장애에 앞서 일어나는데 그것은 공격성, 파괴, 사기, 심각한 규칙위반을 포함하는 다른 사람들의 권리를 심각하게 해치는 패턴을 보인다. 적대적 반항장애와 품행장애로 진단된 아이들은 ADHD, 학습문제, 우울증, 물질남용과 같은 다른 정신건강문제의 위험도 있다. 이런 문제들은 청소년기와 성인기에 지속되고 치료되지 않은 채로 남아있다는 증거가 있다.

파괴적 행동장애에 대한 치료연구는 많은 리뷰들의 주제가 되어 왔다. 연구자들(Eyberg, Nelson, & Boggs, 2008)은 16개의 증거 기반 프로그램을 확인했는데, 그들 중 대부분은 부모관리훈련(Parent Management Training; PMT)으로 촉발된 행동주의적 부모훈련 프로그램이다. PMT는 오레곤 연구소에서 개발되었다(Patterson, 1982). 여기에서는 Patterson의 PMT 프로그램에 초점을 맞추어서 부모관리훈련을 설명하겠다.

부모관리훈련은 아동과 직접적으로 작업하는 것보다는 아동의 사회적 환경을 수정함으로써 대적 아동행동이 변화될 수 있다고 가정하며, 사회학습이론에 근거한다. 이 이론에 따르면 부모-자녀 상호작용의 부적응적 패턴은 부모나 자녀가 부적절한 행동에 참여하도록 무심코 장려하는 데에서 생긴다.

부모는 아이가 보채거나 공격적일 때 우연히 보상을 해주고(요구를 철회하거나 주의를 제공함으로써) 자녀는 부모를 보상한다(혐오행동을 중단함으로써). Patterson 팀은 30년 이상 가족을 체계적으로 관찰하고(Chamberlain & Smith, 2003; Patterson, 2005), 모든 가족에서 생기는 불일치와 갈등을 관리해야 한다고 보았다. 잘 기능하는 가족에서 아동들은 갈등을 해결하는 데 있어서 논의와 타협과 같은 친사회적 방식을 학습하는 반면, 공격적 아동을 둔 가족에서는 아동들이 그가 원하는 것을 얻기 위해 강압적 방법을 학습한다.

당신은 식료품 가게의 계산대에서 강압적인 방식으로 대화하는 고전적인 예를 관찰한 적이 있을 것이다. 당신은 초코바를 쥐고 있는 아이를 우선 본다. 부모는 식사 시간이 곧 있고 단 것은 이제 충분히 먹었다고 아이에게 상기시킨다. 아이는 그 때, "딱 한 개만…" 이라고 하면서 늘 하던 방식을 시작한다. 그러면 부모는 "안 된다"라는 말을 조용하게 반복하다가 목소리 톤과 혐오스러움이 재빨리 올라간다. 아이는 자기가 배고프다거나, 부모가 약속했다거나, 지난번에 가게에 왔을 때 다른 형제에게는 초코바를 먹게 해줬다고 큰소리로 항의할 수 있다. 또한 아이는 부모에게 이유를 설명해 달라고 요구할 수 있다(예, "왜 엄마아빠는 항상 나한테 그렇게 인색해요?"). 아이의 항의로 인해 많은 구경꾼들의 주의를 받게 됨에 따라 부모는 점점 당황하게 되고 아이의 요구를 들어주게 된다. 이러한 순서는 아이가 다음에도 같은 일을 할 가능성을 증가시키는 것은 물론이고 아이가 울고, 보채고, 고함치고, 고집피우는 것 등을 보상해 준다. 부모가 굴복하는 것은 아이의 난리 법석을 끝내는 단기간의 구제로 짧게 보상받는다. 불행히도 집에서 강화 받은 강압적 행동들은 다른 맥락에서도 적용되고, 그래서 아동은 교사, 양육자, 코치, 그리고 다른 아동들과 불복종적이고 파괴적인 방식으로 행동한다.

그들 연구에서 Patterson과 동료들은 다섯 가지의 부모역할하기를 관찰했다. 즉 기술 격려, 훈육, 모니터하기, 문제해결하기, 정적 강화이다(Patterson, 2005). 치료에 내포되어있는 아이디어는 간단하다. 즉 행동 문제를 가진 아동의 부모를 그런 문제가 없는 아동의 부모와 마찬가지 방식으로 훈련하는 것이다. 그들은 적절한 행동은 격려하고 수용할 수 없는 행동들은 저지하도록 부모를 훈련시키는 프로그램을 개발했다. 부모는 아래에 목록화된 핵심기술들을 가르쳐 줄 치료자와 만난다. 행동주의적 훈련의 핵심적인 측면은 복합적 기술들을 작은 단계들로 쪼개는 것이다. 우선 부모들은 서로 동의하고 일관성있게 지킬 수 있는 몇 개의 간단한 규칙을 만들어야 한다. 아동의 행동에 대한 규칙은 아동의 책임감과 사소한 일들, 반복적인 일상생활, 상호작용의 공손한 방식 등을 포함하여 매일의 생활에 대한 기본적인 지침들이다. 규칙의 목록들은 아동의 발달 수준, 환경, 어떤 특별한 요구를 고려한 현실적인 것이어야 한다. 핵심적인 부모역할의 실제는 다음과 같다.

기술 격려 작은 단계로 행동을 쪼개기(예, 외투 입기, 단추 끼우기, 부츠 신기, 끈 묶기), 명백한 규칙과 단서를 통해서 적절한 행동을 촉구하기(예, 장난감을 치워라), 칭찬과 유인물로 유관성 있는 정적 강화하기(예, 와우! 장난감을 치웠구나. 멋지다! 나는 네가 동생과 장난감을 같이 가지고 노는 것이 좋구나. 스티커 뽑아줄까?, 숙제를 잘 하면 컴퓨터를 30분 동안 할 수 있다)

훈 육 한계 설정하기(예, 학교 다녀온 후에 숙제를 해라, 동생 때리지 마라), 가벼운 제재(타임아웃, 특권 박탈로서 예를 들면, 네가 숙제를 다 하지 않는다면 TV를 볼 수 없다. 동생을 때린다면 10분 동안 타임아웃해야 한다)

모니터하기 아이의 행방과 활동을 계속 추적한다.

문제해결하기 명백한 규칙을 설정한다. 결과를 설정한다. 협상한다.

긍정적 강화 사랑으로 주의를 기울인다.

고통 받는 가족들은 그렇지 않은 가족들보다 일관성있게 정적 상호작용을 덜 한다는 것이 연구에서 밝혀졌기 때문에, 치료의 중요한 목표는 긍정적 행동에 대한 강화를 증가시키는 것이다. 정적 강화는 어떤 행동이 반복될 가능성을 증가시키는 어떤 것이다. 아동의 적대적 행동에 대해 정신건강 서비스를 찾는 부모들은 그들이 아동과 상호작용하는 것이 매우 부정적이라고 보고하고 있다. 그들은 잠재적 강화요인을 찾아내는 데 어려움을 느낀다. 사실, 잠재적 강화요인의 목록은 매우 길다. 미소 짓기, 주의기울이기, 언어적 격려, 접촉 등을 통한 사회적 강화의 이점은 간혹 소홀히 다뤄질 수 있다. 다른 잠재적 강화요인을 찾기 위해서 부모들은 그들 스스로 아동의 위치에 서 봐야 한다. 그러면 그들은 바람직한 행동의 강화물로 사용할 수 있는 스티커, 활동, 자유의 범위를 이해할 수 있다. 사회적 강화물을 이용하는 것을 학습하고 물질적 강화물의 사용을 덜하게 하는 것의 중요성을 이해하게 함으로써, 부모는 아이를 물질적으로 매수했을 때만 잘 행동하는 괴물로 만들지 않을까 하는 비현실적인 두려움에 사로잡히지 않고 의도적으로 강화물을 사용하는 것을 학습할 수 있다.

정적 강화의 체계를 정하는 것이 어떤 행동 문제를 해결하는 데 먼 길 일 수 있으나, 부모는 불복종을 다루는 기술을 개발할 필요가 있다. Patterson의 접근은 잘못된 행동에 대한 효과적인 반응으로서 약한 처벌을 제공한다. 기본적으로, 처벌은 강화물의 철회를 포함하는데 이것은 아동의 연령과 선호에 따라서 손실의 범위를 정할 수 있다. 매우 어린 아동에 대한 처벌은 아이가 매우 좋아하지만 다른 아동을 해치는 데 사용한 장난감을 갖고 놀지 못하게 한다든지 아동이 소리치거나 형제자매를 방해했을 때 TV를 끄게 하는 것 등을 포함한다. 좀 더 나이든 아동에 대한 처벌은 좀 이른 통행금지, 컴퓨터 시간이나 인터넷 접근을 줄이기 등을 포함할 수 있다. 부모들은 아동이 잘못된 행동에 이어서 짧은 기간 동안 강화물에 접근하지 못하게 하는 타임아웃 절차를 사용하는 것을 배운다.

제한된 다이어트를 하는 것이 체중문제에 대한 영속적인 해결책이 아닌 것처럼(오직 규칙적인 반복된 건강한 식사와 운동만이 지속적인 효과를 낸다), PMT는 아동의 행동 문제를 재빠르게 교정해 주지는 않는다. 부모역할하기에 대한 접근은 어른이 아동의 행동을 모니터하고 반응하는 데 적극적인 역할을 하는 데서 시작된다. 아주 어린 아동을 모니터할 때는 아동의 활동에 대한 신체적 감시를 해야 한다. 아이가 점점 자람에 따라 부모가 모니터하는 것은 변하게 되는데, 아이는 자신의 행방이나 활동에 대해 부모에게 알리게 되고 이런 상태에서 자녀와의 관계를 유지하는 데 도움이 되는 쪽으로 가야한다. 부모역할하기의 핵심요소는 아동이 나이가 들수록 의사결정에 더 많이 참여시켜야 한다는 것을 깨닫는 것이다. 그러므로 부모는 협상하는 것을 배우고 부모의 기대를 발달적 변화에 맞추어서 변화시키는 방법을 배워야 한다.

PMT는 치료 매뉴얼과 반복된 연습으로 이루어진 구조화된 형식으로 제공된다. 전체 회기의 수는 아동의 연령과 파괴적 행동의 심각정도에 따라 다르다. 즉 어리고 가볍게 반항적인 아이들은 4~8주, 품행장애로 진단되어 임상장면에 의뢰된 청소년은 12~25주까지로 다양하다(Kazdin, 2003). 회기 동안에 부모들은 행동연습과 역할연습하기를 통해 기술을 훈련한다. 회기 사이에 그들은 그들이 학습한 기술과 연관된 숙제를 완성한다. Patterson의 연구는 많은 다양한 부모역할 프로그램을 개발하도록 고무시켰다.

PMT는 또한 치료성과와 관련된 인지적, 정서적 변인의 중요성을 강조한다. 예를 들면, 부모가 아동이 잘못된 행동을 의도적으로 한다고 믿는다면 그들은 효과적인 훈육전략을 선택할 가능성이 줄어들며 잘못된 행동을 할 가능성이 있는 전략을 계속 사용하는 경향이 있다. 그러므로 PMT가 아동에 대한 부모의 행동뿐 아니라 아동의 잘못된 행동을 부모가 이해하는 방식에 초점을 맞추는 것이 필요하다(Patterson, 2005). PMT의 핵심요소는 부모와 자녀 간에 긍정적 상호작용의 양을 증가시키는 것이다. 이러한 정서적 차원의 중요성은 최근 연구에서 강조되었는데 부모-자녀간의 온정은 부모의 모니터링과 연관되고 청소년-부모간의 경멸은 일관성 없고 파괴적인 부모의 모니터링과 연관되며, 그것은 차례로 비행과 관련되는 것으로 밝혀졌다(Patterson, 2005).

무선화된 통제시행이 노르웨이에서 실행되었는데 이 프로그램은 행동문제가 있는 112명의 아동들에게서 부모역할 훈육을 개선하는 데, 교사가 평가한 사회적 유능성을 개선하는 데, 그리고 부모가 평가한 외현화 문제들을 감소시키는 데 효과적이었다(Ogden & Hagen, 2008). 수양 양육된 아동들은 높은 비율의 외현화 문제를 나타내는 취약한 모집단이다. 5~12세의 아동을 양육하는 700명의 수양가족 연구에서 16주간 부모관리 훈련을 받는 집단과 보통의 양육을 받는 집단에 무선으로 배정하여 가족에서의 성과를 비교했다(Price, Chamberlain, Landsverk, Reid, Leve, & Laurent, 2008). 연구자들은 인종적으로 다양한 취약한 집단에서 개입을 통해 좋은 성과를 얻었다. 즉 아동들은 그들의 부모와 성공적으로 재결합했다.

다중체계치료

다중체계치료는 심각한 문제가 있는 비행청소년을 치료하기 위해 청소년이 속해 있는 다중체계 안에서 통합된 방식으로 개입하도록 설계된 접근방법이다(Henggler, Schoenwald, Borduin, Rowland, & Cunningham, 1998). 가출 위험에 놓여 있는 청소년들은 비용이 많이 드는 정신건강 서비스를 필요로 한다(Henggler & Lee, 2003). 심리사회적 기능의 생태학적 이론을 바탕으로 하여(Bronfenbrenner, 1979) 핵가족, 확대가족, 이웃, 학교, 동료, 지역사회, 청소년 재판, 아동복지, 정신건강 등을 포함하는 수많은 체계의 맥락 안에서 이들 청소년들과 작업해야 한다(Henggler et al., 1998). 이러한 치료적 접근은 비행행동이 단순히 한 가지 요인에 의해 일어난 것이 아니고, 여러 가지가 증식되어 결정된다는 연구결과와 일치한다. 이 모델에서 돌보는 사람은(항상 그렇지는 않지만 보통 부모) 청소년의 단기, 장기 적응에 중요한 역할을 한다. 이 접근의 목표는 긍정적이고 미래 지향적이다. 다중체계치료는 서비스를 통합하기 위해 설계된 행동주의적 접근을 사용하므로 한 영역에서의 이득은 다른 맥락에 일반화될 것이다. 이 접근의 근본적 특징은 청소년, 부모, 교육적, 건강, 재판 체계에서 서로 다른 사람들을 포함하는 다중적 관점에서 치료 효율성이 연속적으로 평가된다는 것이다.

다중체계치료는 9개의 원칙이 있다(Henggler et al., 1998). 첫째, 평가의 일차적 목적은 확인된 문제와 그들의 넓은 체계적 맥락 사이에 접점을 이해하는 것이다. 둘째, 치료적 접촉은 변화를 위한 수단으로서 긍정적인 것을 강조하고 체계적 강점을 사용한다. 셋째, 개입은 가족 구성원 사이에서 책임 있는 행동을 장려하고 무책임한 행동을 줄이기 위해 설계된다. 넷째, 개입은 구체적이고 잘 정의된 문제를 목표로 하며 현재에 중점을 두고 활동 지향적이다. 다섯째, 다중체계 안에서 혹은 그 사이에서 확인된 문제를 유지하는 행동의 연속성을 목표로 한다. 여섯째, 개입은 발달적으로 적합하고 청소년의 발달적 요구에 맞춘다. 일곱째, 개입은 가족 구성원들이 매일 혹은 매주 노력하는 것이 필요하도록 설계된다. 여덟째, 개입 효과성은 다중적 관점에서 지속적으로 평가되는 데 성공적인 성과를 가로막는 장벽을 극복하기 위해 각 체계의 담당자가 제공한다. 아홉째, 개입은 모든 다중체계 맥락에서 청소년을 돌보는 사람에게 권한을 줌으로써 치료 일반화와 치료적 변화가 장기적으로 유지되도록 설계된다.

다중체계치료자들은 3~5명의 사람들이 팀을 구성하여 작업한다. 각 치료자는 4~5 가족들을 담당한다. 치료자는 청소년과 가족이 받는 모든 서비스를 조정한다. 서비스에 참여하려는 과정에서 생기는 장벽을 줄이기 위해 병원이나 법정진료소보다는 가정, 학교, 이웃센터에서 서비스를 제공한다. 치료는 3~5개월 정도로 지속하고 시간제한을 둔다. 그러나 하루에 24시간 이용할 수 있고 일주일에 7일을 위기에 대응해줄 수 있는 치료자가 있으므로 매우 강력하다.

서비스의 첫 단계는 다중체계치료 모델을 설명하는 것이다. 치료자는 돌보는 사람과 협력관계를 맺기 위해 많이 노력한다. 평가에서 청소년이 포함되는 모든 체계에서 추론될 수 있는 강점은 물론이고 문제에 기여하는 위험요인을 확인한다. 보통 위험요인은 돌보는 사람의 낮은 관찰, 낮은 온정, 비효과적 훈육, 높은 갈등, 돌보는 사람의 정신병리, 가족의 범죄 행동 등이다. 보호요인은 안전한 애착, 지지적 가족 환경, 부모의 조화로운 커플 관계 등이다. 서비스의 초기 단계에서 치료자는 측정가능한 장기간의 목표를 세우고 이를 측정할 수 있는 주간 목표로 쪼개어서 가족과 함께 작업한다. 치료자는 협동을 위해 이들 목표 달성에 영향을 미칠 수 있는 사람이나 체계와 접촉한다. 돌보는 사람과 청소년이 협력함으로써, 치료자는 각각의 목표를 위한 증거기반치료를 선택한다. 명확한 규칙을 정하고, 친사회적 행동에 대해 보상하고 적절한 모니터링을 하도록 하는 서비스는 PMT접근과 비슷하다. 돌보는 사람의 스트레스나 정신병리는 성공적 치료에 대한 심각한 방해물이 될 수 있다. 그러므로 다중체계치료자는 돌보는 사람의 효율적인 부모역할 능력이 심하게 한계를 보일 때 그 특성을 바꿔주는 것을 개입 목표로 정하기도 한다.

또래 체계를 대상으로 하는 개입은 문제의 성질에 따라 다르다. 또래들이 반사회적이라면 위험요인으로, 그들이 사회적으로 유능하다면 보호요인으로 이용할 수 있다. 사회적 기술이나 자기주장이 부족한 청소년은 이런 영역에서 훈련을 받는다. 한편 또래집단이 범죄행동을 일으키는 반사회적 집단이라면, 개입은 그들과 접근하는 것을 제한하고 다른 활동들을 통해 더 적합한 또래들과 접촉하도록 만든다.

학교체계에서 위험요인은 학습문제, 혼란스러운 학교 환경, 가족과 학교와의 빈약한 접촉 등이다. 보호요인은 정상적인 지적 기능, 교육 참여도, 가족과 학교와의 좋은 접촉 등이다. 다중체계치료자는 두 개의 환경이 일관성 있게 접근할 수 있는 협력관계를 발달시키는 데 중요한 역할을 할 수 있다.

개별적으로 지향된 서비스는 증거기반접근을 사용하여 청소년이 경험할 수 있는 특별한 문제를 대상으로 실시된다. 예를 들면, 인지행동적 전략은 불안이나 우울 문제를 강조할 때 사용될 수 있다. ADHD의 치료에서 부모역할의 개입과 교실 개입에 덧붙여서 약물처방을 위해 전문가에게 의뢰할 수 있다. 다중체계치료는 단기 개입이기 때문에 청소년과 가족이 치료자와 직접적으로 작업할 때 일어나는 이득을 치료자가 더 이상 적극적으로 관여하지 않았을 때에도 지속될 수 있도록 지지적 네트워크를 개발하는 것에 역점을 둔다.

다중체계치료 개발자들은 수준 높은 보장체계를 만들어서, 이 접근이 적절한 슈퍼비전과 자문을 받은 훈련된 치료자가 매뉴얼에 따라서 충실하게 적용할 수 있도록 했다. 심각한 곤란을 겪는 청소년들이 비행행동을 줄이는 데 다중체계치료가 효과가 있다는 믿을 만한 자료가 제시되었으며, 이로 인해 인가받은 다중체계치료 프로그램은 미국의 30군데를 비롯하여 여러 나라에서 운영되고 있다(Henggler & Lee, 2003). 지속적인 연구를 통해 청소년의 다른 심각한 문제를 다루는 데에도 다중체계치료가 효과적인지를 검토하고 있다 (Hunsley & Lee, 2010).

제11장

인지행동치료

제11장

인지행동치료

인지행동치료의 기술이 임상심리학자에게 치료수단으로 알려진 역사는 별로 길지 않으나 많은 심리학자들이 그것을 선호하는 것은 틀림없다. 한 조사 결과에 의하면 자신이 행동치료자라고 자처하는 사람은 전체응답자의 18%에 지나지 않았으나 인지행동치료자라고 자처하는 사람은 40%가 넘는다 (Klesges, Sanchez, & Stanton, 1982). 왜 그렇게 많은 사람들이 인지행동치료에 관심을 가지는지 그 이유는 여러 가지가 있다. 무엇보다도 전통적인 행동주의 이론을 바탕으로 한 많은 치료가 있지만 우울증 같은 문제는 잘 해결하기 어려웠다. 행동주의와 인지적 접근의 결합은 정신역동치료나 급진적인 행동치료의 한계에서 시작되었고 인지행동치료는 좀 더 과학적인 증거기반의 치료로 발전하였으며 많은 연구들을 통해 치료효과가 입증되고 있다.

지금까지 심리학자들은 여러 가지 부적응행동을 체계적으로 설명할 수 있을 뿐만 아니라 그것을 효과적으로 치료하는 데 크게 기여하였다. 초기의 심리학자들은 극히 한정된 부적응행동, 예를 들면 불안, 공포, 그리고 반사회적 행동과 여러 가지 중독을 실험실 연구에서 얻은 학습 원리를 기반으로 하여 효과적으로 치료하는 데 성공하였다. 가정생활에서 야기되는 크고 작은 여러 가지 문제, 부부관계에서 파생되는 문제, 동통의 극복, 그리고 잘못된 생활습관에서 파생되는 건강문제 등이 모두 전문적 임상심리학자들의 도움을 기다리고 있다. 이들의 욕구는 지금까지 널리 활용되어 오는 행동치료, 혹은 조건화 치료기법만으로는 충족시킬 수 없었다. 무엇보다도 이제 우리는 행동치료자들이 소홀히 다뤄왔던 인간행동의 내면적 세계, 즉 내현적 기능, 예를 들면 인지적 기능 같은 것도 외현적 행동과 함께 다뤄야 할 필요를 느끼고 있다. 이렇게 함으로써 환자 혹은 내담자의 사회복귀는 보다 효과적으로 촉진될 수 있다.

인지행동치료는 언뜻 보기에 간편한 치료기술같이 보이나 사실은 그것이 아니다. 여기에는 서로 다른 여러 가지 치료기술들이 모두 포함되어있다. 즉 인지치료, 합리적 정서행동치료, 스트레스 극복훈련, 불안조정훈련, 문제해결훈련, 자기통제훈련, 그리고 자기교육훈련 등이 모두 인지행동치료의 변형들이다.

인지행동치료의 배경과 특징

인지행동치료는 행동치료의 구성요소들과 인지치료의 통합으로부터 발전되었다(Parker, Roy, & Eyers, 2003). 인지행동치료는 행동보다 인지를 강조하지만 두 접근법의 구조와 전략을 상보적 방식으로 통합한다. 미국의 인지행동치료자협회에 따르면 인지행동치료는 외부 환경보다는 사고가 감정과 행동을 야기한다는 원리에 바탕을 둔다. 일반적으로 치료는 역기능적 사고과정을 활성화시키고 다시 역기능적 행동을 조장하는 잘못되고 해로운 생각으로 이어지는 인지적 사건에 가장 초점을 둔다. 미국 인지행동치료자 협회는 인지행동치료를 건강하고 협력적인 치료동맹의 중요성을 인식하는 단기적이고 시간제한적인 접근법이라고 설명하고 있다. 인지행동치료는 교육, 질문, 귀납적 방법에 매우 의존하며 구조적이고 지시적이다. 이 전략들은 사람들에게 어떻게 생각하고 행동하고 혹은 느낄지 말해 주려는 것이 아니라 가정을 시험하고 현실과 일치하는 방법으로 생각하고 행동하고 느끼도록 돕는다(Seligman, 2006).

학습은 관찰과 모방에 의해 일어날 수 있다는 독창적인 Bandura의 연구결과는 성인과 아동의 치료에 적용되었다(Naugle & Maher, 2003). 자기효능감은 새로운 과제를 학습하거나 수행하는 데 있어서의 유능감을 말하는데, 새로운 행동을 시도하거나 공포자극에 접근하는 것과 같은 행동의 가장 좋은 예측요인으로 밝혀졌다. Bandura의 연구는 행동반응을 중개하는 데 있어서 인지의 중요성을 강조한 접근에 대한 기초를 세웠다(Craighead, Hart, Craighead, & Ilardi, 2002). 정보처리를 이해하기 위해 개발된 모델을 사용하여 D'Zurilla와 Goldfried(1971)는 체중조절, 임상적 우울증, 사회기술 결손 등의 다양한 문제를 치료하는 데 적용되었던 문제해결 접근을 도입하였다. 인지행동치료에서 문제해결의 주요소는 문제를 정의하고 공식화하고, 문제를 다루기 위해 대안적 해결책을 내놓고, 이행하기 위해 가장 좋은 해결책을 결정하고, 해결책을 이행하고 평가하는 것이다(D'Zurilla & Nezu, 1999).

Ellis의 합리적 정서행동치료나 Beck의 인지치료와 같은 인지적 접근들은 사건 그 자체 보다는 사건에 대한 개인의 지각이 적응에 영향을 미친다는 가정에 기초한다. 결과적으로 이런 접근들은 자동적 사고를 확인하고 고통, 불안, 우울과 연관되는 부적응적 사고패턴을 변화시키는 데 초점을 맞춘다(Hollon & Beck, 2004). 인지적 접근의 치료자와 내담자가 함께 문제를 확인하고, 가설을 검증하고 신념을 재평가하는 협력관계를 만든다. 행동주의적 접근과 같이 인지적, 인지행동적 접근은 다양한 장애의 치료에서 경험적으로 도출된 전략을 적용하는 것이다.

인지행동치료는 내담자가 경험한 문제를 이해하는 데 정신병리적 연구를 이용할 것을 강조한다. 관련 연구가 내담자의 문제를 이해하는 시발점이라 하더라도 모든 인지행동치료의 초석은 평가와 치료를 개인 내담자의 필요에 맞추는 것이다. 인지행동치료의 또 다른 핵심요소는 필요하다면 치료계획을 변경하고 개입의 효과를 평가하기 위해 치료에 대한 내담자의 반응을 계속적으로 관찰하여 보고하는 것이다. 어떤 장애에 특정한 치료를 개발하기 위해 정신병리 연구에서 나온 증거를 사용하기 때문에 인지행동치료는 기분장애, 불안장애, 섭식장애, 수면장애, 신체형장애, 물질남용장애, 결혼갈등, 분노와 스트레스 관련 문제들을 포함하여 청소년과 성인의 장애들을 다루는데 효과적이라는 강력한 증거가 있다(Butler, Chapman, Forman, & Beck, 2006; Nathan & Gorman, 2007).

인지행동치료자는 서비스에서 매우 적극적인 역할을 한다. 그들은 문제의 다양성과 연관된 맥락요인은 물론이고 문제의 강도, 빈도, 지속기간에 대한 정보를 찾기 위해 문제의 정확한 본질을 탐색한다. 그들은 구체적 치료목표를 설정하고 내담자의 모호한 불평을 측정가능한 성과로 바꾸어 표현하는 데 있어서 내담자와 협력한다. 인지행동치료자들은 자료수집에서 과제할당의 중요한 역할을 설명하고, 실험을 실행하고, 새로운 기술을 연습함으로써 치료과정에 대한 정보를 제공한다.

인지행동치료자들은 각 회기를 구성하고 계획표를 만들고 새로운 기술을 가르치는 데 책임감을 갖고 있다. 치료자들은 교훈적 지도방법(예, 지시하고 감독하기)과 소크라테스식 질문하기(예, 기술습득에서 자기 지향적이 되거나 자신의 신념을 내담자가 스스로 검토하도록 질문을 하기)를 혼합한 것을 내담자를 돕는데 사용한다. 변화를 촉진하기 위해 치료자는 내담자와 협력한다. 이것은 내담자와 치료자가 내담자의 역기능적 신념을 구체적으로 검증하기 위한 전략을 개발하는 것을 의미한다. 자기검토를 격려하고 자신의 신념에 대한 타당성을 검증하도록 함으로써 치료자는 내담자가 스스로 자기발견의 과정을 거치도록 적극적으로 격려한다. 따라서 치료의 많은 다른 형태들과 대조적으로 가장 중요한 변화는 회기 중에 일어나는 것이 아니고 내담자가 과제를 하면서 배우는 회기 사이에 일어난다고 가정된다(Blagys & Hilsenroth, 2002).

다른 이론적 접근들은 치료관계가 끝날 때 치료가 종결되는 것으로 생각한다. 인지행동치료에서 종결단계는 학습한 기술을 공고하게 하고, 미래의 도전을 예상하여 내담자가 불가피한 실수에 직면하도록 준비시키는 시간으로 본다. 종결은 미래지향적이다. 인지행동치료는 내담자가 원래 궤도로 돌아갈 수 있도록 한 두 번의 회기를 더 가질 수 있도록 해준다.

보통 8~30회기로 제공되는 인지행동치료의 전형적인 단계를 기술하면 다음과 같다. 첫째, 평가단계로서 면접, 직접 관찰, 평정척도, 셀프모니터링 등으로부터 자료를 통합하여 구체적이고 협력적으로 동의한 치료목표를 설정한다.

둘째, 개입단계로서 우선 가능한 기술들을 회기에서 학습한다. 즉 행동주의적 기술들은 자기주장, 이완, 즐거운 활동에 참여하기, 행동을 개발하고 유지하기 위해 자기 강화를 사용하고, 스스로 공포 자극에 노출하기 등을 포함한다. 그리고 인지적 기술들은 자동적인 부정적 사고를 반박하기 위해 전략을 개발하고 자신의 신념, 가정, 기대의 정확성에 도전하고 평가하기 위해 전략을 재구조화하는 것을 포함한다. 또한 인지행동적 기술들은 대인관계를 증진시키기 위해 문제해결기술, 스트레스 관리기술, 의사소통기술들을 개발하는 것을 포함한다. 다음 과정은 회기 중에 기술을 연습하고 집에서 할 과제를 내준 후 다음 회기에서 회기 간 과제를 점검한다. 이어서 회기 중에 배운 기술들은 내담자의 매일의 생활맥락에 일반화할 것을 강조한다. 마지막으로 서로 동의한 치료목표를 향해 회기마다 신행과성을 복습한다.

셋째, 종결단계로서 치료목표와 그들이 성취한 정도를 개괄하고, 치료에서 학습한 기술과 일상생활에 적용한 것을 복습하며, 미래의 도전과 그것들을 어떻게 다룰지를 예상한다. 마지막으로, 촉진단계에서는 종결 단계를 반복한다. 치료목표와 그들이 성취한 정도를 개괄하고, 치료에서 학습한 기술과 일상생활에 적용한 것을 복습하며, 미래의 도전과 그것들을 어떻게 다룰지를 예상한다(Hunsley & Lee, 2010).

이들 인지행동치료는 서로 다른 인지기능, 예를 들면 신념, 기대, 심상, 그리고 문제해결을 위한 인지 등 서로 다른 측면을 강조하고 있다. 그들은 인지, 감정, 그리고 행동결과에서 강조하는 측면이 다르다. 그리고 접근해 가는 방법, 혹은 책략 등이 모두 다르기 때문에 인지행동치료를 간단하게 정의하기 어렵다. 그러므로 우리는 인지행동치료에 대한 정의는 잠시 유보해 놓고 치료자들이 치료장면에서 어떤 일을 하는지 우선 알아보고 인지기능이 인지행동치료의 관점에서 어떻게 개념화되고 있는지를 살펴보기로 하자.

인지기능

인지행동치료의 개념은 일단 단일구조가 아니다. 매우 다양한 구조로 이뤄지고 있다는 점에 대해서는 앞에서 언급하였다. 그에 못지않게 이해하기가 쉽지 않을 만큼 복잡한 것이 인지기능의 실체이다. 그러므로 여기서는 인지기능은 인지행동치료의 틀 안에서 어떤 구조를 이루고 있는지 살펴보기로 하겠다. 인지의 개념은 인지사건, 인지과정, 그리고 인지구조와 같은 서로 다른 개념으로 사용되고 있다(Meichenbaum, 1986). 인지사건은 개인의 의식흐름 속에서 야기되는 의식적 사고와 심상 같은 것들을 의미한다. 이는 흔히 자동사고(Beck, 1976) 혹은 내적 대화(Meichenbaum, 1977)라고도 부른다. 이들 인지적 사건들은 귀인, 기대, 그리고 과제유관사고와도 관계가 있다. 이러한 자동적 사고에는 단순히 인지기능만이 관여되고 있는 것이 아니라 심상, 상징적 언어, 몸짓, 그리고 그에 수반되는 여러 감정 같은 기능과도 밀접한 관계가 있다. 이 인지적 사건은 감정적 색채가 가미되어 있는 핫 인지를 야기하는데 이는 콜드 인지와 대조를 이룬다(Zajonc, 1980).

대부분의 우리 행동은 내적으로 깊이 사고하지 않고 자동적으로 일어나고 있다. 그러나 때로는 자신이 그것을 신중하게 생각하게 되는데 이는 우리의 행동, 감정, 그리고 행동결과에 크게 영향을 준다. 인지적 사건은 첫째, 개인이 새로운 운동기술을 학습한다든지 혹은 새로운 지식을 학습할 때와 같이 새로운 사고와 행동을 통합시킬 때, 둘째, 불확실한 사태나 신기한 사태에 직면하였을 때, 그리고 셋째, 새로운 경험을 하거나 강력한 정서적 경험을 할 때 야기된다.

우리는 수많은 정보를 처리하게 되는데 그 방법은 인지과정에 의해서 결정된다. 우리가 적절하게 처리 가능한 정보의 양은 극히 제한되어 있다. 그러므로 실제 정보처리장면에서는 그것을 선별적으로 처리하게 된다. 이와 같이 우리가 정보 자체를 평가할 때, 그리고 정보의 의미를 귀인시킬 때에도 우리의 사고과정은 선별적으로 작용한다. 그러나 우리가 말을 한다든지, 보행을 한다든지, 그리고 숨을 쉴 때에는 그를 위해 어떤 정보선택에 전혀 주의를 기울이지 않는다. 이러한 과정들은 모두 자동적으로 수행된다. 자아를 형성하고 주위의 체계를 이해하기 위해서 선택적으로 사고하지 않는다. 이는 습관적으로 그리고 자동적으로 수행된다.

이 때 개인이 가지는 자기 자신의 도식, 관심, 그리고 표출되지 않는 어떤 기능 등에 의해서 정보가 처리되고 행동이 조직된다. 인지적 구조는 곧 지각적 세트의 역할을 하며 이는 곧 어떤 관문의 기능을 한다(Kelly, 1969). 인지적 구조 혹은 도식에는 관념적 요인과 감정적 요인이 있다. 정보가 기호화되고 저장되는 것과 같이 감정도 기호화되고 저장된다는 것은 인지구조를 이해하는 데 있어서 매우 중요하다(Bower, 1981). 이들은 모두 선택적 필터의 기능을 한다.

행동에 대한 인지적 접근법

인간행동에 대한 인지적 접근을 주장하는 사람들은 환경에 대한 개인의 반응과정에 수반되는 정신적 과정에 큰 비중을 둔다. 단순한 반사라고 할지라도 그것은 정신적으로 평가되고 자신이 이미 저장하고 있는 이전의 생활정보와 비교 검토된 결과로 보아야 한다. 자기 자신이 지각, 학습, 기억, 언어, 개념형성, 문제해결, 혹은 사고에 특별한 관심이 있다고 생각되면 자기 자신을 인지심리학자라고 생각할 수도 있다. 이들 분야에 관련되는 다양한 실험적 이론적 접근의 다양성은 별로 문제가 될 수 없다(Eysenck, 1984). 실험인지심리학은 주로 사람들이 사물을 어떻게 지각하고, 분류하고, 그리고 정보를 수집저장하고 있다가 그것을 의사결정과정에서 어떻게 활용하는가를 중립적으로 연구하고 있다. 특히 이 과정에 수반되는 개인차나 동기변인보다는 일반법칙의 발견에 보다 많은 관심을 두고 있다.

인지심리학자들은 관심의 대상이 되는 문제에 대한 정보를 얻기 위해 컴퓨터조작을 하기도 하고 실험과제에서 나타난 행동특징을 관찰 측정하기도 한다. 사회적 인지라는 용어도 함께 쓰고 있는데, 이는 개체가 사회적 자극, 예를 들면 자기 자신이나 타인에 대한 정보가 어떻게 저장되고 처리되어 가는지 그 과정을 중점적으로 연구하고 있다.

자극과 반응을 매개하는 정신과정에 대한 연구역사의 기원은 형태주의 심리학에서 찾을 수 있다. 이들의 이론은 사람이 물리적 세계에 있는 사물을 어떻게 지각하는지 그 법칙 발견에 크게 공헌하였을 뿐만 아니라 사회심리학과 인지심리학에도 큰 영향을 주었다. 행동주의 심리학이 탄생하기까지 여러 사회심리학자들은 인간행동의 특징이 결정되는 과정에서 사물에 대한 의식적 지각과 평가가 큰 비중을 차지한다는 점을 크게 강조하였다. 이들은 실험인지심리학적 이론과는 달리 개인의 동기과정, 개인차, 그리고 정보의 내용 등을 크게 강조하였다. 이들의 이론을 바탕으로 몇몇 현대 심리학자들은 자신의 임상심리학적 이론을 체계화하기에 이르렀다(예로, Bandura, 1977; Abramson, Seligman, & Teasdale, 1978; Seligman, 1975).

이러한 관점에서 볼 때 임상심리학은 두 가지 학문적 배경 위에서 형성되고 있다고 볼 수 있다. 하나는 기억이나 주의과정에 역점을 둔 실험인지심리학이요, 또 다른 하나는 의식적 태도, 기대, 그리고 믿음을 강조하는 인지적 사회심리학이다. 이 외에 임상가는 자신이 다루는 피검사자 혹은 내담자의 개인차 특징을 이해하기 위해 인지이론에 크게 의존하고 있다.

몇 가지 중요한 사실들을 살펴보자. 사람은 주위의 사물을 지각하고 유목화하고, 사실들을 해석하고, 그리고 예언하기 위해서 자기 특유의 개념구성체를 가지고 있다. 그러므로 개인이 가지는 개념구성체의 속박에서 자유롭게 해방될 수 있게 도와주는 역할을 치료자는 수행해야 한다. 개인의 불안과 우울증을 어떤 사건 자체에서 유발된 것이 아니라 그것을 지각하고 평가한 본인의 신념에서 유발된 장애받은 정서경험으로 가정하고 여러 치료체계를 개발하였는데, 그것이 곧 합리적 정서치료(Ellis, 1962)와 인지치료(Beck, 1967)이다. 이들은 모두 잘못된 생각을 시정하기 위해 여러 가지 기술을 활용하고 있다.

위에서 인간행동에 대한 인지적 접근방법을 간략하게 소개하였다. 인지이론에서는 중개적 정신과정의 중요성이 매우 강조되고 있다. 그러나 인지적 접근법은 매우 복잡한 체계로 형성되어 있다는 점을 알고 있을 필요가 있다. 기억 속에 있는 사실들의 조직 체계를 기술하기 위해서는 선택적 주의와 같은 과정 혹은 도식과 같은 구조가 이론적 밑바탕을 이루고 있다. 이들은 모두 아이디어, 심상, 기대 및 태도 등을 다루고 있다. 이들은 의식적 경험의 영향을 받을 수도 있고 받지 않을 수도 있다. 인지적 접근론자들은 정신과정, 정서 및 행동 간에 서로 다른 관계가 있다고 주장하고 있다. 이러한 다양성은 인지이론에 의해 규명될 수 있을 것이다. 그러면 구체적으로 인지과정의 기능에 대해서 살펴보기로 하자(Brewin, 1988).

발병원인

인간의 신체적 정신적 장애를 유발하는 원인은 매우 다양하다. 그 가운데에서도 보다 큰 비중을 차지하는 것은 생활스트레스이다. 스트레스에서 오는 신체적 정신적 장애는 여기서 다 열거할 수 없을 만큼 많다. 중요한 것 몇 가지만 들어보자. 불안, 천식, 관절염, 암, 감기, 심장병, 고혈압, 그리고 불면증 등이다. 그 외에도 많이 있다. 이들은 모두 스트레스와 깊은 관계가 있다.

우리는 자기 자신이 혹은 주위 사람들이 언제 병을 앓게 될지 정확하게 예언할 수 없다. 사람들이 큰 천재지변을 당했을 때 혹은 교도소에 투옥되었을 때 그에 대한 반응은 동일하지 않다. 사람에 따라 서로 다르게 반응한다. 그 이유는 매우 간단하다. 즉 그에 대한 반응은 그와 같은 사건을 당한 사람이 그 사건을 어떻게 지각하고 평가하느냐에 따라 서로 다르다(Lazarus, 1966).

스트레스를 주는 사태의 특성, 그리고 행동장애를 유발하는 비정상적인 생리적 반응의 특성은 동물실험에서 많이 밝혀졌다. 가장 일반적인 것으로는 동통이나 위협을 주는 것, 목적 지향적 행동에서 경험하는 욕구좌절, 동일한 수준의 매력을 끄는 사태에 처했을 때, 접근-회피 갈등, 실망, 그리고 별거 등이다. 이러한 사태에 처했을 때 개인이 경험하게 되는 심리적 반응은 서로 다르며 이들은 심리학적 원리를 이용하여 효과적으로 치료해 나갈 수 있다. 우리는 스트레스 사태에 처하게 되면 그에 관련되는 여러 가지 정보와 관련시키고 있다. 예를 들어 우리가 해결해야 할 어려운 문제에 직면하게 되면 우선 과거에는 어떻게 해결했는지 일차적으로 생각하고 나서 그것을 새로운 사태에 적용하게 된다.

우리들이 일상생활에서 경험하게 되는 위협, 갈등, 그리고 손실 등은 스트레스의 원인으로 작용한다. 똑같은 일에 직면하였을 때 사람마다 다르게 반응한다. 그것에 용감하게 도전하는 사람이 있는가 하면, 크게 실망하는 사람도 있다. 갈등과 손실에 대한 반응도 크게 다르다. 즉 대체수단이 있을 때에는 큰 손실을 당해도 크게 실망하는 일이 없다. 그렇지 못한 경우에는 생리적으로나 심리적으로 큰 변화를 겪게 된다. 이 때 개인의 심리적 상태나 환경적 상태가 깊이 고려되어야 하는데 이들은 모두 여러 가지 형태의 평가결과에 의해 결정된다.

취약성

이는 유전적 요인이라는 이름으로 불리어지고 있는데 특정한 유전인자는 물론, 특정한 신경계통, 특정한 성격, 그리고 특정한 인지적 요인 등이 모두 이 유목에 속한다. 이들은 서로 배타적인 것이 아니라 서로 측면을 달리하는 취약성으로 보는 것이 보다 타당하다. 예를 들어 생활 사건들이 우울증을 유발하는 원인으로 작용한다고 하자. 특히 어렸을 때 부모를 잃고 외롭게 생활하는 여자에서는 흔히 볼 수 있는 사건들이다. 사실 따지고 보면 이 취약성 혹은 유전성은 직접 환경적 요인 그 자체에 영향을 주는 것이 아니라 자기존중감, 즉 인지적 요인과 성격요인에 영향을 준다(Brown & Harris, 1978). 이와 마찬가지로 특정한 정신적 장애를 유발하는 유전적 취약성은 정신분열증이나 우울증과 같은 극히 한정된 정신장애에만 적용되고 있다.

심리적 장애에 영향을 주는 취약성 요인으로 간주되는 것은 신경증적 경향성인데 이는 정서적 반응의 강도차를 나타낸다. 일반적으로 정신과 환자의 신경증적 경향성 수준은 매우 높다(Eysenck, 1967). 그러나 이와 같은 주장은 많은 비판을 받고 있다. 이들은 고도로 항상성을 가진 성격특징은 존재할 수 없다고 주장한다. 인간의 행동은 복잡한 환경과의 상호작용의 부산물로 보아야 한다. 어떤 생활 장면에서는 성격의 일관성을 발견할 수 있는데 이것을 통해 개인의 행동특징은 예언가능하다(Mischel, 1973).

이와 같은 주장은 성격연구를 인지사회적 이론과 통합시킬 필요가 있음을 강조하는 것으로 생각할 수 있다. 또 성격연구는 개인의 행동특징에서 유추한 전체적인 특질보다는 개인의 인지적 기능과 행동을 특정한 환경과 연관시켜야 한다는 점을 강조하고 있다. 이상행동을 포함한 행동예언을 위한 변인은 개인의 능력, 기대, 주관적 가치, 그리고 자기통제체계 같은 것들을 들을 수 있다. 인지이론가와 사회적 학습이론가들은 이들을 모두 취약성 요인으로 간주하고 있다. 예를 들면 외적 통제 소재자 즉 자신의 힘으로는 자기 주위에서 야기되는 것을 통제할 수 없다고 생각하는 사람들은 불안해지기 쉽고 우울증에 빠지기 쉽다.

우울증에 대한 취약성향이 높은 사람은 믿음과 자기존중감에 대해 매우 부정적 태도를 가지며 신체적 결함에 대해서도 비관적으로 생각하는 편이다. 자기 자신에 대해 부정적 정보를 쉽게 받아들이는 경향이 있다. 여러 가지 생리적, 심리적 장애를 유발하는 주요 취약성 요인으로 사회적 지지의 결여 요인을 들 수 있다. 이 요인은 사회적 요인같이 생각되지만 한걸음 더 나아가서 생각해보면 인지적 요인으로 간주해서 크게 잘못된 것이 아니다. 예를 들면 자신이 다른 사람과 깊은 인간관계를 형성할 수 없다고 생각하면 그럴수록

지지를 받을 수 있는 기회는 점차 줄어들기 마련이다.

회 싱

예를 들어 정서적 장애가 인지적 요인에 의한 것이든 혹은 그것과는 전혀 무관한 것일지라도 그에 대한 반응이나 그 지속 기간은 인지적 요인에 의해 크게 영향을 받는다. 우리가 불안하고 우울하다고 느낄 때에는 이전에 그러한 정서적 경험을 가졌던 때의 기억을 회상해 보고 현재 자신의 정서적 경험이 과거의 경험과 전혀 무관하지 않다는 사실을 스스로 느끼게 된다. 자신의 결함 때문에 말을 더듬게 되고 잠을 이룰 수 없다는 생각이 들 때에는 병세는 더욱 악화된다. 외적 귀인보다 자기귀인을 하게 되면 불쾌감은 더욱 높아지고 병세는 더욱 악화된다. 기분장애나 다른 우울증과 같은 정서적 경험이 자신의 힘으로는 통제가 전혀 불가능하다고 느낄 때에 병세는 더욱 악화된다. 자기 자신이 불행하다고 느끼면 자기 자신이나 주위의 세계를 긍정적으로 볼 수 없다(Lewinsohn, Hoberman, & Hautzinger, 1985).

어려움이나 스트레스를 극복하는 데 있어서도 인지과정은 중요한 요인으로 작용한다. 직면한 문제극복에 있어서 문제사태에 대한 책략과 자신의 정서적 표현에 대한 통정책략은 엄격하게 구별되어야 한다(Lazarus, 1966; Lazarus, Kanner, & Folkman, 1980). 문제중심 극복책략과 정서중심 극복책략을 활용하는 데 있어서 우리는 정보탐색, 직접행동, 정신내적 방법, 그리고 지능화와 같은 기제에 의존한다(Lazarus, 1966). 개인이 선택하는 극복책략은 그의 동기요인에 따라 크게 달라진다. 이 과정에서 문제의 원인파악이 매우 중요하다. 문제의 원인을 잘못 파악하면 효과적인 책략을 펴나갈 수 없고 미숙한 문제해결로 끝날 수밖에 없다.

올바른 인과관계의 지각은 기대감의 형성에도 큰 영향을 준다는 사실은 오랫동안 동기연구에 있어서 큰 비중을 차지해 왔다. 우리가 어떤 행동을 취하겠다고 결심하는 데는 두 가지 중요한 요인이 작용한다. 그 하나는 목적이 가지는 가치이고 다른 하나는 그 목적달성을 위한 행동이 가지는 가치이다(Feather, 1982). 목표의 중요성이 크면 클수록, 그리고 성공에 대한 기대감이 높으면 높을수록, 보다 정열적으로 성취해 나갈 수 있다.

이 기대가치의 가설은 임상심리학자에게 많은 영향을 주었다. 기대가치의 가설을 바탕으로 여러 가지 중요한 모델이 개발되었다. 즉 건강행동유지를 위한 예방활동과 환자의 의사에 대한 순종문제를 중점적으로 다루는 건강신념의 모델이 바로 이에 속한다(Becker & Maiman, 1975; Rosenstock, 1966). 우리가 매일 수행하고 있는 건강한 행동은 건강동기, 의사의 도움을 받겠다는 의지, 그리고 의사의 지시에 순종하겠다는 마음가짐과 같은 여러 요인과 깊은 관계가 있다. 모든 행동은 추론을 기반으로 수행된다. 이것이 곧 기대가치설의 기반이다(Fishbein & Ajzen, 1975). 이 이론에 따르면, 어떤 행동을 취하겠다는 시도에 앞서 그러한 행동을 취하겠다는 의지가 선행되었다고 한다. 이러한 의지 혹은 의사는 행동에 대한 태도와 주관적 규준에 의해서 결정된다. 행동에 대한 태도는 결과에 대한 가치를 어떻게 지각하였느냐에 따라 결정되고, 주관적 규준은 행동수행에 대한 사회적 압력에 의해서 그 특징이 결정된다.

행동변용 모델

지금까지 인지사건, 인지과정, 그리고 인지구조에 대해서 살펴보았다. 이제 이들이 인간의 행동변화수단으로 어떻게 활용되고 있는지에 대해서 살펴보기로 하자. 인지행동치료에 있어서는 자신의 각성수준을 증가시키고 의식수준을 높이고, 그리고 자신의 행동특징을 의식하는 것이 무엇보다도 중요하다. 자동적으로 야기되는 행동이나 사고의 기능은 스스로 자제될 필요가 있다. 내담자의 내적 대화내용과 본질은 치료자에 의해 조절되어야 한다. 치료자는 내담자가 자신의 신념, 관심, 그리고 개인의 목표에 대해 충분히 각성할 수 있게 도움을 주어야 한다. 내담자에게는 자신이 현실적으로 대인관계에서 필요한 행동, 감정, 그리고 기술을 가지고 있다는 사실을 치료자는 충분히 알고 있어야 한다. 치료자는 내담자가 문제의 재발이나 욕구불만을 어떻게 수용할 것인가에 대해 특별히 주의할 필요가 있다.

치료자는 내담자가 이러한 바람직하지 못한 사실들을 보다 긍정적인 피드백으로 받아들일 수 있게 도와주어야 한다. 아무리 성공적인 치료의 경우라 할지라도 그러한 바람직하지 못한 경험을 피할 수 없다. 내담자는 치료효과를 보다 효과적으로 유지하기 위해서는 위험요소들을 스스로 발견해서 그 것에 대처하고, 특정한 극복기술을 습득할 필요가 있다. 특히 인지행동치료에는 예상되는 문제의 재발을 방지하기 위한 장치가 꼭 필요하다(Marlatt & Gordon, 1980).

자기지시훈련

인지행동치료기법으로 사용되는 자기지시훈련은 약물치료와 행동치료의 보조요법으로 아동의 문제행동치료에 널리 활동되고 있다. 아동의 문제행동으로 그 빈도가 높은 것은 과잉활동증과 공격성이다. 학령기 아동의 5~10%는 이 유목으로 진단되고 있다(O'Malley & Eisenberg, 1973). 미국에서는 과잉활동증으로 진단된 200,000명이 매일 약물치료를 받고 있다(Grinspoon & Singer, 1973). 인지행동치료의 수단으로 쓰이는 자기지시훈련의 기반을 닦는 것은 러시아의 학자들이다(Luria, 1961; Vygotsky, 1962). 아동의 자발적 행동은 말로서 통제될 수 있는데, 첫째 단계에서는 아동의 언어는 성인의 언어에 의해서 통제되며, 둘째 단계에서는 아동의 언어는 자기 행동의 효과적인 통제제가 되며, 그리고 셋째 단계에서는 아동의 외현적 행동은 자신을 통제하는 역할을 한다. 이와 같은 발달단계 모델을 바탕으로 충동적 아동의 언어치료계획이 마련되었다. 실제 치료는 다음과 같은 순서에 따른다(Meichenbaum & Goodman, 1971).

1. 성인모델이 큰 소리로 지시하면 그에 따라 어떤 과제를 수행한다(인지적 모델링).
2. 모델의 지시에 따라 어떤 과제를 수행한다(외현적 지시).
3. 자신이 큰소리를 내면서 과제를 수행한다(외현적 자기지시).
4. 자기가 수행하고자 하는 과제를 속말로 속삭인다(외현적 자기지시).
5. 비지시적 자기지시에 따라 과제를 수행한다. 훈련과정을 되풀이하면서 지시자에 따라 자기기술을 하고 그에 따라 스스로 연습을 반복하는 훈련패키지는 반응 연쇄나 계기적 접근법에 따라 더욱 강화된다.

자기지시에 따른 행동변화를 위해서 여러 가지 과제를 사용한다. 즉 단순한 근육운동도 있고 문제해결과 같이 매우 복잡한 것도 있다. 자기지시에 의한 훈련효과는 여러 가지 지능검사의 결과에서 잘 나타난다. 이와 같은 결과는 1개월간의 추적조사에서 현저히 나타난다. 자기지시 프로그램에 의한 훈련을 받은 60% 이상의 아이들은 언어능력이 현저하게 향상된다(Meichenbaum & Goodman, 1971). 이제 자기지시훈련법은 과잉활동증의 내적 언어통제기능을 향상시키는 데, 공격적 행동을 통제하는 데, 그리고 유치원에서의 행동수정에 광범위하게 활용되고 있다. 아동의 여러 가지 문제행동에 대한 인지행동치료를 위해서 몇 가지 부가적 기술이 개발되었다. 중요한 것 몇 가지만 들면 다음과 같다(Meichenbaum, 1986).

1. 자기 말을 시작하고 그것을 모방하기 위해서 자기 자신이 매체로 활용된다.
2. 인지적 책략으로 활용할 가치가 많은 과제를 활용한다.
3. 인지모델을 사용하기 위해서 동료가 가르쳐 주는 것을 모델로 활용한다.
4. 아동 자신이 자기기술 패키지를 활용하도록 한다.
5. 자기기술에 있어서 기계적 기술을 피하게 하고 아동의 성격특징이나 자발성이 충분히 고려되어야 한다.
6. 동정심이 많은 치료자를 개입시킨다.
7. 저강도 반응을 포함하는 자기지시 과제를 활용해서 학습하게 한다.
8. 심상훈련과 같은 것을 보충할 필요가 있다.
9. 상통훈련을 포함하는 자기지시훈련법을 보충한다.
10. 오퍼런트 조건화 기술 같은 것이 내포된 자기지시훈련으로 보충한다.

인지행동치료는 아이들의 놀이가 진행되는 과정에 실시할 때 효과가 크다. 치료자는 내담자로 하여금 자기 스스로 이야기함으로써 자기에게 어떤 보상을 얻는다는 생각을 가지게 할 필요가 있다. 이전에 욕구좌절을 가져다 주지 않은 놀이부터 시작한다. 자기통제의 기술을 증진시키기 위해서 고안된 치료기술을 하나 살펴보자.

나이가 많은 과잉활동증 아동이 나이가 어린 과잉활동증 아동에게 과제

수행방법을 가르치는 경우를 생각해 보자. 나이 많은 아동의 행동 그 자체는 곧 치료를 요하는 행동, 즉 목표행동이 되는데 이를 나이가 어린 과잉행동증 아동에게는 교육보조자료로 활용된다. 이러한 인지행동치료를 위해서는 아동이 아무런 의미를 부여하지 아니하고 자기기술을 하지 못하도록 감시하는 것이 무엇보다도 중요하다. 우리는 책을 읽을 때 내용을 생각하지 않고 큰 소리로 읽는 경우가 있다. 보다 더 도움을 얻으려면 그 내용을 종합하고 자기기술의 의미에 내재화시킬 필요가 있다.

인지행동치료의 기술은 내담자의 필요에 따라 변형시켜 활용할 수 있는데 이것이 곧 그 기술이 가지는 융통성이다. 실제 치료장면에서 보면 인지적 모델링을 자주 되풀이해야 할 내담자가 있는가 하면, 모델을 봤을 때 곧 인지적 실연으로 들어가는 사람도 있다. 실제 어떤 과제를 수행하는 데 치료자가 세밀하게 감독할 필요가 있는 경우가 있는가 하면 그렇지 않고 내담자가 독자적으로 과제를 곧 수행하는 경우도 있다.

인지행동치료에서는 치료자나 내담자가 되도록 빨리 자기기술과제 패키지를 수행할 수 있도록 융통성을 발휘할 수 있다. 인지행동치료에서는 흔히 계기적 접근법을 쓴다. 처음 단계에서는 치료자가 모델이 되어 간단한 자기기술-예를 들면 잠깐! 대답하기 전에 생각하라-을 보이고 내담자는 그것을 따라 모방한다. 점차적으로 수준이 높은 과제들을 모방하고 그것을 실천하게 된다. 자기지시훈련에 있어서 아동은 치료패키지를 가동시키고 그것을 보완하는 협조자의 역할을 한다는 점이 주된 특징이다. 치료자는 아이에게 이와 꼭 같은 일을 하는데 보다 더 잘 하고 싶어 하는 아이에게 무엇을 어떤 점을 충고했으면 좋겠느냐고 물어서 아동의 책략을 보충시켜 나갈 수 있다.

치료자에 대한 내담자 혹은 환자의 충고는 매우 가치있다. 이를 통해 훈련자는 크게 도움이 되는 정보를 얻을 수 있다. 이와 같은 책략은 대인관계에 있어서도 매우 중요하다. 인지행동치료에 심상조작기법을 함께 사용할 수 있다. 특히 어린 아이들의 문제치료에는 크게 도움을 준다. 예를 들면 과잉활동수준이 매우 높은 아이들을 치료하기 위해 느린 거북이보다 더 빠르게 행동하지 않겠다는 심상을 가지게 하고 그것을 자기 스스로 자기 자신에게 지시하게 한다. 이는 과잉활동증 아동의 자기통제와 파괴적 활동수준을 감소시키는 데 크게 도움이 된다(Robin, Schneider, & Dolnick, 1976).

이차원적 인지기능훈련

아동으로 하여금 자기 자신의 인지적 기제는 무엇이며 그것이 어떻게 작용하는가를 생각해 보게 할 수도 있는데 그것이 곧 이차원적 인지기능이다(Flavell, 1976). 또 자신이 이미 가지고 있는 어떤 친구의 이름을 잊어버리고 그것을 회상한다고 생각해 보자. 이 때 우리는 여러 가지 방법으로 잊었던 친구의 이름을 회상해 볼 것이다. 이 기억과정에 대한 지식을 어떻게 활용하는가, 이 인지과정을 어떻게 통제하는가. 이것이 모두 이차원적 인지기능이라는 용어로서 설명할 수 있다. 이와 같이 이차원적 인지기능에 대한 연구는 기억연구에서 출발하였으나, 주의, 독해력, 자기통제, 그리고 우정관계 연구영역에 광범위하게 활용되고 있다.

인지행동치료에 있어서 이차원적 인지기능은 자기 자신에 대한 인지적 과정에 대한 지식과 이 과정을 통제하는 과정으로 볼 수 있다. 다른 한편 이는 과제수행 전, 과제수행 과정, 그리고 과제수행 후에 일어나는 내적 대화과정에 따른 자기의사소통의 과정으로 볼 수 있다(Meichenbaum, 1986). 어느 경우나 이는 자동적이며 무의식적으로 일어나기는 하지만 어린 아이들에게는 매우 어렵다. 이는 과제수행능력을 상승시키며 자기통제의 기능을 강화시키는 역할을 한다(Meichenbaum & Asarnow, 1979).

치료기법으로서 이차원적 인지기능을 습득시키기 위해서는 몇 가지 점을 깊이 이해할 필요가 있다. 첫째, 서로 다른 사태에 알맞은 여러 가지 책략을 발굴해야 한다. 둘째, 필요한 때 그리고 필요한 장소에서 적절하게 활용 가능한 책략을 개발할 필요가 있다. 셋째, 훈련과정에 활용될 사태가 공통적으로 가지는 특징을 고려한 교육패키지를 개발할 필요가 있다. 넷째, 아동의 탐색 통로를 검토할 필요가 있다. 이로써 아동들은 과제를 분석하고, 그들이 활용 가능한 책략이 무엇인가 알아볼 수 있고, 그리고 보다 더 적절한 책략과 어울리는 것이 어떤 것인가를 알아볼 수 있다. 다섯째, 그들이 가지고 있는 책략을 활용할 수 있는 방향을 모색하게 한다. 그리고 아동으로 하여금 보다 더 어려운 문제를 잘 해결해 나갈 수 있도록 용기를 북돋는다(Borkowski &

Cavanaugh, 1979).

인지행동치료에서는 목표로 삼고 있는 어떤 특정 대상만을 치료하는 것이 아니고 그의 동료와 가족까지도 치료대상에 포함시키고 있다. 예를 들면 사회적 교제를 기피하는 아동의 문제행동을 치료할 때, 그 아이의 사교성을 치료대상으로 하지 않고 그의 동료나 부모의 사회적 행동까지도 고려하게 된다.

문제해결훈련

문제해결훈련법도 자기지시훈련법과 마찬가지로 아동에게 자기통제기술을 습득시키기 위해 활용된다. 이 방법이 연구자들의 관심대상이 된 역사는 짧은 편이다. 문제해결방법은 아동으로 하여금 대인관계의 문제에 대해 예민하게 대처하게 하고, 또 다른 해결방법을 모색하게 하는 수단과 방법의 관계를 이해시키고, 그리고 자신의 행동이 다른 사람에게 어떻게 영향을 주는가를 이해시키기 위해 활용되고 있다. 특히 문제해결방법은 아동의 문제행동치료에 크게 도움이 된다.

임상장면에서 보면 일단 자신이 어떤 문제해결을 위한 일차적 수단을 발견하게 되면 또 다른 해결을 위한 대안을 찾지 못하는 경우가 많이 있다. 이러한 결함을 시정하기 위해서 30가지가 넘는 사회적 유추훈련방법이 개발되었다(Spivack & Shure, 1974). 그 가운데 하나는 친구들과 갈등상태에 빠졌을 때 그것을 해결하는 대체방안을 생각하는 것이다. 무엇보다도 효과적인 결과에 대한 예언능력이 필요하다. 여기서 대인관계의 대상보다는 대인관계의 방법에 대해서 집중적으로 훈련시킬 필요가 있다.

첫 단계에서는 말하는 기술, 주의집중능력, 정서특징, 사람들이 서로 어떻게 선호하고 혐오하는가, 그리고 사람에 대한 정보를 수집하는 방법을 배우게 된다. 마지막 단계에 가서는 대인관계의 문제해결에 필요한 대체방안을 모색한다. 대인관계를 형성하는 방법과 그 효과에 대한 평가방법 등도 함께 습득하게 된다. 이러한 훈련을 통해서 아이들은 대인관계에서 의미 있고 지속적인 발전을 할 수 있다. 무엇보다도 훈련에 있어서 교사가 학생을 지도하고 부모가 자식을 지도할 때 가장 큰 효과를 얻을 수 있다. 문제해결법은 아동의 여러 가지 기술습득에, 또 자기통제를 위해 널리 활용되고 있다. 보다 효과적으로 활용되고 있는 영역은 학습문제의 치료영역이다.

인지행동치료, 특히 문제해결훈련은 학습문제, 즉 독해력, 산수, 창의성, 그리고 대인관계문제 해결을 위해 널리 활용되고 있다. 문제해결훈련에 있어서는 교육목적에 대한 분명한 오퍼런트 기술이 절대로 필요하다(Gagne, 1964). 아이들이 어떤 목적을 수행하기 위해서는 특정한 기술이 필요하다. 이 특정한 행동에 대한 문제가 제기되고 그 위계가 형성된다. 개인이 간단한 행동을 학습하기 위해서는 보다 더 간단한 행동을 학습할 필요가 있으며 이는 점진적 접근법에 의해 습득된다.

인지행동치료훈련도 크게 다르지 않다. 구성된 위계가 인지책략과 크게 달라서는 안 된다. 이 과제는 지시자의 행동을 모방해서 피훈련자는 그것을 실현할 수 있어야 한다. 다만 이러한 점이 점진적 접근법과 다른 점이라고 볼 수 있다. 실제장면에서는 지시자 혹은 훈련을 시키는 사람은 행동, 인지, 책략, 그리고 그에 수반되는 피험자의 감정에 대해서도 자세히 체크할 필요가 있다. 또 지시자는 피훈련자가 과제수행에 필요한 인지기능의 위계와 감정 등에 대해서 많은 지식을 가질 필요가 있고, 또 그것을 연구하는 기술을 습득해야 할 필요가 있다. 이를 위해 과제수행이 이뤄지는 동안 자신의 사고과정을 스스로 관찰하고 과제를 수행하는 아동과 면접을 갖는다. 잘못된 과제수행결과를 세밀하게 분석한다(Meichenbaum & Gilmore, 1984). 지시자는 이 인지책략을 자기기술의 세트로 만들어서 후에 피훈련자가 그것을 모델링하는 데 활용하게 한다.

학생들의 창의적 문제해결능력을 증대시키는 데 인지행동치료가 활용된다(Meichenbaum, 1975). 창의성은 태도와 정신능력의 측면에서 개념화되고 이에 대한 자기기술문은 훈련자가 시범보이면 피훈련자는 그것을 모방한다. 이 자기진술은 창의성을 증대시킬 뿐만 아니라 일상생활사태에서 직면하는 모든 일을 보다 창의적으로 수행할 수 있게 된다. 인지행동치료를 바탕으로 한 창의성 능력이 증진되면 학교의 생활은 물론 다른 생활 사태에서 야기되는 문제에 직면하였을 때에는 어렵지 않게 자발적으로 처리하는 것이 가능해진다.

인지행동치료과정

인지행동치료의 기법은 성인의 부적응치료에 광범위하게 활용되고 있다. 대인관계문제, 시험에 대한 불안, 분노의 통제, 동통, 우울증, 중독, 그리고 성기능의 장애 등이 인지행동치료의 대상이다. 이와 같은 성인의 부적응행동은 체계적 둔감법, 모델링, 혐오조건화, 그리고 행동실연과 같은 행동치료의 기법으로도 효과적으로 치료된다. 성인을 대상으로 한 인지행동치료는 세 가지 단계를 거치게 되는데 치료진행과정에 따라 어떤 특정한 치료과정이 반복시행되는 수도 있다.

먼저 내담자 혹은 환자로 하여금 문제의 본질을 파악하고 치료계획에 적극적으로 참여할 수 있게 한다. 이 단계에서 환자와 치료자는 문제에 대해 동일한 견해를 가지고 치료에 임해야 한다. 이 단계에서 환자는 자기 자신의 행동본질을 이해하고, 언제 그러한 행동이 야기되며 어떻게 하면 치유될 수 있는가에 대해서 정확하게 알 필요가 있다. 환자는 자신의 문제행동을 개념화시키는 과정에 보다 많은 주의를 기울일 필요가 있다. 이 과정에서 치료자는 환자가 문제를 노출하고 그 문제를 극복하려고 노력할 수 있게 도움을 주어야 한다.

환자가 행동변화를 위한 준비태세를 갖추게 되면 치료자는 환자의 내적 대화내용을 수정할 수 있게 도움을 주어야 하고 보다 적응적인 행동을 할 수 있게 용기를 북돋아 줄 필요가 있다. 이렇게 함으로써 내담자와 치료자는 환자가 가지고 있는 이전의 기대나 믿음을 충분히 이해할 수 있다. 이것이 환자의 새로운 행동유형을 발견할 수 있는 방법이 되기도 한다. 이 단계에서 치료자는 환자의 인지, 감정, 행동, 그리고 환경의 상호관계를 충분히 평가할 수 있어야 한다. 실제 치료에서 어느 단계에 보다 더 많은 시간을 할애할 것인가는 내담자가 가지는 문제의 성질에 따라 서로 달라진다. 보통 8회 정도의 치료로 좋은 성과를 얻을 수도 있으나 40회까지 지속되는 경우도 있다.

제 1 단계: 문제의 개념화

행동치료자들과는 달리 인지행동치료자들은 문제의 개념화과정에 대해서 특별히 신경을 쓴다. 그들은 환자로 하여금 치료기술은 물론 그에 따른 이론적 배경 같은 것을 이해시키려고 한다. 이를 위해 자신의 문제 혹은 증후의 특징에 대한 이해는 물론 지각, 기대, 그리고 귀인의 특징 같은 것에 수정을 가하려고 시도한다. 내담자는 자기 자신의 문제에 대해 특정한 개념을 설정하고 그것을 바탕으로 치료에 임하는 것이 보통이다. 우울한 환자는 자신을 기분변화의 희생물로 생각하는 경향이 있다. 우울하고 불안한 환자는 그 원인이 외부에서 작용한 것이라고 생각하고 있다. 환자는 자신의 사고과정과 대인관계의 의미가 행동장애의 원인으로 작용했다고 생각하는 일은 거의 없다. 또 자기 자신의 반응이 자신의 부적응행동에 어떻게 작용하고 있는지에 대해서도 전혀 알고 있지 못하다.

첫 단계에서 치료자는 환자로 하여금 자신의 문제의 본질을 이해하고 그것을 정확하게 개념화할 수 있게 도움을 주어야 한다. 치료자는 환자에 대한 자료를 수집하기 위해서 환자는 물론 그 주위의 사람과 면담하고, 심리검사를 실시하고, 그리고 셀프모니터링을 시킨다. 이렇게 함으로써 환자는 자신의 문제를 다시 정의할 수 있게 되고 특정한 극복책략으로 그것을 통제가 가능하다는 어떤 특정한 감정을 가지게 된다. 이렇게 해서 치료자는 환자가 기술하는 그의 문제의 본질을 이해할 수 있게 된다. 그러나 여기서 치료자는 환자의 문제를 무비판적으로 받아들이는 것을 삼가야 한다. 그것보다는 환자와 치료자가 모두 수용할 수 있게 환자의 문제를 재개념화시킬 필요가 있다. 이것이 곧 행동변화의 기초가 된다.

환자와 치료자가 공동으로 문제를 재개념화시키는 데는 여러 가지 방법이 있다. 무엇보다도 내담자 자신이 보다 적극적으로 참여하게 하는 방법이다. 인지행동치료의 최초단계는 문제의 개념화단계로서 치료자는 환자가 제시한 문제를 토의하고, 치료자가 질문하고자 하는 내용, 평가과정, 치료의 이론적 배경, 그리고 환자에게 주어지는 과제의 내용 등은 환자와 치료자가 공동으로 참여하는 개념화작업에 모두 수용되어야 한다. 최초의 치료단계에서 치료자는 환자가 가지는 문제의 내용과 그 지속기간 등을 밝혀내야 한다. 치료자는 환자의 문제에 대해 사태분석을 통해 현재, 과거, 그리고 미래에 경험하게 될 부적응 사고나 정서를 분명하게 확인할 필요가 있다. 이와 같은 평가와 재개념화과정은 집단을 대상으로 한 인지행동치료과정에서 쉽게 이뤄질 수가 있다. 왜냐하면 이러한 사태에서는 서로 다른 개인이 자기노출의 기회가 많아지고 자기 자신의 행동이 상호작용의 영향을 받게 된다는 점을 알기 때문이다. 모든 환자는 집단토론을 통해서 자신의 잘못된 사고의 특징을 이해할 수 있게 되고 잘못된 사고와 관련되는 정신적 영향이 어떻게 작용하였는지도 알 수 있게 된다.

인지행동치료에 있어서 환자로 하여금 최근에 경험한 사실을 상상하게 하고 그에 따른 사고와 행동의 특징을 보고하게 하는 방법을 쓴다. 이러한 상상법을 내적 대화의 내용을 유인하기 위한 표준면접과 병행하면 매우 유용한 방법이 될 수 있다. 환자가 처한 사태를 기술하는 데 있어서는 주위의 모든 환경이 포함되어야 한다. 자기 자신만이 그 문제와 관련되는 경우는 매우 드물다. 야기된 자신의 문제는 주변의 여러 문제와 깊이 관여되고 있다.

환자의 반응을 비디오테이프에 녹화하는 것은 그 특징을 평가하는 데 매우 큰 도움을 준다. 역할수행장면에서 일어나는 행동특징을 평가하기도 한다. 평가가 끝나고 나면 치료자와 환자는 녹화된 장면을 보면서 자기의 생각을 재구성하게 된다. 치료자는 환자가 다른 사태에서도 그와 같이 행동할 것인지에 대해 분석해 볼 필요가 있다. 이러한 대화과정을 통해서 내담자는 자신의 문제해결에 도움을 받을 수 있다. 최초 치료단계에서 치료자는 환자가 자신의 사고특징, 자기기술, 그리고 심상에 대해 재구성할 수 있게 도움을 주어야 한다.

환자가 스스로 이러한 과정을 각성시키기 위해 자신의 사고를 스스로 유발시켜 그것을 주의 깊게 경청해야 한다. 이 과정에서 환자 사이에는 큰 개인차가 생긴다. 치료자에 따라서 측정하는 방법도 다르다. 어떤 사람은 환자의 특정한 행동, 사고, 동기, 혹은 기분상태를 기록하는가 하면 어떤 사람은 일일치료가 끝나고 나면 그것을 일기체로 쓰게 하기도 한다. 가장 일반적인 셀프모니터링 기술은 이중칼럼 기술이다. 이 기술에서는 우선 자신이 실망한 사태를 기록한다(칼럼 1). 장애를 받은 정서 혹은 자신의 감정상태를 기록한다(칼럼 2). 자동적 사고 및 그 정도를 기록한다(칼럼 3). 그리고 사태에서 양립불가능한 사고를 기록한다(칼럼 4).

환자가 어떤 문제 사태에 직면하였을 때 자발적으로 또 의식적으로 자기 자신의 주변에서 일어나고 있는 것들을 의식하려고 하지 않지만 그것이 자동적으로 그리고 불수의적으로 수행되는 경향이 있다. 내담자의 부정적 자기기술은 습관화되어 그것이 마치 자동차를 운전하는 것과 같이 자동적으로 이뤄진다. 치료자는 환자로 하여금 그와 같은 사고의 특징을 스스로 깨닫게 할 수가 있다. 이러한 사고의 특징은 언어로 표현되는 일은 드물다. 혼자 거리를 걷는 것이 두려운 사람은 자신이 불안해지고 심장발작에 대한 심상을 가지게 되며 곧 실망상태에 빠진다. 기숙사를 떠나는 것이 불안한 학생은 그러한 것을 생각하게 되면 그 불안은 더욱 고조된다(Beck, 1970).

제 2 단계: 개념화의 시도

인지행동치료의 두 번째 단계는 자신의 문제를 개념화시키려고 시도하는 단계이다. 이 단계에서 치료자와 환자는 치료이론과 계획에 대해 충분히 토의한다. 치료훈련이 시작되면 환자는 자신의 자동적 사고나 심상 같은 것을 자세히 보고할 뿐만 아니라 자신의 사고과정에 대해서도 보고하게 한다. 보고하는 과정에 의사전달이 중단될 때에는 치료자는 환자가 보다 용이하게 의사소통할 수 있게 도와주어야 한다.

치료자는 환자의 행동특징을 기초로 하여 그의 인지기능 특징을 파악한다. 환자가 집단에 참여하는 것을 꺼릴 때에는 그로 하여금 자신의 감정을 치료자에게 보고하게 하고 그에 대한 자신의 생각을 솔직하게 기술하게 한다. 그러면 치료자를 믿게 되고 자신의 문제는 자신의 사고가 크게 작용하고 있다는 점을 알게 된다. 내담자는 점진적으로 자신의 불안과 공포의 원인은 외부에서 작용한 것이 아니라 자기 자신의 잘못된 사고에 있다는 것, 또 그것으로 인해 정서장애와 부적응이 야기되었다는 사실을 알게 된다.

이 때 치료자는 본격적인 치료에 착수한다. 치료의 기본원리를 제시하고 치료자와 내담자가 치료를 위한 대화를 시작한다. 대화의 내용이나 방법은 치료를 요하는 집단에 따라 서로 다르다. 즉 시험불안이 심한 학생의 문제를 치료할 때와 스트레스 극복이 필요한 성인의 경우 서로 다른 기법이 적용된다. 다음에는 실제 치료장면에서 치료자가 환자치료를 위해 어떤 역할을 해야 하는지 살펴보기 위해 스트레스 극복의 기술로 공포증을 치료한 예를 살펴보기로 하자. 훈련은, 환자로 하여금 스트레스를 주는 공포반응의 본질에 대한 교육의 단계, 그것을 극복하는 여러 가지 행동의 실현단계, 그리고 스트레스 상황에서 실제로 극복을 시도하는 연습단계로 세분한다(Meichenbaum, 1977). 교육단계에서는 환자의 공포가 어떤 것인지 그 본질에 대해 교육을 시킨다. 그 공포에 대해 어떤 느낌이 드는가, 그에 대해 어떤 생각이 드는가, 또 그것을 극복하는 방법 등에 대해 토의한다. 환자가 이전과 같은 방법으로 사태가 극복되지 않을 때에는 치료자는 그 원인을 규명해야 한다.

이론적 측면에서 보면 환자의 공포는 생리적 각성상태가 고조되고 불안이 야기된 하나의 세트라고 볼 수 있다(Schachter, 1966). 이러한 주장을 바탕으로 환자의 공포를 보면 그것은 신체적 각성상태에 수반되는 사고의 결과라고 볼 수 있다. 후속되는 환자훈련을 위해 치료자는 환자로 하여금 공포장면에서 어떻게 행동해야 된다는 점을 교육시켜야 한다. 이 때 공포반응은 여러 단계를 거쳐 형성되었다는 점을 강조해서 알게 할 필요가 있다. 환자와의 토론과정에서 치료자는, 스트레스 원에 대한 반응준비단계, 스트레스 원에 직면하는 단계, 스트레스 원에 정복되는 단계, 그리고 극복에 대한 강화의 단계를 거쳐 공포반응이 형성되었다는 사실을 환자가 알게 할 필요가 있다.

제 3 단계: 인지과정의 수정

인지행동치료의 세 번째 단계에서는 환자로 하여금 자신의 문제를 수정해서 보다 적응적 행동을 하게 한다. 수정과정은 내담자의 문제, 치료목적, 그리고 치료자의 훈련배경에 따라 다르다. 합리적 인지치료를 시도하는 사람은 환자가 가지고 있는 불합리한 태도와 그의 민음 등을 교정하는 데 역점을 둔다. 환자가 가지는 문제해결의 본질이나 극복기술의 본질에 대해 점검하기도 한다. 인지적 행동훈련을 위해 행동치료의 기술, 특히 심상을 중시하는 합리적 재구성법과 같은 기술을 병행하기도 한다. 이와 같은 기술은 환자의 인지기능이나 행동변화를 위해 크게 도움이 된다. 예를 들면, 체계적 둔감화의 기술을 병행하면 심상의 변화과정을 이해하는 데 도움이 될 수 있다.

인지행동치료에서 모델링기법은 문제해결단계에서 모델의 언어, 극복하는 태도, 자기지시 및 심상 같은 것이 환자의 행동변화에 도움이 된다. 인지행동치료에서 환자의 행동 그 자체도 치료장면에서 강조되는 경우가 있다. 우울증 환자를 치료할 때 환자로 하여금 정도가 서로 다른 과제를 수행하게 한다(Beck, Rush, Shaw, & Emery, 1979). 이를 위해 치료자는 환자가 이전의 기대와는 부합되지 않은 자료를 수집하도록 도와줄 수 있다. 그 다음에 치료자는 환자가 자신의 사고에 어떤 결함이 있는가를 발견해서 수정하도록 한다. 이와 같이 여러 단계로 구성된 자료에 실제 노출시키고 그에 따라 행동하게 하는 것이 인지행동치료의 중심과제이다. 예를 들면 합리적 정서행동치료에서 환자에게 잘못된 신념체계나 인지구조에 대한 피드백을 주면 환자는 그것을 곧 수정해 나갈 수 있다.

이미 위에서 설명한 바와 같이 인지행동치료가 인지적 측면과 행동측면만을 강조해서는 안 된다. 행동치료자들이 강조하는 환경과 같은 요인도 함께 고려되어야 한다. 인지행동치료는 인지적 구조면에서 신념과 의미체계를, 인지적 과제 측면에서는 자동적 사고, 심상, 그리고 문제해결기술을 대상으로 할 뿐만 아니라 행동과 환경과 같은 요인도 함께 고려되어야 한다. 인지행동치료는 인지적 구조면에서 신념과 의미체계를, 인지적 과제 측면에서는 자동적 사고, 심상, 그리고 문제해결기술을 대상으로 할 뿐만 아니라 행동과 환경과 같은 요인도 주요 요인으로 고려해야 한다. 인지행동치료에서는 환자의 사고내용은 물론 사고의 형태까지도 치료대상으로 한다. 어떤 측면을 일차적 치료목표로 하든지 간에 행동변화는 일어나기 마련이며, 거기에는 여러 가지 특징이 포함되기 마련이다. 예를 들면 환자의 행동을 치료목표로 하여 치료를 시작하면 환경적 요건을 고려해야 되고 그것이 어떻게 평가되었느냐 하는 문제까지도 고려하게 된다. 이러한 평가과정을 통해 이미 이전에 가졌던 내적 대화의 내용이나 이후에 수반될 내적 대화의 내용은 달라질 수밖에 없다. 이를 통해 환자의 사고방식이나 그 내용이 변화되지 않을 수 없다.

인지행동치료의 실제

우울증에 대한 인지행동치료

우울증에 효과적인 인지행동치료를 간단하게 제시하려고 한다. 우울증에 대한 인지행동치료의 다양한 유형들이 광범위하게 연구되어 왔는데 주로 행동주의적 경향의 치료들부터 주로 인지적 경향의 치료들까지 걸쳐 있다(Emmelkamp, 2004; Hollon & Beck, 2004). 좋은 예는 우울증에 적용한 일반적 형태의 인지행동치료이다(Persons, Davidson, & Tompkin, 2001).

우울증에 대한 인지행동치료의 초점은 조건과 연합된 행동, 부정적인 자동적 사고, 역기능적 신념 등을 바꾸는 것이다. 인지행동치료를 사용하여 우울한 내담자와 작업할 때, 심리학자는 우선 내담자의 병전 상태를 포함하여 진단을 결정하고 내담자의 현재생활 상황에 대해 알아보기 위해 최초 평가를 실시한다. 내담자의 관계와 사회적 기능, 내담자의 심리적 자원과 강점, 우울 에피소드를 촉진시킬 수 있는 최근 사건, 자살행동 잠재가능성 등에 특별히 주의를 기울인다. 예를 들면, Persons et al.(2001)은 레코딩 계약서와 콘서트 계약서를 잃어버린 개럿이라는 뮤지션 사례를 기술했다. 최초 평가정보에 기초하여 치료를 진행하기 위해, 촉발된 생활사건(즉 레코딩 계약서와 콘서트 계약서 분실)과 지속적인 역기능적 신념(예, 나는 실패자다)을 연관시키는 사례 개념화를 개발했다. 이러한 사례 개념화는 개럿의 정서적, 인지적, 행동적 증상들을 이해하는 틀을 제공했다. 보통 사회생활을 하는 대신에 집에서 혼자 시간을 보냄으로써, 또한 음악 작업을 하는 대신에 텔레비전 보면서 시간을 보냄으로써, 개럿은 점차 우울하고 힘이 빠지고 멍해졌다.

치료과정 초기에 우울증의 성질, 사례 개념화, 우울증상에 초점을 둔 가능한 치료 선택 등에 대한 기본 정보를 내담자에게 제공한다. 인지행동치료 모델은 내담자가 치료과정에서 의사결정을 하는 데 적극적으로 참여하는 협동을 강조하는데 그것은 치료자가 자주 정보를 제공하고 치료에 대한 동의된 목표에 중점을 둔 선택을 한다는 것을 의미한다. 치료과정을 통해 내담자에게 치료의 영향을 결정하기 위해 증상과 기능상의 변화를 관찰하여 보고하도록 한다.

최초 회기는 내담자가 우울 에피소드가 있기 전에 좋아했던 유쾌한 활동에 다시 참가하도록 하는 것과 같은 행동 활성화 과제에 주로 초점을 맞춘다. 이렇게 하기 위해 내담자는 어느 하루 동안 자신의 활동을 스스로 관찰하여 보고하게끔 한다. 전형적인 사례로 보면 우울한 내담자는 어떤 종류의 유쾌한 활동에도 매우 적게 참여한다. 우울증에 공통적인 무기력감과 불쾌감과 싸우기 위해, 내담자들이 유쾌한 활동에 매일 참여하는 횟수를 증가시킬 수 있는 계획을 세우도록 적극적으로 격려된다. 그런 활동들에는 운동하기, 친구와 영화보러 가기, 책읽기, 특별한 음식만들기 등이 포함된다. 이러한 유쾌한 활동에 참여하는 것은 우울한 감정을 줄이는 경향이 있으며, 반면에 과거 실패에 빠져있거나 현재 문제에 대해 반추하는 것은 우울감정을 증가시키는 경향이 있다.

내담자가 계획된 과제를 적극적으로 따라가는 시도를 할 때, 그들은 전형적으로 과제의 중요성과 그것을 실행할 자신의 능력에 대해 의심을 한다. 심리학자들은 그들이 의심 때문에 활동을 시도하지 않고 경험의 부정적 측면에 자동적으로 초점을 맞추는 경향을 지적하게 된다. 보통 초기의 몇 회기에서 생각을 셀프모니터링 하는 것을 내담자에게 숙제로 내주게 되는데, 그것은 혼란스럽거나 견디기 어려운 상황에서 전형적으로 발생하는 사고형태를 기록하게 하는 것이다. Persons 등(2001)은 상황의 기술(예, 사건, 기억, 어떤 일을 하려는 시도), 연관된 행동(예, 주장하는 것, 누군가에게 소리치기), 연관된 정서(예, 좌절, 슬픔, 실망), 연관된 사고(예, 초점이 무엇인가, 나는 잘 속는 사람이다, 나는 총체적으로 실패자다) 등을 기술하는 사고 기록지를 사용할 것을 제안한다.

치료의 다음 단계에서, 치료자와 내담자는 이런 사고들이 행동하기(예, 좀 더 자기주장 방식으로 행동하기보다 소리치기)와 결과가 되는 정서상태에 어떤 영향을 미치는지를 함께 검토하는 작업을 한다. 내담자는 이러한 부정적 사고의 정확성에 도전하도록 코치를 받는다. 보통 내담자가 '나는 실패자'라는 사고와 실망감, 그리고 활동에 참여하지 않는 것 간의 연결을 인식하게 하는 것은 쉽다. 그러나 내담자가 이러한 사고들에 대해 '아니야, 나는 실패자가 아니야, 나는 단지 갈등을 다루는 데 있어서 불편할 뿐이야'와 같은 반응으로 반격하기 위해서는 수많은 노력과 반복적인 연습이 필요하다. 그러나 내담자가 일단 이것을 할 수 있다면 이전과 비슷한 상황에서 다르게 반응할 수 있어서 선택의 범위가 넓어지게 된다. 이런 점에서 내담자의 욕구에 맞춰서 심리학자는 자기주장, 문제해결, 시간 관리와 같은 영역에서 내담자가 기술을 개발하도록 도울 수 있다.

치료의 그 다음 단계에서, 일차적으로 부정적 생활사건에 직면했을 때 내담자가 우울증에 취약하도록 만드는 내담자의 지속적인 신념이나 도식을 검토하고 도전하는 것에 초점을 맞춘다. 이것은 그들이 자기 자신과 생활사건에 대해 생각하는 패턴을 보도록 해준다. 이러한 가정들은 '기본적으로 나한테 잘못이 있다', '내게는 좋은 일이 결코 일어나지 않을 것이다', '나는 중요한 것들을 결코 성공시킬 수 없다', '나는 사랑할 수 있는 사람이 아니다' 등과 같은 일련의 신념으로 이끈다. 치료에서는 앞에서 연마한 행동적이고 인지적인 기술들을 습득한 후에, 내담자가 인지적 가정의 정확성을 검증하기 위해 개인적 실험에 참여하여 이런 신념들에 도전하도록 격려한다.

치료의 마지막 단계는 재발 방지에 초점을 둔다. 내담자가 학습하거나 재발견한 특정한 기술 등과 같이 내담자가 성취한 것들을 나열해 본다. 임상가는 내담자가 걱정하는 사건을 상상하도록 하고 그런 사건에 행동적으로나 인지적으로 가장 적응적인 방식으로 반응하는 방법을 탐색하도록 돕는다.

외상후 스트레스 장애에 대한 인지행동치료

우울증과 외상후 스트레스 장애를 치료하기 위한 인지행동치료 접근은 다소 유사한 점이 있다. 이들 접근 모두 치료, 치료를 통한 환자에 대한 정보의 준비(환자의 조건과 특정 치료전략을 위한 합리적 근거에 대한), 심리학자와 환자 간의 협동적 관계의 발달, 회기 간 과제의 사용, 치료 영향의 지속적인 모니터링, 재발 방지에 대한 관심 등을 이끌어내는 사례 개념화를 개발하기 위해 철저한 최초 평가의 중요성을 강조한다. 이런 유사성 이상으로 외상후 스트레스 장애의 지속적인 노출치료에는 우울증의 인지행동치료와는 다른 여러 가지 치료요소가 있다(Cook, Schnurr, & Foa, 2004; Rothbaum & Schwartz, 2002).

치료는 전형적으로 환자의 조건을 평가하는 것과 외상후 스트레스 장애의 성질과 인지행동치료 접근의 성질에 대한 심리교육 정보를 준비하는 것으로 시작된다. 외상후 스트레스 장애에 대한 인지행동치료에는 세 가지 광범위한 요소가 있다. 즉 이완 기술, 상상 노출, 실제 노출의 사용 등이다. 환자에게 심각한 정서적 혼란을 일으키는 심상과 상황에 직면하도록 요구하기 때문에 심리학자는 환자가 그들의 이완 기술을 증진시키도록 돕는 것이 중요하다. 이것은 점진적인 근육이완, 호흡 재훈련, 자기조절을 위한 인지전략 등을 이용한다. 많은 예에서, 환자에게 독서재료나 집에서 이완 기술을 연습할 수 있도록 읽기 교재, 오디오테이프, CD 등을 준다.

대부분의 사례에서 치료는 상상 노출을 사용한다. 최초 평가 과정의 일부로서 환자들을 그들을 방해하는 사건, 상황, 기억들을 미리 기술한다. 치료 회기 동안, 환자들은 눈을 감고 외상적 사건의 맥락에서 가능한 한 많은 부분(예, 냄새, 소리, 그들 자신만의 사고, 신체적 반응 등)들을 기억해 내게 하고 현재의 긴장상태를 이용하여 좀 더 긴 시간 동안(전형적으로 30분 이상) 이들의 외상적 경험을 자세히 얘기하게 한다. 이러한 상상 노출은 환자가 경험한 외상을 정서적으로 충분히 다시 처리하도록 고무시킨다. 이런 절차는 환자들에게 첫째, 외상의 자세한 사항들을 다시 살펴서 일어났던 사건에 대해 새로운 관점을 갖게 하며, 둘째, 사건을 기억하는 것(본래 위험한 것이 아닌)과 사건을 재 직면하는 것(위험해질 수 있는)을 구분하게 하고, 셋째, 발생한 사건에 대해 일관성 있고 조직화된 이야기를 할 수 있게 하고, 넷째, 사건을 기억하는 것은 불안과 다른 증상들이 전체적으로 줄어들 수 있다는 것을 학습하게 하며, 다섯째, 외상이 남아있게 된 것에 대해 새로운 인식을 하도록 해 준다(Cook et al., 2004). 이러한 상상적 노출 회기는 보통 오디오테이프로 제시되고 환자가 정서적 처리를 촉진시키기 위해 회기 사이에 반복적으로 테이프를 듣도록 한다.

실제 노출은 환자가 외상사건들을 상기하는 자극과 연관된 고통을 감소시키도록 환자를 돕는 데 사용된다. 그런 자극은 자동차를 운전하는 것(자동차 사고 피해자를 위한)이나 거대한 물속을 걷기(갑작스런 홍수에서 거의 죽어가던 사람들을 위해)는 물론이고 소리(자동차 사고에서 외상이 생긴 환자를 위해 자동차 브레이크 소리를 크게 들려줄 수 있다), 냄새(강간당한 환자를 위해 강간범의 향수냄새를 맡게 한다) 등을 포함할 수 있다. 심리학자는 환자와 함께 공포자극의 위계를 개발하고 공포자극에 점진적으로 그 자신을 의도적으로 노출하도록 격려한다. 환자가 이런 자극들에 자신을 반복적으로 노출함으로써 불안은 감소되고 자기효능감이 발달되며, 어떤 상황을 회피하는 대신에 광범위한 활농에 잠가하는 기회를 증진시킨다(Hunsley & Lee, 2010).

청소년 우울증에 대한 인지행동치료

역학적 연구에서 주요 우울장애가 성인기에서와 마찬가지로 청소년기에서도 일반적인 것이라고 밝혀지고 있다(Lewinsohn & Clarke, 1999). 18세 즈음의 젊은 사람들 다섯 명 중 한 명은 주요우울장애의 에피소드를 경험할 것이다(Clarke, DeBar, & Lewinsohn, 2003). 우울증은 동료관계의 곤란, 빈약한 학교 기능, 가족관계의 어려움 등과 연관된 만성적이고 재발되는 장애이다(Seligman, Goza, & Ollendick, 2004). 우울증은 또한 자살률의 증가와도 연관된다(Clarke et al., 2003). 청소년 우울증이 심각한 문제이지만, 성인 우울증의 치료에 대한 연구가 풍성한 것에 비교하여 청소년기 우울증에 대한 문헌은 덜 광범위하다. 이들 문헌의 개관에서 인지행동치료와 대인관계치료가 효과적인 것으로 결론내리고 있다(David-Ferdon & Kaslow, 2008; Watanabe, Hunot, Omori, Churchill, & Furukawa, 2007; Weisz, McCarty, & Valeri, 2006).

아동 우울증에 대한 치료지침을 보면(NICE, 2005), 최초 평가에서는 아동의 사회적 네트워크상에서 위험요인과 보호요인에 중점을 두라고 권고한다. 청소년이 따돌림에 노출되어 있다는 증거가 있다면 학교와 건강 전문가들은 따돌림을 다루는 전략을 개발해야만 한다. 정신건강 전문가들은 청소년에게 서비스를 제공하는 것과 동시에 부모의 정신병리를 치료할 필요가 있는지를 고려해야 한다. 그리고 청소년에게는 규치적 운동, 적당한 수면, 좋은 영양상태 등을 포함한 좋은 생활방식의 이점을 알려주어야 한다. NICE 지침은 가벼운 우울증을 치료하는 데 항우울제를 처방하지 않을 것을 권고하고 있다. 대신에 모니터링, 비지시적 지지치료, 집단인지행동치료 등을 추천한다. 중 정도이거나 심한 우울증을 가진 청소년들에 대해 가장 우선하는 치료는 개인인지행동치료, 대인관계치료, 단기가족치료이다. 지침에 따르면 항우울제 처방은 심리학적 치료와 결합하였을 때에만 이루어져야 한다.

앞에서 우리는 성인 우울증에 대한 인지행동치료를 기술했다. 인지행동치료가 청소년에게 제공될 수 있다는 것을 보여주기 위해, 청소년 우울증을 치료하기 위해 특별히 수정된 인지행동치료접근을 기술할 것이다.

청소년 우울증 대처하기 청소년 우울증 대처하기(Coping with Depression in Adolescence: CWDA)는 Peter Lewinsohn과 그 동료들이 개발한 프로그램으로서(Lewinsohn & Clarke, 1999; Clarke et al., 2003), 우울증 과정에 대처하기 프로그램을 다소 수정한 것이다(Lewinsohn, Antonuccio, Steinmetz, & Teri, 1984). 두 개의 대처 프로그램은 성인과 청소년에 적용되는 우울증의 모델에 기초한 것이다. 부적응적인 학습된 사고와 행동이 결합하였을 때 임상적으로 중요한 우울증상이 유발될 가능성이 높아진다는 것은 우울증의 유전적 위험요인이 있는 것으로 가정할 수 있다(Clarke et al., 2003). CWDA에서 치료는 행동, 인지, 감정의 관리 등에 초점을 맞춘다. 행동적 개입은 유쾌한 활동을 증가시키고 문제해결기술, 자기주장기술, 대화기술, 갈등해결기술 등을 개발하는 것이다. 인지적 기법은 긍정적 자기-대화, 셀프모니터링, 대처, 인지적 재구조화를 사용하는 것을 포함한다. 정서적 요소는 이완과 분노 관리를 포함하여 부정적 정서를 다루는 전략을 학습하는 것이다. 부모들을 대상으로 부모역할하기, 갈등해결, 대화기술 등을 개발하도록 프로그램을 실시할 수 있다. 성인 우울증에 대한 인지행동치료에서 했듯이, 기분 모니터링은 프로그램의 초기에 도입되는 주된 활동이고 서비스 과정 내내 계속된다. 최초 회기에서는 사회적 기술을 훈련하고 유쾌한 활동을 증가시키는 행동적 변화에 초점을 둔다. 이후에는 역기능적 인지의 검토로 이어진다. 프로그램의 마지막에는 효과를 유지시키고 목표를 향한 진전, 재발 방지 등을 확실하게 하는 전략에 초점을 맞춘다. 참가자들에게 모든 기술이 모든 사람에게 똑같이 유용하지는 않을 것이라고 말해주기는 하지만 모든 활동을 시도하도록 요구한다. 보조 회기는 프로그램을 마친 후 2년 동안 네 달 간격으로 제공된다.

CWDA 프로그램은 집단중심으로 치료매뉴얼에 따라 실시된다. 6~10명의 우울한 청소년들(13~18세)이 각 집단에 참가한다. 심리교육적 접근으로서 학교에서 다른 과목들을 가르치는 방식과 비슷한 방식으로 학습재료를 제시한다. 이러한 전달 방식은 정신장애치료를 받는다는 생각때문에 매우 불편해하는 청소년에게 덜 낙인을 찍을 것으로 보인다. 치료는 8주의 기간에 걸쳐 계획된 16번의 두 시간 회기로 구성한다. 치료과정은 읽기, 퀴즈, 숙제 등으로 이루어진 워크북을 사용한다. 재료는 청소년들이 공통적인 역기능적 사고를 예시하기 위해 대중적인 신문의 만화를 이용하여 참여할 수 있도록 만들어져있다. 치료자들은 활동적이고 집단원들 간에 아이디어의 교환을 촉진하고 사례를 찾게 함으로써 참가자들을 참여시킨다. 회기 중에 기술들을 제시하고 역할놀이를 사용하여 연습하도록 한다. 참가자들은 매일의 생활에서 기술들을 적용해 보는 숙제를 받는다. 성인 우울증과 청소년 우울증의 치료는 차이점보다는 유사점이 더 많다. 가장 중요한 차이는 청소년을 더 많이 참여시키기 위해 심리교육적 재료를 사용하는 것과 부모와 함께 하는 여러 방식을 개발한다는 것이다.

제12장

건강심리학

제12장
건강심리학

건강심리학이란

인간의 삶에 있어서 건강보다 중요한 것은 없다. 건강을 유지하게 되면 즐거움과 행복을 경험할 가능성이 커지고 풍요로운 인생을 영위할 수 있지만 '건강을 잃게 되면 모든 것을 잃은 것과 같다'는 격언처럼 건강을 유지하지 못하면 행복하지 못할 가능성이 커진다. 얼마 전까지만 해도 사람들은 건강과 관련해서 주로 심장병이나 암, 그리고 뇌졸중과 같은 만성 질환에 관심을 가지고 있었고, 건강과 관련된 행동의 중요성이나 건강행동을 증진시키는 것에는 관심이 부족하였다. 그러나 최근에는 건강의 개념을 단순히 질병이 없는 것을 넘어 행복과 만족감의 증대와 같은 긍정적인 웰빙의 상태로 확장하고 있다(Brannon & Feist, 2004). 이처럼 중요한 건강 영역에서 심리학의 이론과 원리, 그리고 심리학적 연구방법을 적용하고자 하는 흐름이 나타나게 되었는데 이것이 건강심리학의 시작점이라고 볼 수 있다.

건강심리학은 '사람들의 건강을 유지하는 방법과 질병에 걸리는 이유, 그리고 질병에 걸렸을 때 반응하는 방법에 대한 심리학적 영향을 연구하는 학문'(Taylor, 1995)이라고 정의된다. 최근에는 여기에서 더 나아가 건강관리와 관련된 정책을 만들고 건강관리 체계를 구축하는 데 심리학자가 크게 기여해야 한다는 인식이 생겨났다. 따라서 건강심리학은 "건강 증진, 질병의 예방과 치료, 건강을 위협하는 위험요인의 확인, 건강관리 체계의 개선 및 건강에 관한 대중의 여론 형성에 대한 심리학의 기여"(Brannon & Feist, 2004)로 정의가 확장되었다.

건강심리학과 행동주의 심리학적 의학은 '생물 · 심리 · 사회 · 영적' 모델을 따르고 있는데, 이 모델에서는 신체 질병을 생물학적, 심리학적, 사회학적,

그리고 영적 측면의 붕괴로 인한 결과로 본다. 여기서 생물학적 측면은 유전적 소인과 영양결핍, 그리고 생화학적 불균형 등을 말하고, 심리학적 측면은 그 사람의 행동, 정서, 인지적 측면을 말한다. 또한 사회적 측면이란 친구와 가족, 가정환경 및 생활사건을 말하며, 영적 측면이란 영성, 삶의 의미 등을 의미한다. 건강심리학자는 이러한 네 가지 영역의 상호작용과 종합적인 영향을 받아서 인간의 건강이 유지되거나 나빠진다고 본다.

건강심리학 분야는 1990년대에 비약적으로 발전하였다. 미국에서는 건강심리학회가 미국 심리학회의 여러 분과 중 제38분과로 자리를 잡았고, '건강심리학(Health Psychology)'이라는 잡지를 발간하고 있다. 우리나라의 경우에도 건강심리학회는 1994년에 한국 심리학회의 제 8 분과로 설립되어 회원 수가 증가하면서 한국 심리학회 12개 분과회 중 3번째로 많은 회원을 보유하게 되었다. 이와 더불어 1996년 이후 창간된 '한국 심리학회지: 건강'이 매년 4회씩 계간지로서 발간되고 있다.

건강심리학은 '행동주의 심리학적 의학' 분야와 밀접한 관련이 있다. 행동주의 심리학적 의학은 심리학, 사회학, 인류학과 같은 사회과학과 행동과학, 생물과학, 그리고 의학에서 밝혀진 지식을 통섭한 과학으로서 모든 유형의 의학적 질병을 폭넓게 이해하고 치료하고자 노력한다.

의사 William Osler 경은 현대 행동주의 심리학적 의학의 아버지로 불린다. 그는 다양한 질병을 이해하고 치료하기 위해서 심리적 요인과 정서요인을 고려해야 한다고 생각했다. Osler 경은 1910년 한 강의에서 심장병의 많은 증상이 분노, 근심, 그리고 갑작스런 충격에 의해 나타난다고 주장했다. 이러한 그의 생각은 심장병에 대한 현대 의학의 관점과 크게 다르지 않다.

20세기 서구 문화권에서 질병의 성격은 크게 변하였다. 100년 전 대부분의 미국인은 폐렴이나 장티푸스, 결핵과 같은 감염성 질환으로 사망하였으나 교육 수준이 높아지고, 위생 관념이 정립되며, 약물과 예방 백신이 발전하면서 감염성 질환의 발병률과 이로 인한 사망률은 크게 감소하였다. 반면에 심장질환이나 암과 같은 질병이 생명을 위협하는 가장 중요한 질병이 되었다(Blumental, 1994). 우리나라의 경우에도 사망원인의 1, 2, 3위를 암과 뇌졸중, 그리고 심장병이 차지하고 있다. 이러한 질병의 특징은 경과가 만성적이라는 점이다. 이러한 질병이 발달하는 데 가장 큰 영향을 미치는 위험요인은 흡연, 건강하지 않은 섭식, 좌식생활 스타일, 지나친 음주와 같은 건강에 해를 끼치는 행동이다(Mokdad, Marks, Stroup, & Gerberding, 2004). 우리는 행동요인이나 심리요인이 심장질환, 궤양, 천식, 위장장애, 암, 관절염, 두통 및 고혈압의 발달과 악화에 영향을 준다는 증거를 가지고 있다. 하지만 사람들은 건강에 영향을 미치는 행동요인이나 심리요인에 대해 잘 인식하지 못하고 있는데, 이러한 추세를 변화시키기 위해서는 건강 문제를 정확히 인식하고 건강과 관련된 공공정책을 바꾸어야 하며, 특히 개인의 건강행동을 변화시켜야 한다.

의사와 같은 건강전문가는 점차 건강심리학자의 역할에 주목하기 시작했다. 의사를 찾는 사람의 60% 이상이 질병을 극복하는 과정에 수반되는 어려움으로 인해 정서적 불편감을 호소했기 때문이다(Pallak, Cummings, Dorken, Henke, 1995). 그러나 의사들이 이러한 문제를 다룰 준비가 되어 있지 않기 때문에 예방과 치료의 많은 영역이 건강심리학자의 영역에 포함되었다. 이러한 과정을 통해 건강심리학은 크게 성장하고 있다(Dornelas, 2001).

이 장에서는 스트레스가 건강에 작용하는 기전과 질병의 위험요인, 그리고 질병예방과 치료 프로그램, 건강행동, 처방의 준수에 대한 실례 등을 다룰 것이다.

스트레스와 대처 그리고 건강

스트레스에 대한 정의에 대해서는 많은 이견이 있다. 어떤 사람은 자극의 입장에서 새로운 적응을 요구하는 외부자극을 스트레스로 정의하기도 하고, 어떤 사람은 반응의 입장에서 외부자극에 의한 신체적이거나 심리적인 측면에서의 변화를 스트레스라고 말하기도 한다. 또 다른 입장에서는 자극과 반응을 모두 고려하여야 한다는 상호작용주의 입장을 취하고 있다. 이 입장에서는 스트레스를 자극과 반응의 상호작용이라고 본다. 취업을 준비하는 대학생을 예로 들어 보자. 취업시험 준비를 충분히 하지 못해 생리적인 반응이 일어났다면 이는 시험이라는 자극과 이로 인한 생리적 반응이 함께 스트레스를 일으켰다고 볼 수 있다. 따라서 이 입장에서는 스트레스를 환경의 사건(시험), 이 사건에 대한 취업준비생의 평가(중요한 일인가? 도전할 만한 일인가? 위협인가?), 이로 인한 다양한 반응(생물학적, 정서적, 인지적, 행동적), 그리고 반응을 한 후 반응과 사건을 재평가하는 과정 모두를 스트레스 과정으로 본다(Rice, 1998).

Hans Selye는 스트레스를 받을 때 중추신경계와 자율신경계의 반응을 포함한 생리적 반응을 일반 적응 증후군이라고 명명하였다. 일반 적응 증후군은 경고반응에서 시작한다. 경고반응은 투쟁-도피반응이라고도 불리는데, 그 이유는 이 반응이 우리로 하여금 스트레스원과 싸우거나 그것으로부터 도피하도록 도와주기 때문이다. 우리 신체가 스트레스를 지각하면 교감신경계가 부신선과 부신 수질을 자극한다. 그 결과 카테콜라민, 에피네프린, 그리고 노어에피네프린이 혈류 속에 분비되는데, 이 신경전달물질은 심장의 박동과 혈압을 증가시키고 호흡이 빨라지게 하며, 동공을 확대시키고 혈류량과 근육의 강도를 증가시킨다. 또한 스트레스는 뇌하수체가 부신피질자극호르몬을 분비하도록 하여 부신선의 부신 수질이 코티졸을 분비하게 한다. 코티졸은 에피네프린이나 노어에피네프린처럼 신체의 자원을 동원하게 하는 호르몬이다. 코티졸의 영향으로 우리 신체는 에너지 수준이 증가하고 염증반응은 감소하게 되는데, 그 결과 위급상황에서 손상을 견디어 낼 수 있다.

만약 우리 신체에 스트레스가 지속되거나 다른 스트레스에 연속적으로 노출되면 저항단계로 넘어가게 된다. 이 기간에는 스트레스에 대처하기 위한 생화학적 노력이 해로운 결과를 초래할 수 있다. 예를 들어 스트레스호르몬이 오랫동안 분비되면서 고혈압이 만성화되거나 근육조직이 손상되고 신체의 자가 치유력이 억제된다.

만약 스트레스가 더욱 오래 지속되면 고갈단계로 진행되면서 다양한 신체기관이 기능을 상실하거나 잘못된 기능을 하게 된다. 이 때 사람들은 피로감과 체중 감소, 감기, 심장질환, 혹은 더욱 심각한 신체 증상을 경험하게 된다.

Selye의 모델은 스트레스와 질병 연구 분야에 큰 기여를 하였으며, 특히 스트레스가 생리적 변화에 미치는 영향과 궁극적으로 질병을 유발하는 기제에 대한 사고의 틀을 제공하였다. 그러나 이 모델은 어떤 경험이 어떤 스트레스를 경험하게 만드는지에 대한 인지와 심리 및 지각의 중요성을 설명하지 못하였다. 즉, 이 모델은 스트레스를 경험하는 데 있어서 개인차가 있음을 간과했다. 따라서 스트레스가 질병을 유발하는 기제임을 설명하기 위한 좀 더 포괄적인 모델이 개발되었다.

예를 들어 Barbara Dohrenwend(1978)는 4단계 모델을 제안하였다. 이 모델의 첫 단계에서는 스트레스 사건이 일어나고, 두 번째 단계에서는 스트레스에 대한 일련의 신체와 심리 반응이 뒤따르게 된다. 세 번째 단계에서는 이러한 스트레스 반응의 강도를 증폭시키거나 감소시키는 환경요인과 심리요인이 중재를 하게 된다. 예를 들어 충분한 경제적 자원, 스트레스를 다룰 시간적 여유, 효과적인 대처기술, 가족과 친지의 도움과 지지, 강력한 통제감, 낙관적인 성격 혹은 스트레스를 도전으로 보는 시각이 있다면 스트레스 반응은 낮아질 것이다. 반면에 가난, 부족한 사회적 지지, 비관적인 생각과 무력감 혹은 스트레스를 위협으로 보는 시각이 있다면 스트레스 반응이 커질 것이다. 마지막으로 네 번째 단계에서는 스트레스와 인간 그리고 주변 환경이 상호작용한 결과, 신체적으로나 심리적으로 가볍고 일시적인 문제(약간의 불안이나 두통, 가벼운 수면장애 등)나 심각하고 지속적인 문제(불안장애나 기분장애, 또는 신체적 질병)가 발생하게 된다.

Rice(1998)는 상호작용주의 입장에서 스트레스를 발생시키는 자극과 그 반응, 그리고 이로 인한 평가과정에 대한 종합적인 모델을 주장하였다. 이 모델이 교류 모델(transactional model)이다. 환경이나 사회적 측면에서 스트레스 요인이 발생하면, 우리는 스트레스가 요구하는 변화와 그에 대한 자신의 적응능력을 평가한다. 이러한 평가 결과 스트레스 사건을 긍정적인 것으로 지각하는 경우에는 유기체에게 특별한 영향을 주지 않는다. 또한 상황에 따라서는 이러한 스트레스가 개인이 발전하는 계기를 마련할 수 있게 된다. 그러나 이를 자신에 대한 위협이나 해로운 것 혹은 도전으로 지각하게 되면, 부정적인 정서반응과 생리적 반응이 발생하게 되고, 스트레스에 대해 행동이나 인지적인 방식으로 대처하게 된다. 이 때 스트레스가 발생한 상황을 조작하기도 하고, 스트레스가 요구하는 적응과 자신의 능력에 대해서 재평가하거나, 일시적으로 스트레스를 완화시키고, 관련 정보를 탐색함으로써 대처할 수 있다.

하지만 이러한 대처가 불가능하거나 대처에 실패하게 되면 유기체는 탈진상태에 빠지게 되고 정신적인 장애나 신체적인 질병에 걸릴 위험이 증가하게 된다.

스트레스와 면역계

스트레스가 지속되면 가장 먼저 질병인자에 저항하는 면역계가 억제된다(Maier & Watkins, 1998). 예를 들어, 심각한 질병에 걸린 가족을 돌보는 것과 같은 만성 스트레스를 받으면 면역계 기능이 저하된다. 기말고사와 같은 단기 스트레스에 노출되어도 바이러스와 종양과 싸우는 면역세포의 활동이 감소한다(Kiecolt-Glaser & Glaser, 1992). 어떤 흥미로운 연구에서는 연구대상자에게 감기바이러스와 플라세보를 주사하고 그들이 경험한 스트레스의 정도를 일정기간 측정하였다(Cohen, Tyrrell, & Smith, 1991). 그 결과 감기와 기타 감염이 나타나는 정도와 스트레스의 양은 상관이 있었다. 이 연구를 통해서도 알 수 있듯이 많은 연구자는 스트레스와 암과 같은 질병에 걸릴 위험의 관계가 면역억제 정도에 따라 달라진다고 생각하고 있다(Cohen & Rabin, 1998).

스트레스를 줄이는 방법을 통해 면역기능에 미치는 스트레스의 효과를 수정할 수 있다. 최근 한 연구에서는 결혼한 커플을 대상으로, 면역기능과 상처를 치유하는 신체의 능력을 비교하였다(Kiecolt-Glaser, Loving, Stowell, Malarkey, Lemeshow, Dickinon et al., 2005). 이 연구에서는 어떤 날은 커플에게 부부간 갈등과 같은 것을 논하게 하여 스트레스를 받게 하였고, 어떤 날은 서로를 지지할 수 있도록 격려하였다. 그리고 상처 치유 능력과 면역계 활동을 측정하였다. 그 결과 부부간 불화를 논의했던 날은 상처의 치유력이 감소하였으나 서로 지지하게 했던 날은 상처의 치유력이 증가한 것을 밝혀냈다.

심리신경면역학이라는 연구영역은 바로 이러한 문제를 다룬다. 그러나 연구과정은 매우 복잡하다. 예를 들어 스트레스가 지속되면 면역기능이 저하되지만 일시적인 스트레스는 일부 면역계의 기능을 증진시킨다. 또한 간헐적으로 스트레스를 받게 되면 외부 물질의 침입에 반응하는 신체 능력이 증가하기도 한다. 이처럼 스트레스와 면역계의 반응의 관계는 단순하지 않아서 심리적 측면에 대한 연구가 필요하다.

스트레스의 측정

스트레스와 질병의 관계를 연구하기 위해서는 스트레스를 정확하게 측정하여야 한다. 건강심리학자는 다양한 방법으로 스트레스를 측정하는데 그 중 하나가 최근경험스케줄표(Schedule of recent experience: SRE)이다(Amundson, Hart, & Holmes, 1986). 여기에는 건강, 가족, 개인, 직업, 경제와 관련된 문제에 대한 42개의 사건 목록이 담겨 있다. 응답자는 이 사건이 지난 6개월, 12개월, 24개월, 그리고 36개월 내에 발생했는지를 기록한다. 또한 이 사건을 다루기 위해 필요했던 적응 정도를 100점 척도로 평정하게 된다. 연구자는 이 결과에 가중치를 부여하여 점수를 계산하는데, 이 점수를 생활변화단위점수라고 한다.

많은 건강심리학자는 스트레스를 측정할 때 환경경험보다는 스트레스에 대한 지각을 정확히 평가해야 한다고 생각한다. 그래서 어떤 스트레스 검사는 실제 사건을 지각하고 있는가를 묻지 않고 스트레스의 빈도와 강도를 어떻게 지각하고 있는가를 질문하고 응답자가 답변하게 한다. 대표적인 것이 Cohen의 지각된 스트레스 척도(Perceived Stress Scale: PSS)이다(Cohen, Kamarck, & Mermelstein, 1983).

잘 만들어진 스트레스 평가 척도를 사용한 결과 스트레스와 질병 간에 분명한 관계가 있음은 확인하였지만, 그 강도는 비교적 약한 편이었다. 이는 중대한 스트레스에 노출된 사람이 가벼운 스트레스에 노출된 사람보다 질병에 걸릴 가능성이 크지만, 스트레스를 경험한 사람이 모두 질병에 걸리는 것은 아니라는 것을 의미한다. 즉, 건강에 유해한 스트레스로부터 사람을 보호해 주는 변인이 존재할 가능성이 있다. 건강심리학자는 스트레스에 대한 취약성이나 저항요인을 크게 세 가지로 나누어 연구하고 있다. 그것은 적응적 대처전략, 스트레스 강인성, 사회적 지지이다(Kessler, Price, & Wortman, 1985).

적응적 대처전략

대처란 사람을 위협하는 스트레스를 수정하거나 참아내고 혹은 제거하고자 하는 인지, 정서, 행동적 노력을 말한다(Folkman & Lazarus, 1980). 스트레스에 대처하는 방법은 사람마다 다르다. 어떤 사람은 스트레스의 원인을 직접 제거하거나 다루려고 한다. 하지만 어떤 사람은 스트레스로 인한 영향을 덜 받기 위해서 그에 대한 생각을 바꾸거나 스트레스로 인한 정서반응을 조절하는 데 주력한다(Lazarus, 1993).

Lazarus와 Folkman(1980)은 스트레스에 대한 대처방식 체크리스트를 개발했다. 이는 100명의 중년층에게 스트레스 사건을 어떻게 극복하였는지를 기술하게 하여 얻은 68문항으로 구성되어 있다. 이 문항은 크게 스트레스에 대한 문제중심대처와 정서중심대처로 구분된다. 100명의 응답자가 보고한 스트레스 사건은 총 1,332개였는데, 이 중 98%에 위의 두 대처방식 중 하나를 사용했다고 말했다. 두 대처방식을 자세히 살펴보면 일반적으로 문제중심대처는 직무와 관련된 스트레스에 사용되고, 정서중심대처는 건강과 관련된 스트레스가 있을 때 사용되는 경향이 있었다. 또한 남자가 여자보다 문제중심대처를 사용하는 경우가 많으나, 정서중심대처에서는 성차가 존재하지 않았다. 다른 도구를 이용한 연구에서도 역시 유사한 결과가 나왔다(Stone & Neale, 1984). 스트레스 대처방식을 문제중심대처와 정서중심대처로 구분하는 것은 지난 30년간 연구방향을 잡는 데 크게 도움이 되었다.

스트레스 강인성

긍정심리학에 관심이 있는 심리학자는 낙관성(Seligman, 2005; Seligman & Csikszentmihalyi, 2000), 탄력성(Fredrickson, 2001), 믿음과 희망(Myers, 2000), 호기심(Richman, Kubzansky, Maselko, & Kawachi, 2005), 그리고 적응적 방어기제(Vaillant, 2000)와 같은 성격과 인지적 특징을 연구해 왔다. 이러한 특징은 모두 적응적 대처에 기여할 수 있다.

긍정적 성격은 건강에 있어 매우 중요하다. 예를 들어, 한 연구에서는 집단을 대상으로 호기심과 희망을 측정하고 그들의 허가를 얻어 의무기록에 적힌 건강 상태를 점검했다. 그 결과 희망과 호기심이 높은 사람은 고혈압과 당뇨, 호흡기 감염이 일어날 확률이 낮았다(Richman, Kubzansky, Maselko, & Kawachi, 2005). 이러한 자료는 긍정적인 정서상태가 건강을 보호한다는 것을 지지한다.

긍정적인 신념은 신체나 정신건강에 도움이 된다. 이 때 긍정적인 신념에는 지나치게 낙관적으로 현실을 왜곡하는 것도 일부 포함된다. 이러한 왜곡을 '긍정적 착각'이라고 한다. 사회심리학 등 여러 영역의 문헌에서는 보편적으로 우울하지 않은 사람에게서 이러한 긍정적인 현실 왜곡이 나타난다고 보고하고 있다(Taylor, Kemeny, Reed, Bower, & Gruenewald, 2000). 이와 더불어 승화나 이타성, 억제와 유머 같은 건강하고 성숙한 방어기제도 건강을 보호하고 질병의 부정적인 영향을 감소시킨다(Vailant, 2000).

이러한 긍정적 태도에도 한계가 있다. 예를 들어 행복하지 않으면서 행복한 체 하는 것은 결코 좋은 것이 아니다. 부정적 정서를 억제하는 것은 일시적으로 건강에 도움이 될 수 있지만 결국에는 해롭다. 일례로 어떤 연구에서는 자신이 경험한 스트레스 사건에 대해 많은 말을 하는 류머티스 관절염 환자가 말을 거의 하지 않는 환자보다 병을 잘 극복하고 있었다(Kelley, Lumley, & Leisen, 1997). Pennebaker(1995)는 스트레스 사건에 대해 며칠간 연속해서 글쓰기를 하는 것이 글쓰기를 하지 않는 것보다 건강에 더욱 긍정적이라는 것을 밝혀냈다. 부정적인 경험에 대한 생각과 감정을 표현하면 긍정적인 효과가 있다는 연구도 있다(Snowdon, Greiner, Kemper, 1999). 이러한 연구는 심리치료에서처럼 부정적 정서를 노출하는 것이 신체 건강에 긍정적이지만 억제하는 것은 신체 건강에 좋지 않다는 증거와 일치한다(Miller & Cohen, 2001).

대처와 긍정심리학에 관해 아직 밝혀지지 않은 부분이 많이 남아 있다. 긍정적 기대와 부정적 기대의 최적의 균형점은 어디인가? 낙관적인 것과 현실적인 것 중 어떤 것이 더 좋은가? 지나친 낙관은 자기 자신을 기만하고 사려 깊지 않은 인지적 처리를 하게 할 수 있다. 그러나 낙관적이지 못하면 스트레스에 취약할 수 있다. 단순히 시간이 지나면서 긍정적 경험과 부정적 경험이 누적되었다고 하더라도 그것이 건강에 어떻게 영향을 미치는지 아직 분명하지 않다. 마지막으로 우리는 성격특성과 같이 깊이 뿌리를 박고 있는 부적응적인 대처전략을 심리치료나 교육을 통해 변화시키는 것이 가능한지를 분명히 해야 한다.

사회적 지지

사회적 지지란 다양하게 정의할 수 있지만 핵심적인 요소는 돌봄과 사랑, 그리고 존중받는 경험을 하는 것, 그리고 의사소통망 속의 한 부분이 되어 상호 책임을 경험하는 것이라고 정의할 수 있다(Baumeister & Leary, 1995). 그러므로 사회적 지지란 단순히 타인이 존재한다는 것 그 이상을 의미하며, 정서적 지지와 정보, 인도와 조언 그리고 가치와 같은 것이 상호 교환되는 관계를 의미한다. 사회적 지지가 중요한 이유는 기본적으로 대인관계의 유대가 실제 건강을 증진시킬 수 있기 때문이다. 일반적으로 사회적 지지는 스트레스에 직면해도 이로부터 해를 입지 않게 보호하고, 병에 대한 민감성을 감소시키며, 치료의 처방을 준수하도록 돕는다.

여러 연구에서는 일상생활에서 사회적 지지 수준을 높게 지각하는 사람에게서는 스트레스와 질병의 관계가 약하다는 것을 보여주고 있다(Brannon & Feist, 2006; Staub, 2006). 그 이유에 대한 한 가지 설명은 사회적 지지가 스트레스에 대한 완충 역할을 한다는 것이다. 완충 모델은 극단적인 스트레스원에 노출되었을 때 사회적 지지가 스트레스의 해로운 효과를 중화한다고 주장한다. 또한 사회적 지지는 자기 노출의 기회를 많이 늘리며, 건설적으로 대처하려는 노력을 격려하는 경향이 있어서 폭음과 같은 자기 파괴적인 전략을 사용할 기회를 감소시킨다고 한다(Myers, 2000). 즉, 사회적 지지를 지각하면 다른 사람이 자신을 돌보거나 가치 있게 생각한다는 신념을 강화할 수 있다. 또한 이로 인해 자존감이 상승하고, 앞으로 스트레스와 직면해도 자신 있게 대처할 수 있다는 자신감을 갖게 된다.

직접효과 모델이라고 불리기도 하는 또 다른 관점은 어떤 스트레스 사건을 경험하든 상관없이 사회적 지지가 도움이 된다고 본다. 그 이유는 지지적 관계가 건강에 대한 일반적인 이점을 가지고 있다고 보기 때문이다(Baumeister & Leary, 1995). 사회적 지지의 이점에 대한 세 번째 설명은 지지감과 건강, 그리고 낮은 스트레스는 많은 영역의 기능에 긍정적 영향을 미치는 사회적 유능감의 영향을 반영한다는 것이다.

물론 이 세 가지 모델을 조합하는 것도 가능하다. 어찌 되었든 사회적 지지감, 특히 정서적 지지감이 없으면 신체와 심리장애를 경험할 위험이 높아지고(Cohen & Wills, 1985) 결국에는 죽음에 이를 위험이 높아진다(House, Robbins, & Metzner, 1982).

사회적 지지는 이처럼 분명한 이점을 가지고 있지만 어떤 면에서는 위험성도 가지고 있다. 예를 들어 사회적 지지망이 매우 조밀한 경우, 여러 사람과 만날 가능성이 증가하여 질병에 노출될 수 있다. 또한 사회적 지지로 인해 발생하는 사회적 연대감은 때때로 도움을 받는 이의 죄책감을 유발하거나 도움을 주고받는 이들간에 갈등을 일으킬 수 있다. 예를 들어 도움을 받는 사람이 도움에 답할 수 있는 능력이 없다면, 이후에 도움을 준 사람과의 상호작용에서 한 수 밀리는 느낌을 받게 될 것이다. 또한 도움을 주는 사람이 조언을 많이 하려고 하거나 본인의 조언을 따르지 않으면 흥분하는 등 잘못된 방식으로 접근한다면, 도움을 받는 사람은 본인의 사생활이 침해되었다는 감정이나 본인이 상대방보다 열등하다는 감정 혹은 상대방에게 거절당했다는 감정을 느낄 수 있다(Cohen, 2004; Malarkey, Kiecolt-Glaser, Pearl, & Glaser, 1994).

사회적 지지가 갖는 복잡한 성격으로 인해 많은 연구자는 사회적 지지를 포함하여 개인이 사회망 속에 통합된 정도, 사회적 갈등, 사회성과 같은 사회적 요인의 다양한 측면이 건강과 질병에 긍정적으로나 부정적으로 영향을 미칠 수 있으며, 그 경로 역시 다양하다는 것을 제안하고 있다(Cohen, 2004; Cohen, Gottlieb, & Underwood, 2000). 실제로 사회적 지지가 건강에 미치는 영향은 인종이나 성, 그리고 문화의 영향을 받는 것으로 알려져 있다. 예컨대, 여성은 남성보다 사회적 지지의 혜택을 더 많이 받는다고 한다. 이는 아마도 여성이 남성보다 정서적으로 친밀한 관계를 유지하는 경향이나 능력이 크기 때문인 것으로 보인다(Brannon & Feist, 2004). 또한 그 이유는 알 수 없지만 인종에 있어서도 백인 남성이 다른 인종의 남성보다 사회적 지지의 도움을 많이 받는 것으로 알려져 있다. 이러한 점에서 볼 때 스트레스와 사회적 지지, 그리고 건강의 관계는 매우 복잡하다는 것을 알 수 있다.

질병의 위험요인

질병에 걸릴 가능성을 높이는 것을 위험요인이라고 부른다. 어떤 위험요인은 유전적 결함이나 유독성 화학물질에 노출되는 것과 같은 생물학적 환경적 상태에서 비롯된다. 건강을 해치는 행동 패턴으로 인해 나타나게 된 위험요인도 있다. 예를 들어 흡연이나 과식, 운동 부족, 고지방식, 저식이섬유식과 같은 것은 생명을 위협하는 질병의 위험요인으로 알려져 있다(VandenBos, DeLeon, & Belar, 1991). 반대로 어떤 행동이나 생활 습관은 건강을 증진시키기도 한다. 예를 들어 규칙적인 식사와 운동을 하고, 군것질을 삼가며, 하루 7~8시간의 충분한 수면과 더불어 지나친 음주나 흡연을 절제하는 사람은 이러한 행동을 하지 않는 사람보다 평균 수명이 11년 이상 길다고 한다(Breslow, 1979).

공격성과 불안, 그리고 우울은 생리적인 각성 상태를 유발하며, 사회적 지지를 억제하고, 건강한 생활 습관을 따르지 못하게 한다는 점에서 질병의 심리적 위험요인이라 볼 수 있다. 환경과 행동, 그리고 사회적 위험요인이 다면적으로 영향을 미치는 것은 심장병이나 에이즈 같은 여러 가지 심각한 질환에서 발견할 수 있다.

심혈관질환의 위험요인

북미지역에서는 관상성 심장질환, 고혈압, 그리고 뇌졸중과 같은 심혈관질환으로 사망하는 사람이 전체 사망자의 약 반을 차지한다. 이는 거의 매일 2,600명 이상이 사망하는 것이고 매 33초마다 한 명씩 사망하는 것이다(Centers for Disease Control, 2001). 심혈관질환의 위험요인은 매우 많은데, 이들의 대부분은 건강심리학과 관계가 깊다. 예를 들어 가족력, 인종, 우울, 불안, 비만, 좌식생활습관, 사회적 고립, 적개심, 직무관련 스트레스가 이에 속할 수 있다(Schneiderman, Antoni, Saab, & Ironson, 2001).

스트레스원의 역할

스트레스가 심혈관질환에 영향을 미친다는 강력한 첫 증거는 원숭이를 다양한 형태의 스트레스에 노출시키고 그 반응을 연구한 것이다(Manuck, Kaplan, Adams, & Clarkson, 1988). 연구자들은 만약 여러 해에 걸쳐 스트레스에 매우 많이 노출된다면, 스트레스에 대한 심혈관과 내분비 반응이 심혈관질환에서 발견되는 심장과 말초혈관계의 변화를 일으키는지 알고 싶어 했다. 이 질문에 대한 대답은 "변화를 일으킨다"였다. 스트레스에 대한 반응으로 심장박동이 크게 증가한 동물은 심장박동 반응이 극단적이지 않았던 동물보다 관상동맥에 플라그가 유의하게 많았다. 플라그는 콜레스테롤과 지방물질로 만들어진 것으로, 이것이 많아지면 혈액이 혈관을 통해 신체 각 부분으로 원활하게 흐르지 못하게 된다. 이는 심장으로 공급되는 혈액이 부족하여 조직이 손상되고 결국 사망하게 되는 심장발작이나 혈류가 감소하여 통증을 느끼게 되는 협심증, 대뇌로의 혈액공급이 부족해지는 뇌졸중과 같은 임상적 상태를 유발할 수 있다.

이미 언급한 것처럼 사람들은 위협적인 자극과 기타 스트레스를 받으면 심박과 혈압이 크게 증가하고, 에피네프린과 노어아드레날린 등 여러 가지 스트레스호르몬의 분비가 증가한다(Anderson, 1989). 이러한 변화는 생물학적으로 적응적이다. 이 변화는 단기적으로 볼 때 여러 가지 형태의 신체적 위협에 관련된 투쟁 반응 혹은 도피 반응에 필요한 에너지를 증가시키기 때문이다. 최적의 조건에서는 스트레스가 종료되면서 이렇게 변한 생물학적 기능이 곧 정상화된다. 그러나 스트레스를 반복적으로 경험하면 심장박동이 지나치게 빨라져서 정상적인 생물학적 변화도 적응에 도움이 되지 못한다.

인종과 빈곤과 같은 인구통계학적 변인도 심혈관질환의 위험인자로 알려져 있다(Adler & Matthews, 1994). 건강에 손상을 주는 행동은 사회경제적 수준과 부적 상관이 있는 경향이 있기 때문이다. 예를 들어 흡연은 과도한 음주와 같이 교육 수준이 낮은 사람이 보편적으로 보이는 행동이다. 교육 수준이 낮은 사람은 직업을 가지지 않는 경우가 많고, 일을 하더라도 위험이 큰 직장이나 환경에서 일하는 경향이 있다. 또 다른 예로 가난한 사람이 사는 곳에 거주하는 사람은 그렇지 않은 곳에 거주하는 사람보다 비만인 비율이 높다(Morland, Diez Roux, & Wing, 2006). 이러한 비만은 고혈압과 관상성 심장질환의 위험을 증가시키는 것으로 알려져 있다(Foster & Kendall, 1994).

아시아계 미국인은 심혈관질환의 발생률이 유럽이나 아프리카계 미국인의 반 정도이다. 하지만 아프리카계 미국인의 고혈압 발생은 유럽계 미국인의 거의 두 배에 달한다고 한다. 남녀를 불문한 아프리카계 미국인, 노인은 심장질환의 발생률이 평균보다 높으며, 스트레스에 대한 혈압 반응도 평균보다 높다. 이러한 차이를 설명할 수 있는 정확한 기제는 아직 분명하지 않지만 스트레스가 많은 환경에서 사는 것과 같은 문화적 요인이 중요한 역할을 하는 것으로 보인다.

심혈관질환의 심리적 요인

이미 언급한 것처럼 스트레스의 영향은 우리가 스트레스를 위협이나 도전 중 무엇으로 생각하는지와 스트레스를 통제할 수 있다고 생각하는 정도와 같은 심리적 요인에 의해 매개된다. 만약 스트레스를 위협으로 생각하여 무기력감을 느끼고 있는 사람은 더욱 심한 생리적 반응과 정서적 혼란을 경험할 것이다. 반대로 스트레스를 도전이라고 생각하고 잘 대처할 수 있다는 자신감을 가지고 있는 사람은 생리적 반응이나 질병에 걸릴 가능성이 낮을 것이다(Lazarus & Folkman, 1984).

심리적 요인과 심혈관질환의 관계는 A형 행동 유형의 경우처럼 복잡하다. A형 행동 유형을 가지고 있는 사람은 다음과 같은 특징이 있다. 첫째, 말투가 격정적이고 빠르다. 둘째, 생활리듬이 고조되어 있다. 셋째, 느린 것을 참지 못한다. 넷째, 한 번에 하나 이상의 활동을 수행하려고 한다. 다섯째, 자기에게 몰두하는 경향이 있다. 여섯째, 자신의 생활을 불만족스럽게 생각한다. 일곱째, 성취 정도를 수량화하여 평가하려고 한다. 여덟째, 경쟁적이다. 아홉째, 적개심이 만연해 있다(Matthews, 1982). A형 행동 유형과 반대로 B형 행동 유형의 사람은 좀 더 이완이 되어 있고, 시간에 따른 압박을 적게 느낀다. 그들은 경쟁적이지도 않고 통제하려고 하는 경향이나 적개심도 적다.

초기 연구결과에 의하면 A형 행동 유형은 심혈관질환이 발병하는 데 중요한 위험요인인 것으로 알려져 있었다. 예를 들어 서부공동집단연구(WCGS)에서는 39세에서 59세까지의 3,500명의 남성을 A형 행동 유형과 B형 행동 유형으로 분류하였다. 그 결과 8.5년 동안 심장발작으로 고통을 겪어오고 있던 257명의 남성 중 69%에 속하는 178명이 A형 행동 유형을 가지고 있었다. 즉, A형 성격은 B형 성격보다 심장발작을 경험할 확률이 두 배 이상 더 높았다(Rosenman, Brand, Jenkins, Friedman, Straus, & Wurm, 1975). 심장병의 가족력, 고콜레스테롤, 고혈압, 흡연 등 여러 가지 다른 위험요인을 통계적으로 통제한 이후에도 A형 행동 유형이 심혈관질환에 미치는 영향은 여전하였다.

심장질환에 A형 행동 유형이 미치는 영향은 성이나 문화권에 따라 다르지 않았다. 예를 들어 한 연구는 일본인을 대상으로, 치명적이지 않은 심장발작을 경험한 290명의 남성과 여성의 성격 특성과 489명의 건강한 통제 참여자의 성격특성을 비교하였다(Yoshimasu & Fukuoka Heart Study Group). 그 결과 A형 행동 유형은 특히 일본 여성에게 중요한 위험요인이라 밝혀졌다.

A형 행동 유형과 심혈관질환의 관계는 생각한 것보다 훨씬 복잡하다. 우선 A형 유형이라고 심장발작이나 기타 심혈관질환에 걸릴 가능성이 높다는 의미가 아니다. 서부공동집단연구에 참여한 A형 유형이 B형 유형보다 심혈관질환에 걸릴 가능성이 두 배 높았다는 것에 주목하라. 이것은 결코 A형 유형의 대다수가 심혈관질환에 걸린다는 것이 아니다. 즉, 조심스럽게 WCGS의 연구를 재분석해 보면 A형 유형의 모든 측면이 심혈관질환의 위험요인은 아니라는 점을 알 수 있다(Eaker, Abbott, & Kannel, 1989; Miller, Turner, Tindale, Posavac, & Dugoni, 1991). A형 유형 중 건강을 위협하는 가장 중요한 요인은 적개심인 것 같다(Birks & Roger, 2000; Williams, 2001). 물론 A형 유형이라고 해서 적개심을 모두 다 가지고 있는 것은 아니다. 그러나 최근의 연구는 전체적인 A형 행동 유형보다도 적개심이나 성격 및 행동요인을 위험요인과 관계가 깊은 것으로 더욱 주목하는 경향이 있다. 실제로 적개심이 많은 사람은 적개심이 적은 사람보다 스트레스에 대한 생리적 반응이 강하다(Rozanski, Blumental, & Kaplan, 1999). 특히 그들은 대인관계로 인한 스트레스에 대해 높은 수준의 심장혈관 반응을 경험하였다(Miller, Freise, Dolgoy, Sita, Lavoie, & Campbell, 1998).

우울증도 심혈관계 질병의 위험요인이다. 심장병이 있는 환자와 심근경색이 있었던 환자 중의 약 20%는 우울증이 있을 정도이다(Burg & Abrams, 2001). 심장발작 후 우울증이 있는 사람은 심장병력과 같은 요인을 통제한 이후에도 장기적인 예후가 좋지 않았다. 또한 우울증은 원래 건강한 사람에게도 심혈관질환의 위험을 증가시켰다(Rugulies, 2003; Wulsin & Singal, 2003). 사실 우울증은 많은 만성 질환에 있어서 심각한 문제 중의 하나이다(Zheng, Macera, Croft, Giles, Davis, & Scott, 1997). 우울증은 다른 질병이 발생할 가능성이 있는 생활습관을 선택하게 한다. 따라서 우울증의 치료는 통합적인 치료 계획을 세울 때 가장 중요한 부분 중 하나로 간주할 수밖에 없다.

에이즈의 위험요인

미국에서는 백만 명 이상이 후천성 면역결핍증 즉, 에이즈의 원인이 되는 HIV에 감염이 되어 있는 것으로 추산되고 있다. 2000년에는 77만 명의 에이즈 사례가 미국에서 보고되었다(Center of Disease Control, 2001b). 물론 미국에서는 감염률이 해마다 감소하고 있지만 연 4만 명 이상이 새롭게 감염되고 있는 것으로 알려져 있다(Glynn & Rhodes, 2003). 특히 동성애를 하는 남성과 정맥주사제를 사용하는 사람의 감염확률은 더욱 높다. 더욱 문제가 되는 것은 수입이 낮은 아프리카계와 히스패닉계 청소년의 감염률이 높아지고 있다는 것과 이성애를 통한 감염 역시 많아지고 있다는 것이다. 심지어 미국에서 감염된 사람의 약 15%는 자신이 감염이 되어 있다는 것을 알지 못한다. 불행하게도 미국이 아닌 다른 나라를 보면 상황이 더욱 좋지 않다. 전 세계적으로 3,600만 명이 에이즈에 감염되어 있는데 그 중 47%가 여성인 것으로 추산되고 있다. 또한 이들 사례의 95%는 아프리카나 제 3 세계의 개발도상국에 사는 것으로 알려져 있다(Center of Disease Control, 2001c).

건강심리학자는 다음과 같은 위험한 행동을 피하기만 하여도 에이즈를 대부분 예방할 수 있다는 사실을 알려주고자 노력하고 있다. 그것은 첫째, 콘돔이나 다른 보호 장치를 사용하지 않은 성행위이고, 둘째는 여러 사람과의 성적 접촉이나 성생활에 대해 알지 못하는 사람과의 성적 접촉이며, 세 번째 행동은 콘돔을 사용할 필요성에 대한 판단이 손상될 정도의 과음이나 약물 사용이다. 마지막으로 정맥주사제를 사용하는 사람은 주사바늘을 함께 사용하는 것을 피해야 한다. 스트레스 역시 에이즈의 위험요인이다. 스트레스를 받으면 약물을 사용하거나 혹은 보호 장치 없이 성행위를 하는 것과 같은 충동적이고 건강을 해칠 만한 행동을 피하기 위해 필요한 주의를 분산시키기 때문이다(Testa & Collins, 1997).

질병예방과 치료 프로그램

건강심리학자는 다양한 질병을 예방하고 치료하기 위해 의사와 건강교육자 등 다양한 전문인과 협조하면서 일한다. 예방 프로그램은 특정 집단에서 행동적 위험요인과 심리적 위험요인을 줄이는 데 목적이 있지만 치료 프로그램은 의료 환자에게 개인으로나 소집단으로 증상을 줄이고 대처할 수 있도록 하는 데 초점을 맞춘다.

심혈관질환

앞에서 설명한 것처럼 현재 심혈관질환이나 고혈압이 없는 많은 사람도 이 질병의 위험상태에 있다. 왜냐하면 이들도 건강에 손상을 주는 행동을 하고 있고, 질병을 유발할 수 있는 인지적 요인이나 심리적인 요인을 가지고 있기 때문이다. 이러한 사람은 그 위험을 감소시킬 수 있도록 고안된 예방 중재의 도움을 받을 수 있다.

예를 들어 A형 행동을 감소시키기 위해 여러 가지 치료 프로그램이 개발되어 왔다(Thoresen & Powell, 1992). 재발성 심혈관질환 예방 프로젝트에서는 이미 심장발작으로 고통을 받고 있는 800명 이상의 환자에게 3년간 정기적으로 상담을 실시하였다(Friedman, & Thoresen, 1986). 일부 환자에게는 식습관을 바꾸고, 운동을 하고, 금연을 하며, 약물 처방을 준수하는 것의 중요성에 초점을 맞춘 상담을 제공하였다. 그리고 다른 환자에게는 상담에 더하여 A형 행동을 감소시키는 방법에 대한 조언을 하였다. 3년간의 프로그램이 끝난 후, 상담과 A형 행동 수정 회기에 규칙적으로 참가한 환자의 7.2%만이 심장발작을 경험하였고, 상담만 받은 환자 중에는 13.2%가 심장발작을 경험하였다. 또한 실제 사용했던 많은 기술 중에서 이완훈련과 셀프모니터링, 대처기술훈련이 A형 행동을 수정하는 데 매우 큰 효과가 있었던 것으로 나타났다.

건강심리학자는 심혈관질환을 예방하기 위하여 흡연과 각종 해로운 습관을 제거하고 규칙적인 운동과 저지방식 등 건강한 행동을 증진시킬 수 있는 프로그램을 개발하고 있다. 이러한 프로그램의 일부는 비만과 같은 특정 위험요인에 초점을 맞추고 있고, 또 다른 프로그램은 한 번에 여러 가지 위험요인을 다루도록 개발되었다. 기업에서도 직장에서의 개입이 보편화되고 있다. 그 이유는 이러한 프로그램이 건강을 유지하는 비용을 절감하는 효과가 있다는 것을 기업이 인식하게 되었고, 직무장면에서의 건강증진 프로그램이 건강에 대한 동기를 유발하고 건강에 영향을 미치는 환경변인을 통제할 수 있게 한다는 인식이 증가했기 때문이다(Glasgow & Terborg, 1988). 지역사회에 기초한 중재기법이나 인터넷에 의한 중재기법도 시도되고 있으며 이런 중재기법이 환자의 행동변화를 돕는 데 성공적이었다(Glasgow, Nutting, Toobert, King, Strycker, Jex et al., 2006). 중다요소 예방 프로그램 중 대표적인 것은 중다위험요인 개입(MRFIT, 1982)이다. 이 개입의 목표는 수천 명의 고위험 개인의 혈압과 혈중 콜레스테롤을 낮추고 금연을 촉진하기 위한 것이었다. 학교에서 사용할 수 있도록 예방 프로그램도 개발되었다. 예를 들어, 북카렐리아 핀란드 프로젝트(Williams, Arnold, & Wynder, 1977)와 미네소타 심장건강 프로그램(Blackburn, Luepker, Kline, Bracht, Carlaw, Jacob, et al., 1984)은 아동과 청소년에게 개입하기 위한 것이다. 북카렐리아 프로젝트는 25년 동안 관상성 심장질환으로 인한 사망률을 73% 감소시킬 수 있다는 것을 보여주었다(Puska, 1999).

통 증

통증은 많은 환자가 공통적으로 경험하는 신체증상의 하나이다(Turk & Rudy, 1990). 따라서 통증의 관리는 여러 장애에 대해 심리적 개입을 할 때 중요한 목표가 된다. 많은 건강심리학자는 두통이나 류머티스성 관절염과 같은 만성 통증 상태에 대한 연구와 치료를 진행하고 있다(Keefe, Abernethy & Campbell, 2005). 그들의 목적은 환자가 통증을 덜 지각하게 하고 만성 통증 상태와 관계가 있는 심리적 불편감에 적절히 대처하게 하며, 일상생활에서의 기능의 손상을 최소화하여서 만성 통증을 가진 채로도 잘 적응하면서 생활할 수 있는 전략을 개발하는 것이다. 두통과 만성 통증에 대해서는 바이오피드백과 이완훈련기법이 성공적이라고 보고된 지 오래되었고, 인지행동기법의 효과도 입증되었다(Azar, 1996). 관절통은 일반적으로 스트레스 관리기법과 인지행동치료기법을 통해 치료되어 왔다(Young, 1992). 이러한 치료는 관절염과 관련된 전체적인 신체적 손상에 긍정적인 효과가 있다. 건강심리학 영역에서 일하는 임상가는 환상지통을 다루기도 한다. 환상지통이란 사지를 잃은 사람이 가끔 그 사지의 통증을 경험하는 것으로 치료가 극히 어렵다. 그 이유는 부분적으로 환상지통의 기원을 알지 못하기 때문이다. 그러나 점진적인 운동심상법이라는 행동치료를 사용하여 환상지통을 치료한 성공적인 사례도 있다. 이 방법은 거울이나 기타 도구를 통해 시각 단서를 제공하여 상상을 통해 잃어버린 사지를 움직이는 근육운동을 수행하게 하는 것이다. 이러한 점진적인 운동심상법 연구에 참여한 환자는 다른 여러 통증 치료에 반응하지 않았던 환상지통이 유의하게 감소하는 경험을 보고하였다(Moseley, 2006).

암

건강심리학자는 암의 다양한 측면을 다룰 수 있는 많은 중재방법을 개발하였다(Baum, Reveson, & Singer, 2001). 이 중재방법의 목적은 암 환자의 삶의 질을 증진시키는 것이다. 더불어 이 방법은 질병을 이해하고 적극적으로 직면하도록 돕고, 질병과 관련된 스트레스원에 효율적으로 대처하며, 환자가 자신의 공포나 기타 여러 정서를 노출할 수 있도록 정서적으로 지지적인 관계를 개발하도록 돕는다(Anderson, 1992). 특히 이완훈련, 최면, 스트레스 관리, 인지재구성과 같은 행동기법이 암 환자에게 유용하다는 것이 밝혀졌다. 예를 들어 유방암 환자를 집단 치료한 결과를 보면 스트레스와 불안이 감소하였고, 사회적 지지의 지각이 증가하였으며, 이로 인해 흡연이 감소하고 식습관이 개선되며 질병의 다양한 생물학적 지표가 좋아졌음을 확인할 수 있었다(Anderson, Farrar, Golden-Kreutz, Glaser, Emery, Crespin et al., 2004).

암 환자를 다루는 건강심리학자의 또 다른 개입 영역은 화학요법으로 인해 경험하는 심각한 오심과 구토를 다루는 것이다. 어떤 환자는 여러 번 화학요법치료를 받게 되면서 오심과 구토반응이 조건화되어 약물치료를 받기도 전에 오심을 느끼는 경우도 많이 있다. 이러한 반응을 예기오심이라고 하는데 이로 인해 환자는 자신의 생명을 유지할 수 있는 치료를 중단하고 싶다고 생각할 수 있다. 항구토제가 예기오심과 구토를 방지하거나 줄이는 데 효과적이라는 증거는 아직 없다. 따라서 심상을 유도하여 이완을 시키는 훈련이나 체계적 둔감법, 점진적 근육이완법, 그리고 바이오피드백 같은 행동지향적 치료를 사용하는 것에 대한 관심이 높아지고 있다(Figueroa-Moseley et al., 2007).

다른 많은 심리적 중재기법, 예를 들어 교육 프로그램이나 다양한 종류의 지지적 개인 및 집단 치료는 일부 암 환자의 정신과 신체적 안녕감을 증진시키는 것으로 알려져 있다(Anderson, Farrar, & Golden-Kreutz, 2004).

에이즈

건강심리학자는 에이즈의 위험요인이라고 알려진 보호 장치 없는 성 접촉과 주사바늘의 공동 사용을 막기 위해 다양한 프로그램을 고안하여 에이즈를 예방하려고 노력하고 있다(Taylor, 2005).

십대 아프리카계 미국인의 HIV 감염 위험을 줄이기 위한 프로그램에서는 참여자를 두 집단에 무선 배정하였다. 그 중 한 집단은 HIV의 전달과 예방에 대한 기초적인 정보를 제공하는 회기를 일회 실시하는 집단이었고, 또 다른 집단은 8회기에 걸쳐 기초적인 정보를 제공할 뿐 아니라 행동기술훈련, 역할연기, 성적 금욕에 대한 집단의 지지, 안전한 성행동의 연습, 그리고 안전하지 못한 성행동에 참여하라는 압력에 저항하기를 다루는 행동기술 집단이었다(St. Lawrence, Brasfield, Jefferson et al., 1995). 행동기술 집단에 배정된 십대는 단일회기에 참여한 사람보다 보호 장치를 사용하지 않은 성행위의 비율이 유의하게 감소하였고, 그 효과는 일 년 후까지도 유지되었다. 더구나 연구가 시작될 때 성적인 금욕을 하고 있었던 사람 중에서 행동훈련 프로그램에 참여한 십대의 88.5%는 추적 조사를 할 때까지도 금욕을 유지하고 있었으나 정보만 제공하는 단일회기에 참여한 십대는 69%만이 금욕을 유지하고 있었다. 도심에 사는 아프리카계 미국인 여성을 대상으로 한 프로그램에서도 유사한 성공사례가 보고되었다(Kalichman, Rompa, & Coley, 1996). 또한 남성 동성애자 집단에게 콘돔을 사용하고 안전한 성행위를 하도록 역할연기와 행동연습, 문제해결 기법을 12회기 실시한 결과, 프로그램에 참여하지 않은 남성 동성애자에 비해 콘돔의 사용이 증가하였고 성적 압력에 저항하였으며 에이즈의 위험에 대한 지식도 증가하였다(Kelly, St.Lawrence, Hood, & Brasfield, 1989).

건강심리학자의 도움으로 미국의 많은 대도시에서는 에이즈 교육 프로그램, 청결한 주사바늘 사용, 콘돔 사용 및 안전한 성을 강조하는 공중 캠페인이 실시되고 있다(Koester, Maiorana, Vernon, Myers, Rose, & Morin, 2007). 또한 여성의 에이즈 위험이 극적으로 높아지고 있는 사하라 사막 아래의 아프리카와 아시아, 그리고 캐러비안 해안의 여러 국가에서도 에이즈 예방 프로그램이 실시되고 있다(Canning, 2006). 이들 나라에서 실시되고 있는 에이즈 예방 프로그램은 여성에게 HIV가 전염되는 경로에 대해 교육을 시키고 자신의 성생활을 스스로 통제할 수 있게 하며, 콘돔과 같은 보호 기구를 사용하게 하고, 남성에게 경제적으로 의존하지 않도록 여성의 능력을 확장함으로써 성을 구속하거나 상품화하지 않는 것이 주요한 목적이다.

에이즈 환자에 대한 건강심리학자의 중요한 연구 영역의 하나는 환자의 대처기술과 삶의 질을 증진시키는 방법을 개발하는 것이다. 예를 들어 한 프로그램에서 에이즈에 감염된 233명의 남성과 99명의 여성을 안전한 성에 초점을 맞춘 5회기 집단치료와 5회기 건강유지 지지 집단에 무선 배정하였다. 안전한 성행위 프로그램에는 정보제공과 동기 및 행동기술이 포함되어 있었다. 6개월 후 안전한 성행위 프로그램에 참여한 사람이 안전하지 않은 성행위를 한 빈도가 적어졌고 콘돔을 많이 사용하였다(Kalichman, Rompa, Cage, DiFonzo, Simpson, Austin et al., 2001). 에이즈 자체에 대한 환자의 대처를 돕기 위한 심리적 개입 방법도 있다. 이러한 개입에 대한 연구에서는 HIV를 보균한 환자를 대상으로 우울증을 치료하기 위한 다양한 개인 심리치료의 효과를 연구하였다(Markowitz, Kocsis, Fishman, Spielman, Jacobsberg & Frances, 1998). 이 연구에서는 인지행동치료를 통해 환자의 자신에 대한 평가를 재구성하고 비합리적 사고를 합리적인 것으로 대체하려고 하였다. 대인관계 치료자는 기분에 초점을 맞추고 내담자가 자신의 기분을 환경 사건과 사회적 역할과 관련을 짓도록 도와주었다. 지지적 심리치료에서는 내담자 중심치료와 우울증에 관한 교육적 요소를 조합하였다. 다른 집단에게는 지지적 심리치료와 항우울제인 이미프라민을 처방하였다. 그 결과 집단 모두 우울이 감소하였으나 감소 정도는 대인관계 치료집단과 지지적 심리치료, 그리고 약물치료를 함께 한 집단에서 가장 컸다.

심리치료를 통해 HIV 보균자가 에이즈 환자가 되는 것을 늦출 수 있는가? 한 연구에서는 HIV 보균자인 남성 54명을 약물처방을 잘 준수하도록 하는 훈련 프로그램에 참여시켰고, 76명은 처방 준수와 인지행동치료를 함께 받는 집단에 무선적으로 참여시켰다(Antoni, Carrico, Duran, Spitzer, Penedo, Ironson et al., 2006). 과연 심리치료가 복잡한 의료적 처방을 잘 준수하고 효과적으로 대처하게 하여 환자의 면역기능을 증진시킬 수 있는가? 그 결과 10주간의 인지행동치료 프로그램과 약물 준수 프로그램을 함께 한 집단에서는 면역기능이 증진되었지만 약물 준수 프로그램만 실시한 집단은 변화가 없었다.

건강행동

건강과 관련된 몇 가지 단순한 행동을 하기만 하더라도 개인이나 사회, 국가가 건강을 관리하기 위해 지불해야 하는 비용이 크게 절감된다는 것을 많은 사람이 이미 잘 알고 있다. 이러한 행동에는 저염식이나 저지방식을 하는 것, 안전운전을 하고 안전벨트를 매는 것, 규칙적으로 운동하는 것, 금연과 절주 등이 속한다. 하지만 이러한 행동을 잘 알고 있다는 것과 아는 것을 행동으로 옮기는 것은 다른 문제이다. 어떻게 하면 건강행동을 하게 할 수 있을까? 많은 심리학자는 어떻게 하면 건강을 위협하는 행동은 예방하고, 건강에 도움이 되는 행동은 증진시킬 것인가에 대해 광범위한 연구를 수행하였다.

금 연

흡연의 위험에 대한 인식이 증가하면서 우리나라의 습관적인 흡연자 비율이 2000년대에 들어 급격하게 감소하였다. 1998년에는 성인 남성의 66.3%가 흡연자였지만 2008년에는 47.7%로 감소하였고, 성인 전체의 흡연율도 35.1%에서 27.7%로 감소하였다. 하지만 이러한 흡연율은 아직도 세계적인 기준과 비교해 보면 매우 높고, OECD 국가 중 1위를 차지하고 있다. 더욱이 여성의 흡연율은 2008년도에 7.4%로서 크게 감소하지 않고 있고, 흡연을 처음 시작하는 연령도 빨라져서 청소년의 흡연율이 증가하고 있다는 점은 매우 걱정스러운 일이다(보건복지부 국민건강영양조사, 2011).

흡연은 우리나라 주요한 사망원인인 암과 뇌졸중, 그리고 심혈관질환의 위험을 증가시킨다. 그럼에도 불구하고 흡연을 하는 이유는 무엇인가? 흡연자가 보고하는 흡연의 이유는 매우 다양하다. 긴장을 감소시키고 사회적 스트레스를 줄이기 위해, 그리고 일부 여성의 경우에는 체중 조절을 위해 흡연을 한다. 청소년은 어른스러워 보이기 위해서 혹은 반항심으로 담배를 피우기도 하고, 흡연을 오래 한 사람은 니코틴에 중독되어 흡연을 하기도 한다.

이 중 긴장의 감소, 체중 조절, 사회적 압력은 흡연을 시작하는 이유로 보이고, 반항이나 중독, 성격적인 요인은 흡연을 유지하는 요인으로 보인다(Trull, 2005).

금연을 위해 교육 프로그램이나 혐오치료, 행동계약, 인지행동치료 및 최술요법 등 다양한 방법이 사용되고 있다. 그러나 재발률이 70~80%에 이르기 때문에 치료보다는 예방이 더욱 바람직하다. 즉, 금연보다는 애초에 흡연을 시작하지 않도록 해야 한다. 이를 위한 많은 교육 프로그램이 개발되어서 흡연의 폐해에 대해 직접 교육을 하는 방법이나 담배 포장에 경고 문구를 넣는 방법 등이 사용되고 있다. 그러나 이러한 방법의 예방 효과에 대해서는 의견이 분분하다. 비교적 일관성 있는 효과가 보고되고 있는 것은 흡연의 장기적인 폐해보다는 즉각적인 폐해에 대해 알려주는 것과 흡연을 거절하는 대처기술을 가르치는 것, 그리고 자기효능감을 증진시키는 것이다. 또한 아동이나 청소년의 경우에는 어른보다는 또래 모델을 등장시켜서 금연을 호소하는 것이 효과적인 것으로 밝혀지고 있다(Murray, Richards, Luepker, & Johnson, 1987).

음 주

우리나라의 음주인구의 비율은 남성이 약 74.6%대, 여성이 44.9%로 전체 성인 인구의 59.5%가 음주를 하는 것으로 나타났다(보건복지부 국민건강영양조사, 2011). 연령별로는 20대가 가장 많아서 남성 20대는 75%에 달하는 사람이 음주를 하고 있고, 연령이 증가할수록 음주인구가 감소한다. 특히 전체 남성 음주자의 약 60%는 폭음을 하는 것으로 알려져, 한국인의 음주형태에 문제가 있음을 알 수 있다.

음주가 건강에 미치는 영향은 직접적인 영향과 간접적인 영향으로 나누어 볼 수 있다. 먼저 직접적인 영향을 보면 과음은 알코올성 간염을 일으켜서 간경변이나 간암의 원인이 된다. 또한 신경계가 손상되어 알코올성 치매가 될 수 있고, 각종 암의 원인이 될 뿐 아니라 심혈관계의 문제를 일으키기도 한다. 한편 간접적으로는 음주운전으로 인한 사고, 폭력의 증가, 자살, 각종 범죄의 원인이 되기도 한다. 이와 같이 음주와 관련된 문제가 광범위하다는 점에서 과도한 음주의 치료와 예방이 건강에 있어서 중요한 위치를 차지하고 있다.

음주를 왜 하는가? 사람들이 술을 마시는 동기는 매우 다양하다. 많은 사람이 긴장의 이완, 사회적 습관, 그리고 개인의 성격 특징이 술을 마시는 동기라고 주장한다. 예를 들어 사람들은 긴장과 불안을 이완하기 위해 술을 마신다. 음주를 하면 긴장과 스트레스가 감소하기 때문에 술을 소비한다는 것이다. 그러나 여러 연구 결과를 보면 술이 스트레스와 긴장을 감소시키는 것이 아니라 증가시킨다는 결과가 보고되고 있다(Sher & Walitzer, 1986).

알코올은 스트레스에 대한 반응을 약화시키는 효과가 있다(Levenson, Sher, Grossman, Newman, & Newlin, 1980). 스트레스를 받는 상황에서 알코올을 소비하면 긴장이 감소된다는 것이다. 그러나 이는 알코올을 섭취하면 심장박동률이 감소하기 때문에, 스트레스를 받아도 심장박동이 느려져서 긴장이 이완되는 것 같은 기분을 느끼게 된 것이다.

음주를 장려하는 사회적 분위기도 중요한 요인의 하나이다. 우리나라는 술을 권하는 사회적 분위기가 조성되어 있고, 성인이 적당히 술을 마시는 것은 사회활동을 하는 데 중요하다는 인식이 팽배해 있다. 직장이나 가정, 그리고 대학교에서 술을 권하고 술로 인한 실수를 이해하고 눈감아 주는 사회적 분위기는 술을 마시는 행동을 강화한다. 이러한 사회적 분위기는 우리나라의 음주율이 세계적인 수준에 이르게 된 하나의 원인이 될 수 있다.

알코올 중독자의 성격을 보면 중독이 되기 전에도 충동적이고 외향적이며, 공격적인 경우가 많다. 이들은 적당한 수준의 사교성 음주 상태를 유지하지 못하고 자신의 행동을 제어하지 못하여 폭음을 하거나 음주로 인한 각종 질환에 걸릴 가능성이 높다. 이와 더불어 유전적인 요인도 중요한 원인의 하나로 알려져 있다.

오래 전부터 음주 문제를 해결하기 위한 여러 가지 치료 방법이 시도되었는데 대부분 완전한 금주를 목적으로 한다. 이를 위해 의학적 치료와 함께 약물치료와 심리치료가 적용되었고, 절주를 위한 알코올 중독 회복자 모임과 같은 방법이 사용되어 왔다. 또 하나의 접근은 음주를 스스로 조절하는 것을 목표로 하는 것이다. 하지만 이 방법에 대해서는 많은 논란이 있다(Sobell & Sobell, 1978). 과연 폭음을 하거나 알코올에 중독된 사람이 음주를 적절하게 조절할 수 있는가에 대한 의문이 제기되고 있다. 하지만 알코올 중독자도 음주량을 모니터링하는 방법을 교육 받으면 자신의 음주를 적절하게 모니터링할 수 있다는 연구결과도 있다(U.S. Department of Health and Human Services, 2000).

알코올 중독은 재발률이 높기 때문에, 알코올 중독자를 대상으로 재발방지를 목표로 하는 훈련도 실시되고 있다(Marlatt & Gordon, 1985). 스트레스를 받거나 음주의 유혹을 받아서 재발이 우려되는 고위험 상황에서 이에 대처하는 기술을 가르치는 방법이 주로 사용되고 있다. 그러나 알코올의 문제는 다양한 원인에 의해 발생하기 때문에 하나의 치료방법이 아닌 다양한 치료 전략을 적절하게 적용하는 것이 필요할 것이다.

흡연과 마찬가지로 치료보다 더욱 중요한 것은 예방이다. 이를 위해 학생과 청소년을 위한 다양한 예방 프로그램이 개발되어 사용되었다. 예방 프로그램은 흡연의 경우와 상당히 유사한데, 정서적 교육과 생활기술, 그리고 저항훈련과 또래의 규준에 관한 잘못된 지각을 수정하는 방법 등이 포함되어 있다. 정서적 교육에는 자존감을 증진시키는 방법과 결정을 내리는 기술을 가르치고, 생활기술에서는 의사소통기술과 자기주장훈련을 포함하며, 술을 마시라는 또래나 사회적 압력이 있을 때 이를 거절하는 것도 담겨 있다. 그러나 또래나 동료에 의해 술을 마시라는 직접적이거나 간접적인 압력이 있을 때 이를 거절하는 훈련과 또래의 규준에 대한 잘못된 지각을 수정하는 것이 가장 효과가 있는 것으로 알려져 있다.

비만과 운동

비만을 규정하는 방법은 매우 다양하다. 체질량지수(BMI), 허리둘레 측정, 생체진기저항분석법 등이 주로 사용되는데, 임상장면에서는 이들을 종합하여 비만 정도를 판단한다. 이중 가장 일반적으로 사용되고 있는 것은 체질량지수이다. 이는 체중(Kg)을 신장(m)의 제곱으로 나누어 구한다. 체질량지수가 18.5 이하이면 저체중, 23 이하이면 정상체중, 25 이하이면 과체중, 25 이상에서 30 이하는 비만, 그리고 그 이상이면 고도비만으로 규정한다. 우리나라의 경우 1998년도에 비만에 해당하는 사람이 26.0%였으나 2008년에는 30.7%에 달하고 있다(보건복지부 국민건강영양조사, 2011). 특히 여성의 비만은 25%대로 크게 증가하지 않은 데 비해 남성의 경우에는 2008년에 25.1%였던 비만률이 35.3%로 크게 증가하였고, 이는 전 연령대에서 고르게 나타났다. 비만이 시작되는 시점 역시 점차 아동기로 앞당겨지고 있어서 일부 연구에 의하면 10~25%의 아동이 비만이며, 이들의 80%는 성인기까지 비만상태가 유지된다고 한다(Stunkard, & Penick, 1979).

비만한 사람은 그렇지 않은 사람보다 제2형 당뇨병, 고지혈증, 담낭질환, 수면무호흡증, 관상동맥질환, 고혈압, 그리고 각종 암의 발병 확률이 더 높다. 특히 당뇨병은 비만과 직접 관계가 있는 것으로 알려져 있다. 또한 비만인 사람의 경우 지방이 과도하게 축적되면 심박출량이 증가하고 심장의 기능이 저하된다. 그렇지만 비만한 사람도 체중을 10%만 줄이면 이러한 위험이 크게 감소하는 것으로 알려져 있다. 따라서 체중이 5~10% 감소된 상태를 유지할 수 있도록 돕는 것이 중요하다.

비만의 원인으로 유전적 요소가 중요한 것은 분명하지만(Wadden, Brownell, & Foster, 2002), 내분비질환이나 유전적 질환 등으로 인한 비만은 전체 비만의 5%에 불과하고 특별한 신체적 원인 없이 일어나는 단순 비만이 대부분을 차지한다. 따라서 비만을 사회 환경적 요인이나 행동적 요인, 그리고 경제적 요인 등이 복합적으로 작용한 것으로 보고 접근해야 한다. 특히 개인의 생활 습관 즉, 에너지 섭취와 소비의 균형이 중요하고, 이러한 이유에서 비만을 각종 대사성 질환의 중요한 원인으로 간주한다.

비만을 치료하기 위해 다양한 방법이 시도되고 있다. 그러나 일반적으로 사용되어 온 의학적 방법과 식이요법의 효과는 크지 않은 것으로 알려져 있다(Trull, 2005). 이러한 방법을 통해 비만을 치료하여도 원래 체중으로 다시 돌아가는 경우가 많고 중도에 탈락하는 사람도 많다. 식이조절을 위한 행동치료에서는 어떤 음식을 제한하여야 하는지, 언제 어떤 상황에서 먹어야 하는지를 가르치고, 규칙적인 운동을 권하고, 프로그램이 끝난 후에도 수정된 생활 습관을 유지하는 것에 목적을 둔다. 비만이 너무 심하거나 행동수정의 효과가 없는 경우에는 약물치료나 외과 수술을 통해 치료하기도 한다(대한비만학회, 2010).

에너지 섭취량이 많지만 신체활동이 적은 생활습관이 비만에 부정적 영향을 미친다는 점에서 비만을 줄이는 가장 좋은 방법으로 운동이 권장되고 있다. 보통 운동을 처음 시작할 때에는 걷기와 같이 가벼운 운동에서 시작하여 점차 강도를 높여야 하며, 중간 정도의 강도로 하루에 30분 정도를 일주일에 3일 정도 실시하는 것이 권장된다. 어느 정도 효과가 나타나면 운동의 강도와 양을 늘려서 중간 정도의 강도를 가진 운동을 하루에 30분 이상 일주일에 5회 이상 하는 것이 좋다. 일반적으로 운동시간을 20분 이상으로 권장하는 이유는 운동을 시작한지 20분이 경과하기 전까지는 주로 탄수화물을 에너지로 사용하고 무산소 에너지 대사가 일어나지만 20분 이상이 되면 지방을 사용한 유산소 대사가 일어나기 때문이다.

물론 식사와 운동 등 생활습관을 변화시켰음에도 불구하고 환자의 기대만큼 체중이 감소하지 않는 경우도 있다. 이는 섭식이나 운동을 통해 체지방이 근육이나 수분으로 변하여 나타난 현상일 수 있고, 체중은 줄지 않았지만 체지방량과 허리 둘레가 감소하거나 혈압이나 혈당, 그리고 혈청의 지질 등 대사지표가 개선되는 경우도 있다. 결국 중요한 것은 이러한 개입의 목표가 단순히 체중을 감소시키는 것이 아니라 대사질환의 개선에 있음을 이해하는 것이다. 즉, 체중 조절의 목표는 첫째, 신체적·심리적 건강을 증진하고, 둘째, 이러한 건강상태를 유지하고, 마지막으로 감소된 체중을 유지하는 데 있다.

비만이 된 후에 치료를 하는 것보다 안전하고 효과가 좋은 방법은 바로 초기 예방이다. 예방의 대표적인 사례는 스탠퍼드 청소년 비만 프로젝트(Coates & Thoresen, 1981)이다. 이 프로젝트는 청소년기부터 체중을 조절하면 성인기의 비만을 예방할 수 있다는 가정을 세웠고 셀프모니터링, 단서의 제거, 사회와 가족의 지지 등을 개입방법으로 사용하였다. 특히 이런 방법은 가족이 함께 참가하였을 때 가장 효과적이었다. 이외에도 공공정책의 변화를 통해 비만을 예방하는 방법도 강구하고 있다. 예를 들어 아동을 목표로 한 음식 광고의 규제, 교내의 패스트푸드나 청량음료 판매금지, 정크푸드에 대한 건강부담금 부과, 신체활동을 위한 지역사회 내 각종 자원 공급 및 접근성 높이기 등과 같은 방법이 있다. 이러한 방법은 아직 그 효과가 검증되지 않았지만 여러 나라에서 이미 실시하고 있거나 실시를 준비하고 있다.

의료처방에 대한 준수

병원을 방문하여 의학적 검사와 처방을 받거나 수술을 예상하면서 편안한 마음을 갖는 사람은 거의 없다. 대부분은 의료 장면에 대해 공포심 때문에 병원을 방문하는 것을 미루거나 완전히 회피하기도 한다. 건강심리학자는 행동주의 심리학적 의학 전문가로서 환자가 느낄 수 있는 의학적 절차에 대한 불편감이나 공포감 같은 스트레스를 줄여주는 역할을 하고 있다. 또한 의료처방을 잘 따르는 행동은 건강에 필수적인 요소이기 때문에 건강심리학자는 왜 사람들이 처방에 잘 따르지 않는가에 관심을 두고 이를 증진시킬 수 있는 방법을 개발하고 있다.

의학적 절차에 대한 적응

병원에서 이루어지는 검사나 절차는 환자에게 스트레스를 준다. 그러나 이러한 검사나 절차를 통하지 않고서는 환자를 진단하고 건강을 유지할 수 있도록 개입하는 것이 사실상 불가능하다. 따라서 우리나라에서도 40세 이상 성인은 2년에 한 번씩 건강검진을 받게 되어 있다. 그러나 많은 사람이 그 필요성을 인식하고는 있지만 건강검진에 대한 불안감과 불편감을 느끼고 회피하거나 미루는 것을 흔히 볼 수 있다.

예를 들어 위내시경 검사는 식도와 위의 점막에 종양이 있는지를 확인하기 위한 것으로 위암이나 식도암 등을 발견하는 데 가장 좋은 방법으로 알려져 있으며, 건강검진을 할 때 필수항목으로 포함되어 있다. 위내시경 검사를 하기 위해 입으로 내시경 기구를 넣으면 호흡이 곤란해지고, 목과 가슴, 그리고 상복부에 불편감이 느껴지고, 오심과 구토가 일어날 수 있다. 물론 수면내시경 방법을 사용하면 검사를 받는 동안 잠시 잠이 들어 불편감을 피할 수 있고 크게 위험하지도 않다. 하지만 이 절차는 사람들로 하여금 심한 스트레스를 느끼게 한다.

그렇다면 환자가 스트레스를 주는 의학적 절차에 잘 대처하게 하는 방법은 없는가? 건강심리학자는 정보 제공에 대한 연구를 실시하여 왔다. 환자에게 줄 수 있는 정보는 어떤 일이 일어날 것인가에 대한 절차적 정보와 환자가 어떻게 느끼게 될 것인가에 대한 감각적 정보로 나눠진다. 여러 연구 결과에 의하면 절차적 정보를 제공하는 것이 부정적인 정서를 감소시키고 통증을 덜 느끼게 하며, 심리적 고통도 감소시킨다고 한다. 이런 점에서 절차적 정보가 감각적 정보보다 더 우수한 것 같아 보이지만 두 정보를 함께 제공한다면 그 효과는 더욱 크게 나타난다(Suls & Wan, 1989).

정보 제공과 함께 건강심리학자가 관심을 두는 것은 행동적 접근이다. 아동의 암을 치료하는 과정에서 사용하는 정맥천자와 같은 절차는 아동뿐 아니라 부모, 그리고 간호사 등 치료진에게 매우 고통스러운 절차 중의 하나이다(Manne, Redd, Jacobsen, Gorfinkle, Schorr & Rapkin, 1990). 고통을 감소시키기 위해 개발된 다양한 행동적 접근에는 주의를 분산하는 것, 호흡을 조절하는 것 그리고 정적 강화를 주는 것 등이 있다. 이러한 방법은 아동이 행동으로 고통을 표현하는 것이나 부모가 보고한 아동의 고통, 부모의 불안을 감소시켰지만 아동 스스로 보고한 고통은 감소하지 않았다. 이는 이러한 행동적 접근법이 생리적 고통 자체를 감소시키지 않지만 통증을 호소하는 행동이나 주변에서 간병을 하는 사람의 불편감은 감소시킬 수 있음을 의미한다.

수술을 앞두고 있는 환자의 불안을 다루는 다양한 방법이 개발되었다. 대개는 이완훈련을 실시하거나 수술에 대한 절차적 정보와 감각적 정보를 제공하거나 인지적 대처 기술을 가르치는 것이 포함되어 있다. 한 연구에서는 담낭이나 자궁절제술을 받게 된 700명의 환자에게 이완훈련을 시킨 결과 입원일수가 줄었고 생리적 자료나 스스로 보고한 고통의 정도가 낮은 것으로 나타났다(Wilson, 1981).

또 다른 방법은 대처 모델을 보여주는 것이다. 아동에게 있어서 치과병원을 방문하는 것은 몹시 싫은 일 중의 하나이다. 치과 치료를 받을 때 경험하게 될 고통과 불편감을 예상한 아동이 치료를 거부하는 경우가 상당히 많다. 이 때 TV나 비디오 등을 통해 다른 아동이 치료를 받는 과정을 보여주면 이를 본 아동은 불안감을 적게 보고했고 치료 후의 여러 가지 행동 반응도 감소하였다(Melamed & Siegel, 1975). 이러한 대처 모델을 보여줄 때 다음과 같은 점을 고려하면 효과가 가장 컸다. 첫째, 모델이 치료를 받을 아동과 유사한 치료를 받는 것을 보았을 때, 둘째, 모델이 처음에는 치료를 받을 아동처럼 불안감을 보였을 때, 셋째 결국에는 치료에 대한 불안에 잘 대처하고 성공적으로 치료를 받는 것을 보았을 때 효과가 가장 컸다.

처방에 대한 준수

질병을 예방하거나 증상을 감소시키기 위한 심리적 중재는 즉각적인 효과가 있지만 불행히도 그 효과가 건강한 생활을 영위할 수 있을 만큼 오랜 기간 유지되지 않는 경향이 있다(Blanchard, 1994). 변화된 행동을 유지하게 하는 것은 건강심리학자에게 있어서 가장 곤혹스러운 문제 중의 하나이다. 예를 들어 금연 프로그램은 상당히 많은 사람에게 효과가 있지만 불행히도 이들 중 50%는 일 년 이내에 다시 흡연을 한다(Shiffman, Hickcox, Paty, Gnys, Kassel & Richards, 1996). 비만의 치료 결과도 상당히 유사한 편인데, 행동수정은 비만의 치료에 매우 효과적인 심리치료 방법이지만 감소한 체중을 유지하고 새롭게 학습한 식사습관을 유지하는 것은 매우 어려운 일이다. 대부분의 심리학적인 체중 감량 방법은 일주일에 1파운드 정도의 감량에 성공하지만 이를 1～2년간 유지하는 것은 어렵다(Brownell & Wadden, 1992). 심장발작 이후 자신의 생활방식을 변화시키려고 하는 사람의 경우에도 비슷한 어려움이 발견된다. 심장발작과 같은 외상적 사건은 생활방식을 영구적으로 변화시킬 만큼 큰 충격을 줄 것이라고 생각할 수 있지만 심장 재활 프로그램에 참여한 사람의 50% 이상이 일 년 이내에 프로그램에서 탈락한다(Burke, Dunbar-Jacob, & Hill, 1997).

효과적인 의료치료를 위해서는 환자에게 올바른 치료를 실시하는 것도 중요하지만 치료에 대한 환자의 지속적인 협조도 매우 중요하다. 환자가 의료 조건과 치료처방을 얼마나 잘 따르는가를 처방의 준수 및 순종이라고 부른다(Rodin & Salovey, 1989). 치료적 조언을 준수하는 것은 매우 중요한데, 처방 준수에 영향을 주는 요인에는 질병의 심각성과 만성도, 환자의 나이 그리고 처방된 치료의 형태 등이 포함된다(DiMatteo, Giordani, Lepper, & Croghan, 2002). 그런데 환자의 절반 이상이 치료 중에 적어도 한 번 이상 처방된 치료방법을 준수하지 않는다(Haynes, 1982). 유럽의 성인을 대상으로 조사한 결과에 의하면 그들 중 65%는 처방된 항생제를 모두 복용하지 않았고, 거의 대부분의 사람이 자신의 기분이나 정서 상태를 유지하고 싶어서 처치의 전 과정을 다 받지 않았다(Branthwaite & Pechere, 1996). 자녀의 치료를 위해 방문한 부모가 처방을 준수하지 않는 비율은 낮은 편이나, 청소년의 약 80% 이상이 약물처방을 따르지 않았다(Rickert & Jay, 1995). 사실 청소년은 처방된 약눌을 전혀 복용하지 않거나 처방보다 많거나 적게 복용하기도 한다. 또는 식사와 함께 복용하라는 약물 복용 규칙을 무시하거나 약을 먹는 동안에 음주를 하기도 한다. 일반적으로 치료가 복잡하거나 불쾌감을 일으키고, 생활 스타일의 매우 큰 변화를 필요로 하는 치료의 경우에는 처방을 잘 따르지 않는 경향이 강하다. 건강심리학자는 이러한 비준수 행동이 나타나는 원인이 무엇인가를 이해하고 준수 행동을 높이는 개입방법을 개발하기 위해 노력하고 있다.

비준수의 원인

처방을 잘 따르지 않는 가장 중요한 원인은 의사와 환자의 잘못된 의사소통 때문이다. 환자는 의사가 질병과 그 치료방법에 대해 설명하는 것을 이해하지 못하는 경우가 많다. 그래서 자신이 무슨 행동을 해야 하는지 혼란스러워 하고 치료진에게 들은 것을 자주 잊어버린다. 일반적으로 환자들은 의사를 만난 후 5분이 지나면 의사가 한 말의 약 50%를 잊어버린다(Ley, Bradshaw, Eaves, & Walker, 1973).

환자와 의사의 의사소통에서 차지하는 정서적인 측면도 처방의 준수와 관계가 있다. 일반적으로 의료장면의 의사소통에서는 진단이라는 부정적인 메시지가 오고가게 되고, 치료를 위해 생활의 여러 측면을 바꾸어야 하는 부담이 담겨 있다. 이처럼 곤란한 의사소통에서는 환자가 의사에게 저항하고, 이를 느낀 의사는 환자를 피하는 패턴이 일반적으로 나타난다. 어떤 치료는 매우 복잡하고 환자가 편안하게 접근하기 어려워서 불편할 수 있는데 이러한 경우에는 당연히 치료에 대한 준수가 감소하게 된다. 또한 환자 스스로 무엇을 언제 해야 하는지에 대하여 기억할 수 있는 좋은 시스템이 갖춰지지 않았을 때 환자는 치료의 처방을 준수하지 못하게 된다.

건강신념 모델(Rosenstock, 1974)은 특히 환자가 처방을 준수하지 않는 이유를 이해하는 데 도움이 된다. 이 모델에 의하면 처방에 대한 환자의 준수는 다음과 같은 요인의 영향을 받는다. 첫째, 환자가 질병을 중요하게 생각하고 예민하게 받아들이며, 그 질병으로 인한 결과가 심각하다고 인식할수록 처방을 잘 준수할 것이다. 둘째, 환자가 처방 받은 치료방법이 효과가 있고 쉽게 실행할 수 있다고 생각한다면 비용만 많이 들고 따르기 힘들다고 생각할 때보다 처방을 잘 따를 것이다. 셋째, 환자의 처방 준수와 건강 행동은 신체 증상과 같은 내적 단서와 함께 가족과 친구 등의 조언과 같은 외적 단서의 영향을 받을 것이다. 넷째, 위의 세 요인의 효과는 인구통계학적 변인과 성격변인의 영향을 받을 것이다.

처방준수를 증진시키기 위한 개입

치료절차를 잘 준수하도록 하기 위한 방법은 크게 세 가지로 구분할 수 있다. 첫째는 환자에게 처방을 준수하는 것이 중요하다는 것을 교육시키는 것이고, 둘째는 처방의 준수가 용이하도록 치료계획을 수정하는 것이다. 마지막으로는 셀프모니터링이나 회상단서 제공과 같은 행동 기법이나 인지 기법을 사용하여 환자의 처방 준수 능력을 향상시키는 것이다(Masur, 1981).

단기적으로 치료를 받을 때 처방을 준수하게 하는 직접적이고 효과적인 방법은 언어적 지시와 함께 분명하고 깔끔하게 기록한 지시문을 주는 것이다. 이 지시문 안에는 어떻게 치료가 진행될 것인지에 대한 정보가 함께 담겨 있어야 한다. 처방에 대한 비준수의 원인과 이를 다루는 방법에 대하여 의사를 교육시키는 것도 효과가 있다. 건강신념 모델과 처방을 준수하게 하는 방법에 대한 교육을 받은 의사에게 치료를 받은 환자는 6개월이 지난 후에도 처방을 잘 따르고 있었다(Inui, Yourtee, & Williamson, 1976). 또한 교육은 질병에 대한 잘못된 지식을 가지고 있는 환자에게 정확한 정보를 제공하는 역할도 한다.

처방준수를 높이는 두 번째 전략은 환자가 치료와 관련된 지시를 쉽게 따를 수 있도록 만드는 것이다. 예를 들어 복용할 약물을 일상적인 습관과 연결시키는 것이다. 우리나라의 경우 약국에서 약을 처방할 때, 식사 후 30분에 복용하도록 하는 것은 하루에 세 번 식사를 하는 습관과 약물 복용을 짝지은 것이다. 이런 지시를 받은 환자는 식사 후 물을 마시면서 자연스럽게 약을 복용하게 되어 처방을 잘 준수하게 된다. 하루에 여러 번에 걸쳐서 투여할 약물을 한두 번에 투여하도록 투약 횟수를 줄이는 것도 한 가지 방법이다. 한 번에 쉽게 먹을 수 있도록 약물을 포장하여 주거나, 약물 복용 일지를 만들어주거나 혹은 준수를 잘 할 수 있도록 자주 환자를 만날 수도 있다. 이러한 절차의 효과는 매우 고무적이지만(Boczkowski, Zeichner, & DeSanto, 1985), 많은 경우 이를 계획하고 기구를 만드는 데 많은 비용과 시간이 필요하다는 한계가 있다.

세 번째 전략은 행동수정 기법을 사용하는 것이다. 이 기법에서는 포스트카드를 이용한 기억 촉진 방법, 동기강화면접, 전화를 이용한 알림, 손목시계를 이용한 알림 등을 사용할 수 있는데, 이 방법은 모두 환자가 치료 계획에 따라 약물을 복용하고 여러 가지 준수행동을 잘 수행하도록 돕는 것이다. 행동수정 기법에서는 환자와 의사 간에 행동유관 계약을 맺는데, 계약을 맺을 때 환자가 보상을 얻기 위해서 해야 하는 행동이 무엇인지를 분명하게 기록한다. 이러한 계약은 환자와 의사가 협조적인 관계를 형성하는 데 도움이 되고 처방 준수를 증진시키는 데에도 성공적이었다(Swain & Steckel, 1981).

행동수정 절차는 의료적 처치나 방법과 관련한 불편감 때문에 처방을 준수하지 않는 행동을 감소시키는 데에도 적용될 수 있다. 화학치료를 받고 있는 암 환자의 예기오심을 통제하기 위해서 행동치료를 사용한 것이 대표적인 예라고 할 수 있다. 또 다른 예로는 예방 주사를 맞아야 하는 아동이 공포심을 극복할 수 있도록 호흡훈련과 주의분산 기법을 사용하도록 교육한 것을 들 수 있다(Blount, Bachanas, Power, Cotter, Franklin, Chaplin et al., 1992). 일례로 화상환자가 괴사조직제거술을 받을 때 고통을 감소시키기 위해 최면을 사용한 사례도 있다(Patterson, Everett, Burns, & Marvin, 1992). 이 밖에도 피하고 싶은 치과치료를 받아야 하는 것 때문에 공포를 경험하는 사람에게 체계적 둔감법과 이완, 그리고 참여자 모방 기법을 사용하여 효과를 본 연구도 있다(Kleinnecht & Bernstein, 1978).

제13장

임상신경심리학

제13장

임상신경심리학

신경심리학이 뇌와 행동 간의 관계를 연구하는 분야라면, 임상신경심리학은 신경학적 손상이나 질병의 평가와 치료에 신경심리학적 지식을 적용하는 학문이다(Boake, 2008). 임상신경심리학은 윌리엄스증후군과 같은 유전적 문제, 출생시 손상, 운동경기 및 자동차 사고로 인한 뇌손상, 뇌종양, 감염, 다발성경화증과 같은 탈수증상, 뇌혈관질환, 간질, 알츠하이머나 파킨스병과 같은 퇴행성 신경질환, 환경독소노출, 그리고 약물치료의 영향 등으로 인한 신경학적 문제를 다룬다(Cairns, 2004). 임상신경심리학은 2차 세계대전 이후에 급속히 발전하기 시작했는데, 미국의 Ward Halstead와 Ralph Reitan, 캐나다의 Donald Hebb, 그리고 소비에트의 Alexander Luria 등의 공헌이 지대했다(Groth-Marnat, 2000).

임상신경심리학자들은 정상적인 뇌의 기능과 해부학, 환경독소와 약물 등이 뇌기능에 미치는 영향, 신경심리학과 신경병리학적 지식, 신경심리학적 평가와 치료기법에 대해 이해하고 있어야 한다. 이와 함께, 노인이나 아동을 대상으로 평가와 치료를 하는 경우에는 발달심리학적 배경을 충분히 지니고 있어야 한다.

초기 임상신경심리학자들은 주로 진단적 활동을 통해 뇌의 손상부위를 밝히는 데 도움을 주는 역할을 하였다. 따라서, 이들은 환자의 심리적 행동적 특징이 기질적인 문제와 관련이 있는지 그리고 그것이 어떤 뇌부위와 관련이 있는지를 밝히기 위해 신경심리학적평가를 사용하였다. 하지만, 최근에는 MRI와 fMRI와 같은 영상기법이 뇌이상의 근원을 밝히는 데 사용되고 있어(Mellers, 2004), 임상신경심리학자의 역할이 뇌의 문제와 관련된 인지적, 정서적, 심리적, 행동적 특징을 다루는 것으로 확대되고 있다(Laatsch et al., 2007; Wilson, 2008).

신경심리학적 평가

신경심리학은 뇌와 행동과의 관계를 연구하는 과학으로 중추신경계통에 의해 매개되는 행동의 특징을 심리학적으로 기술하고 설명하는 과학이다. 신경심리학자 중에서는 임상심리학자들이 절대 우위를 차지하고 있다. 신경심리학자는 신경계통의 손상에 수반되는 장애를 연구대상으로 한다. 신경심리학자들은 장애의 특징을 밝히기 위해 환자의 상태를 구조적 측면에서 기술하기도 하고 기능적 측면에서 기술하기도 한다.

인간의 뇌와 행동과의 관계를 연구하는 과학이 신경심리학이며, 이러한 법칙, 경험적 지식, 그리고 이론을 임상장면에 응용하는 학문을 임상신경심리학이라고 한다(Parsons & Prigatano, 1978). 뇌와 행동과의 관계에 대한 연구의 역사는 기원전 5세기 Hippocrates(460~377 B.C.)부터 시작되어 Aurelius Cornelius Celsus와 Claudius Galen(130~200)으로 이어진다. 1920년대에 발표된 러시아의 생리학자 Pavlov의 조건반사현상은 뇌와 행동과의 관계를 기술하고 설명하는 체계화된 이론이라고 볼 수 있다.

뇌-행동이론은 1979년 미국 심리학회가 신경심리학분과회를 독립시킴에 따라 이에 관심을 가지는 사람들이 모여 체계화한 것으로, 이는 임상심리학을 비롯하여 실험심리학, 신경학, 그리고 신경생리학 등을 기초로 하여 이루어진 분야이다. 신경심리학은 임상신경심리학, 실험신경심리학, 그리고 행동주의심리학적 신경학과 깊은 유대관계를 가지면서 꾸준히 발전하였다. 초기, 즉 1950~1960년대의 임상신경심리학자들은 주로 Halstead와 Reitan의 연구를 충실하게 계승하여 발전시켰다. 행동 특히 언어의 신경학적 이해에 관심을 가졌던 미국의 신경학자들은 19세기 유럽의 신경학자들이 이룩한 업적과 신경심리학의 이론을 접목시키는 데 성공하였다. 뇌-행동의 관계에 대한 과학적 연구는 실험심리학, 생리심리학, 인지심리학 및 발달심리학의 지식체계를 바탕으로 하여 급진적으로 발전하였다.

1960년대에 국제신경심리학회(INS)의 활발한 연구활동과 새로 출판된 권위 있는 학술지 『Neuropsychologia: Cortex, Brain, and Language』를 통해 Alexander Luria(1902~1977)의 신경심리학적 업적이 재조명되기 시작하였다. 1966년 국제

신경심리학회는 신경심리학에 관심이 있는 개인에게 과감하게 문호를 개방하는 한편 신경심리학의 전문성을 인정하였다. 이에 자극받은 미국 심리학회는 1979년 임상신경심리분과회를 40번째의 분과학회로 인정하게 되었다. 이를 계기로 미국 심리학회 내에서도 신경심리학자의 전문성이 인정되고 국제신경심리학회는 최초로 임상신경심리학자를 연구에 참여시키는 한편 임상심리학자, 실험심리학자, 행동주의 심리학적 신경학자, 청각학자, 언어병리학자, 언어심리학자, 신경외과의사, 정신과의사, 그리고 자연요법사 등이 참여하는 진료팀을 구성해야 할 필요성을 절감하게 되었다.

위에서 말한 여러 분야의 과학자들이 공동으로 수많은 연구를 발표하게 되자 국제신경심리학회는 신경심리학자의 전문적 역할과 그 규준을 마련하려고 시도하였다. 국제 신경심리학회는 그들이 전문조직이라는 점을 강조하면서 동시에 여러 다른 분야에 관심을 표방하였다. 이와 같은 국제신경심리학회의 시도에 따라 실제 프로그램과 교육훈련의 기준을 마련하는 데 미국심리학회(APA)와 미국 전문직심리학위원회(ABPP)가 실무를 담당하였다. 이들은 국제신경심리학회의 활동을 중심으로 분과회간의 심포지엄을 주최하기도 하였고 신경심리학의 현황을 소개하는 책자도 발간하였다(Meier, 1978).

구조적 측면에서 환자의 특징을 기술하기 위해 신경심리학자는 신경계통에서 일어나는 변화를 해부학적 용어로 설명한다. 이렇게 함으로써 해부학적 구조와 행동 간의 관계, 즉 뇌와 행동의 관계를 보다 효과적으로 기술하고 설명할 수 있다. 이 방법은 신경학자와 신경외과학자들에 의해 선호되나 그 진단 타당도는 매우 낮았지만, 1970년대 컴퓨터단층촬영(CT 혹은 CAT)이 도입되기까지 널리 활용되었다.

신경과학자들이 신경해부학적 지식을 활용하는 것과는 달리 신경심리학자들은 심리학적 모델을 활용하여 환자의 행동특성을 기술하였는데, 그것이 곧 기능적 측면의 기술이다. 신경심리학적 접근법은 행동주의 심리학적 신경학적 방법, 신경심리학적 배터리 방법, 그리고 개인중심의 규범적 방법으로 분류된다(Beaumont, 1983). 행동주의 심리학적 신경학적 방법의 창시자는 러시아의 심리학자 Alexander Luria이다(Christenson, 1975). 그는 개인 중심의 임상적 방법으로 환자의 문제를 질적으로 분석하고 기술하는 데 역점을 두고 환자의 과제수행수준을 중점적으로 관찰하고 검사하였다. 이 방법은 이론적 기반이 튼튼하다는 장점이 있으나 고도의 임상적 기술을 필요로 하는 단점도 있다.

신경심리학적 배터리 방법은 주로 심리측정의 기술이 발달된 미국의 심리학자들에 의해 발전되었다. 그들의 노력으로 Halstead-Reitan Neuropsychological Battery(HRB)와 Luria-Nebraska Neuropsychological Battery(LNNB)는 미국에서 널리 보급되어 사용되었다. 이들 배터리에 의해 개인의 기능 특성은 물론 뇌손상에 대한 광범위한 정보를 얻을 수 있었다(Bleiberg & Kaplan, 1992). 이들 배터리는 통계적 방법을 바탕으로 연구가 제작되었다는 것이 특징이며 아울러 임상경험이 적은 사람도 쉽게 사용할 수 있고 컴퓨터 조작에 의해 많은 노력이 절약된다는 장점도 있다. 그러나 내담자의 인지적 특성에 대한 정보를 얻기 어렵다는 단점도 있다. 개인 중심의 규범적 방법은 영국의 신경심리학자들이 선호한다. 이는 심리측정법에 바탕을 두고 있으면서 다른 한편으로는 개인의 문제를 보다 깊이 이해하는 데 도움을 주고 있다. 즉 내담자의 문제를 기계적으로 진단하는 것이 아니라 심리학적인 기술을 하는 것이다. 이 검사를 사용하는 사람은 검사에 대한 지식은 물론 개인에 대한 많은 정보를 사전에 가질 필요가 있다.

내담자에 대한 유익한 정보는 신경심리학적 평가결과만으로는 부족하다. 전문가로부터 많은 보충검사자료를 입수할 필요가 있다. 신경심리학자는 내담자에 대한 신경학자나 신경외과학자의 검사 결과를 참고해야 한다. 그럼으로써 병력에 대한 정보를 얻을 수 있고 그것을 바탕으로 신경심리학적 평가계획을 수립할 수 있다. 내담자의 병력을 조사할 때에는 정신상태, 수면습관, 언어장애, 두통, 특정감각기관의 장애, 그리고 체중변화 등에 특별한 관심을 기울일 필요가 있다. 내담자의 의식상태, 두개골신경, 근육활동의 민감성도 함께 검사한다. 병력을 조사할 때에는 지능, 정서, 그리고 발성상태도 검사한다. 지능수준을 검사할 때에는 시간감각, 일상기억상태, 현재 자신의 주변에서 일어나고 있는 일들도 측정해야 한다. 언어기능은 단순한 이해기능과 표현능력으로 검사한다. 좀 더 전문적인 것을 검사하는 것은 삼가해야 한다. 신경심리학적 검사에서 보다 유익한 정보를 얻기 위해서는 혈액이나 소변검사도 병행한다. 신경매독검사를 위해 혈청반응검사, 혈청전해질검사, 혈청단백

질검사 및 간기능 검사도 필요하다. 혈청 B12검사를 통해 내담자의 질병상태는 물론 생리적 균형상태에 대한 정보를 얻을 수 있다. 척수액 검사를 통해 그 안에 혈액이 있는지를 검사해 본다.

뇌파는 신경심리학적 검사에서 관례적으로 측정되고 있다. 검사자는 뇌파결과를 통해 여러 유익한 정보를 얻을 수 있다. 즉 내담자의 의식상태, 간질발작, 그리고 국소화의 이상에 대한 정보를 얻을 수 있다. 감각계통의 기능상태를 검증하기 위해 유발전위의 반응을 측정한다. 뇌간에서 나타난 유발전위 반응을 통해 구심성 감각기관의 기능에 대한 정보를 얻을 수 있다.

신경학적 평가와 신경심리학적 평가

신경심리학적 평가에서는 피험자의 자유의지에 따라 반응이 결정되기 때문에 능동적 평가법이라고 한다. 이와는 대조적으로 신경학적 평가에서는 피험자의 지속적인 자유의지가 반응과는 전혀 무관하기 때문에 피동적 평가법이라고 한다. 진단과정에 있어서도 신경학적 방법과 신경심리학적 방법은 크게 다르다. 즉 전자는 진단을 위해 기체조영 X-선 뇌촬영법과 혈관조영법을 쓰는데, 이는 외과수술이나 생체검법에 비해 다분히 간접적 방법이다. 임상가들이 병적 원인을 찾아내고 병적 국소를 발견할 목적으로 신체검사도 하고 X-선검사도 실시하는데 이와 같은 방법은 그 정확성이 크게 문제된다. 이와는 달리 뇌투시법이나 혈류법은 피험자에게 전혀 위험을 주지 않으면서도 정확한 진단을 내리는 데 필요한 자료를 얻을 수 있는 장점이 있다. 모든 신경병리현상을 정확하게 진단할 수 있는 비율은 16~85%로 비교적 높다(Crockett, Cambell, & Klonoff, 1981).

특별한 상황에서 뇌투시법의 정확성은 낮게는 0%에서부터 높게는 100%로 매우 다양하게 나타난다(Davis, Taveras, Roberson, & Ackerman, 1976). 실제 연구에 있어서 신경학적 진단의 정확성은 예언하기 어렵다. 신경학적 진단을 위해 뇌척수액에 대한 생화학적 분석이 병행되고 있는데 뇌손상자에서는 이상한 점을 발견할 수 있으나 모든 환자에서 그러한 이상이 나타난다고는 보기 어렵다. 이러한 이상이 나타났을 때에는 기질적 손상이 있는 것으로 판단할 수 있다.

신경심리학적 평가는 일반 임상적 평가나 성격평가와 같이 내담자의 특징이 크게 강조된다. 성격평가나 일반 임상적 평가에서 특질이나 환경적 요인을 크게 강조하는 것과는 대조적으로 신경심리학적 평가에 있어서는 인지적 기능을 중점적으로 평가한다. 실제 기질적 환자와 정신과 환자들 사이에 공통적으로 나타나는 행동이나 감정이 있는데, 이러한 경우에는 두 집단을 변별하기가 매우 어렵다. 그러므로 실제 평가과정에서는 지능, 성격, 환경, 그리고 기질적 요인 등 여러 요인을 평가하는 것이 보다 바람직하다.

특히 인지적 혹은 심리적 기능을 상실한 외상환자는 새로운 책략을 쓰기도 하는데, 이는 치료에 도움이 될 수도 있고 반대로 치료를 방해할 수도 있다. 이들이 쓰는 책략은 환자의 병전성격을 그대로 반영하기도 하지만, 이는 외상에 대한 반응, 즉 인지적 기능장애로 볼 수도 있다. 예를 하나 들어보자. 어떤 환자가 신어조작증이 심하다면 이를 의기가 충전되어 있다고도 볼 수 있고 부분적으로는 그것이 자신의 결함을 방어하기 위한 수단이라고도 생각할 수 있다. 또 그는 변연체계통의 손상 때문에 자신에게 주어진 상황을 인지할 통찰력을 상실하고 있다고 진단할 수 있다. 이러한 경우 많은 임상가들은 이를 인지적 결함이라고 가볍게 진단하는 경향이 있는데 이는 큰 오진이며 환자의 인지, 성격 및 극복책략의 상호작용현상을 부인하는 결과가 된다 (Crockett et al., 1981).

어떤 환자에서는 인지적 기능장애가 비교적 일정하게 지속된다. 시간의 경과와는 별로 관계없다. 이와는 대조적으로 성격특징은 매우 극적으로 변하기 때문에 예측이 불가능하고 그 본질을 충분히 이해할 수 없다. 예를 들면, 전두엽손상환자는 솔선수범능력이 없고 감정의 기복이 전혀 없으며, 그리고 통찰력이 빈약하다. 쉽게 주의가 산만해지고, 행동이 주위 상황과 어울리지 않으며 그리고 불규칙적으로 행동한다. 물론 이와 같은 장애의 원인은 인지적 기능통합상실에서 찾을 수 있으나 그에 대한 보다 정확한 설명을 하기 위해서는 성격요인을 고려할 필요가 있다. 신경심리학적 평가에 있어서 성격변화의 요인이 큰 비중을 차지한다는 사실은 많은 사람들이 오래 전부터 시인하고 있으나 그것이 외상반응과 어떻게 관계되고 있는지에 대해서는 별로 알려진 바 없다. 이와 같은 문제해결을 위해 뇌기능의 국소화와 성격변화의 관계에 연구의 관심이 집중되고 있다. 좌전두엽환자와 우전두엽환자의 성격에는 현저한 차이가 있고(Bear & Fedio, 1977), 좌반구의 손상은 환경변화에 따라 소년비행의 주원인이 되는 경우도 있다(Yeudall, 1977).

이와 같은 사실을 종합해 보면, 신경심리학적 평가에서는 뇌의 인지적 기능상태를 세밀하게 검토할 필요가 있다. 이에 못지않게 중요한 것이 성격특징에 대한 조사이다. 성격검사의 결과를 해석할 때에는 환자의 질병에 대한 병력을 염두에 두어야 한다. 심리학적 평가 그 자체는 임상적 과정의 일부로서 환자의 적극적 참여가 절실하게 요구된다. 환자는 주어지는 자극에 대해 의식적 반응을 해야 하며 인지적으로 통합된 반응을 해야 한다. 그럼으로써 임상가는 인지적 능력을 정확하게 평가할 수 있다. 환자가 검사상황에서 오는 스트레스를 어떻게 극복하고 조종하느냐에 따라서 자신의 동기수준을 이해할 수 있고, 욕구좌절을 어떻게 극복할 것인가 하는 책략까지도 세울 수 있다. 임상가는 환자의 가정 환경과 경제적 조건을 이해해야 하고, 환자의 질병사를 조사해야 하고, 그 외에 질병에서 오는 여러 문제를 함께 조사할 필요가 있다. 그 외에도 환자의 나이, 교육배경, 사회경제적 수준을 비롯해서 병전의 여러 특징에 대한 정보도 수집할 필요가 있다. 이것을 바탕으로 임상가는 환자의 치료를 위한 계획은 물론 회복을 위한 책략까지도 마련할 수 있다.

사람의 뇌가 감염, 독소, 외상, 혹은 유전적 이상에 의해서 손상을 입게 되면 행동, 사고 및 정서가 장애를 받지 않을 수 없다. 그러므로 신경심리학자는 장애의 원인을 설명하기 위해 뇌손상의 영역을 찾아내고 있다. 신경심리학자는 뇌손상의 본질을 규명하는 데 역점을 둔다. 특정부위의 뇌가 손상을 받게 되면 필연적으로 인지, 정동 및 행동의 장애를 수반하는 것이 보통이다. 뇌손상 부위가 한정되어 있지 않고 산재되어 있는 경우에는 그에 따른 인지, 정동 및 행동의 장애도 불분명하게 나타난다. 산소결핍, 전염병, 유행성 질환 및 약물오용 등은 뇌손상의 원인이 된다. 초점성 뇌손상의 원인은 국부감염이나 외상 혹은 혈관장애에서 찾을 수 있다. 갑작스런 외상을 당했을 때 초기에는 산재성 뇌손상의 증후가 나타나므로 신경심리학적 검사는 수일간 보류해 두는 것이 바람직하다. 신경심리학자는 뇌손상이 뇌피질의 장애에 의한 것인지 혹은 뇌피질의 질병에 의한 것인지를 밝히는 데 관심을 두어야 한다.

총탄에 의해서 생긴 뇌피질의 상처를 수술하기 위해서 그 일부를 제거하였을 때에는 특정한 행동증후만 나타나지만 감염에 의해서 질병이 생겼을 때에는 손상의 영역도 커지며 동시에 행동장애도 다양하게 나타난다. 뇌손상의 점진성 여부도 신경심리학자의 관심의 대상이 된다. 즉 뇌손상자를 치료할 때 그 손상이 계속적으로 진행되고 있는지, 혹은 정지된 상태에 있는지를 충분히 알고 있을 필요가 있다. 머리를 얻어 맞았다거나 동맥류 손상과 같은 것은 상당한 시일이 경과한 후에도 별로 상태가 악화되지 않는다. 그러나 이와는 대조적으로 질병, 감염, 영양실조, 그리고 산재성 뇌손상과 같은 것은 점진적으로 퇴화현상을 가져온다. 외상을 받은 후에 지속된 무의식 상태는 예후를 예언하는 데 좋은 징표가 된다. 지속된 무의식 상태가 길면 길수록 퇴화현상의 정도는 더 심해진다.

신경심리학자는 뇌손상이 급성이냐 혹은 만성이냐에 큰 관심이 있다. 급성 뇌기능장애자는 뇌손상을 입은 1~2개월 후에 행동기능이나 언어기능이 급작스럽게 희생되는 경우가 있다. 특히 초점성 뇌손상이 있는 경우 점진적으로 호전되는 경우가 있는데, 1년 남짓 계속되는 사례도 있다. 만성 뇌기능장애자의 인지기능이나 운동기능은 점진적으로 퇴화된다. 30세 미만의 비교적 저연령층 사람들은 전체 기능이 쉽게 회복되는 편이지만 나이가 많은 연령층 사람들은 뇌손상 때문에 손실된 기능이 충분히 회복되기는 매우 어렵다 (Lezak, 1978). 기질적 장애와 기능적 장애를 변별하는 것도 신경심리학자의 역할에 속한다. 장애의 원인이 생리적인 것이냐, 혹은 심리적인 것이냐를 구분하는 것은 매우 중요한 의미를 갖는다.

환자에 따라서는 뇌손상이 없이도 어려운 문제에 직면하게 되면 뇌손상을 입은 환자에서 나타나는 것과 같은 행동장애와 인지장애의 증후를 보이는 경우가 있다. 환자를 잘못 진단하면 그의 사회적 적응에도 나쁜 영향을 줄 뿐 아니라 치료효과도 기대할 수 없다. 뇌손상을 잘못 진단하면, 특히 산재성 뇌손상의 경우는 그에 대한 적절한 심리치료를 포기할 우려도 있고, 혹은 적절하지 못한 약을 투여할 우려도 있다. 이와 같은 결과로 환자의 회복은 늦어진다. 임상장면에서는 신경성 환자와 정신분열증 환자를 마치 뇌손상자로 잘못 진단하는 경우가 없지 않다.

만성정신분열증 환자와 뇌손상자를 변별하기란 극히 어려운 일이다. 왜냐하면, 전두엽장애에서 오는 많은 증후들(혼돈사고장애, 사회적 규범에 대한 무관심, 지각 및 운동장애, 점진적 기억상실, 보속성, 언어장애, 그리고 기분장애 등)이 정신분열증 환자를 진단하는 데에도 사용되고 있기 때문이다(Reitan, 1976). 이와 같이 측두엽장애에서 오는 많은 증후들(심한 기분변화, 이성무분별, 정서적 폭발, 점진적 기억상실, 비논리적 사고 및 시지각의 곤란)은 조울정신병의 증후와 매우 유사하다(Lezak, 1976). 그러므로 신경심리학자들은 이를 비교적 정확하게 변별해 낼 수 있는 기법을 개발해야 한다.

신경심리학적 진단에 있어서 미소뇌기능장애자(MBD)와 뇌손상자를 구별하는 것이 퍽 어려운 일이다. 왜냐하면 양자에서 나타난 행동 및 인지기능장애증후는 매우 비슷하기 때문이다. 그러나 실제 신경학자는 뇌손상이 있다는 확실한 근거를 찾아내지 못한다. 미소뇌손상자는 기능항진자 혹은 학습능력 결여자라고도 부른다(Klein & Klein, 1975). 기능항진증은 단일증후로 나타나는 것이 아니고 기능항진, 신경증, 정신병질, 정신분열증, 그리고 학습장애와 같은 서로 다른 증후가 복합적으로 나타난다. 운동장애, 협응능력장애, 주의능력 결여, 충동성, 지각조직기능장애, 대인관계장애, 그리고 산수와 쓰기장애 같은 증후가 나타나면 그것을 가지고 미소뇌장애자로 진단할 수도 있다. 뇌기능에 장애가 있는지 없는지를 확실하게 알아보기 위해서는 자세하고도 정밀한 신경심리학적 평가가 필요하다.

신경심리학적 평가에 있어서는 뇌기능장애를 평가하는 것도 중요하지만 뇌의 정상기능도 정확하게 평가할 수 있어야 한다. 지나치게 기능장애의 측면을 강조하다 보면 피검사자의 기능을 정확하게 평가할 수 없게 될 우려가 있다. 모든 심리검사 장면에서와 마찬가지로 신경심리학적 평가에서 내담자와 비공식적인 접촉을 통해서 충분한 레포를 형성할 필요가 있다. 내담자의 뇌기능을 정확하게 평가하기 위해서는 몇 가지 주의가 필요하다. 첫째, 환자 혹은 내담자는 검사자의 지시를 충분히 이해할 필요가 있다. 환자가 그 지시를 완전히 이해하지 못하고 있다고 생각할 때에는 검사자가 말한 것을 그대로 되풀이 시켜 볼 필요가 있다. 둘째, 모든 내담자는 검사기구를 보고 들을 수 있어야 한다. 특히 환자 혹은 내담자가 보고, 듣고, 그리고 만지는 장애가 있을 때에는 검사결과를 해석할 때 이 점을 충분히 고려해야 한다. 셋째, 검사자는 검사과정에서 내담자를 피로에 지치게 해서는 안 된다. 마지막으로, 검사자는 검사과정에서 내담자가 지나치게 불안을 느끼는 일이 있게 해서는 안 된다. 특별한 경우를 제외하고는 검사과정에서 내담자를 격려하거나 용기를 북돋아 주는 것을 삼가해야 한다.

신경심리학적 평가기법

신경심리학적 평가에서 밝혀진 뇌와 행동과의 관계를 절대적인 것으로 단정할 수 없다. 왜냐하면 지금까지 밝혀진 뇌의 기능적 조직에 대한 지식체계는 대부분이 뇌기능 장애자를 대상으로 한 실험결과를 바탕으로 얻어진 일반화현상에 지나지 않기 때문이다. 그러므로 지금까지 우리가 알고 있는 뇌 행동에 대한 지식은 극히 한정된 것임에 틀림없다. 이제 우리는 새로운 평가모델을 도입할 필요가 있다. 그래서 우리는 전통적으로 쓰여지는 블랙박스 모델에서 과감하게 탈피하여 화이트박스 모델로 전향할 필요가 있다.

블랙박스 모델을 옹호하는 신경심리학적 평가자는 뇌의 기능과 행동의 관계를 이해하기 위해 자극-반응 단위를 설정하고 이에 따라 두 변인간의 관계를 중점적으로 추구하였다. 그러나 그들은 행동표현을 통해 나타나는 뇌의 내부에서 일어나는 사실에 대해서는 전혀 고려하지 않았다. 이와는 달리 화이트박스 모델을 선호하는 신경심리학적 평가자는 뇌기능을 이해하기 위해 자극-반응의 단위 대신 행동을 매개하는 수많은 상호작용변인을 체계적으로 추구하고 있다. 이 모델을 그림으로 표시하면 <그림 13-1>과 같다. 다른 한편 이 모델의 추종자는 뇌의 내적 조직과 그 작용을 이해함으로써 행동의 본질을 이해하고 더 나아가서는 지금까지 블랙박스 모델의 옹호자가 이해하지 못했던 뇌의 신비를 파헤칠 수 있다고 믿고 있다. 이런 의미에서 화이트박스 모델만이 뇌 행동의 관계를 가장 과학적으로 파악하는 체계라고 생각할 수 있다.

이 그림에서 보는 바와 같이 화이트박스 모델은 피험자, 측정방법 및 시간의 세 주요차원으로 구성되어 있다. 이 모델을 구성하는 어느 한 차원에 변

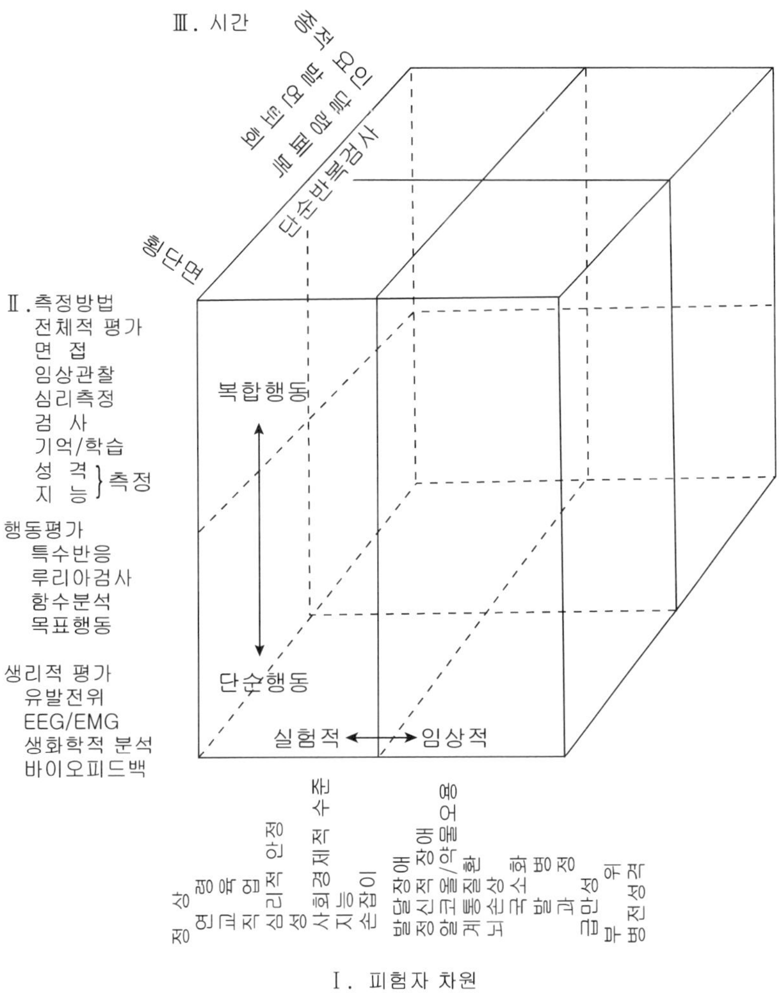

그림 13-1 신경심리학적 평가의 3차원 혹은 화이트박스 모델

화가 오면 뇌-행동조직을 연구하는 방향은 크게 영향을 받게 된다. 사실상 이 모델의 내부를 자세히 관찰해 보면 그 안에는 블랙박스 모델이 부분적으로 포함되어 있다. 이는 정상이 아닌 사람의 뇌-행동관계에 대한 다차원적 연구를 위해서는 피할 수 없는 것으로 해석할 수 있다. 신경심리학적 평가에 있어서 행동결함에 영향을 주는 뇌의 손상부위 외에 다른 변인도 항상 고려해야 한다. 또 평가과정에서는 외현적 행동에 대한 기술방법도 활용해야 하

고 심리검사와 신경생리학적 기법도 충분히 활용해야 한다. 뇌-행동의 연구에 있어서 유추도 하나의 평가적 방법이 될 수 있다는 점을 알아야 한다. 또한 종단적 방법을 도입함으로써 뇌-행동의 관계를 역동적으로 이해할 수 있고 뇌조직을 보다 자세히 이해할 수 있다. 화이트박스 모델의 전신인 블랙박스 모델이 현대 신경심리학자에게 전혀 도움을 주지 못한다는 것은 결코 아니다. 비정상 모델은 뇌의 기능에 대해 부분적 정보를 제공해 주고 있다. 비정상 뇌에 대한 정보를 가짐으로써 손상된 뇌기능을 연역할 수 있다. 또 행동결함은 신경해부학적 손상만에 의해서 결정되는 것이 아니기 때문에 행동결함과 뇌의 관계를 1 대 1의 관계로 해석해서는 안 된다.

비정상 피험자에서 얻은 정보는 정상 피험자를 대상으로 한 실험결과에 의해서 반드시 보충되어야 한다. 화이트박스 모델에서는 이와 같은 점을 강조하는데 이를 위해 신빙도와 타당도가 보장되는 신경심리학적 검사와 생리검사를 써서 장기간에 걸친 종단적 연구를 수행할 필요가 있다. 중요한 것은 실험심리학자가 실험실에서 밝혀낸 학습, 기억, 그리고 지각에 대한 법칙들이 임상장면에서 발견된 것과 서로 비교 검토되어야 한다는 점이다. 신경심리학적 평가결과를 바탕으로 정상과 비정상을 구별하는 데 역점을 두는 신경심리학적 평가자는 이 두 집단 사이에 뇌이상과 깊은 관계가 있는 아주 이질적 집단이 있다는 점을 알아야 한다. 더 나아가서 이러한 집단에서 발견된 사실들은 발달장애나 정신의학적 장애에서 발견된 사실과 비교 검토되어야 한다. 무엇보다도 중요한 것은 실험신경심리학과 임상신경심리학 사이에 이론적-기술적 격차를 메울 수 있는 교량이 필요하다는 점이다.

임상심리학자가 임상장면에서 다음과 같은 여러 가지 의문을 가지게 되는 경우가 있다. 즉 환자 혹은 내담자가 어떤 고등신경계통장애를 겪고 있는가, 인지, 지각, 감각운동, 그리고 성격의 기능장애 수준은 어느 정도인가, 신경병리의 본질은 무엇인가, 개인의 신경학적 장애가 개인의 직장생활, 대인관계 및 일상생활에 어떤 영향을 주는가, 그리고 이러한 장애를 치료하는 효과적인 방법은 없을까 등. 이러한 경우 신경심리학의 지식을 가진 임상심리학자는 신경심리학적 평가에서 많은 시사점을 얻을 수 있다. 신경심리학적 평가자에게는 신경해부학, 신경병리학, 그리고 행동에 대한 신경학적 지식이 필요하다. 그 외에 발달신경심리학, 행동주의 심리학적 정신약물학, 정신생리학, 성격평가, 검사구성이론, 실시 및 결과해석에 대한 지식이 꼭 필요하다. 신경심리학적 평가는 크게 양적 평가(미국식 평가)와 질적 평가(러시아식 평가)로 분류된다(Luria & Majovski, 1977). 미국식 신경심리학은 임상신경심리학과 실험신경심리학으로 분류되는데, 어느 것이나 뇌-행동의 관계를 연구한다는 점에서는 크게 다름이 없으나 목적이나 방법에 있어서는 다소 차이가 있다.

양적 평가

신경심리학적 양적 평가를 통해 뇌손상의 유무는 물론이고 그 영역까지도 색출이 가능하다(Reitan, 1970). 심리학자는 정확한 진단을 하고 치료계획을 세우기 위해서 양적이며 규범적 접근을 시도하는데, 검사결과의 수준, 특정결함, 검사결과의 유형, 그리고 좌-우뇌의 차와 같은 문제에 큰 비중을 둔다. 신경심리학적 평가에 있어서 환자가 주어진 문제를 얼마나 잘 풀 수 있느냐가 무엇보다도 중요하다.

대부분의 신경심리학적 평가에는 정해진 절단점수가 있다. 정상인의 점수는 그보다 높으나 뇌손상자의 점수는 그보다 훨씬 낮게 나오는 것이 보통이다. 그렇지만 모든 뇌손상자의 점수가 그보다 낮게 나오는 검사가 있다고 생각해서는 안 되며 사실상 있지도 않다. 그러므로 검사결과의 수준만 가지고 환자를 진단할 때는 큰 잘못을 범하게 된다. 이러한 과오를 범하지 않으려면 여러 가지 검사결과의 절단점수를 정해 놓을 필요가 있다. 이러한 경우라고 하더라도 75~90% 이상의 정확한 진단을 기대할 수는 없고 상당한 수가 잘못 진단되는 경우가 있다. 최종진단을 내려야 할 단계에 가서는 피검사자의 동기, 신체적 건강, 정서상태 및 상황적 변인 등을 고려해야 한다.

뇌의 특정영역이 손상되면 행동에 변화가 오는 것이 보통이다. 그러므로 검사자는 일반행동이나 인지행동에 무슨 결함이 있는지를 주의 깊게 관찰할 필요가 있다. 불행하게도 아직은 특정 뇌영역의 손상에 수반되는 행동결함을 일목요연하게 정리해 놓은 것이 없다. 검사결과에 나타난 유형으로써 뇌손상을 색출하려고 하는 사람들도 많이 있다. 이들은 특정 뇌손상에는 특이한 검사결과의 유형이 나타난다는 점을 가정하고 있다. 그러나 그러한 가정은 별로 들어맞지 않는다. 예를 들어, 어떤 사람의 지능지수는 물론 신경심리검사가 정상으로 판단된 사람 가운데에도 뇌손상 가능성이 높은 사람이 얼마든지 있다. 또한 사실상 뇌손상은 없으면서도 IQ가 평균보다 떨어지고 신경심리학적 검사에서 이상으로 나타나는 경우도 많이 있다. 그러므로 신경심리학적 검사결과에서 나오는 지수만 가지고는 뇌손상을 예언하지 못한다(Reitan, 1970).

운동이나 감각지각은 서로 다른 뇌반구에 의해 지배되고 있다. 그러므로 동일한 운동기능에 있어서 좌우에 현저한 차가 있을 때에는 뇌손상이 있는 것으로 판단할 수 있다. 예를 들면, 오른손잡이의 경우 오른손의 타이핑 속도가 왼쪽 손의 속도보다 늦다든지, 또 왼손잡이의 경우 왼손의 타이핑 속도가 오른손의 속도에 비해 20% 이상 떨어진다면 좌측반구손상의 가능성이 있다(Reitan, 1970). 이와 같은 주장은 어느 경우에나 맞다는 보장은 없다. 그러므로 신경심리학적 평가자료를 평가하는 데에 있어서는 여러 자료를 한데 묶어서 해석하는 것이 바람직하다. 임상신경심리학자는 사람을 대상으로 뇌손상에서 나타나는 여러 가지 행동 문제를 주로 다루게 된다. 이들은 양적 방법을 사용한 진단에 일차적 관심이 있을 뿐, 뇌-행동의 관계를 설명하는 이론구성에는 별로 관심이 없다. 대표적인 사람이 Reitan인데, 그는 양적 검사 배터리를 사용하여 뇌손상자를 진단 치료하고 그 효과를 기술하는 데 성공하였다(Reitan, 1966b).

임상심리학자는 뇌의 병적 변화와 관계되는 지능, 감각, 운동 및 성격특징은 물론 때로는 뇌손상에서 오는 약화된 생리적 기능까지도 평가의 대상으로 한다. 미국의 신경심리학은 이론심리학, 행동과학, 신경학, 특히 정신측정학에서 얻은 지식을 뇌손상자에 대한 임상진단연구에 활용하였다. 때로는 뇌손상자에 대한 치료도 하였다. 실험신경심리학자는 동물을 대상으로 임상신경심리학자들이 실제 활용할 수 있는 기본원리를 추구하는 데 일차적 관심이 있다. 이들은 실험통제상황하에서 얻어진 사실이 일반상황에서 얻어진 것보다 일반화하기가 용이하다고 생각한다.

컴퓨터 단층촬영(CT 혹은 CAT) 1960년대에 심리학자는 이미 신경심리학적 평가를 위해 컴퓨터를 사용하였다. 컴퓨터로 검사하고 그 결과에서 유용한 정보를 얻을 수 있게 되었다. 이 방법은 여러 가지 결함이 있기는 하나 심리학자에게 큰 도움을 준 것은 사실이다. 특히 의사소통이 불가능한 환자에게서 컴퓨터로 도움이 되는 많은 정보를 얻을 수 있게 되었다. X-선 분석기술을 바탕으로 하여 뇌의 삼차원적 표상을 그리는 것이 곧 컴퓨터 단층촬영법이다. 이 기술을 Cormack과 Hounsfield에 의해 연구 개발되었다. 그들은 이 공로로 의학 및 생리학 분야의 노벨상을 받게 되었다. 이 투시기술은 1972년 이래 신경방사기술로 널리 보급되어 연구와 임상장면에 널리 활용되었다. 투시에 소요되는 시간은 불과 25분 정도에 지나지 않는다. 이 투시법으로 종양, 뇌혈관장애 및 뇌손상을 효과적으로 탐지할 수 있다(Raichle, 1987). 이 투시법은 뇌의 영상을 생성하는 기술이다. 이 투시과정에서는 X-선 섬광을 활용한다. 이는 컴퓨터에 의해 영상조직으로 변하며 검출기와 짝을 지어 두뇌를 선회한다. 투영 자료를 통해 척수 공간에 대한 정보는 물론 회백질의 특성을 변별할 수 있고, 뇌조밀도의 변화에 대한 자세한 정보를 얻을 수 있다.

신경학자와 신경심리학자는 두뇌 손상부위를 확인하기 위해 이 투시법을 사용한다. 이 투시법은 환자에게 큰 위험을 주지 않을 뿐만 아니라 환자의 상태에 대한 정확한 정보를 제공해 준다(Bigler, 1992). 이 투시법에도 단점이 있다. 즉 간질의 기능적 신경학적 결함을 탐지하는 데 도움이 되지 못한다. 또 가벼운 뇌손상으로 인한 뇌의 유연조직에 오는 변화는 그것이 큰 것이거나 작은 것이거나 검출해 낼 수 없다(Eisenberg & Levin, 1989). 이 투시법으로 중간 정도 이상의 뇌손상을 매우 효과적으로 탐지해 낼 수 있다.

양전자 단층촬영(PET) 최신 영상생성기법으로 개발된 것이 곧 양전자 단층촬영법이다. 이는 양전자방출동위핵과 컴퓨터를 사용한 단면촬영기술을 활용해서 뇌에서 일어나는 산소와 포도당의 신진대사과정을 측정하는 데 활용된다. 이는 투시에 사용되는 기계 자체가 고가이고, 사용자에게는 고도의 훈련을 요하기 때문에 그렇게 광범위하게 활용되지 못하였다. 이는 피질신진대사의 기능을 측정하는 데 큰 도움을 준다. 이 투시법은 간질, 피질혈관질환 및 운동장애의 진단에 크게 도움이 되며 생리적 과정과 해부특성의 관계를 정확하게 제시하고, 그리고 손상영역에 대한 정확한 정보를 제공해 준다.

핵자기 공명(NMR) Felix Block과 Edward Purcell의 연구결과를 바탕으

로 한 연구개발투시법이 자기공명영상법(MRI) 혹은 핵자기 공명법이다. 이들은 이 공로로 1952년에 노벨상을 받았다. 이는 다른 투시법과는 달리 방사에너지를 사용하지 않고도 손상부위를 정확하게 묘사하는 최신기술로서, 방적 원자핵의 자성을 이용한다. 두부에 자장을 부착하면 여기서 고주파 파동이 공명신호를 생성하고 컴퓨터로 수량화한다. 이와 같은 기술을 활용하면 뇌에서 생성되는 영상을 자세히 기록할 수 있다. 이는 CT에 평면적으로 기록된 정보와는 달리 하나의 섹션으로 묘사되는데, 임상장면에서는 CT와 함께 중요한 진단도구로 사용되고 있다.

MRI는 CT보다도 예민하게 반응하며 뇌의 해부적 구도를 보다 자세히 묘사하며(Raichle, 1987), 회백질을 보다 잘 변별해 준다. 이 투시장비는 고가이고 촬영하는 데 많은 시간이 소요된다(Wilson, Finney, Powell, & Andrews, 1992). MRI는 근자에 와서 두부손상진단에 널리 활용되고 있다(Eisenberg & Levin, 1989). 가볍거나 중간 정도의 두부손상자에게 CT와 MRI를 투시하고 심리검사배터리로 검사하여 그 결과를 종합해 보면, CT와 MRI는 전두엽과 측두엽 손상을 효과적으로 투시할 수 있을 뿐만 아니라 신경심리검사결과와 높은 상관관계가 있다. 특히 MRI투시결과에는 손상영역이 분명하게 투시된다.

심리검사법

양적 평가자들은 정확한 평가를 위해 검사배터리를 사용한다. 이것은 거의 특수한 임상적 평가도구이기 때문에 일반적 평가도구로는 사용될 수 없다. 전두엽 손상자의 생물지능 측정을 위해(Halstead, 1947), 정신외과수술 후의 지능측정을 위해(Landis, 1952), 전두엽환자의 상태를 평가하기 위해(Benton, 1968), 그리고 뇌손상자 평가를 위해 각각 그에 맞는 검사배터리를 제작 활용한다(Smith, 1975). 미국 신경심리학자들이 선호하는 검사배터리를 사용한 평가방법은 다분히 맹목적 평가라고 볼 수 있다. 왜냐하면, 대부분 검사에 대한 예비지식을 가지지 않았을 뿐만 아니라 의학적-신경학적 검사도 거치지 않은 상태에서 표준화된 검사를 기계적으로 실시하기 때문이다. 그들은 이러한 검사를 통해서 뇌손상에서 오는 행동 특징에 대한 정보를 얻으려고 하였으나 큰 도움을 받을 수 없었다. 왜냐하면, 그들이 사용하는 검사배터리는 뇌의 기능적 조직에 대한 지식체계가 뒷받침하고 있지 못하기 때문이다.

신경심리학자는 특정 환자의 뇌-행동관계 특징을 파악할 목적으로 신빙도와 타당도가 보장된 심리검사를 사용한다. 이 때 평가자는 모든 환자를 획일적인 검사배터리로서 검사할 수도 있고, 평가목적에 따라 중요한 소수의 검사만을 실시하고 환자의 문제를 좀 더 잘 파악할 수 있는 것으로 판단되는 다른 검사를 선별하여 추가실시할 수도 있다. 이렇게 함으로써 검사를 의뢰한 사람에게 귀중한 정보를 제공할 수 있다. 검사배터리를 사용함으로써 종합적인 정보수집이 가능하다는 장점도 있다. 특히 초보단계에 있는 평가자에게는 적절한 검사를 선택할 때 겪는 어려움을 덜어 준다. 이와 함께, 검사배터리를 사용하면서 겪는 여러 가지 단점을 피할 수 없다. 무엇보다도 검사배터리에는 환자를 돕기 위한 평가목적과는 전혀 무관한 정보까지 수집한다. 예를 들어, IQ 120이 되는 사람에게 실어증검사를 실시할 필요가 전혀 없다.

이와는 달리, 실제 실어증환자를 대상으로 검사배터리에 들어 있는 검사만 가지고는 실어증을 진단하는 것은 적절하지 못하다. 검사배터리를 사용하게 되면 검사목적과는 전혀 관계가 없는 정보를 얻기 위해 검사를 실시하고 그 결과를 해석하는 데 너무 많은 시간을 소비하게 된다. 평가의 목적에 따라 극히 소수의 주요 검사만을 실시하고 평가목적에 적합한 검사를 선별 실시하는 방법이 여러 가지 장점이 있다. 첫째, 소수의 주요 검사에서 전혀 이상이 발견되지 않았을 때에는 추가로 검사를 실시할 필요가 없다. 그러므로 많은 시간이 절약된다. 또 뇌의 손상부위에 대해서는 새로 개발된 정밀측정도구를 사용하여 보다 자세하게 검사할 수 있는 장점도 따른다. 개인의 특성이나 평가의 목적에 따라 검사를 선별 추가하는 것은 검사배터리를 사용하는 경우와 같이 기계적으로 이루어질 수 없다. 훌륭한 평가결과를 얻기 위해서는 뇌-행동에 대해 체계적 지식이 있어야 하고 그에 대한 경험과 훈련이 수반되어야 한다. 이것이 어떤 의미에서는 개인중심평가법의 단점이 될 수도 있다.

루리아 신경심리검사 뇌기능에 대한 이해 및 신경학적 장애에 대한 심리학적 평가에 큰 공적을 남긴 사람은 Alexander Luria이며, 그가 남긴 루리아-신경심리검사배터리는 신경심리학자들의 주요 측정도구로 사용되고 있다 (Luria, 1966). 그는 뇌의 장애영역을 객관적으로 그리고 정확하게 탐지하여 치료계획을 세울 수 있다는 신념을 가지고 검사를 개발하였다. 마침내 그는 외현적 행동으로써 손상된 뇌의 신경심리학적 기능을 측정하는 데 성공하였다. 이 검사는 2~3시간 이내에 그 결과까지 해석할 수 있다는 장점이 있고, 미국 사람들이 개발한 것보다 검사자가 융통성 있게 검사를 실시하고 채점할 수 있다. 검사결과를 해석하는 데에 있어서 검사자의 주관적 판단과 임상적 직관의 비중이 매우 크게 작용한다. 이 점이 곧 이 검사가 가지는 장점이며 동시에 단점이다. 뇌손상에 대한 객관적 평가를 시도한 사람이 Luria이고 그의 구상은 후에 계승 발전되었다(Christenson, 1975).

홀스테드-라이탄 신경심리검사배터리(HRB) 마음의 상태를 통제하는 뇌의 기능에 대한 연구의 역사는 결코 짧지 않다. 이미 오래 전에 뇌손상은 인간행동에 큰 변화를 가져온다는 사실이 널리 알려졌지만 그에 대한 체계적 연구는 별로 없었다. 다행히 행동주의 심리학자들에 의해 이에 대한 연구가 싹트기 시작하였다. 특히 뇌-행동의 관계를 객관적으로 평가할 필요성을 강조한 사람은 Halstead였고, 그의 사상은 Reitan에 의해 계승 발전되었다. 그들이 공동으로 개발한 것이 HRB이다. 뇌가 행동에 미치는 영향이 크다는 것을 심리학의 영역에서는 한때 가볍게 다루고 넘어간 적이 있었다. 대부분의 역동심리학은 인간의 행동과 정신병리를 설명하는 데 있어서 뇌의 기능보다는 무의식적 갈등에 대한 철학적-정신적 설명에 역점을 두었다. 심지어는 뇌기능의 중요성을 잘 알고 있는 임상가들마저도 뇌의 구조, 기능 및 행동과의 관계를 중요하게 여기지 않은 경향이 지배적이었다.

Halstead는 1935년부터 그가 세상을 떠날 때까지 인간행동에 미치는 뇌손상의 영향을 체계적으로 이해하는 데 주력하였다. 그는 뇌손상자에 대한 현장연구에서 관찰된 사실을 심리검사로서 객관적으로 확증하려고 시도하였다. 그는 수집된 자료를 요인분석하여 네 가지의 중요 요인을 추출하였다(Halstead, 1947). 그는 유기체의 적응능력을 표시하기 위해 생물적 지능이라는 용어를 썼는데, 이는 보통 심리측정점수에서는 잘 나타나지 않는다. 그는 인간행동이 단순하지 않다는 점과 뇌기능은 일반심리검사에 의해서는 그 특징이 측정될 수 없다는 점을 알게 되었다. 이와 같은 Halstead의 사상을 계승한 Reitan은 1950년에 학위를 받고, 1951년에는 인디애나 대학 의료센터에 신경심리연구소를 창립하였다. 이것이 뇌-행동연구의 센터가 되었다. Halstead와 Reitan은 뇌손상의 유무는 물론 그 부위를 미리 알지 않고도 뇌기능은 물론 그 손상을 측정하는 것이 가능하다는 점에 착안하고 그에 대한 검증을 하기 시작하였다. Reitan은 Halstead 배터리에 여러 가지 다른 검사를 첨가시켜 하나의 배터리로 사용할 수 있게 했다.

이 HRB는 Reitan이 Halstead의 검사배터리를 수정한 것으로 15세 이상의 성인에게 활용될 수 있는 성인용, 9세부터 14세까지 소년에게 활용될 수 있는 소년용, 그리고 5세부터 8세까지의 아동에 활용할 수 있는 아동용으로 구성되었으며, 11개의 소검사가 배터리를 구성한다(Reitan, 1966). 이 검사배터리를 사용한 평가자는 손상지수에 나타난 과제수행수준, 병리현상의 유무, 그리고 감각 및 지각기능에 이상이 있는가를 세밀하게 검토해 보아야 한다. 결과를 해석하는 과정에서 주관적 판단이 크게 작용한다는 점을 평가자는 특별히 유념해야 한다. 많은 훈련을 받고 경험이 많은 평가자는 뇌기능의 국소화나 병변현상을 홀스테드-라이탄 검사배터리를 가지고 비교적 정확하게 판단할 수 있다. 검사결과의 객관성을 보장하기 위해 여러 가지 방법이 개발되어 통용되고 있다. 그러므로 검사결과의 객관성에 대해서는 그렇게 신경 쓸 필요는 없어졌다(Adams, 1974; Finkelstein, 1976).

HRB는 뇌-행동관계를 평가하는 기술에 지나지 않는 것으로 이 검사에는 신경학적 진단기능이 전혀 없다(Jones & Butters, 1983). 이 배터리는 한꺼번에 여러 가지 심리적 기능, 예를 들면 인지적, 시공지각, 감각-지각, 근육 운동, 그리고 성격 등에 대한 정보를 수집할 수 있다는 것이 장점으로 지적된다. HRB를 사용하면 뇌손상 유무는 70~90%까지 비교적 정확하게 감별 진단된다(Antony, Heaton, & Lehman, 1980).

훈련을 받은 사람이면 이 검사배터리자료만 가지고도 병적 변화국소를 비교적 정확하게 유추할 수 있다. 그러나 정신과 환자에 대한 뇌손상의 유무는 쉽게 변별되지 않는다. 정신분열증환자의 뇌에서는 구조적 결함은 나타나지 않으나 생화학적 이상이 나타나는 경우가 많이 있는데 이때 평가자는 이 두 가지의 이상을 구분할 수 있어야 한다. 이 검사배터리에는 기억능력을 측정하는 검사가 없고, 검사를 실시하는 데 최소한 5시간이 소요되기 때문에 모든 환자들에게 일률적으로 실시하기는 곤란하다. 그래도 경험이 많은 평가자들은 다른 검사를 추가하여 많은 정보를 얻고 있다.

루리아-네브라스카 신경심리검사배터리(LNNB) LNNB는 Luria의 주장을 바탕으로 제작된 뇌기능검사이다(Christenson, 1975). 이 검사는 11개 뇌영역을 검사할 수 있게 269개 문항으로 구성되어 있으며, 검사에 소요되는 시간은 2시간에서 2시간 반이다. 이 배터리에는 질병척도, 좌반구척도, 그리고 우반구척도로 구성되어 있다. 이 검사에 대한 타당도 연구에서 뇌손상이 전혀 없는 경우에는 100%까지, 그리고 신경학적 검사에서 약간의 뇌손상이 있는 경우에는 86%까지 각각 감별진단이 가능하다. 또 이 검사배터리는 뇌손상, 두부외상, 그리고 알코올중독을 88%까지 변별진단할 수 있다.

일반적으로 신경학적 검사에서는 잘 나타나지 않지만 이 배터리에 의해 뇌손상과 기능적 손상은 변별된다. 특히 14개의 요약점수에 의해 뇌손상의 유무는 물론 손상영역도 정확하게 진단된다(Lewis et al., 1979). 이들의 검사결과는 컴퓨터 단층촬영, 외과수술, 그리고 혈관조영법을 통해서 얻는 결과와 매우 일치한다. 14개의 검사결과는 서로 다른 뇌영역에 장애가 있다는 사실을 분명하게 제시해 준다. 이와 같은 사실을 종합해서 보면 LNNB가 가지는 임상적 효용성은 매우 크다는 사실을 알 수 있다.

뇌손상자는 이상척도를 구성하는 문항을 좀처럼 통과할 수 없다. 그러나 정상인은 매우 쉽게 통과한다. 좌우반구척도의 문항은 각각 좌우반구의 기능특성을 측정할 수 있는 것으로 구성되어 있다. 14개 척도로 구성된 검사배터리에는 경험적으로 만들어진 국소화 척도가 하나 더 추가되었다(McKay & Golden, 1979). 계속적인 평가를 위해 대체형이 마련되었고, 8~12세까지의 아동을 평가할 수 있는 아동용도 개발되었다. 검사의 결과는 피검사자의 반응시간, 그 내용 및 빈도에 따라 서로 다르게 처리된다. 결과에 대한 해석은 객관적인 임상규칙에 따르게 되어 있다(Golden, 1981, 1981b). 이 규칙에 따르면 LNNB의 결과를 프로파일에 따라 해석할 수도 있고, 국소화, 반응에 대한 질적 해석, 그리고 병리치료의 유무를 쉽게 알 수 있다.

LNNB는 뇌의 고등기능을 간단하고 정확하게 검사해 볼 수 있는 장점이 있다. 특히 Luria 방법은 뇌의 복잡한 기능을 여러 단순한 기능으로 분리시킬 수 있다. 그러므로 뇌결함의 본질을 보다 정확하게 확인할 수 있다. 이 검사 배터리에 대한 타당도 연구결과에서 나타난 것을 종합해 보면, 뇌손상자와 정상인은 물론 뇌손상자와 정신분열증 환자 90% 이상 정확하게 변별 가능하다는 것을 알 수 있다(Golden, Hammeke, & Purish, 1978).

LNNB는 구성과정에서 많은 과오를 범하였다. 검사문항에 대한 상당히 많은 반응이 주관적 판단에 의해 채점되고 있다. 이러한 문제는 웩슬러형 지능검사의 어휘능력과 상식능력을 측정하는 하위검사에서도 흔히 볼 수 있다. 그러므로 이것을 이 배터리만이 가지는 단점으로 보기는 어렵다. 이 배터리가 가지는 큰 단점은 표준화 과정에서 찾을 수 있다. 즉 표준화 과정에서 피검사자의 연령, 교육, 그리고 정신적 질환의 발병시기와 같은 변인들이 전혀 고려되지 않았다. 지금까지 소개한 Luria검사, HRB, 그리고 LNNB의 구성, 실시방법, 그리고 프로파일 작성법은 본서의 제 2 전정판(이현수, 1992)을 참고하기 바란다.

질적 평가

개별평가 지금까지 뇌의 병적 변화나 손상과 행동과의 관계를 평가하기 위해 신경심리학자들이 선호하는 신경심리학 검사배터리에 대해 설명하였다. 이미 앞에서 언급한 바와 같이 모든 환자에게 일률적으로 적용하는 검사배터리는 여러 가지 장점도 있지만 이에 못지 않게 단점도 있다. 이 단점을 극복하기 위해서는 환자 그 개인이 가지는 문제에 따라 또는 평가자의 판단에 따라 평가도구가 조절되어야 할 필요가 있는데, 이와 같은 접근방법이 개별평가법 혹은 질적 평가법이다. 이러한 평가법을 수용하고 발전시키는 그룹이 점차적으로 늘고 있는데 보스턴 그룹과 아이오와 그룹이 대표적이다.

여기서 보스턴 그룹의 신경심리학자라고 하면 보스턴 재향군인병원과 보스턴 대학교 의과대학의 신경심리학자들을 칭한다. 이들은 환자의 문제해결을 위해 모든 환자에게 동일한 검사배터리를 사용하지 않고 환자의 특성에 따라 융통성 있게 검사를 선별 사용하는 것이 특징이다. 그들은 흔히 임상장면에서 사용되는 검사 가운데 평가자의 목적과 평가의뢰를 받은 환자의 임상적 상태에 따라 검사를 선별 사용한다. 보스턴 그룹이 사용하는 방법은 언어장애자와 기억장애자를 검사하는 데 매우 유용하게 활용되고 있으며, 검사반응에 대한 질적 분석방법을 강조하고 있다. 그들은 뇌기능이론을 바탕으로 검사하고 해석한다.

아이오와 그룹의 신경심리학자라고 하면 Arther Benton을 중심으로 하는 아이오와 대학의 신경심리학자들을 칭한다. 이들도 임상신경학적 평가에 있어서 피검사자 개인을 중심으로 한 개별평가법을 사용한다. 그들은 웩슬러 지능검사의 언어성검사(상식, 산수)와 동작성검사(토막짜기, 차례맞추기)를 기본검사로 하여 평가자의 판단에 따라 여러 검사를 선정하여 추가 실시한다. 여기에 소요되는 시간은 60~90분 정도로 다른 검사에 비해 매우 시간이 절약된다. 평가자는 평가목적이나 환자의 상태에 따라 적절한 검사를 선택하여 추가 실시한다.

증후의 질적 분석 신경심리학적 평가를 위해 질적 방법을 도입하고 체계화한 것은 Alexander Luria를 중심으로 한 소비에트 심리학자들이다. 그러므로 이를 소비에트식 평가방법이라고도 하며 Halstead와 Reitan이 중심이 되어 이끌어 온 미국식 평가법 혹은 양적 평가법과 대조를 이룬다. 근자에 와서 양적 평가보다는 질적 신경심리학적 평가의 중요성을 강조하는 사람들이 늘어나고 있다(Luria & Majovski, 1977).

이들은 동시에 많은 피험자를 측정하는 것이 아니고 단일피험자를 대상으로 한 가설검증법을 쓰는 것이 특징이다. 이들의 주장에 따르면 뇌의 서로 다른 영역은 독자적으로 뇌 전체기능에 기여하고 있으며 심리적 장애가 있는 경우 서로 다른 뇌의 영역이 서로 결합하여 여러 가지 형태로 나타난다고 하였다(Luria, 1973). 이와 같이 심리적 장애의 원인을 여러 가지 복합체로 보는 사람들의 평가방법은 차이가 있다. 즉 그들은 집단규준에 의한 평가를 하지 않으며 표준화 검사를 사용하지도 않는다.

그들은 장애의 원인을 밝히기 위해 개별검사를 사용한다. 그들은 행동특징과 장애부위와의 관계를 세밀하게 검사한다. 한 검사로써 한 가설이 검증될 때까지 계속적으로 검사하는 것이 특징이다. 검사결과를 해석하는 데에 있어서도 사용된 검사결과를 하나하나 개별적으로 해석하는 것이 아니라 평가에 사용된 모든 검사의 결과를 총체적으로, 다시 말하자면 하나의 게슈탈트로 해석해야 한다고 주장한다. 환자에서 나타나는 증후를 이해하기 위해서는 맹목적으로 접근하는 것보다 관계되는 모든 임상검사자료를 바탕으로 가설을 세워야 한다. 이것이 곧 역동적 접근법의 특징이라고 볼 수 있다. 위에서 기술한 질적이며 역동적 접근방법이 가장 훌륭한 것처럼 보이는 것은 사실이지만, 표준화 과정을 거치지 않았기 때문에 그 검사결과에 대한 신빙도와 타당도가 문제될 수 있다.

1930년대의 소비에트 심리학자들은 이미 인간의 심리적 행동과 뇌의 관계를 체계적으로 추구하였다. 그들은 모든 장애의 증후는 물론 주요 신경심리학적 증후가 뇌의 병적 변화와 깊은 관계가 있다는 사실을 발견하였다. 그들은 신경심리학자는 뇌손상을 진단하고 개인의 정신활동에 따르는 피질과정을 정확하게 분석해야 하고 기초연구를 위해 환자의 신경학적 결함을 질적으로 분석해야 한다고 생각했다. 이를 위해 무엇보다도 지각, 언어, 그리고 문제해결능력의 장애에 대한 체계적 지식을 가질 필요가 있다. 이는 뇌손상의 유무를 진단하고 뇌손상의 기능회복에 대한 연구에 활용될 수 있는 도구의 역할을 하게 된다.

소비에트식 평가법은 미국식 평가법과 크게 다르다. 소비에트의 심리학자들은 뇌구조이론을 기초로 하고 있다(Luria, 1970). 이 이론은 수십 년에 걸친 뇌에 대한 임상적 실험적 연구의 결과로서 무엇보다도 뇌의 병적 변화에 수반되는 병리현상에 대한 체계적 연구에 기초하고 있다. 이 이론에 따르면 뇌는 전체로서 작용한다고 한다(Luria, 1973). 모든 인간의 행동은 매우 복잡한 심리적 과정으로 구성되어 있으며 이는 여러 요인의 영향을 받는다. 증후는 서로 다른 요인의 장애결과에 지나지 않으므로 이 증후를 이해하기 위해서는 증후를 질적으로 분석해야만 된다는 결론에 이르게 되었다. 증후의 질적 분석, 이것이 신경심리학자가 해야 할 일이라고 생각하였다(Luria & Majovski, 1977). 증후를 발견했다고 해서 연구가 끝난 것이 아니라 그것은 보다 깊은 연구가 시작될 수 있다는 것을 의미한다.

환자에서 나타난 증후는 심리적 기제와 관계되는 요인이 장애를 받은 결과이다. 그러므로 이 요인은 보다 세밀하게 추구되어야 한다. 여기서 발견된 사실과 증후에서 나타난 공통요소를 찾아내기 위해 다른 환자의 기저선 자료와 직접 비교된다. 증후의 질적 분석, 그 자체는 계속 반복을 뜻하는 것으로 이를 위해 융통성 있게 사고해야 하며, 자료와 일치되지 않은 가설은 과감하게 파기된다. 여러 증후들간에 공통적 요소를 발견하고 이 증후들이 신빙성 있게 확증되면 그 가설은 수용되고 그 증후에 대한 본질을 확실하게 이해할 수 있게 된다. 증후의 질적 분석은 표준화된 검사배터리를 써서 측정한 결과를 기계적으로 해석하는 것으로는 이뤄지지 않는다든지, 혹은 결과가 불분명할 때에는 그 가설은 언제든지 파기되어야 한다. 이것이 증후의 질적 분석을 위한 기본적 태도이다.

면 접 소비에트식 평가를 위해서 무엇보다도 중요한 것은 환자와의 면접이다. 면접자는 환자가 호소하는 증후의 내용을 이해할 수 있어야 한다. 호소하는 것이 지나치게 많은 것도, 지나치게 적은 것도 모두 중요한 의미를 갖는다. 즉 환자가 지나치게 많은 증후를 호소하는 것은 자신의 결함을 보상하기 위한 수단이 되기도 하고, 혹은 뇌의 원심부와 근위부의 과잉흥분증후로 생각 할 수 있다. 이와는 달리 환자가 호소하는 증후가 전혀 없을 때에는 전두엽 결함의 증후로 해석할 수 있다.

환자가 두통을 호소했다고 하자. 만일 그것이 두개를 짓누르지도 않은 상태에서 호소한 것이라면 두부손상과 무관하다. 기억력이 떨어졌다고 호소하는 경우에도 마찬가지다. 기억력이 떨어졌다고 호소하는 사람들의 지능수준은 결코 낮지 않다. 그러한 경우 평가자는 환자가 호소하는 기억력장애의 종류가 어떠한 것인지를 자세히 검토해 볼 필요가 있다. 즉 일반적인 것인가, 특수한 기억력 저하인가, 병적으로 단절되는 것인가, 혹은 흔적 손실인가. 문제해결 곤란을 호소하는 환자도 이와 같은 방법으로 추적해 볼 필요가 있다.

무엇보다도 장애 전의 청각, 촉각, 혹은 시각에 대한 의학적 검사결과에 대한 자세한 기록이 필요하다. 특히 반맹현상 등이 있었는지를 알아볼 필요가 있다. 이 때 환자 자신이 의학적 용어로 자신의 문제를 호소하는 일은 드물고 오른쪽 혹은 왼쪽 시력이 크게 떨어진 것 같다는 식으로 호소하는 일이 많이 있다. 평가자는 이 점에 대해 각별히 주의를 기울일 필요가 있다.

평가과정에서 있어서 보다 더 중요한 것은 환자가 극히 간단한 질문, 예를 들면 오늘이 몇 일인가, 지금이 몇 시인가, 여기가 어디인가, 혹은 어제는 무엇을 했느냐에 대해 대답하는 태도이다. 평가자들은 이런 종류의 간단한 물음에 대한 대답을 통해 환자의 의식상태는 물론 시간과 장소 등에 대한 지남력의 수준을 쉽게 평가해 볼 수 있다. 여기에서 나타나는 병리현상은 뇌의 구조와 매우 밀접한 관계가 있다.

신경심리학적 평가자는 환자의 반응내용뿐만 아니라 그 형태에 대해 특별한 주의를 기울일 필요가 있다. 환자가 질문에 대해 즉각적으로 반응한다든지, 충동적으로 반응한다든지, 반복적으로 되풀이한다든지, 혹은 선택을 요하는 질문에 대해 대답을 못하는 것 등이 검사자료를 해석하는 데 있어서 매우 귀중한 단서가 된다. 임상적 연구에는 근육운동, 시각, 청각, 피부감각, 기억, 언어, 그리고 문제해결능력의 결함에 대한 분석 등이 포함된다. 평가연구과정에서 나타난 증후는 정상인에서는 결코 나타나지 않는다는 점을 알고 있어야 한다. 그러므로 환자가 주어진 문제를 해결할 수 없다는 점도 중요하지만, 어떤 종류의 결함인가를 아는 것이 더 중요하고, 더 나아가서는 이 결함 혹은 증후를 뒷받침하는 주요 요인들이 무엇인가를 알아내야 한다. 무슨 결함이 있느냐보다는 기능장애가 어떻게 진행되고 있느냐를 아는 것이 중요하다.

운동능력검사 환자와 면접이 끝나고 나면 운동장애가 있는지를 보기 위해 지시에 따라서 움직여 보게 하기도 하고 몸짓을 해 보게 하기도 한다. 예를 들어, 평가자의 지시에 따라 손가락을 오므렸다가 펴 보게 한다. 환자가 간단한 행동 혹은 운동을 따라 하지 못하는 것은 신경심리학적으로 매우 큰 의미를 갖는다. 환자가 처음에는 매우 곤란을 느끼다가 수차 반복 시행 후에는 평가자의 의도에 따라 수행할 수 있기도 하고 다른 손의 도움으로 간신히 움직일 수 있게 되는 경우도 있다. 이는 감각충동과 근육 간에 적절한 의사소통이 파괴된 상태, 즉 운농의 구심성 조직장애의 결과로서 이는 반구중심후면의 병적 변화 결과로 해석할 수 있다. 예를 들어, 환자가 평가자의 몸짓을 그대로 모방할 수 없는 것은 직접적 반영효과를 극복할 수 없기 때문이다. 다시 말하자면 이는 장소지각장애이다. 이 장소지각은 곧 모방반응과 밀접한 관계가 있다. 환자가 평가자의 어떤 몸짓은 잘 모방할 수 있으나 다른 몸짓은 모방할 수 없게 되는 경우가 있다. 이것은 병적 보속성의 결과에 의한 것으로 해석할 수 있고, 뇌반구의 전두엽과 관련이 있을 수 있다.

피질기능의 구조와 평가

피질기능의 평가는 피질의 고차원적 기능과 관계되는 인지기능의 평가와 밀접한 관계가 있다. 즉 어떤 기능은 뇌엽의 특성과 관계가 있고(전두엽의 운동기능), 어떤 기능은 뇌반구의 의존특성과 관계가 있고(우성뇌반구와 관계가 있는 언어-추상적 추리능력, 비우성뇌반구와 관계있는 장소지각), 어떤 기능은 계통의 존성의 특성과 관계가 있고(언어의 수용성과 표현성), 그리고 어떤 기능은 뇌전체의 통합기능과 관계가 있다(지능, 추리).

이와 같이 피질 구조가 복잡하기 때문에 피질의 기능을 평가하는 데에는 여러 특수한 기술이 필요하다. 그러므로 본장에서는 피질의 인지적 기능장애의 요인을 스크린하는 기술을 중심으로 살펴보겠다. 각 뇌엽의 기능적 특징을 살펴보기 위해서는 대뇌를 전두엽, 측두엽, 두정엽, 그리고 후두엽으로 세분할 필요가 있다. 이는 신경학적 세부구조나 특수해부학적 기능을 기반으로 한 분류는 아니다(Bigler, 1987).

인간의 조직 가운데 고도로 발달된 기관이 곧 대뇌 혹은 피질이다. 그 외층을 대뇌피질 혹은 피질이라고 부른다. 뇌를 보호하는 대뇌피질은 신경섬유체와 유수화 되지 않은 섬유로 구성되어 있다. 그러므로 회백질이라는 용어를 쓴다. 왜냐하면, 대뇌의 내부, 즉 피질의 저변에 유수화된 축색돌기로 구성되어 있어 백색으로 보이기 때문이다. 시각, 청각 및 촉각과 같은 감각기관은 피질의 특수영역에 특수한 정보를 보낸다.

신체부위의 운동(운동 반응)은 피질의 다른 영역에 의해 통제된다. 감각영역이나 운동영역이 아닌 피질의 다른 부위는 연합영역을 이룬다. 이 영역은 기억 사고, 및 학습 같은 행동과 깊은 관계가 있고, 이는 인간의 뇌에서 가장 큰 영역을 차지한다. 다른 영역에 대한 설명에 들어가기 전에 피질반구영역에 대해 알아보기로 하자. 이 두개의 반구는 대칭적이다. 우선 우반구와 좌반구로 구분되며 각반구는 전두엽, 측두엽, 두정엽, 그리고 후두엽으로 세분된다.

전두엽

전두엽은 뇌쪽에 자리잡고 있는 뇌측열구에 의해 구분되어 있다. 이는 신체의 수의적 운동을 통제하는 기관으로 중심열구의 전면에 위치하고 있다. 특정운동 피질영역을 전기로 자극하면 신체부위에 행동을 유발한다. 이 특정운동 피질영역이 손상을 받게 되면 운동기능이 저하된다. 신체운동과 운동피질과는 역전관계가 있다고 볼 수 있다. 예를 들면, 발가락운동은 두부의 꼭대기 부위에 의해 매개되며 혀와 입의 운동은 운동영역의 밑부위에 의해서 매개된다. 신체의 우측부위는 좌측반구 운동피질에 의해 매개되며 좌측부위의 운동은 우측반구에 의해서 매개된다.

해부학적 측면에서 보면 전두엽은 정서와 깊은 관계가 있다. 전전두피질은 후각영역을 포함한 모든 감각영역과 깊이 연관되어 있어 다른 모든 감각영역에서 들어오는 정보를 받아들이는 피질영역이다. 전두엽에는 변연체계통과 여러 가지로 연결되어 있는 피질영역이다. 전두엽과 관계되는 변연체계통에는 피질변연엽, 중격시상하부중뇌엽이라고 불리는 변연중뇌영역을 포함하는 피질하계통, 그리고 기분과 정서변화에 관계되는 말초내장내분비계통 등이 있다(Nauta, 1973).

구조상으로 전두엽의 기능은 다양하고 복잡하다. 또 전두엽을 구성하는 여러 영역간의 관계가 매우 복잡하기 때문에 전두엽장애에서 오는 증후의 기술이 매우 역설적인 데가 없지 않다(Stuss & Benson, 1983). 그러므로 전두엽의 기능장애는 해부학적 구조부터 이해해야 한다. 전두엽의 해부학적 구조는 조작적으로 정의한 행동에 대한 정의와 병행한다. 즉 추동은 행동을 야기하는 배측계통과, 기분은 변연계와 관계되는 복측계통과, 그리고 말초내장내분기계통은 관찰가능한 정동과 각각 밀접한 관계가 있다. 전두엽 손상에 영향을 주는 주요 신경학적 원인으로는 혈관교합, 전두엽 백질의 경색, 외상, 그리고 뇌손싱 같은 것을 들 수 있다. 그러나 이것만 가지고는 전두엽 손상을 이해하기는 어렵다. 왜냐하면, 이와 같은 신경학적 장애가 별로 중요하지 않다는 사실을 흔히 볼 수 있기 때문이다. 예를 들면, 외상의 경우 뇌의 손상이나 손상 부위보다는 압박의 영향이나 성장속도 같은 것이 외상을 이해하는 데 있어서 보다 더 중요시되고 있다(Maurice-Williams & Dunwoody, 1988).

두부손상도 행동과 정서의 변화를 야기시키는데 이는 곧 전두엽의 손상에서 그 원인을 찾을 수 있다. 두부손상의 전두엽 주위 영역에 많은 병적 변화를 일으킨다(Alexander, 1987). 퇴행성 치매가 곧 전두엽 손상의 원인이 된다. 알츠하이머 병은 전두엽의 전후부위 영역에 직접적으로 영향을 준다(Cummings, 1982). 전두엽 하부는 픽크병에 의해 장애를 받는데, 이로 인해 성격과 사회적 행동은 크게 저하된다(Malamud, 1957). 전두엽장애에서 오는 치매는 성격변화를 수반할 뿐만 아니라 활동수준이 크게 상승하는 특징이 있다(Neary, 1990). 간질에서 흔히 볼 수 있는 정서장애는 전두엽장애의 간접적 영향에서 그 원인을 찾을 수 있다. 이것을 더 깊이 추적해 보면 측두부에서 나타나는 간질형 활동이 확산된 것이라는 점을 쉽게 발견할 수 있다(Herman et al., 1987). 간질이나 정신장애 치료를 위해 신경외과적 수술을 받고 있는 사람들을 대상으로 한 연구에서도 신경해부학적 영역과 행동은 깊은 관계가 있다는 사실이 확증되었다.

헌팅턴 병도 전두엽장애를 유발하는 원인이 되는데 충동이나 동기의 상실 현상이 뚜렷하게 나타난다. 파킨슨 병과 진행성 상핵마비에서도 전두엽장애에서 나타는 것과 매우 유사한 행동변화가 나타난다. 상핵마비에서 나타나는 신경과민현상은 전두엽의 부활수준이 저하된 결과로 해석할 수 있다. 위에서 살펴본 여러 가지 장애에 전두엽에 구조적 이상이 있든 없든 간에 전두엽 계통의 기능장애로 보아야 한다는 주장도 있다(Stuss et al., 1992).

정신분열증은 전두엽-측두엽장애가 있을 때에는 정신기능이 크게 떨어지나 다른 부위가 손상받았을 때에는 전혀 영향을 받지 않는다(Kolb & Whishaw, 1983). 정신분열증에서는 흔히 주의장애가 두드러지게 나타나는데, 이는 전두엽장애에서 나타는 것과 매우 유사하다. 즉 각성하고 있을 때나 정신작업을 수행할 때에는 전두엽의 신진대사기능이 크게 떨어진다. 기분장애의 신경병리학적 기초는 아직 밝혀진 것이 별로 많지 않다. 왜냐하면 구조적 장애와 행동 간에 일관된 관계를 찾아보기 어려울 뿐만 아니라 약물학적 치료 결과를 종합해 보면 그것이 신경해부학적 장애라기보다는 신경화학적 장애로 나타나고 있기 때문이다.

강박신경증장애를 설명하는 데 전두엽장애의 기제가 사용되고 있다. 왜냐하면 첫째, 강박신경증에서 나타나는 반복성과 고착성의 특징이 전두엽장애에서 나타나는 것과 매우 유사하기 때문이다(Martinot et al., 1990). 둘째, 강박신경증이나 다른 불안에서는 변연-전두환을 발견할 수 있다. 셋째, 양전자 단층촬영(PET)을 사용한 뇌투시 결과에 의하면 강박증의 전두엽 영역에서 신경심리학적-신경생리학적 운동장애가 두드러지게 나타났다.

전두엽의 어느 부위가 장애를 받게 되면 큰 행동변화가 따른다는 사실이 임상적으로 확증되었다. 이에 대한 양적 연구는 별로 많이 발표된 것이 없으나 중요한 실험결과 몇 가지를 행동증후에 따라 소개하겠다. 전두엽장애에서는 충동, 흥미 및 동기의 손실현상 등을 쉽게 찾아볼 수 있는데(Blumer & Benson, 1975), 이는 주로 배측부위와 깊은 관계가 있는 것으로 충분히 해석할 수 있다. 자기각성기능의 장애에서 오는 냉담성과 무관심증도 전두엽의 장애와 무관하지 않다. 추동, 동기 및 의지작용 같은 것이 전두엽 기능과 밀접한 관계가 있는 것은 사실이지만 전적으로 전두엽의 기능이라고 생각할 수는 없다.

졸도 후에 우울증에 빠지는 경우가 많이 있다. 보다 구체적으로 손상부위를 살펴보면 좌전두부위 손상자에서 우울증이 보다 빈번하게 나타난다. 이는 전두부위 손상자의 카테콜라민 분비와 깊은 관계가 있다(Robinson et al., 1985). 졸도 후에 나타나는 우울증은 인지적 기능장애나 신체적 기능 손상에 못지않은 중요한 임상적 증후의 하나에 속한다(Robinson et al., 1985).

일반적으로 졸도환자의 40%는 우울증을 수반하는 것으로 확증되었다. 우울증과 신체적 손상의 관계는 시간의 흐름에 따라 그 강도는 더해진다. 이와 같은 사실은 졸도 후 초기에 나타나는 우울증은 주로 신경생리학적 기초에서 이해할 수 있으나 졸도 6개월 후에 나타나는 증후는 기능적 손상의 수준에 대한 반응으로 해석할 수가 있다. 아직까지 이와 같은 사실을 뒷받침하는 실험적 연구결과가 없는 상태에서 실제 뇌손상의 영역보다는 그 크기가 기분의 장애와 밀접한 관계가 있다는 주장이 발표되었다(Sharpe et al., 1990).

뇌의 좌우양반구 손상에 의한 졸도가 있은 후에는 반드시 우울증이 수반된다. 우반구의 손상은 보다 심한 심리적 증후를 유발하는데 여기에는 신경과민, 흥미상실, 그리고 주의집중의 곤란 등이 포함된다. 우후반구가 손상받게 되면 우전반구가 손상받을 때보다 더 심한 우울증을 나타낸다.

전두엽 손상과 행동변화의 상관관계연구에서 기분장애는 곧 전두엽의 장애에 의한 변화에 지나지 않는다는 사실이 발견되었다. 그러나 연구자들이 발표한 사실간에는 다소 차이가 있다. 즉 연구대상의 크기가 다르고, 평가방법이 다르고, 손상의 크기가 다르고, 그리고 평가도구가 서로 다르다. 그러므로 결과에 대한 해석이 다를 수 밖에 없다는 점에 주의할 필요가 있다. 시간의 흐름에 따라 나타나는 우울증의 수준이 크게 다르지 않다는 보고도 있다. 이와 같이 두부손상과 그에 수반되는 행동변화의 관계를 일관성 있게 해석하기는 어렵다. 전중추회, 피질하위부 백질계통의 손상은 수족에 경련성 반신불수현상을 수반한다. 전중추회 전면손상에도 마비가 수반되는데 이는 전중추회 손상에 수반되는 마비보다는 그 정도가 미약하다. 전전두엽 손상에는 직접 마비가 수반되지 않으나 운동기능의 통합기능과 근력이 크게 떨어진다. 양측 전두엽 손상이 되면 음식을 삼키고, 물건을 장악하는 원시적 반사 등을 억제하지 못한다.

언어기능 우선 반구손상에는 언어표현 능력손상이 수반된다. 전두관개, Broca 영역손상에는 언어표현기능손상과 같은 근육장애를 수반한다. 전두엽손상에는 언어표현능력 저하가 수반되나 이해능력은 건전하게 보존된다. Broca 영역이 손상되지 않았으나 주변기관이 손상되면 대뇌피질연결성 운동이나 실어증과 같은 증후가 나타난다(Albert et al., 1981). 환자는 자발적으로 이야기하지 못하나 반복은 가능하다. 예를 들면, 환자가 "오늘은 눈이 오고 추운 날이다"와 같은 말은 반복할 수 있다. 그러나 오늘 바깥의 날씨에 대해서는 스스로 말하지 못한다.

지적기능 전두엽손상에는 지적기능손상이 반드시 수반된다(Damasio, 1985). 전두엽손상은 이미 충분히 학습된 자료에는 직접 영향을 주지 않으나 새롭게 학습할 자료나 복잡한 추리를 요하는 자료에는 직접 큰 영향을 준다. 주의집중이 어렵고 방향감각이 잘못된 것, 사고기능의 장애, 그리고 판단능력의 저하는 전두엽손상에서 그 원인을 찾을 수 있다. 지능평가수단으로 가장 널리 활용되는 것이 웩슬러형 지능검사이다. 이 검사는 지적 수준이 비교적 높은 사람에게는 매우 유용하게 사용될 수 있으나 적응수준을 평가하는 데에는 적합하지 않다. 신경심리학적 검사수단으로 이 검사를 사용할 때에는 IQ 자체보다는 그 검사를 구성하는 하위검사의 수행과정에 보다 관심을 둘 필요가 있다. 왜냐하면, 웩슬러형 지능검사를 구성하는 하위검사는 지적 결함의 영향을 예민하게 받기 때문이다.

웩슬러형 지능검사를 구성하는 여러 소검사는 피질기능장애에 따라 서로 다르게 나타나는 반응을 측정한다. 상식문제 소검사와 어휘문제 소검사는 피질손상에 의한 영향을 별로 받지 않는다. 이와는 달리 토막짜기 소섬사, 바꿔쓰기 소검사, 그리고 숫자문제 소검사는 피질손상의 영향을 크게 받는다(Russell, 1977). 이점을 염두에 두고 볼 때 실어증이 아닌 뇌손상자의 상식문제 소검사와 어휘성 문제 소검사 점수는 손상 이전의 지능수준에 대해 좋은 정보원이 된다는 사실을 알 수 있다.

전두엽 손상자는 손상영역과는 상관없이 모두가 추상적 반응 대신 구체적으로 반응하는 경향이 있다. 예를 들면, 강을 건너는 중간에 말을 바꿔타지 말라는 속담이 어떤 의미를 내포하고 있느냐고 물었을 때 피질손상자는 옷을 적시기 때문에 혹은 그럴 수가 없기 때문에 라고 반응한다. 목적을 달성할 때까지 한 가지 일을 지속해야 한다는 것과 같이 추상적 반응은 불가능하다. 뇌손상자는 추상적 반응이 갖는 의미의 중요성을 전혀 이해하지 못한다.

성 격 전두엽손상에는 여러 가지 행동변화가 수반된다(Stuss & Benson, 1983). 가장 일반적으로 나타나는 것은 동기의 결여, 자발성의 결여, 사회적 쾌감상실, 빈번한 부적절한 농담, 지나친 경솔함, 그리고 정서적 불안 등이다. 행동변화는 손상부위에 따라 서로 다르게 나타난다. 위와 같은 행동변화는 알츠하이머 병과 같은 퇴행성 질병, 전두엽 성형, 혹은 혈관질병에 의해서 나

표 13-1 전두엽손상에 수반되는 행동과 성격의 변화

시각적 지각기능	학습능력
자기중심행동의 증가 자기비판결여 동정심 상실	정신적 지연 강직된 사고 학습능력 저하
자기 통제기능	**정서**
침착치 못함 충동성	불안정 어리석음 기분변화 냉담 성행동의 변화
사회적 행동의 습득	
주도권 상실 판단력 상실 사회적 의존	

타나기도 한다. 뇌손상에 수반되는 행동 변화를 정확하게 측정할 수 있는 심리검사는 개발된 것이 별로 없다. 다소 도움을 주는 것이 생활사이다. 불행하게도 뇌손상자에게는 기억손상이 심하기 때문에 가까운 친구나 친척을 통해 그의 생활사에 대한 정보를 얻어야 한다. 뇌손상자에서 뚜렷하게 나타나는 성격변화는 <표 13-1>과 같다(Lezak, 1978).

기 억 기억기능은 전두엽손상의 영향을 크게 받는다는 것이 임상가들의 주장이지만 그들의 관계는 불분명하다. 다만 기억력 손상은 주의집중력의 저하, 동기결여와 같은 전두엽 손상증후군과 깊은 관계가 있다고 보고 있다. 엄격한 의미에서 이는 순수한 기억장애라고 보기는 어렵다. 전두엽 영역에는 변연체계통과 시상 등이 깊이 관여되고 있기 때문에 이들이 기억과정을 직접 조정한다고 볼 수 있다(Squire & Butter, 1984). 그러므로 전두엽손상은 전두시상변연체계통의 상호작용의 결과로 볼 수 있다.

측두엽

측두엽에는 사람의 말소리와 같이 복잡한 청각정보를 분석하는 기능이 있다. 양쪽 귀는 피질 양쪽 부위에 있는 청각 영역과 밀접한 관계가 있다.

감각기능 측두엽 손상은 고전적 베르니케 실어증을 수반한다. 베르니케 영역의 후부와 그 주변은 대부분이 측두연합피질이다. 그러므로 이 부위의 손상에는 언어기능 손상이 수반된다. 측두손상자는 양쪽 귀에 동시에 청각자극을 주었을 때에는 교차적 청각 부주의 반응을 보인다. 시각기능도 측두엽손상의 영향을 받는다. 왜냐하면 시각투시섬유가 측두엽의 후부를 통해 연결되고 있기 때문이다. 이 부위가 손상되면 시각영역에 교차적 사분일맹이 수반된다. 근심측두피질은 후각기의 종점이다. 그 기능을 검사하는 심리학적 방법은 아직 개발되어 있지 않다. 다만 발작시에 냄새를 풍기는데 이것이 유일한 측두엽손상을 의미하는 임상적 단서가 될 수 있다.

언어기능 언어결함을 검사하기 전에 언어장애를 유창성 장애와 비유창성 장애로 구별할 필요가 있다(Bigler, 1987). 유창성 실어증 장애는 후부 로란드열구와 실비아 열구의 손상이나 기능장애와 깊은 관계가 있다. 유창성 장애자의 언어는 매우 유창하기는 하나 언어착오증의 오류를 자주 범한다. 언

표 13-2 측두엽 장애에 의한 주요 실어증과 그 특징

실어증	주요 특징
베르니케 실어증	유창하나 뜻이 바뀐 말을 한다. 이는 이해, 명명, 읽기, 그리고 쓰기 기능의 장애에 의한 것이다.
건망성 실어증	유창하게 말한다. 명명기능이 저하되어 있다. 이해력은 비교적 건전하다. 읽기와 쓰기 기능은 장애를 받을 수도 있다. 그러나 두정측두의 장애를 받게 되면 그 기능은 크게 떨어진다.
전도실어증	유성실어증, 말은 유창하게 하나 빈번히 단절된다. 특히 반복을 시도하거나 서지장애나 실독증이 있을 때 그 증후가 뚜렷하게 나타난다. 페리실비안 영역의 손상이 주된 원인이다.
전위감각 실어증	반복이 어렵고, 또 언어장애가 심하다. 이해기능이 크게 떨어진다.

어착오증은 stool을 pool로, chair를 desk로 표현되거나 때로는 전혀 의미가 없는 글이나 단어로 나타난다. 이를 흔히 신어조작증적 언어착오라고 한다. 측두엽손상에 수반되는 주요 실어증은 <표 13-2>와 같다. 측두엽과 두정엽 장애에 대한 검사에서는 임상적 방법으로 환자의 이해, 쓰기 능력을 철저히 평가해 볼 필요가 있다. 왜냐하면 이 영역은 언어영역에 직접 영향을 주기 때문이다.

기 억 우성 측두엽 내부 및 복측부위 손상은 언어기억능력손상을 수반한다. 열성 측두엽손상은 시각적 기억력 저하를 수반한다. 양측 해마의 손상은 건망증을 유발한다. 또 이는 단기 기억력을 크게 손상시킨다. 그러나 오래된 학습 경험은 완전하게 유지할 수 있다. 이와 가장 유사한 것이 콜사코프 증후이다. 이는 해마의 손상은 물론 시상의 배내측과 간뇌 상부 손상이 주요 원인이다. 기억손상은 알츠하이머장애에서도 흔히 나타난다. 그러나 아직 기억장애가 측두엽상애에 의한 것과 일반적 피질손상에 의한 것은 구분하기 어렵다.

기억장애의 일반적 특성은 면접을 통해 쉽게 알 수 있으나 시간, 장소, 그리고 사람에 대한 오리엔테이션장애는 다른 방법으로 평가해 볼 필요가 있다. 잘못된 오리엔테이션이 있거나 혼돈은 진정한 기억장애가 아닐수도 있다. 현재의 기억능력을 평가하기 위해 최근에 경험한 뉴스에 대해 질문해 본다. 환자에게 3~4개의 어휘를 들려주고 그것을 기억하게 한다. 정상인과는 달리

장애자는 3~4회의 반복연습을 필요로 한다. 이는 곧 단기언어 보유기능에 결함이 있는 것으로 판단할 수 있다. 약 5분 후에 환자에게 처음에 제시했던 4개의 어휘를 다시 회상하게 한다. 30분 후에 다시 회상하게 한다. 정상인은 쉽게 그것을 회상한다. 그러나 환자는 그것을 여러 차례 반복연습하지 않고는 회상하는 것이 불가능하다. 심리학자들이 선호하는 것은 Benton Visual Retention Test(Benton, 1974)와 Wechsler Memory Scale Denman Memory Battey(Denman, 1984)이다.

성 격 측두엽의 손상, 특히 복측부위와 근심부위의 손상은 여러 가지 정서장애를 수반한다. 왜냐하면 측두엽은 변연체계통과 깊은 관계가 있기 때문이다. 우성 반구의 손상에는 우울증이 수반되나, 열성 반구의 손상은 정서 변화와 전혀 관계가 없다. 측두엽의 손상에는 충동성, 공격성, 성욕과잉, 성욕저하, 그리고 분노와 같은 정서적 변화가 수반된다(Strub & Black, 1981). 측두엽의 양측부위 손상에는 클뤼버-버키 증후가 수반되며 성욕과잉, 성욕저하, 다변, 기억상실, 그리고 시각적 실인증이 뚜렷하게 나타난다.

두정엽

이는 체감각 영역으로, 신체운동감각, 온냉, 그리고 촉각을 지배하는 기관이다. 이는 중심열구에 의해 분리되어 있다. 이 부위를 전기로 자극하면 신체의 반대부위에 감각반응이 나타난다. 대부분의 신경세포는 신체의 반대방향 기능과 깊은 관계가 있다. 즉 신체의 우측으로부터 오는 신경흥분은 좌측체감각피질로 연결되고 우측 손발의 근육은 좌측운동피질에 의해서 통제된다.

운동기능 후중심회의 주변은 순수한 촉감각영역이 아니다. 왜냐하면, 일차적 감각영역에는 여러 가지 운동섬유가 공존하고 있기 때문이다. 또 후중심영역의 혈관장애나 외상성 손상뿐만 아니라 중심영역의 주변이 손상을 받게 되면 운동기능과 감각기능이 모두 손실된다. 두정엽손상에는 운동기능의 손상은 물론 촉감의 손상을 수반한다. 일반적으로 두정엽의 손상은 운동기능보다는 큰 감각기능의 손실이나, 보행운동기능손실도 발생시킨다.

감각기능 촉각은 후중심회 영역에 의해 지배된다. 그러므로 이 영역의 손상은 촉감각의 기능상실을 일으킨다. 이 영역의 손실이 별로 크지 않을 때에도 복잡한 촉감각의 기능상실을 일으킨다. 즉 손가락에 대한 인지기능, 손과 손가락 서화감각, 시각기능, 그리고 신체감각기능이 모두 상실된다. 양쪽 손이나 얼굴에 동시접촉자극을 주었을 때 교차적 부위에 지각부전현상이 나타나는데 이것이 곧 소거현상이다(Bender, 1952).

환자의 손상된 손과 교차적 손이나 얼굴에 동시적 자극을 주었을 때에는 자극을 지각하지 못한다. 그러나 일측성 자극을 주었을 때에는 그것을 정확하게 지각한다. 한쪽 손에 나타나는 촉각소거는 곧 교차두정엽의 손상에 의한 현상임을 알 수 있다. 이와 같이 고차적 촉각기능과 언어기능은 서로 중복되어 있기 때문에 유창한 부전실어증은 교차성 촉각 소거증, 손가락 인식이상, 서화감각이상, 신체감각이상 등에 이어 발생한 장애로 간주할 수 있다.

두정엽 손상자를 검사할 때에도 시야에 대한 검사도 병행할 필요가 있다. 시상시각 돌기의 이상은 시각 피질에 이르기 전에 후부두정엽의 영역을 거치게 된다. 두정엽 손상은 여러 가지 심리검사로서 진단이 가능하다(Benton et al., 1983). 이 검사를 활용하면 두정엽의 주요 기능을 비교적 정확하게 검사해 볼 수 있다. 또 감각지각검사(Reitan, 1984)는 신체감각이상, 서화감각이상, 손가락 감각이상, 촉각소거현상 등을 효과적으로 스크린해 낼 수 있다.

언어기능 우성 두정엽 손상은 실어증을 수반한다. 특히 두정엽의 후부 및 하위부위의 손상은 독서, 쓰기, 셈, 명명 및 언어기능 장애를 필연적으로 수반한다. 이들 기능의 일부 혹은 전부가 우성반구 두정엽의 영향을 받는다. 주요 실어증의 증후는 전두엽 언어영역의 손상에서도 나타나는데 이는 두정엽의 손상에서도 자주 나타난다. 특히 우성 두정엽 손상에 의해 촉발되는 실어증은 촉각장애와 함께 뚜렷하게 나타난다.

기 억 두정엽이 손상되어도 기억에는 큰 영향을 주지 않는다. 부전실어증에 의해 나타나는 기억능력 저하는 우성 두정엽 손상과 깊은 관계가 있고, 열성 두정엽 손상은 시공간 기능손상을 수반한다. 하지만, 이런 장애는 순수한 기억장애라기보다는 감각과정과 정보의 기호화장애로 간주하는 것이 옳다. 두정엽의 기억능력수준은 전두엽 기억능력을 검사하는 것과 같은 방법으로 비교적 정확하게 평가할 수 있다.

시공간지각 우성반구 두정엽 손상은 시공간지각기능과 시각조정기능 장애를 수반한다. 이와 같은 장애의 특징은 도형복사검사 결과에서 잘 나타난다. 즉 도형을 지나치게 단순화 시키기도 하고 도형의 세부에 주의를 기울이지 못한다. 심한 두정엽 손상은 교차반구에 주의를 기울이지 못한다. 정도가 심한 두정엽 손상은 교차마비현상을 수반하기도 하고 감각기능이 손실되기도 한다. 이들의 특징은 면도할 때 잘 나타난다. 즉 한쪽만 하고 다른 한쪽은 전혀 손대지 않는다. 또 빗질도 한쪽만 한다. 그러면서도 면도나 빗질을 다 한것으로 생각한다.

시공간 기능상태를 검사하기 위해 지필법이 널리 사용된다. 환자에게 종이와 연필을 주고 기하 도형을 제시하여 그것을 복사하게 한다. 이런 목적으로 사용가능한 수준이 높은 검사로는 벤더게스탈트검사(Bender, 1938)와 웩슬러형 지능검사의 토막짜기 소검사가 있다. 이들 검사는 환자의 구성능력을 검사하는 것이지 그림그리기 능력을 검사하는 것은 아니라는 점을 검사자는 알아야 하고, 그점을 환자에게 인지시켜 줄 필요가 있다. 또 웩슬러형 지능검사의 동작성 지능지수는 시공간 조정능력의 지표가 된다. 이 지수가 언어성 지능지수보다 현저히 낮을 때에는 열성 우반구기능이 크게 저하된 것으로 해석할 수 있다.

성 격 두정엽을 포함한 열성반구의 손상자는 자기자신에게 손상이 있다는 사실을 전혀 수용하려고 하지 않는다. 이것이 그들에게 특이하게 나타나는 거부의 증후이다. 이는 복잡한 감각기능의 저하현상이며 우성반구의 손상에는 우울증이 수반된다. 그외 다른 성격변화는 잘 나타나지 않는다(Ross & Rush, 1981).

후두엽

후두엽은 시각기능을 통제하는 기관으로, 눈의 시신경섬유와 신경통로의 흥분은 모두 후두엽에 전달된다. 여기서 우측 눈으로부터 오는 시각섬유의 일부는 우측 반구에 전달된다. 다른 섬유는 시신경 교차점을 거쳐 반대 반구에 전달된다. 오른쪽 눈에서도 이와 같은 현상이 일어난다. 양쪽 눈의 오른쪽 시신경 섬유는 우반구에 연결되며, 왼쪽 시신경섬유는 좌반구에 연결된다. 결과적으로 반구의 시각영역이 손상받게 되면 양쪽 눈의 좌측부위에 맹점이 형성되어 우측부위의 기능이 상실된다. 이는 뇌손상이나 다른 이상을 발견하는 데 큰 도움이 된다.

감각기능 시각피질이 손상되면 시각기능이 크게 떨어진다. 왜냐하면, 전두엽과 후두엽, 두정엽과 후두엽이 서로 연결되어 있기 때문이다. 따라서 후우성반구 손상은 부전실어증과 시각결함을 수반하고, 후열성반구손상은 시공간 지각 결함을 수반한다. 우성반구 후두엽 손상은 실독증을 수반하나 실서증이나 교차적 반맹은 수반하지 않는다. 후두엽이 손상되면 교차적 반구의 기능을 전혀 인지하지 못한다. 손상의 정도가 심하지 않고 시지각 능력이 있을 때 손상된 후두엽에 시지각 자료를 동시에 자극해도 환자는 전혀 주의를 기울이지 않는다. 양측 후두엽 손상이 있을 때 대상의 지각기능과 변별기능이 크게 떨어진다(Damasio et al., 1982). 표준기술을 활용하면 시야는 정확하게 평가할 수 있다(Bigler, 1984). 시각적 실인증 검사를 위해 특정한 사물을 피검사에게 제시하고 그것이 어떤 것인가를 말하게 한다. 안면 인지기능검사를 위해 밴턴검사를 활용한다(Benton et al., 1983).

후두정엽이나 전두엽이 손상되었을 때에는 부전실어증은 물론 시야에 결함이 생긴다. 이때 반맹이나 사분일맹과 같은 장애가 흔히 나타난다. 후두엽이 큰 손상을 받지 않았을 때에도 시야에 결함이 생기는 수도 있다. 이는 후두엽과 직접관계가 없지만 교차적 반구반맹증을 유발한다.

외상성 두부손상

기질적 손상자를 흔히 두부손상자라고 부르는데 장애의 본질을 보다 깊이 이해하는 데는 그것보다는 외상성 두부손상이라는 용어가 좀 더 적합하다. 왜냐하면, 이는 외부에서 두개나 그에 가까운 부위에 자극이 가해진 결과로 뇌가 이차적으로 손상을 받았다는 의미를 충분히 내포하기 때문이다(Prigatano, 1992). 뇌가 외부자극을 받게 되면 크고 작은 기능변화를 수반한다는 것은 널리 알려진 사실이다. 뇌가 외부로부터 어떤 자극을 받았을 때에는 대뇌, 소뇌 및 뇌간이 손상된다(Becker & Povlishock, 1985).

뇌손상이 행동변화에 주는 영향을 살펴보기에 앞서 손상의 기준에 대해 언급하고자 한다. 통상적으로 중정도/심한 외상성 두부손상의 기준은 글라스고 코마스케일(Glasgow Coma Scale)값 9-12/3-8이다. 뇌손상의 정도가 중간 정도이거나 심한 성인의 행동은 미숙하고, 비현실적이며, 안절부절 못하며, 그리고 자기지향적 동기가 결여되어 있다. 또 사회적으로 미숙해 보이며, 주위에 대한 관심이 결여되어 있고, 자발성이 크게 결여되어 있다. 이 집단에 속한 사람들은 사회적 고립감을 심하게 느낀다(Kozloff, 1987).

이들은 심한 기억력 손상을 호소하는데, 이는 신경병리학적 기반에서 나타나는 현상으로 해석할 수 있다. 외상성 두부손상을 받게 되면 여러 해 동안 정동적 문제가 지속되는 것을 쉽게 볼 수 있고 그 원인은 신경병리에서 찾을 수 있다. 행동상의 문제는 시간이 경과함에 따라 악화된다. 신경병리에서 오는 정동장애와 환경적 조건은 매우 복잡한 상호작용을 한다. 손상 후 일반적으로 정서변화와 기억장애가 없는 사람도 손상 2~15년 후 단 10%의 환자에서 변화가 생긴다. 정서적 불안정감은 약 10%가 증가한다. 이와는 대조적으로 피로감과 환경에 대한 흥미상실은 크게 악화되어 22~40%까지 증가한다(Thomsen, 1989). 손상 2~15년 후에 사회적 고립의 증후는 크게 증가하는데 그 비율은 약 15%이다. 이와 같은 사실은 뇌손상자에서 흔하게 볼 수 있는 사회적 고립현상과 크게 다름이 없다(Prigatano et al., 1986).

외상성 두부손상 후에는 신경이 매우 과민해진다. 두부손상자를 대상으로 조사한 결과를 보면 높게는 70%(McKinlay et al., 1981), 낮게는 38%(Thomsen, 1989)로 신경과민의 수준이 높은 것으로 나타났다. 그러나 두부손상의 정도와 자기평가에 의한 과민성 수준 간의 상관관계는 별로 높지 않다(Van Zomeren & Van Den Burg, 1985). 이와 같은 사실을 보면 신경과민성은 신경심리학적 문제와는 별로 상관이 없으나 어떤 환자에서는 반응성 행동장애가 있다는 것을 알 수 있다(Prigatano et al., 1986). 즉 기억능력과 인지기능이 저하되어 환경에 적응하기 곤란해지고, 이런 환경극복의 실패로 인해 신경과민현상이 나타난다고 하였다.

분노정서의 처리곤란이 외상성 두부손상자에서 크게 문제가 된다. 신경은 과민해지며, 좌절에 대한 감내성이 약하며, 그리고 정서적으로 매우 불안하다. 정상인에서는 물론 두부손상자에서도 욕구가 좌절되면 분노의 정서가 일어난다(Dollard & Miller, 1950). 두부손상자는 주위환경에서 어려운 일이 생기고 그로 인해 욕구가 심하게 좌절될 것이 예상될 때에도 분노감정이 복받쳐서 그것을 슬기롭게 극복하는 것이 거의 불가능하다.

공격적 행동은 신경학적 기초에서 야기되지만 이에 못지않게 심리적 사회적 요인의 비중도 크게 작용한다(Elliot, 1982). 신체적 공격충동을 억제하기 어려운 사람들의 35.6%가 두부손상을 받은 사실이 있는 것을 보면 두부손상과 공격성은 밀접한 관계가 있다는 사실을 알 수 있다. 그러나 두부손상만이 곧 공격성 행동의 원인 전부로 작용하고 있다고 보기보다는 뇌손상 후에 공격적 행동의 가능성이 증가한다고 보는 것이 더 타당할지 모른다(Prigatano, 1992). 두부손상자가 왜 공격적 행동을 하는지는 여러 가지로 설명할 수 있다. 무엇보다도 그들에게는 환경적 욕구를 극복하는 데 필요한 인지적 기능이 크게 손상된 것으로 보는 것이 옳다. 두부손상자의 과격행동 특징은 다른 연구에서도 찾아볼 수 있다. 즉 부부생활에서 폭력을 쓰는 사람의 61.3%가 이미 두부손상의 경험이 있는 것으로 밝혀졌다(Rosenbaum & Hoge, 1989).

두부손상이 공격성을 야기시키는 것은 임상적으로는 이미 널리 알려진 사실이지만 두 변인간의 관계는 아직 분명하게 밝혀진 것이 없다. 뇌의 이상 전류현상과 깊은 관계가 있다고 보는 사람도 있지만, 그 원인은 아직 밝혀진 것이 없다(Prigatano, 1992). 전두엽 손상이 공격성을 유발한다는 증거가 전혀 없다는 주장도 있다(Heinrichs, 1989).

전두엽손상으로 인해 인지적 기능손상이 야기되며 경직된 행동과 틀에 박힌 듯한 반응을 하며 자기 각성의 수준이 크게 떨어진다. 두부손상자의 공격적 행동을 신경전달물질과 연관시켜 설명하는 사람도 있다(Cassidy, 1970). 외상성 두부손상자는 자신의 정동상태를 자의적으로 통제하는 것이 매우 어려우며, 그들의 63%는 기분변화가 매우 심하다. 임상적으로 관찰해 보면 두부손상자의 반응은 지나치게 빠르거나 느리다. 특히 탈제지행동에서 그 증후가 두드러지게 나타난다. 이는 전두엽의 기능장애와 깊은 관계가 있다는 증거로 해석할 수 있다(Javie, 1954).

임상신경심리학적 평가의 타당도

임상신경심리학이라는 용어는 얼마 전까지만 해도 심리학자, 심지어는 임상심리학자들에게까지도 생소하였으나, 뇌와 행동과의 관계에 관심이 커지면서 매우 친숙해졌다. 의학 특히 신경학적 치료에 있어서는 환자의 신체적 질병을 치료할 목적으로 외과적 수술을 하기도 하고, 약물치료도 하고, 그리고 경우에 따라서는 양자의 방법을 병행하기도 한다. 또 반신불수가 되어 말을 잘 하지 못하는 환자가 응급실에 들어오면 의사는 뇌 좌반구에 동맥출혈이 있을 것이라고 가정하고 컴퓨터 단층촬영을 한다. 예상대로 이상이 발견되면 신경외과적 수술을 한다. 그 수술이 성공하면 환자는 완전히 건강이 회복된다. 이것은 의학적 진단이나 치료가 매우 성공적인 사례이다. 의학분야에서 모든 진단과 치료가 이와 같이 꼭 성공적인 것일 수만은 없다.

임상신경심리학은 신경학적 진단의 신빙도를 다시 한번 검증해 보는 심리학의 한 영역이라고 생각하면 된다. 한편으로는 임상신경심리학적 검사결과가 신경학자와 신경의학자의 진단과 얼마나 일치하는가를 검토하는 기능을 가진 것으로 생각할 수가 있다. 초기에는 이와 같은 진단결과가 실제 치료와 직접 간접으로 어떤 관계가 있느냐가 문제되었으나 이제는 그와 같은 문제보다는 신경심리학적 검사가 진단에서 그치지 아니하고 치료에도 직접 간접으로 공헌할 수 있을 것인가 하는 방향으로 논쟁이 전개되고 있다.

임상장면에서 어떤 치료를 할 것이냐는 의사에 의해서 결정된다. 이에 대하여 신경심리학자는 신경학적인 장애에 의해 어떤 인지적 장애가 수반되는지, 신경학적 장애의 상대적 크기, 치료를 받고 난 후 환자가 이전의 생활양식으로 복귀될 수 있을 것인지, 그리고 치료계획을 세우는 일에 관여하게 된다. 일반적으로 의사는 신체적 질병의 진단에만 관심이 있을 뿐 그 외의 복잡한 행동정보에는 별로 관심을 두지 않는다. 이와는 대조적으로 신경심리학자는 행동정보에만 관심이 있을 뿐 뇌장애의 영역에 대한 정보는 전혀 가지고 있지 못하다. 이와 같은 점을 양자가 모두 시인한다면 뇌-행동의 관계는 보다 잘 이해할 수 있게 된다.

신경심리학적 평가는 질과 양적인 면 모두에서 임상적 성격평가와는 다른 데가 있다. 일반심리학적 평가나 신경학적 평가의 대상은 동일하지만 중점을 두는 것이 서로 다르다. 일반 심리학적 평가, 특히 임상적 성격평가에 있어서는 성격특질이나 환경적 결정요소에 대한 측정이 관심의 초점이 되지만 신경심리학적 평가에서는 여러 검사를 써서 인지적 숙련도를 측정하는 데 관심의 초점이 있다. 기질적 장애자와 정신과 환자들이 모두 가지는 행동문제와 감정문제는 서로 비슷한 데가 있기는 하지만 이것만 가지고 두 집단을 구분하기는 매우 어렵다. 그러므로 지능, 성격, 환경 및 기질적 요인 어디에 중점을 두느냐에 따라서 평가의 의미는 서로 달라진다. 신경심리학적 검사로써 대뇌피질에 장애가 없다는 것을 찾아 내고자 할 때에는 지적 기능은 물론 성격특징까지도 측정해 낼 수 있는 일련의 검사를 활용하는 것이 바람직하다. 그 결과를 해석할 때에는 환자의 병상기록을 함께 참작하는 것이 크게 도움이 된다.

임상적 평가는 일종의 심리학적 평가로서 환자의 적극적 참여 없이는 의미 있는 결과를 얻기가 매우 어렵다. 환자가 주어진 자극에 대해 성실하게 반응해야, 임상가는 인지적 기능의 특징을 정확하게 파악할 수 있다. 환자가 스트레스를 어떻게 극복하여 검사장면에 어떻게 적응하고 있느냐에 따라서 그가 어떻게 좌절상태를 극복하고 있으며, 그가 지향하고 있는 동기수준은 어느 정도인가를 쉽게 알 수 있다. 임상가는 환자의 가정환경과 경제적 조건도 평가해야 한다. 또 의학적 장애에 수반되는 다른 기능의 측면까지도 자세하게 검사해 둘 필요가 있다. 그 외에도 환자의 연령, 교육 정도, 그리고 경제적 조건도 조사할 필요가 있다.

무엇보다도 신경심리학적 검사에 있어서는 철저한 의학적 신경학적 검사가 병행되어야 한다. 여기에서 얻은 자료 없이는 신경심리학적 검사를 통해서 얻은 결과를 의미 있게 해석할 수 없다. 신경심리학적 평가는 환자의 치료 계획수립에 직접 도움을 줄 수 있어야 한다는 점을 염두에 두고 실시되어야 한다. 임상장면에 있어서 신경심리학자는 정상과 뇌손상자를 변별하고, 정신장애자의 뇌손상 유무 및 그 영역을 찾아내는 데 큰 관심을 가져야 한다. 또 신경심리학적 평가에 의해서 얻어진 결론을 어느 정도까지 믿어야 할지 그 규준을 세우는 데 큰 관심을 가져야 한다. 지금까지 임상장면에서 통용되고 있는 신경심리학적 검사의 신빙도와 타당성에 대해서 자신있게 보고한 경우를 보기가 매우 어렵다.

기질적 장애와 정상

단일신경심리학적 검사만으로도 기질적 장애자와 정상인을 71%까지 정확하게 변별 가능하다는 주장이 있다(Spreen & Benton, 1965). 이들의 주장에 따르면 신경심리학적 검사에 의해 뇌손상을 가진 네 사람 가운데 세 사람은 정확하게 감별진단이 가능하다고 한다. 특히 여러 가지 검사를 함께 사용하게 되면 그 정확성은 더 높아질 가능성이 많다. 뇌손상자를 검사할 목적으로 의학분야에서 흔히 쓰고 있는 혈관조영법, 기체조영 X-선 뇌촬영법, 컴퓨터 단층촬영법, 두대골 X-선인 뇌파보다도 더 정확하게 뇌손상의 유무는 물론 그 영역까지도 검사할 수 있는 신경심리학적 검사가 있는데 이것이 곧 HRB다. 이는 뇌의 외상, 퇴행성 질병, 혹은 뇌동맥경화증과 같은 뇌질병을 100%까지 정확하게 진단할 수 있다(Filskov & Goldstein, 1974).

뇌손상의 진단을 목적으로 벤더게스탈트검사를 쓰는 사람도 있다. 피험자가 그린 결과를 여러 가지 서로 다른 방법으로 채점하고 그것을 종합하여 진단해도 그 적중률은 50~70%에 지나지 않는다. 이와 같은 결과를 보면, 벤더게스탈트검사만으로 진단하는 것은 바람직하지 못하고, 다만 임상장면에서 진단을 위한 검사도구의 일부로 사용하는 것이 바람직함을 알 수 있다(Buttler et al., 1974). 여러 가지 검사 결과를 결합하여 신경심리학적 기준은 만들어 임상적 평가자료와 결합하면 75%까지 정확한 감별진단이 가능하다. 특히 이 기준은 뇌손상자를 비교적 정확하게 변별할 수 있지만 정상의 경우는 51%가 뇌에 손상이 있는 것으로 오진되는 사례도 있다(Russell et al., 1970).

기질적 장애와 정신적 장애

뇌손상자와 뇌손상이 없는 정신장애자는 75%까지 정확하게 변별 진단된다. 정신의학적 장애의 종류에 따라 적중할 확률은 달라진다. 즉 정신병 환자가 아닌 경우 82%, 여러 가지 정신의학적 장애자의 경우 77%, 정동장애자의 경우 77%, 그리고 급만성 정신분열증 환자의 경우 69%까지 정확한 진단이

가능하다(Heaton et al., 1978).

HRB에 신경정신과에서 쓰는 몇 가지 검사를 부가시키면 급성 정신분열증 환자와 만성 뇌손상자는 72%까지 정확한 변별 진단이 가능하다(Stack & Phillips, 1970). 검사결과를 판별함수법으로 분석한 결과, 정신장애자는 100%, 그리고 뇌손상자는 94%까지 정확하게 변별된다(Golden, 1977). 일반적으로 단일 검사에 의한 진단의 정확성은 70%에 불과하지만 그것을 하나의 배터리로 구성하여 사용할 때에는 그의 변별기능은 훨씬 높아진다. 그러므로 심리학적 혹은 정신의학적 문제를 지닌 사람을 진단할 때에는 여러 종류의 검사를 개별적으로 사용하는 것보다 하나의 배터리로 사용하면 변별진단에 크게 도움이 된다.

만성 혹은 진행성 정신분열증 환자와 뇌손상자를 정확하게 변별 진단할 수 있는 비율은 54%로, 낙관할 수 없다는 주장도 없는 것은 아니다. 이들의 주장에 따르면 신경심리학적 검사의 적중률은 50%로, 이것은 어림짐작으로 맞추는 것과 크게 다름이 없다는 의미로도 생각할 수 있다(Heaton et al., 1978). 이것은 만성 정신분열증 환자는 검사에서 높은 점수를 받아야 되겠다는 동기가 결여되어 있고 심한 사고장애가 있기 때문에 피할 수 없는 현실이다. 또 한걸음 나아가서 만성 정신분열증 환자는 장기간에 걸친 향정신성 약제복용으로 인해 뇌손상의 가능성도 전적으로 배제할 수는 없다. 그러나 만성 정신분열증 환자가 뇌손상이 있을 것이라는 것은 가정에 지나지 않는 것으로 앞으로 연구되어야 할 과제이다.

신경심리학적 검사는 뇌손상의 유무는 물론이지만 그 영역까지도 검사해 낼 수 있다는 점에 대해서는 이미 언급하였다. 그러나 발표된 결과를 찾아보면, 아직은 초보단계를 겨우 벗어난 것과 같은 인상을 받게 된다. 우선 한 가지 사실만 들어보자. 즉 뇌의 좌반구에 손상이 있을 때에는 언어인지기능이, 그리고 우반구에 손상이 있을 때에는 장소지각과 운동기능지각이 각각 장애를 받을 것이라는 가정을 바탕으로 연구가 진행되고 있을 뿐이다. HRB에 의해서 좌우반구손상은 90%까지 정확하게 변별이 가능하다(Wheeler et al., 1963). 또 HRB와 웩슬러 지능검사를 배터리로 사용하면 정신의학적 장애자와 좌반구-우반구 뇌손상자를 80% 이상 정확하게 변별 진단이 가능하다(Golden,

1977).

성인의 뇌손상

심리학자들이 뇌손상 평가에 관심을 가지게 된 것은 Halstead(1947)가 생물적 지능과 심리측정에 의한 지능을 구별하기 위해 객관적 심리검사를 만들기 시작한 데서부터 시작되었다. 그 후 많은 심리학자들은 뇌손상자를 평가하는 데 심리검사를 활용하게 되었고 신경심리학적 검사결과에 의해서 뇌손상자는 의미 있고 높게(90.7%) 변별되었다(Wheeler et al., 1963). 타당도 연구를 목적으로 이들 검사결과를 여러 가지 행동지수와 상관시킨 연구가 있는데 일반적으로 그 적중률은 높은 것으로 보고되었다.

지능지수로서 뇌병리의 유무는 물론 그 영역까지 진단할 수 있다. 외상성 뇌손상에 의해 지능이 크게 떨어지는데 공간지각능력보다는 언어능력이 그 영향을 더 예민하게 받는다. 또 급성 기질적 뇌손상자나 질병을 앓는 사람이 심리적 장애를 받기 쉽다. 특히 좌반구에 손상이 있는 사람은 언어성 능력이, 그리고 우반구에 손상이 있는 사람은 동작성 능력이 각각 현저하게 떨어지는 경향이 있다. 그러나 만성 환자에서는 이러한 특징이 나타나지 않는다(Fitzhugh et al., 1962).

우측운동결함을 수반하는 뇌손상자와 좌측운동결함을 수반하는 뇌손상자에 있어서 지능저하의 양상은 크게 다르다. 즉 언어능력의 저하는 뇌좌반구의 손상과, 그리고 공간-지각 관계 지각능력의 저하는 뇌우반구의 손상과 깊은 관계가 있다(Reed & Reitan, 1963). 그러나 이와 같은 뇌기능의 장애는 측정하기가 쉬운 것이 아니다. 모든 신경심리학자들을 만족시킬 수 있는 새로운 신경심리학적 검사가 제작되기 시작하였다. 이들 검사들은 교육적 배경과 같은 외적 요인은 비교적 잘 배제하고 있다. 또 뇌기능의 손상을 검사하기 위해 감각운동기능측정, 청각기능측정, 그리고 운동능력의 일관성 등을 측정하고 있다. 이러한 여러 가지 검사들을 개별적으로 사용하면 뇌손상의 유무는 물론 그 영역까지도 70~90%까지 정확하게 진단 변별할 수 있다(Spreen & Benton, 1965).

이와 같은 주장은 후속 연구자들이 계승하고 있다. 신경심리학적 배터리에 의한 적중률은 89%에 이르지만 X-선 검사나 혈관검사에서는 그 적중률이 각각 16%와 80%에 지나지 않는 것으로 밝혀지고 있다(Filskov & Goldstein, 1974). 신경학적 검사에서 정상으로 진단된 사람들을 신경심리학적 검사를 하고 그 결과를 판별함수법으로 분석하면 73.5%까지 정확하게 뇌손상자를 진단할 수 있다는 연구가 있다(Stuss & Trites, 1977). 신경심리학적 검사에 경험이 적은 사람의 뇌손상 진단의 정확성보다는 신경학적 검사에 경험이 많은 사람의 뇌손상 진단의 정확성이 높다. 이와 같은 몇 가지 사실을 종합해 보면 신경심리학적 평가는 다른 어느 신경학적 방법보다 신빙성이 있고 타당한 진단적 방법이라고 말할 수가 있겠다.

정신과 환자의 뇌손상

신경심리학적 검사에 의해 정상과 뇌손상자를 비교적 정확하게 변별 진단할 수 있다는 연구를 바탕으로 정신과 환자와 뇌손상자를 변별 시도한 연구자가 많았으나 큰 성과를 얻지 못하고 있다. 이것은 두 집단을 만족할 만하게 변별해 낼 수 있는 검사가 아직 없다는 사실을 입증하고 있다. 그보다는 정신의학적 장애에 있어서 기질적 요인이 갖는 의미를 다시 한번 더 생각해 볼 기회가 된다. 또 기질적 장애와 정신의학적 장애가 표준화검사 결과에 의해 진단 가능한가 하는 점도 문제로 제기된다.

사실상 신경심리학적 검사로서 그들의 결함을 측정할 수 있고 치료계획까지도 세울 수 있다고 주장하지만 그 주장을 뒷받침할 수 있는 자료는 그렇게 많지 않다(Heaton et al., 1978b). 일반적으로 기질적 장애자와 정신의학적 장애자는 신경심리학적 검사에 의해 변별되는데 그 적중률은 54~82% 정도로 보고 있다(Crockett et al., 1981). 이 지료는 기질적 장애와 정신익학적 장애를 변별 예언하기 위해서 사용된 검사와 관찰결과를 종합한 것이라는 점에 유의할 필요가 있다.

초기의 연구자들은 기질적 장애를 변별 진단하기 위해서 단일변인만을 측정하였다. 이와 같은 방법은 다양한 행동차원의 극히 일부만을 측정하고 있다는 비난을 면할 길이 없었다. 그러나 미네소타 지각진단검사가 같은 검사는 재생도형의 회전 유무와 그 정도에 따라 정신분열증 환자와 뇌손상자가 변별 진단된다(Holland et al., 1975). 이 검사결과에 나타난 것을 보면 정신분열증 환자는 지각과정에 심한 장애가 있고 뇌손상자는 정신분열증 환자에 비해 배경에 대해 예민하게 반응하고 있는 것을 알 수 있다. 그러나 정신분열증 환자와 기질적 장애자의 운동능력에는 큰 차이가 없다. 이와 같은 사실은 반복실험을 통해서 확증된 것이 아니기 때문에 확고한 결론으로 생각해서는 안 된다. 다른 연구자들에 의해서 다른 사실들이 발견될 가능성이 있다.

이와 같은 유동적 검사결과는 검사 자체가 단일변인만을 측정할 수밖에 없다는 것과 무관하지 않다. 그러므로 중다변인 측정에 관심을 돌리는 신경심리학자들이 많이 있다. 기질적 장애자, 정신분열증 환자, 그리고 정상인을 변별 진단하기 위해 나선잔상효과검사, 망막시야경쟁검사, 그리고 입체도형 추적검사와 같은 특수한 검사도구를 쓰기도 한다.

이와 같은 검사를 사용함으로써 기질적 장애자를 비교적 정확하게 변별해 낼 수 있다. 그러나 그 장애부위와 정신분열증 환자는 쉽게 변별 진단되지 않는다. 뇌손상자나 정신분열증 환자의 전체 점수는 정상에 비해서 현저하게 떨어진다. 나선잔상효과검사결과는 기질적 환자와 정신분열증 환자를 매우 의미 있게 변별 진단하고 있다(Sappenfield & Ripki, 1961).

제14장

법정심리학

제14장
법정심리학

법정심리학은 포괄적인 의미로 심리학적 지식을 법률 및 사법제도에 응용하는 학문이다. 다른 분야에 종사하는 임상심리학자와 마찬가지로 법정심리학자도 주로 예방, 평가, 치료, 그리고 연구활동을 하며, 최근 교통사고 보험의 판정이나 꾀병 등의 감별진단, 청소년 비행행동의 예방, 그리고 외상이나 학대 희생자들에 대한 치료에 중요한 역할을 하고 있다. 법정심리학자는 범죄자, 범죄희생자, 목격자뿐만 아니라 법정분쟁자, 경찰관, 법정관련 당사자들에게 전문서비스를 제공하기 위해, 면담이나 관련 보고서를 통해 수집한 자료를 활용한다(Lally, 2003). 따라서, 법정심리학자의 활동영역은 매우 광범위하고, 법정에서 심리학적 전문가 증언도 자주 일어나고 있다(Packer, 2008).

본 장에서는 법정심리학의 정의와 간략한 역사, 법정심리학의 분야, 그리고 법정심리학자의 활동을 소개하고자 한다.

법정심리학분야[1)]

법정심리학도 다른 심리학 전문분야와 마찬가지로 명확히 정의 내리기가 쉽지 않다. 법정심리학분야는 매우 다양하고 광범위하며 시대에 따라 새로운 개념과 역할을 지속적으로 포괄하기 때문이다. 이런 특성을 해결하기 위해 단순하고 포괄적인 정의를 내린 Wrightsman은 "법정심리학은 법적 체계에서 일어나는 일들을 위해 심리학적 지식이나 방법을 적용하는 것"이라고 정의하였다.

법정심리학이 관심의 대상이 된 시기는 비교적 최근이지만, 학문의 역사

1) 본 장의 일부는 저자의 '인간행동과 심리학(3판, 2010)' 및 '법정 및 범죄심리학(출판중)'에서 발췌함.

는 매우 오래되었고 중요한 역사적 사건 또한 방대하다. 중요한 인물과 사건을 중심으로 소개하자면, 우선 1893년 목격자 증언에 대해 최초 심리학 실험을 실시한 McKeen Cattell, 1903년 증언의 심리에 대해 학술지를 창간한 William Stern 등을 들 수 있으며, Sigmund Freud도 법정심리학에 흥미를 보여 1906년 '법정의 진실에 대한 규명과 정신분석'이라는 논문을 발표하기도 하였다. 하지만, 무엇보다 중요한 사건은 1908년 법정심리학의 아버지라 불리는 Hugo Münsterberg가 법정심리학에 대한 첫 전문서적 중의 하나인 '증인석에서'를 출판하여 이 분야를 널리 소개하였다. 1911년 J. Varendonck는 벨기에 형사재판에서 심리학적 증언을 하였으며, 1913년에는 미국 교도소에서 최초로 심리학적 서비스가 제공되었다. 1917년 William Marston이 최초의 거짓말 탐지기를 개발하였고, 1921년에는 미국재판에 심리학자를 전문가 증인으로 활용하였으며, 1922년 심리학자이자 변호사인 William Marston이 American University에서 법정심리학 교수직을 맡아 배심원제도에 대해 연구하였다. 1931년 Howard Burtt의 '법심리학', 1961년 Hans Toch의 '법과 범죄 심리학', 그리고 1964년 Hans J. Eysenck의 '범죄와 성격'이 출판되었으며, 1974년 미국 네브라스카 대학에서 처음으로 심리학과 법학의 학제간과정이 운영되었다. 1972년 교정심리학자가 전문직업인으로 인정받았으며, 1978년부터 미국 범죄심리학 위원회가 법정심리학 졸업생에게 전문가 인증을 시작하였고, 2001년 미국 심리학회로부터 법정심리학이 전문분야로 인정받았다.

현재 법정심리학자가 활동하고 있는 분야는 광범위하고 다양하지만, 경찰심리학, 범죄와 비행심리학, 피해자학과 피해자 서비스, 법률심리학, 교정심리학 등으로 크게 분류할 수 있다. 이외에도 법정학교심리학, 법정신경심리학, 법정가족심리학 등 다양한 분야가 존재하며 그 범위가 늘어나는 추세이다. 경찰심리학과 교정심리학은 법정심리학을 적용하는 응용분야 쪽에 가깝고, 범죄와 비행심리학 그리고 법률심리학은 연구에 초점을 둔 기초분야 쪽에 가깝다. 하지만, 이들 분야 모두가 연구에 기초해서 현장에 응용하고 적용하는 연구자-실무자 모델을 강조하고 있어서 기초나 응용분야로 구분하는 것은 무의미하다.

경찰심리학

경찰심리학은 심리학적 원리와 기법을 법집행과 치안에 적용하고 연구하는 분야이다(Bartol, 1996). 법집행기관이 전문화되고 법집행감독관 및 지휘관의 교육수준이 높아지고, 대중으로부터 많은 비평과 관심을 받으면서 법정심리학자의 필요성이 크게 대두되었다. 경찰심리학자의 역할은 주로 경찰관 채용 심리평가, 업무수행의 적합성 평가, 흉포한 폭력사건에 대한 평가 등의 평가업무, 인질협상훈련이나 전술적 방어훈련과 같은 교육 및 훈련업무, 그리고 범인프로파일링, 심리분석, 필적분석, 목격자 증언이나 최면과 같은 수사관련 업무도 수행한다.

Bartol(1996)의 조사에 의하면, 경찰심리학자의 89%가 심리학 박사학위 소지자였고, 이들 중 대부분이 임상심리학(60.7%), 상담심리학(17%), 산업/조직심리학(8%) 전공자였다. 이들의 주업무는 채용 심사와 평가(34.3%), 직원 및 그 가족에 대한 심리적 서비스 제공(28.7%), 교육 및 훈련(6.9%), 업무수행의 적합성 평가(6.8%), 그리고 행정업무(3.9%) 순으로 조사되었다.

따라서, 경찰심리학자가 되기 위해서는 심리학 박사학위를 소지하면서 이 분야의 전문가와 함께 일하고 경찰기관이나 관련조직에서 인턴십을 수행하는 것이 필요하다. 유능한 경찰심리학자가 되기 위해서는 경찰업무의 성질, 정책과 절차, 그리고 경찰문화에 대한 이해가 필수적인데, 이런 '경찰문화 사회화 과정'이 길면 3년까지도 걸린다는 보고(Finn & Tomz, 1997)와 같이 오랜 적응 기간과 24시간 근무대기 및 열악한 환경을 감내해야 한다.

범죄와 비행심리학

범죄와 비행심리학은 성인과 청소년 범죄자의 행동과 정신과정을 연구하는 분야이다. 주로 범죄행동의 습득과정 및 경로, 유발과 유지요인, 그리고 수정 가능성 등에 초점을 두고 있으며, 최근 연구들은 범죄자의 사고, 믿음, 가치관의 변화가능성을 다루고 있다. 더 나아가 범죄행동을 줄이기 위한 예방, 처치, 그리고 치료적 전략을 검토하고 평가한다.

최근 사회적으로 문제가 되고 있는 학교총기사건에 대한 이 분야의 연구결과는 총기사건 범죄자들이 주로 사회적인 고립감과 관련되어 있다고 주장하였다(Benson, 2002). 또한 Fast Track Prevention Program과 같은 예방 프로그램이 청소년 범죄를 줄이고 방지하는 데 도움이 된다는 결과도 보고되고 있다. 따라서 학교상황에서의 범죄와 비행행동을 줄이려는 시도가 법정학교심리학이라는 세부분야로 특화되어 교정기관뿐만 아니라 국공립및 사립학교에서의 정신장애범죄자, 법제도 등을 다루게 되었다. 비록 법정학교심리학을 전문적으로 훈련시키는 시스템은 드물지만, 이 분야의 전망은 밝은 편이다. 왜냐하면, 교정시설의 제약으로 비행학생을 수용하지 못함으로써 결국, 학교 내 위험성이 높아지게 되고 이로 인해 학교장면을 안전하게 만들고자하는 욕구가 증가하고 있기 때문이다.

피해자학과 피해자 서비스

피해자학이란 신체적, 심리적, 사회적, 그리고 경제적 범죄로 인해 직접적인 피해 및 위협을 경험한 사람을 연구하는 분야이다. 직접적 또는 1차적 피해는 피해와 그에 따르는 영향을 직접 경험하는 경우를 말하며, 간접적 또는 2차적 피해는 피해자와 친밀한 관계의 가족, 친지, 친구 등이 피해를 경험하는 경우이다(Karmen, 2001). 유괴사건, 학교총기사건, 그리고 성폭력과 같은 범죄를 경험한 아동은 정상적인 발달과정이 방해를 받으며 인생 전반에 걸쳐 지속적으로 정서적, 인지적 문제를 지닌 채 생활하는 경우가 많다. 또한 성인도 폭행, 강도, 그리고 절도와 같은 범죄피해의 영향이 오래 유지되는 경우가 많다.

피해자학이 과학적이고 전문적인 영역으로 인정받은 것은 30년도 채 되지 않으며, 최근까지 극소수의 범죄피해자(2~7%)만이 심리적 서비스를 제공받고 있다(Karmen, 2001). 하지만, 피해자의 인권을 보호하는 법률제정, 피해자 상담을 위한 국가지원금 증가, 피해자 지지자의 노력, 그리고 피해자학의 활발한 연구로 인해 피해자 문제를 이해하고 다루려는 노력이 늘어나고 있다. 특히 성폭행, 가정폭력, 아동성추행, 그리고 노인폭행을 다루는 피해자 서비스가 몇 년간 급성장하고 있다. 미국에서는 1989년부터 각 대학에서 피해자 서비스를 위한 훈련프로그램을 교육시켜 자격증소지자와 학위졸업생을 배출하고 있으며, 미국 법무부에서 지원하는 NVAA(National Victim Assistance Academy)가 전국적으로 사용되는 표준교육과정을 개발하고 제공하는 역할을 하고 있다. 향후 법정심리학자가 다양한 문화권과 연령대의 범죄피해자에 대한 연구, 평가, 그리고 치료분야에서 큰 역할을 담당할 것으로 기대된다.

법률심리학

법률심리학은 법원에서 일어나는 다양한 주제에 대해 심리학적 연구방법과 결과를 적용하는 분야로서, 정신이상자의 변호, 배심원 심리학, 증거심리학, 아동양육권 결정, 가정법률문제, 목격자 신분보장, 배심원 결정에 영향을 미치는 요인 등 매우 다양한 주제를 다룬다. 비록 여기서는 법률심리학을 법정심리학의 한 하위분야로 구분하였지만, 법률심리학, 법심리학, 법정심리학이라는 용어는 매우 혼재되어 사용되고 있으며, 다루고 있는 주제들도 다른 하위영역과 서로 겹치는 경우가 많다.

법률심리학자가 많은 관심을 갖고 있는 연구주제는 거짓자백(false confession)이다. 용의자들은 자신이 저지른 범죄가 아닌 상황에서도 다양한 이유로 자백을 하기도 한다; 두려워서, 자백을 통해 유명해지기 위해, 실제 범인을 보호하기 위해, 결백을 말해도 아무도 믿어주지 않을 것이라 생각해서 등. 하지만 최근의 연구결과들(Kassin, 1997; Kassin, Goldstein, & Savitsky, 2003)은 수사관이 능숙하게 조작하여 이런 거짓자백을 유도할 수 있다고 주장하고 있다.

교정심리학

교정심리학은 수감자를 재활, 교정, 재교육하여 사회로의 복귀를 돕는 분야이다. 장단기심리치료, 위기치치, 집단치료, 물질남용치료와 같은 치료적 서비스와 함께 심리 및 적성평가, 수감자의 석방추천이나 보안수준 변경, 교정시설직원의 심사 및 선발, 직원에 대한 상담과 같은 서비스도 제공한다.

법정심리학 분야 중에서 가장 빠른 성장을 보이고 있는 분야가 이 교정심리학 분야인데, 이는 미국 내 2백만명이 넘는 수감자수, 4백만명이 넘는 가석방자수, 그리고 상습범죄자 1인당 평생 투여되는 백만달러 이상의 높은 사회 간접비용과 관련되어 있다. 즉, 교정심리학자의 역할과 서비스가 절실한 상황이 되고 있으며, 교정심리학자도 자신의 역할에 대해 비교적 전문적 만족감을 느끼며 매우 도전해볼 만한 분야로 인식하는 경우가 많다. 대부분의 교정심리학자의 전공은 임상 및 상담심리학이며, 미국 주립 및 국립교도소의 심리학자의 59%가 박사학위 소지자로서 대부분 행정업무(30%), 수감자 치료(26%), 심리검사와 평가(18%), 그리고 연구(6%)에 종사하며 직접적인 치료에 더 많이 참여하기를 희망하였다(Boothby & Clements, 2000).

법정신경심리학

법정신경심리학은 신경심리학적 전문지식을 법률관련문제에 적용하는 분야이다. 신경심리학은 뇌와 신경의 손상 그리고 기능장애가 인간행동에 미치는 심리학적 영향에 대해 연구하는 학문으로서 신경손상의 평가와 진단에 집중하는 응용분야이다. 신경심리학적 평가와 검사로는 지능, 언어, 기억, 주의력, 인지과정, 지각·운동기능, 정서상태의 전반적인 평가 등이 있다. 법정신경심리학자는 치매, 뇌손상, 그리고 인지적 기능에 대한 정보를 법률사건에 제공한다. 신경심리학자는 장애의 정도에 관한 증언을 요청받기도 하고, 직원의 상태, 보호자나 의료보험제공자의 필요 여부, 완치의 가능성 및 재활의 정도 등과 같은 질문에 답변을 하게 된다. 따라서, 법정신경심리학자의 주된 활동은 장애판정, 직원보상, 개인상해사건, 그리고 경제, 건강, 전반적인 생활에 필요한 결정능력과 같은 주제의 민사사건에서 역할을 담당하는 것이다.

법정신경심리학은 급속도로 발전하고 있으며 미래가 밝은 전문직업분야 중의 하나이다. 이 분야에 관심이 있는 지원자는 생물심리를 중요하게 다루는 임상심리학 박사학위와 임상신경심리학을 집중적으로 다루는 인턴십과정을 거치는 것이 좋다. 현재 대부분의 미국 법정신경심리학자는 임상신경심리학위원회로부터 인증을 받은 사람들이다.

법정가족심리학

법정가족심리학은 가족법과 관련되어 있는데, 학대, 입양, 대안가족, 자녀양육비, 양육권을 포함한 이혼, 주거지 이동과 갈등해결, 자산분배계획을 포함한 노인법, 가족사업, 보호자문제, 청소년처벌, 친부확인, 출산과 유전기술,

부모권리박탈과 같은 영역을 주로 다룬다. 또한 법정가족심리학자는 교도소 방문권리, 석방프로그램, 형벌이 가족구성원에게 미치는 영향을 밝히는 등 가족간관계에서 발생하는 민사 및 형사사건에 관여한다(Grossman & Okun, 2003). 최근 법정가족심리학자는 가족관계에서 발생하는 새로운 문제에 직면하고있다. 예를 들어, 2000년 미국 인구조사에 의하면 동성연애자 가족, 혼전동거, 편부모가정, 조부모가 가장인 가족이 증가하고 있다. 이러한 변화는 가족구성과 유지에 영향을 주고, 전통적인 가족의 개념과 기능을 위협하고 있다. 동성연애자의 부모자격과 양육권, 동거하다가 헤어지는 경우, 대리모 및 정자나 난자기부자의 부모권리, 조부모와 살던 아이의 부모가 교도소 출소 후 양육권을 되찾으려는 상황과 같은 전례 없는 문제로 인해 가족법원이 해결하는데 어려움에 처하는 경우가 많아졌다(Grossman & Okun, 2003).

법정심리학자의 활동

대부분의 북미 법정심리학자는 임상심리학 분야의 학위를 받고 법정심리학 분야에서 현장훈련을 경험한다. 법정심리학자는 법정장면에서 다루는 문제를 평가하고 관리할 수 있는 전략을 알고 있어야 하며, 특정 집단 특히 아동을 대상으로 할 때에는 아동에 대한 법률 및 사법체계를 잘 알고 있어야 한다. 교정분야의 훈련은 대개 임상심리학 프로그램이나 임상훈련 인턴십 현장에서 이뤄진다. 법정심리학자의 잠재적인 활동영역은 매우 광범위하여, 모든 영역에서 전문가로 활동하기는 어려우며 대개는 특정 분야에서 전문가로

표 14-1 법정심리학자의 서비스 영역

예방프로그램	폭력 및 괴롭힘 예방 프로그램 제공
법정관련 평가	증인 평가, 피해자 평가, 피의자 평가, 분쟁 당사자 평가
범죄자 평가	폭력 및 성폭력 위험성 평가
범죄자 치료	불안 및 우울과 같은 정신건강 문제 관리, 범죄행동 관리
연구	범죄행동 예측전략 연구, 효율적 치료기법 연구

Hunsley & Lee(2010) 참조.

활동하는 경우가 많다. 현장에서 활동하는 법정심리학자의 비율을 분석해 보면, 교정분야에서 활동하는 심리학자들이 가장 많은 편이다.

법정심리학자의 서비스 영역을 정리하면 <표 14-1>과 같다.

평 가

Lally(2003)는 법정심리학자가 주로 사용하는 심리평가 측정치를 사용목적에 따라 구분하였다. <표 14-2>와 같이 법정상황에서 주로 사용되는 폭력 위험성 평가와 재판 받을 능력을 평가하는 검사를 추천할 만한 검사, 인정받는 검사, 그리고 인정받지 못하는 검사로 구분하여 제시하였다. 이 표에서 보는 바와 같이, 정신병질을 측정하는 Psychopathy Checklist와 몇 가지 검사를 제외하곤, 대부분의 심리학자, 특히 임상심리학자가 익숙하게 사용하는 평가도구이다. 대다수의 법정심리학자는 폭력 위험성 평가와 재판 받을 능력을 평가하는데 투사적 검사는 거의 인정하지 않았다. 이는 Ryba, Cooper와 Zapf(2003)의 조사결과와도 유사한데, 법정심리학자가 웩슬러형 지능검사 82%, MMPI-A 56%, Rorschach 16%, TAT 12%, 문장완성검사 10%를 사용한다고 보고하

표 14-2 법정평가를 위한 검사도구

	폭력 위험성 평가	재판받을 능력 평가
추천	Psychopathy Checklist-Revised	WAIS-Ⅲ MacArthur Competence Assessment Tool
인정	MMPI-2 Psychopathy Checklist-Screening version Violence Risk Appraisal Guide WAIS-Ⅲ Personality Assessment Inventory	Halstead-Reitan Stanford-Binet Luria-Nebraska Interdisciplinary fitness interview Personality Assessment Inventory
불인정	Projective drawings TAT Sentence completion Rorschach 16PF	Projective drawings TAT Sentence completion Rorschach 16PF MCMI-Ⅱ

Lally(2003) 참조.

였다.

일반적인 임상현장과 교정 시스템 내에서의 임상현장은 유사점과 함께 차이점도 존재한다. 예를 들어, 교정심리학자는 다른 임상심리학자와 마찬가지로 자신들의 평가, 치료, 예방 활동을 하는데 근거가 명확한 증거 중심의 결과를 사용하기 원한다. 왜냐하면, 자신들의 행위가 개인 및 사회의 안녕에 지대한 영향을 미치는 것을 잘 인식하고 있기 때문이다. 그러나, 한 가지 차이점은 교정 시스템에서의 평가는 주로 공공의 안녕과 관련되어 있다. 즉, 폭력 범죄행동의 재발 가능성을 평가하는 위험성 평가가 매우 중요하다.

위험성 평가 법정심리학자는 어떤 특정 개인이 자신 혹은 사회에 '위험'한 존재가 될 가능성을 예측하도록 자주 요구받는다. 이 문제는 법원이 개인을 보석으로 풀어줄지, 정신적 장애가 있는 사람을 자신의 의지와는 상관없이 정신과 치료시설에 수용할 것인지, 혹은 청소년을 안전한 환경에 보호할 것인지를 결정하는 것과 관련이 있다. 비록 위험성이 전형적으로 폭력적이거나 위협적인 행동을 말하지만, 넓은 의미로 다음과 같은 행동도 포함한다. 예를 들면, 누군가를 해치겠다고 위협하는 것, 건물에 불을 지르는 것, 자살을 시도하는 것들 모두 폭력적인 행동으로 생각할 수 있다. 심리학자나 다른 임상가는 그런 행동을 예측하는 것에 어느 정도의 자신감을 갖고 있을까?

20세기 말만 하더라도 청소년 법원과 형사법원의 증언에 참석한 임상가는 자신이 위험성을 예측할 수 있다고 주저없이 말해 왔다. "1에서 10까지의 척도점수에서, 10이 가장 위험한 상태를 나타내는데, 이 사람은 11이다" 라고 말하거나, "자신의 안녕을 위해 이 청소년은 감금되어야만 하고 만약 시설에 수용되지 않는다면 더 많은 범죄를 저지를 것이다" 라고 말하기도 하였다. 이런 예측은 범죄자의 보석기각, 판결, 혹은 구금에 이의를 제기하는 법정 사건에 자주 등장하였다. 대부분의 경우, 법원은 임상가의 예측을 인정함과 동시에 그들이 오류를 범하기 쉽다는 것 또한 인정한다. 예를 들면, 청소년 사건인 Schall v. Martin(1984) 사건에서, 미국 대법원은 행동을 예측하는 것이 불완전하고 오류가 많지만 그럼에도 불구하고 그러한 예측이 필요하다고 인정하였다.

오늘날 많은 법정심리학자는 행동예측의 불완전성을 조심스럽게 지적한다. 더군다나, 자신들의 예측이 법정과 관련된 여러 분야에서 중요한 역할을 하고 있음을 인식하기 때문에, 결론을 내릴 때 조심스러운 입장을 취한다. 폭력을 예측하는 상황에서, 현재 많은 연구자는 위험성 예측보다는 위험성 평가 혹은 위협평가라는 용어를 선호한다. 위험성 평가 혹은 위협평가라는 용어 속에는 심리학자가 특정 개인의 부적절한 행동 가능성을 평가하여 그 결과를 법원 혹은 다른 기관에 제공한다는 중요한 의미를 포함하고 있다. 가능성 평가는 임상적 판단에 기반을 두거나 혹은 개인의 분명한 '예측 변인'에 기반한다. 예를 들면, 과거의 폭력적 행동, 개인이 처음으로 범죄를 저지르기 시작한 연령, 적절한 사회적 지지체계의 부족, 알코올 혹은 다른 약물 중독, 그리고 심각한 정신장애, 이 모든 변인은 재범 가능성의 좋은 지표이다(Monahan, & Steadman, 1996).

위험성 평가와 함께 생각해 봐야 하는 주제가, 위험성 정보를 어떻게 전달하느냐의 문제인데, 최근 이에 대한 연구가 상당히 주목을 받고 있다(Heilbrun et al., 2000; Monahan & Steadmen, 1996). Monahan과 Steadman(1996)은 심리학자의 폭력 위험성 평가를 기상예보에 비유하였다. 기상예보자는 태풍과 같은 나쁜 날씨의 위험성을 알려줄 때, 위험성 수준뿐만 아니라 그 위험이 실제 일어날 가능성과 발생조건, 그리고 위험을 대처하는 전략이나 정보도 함께 제시한다. 마찬가지로 위험성 평가를 전달하는 심리학자도 위험성 수준의 평가뿐만 아니라 위험성을 유발하는 특정 조건과 요인도 신중하게 제시하는 것이 필요하다.

위험성 정보를 전달하는 방식 중에서, 통계적인 숫자로 전달하는 내용("이 사람이 석방된 후에 난폭하게 될 가능성이 65%이다" 혹은 "1에서 10점까지의 척도 점수 중에서, 이 사람은 9이다")은 지나치게 확정적이어서 대개 전문가들 사이에서는 선호하지 않는 방식으로 조사되었다(Heilbrun, Philipson, Berman, & Warren, 1999; Lidz, Mulvey, & Gardner, 1993). 또한 다른 연구에서도 전문가들이 '위험 관리 지향형'과 같이 위험성을 유발하는 요인뿐만 아니라 이를 감소시키는 개입방법을 함께 제시하는 방식을 매우 선호하였고 백분율로 전달하는 방식을 가장 선호하지 않았다(Heilbrun et al., 2000).

결론적으로, 법정심리학자는 위험성 정보를 전달하는 데 있어서, 독단적으로 확정적인 진술을 피하고 위험행동이 발생하기 쉬운 조건에 대해 구체적으로 명시하는 것이 필요하다. 인간행동은 상황에 따라 다양하게 나타날 수 있다. 한 상황에서는 매우 공격적인 행동을 보이다가도 다른 상황에서는 매우 유순할 수도 있는 것이다. 따라서, 법정심리학자는 폭력을 방지하기 위한 예방적 조치를 제공해야 한다. Heilbrun, Marczyk와 DeMatteo(2002)가 언급한 것처럼, "모니터링이 폭력적인 혹은 반사회적인 행동과 관련된 개인의 위험성을 낮춘다는 것이 경험적으로 증명되어 왔다." 위험성 평가를 제공하는 법정심리학자는 지역사회 내에서 한 개인을 관리하도록 권고하는 것이 필요하다.

위험성을 평가하는 법정심리학자는 다양한 검사도구를 이용한다. 많은 연구를 통해 검사도구들이 검증되었는데(Quinsey, Harris, Rice, & Cormier, 2006), 대부분의 검사도구가 임상적인 인상보다는 통계적인 데이터에 기반을 두고 개발 분석되었다. 즉, 특정 목표집단에 대해 많은 정보를 모아, 이를 기반으로 연구자는 관심있는 행동(예, 폭력)과 연관된 중요변인(예측 변인)을 확인하였다. 한 개인을 폭력적이거나 다른 반사회적 행동에 관여할지 혹은 아닐지를 예측할 수 있는 완벽한 검사는 없다. 현재 가장 많이 사용되는 몇 가지 도구와 지침을 제시하자면 다음과 같다.

- HCR-20(Webster et al., 1994). 이 검사는 20문항으로, 한 개인의 배경(역사적), 태도 혹은 정신장애(임상), 그리고 외부에서 작용하는 위험성 요소(위험), 주거 혹은 가족 지원과 같은 것으로 구성되어 있다. 이 검사는 심각한 정신 혹은 성격장애를 가진 사람의 폭력 위험성을 평가하는 데 주로 사용된다.
- 반복적인 분류 나무(Iterative Classification Tree: ICT; Monahan et al., 2001). 이 검사는 정신과 환자를 대상으로 개발되었고 임상 관찰과 폭력 예측을 위한 '예/아니오' 플로우 차트다. 이 검사는 높은 위험성과 낮은 위험성으로 구별하는 데 특히 효과적이다.
- SARA(Kropp & Hart, 2000). 결혼 폭력 위험성 평가인 SARA 지침은 배우자 혹은 친구에게 폭력을 행사할 위험성을 평가한다. 석방 결정이 고려되는 상황(보석, 가석방 등)에서 사용되고 있다. 이 지침은 심각한 형사 범죄뿐만 아니라 심리사회적 관계(고용 혹은 대인관계 등)에서의 위험

요소를 평가한다.

- VRAG(Harris, Rice, & Quinsey, 1993). 폭력 위험성 평가 지침인 VRAG는 정신분열증과 정신병의 증상과 같은 현재의 정신상태뿐만 아니라 알코올 남용과 초등학교 부적응과 같은 환경요인으로 구성되어 있다. 이 지침은 비교적 긴 기간동안, 공동체 내의 폭력 위험성을 평가한다.
- LSI-R(Level of Service Inventory-Revised; Andrews & Bonta, 1995). LSI-R은 역동적 그리고 안정적인 위험요인을 평가해서 범죄자의 서비스 필요성과 재범 위험성을 판단한다. 이 검사는 교정시설에서 많이 사용되고 있으며 많은 연구가 이뤄지고 있다.
- PCL-R(Psychopath Checklist-Revised; Hare, 2003). 처음에는 사이코패스를 측정하기 위한 도구로 개발되었지만, PCL-R은 상습적인 범행과 폭력적인 행동을 잘 예측할 수 있다.

재판을 받을 능력의 평가 법정심리학자는 여러 상황에서 피고인이 판결을 받을 능력이 있는지를 평가한다. 예를 들어, 간단한 능력심사는 피고인이 감옥에 수감되는 동안 형사소송절차의 초반부에 이루어진다. 또한 피고인은 재판 전에 외래환자로서 지역사회에서 평가받을 수 있다. 비록 외래진료 평가가 증가하고 있지만(Roesch, Zapf, Golding, & Skeem, 1999), 많은 피고인들이 공립 정신병원에 입원해 있는 동안 평가받는 경우가 대부분이다.

능력평가를 받는 사람들은 현재 정신장애 증상을 보이거나 혹은 정신 병력이 있다는 점에 주목해야 한다. 전형적인 평가는 피고인들이 정신분열이나 심각한 정신이상과 같이 정신적 장애가 있다고 여겨질 때 시행된다(Mumley, Tillbrook, & Grisso, 2003). 그러므로 능력평가는 종종 피고인이 정신과적 치료를 받은 경력, 수용시설 경력, 체포될 정도의 이상행동 혹은 구금된 동안 자살시도경력 등에 따라 실시된다. 다른 한편으로는 정신지체, 정서적인 고통, 혹은 심지어 고연령도 피고인의 능력을 저하시킬 수 있다. 예를 들어, 차량 살인 사건으로 기소된 피고인은 그 사건으로 인해 매우 정신이 혼란해져서 판결받을 능력의 기준에 적합하지 않을 수도 있다.

피고 측 변호사 혹은 법원이 직접 평가를 요구할 수 있는데 심리학자는 그 차이를 인식하는 것이 중요하다. 피고가 평가를 요구하고 비용을 지불할 때, 의뢰인은 평가를 받는 사람이 되므로 그 보고서는 피고 혹은 대변인인 피고 측 변호사에게 전달된다. 평가 결과에 따라 변호사는 그 보고서를 검사와 공유할 수도 있고 그렇지 않을 수도 있다. 하지만, 평가가 법원의 명령에 의한 것이라면, 피고 측 변호사의 요구에 의해 진행되었을지라도, 의뢰인은 법원이 된다. 검사자는 법원의 명령에 의해 평가된 보고서를 모든 사람들(피고 측 변호사, 검사, 판사 등)이 공유하게 될 것이라는 사실을 예상해야 한다.

많은 연구에서 대부분의 능력평가는 주로 법원의 명령에 의해 한번 정도 실시된다고 알려져 있다(Melton, Petrila, Poythress, & Slobogin, 1997). 즉, 여러 번 평가를 실시하여, 그 결과를 "경쟁시키는 것"은 일반적이지 않다는 것이다. 게다가, 판사들은 대개 평가를 시행하는 임상가의 권고를 받아들인다(Cruise & Rogers, 1998; Melton et al., 1997). 어떤 연구자는 판사가 동의하는 비율이 90%는 넘는다고 주장하였다(Cruise & Rogers, 1998; Zapf et al., 2002). 그러므로 적어도 재판 전의 상황에서, 임상가의 평가는 법정에 상당한 영향력을 미치는 것으로 보인다. 하지만 능력평가가 임상적인 문제가 아니라 법적인 문제로서, 정신건강에 도움을 주는 역할을 하는 심리학자가 재판 받을 피고의 능력을 판단하는 것이 바람직한가에 대해서는 논쟁이 지속되고 있다.

모든 법정 정신건강평가와 같이, 재판을 받을 능력에 대한 평가는 평가받는 사람에게 비밀보장의 한계와 평가의 목적을 설명하면서 시작해야 한다. 앞에서 언급한 것처럼, 의뢰인의 능력과 일반적인 정신상태에 대한 심리학자의 평가가 피고 측 변호사에 의해 직접적으로 의뢰되지 않았다면, 능력에 대한 보고서는 상대 측 변호사, 검사 및 재판장과 공유된다. 이런 이유로, 검사자는 피고인의 현재 상태만을 조심스럽게 제한해서 보고해야 하고 범죄의 세부정보를 제공하는 일이 있어서는 안 된다(Grisso, 1988; Roesch et al., 1999).

또한 검사자는 평가자이자 치료자라는 이중적 관계를 피해야 한다. 사실, 윤리적인 기준과 전문가 가이드라인 둘 다 여러 이유로 이중적 관계에 대해 난색을 표하고 있다. 만약 심리학자가 피고인과 치료자-환자의 관계로 지내왔거나 혹은 피고인과 과거 어떤 관계가 있었다면, 심리학자는 피고인의 재판받을 수 있는 능력에 대해 검사해서는 안 된다.

검사 절차 자체는 검사자의 훈련정도와 이론적인 관점에 따라 매우 다양하다. Cruise와 Rogers(1998)의 주장처럼, “능력평가의 시행 기준에 대한 명확한 합의는 없다.” 어떤 검사자는 오직 임상적인 인터뷰만을 시행하는 반면, 어떤 검사자는 인터뷰와 함께 다양한 투사적 검사나 객관적 검사를 실시하기도 하고, 또 다른 검사자는 피고인의 행동관찰과 광범위한 배경정보를 포함한 포괄적인 보고서를 제출하기도 한다. 전통적으로, 능력평가는 피고인이 법정에서 재판 받을 능력이 있는지에 대한 이슈와 상관없이 상당히 많은 정보를 보고하는 경향이 있다(Grisso, 1988). 최근, 임상가의 능력평가에 대한 오해가 많이 줄어들고 있으며, 보고서의 질이 향상되고 있다(Roesch et al., 1999).

지금까지 개발되어 사용되고 있는 재판 받을 능력에 대한 평가도구를 간단히 살펴보고자 한다. 자세한 정보는 Zapf와 Viljoen(2003)의 리뷰를 참고하기 바란다.

- 능력 적격 심사(Competency Screening Test Laboratory of Community Psychiatry, 1974): 피고인의 재판 받을 능력을 빠르게 평가하는 문장완성검사이다. 이 검사는 법적 절차의 기본원리와 변호사의 역할에 대한 지식을 묻는다. 예를 들면, 피고인은 다음의 문장을 완성하도록 요청 받는다. “배심원이 나의 사건에 대해 들었을 때, 그들은 ~할 것이다.” 이 검사의 장점은 빠르게 실시할 수 있지만, 능력 있는 피고인을 능력이 없다고 평가할 오류율(53.3%)이 높다(Roesch et al., 1999). 이렇게 판정된 사람은 추가적인 평가를 위해 병원에 입원시키게 되어, 보석으로 풀려날 피고인의 자유를 박탈시키는 결과를 초래한다.
- 조지아 주법원의 능력 검사(Georgia Court Competency Test: GCCT)와 미네소타 주립 병원 개정판(GCCT-MSH): 이 검사는 비교적 짧은 17개와 21개 문항으로 이루어진 검사로서 주요 선별방법으로 많이 사용된다. 조지아 주법원의 능력 검사는 내적 일치도와 평정자 간 신뢰도가 높으며, 꾀병이나 무능력인 척하는 사람을 잘 선별하나(Gothard, Rogers, & Sewell, 1995), 판별능력이 부족하다는 비판을 받고 있다(Zapf & Viljoen, 2003).
- 맥아더 능력평가 도구-범죄 판결용(MacArthur Competency Assessment Tool-Criminal Adjudication: MacCAT-CA): 이 도구는 피고인에게 범죄로 기소된 사람의 상황을 묘사한 짧은 글을 제시하고 질문하는 검사(22문항)이다.

다른 평가도구에 비해 우수하다는 평가를 받고 있다(Cruise & Rogers, 1998; Zapf & Viljoen, 2003).

이와 같은 법정검사도구의 지속적인 개발에도 불구하고, 법정상황에서 폭넓게 사용되지는 않고 있다.

꾀병의 평가 모든 종류의 법정정신건강평가는 피검사자의 꾀병(속임수)의 가능성을 평가한다. 여러 이유로 형사 피고인은 실제로는 그렇지 않음에도 불구하고 심각한 정신장애의 증상을 갖고 있는 것처럼 연기하곤 한다. Rogers(1997)는 개인이 의식적으로 조작하거나 자신의 증상을 극도로 과장하는 반응을 꾀병이라고 하였다. 그는 이런 현상은 개인의 상황을 고려해보면 쉽게 이해할 수 있다고 하였다. 즉, 정신적인 병이 있으면 판사가 감옥으로 보낼 확률이 낮아진다고 믿기 때문에 그런 척한다는 것이다. 또한, 피고인은 재판으로 진행되는 것을 막기 위해 정신장애증상이 있는 것처럼 연기할 수도 있다. 최근 연구(Everington, Notario-Smull, & Horton, 2007)에서는 정신지체인 피고인조차도 여러 검사에서 자신의 수행을 조작할 수 있다고 하였다.

법정심리학자가 꾀병을 탐지하는 데 사용할 수 있는 여러 검증된 검사가 개발되어 있다. 증상에 대한 구조화된 인터뷰(Rogers, 1992)는 정신이상증상을 가장하는 사람들을 구별하는 좋은 평가도구이다. 꾀병기억검사(Tombaugh, 1997)나 로저스 형사책임 평가척도(R-CRAS)뿐만 아니라, MMPI-2, Millon 임상다축검사-Ⅲ(Millon, 1994)와 같이 흔히 사용하는 심리검사를 통해서도 꾀병을 밝힐 수 있다. 그렇지만 꾀병을 매번 발견할 수 있는 방법은 없다(Butcher & Miller, 1999). 몇몇 연구자들(Everington et al., 2007; Heilbrun, Marczyk, & DeMatteo, 2002)의 주장처럼, 임상가는 꾀병을 밝히기 위해 다양한 측정방법을 사용하는 것이 중요하다.

범죄자 프로파일링

범죄자 프로파일링(Criminal Profiling)은 범죄의 특징에 기초하여 범죄자의 성격적 특성과 행동 경향성, 지리적 위치, 인구통계적 혹은 신상명세적인 내용를 예측하는 과정이다(Bartol & Bartol, 2004). 범죄자 프로파일링의 주요 목표는 특정 인구집단 내 수천, 수백만의 용의자 중에서 그 대상범위를 더 합리적인 수로 줄이는 것이다. 또한 프로파일링은 예측이다. 범죄현장 정보와 범죄자의 행동패턴, 혹은 습관에 기초하여 프로파일러는 범죄자가 누구인지, 다음 범죄가 어디에서 어떻게 일어날 것인지를 "예측"한다. 프로파일링 과정은 과거 비슷한 범죄를 저질렀던 범죄자의 데이터 질에 따라 영향을 받는다. 아무리 정교한 프로파일링이라 할지라도 바로 범죄자를 지목할 수 없다는 점은 처음부터 강조되어야만 한다. 더구나 프로파일러는 확실하게 범인을 지목할 수 있다고 주장하지 않는다. 대신에 프로파일링의 과정은 범죄에 책임이 있을 수 있는 사람을 밝히기 위한 가설을 개발하는 데 도움을 준다. 프로파일링을 적절히 수행한다면, 프로파일링은 범죄자의 인구통계적, 지리적, 심리적 특징의 통계적 확률을 제공할 것이고 이로 인해 많은 사람이 추가 수사에서 제외될 수 있다.

프로파일링이라는 용어는 다양하게 사용되는데, 본 장에서 사용되는 범죄자 프로파일링이라는 용어는 용의자에 관한 필수적인 정보를 판별하고 묘사하는 행동을 말한다. 한 예로 인종적 프로파일링은 다음과 같이 정의된다. "범죄 행위에 가담하고 있거나 가담한 적이 있는 특정 인물을 밝혀낼 때, 개인의 행동이나 정보가 아닌 인종, 민족성, 또는 국적에 의존하는 경찰 주도적인 활동이다." 인종적 프로파일링은, 차량 검문을 당하는 소수민족 혹은 유색인종들에게 많이 적용되어, 이러한 현상을 법률 용어인 음주운전(Driving while intoxicated: DWI)과 유사하게 "흑인 운전(Driving while black or driving while brown: DWB)"이라 부르기도 한다. 인종적 프로파일링은 민족적 혹은 인종적 소수자들이 불법 약물이나 밀수품의 운반원인 경우가 많다는 일부 법집행관의 추측에 기초하고 있다. 이러한 부당한 추측은 소수민족에 대한 과도한 검문의 구실이 되었다.

범죄자 프로파일링은, 1971년 미국 연방 수사국에 의해 처음 사용된 이후부터 법집행기관에서 많은 주목을 받았다(Pinizzotto & Finkel, 1990). 최근에는 범죄자 프로파일링이 영화 '양들의 침묵(1991)'과 '오텁시(2008)', 그리고 'CSI'와 영국의 '크래커(1997)' 같은 TV 시리즈를 통해 대중의 흥미를 끌었다. 언론의 주목을 받고, 인기 있는 TV와 영화에서 프로파일러가 범죄자 검거에 높은 성공률을 보이고, 범죄자를 찾기 위해 복잡한 기술을 사용하여 조사하는 것처럼 묘사하지만, 현실은 그것과 매우 다르다. 프로파일링의 실제 성공한 사례 수를 범인을 놓치거나 실패한 수에 비교해 보면, 성공 비율은 거의 우연에 가깝게 나타난다. 게다가, 전문적인 범죄자 프로파일러를 위한 전일제 취업 기회가 거의 없다는 점도 중요한 이슈 중의 하나이다. 범죄자 프로파일링이 매력적인 분야인 것은 사실이며 또한 매년 법정심리학자가 되고 싶은 꿈을 지닌 학생이 늘고 있지만, 자신의 직업 선택에 있어 여러 가능성을 생각해야 하며 자신의 흥미를 범죄자 프로파일링 같은 제한된 주제에 국한하지 않도록 해야 한다.

세상을 깜짝 놀라게 한 범죄를 설명하기 위해 언론이 심리학자와 접촉했을 때, 심리학자들은 전형적으로 '프로파일'에 대한 질문을 받는다. 법정심리학자는 프로파일링에 대한 연구에 주목해야 한다. 다양한 프로파일링 절차와 방법이 얼마나 신빙성 있고 타당한지, 그리고 다른 범죄 수사영역과 법 집행에 얼마나 잘 적용할 수 있는지를 알아야 한다. 대중의 믿음과 달리, 범죄자 프로파일링은 연쇄 살인범이나 연쇄 성범죄에만 국한되지 않고 방화, 강도, 날치기, 절도와 같은 범죄뿐만 아니라 금융사기나 횡령과 같은 화이트칼라 범죄에도 적용되어야 한다. 그러나 제한된 연구기반 때문에 이런 분야의 범죄자 프로파일링의 유용성은 아직 입증되지 않고 있다.

최근에 비슷한 범죄자들에게서 수집된 광범위한 통계적 데이터를 기초로, 컴퓨터를 이용한 범죄자 프로파일 모델이 도입되었다. 실증적인 연구와 함께, 이 모델들은 범죄자 프로파일링의 정확성을 향상시키는 데 많은 가능성을 지니고 있다. 하지만, 아직까지 컴퓨터에 기초한 프로파일링의 유용성과 신뢰성, 타당성을 다룬 연구 결과의 수는 매우 적은 실정이다.

심리부검

사망한 사람의 성격 프로파일과 인지적 특징(특히 의도)을 재구성하려는 시도는 20세기 후반에 인기를 끌었다. 이러한 사후 분석적 심리분석은 재구성적 심리평가라고 불리거나 불확실한 사망분석(Poythress et al., 1993) 혹은 더 공통적으로 많이 쓰이는 용어인 심리부검(Psychological Autopsy)(Brent, 1989; Ebert, 1987; Selkin, 1987)이라 불린다. 불확실한 사망분석 혹은 불확실한 사망 심리부검은 항상 범죄현장 증거물을 주로 조사하는 법집행관(특히 FBI)에 의해 이루어진다(Canter, 1999; Polythress, Schumacher, & Wiener, 1993). 그러나 심리부검은 보험료와 국가적 안보문제를 결정하는 데 중요할 수 있다(Ebert, 1987).

심리부검은 사망한 사람을 대상으로 프로파일이 구성된다는 측면과 그 사람의 신원을 이미 알고 있다는 두 가지 측면에서 범죄자 프로파일링과 구별된다. 심리부검은 본래 사인을 밝혀야 하는 공무원이 애매모호하거나 불확실한 사망을 명확하게 증명하기 위해 고안되었다(Shneidman, 1994). 이는 1985년 L. A. 자살 예방센터에 자문을 구하면서 처음으로 사용되었다(La Fon, 2002). La Fon에 따르면, "사망 방식은 죽음을 유발한 특정 상황을 말해 준다"고 하면서, 일반적으로 수용되는 5가지 사망 방식을 구분하였다: 자연 발생적 사망, 사고사, 자살, 살인, 불확실한 사망.

오늘날, 심리부검은 특히 그 사망이 자살인 것 같으면 주로 그 사람이 사망했을 때의 상황과 죽음으로 이끈 심리상태를 측정한다. La Fon(2002)은 자살 심리부검과 불확실한 사망 심리부검이라는 심리부검의 두 가지 기본적 유형을 구분하였다. 자살 심리부검의 목표는 자살에 이르게 하는 심리적 요인을 밝혀내고 이해하는 것이다. 반대로 불확실한 사망 심리부검의 목표는 사망의 원인을 확인하는 것이다. 대개 심리부검은 보험금 지급 때문에 이루어지는데, 대부분의 보험정책은 자살인 경우에 보험금을 지급하지 않기 때문이다. 따라서, 만약 사망 방식이 불확실하다면 그 사망이 자살로 인한 것인지 아니면 다른 원인에 기인한 것인지를 결정하기 위해 심리부검을 실시할 법정심리학자를 고용한다.

개인이 사망하기 직전에 발생한 사고나 그 당시의 감정을 알아내기 위한 심리학적 평가는 미국의 민사 또는 형사 소송에서 진행되었다(Canter, 1999). 그 절차는 크게 두 가지로 구성되어 있는데 사망자의 가족이나 지인의 면담 및 개인적인 문서(자살노트, 일기장, 편지)를 조사하거나 부검의의 부검과 같은 의학적 보고서나 경찰 보고서와 같은 자료를 조사하는 것이다. 심리부검을 위해 정신건강 전문가는 직접 면담이나 배경 수사를 하거나, 보고서에 사용되는 중요한 정보를 조사한다.

La Fon(2002)에 따르면, 군대는 심리부검의 주요한 소비자 중 하나이다.

"육 · 해 · 공군의 각 부대는 군사기지에서 발생한 군인의 죽음, 그리고 기타 모든 불확실한 사망에 관하여 불확실한 사망 심리부검을 수행해야 한다." 군대와 민간 법의학 심리학자가 불확실한 사망 심리부검을 수행한다.

불행하게도, 심리부검의 신뢰도와 타당성은 아직 입증되지 않았으며, 더 많은 연구가 필요하다. Polythress, Schumacher과 Wiener(1993)은 다음과 같이 경고하였다. "재구성적 심리평가를 수행하는 사람은, 사건발생 동안의 혐의자의 정신 상태나 행동에 대해 섣불리 단정적으로 결론짓지 말아야 한다."

치 료

교정심리학은 단순히 교도소에 있는 사람에게 임상적 업무를 수행하는 것을 의미하지 않는다(Magaletta & Verdeyen, 2005). 예를 들어, 교정심리학자에게 있어서 치료효과는 증상의 감소보다는 감옥에서 석방된 후에 저지르는 재범율로 측정된다. 그러므로 전통적 치료 프로그램은 범죄자가 고통을 겪는 변인을 목표로 하기보다는 오히려 비행또래와의 관계, 반사회적 태도, 분노와 충동조절과 같은 범죄행동의 위험과 관련된 요인이나, 낮은 자아존중감과 같은 범죄와 관련이 없는 대상을 목표로 한다(Dowden & Andrews, 2004). 예를 들어, 폭력전과로 투옥경험이 있는 사람에게 타인을 위협하는 행동을 줄이는 데 초점을 맞추기보다는 자신의 분노를 통제하는 능력을 배우게 하는 것이 더 중요한 목표이다. 1970년대와 80년대만 하더라도 범죄자에 대한 치료는 아무런 효과를 얻지 못하였다. 그러나 위험요인을 대상으로 한 인지행동 치료프로그램의 효과가 입증되었을 뿐만 아니라, 메타분석 결과도 범죄자에 대한 인지행동치료의 유용성을 지지해주고 있다(Dowden & Andrews, 2004).

하지만 불행하게도 이 분야에서 수행되는 연구의 방법론적인 질적 수준은 낮은 편이다. 무선화 통제시행이 없거나 높은 탈락률로 인한 문제를 다룰 일관적인 전략을 사용하지 않았다(Wormith et al., 2007). Wilson, Bouffard와 Mackenzie 등(2005)에 의해 수행된 인지행동치료(문제해결, 사회기술훈련, 인지적 재구성, 그리고 충동통제)에 대한 메타분석연구에서도 방법론적으로 가장 우수한 연구가 겨우 중간 수준의 효과크기만을 보였다. 이 효과크기를 재범율로 변경했을 때, 치료를 받지 않은 범죄자의 재범율은 54%인 반면, 치료를 받은 범죄자의 재범율은 46%정도 밖에 되지 않았다.

치료 서비스를 제공하는 법정심리학자는 여러 어려움을 경험하는데, 특히 내담자 자체의 문제뿐만 아니라 서비스가 제공되는 환경적인 요인도 큰 비중을 차지하고 있다. Dowden과 Andrews(2004)는 효과적인 치료를 위해 교정 직원에 대한 훈련의 중요성을 강조하였다. 이와 같이, 임상심리학자는 다른 유형의 정신건강 서비스와는 별개로 교정분야에서의 환경적인 제약과 영향이 임상업무에 크게 영향을 미치는 것을 깨달아야 한다. 또한, 앞서 언급한 대상자들의 처치 탈락률을 낮추는 효과적인 프로그램을 개발해야 하고, 범죄자에 대한 치료는 불가능하다는 잘못된 생각보다는 범죄자에게 긍정적인 변화에 대한 동기를 유발시키는 것도 중요한 접근임을 알아야 한다(Day, Gerace, Wilson, & Howells, 2008; Wormith et al., 2007).

성범죄자 치료 성범죄자는 매우 다양한 유형으로 이루어진 집단이지만, 대부분의 연구는 강간범과 아동 성추행범을 대상으로 하고 있다. 성범죄자의 숫자는 놀랄 정도로 큰 비율을 차지한다. 미국 통계에 의하면, 1990년대 말, 대략 296,100명이 강간이나 성폭행으로 유죄를 선고 받았다. 유치장이나 교도소의 약 40%가 그 범주 안에 들었다(BJS, 2001a). 그러나 연구자들이 주목하는 점은 성범죄자수치가 유죄를 선고 받고 형을 받은 것에 국한되었다는 것이다. 즉, 형을 선고 받지 않았거나 과거 성범죄를 저지르고 현재 구금되지 않은 수치는 제외되어 있다는 것이다(Burdon & Gallagher, 2002).

심리학자나 다른 임상가들은 성범죄자의 미래 범죄발생 가능성를 예방하기 위해 효과적인 전략을 계속해서 찾고 있다. 하지만, 광범위한 연구결과와 임상적 문헌을 분석한 이후에 Furby, Weinroth, 그리고 Blackshaw(1989)는 "아직 임상적 치료가 성범죄율을 감소시킨다는 명백한 증거도 없고, 다른 유형의 범죄자에게 효과적인지에 대한 적절한 평가결과도 존재하지 않는다"라는 결론을 내렸다.

이러한 비관적인 평가에도 불구하고 다른 결과들은 호의적인데, 최근 성범죄자 치료에 대한 메타분석 결과는 치료받지 않은 성범죄자보다는 치료 받은 집단의 결과가 더 좋다고 주장하였다(예, Gallagher, Somwaru, & Ben-Porath, 1999). 게다가 몇몇 접근법, 특히 인지행동치료 모델은 좀 더 나은 치료효과를 보여

주고 있다(Laws, 1995; Wormith et al., 2007). 인지행동치료 접근은 부적응적인 성행동이 정상적인 성행동과 동일한 선상에 있는 잘못된 태도와 믿음의 결과라고 주장한다. 인지행동치료법은 전통적인 통찰치료에 비해 노출증, 소아성애, 성적 폭력 등을 치료하는 데 단기적인 효과가 있음을 증명하였다(Kilmann et al., 1982; Marshall & Barbaree, 1990; Hall, 1995; Polizzi, MacKenzie, & Hickman, 1999). 인지행동치료는 일탈적인 성행동을 일시적으로 중지시키는 가장 효과적인 방법으로 평가받고 있다.

인지행동치료의 성공과 관련있는 핵심요인은 일시적으로 중단 가능하고 치료동기가 높은 개인이다. 현재 연구자와 임상가들 사이에 널리 합의된 내용은 성범죄자는 "치료될 수 없다"는 것이다. 다른 치료와 마찬가지로 인지행동치료의 초점은 치료동기가 높은 성범죄자로 하여금 일탈된 성적 패턴을 드러나지 않도록 하는 것이 아니라, 시기와 상황에 따라 재범을 막는 것이다. 이것은 다이어트와 유사하다. 대부분의 다이어트 요법이 초기에는 동기부여가 잘된 개인이 살을 뺄 수 있도록 하는 데 효과적이지만 심각한 문제는 결국 예전의 식습관으로 돌아간다는 것이다. 그러므로 성범죄자의 치료에 있어서 가장 전망 있는 치료 접근법이 '재발 방지(Relapse Prevention)'이다. "재발 방지란 재발되는 문제를 어떻게 예측하고 다룰지에 관한 것으로서, 행동을 바꾸려고 노력하는 사람을 가르치기 위해 고안된 자기통제 프로그램이다"(George & Marlatt, 1989). 프로그램이 강조하는 것은 자기 관리로서, 자신이 문제해결에 책임을 져야 한다는 것이다. 성범죄자 치료 프로그램은 실질적으로 미국의 모든 주와 연방 교도소에 실시되지만, 실제 치료를 받는 수감자의 숫자는 알려져 있지 않다(Burdon & Gallagher, 2002).

교정 시설에서의 치료와 재활

자기 보고식 자료에 의하면, 16%의 주 교도소 수감자, 16%의 유치장 수감자, 7%의 연방 교도소 수감자는 자신이 심각한 정신질환을 앓고 있거나, 정신건강 서비스를 필요로 할 만큼의 위험한 과거력를 지니고 있다고 주장하였다. 동일 연구에서 16%의 보호관찰 대상자가 주장하길, 자신은 정신질환을 앓았거나 일생에 몇 번 이상 정신병원에서 지낸 적이 있다고 하였다(Ditton,

1999). 정신병을 앓고 있는 많은 수감자들은 또한 약물 남용 문제도 함께 지니고 있다(White, Goldkamp, & Campbell, 2006). 정신병을 앓고 있는 수감자는 명백한 정신병의 문제보다는 폭력범죄로 감금된 경우가 더 많다. 게다가 미국 주나 연방 교도소에서 정신 질환자의 60% 정도가 감금 기간 동안 대부분 약물치료이긴 하지만 특정 형태의 정신건강치료를 받는다.

교정 시스템에서 심리학자의 중요 업무는 심리치료를 제공하는 것이다. Boothby와 Clements(2000)의 보고에 의하면, 직접적인 치료가 교정 심리학자의 시간 중 26% 정도로 가장 많이 차지하며, 두 번째로 높은 비중이 행정업무였다. 교정 기관에서 가장 많이 사용된 치료는 인간중심치료, 인지치료, 행동치료, 집단과 환경치료, 현실치료, 책임감 치료 등이다(Kratcoski, 1994; Lester, Barswell, & Van Voorhis, 1992).

이런 치료를 수행하는 전문가는 몇 안 되는 정신건강 전문집단(정신과 의사, 사회복지사, 정신건강 전문가 등) 중에서 심리학자가 유일하다는 점을 주목해야 한다. 왜냐하면, 치료방법은 전문가의 훈련과 방침에 따라 다르기 때문이다. 예를 들어, 정신과 의사는 약물치료기법을 선호하는 경향이 있으며(Heilbrun & Griffin, 1999), 사회복지사는 수감자들이 자신의 걱정, 경험, 불안에 대해 이야기하도록 하는 집단치료 접근을 주로 사용하는 편이다. Boothby와 Clements (2000)의 연구에 의하면, 집단치료는 교정심리학자들 사이에서 규준으로 사용되지는 않지만 여전히 사용되고 있으며, 대부분의 심리학자에 의해 실시되는 치료의 60%는 개인적인 치료형태이다.

하지만, 집단치료가 개인치료에서 한계를 보이는 수감자들의 사회화 기회, 집단 의사결정, 이타주의의 발달, 기능적인 동료관계 발달 등을 제공하고, 제한적인 치료자와 많은 수감인원을 고려해 보면 더 실용적이라는 장점이 있다. 그럼에도 불구하고, 아직 집단치료에 대한 연구효과를 분석하는 전문가가 부족하고, 집단치료를 주도하는 치료자에 대한 지도감독자(20%)가 부족하다는 점은, 심각한 문제이다.

교정기관에서 치료를 담당하는 법정심리학자는 다양한 치료 모델을 선택한다(Kratocoski, 1994). Boothby와 Clements(2000)의 연구에서는 대부분의 치료자의 대다수(88%)가 인지적 모델을 사용한다고 보고한 반면, 69%가 행동적 모델, 40%가 합리적-정서적 접근법을 사용한다고 주장하였다. 이 비율에서 알 수 있듯이, 심리학자들은 상황에 따라 다양한 모델을 사용할 수 있다.

제15장

임상심리학의 제문제

제15장 임상심리학의 제문제

임상심리학은 지난 100여 년간 획기적으로 발전한 영역의 하나이다. Freud와 Skinner, Rogers와 같은 선구적인 리더와 제 2 차 세계대전, 국립정신건강협회(NIMH)의 발족, 건강에 대한 관심, 개인의 삶이나 전문적 영역에 큰 영향을 미친 다양한 기술의 발전, 경험적으로 지지되고 증거에 기반한 치료나 연구의 강조와 같은 환경의 변화를 통해 임상심리학은 많은 변화와 발전을 거듭하였다. 그러나 최근 10여 년의 발전보다 더욱 급격한 발전이 있었던 시기를 지적하기는 어렵다. 지금의 임상심리학은 지난 50여 년 전과 다를 뿐 아니라 10여 년 전의 모습과도 상당히 다르다. 사회와 여러 전문영역이 발전하면서 임상심리학의 진화에 많은 영향을 주고 있다. 과학과 기술, 정보체계의 발전뿐 아니라 경험적으로 지지된 치료나 건강전달체계의 개선, 다문화와 다양성의 문제에 대한 일반인의 관심은 이러한 변화를 크게 자극하였다. 그렇다면 앞으로 임상심리학은 어느 방향으로 발전하여야 하는가? 앞으로 어떤 주제가 임상심리학의 주요한 이슈가 될 것인가? 현재 그리고 앞으로 임상심리학이 도전을 받게 될 문제는 무엇이 될 것인가? 이러한 문제에 대해 이 장에서 다룰 것이다. 특히 우리나라에서 문제가 될 수 있는 것에는 어떤 것이 있는지를 함께 다루어 나갈 것이다.

사회의 변화 흐름

임상심리학은 다른 전문영역처럼 변화하는 세계적 흐름에 적응하면서 변하여야 한다. 더 나아가 연구를 통해 밝혀진 새로운 발견과 임상적 전략을 기반으로 사회의 변화를 주도하여야 한다. 현재 우리 사회는 가족의 변화, 다문화사회로의 전환, 과학의 발전, 그리고 기술의 발전 등의 변화를 경험하고 있다.

가족의 변화

최근에 우리 사회에서 가족은 급격한 변화를 겪고 있다. 가장 큰 변화는 가족의 크기가 작아지고 있다는 것이다. 그 원인으로는 고령화와 결혼연령의 증가, 이혼의 증가, 출산율의 저하 등을 꼽을 수 있다. 우리나라는 현재 고령화사회에 이미 진입한 것으로 볼 수 있고, 2026년에는 고령자가 전체 인구에서 20% 이상을 차지하는 초고령사회가 될 것으로 추산되고 있다. 결혼을 하는 연령도 증가하여 남성의 평균 결혼연령은 31.8세, 여성은 28.9세로서 만혼이 일반화되고 있다. 이혼율은 인구 천 명당 5.6명에 달하며, 출산율도 급격히 낮아져서 한 가구당 가족의 수가 1.26명에 불과한 상태이다. 이로 인해 단독세대가 크게 증가하여 현재 단독세대를 구성하고 있는 비율은 전체 인구의 8.9%에 이르고 있다(통계청, 2011).

가족의 변화는 임상심리학자에게 있어서 다양한 도전에 직면하게 하고 있다. 예를 들어 편부모에게 자라는 아동, 이혼을 한 사람의 적응, 이혼가정 자녀의 적응, 재혼 등으로 인해 여러 가족이 하나의 가정을 구성하게 되어 경험하게 되는 스트레스, 홀로 기거하는 노인문제, 조손가족문제 등을 간과할 수 없게 되었다. 이들은 일반적인 가족을 구성하고 사는 사람보다 많은 스트레스를 경험할 수밖에 없고, 일단 스트레스를 받게 되었을 때 사회적 지지를 받을 기회가 제한될 가능성이 크다. 임상심리학자는 이러한 가족의 변화와 관련된 문제에 민감해야 하며, 이들을 평가하고 치료하며, 자문을 제공할 수 있는 역량을 키워야 한다.

다문화 사회로의 변화

우리나라는 급격하게 다양한 인종과 문화적 배경을 가진 사람으로 인구의 구성이 변하고 있다. 바야흐로 진정한 다문화 사회가 형성되고 있는 것이다. 이러한 변화는 우선 외국인과의 결혼이 증가한 것에서 원인을 찾을 수 있다. 2000년대에 들어서면서 한국 남성과 외국 여성이 결혼하는 사례가 증가하면서 2010년에는 전체적으로 34,000건의 국제 결혼이 있었다. 이 중 한국 남성과 외국 여성의 결혼이 75%를 차지하고 있다. 도시가 아닌 지역에서는 결혼하는 사람의 30% 이상이 외국인과의 결혼인 것으로 보고되고 있다(통계청 2011). 이제 우리 사회는 본격적으로 다문화사회로 진입하게 되었고, 다양성을 고려하여야 하는 상황에 이르렀다. 전문가로서 임상심리학자에게 문화와 다양성이 행동과 행동장애의 발달에 어떻게 영향을 미치는지에 대한 관심과 통찰이 필수적인 자질로 요청되고 있다.

사회적 맥락과 문화는 인간의 행동에 지대한 영향을 미친다. 문화를 이해한다는 것은 심리적 증상이나 신체적 증상을 이해하는 것 뿐 아니라 장애에 대한 치료개입법을 개발하는 데 있어서 매우 중요하다. 예를 들어, 전환장애는 Freud의 시대에는 보편적이었으나 현대에는 그렇게 보편적으로 발견되지는 않는다. 그 시대는 빅토리아 시대로서 정서나 성적 표현이 심하게 억압되었던 시기였으나 지금은 그렇지 않다(Shorter, 1994). 화병은 특히 우리나라 사람들이 분노를 경험할 때 이를 적절하게 표현하지 못하고 삭혀서 발병하는 질병으로 알려져 있고, 다른 문화권에서는 이러한 질병을 관찰하기 어려운 것으로 알려져 있다.

전 세계적으로 발견되는 장애라 하더라도 증상이 표현되는 방식은 문화권에 따라 다를 수 있다. 예를 들어 정신분열증은 어느 문화권에서나 발견할 수 있는 장애이다. 하지만 정신분열증의 환각의 경우 서구나 우리나라처럼 산업화가 이루어진 나라에서는 환청이 일반적으로 나타나지만 라틴계 미국인이나 아프리카 국가에서는 환시가 일반적이다(Ndetei & Singh, 1983). 이러한 문화적 차이가 나타나는 이유는 분명하지 않지만 일반적으로 심리학자나 건강 전문가는 환자나 내담자를 만날 때 문화적 측면에 대해 민감해야 한다(APA, 2003).

미국 심리학회(APA, 1990)는 임상가가 '사회문화적 관점'을 견지해야 하고 체계적인 관점에서 가치와 상호작용 스타일, 그리고 문화적 기대의 다양성을 고려하면서 서비스를 제공하여야 한다고 규정하고 있다. 또한 2003년의 지침에서는 임상심리학자가 서비스를 제공할 때 "문화적으로 적절한 기술을 적용하여야 한다"는 점을 강조하고 있다. 이러한 추세에 발맞추어 많은 대학원에서 다문화적 문제를 다루는 과목이 개설되어 교육을 진행하고 있다.

이러한 다양성에 대한 관심이 그 범위를 넓혀가면서 인종이나 문화의 차이 뿐만 아니라 성적 소수자, 여성, 신체장애자, 종교적 소수자에 대한 관심도 증가하고 있다. 따라서 이들의 정서문제나 행동문제를 다루기 위한 새로운 전략과 방법이 개발되고 있다. 이를 위해서 이들 소수자를 대상으로 하는 다양한 연구도 실시되고 있는 상태이다. 우리나라의 경우에도 국내로 유입된 외국인 유학생, 다문화 가정과 그들의 자녀 등에 대한 연구가 최근에 상당히 이루어지고 있다.

과학과 의학의 발전

과학과 의학의 발전은 임상심리학에 커다란 영향을 미치고 있다. 최근 다양한 약물이 심리장애를 치료하는 데 효과가 있는 것으로 알려졌다. 예를 들어 프로작과 같은 약물은 1986년 개발된 이후 우울증과 같은 장애의 증상을 치료하는 데 매우 큰 효과를 보이고 있다. 또한 프로작과 같은 선택적 세로토닌 재흡수 억제제(SSRIs) 계통의 졸로프트 등의 약물은 우울증뿐만 아니라 불안장애나 신경성 폭식증 등의 치료에 사용되고 있고 큰 성공을 거두고 있다(Plante, 2011). 약물을 통해 대뇌의 화학적 불균형을 개선하여 증상이 경감되었다면 화학적 불균형이 바로 증상의 뿌리가 아닌가?

인간유전자 지도를 찾으려고 한 인간유전자 프로젝트의 결과는 “지방 유전자”와 같은 유전자를 발견하였다. 유전자의 이상이 심리장애의 원인이라는 점을 확인할 수 있다면 심리장애에 대한 유전치료가 가능할 것이다. 이러한 생각은 많은 과학자의 관심을 끌어서 생물심리사회적 모델이 아닌 생물학적 모델로 심리장애를 설명하려는 노력을 크게 격려하여 왔다.

이러한 과학적 발견은 임상심리학자의 사기를 낮추어 온 것이 사실이다. 심리치료 기법이 장애를 경감시키는 속도는 약물의 치료에 비하여 느릴 뿐 아니라 그 효과의 크기 역시 약물치료에 비해 미미하다. 하지만 약물학적 발전과 유전연구의 결과를 이해할 때 간과할 수 없는 점이 있다. 그것은 약물치료와 심리치료 모두 그 효과의 상당 부분이 플라세보 효과라는 점이다. 그리고 플라세보 효과란 심리적 효과라는 의미를 가지고 있다. 따라서 치료의 효과에 심리적 측면을 무시할 수 없고, 내담자나 환자의 치료에 대한 기대나 동기를 높이기 위한 노력이 치료의 효과를 높이기 위해서는 필수적이라는 점을 명심하여야 한다. 이러한 점은 전통적인 생물심리사회적 모델의 중요성을 간과할 수 없음을 의미한다.

인간유전자 프로젝트의 결과는 심리장애에 대한 생물학적 접근이 중요함을 잘 말해준다. 그러나 한편으로는 프로젝트의 결과를 통해 우리가 확인한 것이 부족함을 잘 말해주기도 한다. 프로젝트를 통해 확인한 유전자의 수도 적었을 뿐 아니라 하나의 유전자와 하나의 행동패턴으로 짝짓는 것이 어렵다는 것도 확인하게 되었다. 즉, 하나의 행동은 다양한 유전자의 조합에 의해 나타나기도 하고, 하나의 유전자가 다양한 행동에 작용하기도 한다. 또한 특정행동과 직접 관계가 있는 유전자가 있다고 하더라도 이것이 행동으로 표현되어 나타나기 위해서는 유전자를 작동시키는 조건이 필요하다. 즉, 환경과 인간의 심리적 활동이 그 유전자를 작동시키는 중요한 조건이 된다. 최근에는 이러한 점에서 인간행동에 대한 유전적 접근(human genetics)에서 환경과 인간의 심리적 활동의 중요성을 강조하는 후성유전적 접근(human epigenetics)으로 연구의 방향이 바뀌고 있다.

기술의 발전

컴퓨터 기술의 발전과 각종 인터넷의 활용, 그리고 가상현실과 같은 기술의 발전은 과거 20여년 전만 해도 미처 예상하지 못했던 것이다. 그러나 기술의 발전은 끊임없이 이루어져 왔고, 그것이 임상심리학자에게 미치는 영향은 매우 크다. 예를 들어 컴퓨터에 환자나 내담자의 자료를 보관할 때 보안과 관련된 문제는 임상심리학자의 윤리와 관련된 새로운 문제를 제기하였다. 보안을 어떻게 담보할 것이고, 누구까지 접근할 수 있게 할 것인가, 그리고 이 자료를 언제까지 보관하여야 하며, 임상심리학자가 이를 보관할 때 환자의 동의를 어떻게 얻어야 하는가와 같은 문제가 대두되게 되었다. 이는 내담자 혹은 환자에게 있어서 첨예한 문제로서 임상심리학자가 가볍게 접근할 수 있는 것이 아니다.

심리치료나 평가를 할 때 인터넷이나 스마트폰 등을 사용하는 것도 다양한 문제에 대한 논의를 필요로 한다. 최근 다양한 인터넷 사이트에서 심리평가와 관련된 검사가 실려 있는 경우가 상당히 많이 발견되고 있다. 심지어는 Rorschach 검사의 해석과 관련된 것이 외국의 주요 신문에 기사로 올라오는 경우도 있고, 2010년에는 국내의 주요 일간지의 표지 면에 소개되기도 하였다. 과연 검사문항을 임상심리학자만이 알고 이를 비밀로 유지하여야 하는가? 아니면 관련 전문가도 어느 정도 알고 있는 것도 괜찮은가? 검사문항을 공개할 수 있는 범위는 어디까지인가? 이러한 점에 대한 임상심리학자간의 공통된 인식이 필요한 시점이다.

심리치료를 전화나 인터넷을 이용하여 수행하는 경우도 있다. 전화상담은 특히 생명의 전화와 같은 곳에서 자살 위험이 있는 사람에게 시간과 공간의 제약을 받지 않으면서 즉각적으로 실시할 수 있다는 점에서 집중적으로 사용되었다. 최근에는 각종 학교와 사업체에서는 인터넷을 이용한 상담도 활성화되고 있다. 이러한 방법이 과연 안전하고 수용할 만한 것인가에 대한 논쟁은 이제 과거의 일이 되었다. 이제는 스마트폰과 같이 인터넷이나 통신망을 이용하여 실시간으로 어느 장면에서나 상담과 치료가 이루어지고 있는 상태이다. 이러한 방법은 많은 사람이 이용할 수 있다는 점과 사생활을 보장할 수 있다는 점에서 매우 바람직할 수 있다. 그러나 이러한 서비스가 바람직하지 않은 결과를 초래할 수 있다는 지적에 대해서도 항상 경계하여야 할 것이다(Hans, 1986).

가상현실은 불안장애나 섭식장애, 혹은 약물중독과 같은 분야에서 그 적용범위를 넓혀가고 있다. 가상현실 속에서 내담자는 자신의 행동을 수정하여야 하는 장면에 노출되게 되는데 이러한 장면은 실제 장면이 아니라는 점에서 안전이 보장되어 내담자의 적극적인 참여를 이끌어낼 수 있다. 이러한 노출치료적인 요소는 가상현실의 가장 큰 장점이지만 아직은 이로 인한 멀미현상 등 해결하여야 할 점이 많이 있는 실정이다. 하지만 가상현실치료의 미래는 밝은 편이라 생각되며, 이에 대해 임상심리학자는 관심을 기울여야 할 것이다.

바이오피드백을 이용한 치료에서 더 나아가 최근에는 주의집중력을 높이기 위해 뉴로피드백 등이 적극적으로 활용되고 있다. 바이오피드백의 경우에도 기술의 발전으로 인해 기구의 크기가 작아져서 휴대가 가능해졌고, 사용방법도 쉬워져서 일반인도 사용할 수 있게 되었다. 뉴로피드백의 경우에는 그 정도는 아니지만 주의력과 같은 기초 인지영역의 치료뿐 아니라 고등인지 기능에 대한 치료로 범위가 확대되고 있다. 이와 같은 기술의 발전은 임상심리학자가 사용할 수 있는 치료방법에 대한 정보를 쉽게 얻을 수 있게 할 뿐 아니라 다양한 치료 책략을 선택적으로 사용할 수 있는 기회를 제공하고 있다.

지역사회심리학

지역사회심리학은 인간의 심리적 문제를 치료하는 것보다 예방하고 이들의 재활시키는 데 역점을 두고 있다. 지역사회심리학에서는 인간의 행동에 가장 큰 영향을 미치는 것은 사회조직이라고 본다. 따라서 사회조직을 조정하지 않고는 인간의 행동이나 행동의 문제를 효과적으로 해결할 수 없다고 본다. 이를 위해서는 개인의 행동이나 장애에 결정적 영향을 미치는 사회적 요인에 보다 많은 관심을 가져야 할 것이다. 지역사회심리학에서는 심리건강의 문제를 다루는 데 있어서 개인보다는 지역사회 내의 전체 구성원, 치료보다는 예방에 보다 큰 역점을 두고 있다.

사실상 지역사회심리학의 영역은 매우 넓어서 종래의 치료와 사회적 작용까지도 포괄하고 있는 것으로 볼 수 있다. 사회적 영향까지도 고려한 치료에서는 첫째, 전통적 방법으로는 치료가 불가능했던 환자, 둘째, 정신적 질병이 상당히 심한 단계에까지 이르기 이전에 발견하여 치료하는 2차적 예방의 대상, 셋째, 법원이나 학교를 통해 자문을 의뢰해 오는 내담자, 그리고 넷째, 개인이나 가족 단위의 치료에서 지역사회의 단위로 치료방향이 전환된 사람을 대상으로 한다. 그러므로 지역사회심리학자는 어려운 위기에 직면하고 있는 사람의 문제를 직접 조정하는 데 관여하기도 하고, 사회적 상황 그 자체에 대한 조정에 관여하기도 한다. 이와 같은 방법은 곧 그 지역사회에 거주하는 아동의 정서와 지능의 성장을 촉진한다(Sarason, 1972).

지역사회심리학이라는 말은 1965년 보스톤 총회에서 처음으로 쓰이기 시작하였다(Bennett, 1965). 이 모임에 참석한 심리학자는 정신장애자에게 국한한 명칭 대신 새로운 명칭을 사용할 필요에 의해 지역사회심리학이라는 용어를 쓰기로 결정하였다. 이는 한정된 정신장애자를 상대로 하던 종래의 정신건강 프로그램에서 탈피하여 보다 포괄적이고 많은 사람을 대상으로 하고 있다. 또한 이는 그들의 사회적응의 문제까지도 논의할 수 있고, 그들의 정신건강을 증대시키는 데 도움이 되는 명칭이 될 수 있다. 지역사회심리학자는 환자의 사회환경을 변화시키려고 시도하고 사회체제를 분석하며 사회적 사건이나 사회문제와 관련이 되는 문제에 대해 전문가로서 자문에 응하고 있다.

지역사회심리학자는 각기 전문적 지식을 가지고 지역사회의 문제해결에 참여하는 사람들의 지식을 통합하는 기능을 가지고 있다. 지역사회심리학자들이 임상가로서의 훈련을 받기는 하지만 다른 각도에서 훈련을 받을 필요가 있다. 이런 의미에서 지역사회임상심리학이라는 용어를 쓸 수 있다. 이는 임상연구에서 사회적 개념과 방법이 얼마나 큰 비중을 자지하고 있는지 암시하고 있다.

우리나라의 경우 지역사회심리학이 실무현장에서 중요한 영역을 차지하게 된 것은 1995년 정신보건법이 통과된 이후로 볼 수 있다. 정신보건법은 정신질환의 예방, 정신질환자의 의료 및 사회 복귀를 목적으로 만들어진 법이다. 이 법에서는 모든 정신질환자가 정신질환이 있다는 이유로 부당한 차별대우를 받지 아니하고 자발적 입원이 권장되고, 가능한 한 자유로운 입원환경이 보장되며, 타인과 자유로운 의견교환이 보장되어야 한다는 기본이념을 바탕으로 한다.

정신보건법은 여러 기도원과 형제복지원 등 각종 정신질환자 입원시설에서 입소중인 정신질환자의 인권을 심각하게 유린하고 있다는 것이 외부에 알려지면서 제정되어 시행하게 되었다. 이처럼 정신질환자의 인권침해가 가능했던 이유는 무엇보다 시설이 외부로부터 차단되어 있고 환자의 자유로운 행동을 제한할 수 있었기 때문이다. 그리고 이를 가능하게 한 것으로 정신질환자에 대한 사회적 인식의 문제, 정신보건법 등 제도적 미비점, 행정관청의 무관심과 편의주의, 그리고 시설의 경제적 문제 등을 이유로 들 수 있다.

정신보건법이 제정된 이후에 법의 시행에 따른 다양한 변화가 나타나게 되었다. 우선 시설의 입원요건을 강화한 점이다. 몇 가지 예외를 제외하고는 환자가 입원하는 것에 대한 동의를 해야 입원이 가능하고, 장기입원을 막기 위해 6개월 이상 입원을 요하는 경우에는 환자의 계속 입원에 대한 허가를 정신보건심판위원회에서 받도록 하였다. 이러한 변화는 그동안 치료와 상관 없이 장기입원해 있던 환자를 지역사회 내로 돌려보내는 효과를 갖게 되었다. 각종 정신질환자 수용시설에서는 환자를 지역사회 내에 잘 적응할 수 있도록 노력해야 하게 되었고, 그 필요로 인해 현재 각 지역의 구나 군 단위로 정신보건센터가 설립되었다.

정신보건센터는 지역의 정신질환자의 예방과 조기발굴이라는 1차적 예방업무를 담당하고 있다. 또한 각종 정신병원 등에서 치료를 받고 지역사회로 돌아오는 사람에 대한 적응과 재활이라는 3차적 예방업무를 함께 담당하고 있다. 이러한 정신보건센터에서의 임상심리학자의 역할은 기존의 전통적인 정신과에서 하는 역할과 상당한 차이를 갖게 될 수밖에 없다.

보건복지부에서 발간한 2011년 '정신보건사업안내'를 보면 정신보건센터는 크게 4가지 사업을 진행하고 있다. 그것은 첫째, 기획업무로서 지역사회의 진단과 조사 연구, 그리고 자원 조정과 관련된 업무이다. 두 번째는 중증 정신질환자 관리사업으로서 편견해소와 탈원화 전달체계구축, 그리고 프로그램의 개발과 지원 등의 업무를 진행한다. 세 번째는 정신건강증진사업으로서 인식개선사업과 자살 등 고위험군 조기검진사업, 그리고 홍보사업 등을 진행하고 있다. 마지막으로 네 번째는 정신보건 환경조성사업으로서 사회안전망의 구축과 보건복지 네트워크 구축, 그리고 지역 언론 등과의 네트워크 구축 등의 업무를 진행한다. 이러한 사업은 전통적인 임상심리학자의 업무범위를 넘어선다.

정신보건센터 모델은 각종 지역사회 서비스센터의 모델이 되고 있다. 학교와 청소년을 대상으로 하는 위(WEE)센터와 청소년상담센터는 학교 부적응 청소년의 발굴과 지원, 그리고 예방과 치료 활동을 전개하고 있다. 정신장애 중 특히 중독과 관련된 지역사회 서비스는 최근 매우 활발하게 전개되고 있다. 특히 알코올과 관련해서는 전국에 40여 개 이상의 알코올 상담센터가 문제음주자에 대한 재활과 지원, 그리고 그들의 가족에 대한 지원에 참여하고 있다. 마찬가지로 도박중독자를 위한 도박중독예방치유센터는 아직 4개에 불과하지만 도박중독자의 조기발굴과 이들에 대한 상담 및 경제적 지원, 그리고 가족 등에 대한 지원 등의 업무를 시행하고 있다.

우리나라의 자살률은 OECD 국가 중 최고 수준이다. 이러한 문제를 해결하기 위한 노력으로 2011년 '자살예방및생명존중문화조성을위한법률'이 통과되면서 2012년 초 중앙자살예방센터가 설립되었다. 이와 같이 다양한 분야에서 지역사회심리학적 접근이 필요한 사업이 이미 진행되고 있거나 진행을 준비하고 있다. 임상심리학자는 이러한 사회의 변화와 욕구에 민감하게 대처할 준비를 하고 있을 필요가 있다.

지역사회심리학적 문제 조정

지역사회심리학적 원리를 이용하여 정서장애를 치료하는 방법에는 여러 가지가 있다. 여기서는 위기의 조정과 자문의 문제에 대해서 살펴보고자 한다.

위기조정 인간의 삶은 어떤 의미에서 보면 위기의 연속이라고 볼 수 있다. 인간의 성장과 발달에서 오는 위기도 있고, 돌발적 사건에서 오는 위기도 생각할 수 있다. 인간은 성숙하는 동안 여러 가지 위기를 경험하게 된다. 즉, 성숙과정에 있는 사람은 다른 성숙기에 접어들면 이전의 행동유형이 별로 도움이 되지 않게 되어 새로운 성숙단계에 맞는 새로운 행동유형이 필요하게 된다. 이러한 과정에서 위기를 성공적으로 극복하게 되면 성격적으로 건강한 성숙을 이루게 되지만 실패하게 되면 또 다른 위기를 경험하게 된다.

발달상황에서의 위기 못지않게 중요한 것은 돌발 상황에서 오는 위기이다. 갑자기 병에 걸린다거나 실직하거나 배우자가 세상을 떠나는 것, 혹은 천재지변 같은 것이 그 예가 될 수 있다. 이는 곧 전체 지역사회의 생활을 크게 위협한다. 또한 사회적 지위의 변화로 인한 새로운 책임을 갖게 되는 것도 위협의 원천이 될 수 있다. 이 때 새로운 직무가 무엇이고, 그로부터 오는 위협이 어떤 심리적 의미가 있으며, 그가 어떠한 사회적 상황에 처해있으며, 그 사람이 어떤 성격특성을 가지고 있고, 그것을 어떻게 극복하느냐에 따라 반응의 강도가 크게 달라진다.

어떠한 형태이든 간에 심리학자의 도움이 필요한 위기에 직면하게 되면 다음과 같은 여러 가지 특징이 나타난다(Caplan, 1964). 첫째, 위기의 상태에 직면하게 되면 약 1~6주간 별다른 해결책이 머리에 떠오르지 않게 된다. 이 시기가 지나면 만족할 만한 것은 아니지만 해결방안이 생각난다. 이로 인해 적절한 방법으로 위기를 조정할 수 있는 시간이 시언된다. 둘째, 위기를 해결하기 위해서 감정과 인지적 상태가 함께 작용한다. 초기에는 긴장감과 무기력감이 생긴다. 그러므로 효과적 해결방법이 생각나지 않는다.

셋째, 만일 위기가 부분적으로나 전체적으로 해결되지 않을 때에는 또다시 다른 위기에 직면하게 된다. 이와 같은 경우는 극히 드문 것으로 평생을 통해 한두 번 경험하는 것이 특징이다. 생명에 위협을 줄 수 있는 무서운 질병을 앓게 되는 경우를 생각할 수 있다. 우리는 사회생활에 있어서 여러 가지 위기를 맞게 되는데 여기에는 그와 관계하고 있는 사람이나 외부 환경이 크게 영향을 미친다.

위기를 조정하기 위해서 여러 가지 기법이 실험적으로 적용되고 있다. 이 기법은 전통적인 심리치료기법과 상당히 다르다. 일반적으로 단기 심리치료법과 개별사회사업의 기법이 활용된다. 이 방법은 그 당사자가 당면하고 있는 위기의 성질과 사회적 환경, 위기에 대한 반응의 강도, 그리고 그의 성격특성에 따라 다르다. 위기를 효과적으로 조정하기 위해서는 그와 관계되는 여러 전문가의 자문이 필요할 뿐 아니라 사회환경에 직접 변화를 가져오도록 노력해야 한다.

위기를 효과적으로 조정하게 되면 불안이나 정신적 혼란 및 무기력감이 경감된다. 따라서 위기를 효과적으로 극복할 수 있도록 새로운 기법을 학습할 필요가 있다. 이를 위해서 초기에는 무엇보다도 위기의 성질을 잘 이해하고 그것이 이전의 경험과 어떤 관계가 있는지를 중점적으로 다룰 필요가 있다. 현재 당면하고 있는 괴로운 사실을 다시 생각함으로써 새로운 의미를 찾아낼 수 있다. 또 스트레스를 주는 감정이 무엇인지 알아보고, 그와 같은 장면에 직접 대면함으로써 불쾌한 감정을 현저하게 감소시킬 수 있다.

다음 단계에서는 문제해결을 위한 노력을 시도하게 된다. 이를 위해서 과거에 자신이 효과적으로 극복해 나갈 수 있었던 생활경험을 다시 탐지해 봄으로써 현재 당면하고 있는 위기를 이겨낼 수 있는 지혜를 얻게 된다. 여기서 새로운 정보를 얻을 수 있고, 희망을 걸고 새로운 노력을 시도하게 된다.

새로운 해결책이 모색되면 다시 반복해 보고 그 결과가 어떻게 될 것인가를 다시 한 번 생각해 보아야 한다.

어떤 형태의 심리치료이든 크게 문제가 되는 것은 임상가와 환자의 상호관계이다. 이는 다른 전통적 심리치료에서와 같이 장기간의 시간을 두고 서서히 맺는 것보다는 환자의 특성에 따라 급진적으로 발전시켜 나가야 한다. 치료자는 다른 유형의 심리치료에서와 달리 적극적이고 직접적으로 치료에 관여할 필요가 있다.

환자가 자신의 문제를 치료자에게 전가시키고 자신의 독립성을 상실하는 것은 바람직하지 않다. 환자로 하여금 자신을 사랑하는 태도를 가지고 스스로 결심하여 위기를 해결하게 할 때 위험한 일이 생길 수도 있다. 이러한 위험을 제거하기 위해서는 이미 해결된 위기를 강조하면서 앞으로 직면할 위기도 환자 스스로 해결해 나갈 수 있도록 용기를 북돋아 주어야 한다.

이러한 위기조정의 기술이 도입되면서 정신병원의 입원환자 수는 급격히 줄어들고 있고 입원가료의 기간도 현저하게 단축되었다(Decker & Stubblebine, 1972). 위기를 조정하는 방법은 단순한 기술이 아니고, 다양한 치료기법으로부터 그 기술을 빌려 쓰고 있는 상태이다. 그러므로 이러한 기술이 얼마나 치료적 성질이 있는지에 대해서는 앞으로 많은 실험적 연구가 이루어져야 할 것이다.

자 문 지역사회심리학자는 전문가의 자문제도를 활용하고 있다. 이러한 자문은 그 의미가 다양하지만 지역사회심리학에서 말하는 자문은 전문지식을 가진 사람이 해결해야 할 문제에 직면한 사람을 도와서 스스로 문제를 해결해 나가고 그에 대해 책임까지 지게 하는 것을 말한다. 이러한 의미에서 볼 때 자문을 요청한다는 것은 전문지식을 가지고 있는 사람의 잠재적인 공헌을 기대한다는 의미를 포함한다.

정신건강과 관련된 자문은 크게 네 가지 유형이 있다(Caplan, 1970). 첫째는 내담자를 중심으로 한 사례자문이다. 이는 내담자에게 직접 봉사할 수 있는 전문가에게 사례를 의뢰하는 경우와 비슷하다. 여기서 중요한 것은 자문하는 사람과 치료자의 관계이다.

둘째, 자문을 요청하는 사람을 중심으로 하는 사례자문이다. 자문을 요청하는 사례의 대부분은 혼자의 힘으로 다루기 힘든 사례이다. 여기서 임상적 문제보다는 자문을 요청하는 사람이 어떠한 문제에 대해서 보다 많은 관심을 가지고 있는가가 문제이다.

셋째, 프로그램을 중심으로 하는 행정적 자문이다. 내담자를 중심으로 하는 사례자문에서와 같이 프로그램 자체에 대해 큰 관심을 갖는다. 극단적인 경우는 기술적인 도움을 받기 위해서 자문을 청하는 수도 있다.

넷째, 자문을 요청하는 사람을 중심으로 하는 행정적 자문이다. 앞에서 말한 자문을 요청하는 사람을 중심으로 하는 사례자문과 마찬가지로 자문을 요청하는 사람이 프로그램을 구성할 때 어떤 일을 하는가에 역점을 두게 된다. 이러한 자문의 유형은 실제 상황에서 구별이 간단하지는 않다.

이러한 자문은 크게 개시단계, 문제정의단계, 대안분석단계, 장애물제거단계, 그리고 종료단계를 밟는다. 먼저 개시단계에서는 자문을 요청한 사람과 그것을 받아들인 사람간의 특별한 관계가 시작된다. 자문을 요청받은 사람은 왜 자문이 요청되었고, 가장 큰 문제가 무엇이며, 왜 자기에게 자문이 요청되었는가를 확실하게 알고 있어야 한다. 꼭 한 가지 이유만으로 자문을 요청하는 경우가 없다. 그 뒤에는 보이지 않는 많은 요인이 작용하고 있다는 점을 알아야 한다. 자문을 하는 사람은 내가 왜 여기에 나왔고, 무슨 도움을 줄 수 있으며, 과연 그들이 당면한 문제를 적절하게 해결할 만한 충분한 지식을 가지고 있는지에 대해 스스로 생각해 볼 필요가 있다.

일단 기본적인 관계가 형성되게 되면 문제를 정의하는 단계에 들어가게 된다. 여기서 전문가의 자문을 청한 본인의 진술이 중심이 되고 최대한으로 존중되어야만 한다. 보다 더 실질적 문제는 시간이 지나감에 따라 노출되기 미련이다. 그러므로 자문을 하는 사람은 문제가 표면화될 수 있도록 유도할 필요가 있다.

대안분석단계는 문제에 대한 진단이 끝난 후 그 해결방안을 강구하는 단계이다. 이 때 자문을 요청한 사람이 어떤 시도를 하여 어떤 결과를 얻었는지를 세밀하게 분석할 필요가 있다. 더 나아가 자문을 요청한 사람과 요청받은 사람이 공동으로 문제를 해결하기 위한 대안을 마련하고 그에 대한 분석을 시도한다. 대안을 놓고 그것이 실제 실용성이 있으며 그로 인해 어떤 부작용이 없는지, 그리고 그에 소요되는 경비 같은 것이 중점적으로 논의되어야 한다.

장애물 제거단계에서는 전문가가 속해 있는 기관의 고유한 심리적 문제 때문에 환자의 문제해결을 위한 결심이 어려울 때 이를 극복하는 과정을 말한다. 이는 개인이 가지고 있는 심리적 문제 때문일 수도 있다. 전문가로서 객관성을 상실하고 지나치게 개인적 관계에 휘말려 잘못 판단하고 심한 긴장을 느낄 수 있다. 자문을 요청한 사람이 자신의 개인적 문제와 환자와의 관계를 잘 이해하지 못하고 있는 경우가 있지만 자문을 하는 사람이 이러한 문제까지 해결하여 주지는 못한다. 자문을 요청한 사람이 객관적인 태도를 견지하지 못하고 있을 때 이를 바로잡을 수 있는 접근을 하는 것이 이 단계에서 이루어지는 일이다.

마지막으로 종료단계에서는 두 사람간의 관계가 종식되는 단계이다. 두 사람 모두 만족하면서 관계를 종식하는 것이 가장 이상적이다. 하지만 그렇지 않은 경우도 많다. 경우에 따라서는 자문을 요청하는 사람이 의존심을 갖게 되어 장기적인 관계를 갖고 싶어 할 수도 있다. 다른 유형의 심리치료에서와 마찬가지로 쌍방이 모두 만족할 수는 없지만 이를 위한 노력을 쌍방이 꾸준히 계속하여야 할 것이다.

지역사회심리학자의 교육훈련 현재 정신보건법상 정신보건 임상심리사의 훈련은 병원이나 정신보건센터에서 실시할 수 있는 것으로 되어 있다. 하지만 거의 모든 정신보건 임상심리사는 병원에서 훈련이 이루어지고 있다. 병원의 훈련과정은 입원 및 외래환자에 대한 심리평가와 심리치료가 주를 이루고 있다. 이들은 현재 심리장애로 인한 증상이 두드러진 상태에 있는 사람이다. 즉, 예방이나 재활보다는 2차적 예방에 해당하는 치료를 필요로 하는 사람이다. 따라서 병원에서 이루어지는 임상심리사에 대한 교육과 훈련은 전통적인 심리평가와 심리치료에 초점을 맞출 수밖에 없다.

지역사회심리학자는 위에서 살펴본 것처럼 위기의 조정과 자문, 그리고 개인 환자에 대한 사례관리를 주 업무로 한다. 따라서 이러한 업무에 대한 교육이 필요하다. 예방과 재활에 초점을 맞추어야 하고 환자의 증상뿐 아니라 그에게 도움이 될 수 있는 개인적 장점과 환경적 장점을 개발하여 이를 장려하여야 한다. 환자를 주로 평가하고 치료하는 장면에서는 이러한 업무에 대한 실습 수련을 받기 어렵다. 현재 병원에서 훈련을 받고 있는 사람의 전체 수련기간에서 일정 부분을 정신보건센터에서 실습을 받도록 하고 있다. 그러나 이 정도의 훈련으로는 지역사회에서 정신보건 전문요원으로서 역할을 수행하기에 충분하지 않고, 수련을 받고 있는 수련생도 이 기간의 중요성에 대한 인식이 부족한 상태이다. 지역사회심리학자를 양성하기 위해서는 이들에게 필요한 업무를 수련시킬 수 있는 기관을 많이 지정하고 이곳에서 훈련을 시킬 수 있는 양질의 표준화된 교육 프로그램이 필요하다.

DSM-5의 개정

1994년에 DSM-Ⅳ-TR이 발간되었고 이후 거의 20년이 다 된 2013년 5월에 DSM-5가 발간될 예정이다. DSM-5는 매우 많은 부분에서 DSM-Ⅳ와 차이가 있다(APA, 2011). 우선 발달적인 측면이 강조되면서 과거 아동기에 주로 진단되던 장애에 대하여 연령의 제한을 풀어놓았다. 어느 연령에서나 진단이 가능하도록 진단의 기준을 바꾸었고, 의학적으로 설명되지 않는 증상(medically unexplained symptom)을 가급적 진단체계 안에서 처리할 수 있게 하였다. 성격장애 부분에서도 많은 성격장애를 하나의 공통적인 특징으로 묶고, 몇몇 개의 성격장애만을 독립시킨 것도 큰 변화의 하나이다. 섭식장애에서는 폭식장애가 정식 장애로 등재될 가능성도 있다. ADHD와 같은 진단에서는 장애의 진단을 내리기 위해 필요한 증상의 수가 감소하여 쉽게 진단을 내릴 수 있게 되었다.

일단 DSM-5가 사용되게 되면 정신장애의 유병률이 크게 늘어날 것이다. DSM-5는 장애를 조기 발견하여 개입하는 것을 중요한 지향점으로 보고 있다. 따라서 한 장애를 진단할 때 필요했던 증상의 수가 적어져서 유병률이 증가할 것이다. 과거 많은 임상심리학자가 언급한 환자의 공통증상에 대한 관심이 증가하면서 자살과 같은 부분에 대한 평가를 모든 환자에게 적용할 수 있도록 권장하게 되었다. 이러한 변화는 임상심리학자에게 장애에 대한 적극적이고 능동적인 시각을 요구하고 있다. 또한 분류체계가 변하여 새로운 진단기준에 속하는 사람의 특징과 이들의 평가와 치료 등에 대한 연구는 시급하게 이루어져야 하게 되었다.

진단명의 차이와 진단분류체계의 변화만이 DSM-5에서 지향하는 것이 아니다. 많은 장애를 진단하기 위해서는 Rorschach 검사나 주제통각검사와 같은 전통적인 심리평가방법을 가지고는 접근하기 어렵게 되었다. 심지어 정신지체의 경우에도 표준화된 지능검사의 결과인 IQ만 가지고는 진단할 수 없고, 지능으로 인해 발생한 여러 기능상의 변화를 입증하여야 한다. DSM-5는 행동을 기준으로 하는 진단을 강조하기 때문에 전통적인 Rorschach 검사와 같은 투사검사보다는 행동관찰과 면접에서 얻은 정보가 진단을 하는데 더욱 큰 역할을 하게 될 것이다. 임상심리학자는 행동을 쉽고 간단하게 측정할 수 있고 진단유목의 평가에 가장 적절한 평가도구를 개발하는 역할을 수행하여야 할 것이다.

긍정주의 심리치료

그동안 임상심리학은 인간의 부정적인 측면에 초점을 맞추어 왔다. 임상심리학은 정신분열증과 우울증, 성격장애와 불안장애 등 장애를 평가하고 치료하려고 하였고, 이러한 장애에 대하여 주로 연구하였다. 왜 사람들은 불안해 할까? 학습이론을 통해 불안장애가 발병하고 유지되는 기제를 설명하려고 하였고, 불안환자가 가지고 있는 비합리적 신념을 원인이라고 생각하고 이를 밝히기 위한 연구를 진행하였다. 심리치료의 목표 역시 잘못된 강화과정을 변화시키고 비합리적 신념을 경감시키는 것에 두었다. 우울증은 학습된 무기력과 같은 학습이론으로 설명하려 하였고, 치료 역시 강화를 받을 수 있는 기회를 주고 생각을 바꾸어서 우울감을 줄이는 것에 초점을 맞추었다. 이처럼 전통적인 임상심리학자는 인간의 부정적인 측면을 연구하고 평가하고 치료하는 것을 가장 중요한 역할로 생각하여 왔다.

부정적인 측면을 강조하는 것은 인간의 행동과 관련된 많은 분야의 한 특징이기도 하다. 종교는 하지 말아야 할 금기와 터부를 지정함으로서 우리는 어떤 행동을 하여야 하는지 보다는 하지 말아야 하는지를 더 많이 배우게 되었다. 법률 역시 경계하고 하지 말아야 할 행동을 더욱 많이 언급하고 있다. 이러한 전통은 임상심리학에서도 예외는 아니었다. 임상심리학은 인간의 부정적 측면에 관심을 기울이는 것을 당연한 임무로 생각하였다.

임상심리학자가 되기 위해서는 인간의 발달이나 학습과정, 동기와 정서 등 인간의 행동 일반에 대한 폭넓은 지식과 식견이 요구된다. 그런데 그 이유는 바로 이상행동을 이해하기 위해서이다. 즉, 이상행동이라는 인간의 부정적 측면을 이해하기 위한 수단으로서 정상행동을 공부하는 것이다.

긍정주의 심리치료에서는 인간의 행동에 대해 접근하는 방법이 전통적인 심리치료와 상당히 다르다. 전통적인 심리치료에서는 환자를 오로지 증상을 가지고 있는 사람으로만 생각하였다. 문제를 가지고 있고, 치료자의 도움을 받아야 하는 사람이 환자인 것이다. 그러나 긍정주의 심리치료에서는 그렇게 생각하지 않는다. 환자는 질병을 가지고 있는 사람이기도 하지만 스스로 질병을 다스리고 건강을 조절할 수 있는 능력이 있는 사람으로 생각한다. 즉, 환자가 가지고 있는 건강에 대한 동기나 자원 등을 강조하여 환자의 부정적인 측면만을 보는 우를 범하지 않고 비교적 포괄적인 방식으로 설명하려고 한다.

긍정주의 심리치료는 개인적인 차원에서 어떻게 갈등이 발생하였는가를 바라보는 것이 아니라 가능한 포괄적인 방법을 통해 환자를 이해하고자 한다. 따라서 치료자가 자신의 이론에 입각하여 선입견을 가지고 환자와 대면하고 치료하는 것을 지양한다.

이를 위해서 긍정주의 심리치료는 환자에 따라 그들이 드러내는 장애의 형태와 독특성에 따라 여러 가지 절차와 기법 및 방법을 연합하여 치료에 적용한다. 특정한 문화나 계층의 영향을 받지 않고 모든 계층의 환자를 수용하려고 한다. 따라서 긍정주의 심리치료는 치료자에게 치료자 자신을 이해할 수 있는 가능성을 일깨워 주고 환자에게는 치료자가 환자의 문제를 이해하고 있다는 감정을 느끼게 해준다(Peseschkian, 2005). 이러한 과정은 환자가 병으로 고통을 받는 사람이기도 하지만 그 자신이 치료자가 되기도 하는 경험을 격려한다.

긍정주의 심리치료는 생성 배경과 본질을 살펴볼 때 이론적인 측면보다는 실질적인 측면에 더 가깝다. 환자의 독특한 특성을 고려하면서 환자의 주관적인 요구와 객관적인 요구사항이 무엇인지를 이해하려고 한다. 이러한 목적을 달성하기 위해 굳이 하나의 심리치료 기술만을 사용할 이유는 없다. 이보다는 개인치료나 집단치료, 가족치료, 이완기법 등 다양한 치료기법을 동원하는 것이 바람직할 것이다. 즉 환자가 특정한 치료 방법에 적응해야 하는 것이 아니라 환자에게 필요한 변화에 적합한 심리치료적 접근을 선택하게 된다.

긍정주의 심리치료는 초점지향적이다. 즉, 관심의 초점이 환자의 잠재능력에 맞추어져 있다. 따라서 한 사람이 육체와 정신, 그리고 영혼의 결합체로서 재통합할 수 있도록 준비를 시킨다. 이는 여러 가지 치료계획을 통해서 이루어진다(Peseschkian, 2005). 인간의 육체와 정신은 하나이거나 혹은 서로 영향을 주고받는다. 따라서 인간의 육체와 정신을 분리해서 생각할 이유가 없을 뿐 아니라 더 나아가 영혼까지도 함께 고려하여야 완벽한 전인적 인간을 그릴 수 있게 되고, 이를 통해 그 환자에게 초점이 맞추어진 치료를 해나갈 수 있게 된다.

우리나라의 경우 긍정주의 심리치료는 많은 관심을 끌고 있다. 많은 임상심리학자는 긍정주의 심리치료의 활용범위가 매우 넓다는 점에 동의하고 있다. 그리고 이 치료는 과학적이면서도 쉽게 접할 수 있는 치료방법이 될 것이라는 점에 대해 동의하고 있다. 하지만 아직은 우리나라의 문화에 적합한 긍정주의 심리치료에 대한 접근이 부족한 상태이다. 그러나 자기 자비나 용서, 감사 등에 대한 세미나와 연구결과가 축적되어 나가고 있으며, 명상 등을 통해 개인의 심리적 탄력성을 높이기 위한 노력이 이루어지고 있어서 긍정주의 심리치료의 미래는 밝은 것으로 보인다. 긍정주의 심리치료를 환자에게 적용하여 부정적인 측면에서 벗어나서 질병이 없는 것이 아닌 행복하고 만족스러운 삶을 사는 것을 치료의 목표로 제안하기 위해서는 개인마다 소유하고 있는 행복이나 삶의 질 등에 대한 관점에 임상심리학자가 깊은 관심을 기울여야 할 것으로 보인다.

참고문헌

김기태 (2006). 위기개입론. 3판. 대왕사.

김중술, 한경희, 임지영, 이정흠, 민병배, 문경주 (2005). 다면적 인성검사 Ⅱ 매뉴얼. 서울: 마음사랑.

대한비만학회 (2010). from http://www.kosso.or.kr.

보건복지부 국민건강영양조사 (2011). from http://knhanes.cdc.go.kr.

송수미, 현명호, 유재호 (2012). 소아당뇨 아동을 위한 절충적 부모-자녀놀이치료의 효과: 심리사회적 적응, 치료순응, 대사 조절을 중심으로 한국심리학회지: 건강, 17, 17-39.

안창일 (2004). 임상심리학. 서울: 시그마프레스.

염태호, 박영숙, 오경아, 김정규, 이영호 (1992). K-WAIS 실시요강. 서울: 한국가이던스.

오경자, 이혜련, 홍강의, 하은혜 (1997). K-CBCL 아동 · 청소년 행동평가척도. 서울: 중앙적성출판사.

오세진, 김용희, 김청송, 김형일, 신맹식, 양계민, 양돈규, 이요행, 이장한, 이재일, 정태연, 현주석 (2010). 인간행동과 심리학. 서울: 학지사.

이장한 (2012). 법정 및 범죄심리학. 서울: 학지사.

이현수 (1992). 임상심리학(제 2 전정판). 서울: 박영사.

이현수 (1997). 한국판 아이젱크 성격검사 매뉴얼. 서울: 학지사 심리검사연구소.

이현수 (2000). 임상심리학(제 4 전정판). 서울: 박영사.

한덕웅, 이장호, 전겸구 (2000). 상태-특성 불안검사. 학지사 부설 학지심리검사연구소.

Abate, L. L., Boelling, G. M., Hutton, R. D., & Mathews, D. L. (1962). The diagnostic usefulness of four potential tests of brain damaged. *Journal of Consulting Psychology, 26*, 479.

Abramson, L. Y., Seligman, M. E., & Teasdale, J. D. (1978). Learned helplessness in humans: Critique and reformulation. *Journal of Abnormal Psychology, 87*, 49-74.

Achenbach, T. (1988). Integrating assessment and taxonomy. In M. Rutter, T. Hussain, & I. Lann (Eds.), *Assessment and diagnosis in child psychopathology*. New York: Guilford.

Achenbach, T. (2002). *Manual for the Assessment Data Management Program(ADM)*. Burlington: University Medical Associates.

Adams, K. M. (1974). *Automated clinical interpretation of neuropsychological battery: An ability based approach*. Unpublished Ph. D. Thesis, Wayne State University.

Adler, N. E., & Matthews, K. (1994). Health psychology: Why do some people get sick and some stay well. *Annual Review of Psychology, 45*, 229-259.

Adler, P. (1972). Will the Ph. D. be the death of professional psychology? *professional Psychology, 3*, 69-72.

Agrass, W. S., Leitenberg, H., Barlow, D. H., & Thomson, L. E. (1969). Instructions and reinforcement in the modification of neurotic behavior. *The American Journal of Psychiatry, 125*, 1435-1439.

Albert, M. L., Goodqlass, H., Helm, N. A., Rubens, A. B., & Alexander, M. P. (1981). *Disorders of human communication: Vol. 2. clinical aspects of dysphasia*. New York: Springer-Verlag.

Alexander, M. P. (1987). The role of neurobehavioral syndromes in the rehabilitation and outcome of closed head injury. In H. S. Levin, J. Grafman, & H. M. Eisenberg (Eds.), *Neurobehavioral recovery from head injury*. New York: Oxford University Press.

American Educational Research Association, American Psychological Association, & National Council on Measurement in Education (1999). *Standards for Educational and Psychological Testing*. Washington, DC: American Educational Research Association.

American Psychiatric Association (1994). *Diagnostic and statistical manual of mental disorders*. Washington, DC: American Psychiatric Association.

American Psychiatric Association (1994). *Diagnostic and Statistical Manual. fourth edition (DSM-IV)*. Washington, DC: Author.

American Psychological Association (1990). *Guidelines for providers of psychological services to ethnic, linguistic, and culturally diverse populations*. Washington, DC: Author.

American Psychological Association (1999). Division 12 Presidential Task Force.

Assessment for the twenty-first century: A model curriculum. *The Clinical Psychologist, 52*, 10-15.

American Psychological Association (2003). Guidelines on multicultural education, training, research, practice, and organizational change for psychologists. *American Psychologist, 58*, 377-402.

American Psychological Association (2006). Evidence based practice in psychology. *American Psychologist, 6*, 271-285.

American Psychological Association (2011). DSM-5 Development. from http://dsm5.org.

Amundson, M. E., Hart, C. A., & Holmes, T. H. (1986). *Manual for the schedule of recent experience.* Seattle: University of Washington Press.

Anderson, B. L. (1992). Psychological interventions for cancer patients to enhance the quality of life. *Journal of Consulting and Clinical Psychology, 60*, 552-568.

Anderson, B. L., Farrar, W. B., Golden-Kreutz, D. M., Glaser, R., Emery, C. F., Crespin, T. R., Shapiro, C. L., & Carson, W. E. (2004). Psychological, behavioral, and immune changes after a psychological intervention: A clinical trial. *Journal of Clinical Oncology, 22*, 3570-3580.

Andreassi, J. L. (1995). *Psychophysiology: Human behavior and physiological response.* Hillsdale: Erlbaum.

Andrews, D. A., & Bonta, J. (1995). *The level of service inventory-Revised.* Toronto: Multi-Health Systems.

Andrews, J. G., & Harris, M. M. (1964). *The syndrome of stuttering.* Heineman: Medical Books.

Antoni, M. H., Carrico, A. W., Duran, R. E., Spitzer, S., Penedo, F., Ironson, G., Fletcher, M. A., Klimas, N., & Schneiderman, N. (2006). Randomized clinical trial of cognitive behavioral stress management on human immunodeficiency virus load in gay men treated with highly active antiretroviral therapy. *Psychosomatic Medicine, 68*, 143-151.

Antony, W. Z., Heaton, R. K., & Lehman, R. A. W. (1980). An attempt to cross-validation two actuarial systems for neuropsychological test interpretation. *Journal of Consulting and Clinical Psychology, 48*, 317-326.

Argyris, C., Putman, R., & Mclain, S. (1985). *Action science: Concepts, methods, skills for research and intervention.* San Francisco, Jossey-Bass.

Arnow, B. (1999). Why are empirically support treatment for bulimia nervosa underutilled and what can we do about it. *Journal of Clinical Psychology*, 55, 769-779.

Ascher, L., & Cautela, J. (1972). Covert negative reinforcement: An experimental test. *Journal of Behavior Therapy and Experimental Psychiatry, 3*, 1-5.

Ayllon, T. (1963). Intensive treatment of psychotic behavior by stimulus satiation and food reinforcement. *Behaviour Research and Therapy, 1*, 53-62.

Ayllon, T., & Houghton, E. (1964). Modification of symptomatic verbal behavior of mental patient. *Behavior Research and Therapy, 2*, 87-97.

Azar, B. (1996). Behavioral interventions are proven to reduce pain. *APA Monitor* (December), 22.

Azrin, N. H., & Powell, J. (1968). Behavioral engineering: The reduction of smoking behavior by a conditioning apparatus and procedure. *Journal of Applied Behavior Analysis, 1*, 193-200.

Bachrach, A. J., Erwin, W. J., & Mohr, J. P. (1965). The control of anorexia by operant conditioning techniques. In L. P. Ullman & L. Krasner (Eds.), *Case studies in behavior modification.* New York: Holt, Rinehart & Winston.

Baer, D. M., Wolf, M. M., & Risley, T. R. (1968). Some current dimensions of applied behavior analysis. *Journal of Applied Behavior Analysis, 1*, 91-97.

Bandura, A. (1977). *Social learning theory.* Englewood: Pretice-Hall.

Barker, C., Pistrang, N., & Elliott, R. (2002). *Research methods in clinical psychology: An introduction for students and practitioners.* Chichester: John Wiley & Son.

Barkley, R. A. (1997). *ADHD and the nature of self-control.* New York: Guilford Press.

Barlow, D. H. (1981). On the relation of clinical research to clinical practice: Current issues and new directions. *Journal of Consulting and Clinical Psychology, 49*, 147-155.

Barlow, D. H. (2004). Psychological treatment. *American Psychologist, 59*, 869-878.

Barlow, D. H., Hayes, S. C., & Gray-Nelson, R. O. (1984). *The scientist practitioner: Research and accountability in clinical and educational setting.* New York: Pergamon.

Barrett, P., & Eysenck, H. J. (1994). The relationship between evoked potential component amplitude, latency, contour length, variability, zerocrossing, and psychomotor intelligence. *Personality and Individual Differences, 15*, 363-371.

Bartol, C. R. (1996). Police psychology: Then, now, and beyond. *Criminal Justice and*

Behavior, 23, 70-89.

Bartol, C. R. (2002). *Criminal behavior: A psychosocial approach (6th ed.)*. Upper Saddle River, NJ: Prentice Hall.

Bartol, C. R., & Bartol, A. M. (2004). *Psychology and law: Theory, research, and application (3rd ed.)*. Belmont, CA: Wadsworth/Thomson.

Baum, A., Reveson, T. A., & Singer, J. E. (Eds.). (2001). *Handbook of health psychology*. Hillsdale, NJ: Erlbaum.

Baumeister, R. F., Blatslavsky, E., Finkonauer, C., & Kathleen, D. (2001). Bad is stronger than good. *Review of General Psychology, 5*, 323-370.

Baumeister, R. F., & Leary, M. R. (1995). The need to belong: Desire for interpersonal attachments as a fundamental human motivation. *Psychological Bulletin, 117*, 497-529.

Bear, D. M., & Fedio, P. (1977). Quantitative analysis of interictal behaviour in temporal lobe epilepsy. *Archives of Neurology, 34*, 454-467.

Beaumont, J. G. (1983). The EEG and task performance: A tutorial review. In A. W. Guillard & W. Ritter (Eds.), *Tutorials in ERP research: Endogenous components*. Amsterdam: North-Holland.

Beck, A. T. (1967). *Depression: Clinical, experimental, and theoretical aspects*. New York: Hoeber.

Beck, A. T. (1970). Cognitive therapy: Nature and relation to behavior therapy. *Behavior Therapy, 1*, 184-200.

Beck, A. T. (1976). *Cognitive therapy and emotional disorders*. New York: International University Press.

Beck, A. T., Rush, A. J., Shaw, B., & Emery, G. (1979). *Cognitive therapy of depression*. New York: Guilford.

Becker, D. P., & Povlishock, J. T. (1985). *Central nervous system trauma status report*. Bethesda: National Institutes of Health.

Becker, M. H., & Maiman, L. A. (1975). Socio-behavioral determinants of compliance with health and medical care recommendations. *Medical Care, 13*, 10-24.

Bender, L. (1938). *A visual motor gestalt test and its clinical use (Research Monograph, No. 3)*. New York: American Orthopsychiatric Association.

Bender, M. B. (1952). *Disorders in perception*. Springfield : Charles C Thomas.

Bennett, C. C. (1965). Community psychology: Impressions of the Boston conference on the education of psychologists for community mental health. *American Psychologists, 20*, 832-835.

Ben-Porath, Y. S., & Butcher, J. N. (1989). The historical development of personality assessment. In C. E. Walker (Ed.), *Clinical psychology: Historical and research foundations* (pp. 121-156). New York: Plenum Press.

Benson, E. (2002). The perils of going solo. *Monitor on Psychology, 33*, 25.

Benton, A. L. (1968). Differential behavioral effects in frontal lobe diseases. *Neuropsychologia, 6*, 56-60.

Benton, A. L. (1974). *The revised visual retention test.* New York: Psychological Corporation.

Benton, A. L., Hamsher, K. deS., Varney, N. R., & Spreen, O. (1983). *Contributions to neuropsychological assessment: A clinical manual.* New York: Oxford University Press.

Bergan, J. R. (1977). *Behavioral consultation.* Columbus, OH: Charles E. Merrill.

Bergin, A. E., & Strupp, H. H. (1972). *Changing frontiers in the science of psychotherapy.* Chicago: Aldin.

Bersoff, D. (1980). In house counsel seeks true "friend" of the court role for APA. *American Psychological Association Monitor, 11*, 13.

Beutler, L. E., Malik, M., Alimohamed, S., Harwood, T. M., Talebi, H., Noble, S., & Wong, E. (2004). In M. J. Lambert (Ed.), *Bergin and Garfield's handbook of psychotherapy and behavior change* (pp. 227-306). New York: Wiley.

Bigler, E. D. (1984). *Diagnostic clinical neuropsychology.* Austin: University of Texas Press.

Bigler, E. D. (1987). Assessment of cortical functions. In L. C. Hartlage, M. J. Asken & J. L. Hornsby (Eds.), *Essentials of neuropsychological assessment.* New York: Springer.

Bigler, E. D. (1992). Utilization of brain imaging techniques in neuropsychology. In S. L. Hanson & D. M. Tucker (Eds.), *Neuropsychological assessment.* Philadelphia: Hanley.

Birks, Y., & Roger, D. (2000). Identifying components of type-A behavior: "Toxic" and "nontoxic" achieving. *Personality and Individual Differences, 28*, 1093-1105.

Blackburn, H., Luepker, R. V., Kline, F. G., Bracht, N., Carlaw, R., Jacobs, D., Mittelmark, M., Stauffer, L., & Taylor, H. L. (1984). The Minnesota Heart Health

Program: A research and demonstration project in cardiovascular disease prevention. In J. D. Matarazzo et al. (Eds.), *Behavioral health: A handbook of health enhancement and disease prevention* (pp. 1171-1178). New York: Wiley.

Blackburn, I., Bishop, S., Glen, A., Whalley, L., & Christie, J. (1981). The efficacy of cognitive therapy in depression. A treatment trial using cognitive therapy and pharmacology therapy each alone and in combination. *British Journal of Psychiatry, 139*, 181-189.

Blagys, M. D., & Hilsenroth, M. J. (2002). Distinctive activities of cognitive-behavioral therapy: A review of the comparative psychotherapy process literature. *Clinical Psychology Review, 22*, 671-706.

Blanchard, E. B. (1994). Behavioral medicine and health psychology. In A. E. Bergin & S. L. Garfield (Eds.), *Handbook of psychotherapy and behavior change* (pp. 701-733). New York: Wiley.

Bleiberg, J., & Kaplan, D. (1992). Evaluation of neuropsychology using the Halstead-Reitan Neuropsychological Test Battery. In S. L. Hanson & D. H. Tucker (Eds.), *Neuropsychological assessment.* Philadelphia: Hanley.

Blinkhorn, S. F., & Hendrickson, D. E. (1982). Averaged evoked responses and psychometric intelligence. *Nature, 295*, 596-597.

Block, J. (1989). Critique of the act frequency approach to personality. *Journal of Personality and Social Psychology, 56*, 234-245.

Blount, R. L., Bachanas, P. J., Powers, S. W., Cotter, M. C., Franklin, A., Chaplin, W., Mayfield, J., Henderson, M., & Blount, S. D. (1992). Training children to cope and parents to coach them during routine immunizations: Effects on child, parent, and staff behavior. *Behavior Therapy, 23*, 689-705.

Blumenthal, S. J. (1994). Introductory remarks. In S. J. Blumenthal, K. Matthews, & S. M. Weiss (Eds.), *New research frontiers in behavioral medicine* (pp. 9-15). Washington, DC: National Institute of Mental Health.

Blumer, D., & Benson, D. F. (1975). Personality changes with frontal and temporal lobe lesions. In D. F. Benson & D. Blumer (Eds.), *Psychiatric aspects of neurologic disease.* New York: Grune & Straton.

Boake, C. D., (2008). Clinical neuropsychology professional psychology. *Research and Practice, 39*, 234-239.

Boczkowski, J. A., Zeichner, A., & DeSanto, N. (1985). Neuroleptic compliance among chronic schizophrenic outpatients: An intervention outcome report. *Journal of Consulting and Clinical Psychology, 53*, 666-671.

Bolgar, H. (1965). The case study method. In B. B. Wolman (Ed.), *Handbook of clinical psychology*. New York: McGraw-Hill.

Boll, T. J. (1974). Behavioral correlates of cerebral damage in children aged 9-14. In R. M. Reitan & L. Davison (Eds.), *Clinical neuropsychology: Current status and applications*. Washington, DC: Winston.

Boothby, J. L., & Clements, C. B. (2000). A national survey of correctional psychologists. *Criminal Justice and Behavior, 27*, 716-732.

Boring, E. G. (1923). Intelligence as the tests test it. *New Republic*, 35-37.

Borkowski, J., & Cavanaugh, J. (1979). Maintenance and generalization of skills and strategies by the retarded. In N. Ellis (Ed.), *Handbook of mental deficiency: Psychological therapy and research*. Hillsdale: Erlbaum.

Bornstein, P. H., Bridgewater, C. A., Hickey, J. C., & Sweeney, T. M. (1980). Characteristics and trends in behavioral assessment: An archival analysis. *Behavioral Assessment, 2*, 125-133.

Bornstein, P. H., Hamilton, S. B., & Bornstein, M. T. (1986). Self-monitoring procedures. In A. Ciminero, K. Calhoun, & H. Adams (Eds.), *Handbook of behavioral assessment* (2nd ed., pp. 176-225). New York: Wiley.

Bower, G. (1981). Mood and memory. *American Psychologist, 36*, 129-148.

Brannon, L., & Feist, J. (2012). 건강심리학 [*Health psychology: An introduction to behavior and health (7th ed.)*]. (한덕웅, 장현갑, 손정락, 박경, 김교헌, 이민규 등 역) 서울: Cengage Learning. (원전은 2007에 출판) Belmont, CA: Wadsworth.

Branthwaite, A., & Pechere, J. C. (1996). Pan-European survey of patients' attitudes to antibiotics and antibiotic use. *Journal of International Medical Research, 24*, 229-238.

Brent, D. A. (1989). The psychological autopsy: Methodological issues for the study of adolescent suicide. *Suicide and Life Threatening Behavior, 19*, 43-57.

Breslow, L. (1979). A positive strategy for the nation's health. *Journal of the American Medical Association, 242*, 2093-2094.

Brewen, C. (1990). Combinating pharmacological antagonist and behavioral psychotherapy in treating addictions: Why it is effective but unpopular. *British Journal of Psychiatry, 157*, 34-40.

Brewin, C. R. (1996). Theoretical foundations of cognitive behavior therapy for anxiety and depression. *Annual Review of Psychology, 47*, 33-57.

Brewin, C. R. (1988). *Cognitive foundation of clinical psychology*. New York: Erlbaum.

British Psychological Society(BPS) (2000). *Recent advances in understanding mental illness and psychotic experiences*. Leicester: British Psychological Society.

Bronfenbrenner, U. (1979). *The ecology of human development: Experiments by design and by nature*. Cambridge, Ma: Harvard University Press.

Brown, G. W., & Harris, T. O. (1978) *The social origins of depression*. London: Tavistock.

Brown, T., Campbell, L., Lehman, C., Grisham, J., & Mancill, R. (2001). Current and lifetime comorbidity of the DSM-Ⅳ anxiety and mood disorders in large clinical sample. *Journal of Abnormal Psychology, 110*, 585-589.

Brownell, K. D., & Wadden, T. A. (1992). Etiology and treatment of obesity: Understanding a serious, prevalent, and refractory disorder. *Journal of Consulting and Clinical Psychology, 60*, 505-517.

Brugha, T. S., Bebbington, P. E., Singleton, N., Melzer, D., Jenkins, R., Lewis, G., Farrell, M., Bhugra, D., Lee, A., & Meltzer, H. (2004). Trends in service use and treatment for mental disorders in adults throughout Great Britain. *British Journal of Psychiatry, 185*, 378-384.

Buchanan, T. (2002). Online assessment: Desirable or dangerous? *Professional Psychology: Research and Practice, 33*, 148-154.

Burdon, W. M., & Gallagher, C. A. (2002). Coercion and sex offenders: Controlling sex-offending behavior through incapacitation and treatment. *Criminal Justice and Behavior, 29*, 87-109.

Bureau of Justice Statistics. (2001). *Prisoners in 2000*. Washington, DC: U.S. Department of Justice, Bureau of Justice Statistics.

Burg, M. M., & Abrams, D. (2001). Depression in chronic medical illness: The case of coronary heart disease. *Journal of Clinical Psychology/In Session, 57*, 1323-1337.

Burish, M. (1984). *Approaches to personality inventory construction: An experimental clinical approach*. New York: Wiley.

Burke, L. E., Dunbar-Jacob, J. M., & Hill, M. N. (1997). Compliance with cardiovascular disease prevention strategies: A review of the research. *Annals of Behavioral Medicine, 19*, 239-263.

Buss, D. M., & Craik. K. M. (1985). Why no measure that trait? Alternative criteria for identifying important dispositions. *Journal of Personality and Social Psychology, 48*, 934-946.

Butcher, J. N., & Miller, K. B. (1999). Personality assessment in personal injury litigation. In A. K. Hess & I. B. Weiner (Eds.), *The handbook of forensic psychology (2nd ed.)*. New York: Wiley.

Butcher, J. N., Dahlstrom, W. G., Graham, J. R., Tellegen, A., & Kaemmer, B. (1989). *Minnesota Multiphasic Personality Inventory MMPI-2: Manual for administration and scoring*. Minneapolis: University of Minnesota Press.

Butler, A. C., Chapman, J. E., Forman, E. M., & Beck, A. T. (2006). The empirical status of cognitive-behavioral therapy: A review of meta-analyses. *Clinical Psychology Review, 26*, 17-31.

Buttler, O. T., Coursey, R. D., & Gatz, M. (1976). Comparison of the Bender-Gestalt Test for both black and white brain-damaged patients using two scoring systems. *Journal of Consulting and Clinical Psychology, 44*, 280-285.

Cairns, N. J. (2004). Neuroanatomy and neuropathology. In L. H. Goldstein & J. E. McNeil (Eds.), *Clinical neuropsychology: A practical guide to assessment and management for clinicians*. Chichester: John Wiley & Sons.

Calhoun, K., Moras, K., Pilkonis, P., & Behn, L. (1998). Empirically supported treatments: Complications for training. *Journal of Consulting and Clinical Psychology, 66*, 151-162.

Campbell, T. W. (2003). Sex offenders and actuarial risk assessments: Ethical considerations. *Behavioral Sciences & the Law, 21*, 269-279.

Canning, D. (2006). The economics of HIV/AIDS in low-income countries: The case for prevention. *Journal of Economic Perspectives, 20*, 121-42.

Cannon, W. B. (1948). *The way of investigator*. New York: Norton.

Canter, D. (1999). Equivocal death. In D. Canter & L. J. Alison (Eds.), *Profiling in policy and practice*. Burlington, VT: Ashgate.

Caplan, G. (1964). *Principles of preventive psychiatry*. New York; Basic Books.

Caplan, G. (1970). *The theory and practice of mental health consultation*. New York; Basic Books.

Cassidy, J. W. (1970). Neurochemical substances of aggression: Toward a model for improved intervention. *Journal of Head Trauma, 5*, 83-86.

Cattell, R. B. (1963). Theory of fluid and crystallized intelligence: A critical experiment. *Journal of Educational Psychology, 54*, 1-22.

Cattell, R. B. (1971). *Abilities: Their structure, growth, and action.* Boston: Houghton Mifflin.

Cattell, R. B. (1979). Are culture-fair intelligence tests possible and necessary? *Journal of Research and Development in Education, 12*, 3-13.

Cautela, J., & Wisocki, P. (1971). The use of reinforcement schedule in behavior modification. In R. Rubin (Ed.), *Advances in behavior therapy.* New York: Academic.

Center for Disease Control (2001a). About cardiovascular disease. Retrieved December 3, 2001, from http://www.cdc.gov/nccdphp/cvd/aboutcardio.htm.

Center for Disease Control (2001b). Basic statistics-Cumulative AIDS Cases. Retrieved December 3, 2001, from http://www.cdc.gov/hiv/stats/cumulati.ht m.

Center for Disease Control (2001c). Basic statistics-International Statistics. Retrieved December 3, 2001, from http://www.cdc.gov/hiv/stats/cumulati.ht m.

Chalke, F. C. R., & Ertl, J. (1965). Evoked potentials and intelligence. *Life Science, 4*, 1319-1322.

Chamberlain, P., & Smith, D. K. (2003). Antisocial behaviour in children and adolescents: The oregon multidimensional forster care model. In A. E. Kazdin & J. R. Weisz (Eds.), *Evidence-based psychotherapies for children and adolescents* (pp. 282-300). New York: Guilford.

Champbell, D. T., & Stanley, J. C. (1963). *Experimental and quasi-experimental designs for research.* Chicago: Rand McNally.

Charlop, M. H., Kurtz, P. F., & Casey, F. G. (1990). Using aberrant behaviors as reinforcers for autistic children. *Journal of Applied Behavior Analysis, 23*, 163-181.

Chassan, J. B. (1979). *Research designs in clinical psychology and psychiatry.* New York: Irvington.

Checkland, P. (1992). From framework through experience to learning the essential action research. In C. Bruce & A. Russell (Eds.), *Transformation tomorrow today.* Brisbane: Action Learning Action Research & Process Management Association.

Christenson, A. L. (1975). *Luria's neuropsychological investigation.* Copenhagen: Munksgaard.

Ciminero, A. R. (1977). Behavioral assessment: An overview. In A. R. Ciminero, K. S. Calhoun, & H. E. Adams (Eds.), *Handbook of behavioral assessment*. New York: John Wiley.

Clark, D. F. (1966). Behavior therapy of Gilles de la Tourette syndrome. *British Journal of Psychiatry, 112*, 771-778.

Clark, L. A., & Watson, D. (1995). Constructing validity: Basic issues in objective scale development. *Psychological Assessment, 7*, 309-319.

Clark, L., & Watson, D. (2006). Distress and fear disorders: An alternative empirically based taxonomy of the mood and anxiety disorders. *British Journal of Psychology, 189*, 481-483.

Clark, L., Watson, D., & Reynolds, S. (1995). Diagnosis and classification of psychopathology: Challenges to the current system and future directions. *Annual Review of Psychology, 46*, 121-153.

Clarke, G. N., DeBar, L. L., & Lewinsohn, P. M. (2003). Cognitive-behavioral group treatment for adolescent depression. In A. E. Kazdin & J. R. Weisz (Eds.), *Evidence-based psychotherapies for children and adolescents* (pp. 120-134). New York: Guilford.

Coates, T. J., & Thoresen, C. E. (1981). Behavior and weight changes in three obese adolescents. *Behavior Therapy, 12*, 383-399.

Cohen, E., Harbin, H., & Wright, M. (1975). Some consideration in the formulation of psychiatric diagnoses. *Journal of Nervous and Mental Disease, 160*, 422-427.

Cohen, L. (1981). Research utilization by clinical psychologist. Paper presented at the 87th Annual Convention of the American Psychological Association.

Cohen, S. (2004). Social relationships and health. *American Psychologist, 59*, 676-684.

Cohen, S., & Rabin, B. S. (1998). Psychological stress, immunity, and cancer. *Journal of the National Cancer Institute, 90*, 3-4.

Cohen, S., & Wills, T. A. (1985). Stress, social support, and the buffering hypothesis. *Psychological Bulletin, 98*, 310-357.

Cohen, S., Gottlieb, B., & Underwood, L. (2000). Social relationships and health. In S. Cohen, L. Underwood, & B. Gottlieb (Eds.), *Measuring and intervening in social support* (pp. 3-25). New York: Oxford University Press.

Cohen, S., Kamarck, T., & Mermelstein, R. (1983). A global measure of perceived stress. *Journal of Health and Social Behavior, 24*, 385-396.

Cohen, S., Tyrrell, D. A., & Smith, A. P. (1991). Psychological stress in humans and susceptibility to the common cold. *New England Journal of Medicine, 325*, 606-612.

Comier, W. H., & Comier, L. S. (1979). *Interviewing strategies for helpers: A guide to assessment, treatment, and evaluation*. Monterey, CA: Brooks/Cole.

Cook, J. M., Schnurr, P. P., & Foa, E. B. (2004). Bridging the gap between post traumatic stress disorder research and clinical practice: The example of exposure therapy. *Psychotherapy, 41*, 374-381.

Cook, T. D., & Campbell, D. T. (1979). *Quasi-experimentation: Design and analysis issues for field settings*. Chicago: Rand-McNally.

Corey, G. (2011). 심리상담과 치료의 이론과 실제 [*Theory and practice of counseling and psychotherapy (8th ed.)*]. (조현춘, 조현재, 문지혜, 이근배, 홍영근 역) 서울: Cengage Learning. (원전은 2009에 출판).

Corrie, S., & Callahan, M. (2000). A review of the scientist-practitioner model: Reflections on its potential contribution to counseling psychology within the context of current health care trends. *British Journal of Medical Psychology, 73*, 413 - 427.

Costa, P. T., & McCrae, R. R. (1985). *The NEO Personality Inventory manual*. Odessa, FL: Psychological Assessment Resources.

Costa, P. T., & McCrae, R. R. (1989). *The NEO-PI/NEO-FFI manual supplement*. Odessa, FL.: Psychological Assessment Resources.

Costa, P. T., & McCrae, R. R. (1992). *Revised NEO Personality Inventory (NEO-PI-R) and NEO Five Factor Inventory (NEO-FFI): Professional manual*. Odessa, FL: Psychological Assessment Resources.

Craighead, W. E., Hart, A. B., Craighead, L. W., & Ilardi, S. (2002). Psychosocial treatments for major depressive disorder. In P. E. Nathan & J. M. Gorman (Eds.), *A guide to treatments that work* (2nd ed., pp. 245-261). New York: Oxford University Press.

Crockett, D., Cambell, C., & Klonoff, H. (1981). Introduction-An overview of neuropsychology. In S. B. Filskov & T. J. Boll (Eds.), *Handbook of neuropsychology*. New York: harper & Row.

Crosby, N. D. (1950). Essential enuresis: Successful treatment used on physiological concepts. *Medical Journal of Australia, 2*, 533-543.

Cruise, K., & Rogers, R. (1998). An analysis of competency to stand trial: An integration of case law and clinical knowledge. *Behavioral Sciences & the Law, 16*, 35-50.

Cummings, J. L. (1982). Cortical dementias. In D. F. Benson & D. Blumer (Eds.), *Psychiatric aspects of neurologic disease, Vol. 2*. New York: Grune & Straton.

Cushman, P. (1991). Ideology observed political uses of self in Daniel Storm's infant. *American Psychologist*, 46, 206-219.

Damasio, A. R. (1985). The frontal lobes. In K. M. Heilman & E. Valenstein (Eds.), *Clinical neuropsychology*. New York: Oxford University Press.

Damasio, A. R., Damasio, H., & Van Hoesen, G. W. (1982). Prosopagnosis: Anatomic basis and behavioral mechanisms. *Neurology, 32*, 331-341.

Dapcich-Miura, E., & Hovell, M. F. (1979). Contingency management of adherence to a complex medical regimen in elderly heart patient. *Behavior Therapy, 10*, 193-201.

David-Ferdon, C., & Kaslow, N. J. (2008). Evidence-based psychosocial treatments for child and adolescent depression. *Journal of Clinical Child and Adolescent Psychology, 37*, 62-104.

Davis, F. B. (1971). *The measurement of capability through evoked potential recordings*. Greenwich: Educational Records Bureau.

Davis, K. R., Taveras, J. M., Roberson, G. H., & Ackerman, R. H. (1976). Some limitations of computed tomography in diagnosis of neurological diseases. *American Journal of Roentgenology, 127*, 111-123.

Dawley, H. (1991). *Task force report on priviliges for psychologist practioner.*

Day, A., Gerace, A., Wilson, C., & Howells, K. (2008). Promoting forgiveness in violent offenders: a more positive approach to offender rehabilitation? *Aggression and Violent Behavior, 13*, 195-200.

Decker, J. B., & Stubblebine, J. M. (1972). Crisis intervention and prevention of psychiatric disability: A follow-up study. *American Journal of Psychiatry, 129*, 725-729.

DeLeon, P. E., & Wiggins, J. G. (1996). Prescription and privileges for survival. *American Psychologist, 51*, 225-229.

Delprato, D. J., & McGlynn, F. D. (1988). Interactions of response patterns and their implications for behavior therapy. *Journal of Behavior Therapy and Experimental Psychiatry, 19*, 199-205.

Denman, S. B. (1984). *Denman neyropsychology memory scale*. Charston: Unpublished.

Diener, E., Larsen, R. J., Levine, S., & Emmons, R. A. (1985). Intensity and frequency: Dimensions underlying positive and negative affect. *Journal of Personality and Social Psychology, 48*, 1253-1265.

DiMatteo, R., Giordani, P. J., Lepper, H. S., & Croghan, T. W. (2002). Patient adherence and medical treatment outcomes: A meta-analysis. *Medical Care, 40*, 794-811.

Ditton, P. M. (1999). *Mental health and treatment of inmates and probationers*. Washington, DC: U.S. Department of Justice, Bureau of Justice Statistics.

Dohrenwend, B. S. (1978). Social stress and community psychology. *American Journal of Community Psychology, 6*, 1-14.

Dollard, J., & Miller, N. E. (1950). *Personality and psychotherapy: An analysis in terms of learning, thinking and culture*. New York: McGraw-Hill.

Dornelas, E. A. (2001). Introduction: Integrating health psychology into clinical practice. *Journal of Clinical Psychology/In Session, 57*, 1261-1262.

Dowden, C., & Andrews, D. A. (2004). The importance of staff practices in delivering effective correctional treatment: A meta-analysis of core correctional practices. *International Journal of Offender Therapy and Comparative Criminology, 48*, 203-214.

Dunlap, K. (1928). A revision of the fundamental law of habit formation. *Science, 67*, 360-362.

Durand, V. M., & Crimmins, D. B. (1988). Identifying the variables maintaining self-injurious behavior. *Journal of Autism and Developmental Disorders, 18*, 99- 117.

D'Zurilla, T. J., & Goldfried, M. R. (1971). Problem solving and behaviour modification. *Journal of Abnormal Psychology, 78*, 101-126.

D'Zurilla, T. J., & Nezu, A. M. (1999). *Problem-solving therapy: A social competence approach to clinical intervention (2nd ed.)*. New York: Springer.

Eaker, E. D., Abbott, R. D., & Kannel, W. B. (1989). Frequency of uncomplicated angina pectoris in type A compared with type B persons (the Framingham study). *American Journal of Cardiology, 63*, 1042-1045.

Ebert, B. W. (1987). Guide to conducting a psychological autopsy. *Professional Psychology: Research and Practice, 18*, 52-56.

Egan, G. (1994). *The skilled helper* (5th ed.), Monterey, CA: Brooks/Cole.

Egan, G. (2002). *The skilled helper: A problem-management and opportunity-development approach to helping* (7th ed.), Thomson Learning.

Eisenberg, H. M., & Levin, H. S. (1989). Computed tomography and magnetic resonance imaging in mild to moderate head injury. In H. S. Levin, H. M. Eisenberg, & A. L. Benton (Eds.), *Mild head injury*. New York: Oxford University Press.

Ellignson, R. J. (1956). Brain waves and problems of psychology. *Psychological Bulletin, 53*, 1-34.

Elliot, F. A. (1982). Neurological findings in adult minimal brain dysfunction and dyscontrol syndrome. *Journal of Nervous and Mental Disease, 170*, 680-887.

Ellis, A. (1962). *Reasons and emotion in psychotherapy*. New York: Lyle.

Emmelkamp, P. M. G. (2004). Behavior therapy with adults. In M. L. Lambert (Ed.), *Bergin and Garfield's Handbook of psychotherapy and behavior change* (5th ed., pp. 393-446). New York: John Wiley & Sons.

English, H. B., & English, A. C. (1958). *A comprehensive dictionary of psychological and psychoanalytic terms*. New York: Longmans, Green.

Ertl, J. P., & Schofer, W. W. (1969). Brain response correlates of psychometric intelligence. *Nature, 223*, 421-422.

Esposito, E., Wang, J. L., Adair, C. E., Williams, J. V., Dobson, K., Schopflocher, D., Mitton, C., Newman, S., Beck, C., Barbui, C., & Patten, S. B. (2007). Frequency and adequacy of depression treatment in a canadian population sample. *Canadian Journal of Psychiatry, 52*(12), 780-789.

Everington, C., Notario-Smull, H., & Horton, M. L. (2007). Can defendants with mental retardation successfully fake their performance on a test of competence to stand trial? *Behavioral Sciences & the Law, 25*, 545-560.

Exner, J. E., Jr., & Exner, D. E. (1972). How clinicians use the Rorschach. *Journal of Personality Assessment, 36*, 402-408.

Eyberg, S. M., Nelson, M. M., & Boggs, S. R. (2008). Evidence-based psychosocial treatments for children and adolescents with disruptive behaviour. *Journal of Clinical Child and Adolescent Psychology, 37*, 215-237.

Eysenck, H. J. (1967). *The biological basis of personality*. Springfield: Charles C Thomas.

Eysenck, H. J. (1970). *The structure of human personality*. London: Methuen.

Eysenck, H. J. (1983). Revolution dans la theorie et la measure de intelligence. *Review of Canadian Psychology-Education, 12*, 3-17.

Eysenck, H. J. (1984). Personality, stress and lung cancer. In S. Rachman (Ed.), *Contributions to medical psychology. Vol. 3*. London: Pergamon.

Eysenck, H. J. (1985a). Personality, cancer, and cardiovascular disease: A causal analysis. *Personality and Individual Differences, 5*, 535-557.

Eysenck, H. J. (1985b). Psychophysiology and the measurement of intelligence. In C. R. Reynolds & V. L. Willson (Eds.), *Methodological and statistical advances in the study of individual differences*. New York: Plenum.

Eysenck, H. J. (1986). Theory of intelligence and the psychopathology of cognition. In R. Sternberg (Ed.), *Advances in the psychology of human intelligence*. Hillsdale: Erlbaum.

Eysenck, H. J. (1987). Speed of information processing, reaction-time, and the theory of intelligence. In P. A. Vernon (Ed.), *Speed of automation and processing and intelligence*. Hillsdale: Erlbaum.

Eysenck, H. J. (1990). Type A behaviour and coronary heart disease: The third style. *Journal of Social Behavior and Personality, 5*, 25-44.

Eysenck, H. J. (1991). *Smoking, personality and stress: Psychological factors in the prevention of cancer and coronary heart disease*. New York: Springer.

Eysenck, H. J., & Eysenck, M. W. (1985). *Personality and Individual Differences*. New York: Plenum.

Eysenck, H. J., & Grossarth-Maticek, P. (1991). Creative innovation behaviour therapy as a prophylactic treatment for cancer and coronary heart disease. Part Ⅱ. Effects of treatment. *Behaviour Research and Therapy, 29*, 17-31.

Feather, N. T. (1982). *Expectations and actions: Expectancy-value models in psychology*. Hillsdale: Erlbaum.

Feighner, J., Robins, F., Guze, S., Woodruff, R., Winkur, G., & Munoz, R. (1972). Diagnostic criteria for use in psychiatric research. *Archieves of General Psychiatry, 26*, 57-63.

Fenton, W., & McGlashan, T. (1989). Diagnostic efficiency of DSM-Ⅲ schizophrenic. *Journal of Nervous and Mental Disease, 177*, 690-694.

Festinger, L., Schachter, S., & Back, K. (1950). *Social pressures in informal groups: A study of a housing community*. Palo Alto: Stanford University Press.

Figueroa-Moseley, C., Jean-Pierre, P., Roscoe, J. A., Ryan, J. L., Kohli, S., Palesh, O. G., Ryan, E. P., Carroll, J., & Morrow, G. R. (2007). Behavioral interventions in treating anticipatory nausea and vomiting. *Journal of National Comprehensive Cancer Networks, 5*, 44-50..

Filskov, S. B., & Goldstein, S. G. (1974). Diagnostic validity of Halstead-Reitan neuropsychological battery. *Journal of Consulting and Clinical Psychology, 42*, 382-388.

Finkelstein, J. N. (1976). *Brain: A computer program for interpretation of the Halstead -Reitan Neuropsychological Test Battery*. Unpublished Ph. D. Thesis, Columbia University.

Finn, P., & Tomz, J. E. (1997). *Developing a law enforcement stress program for officers and their families*. Washington, DC: U.S. Department of Justice.

Fishbein, M. & Ajzen, I. (1975). *Belief, attitude, intention, and behavior: An introduction to therapy and research.* Reading: Addison-Wesley.

Fitzhugh, K. B., Fitzhugh, L. C., & Reitan, R. M. (1962). Wechsler-Bellevue comparisons in groups with 'chronic' and 'current' lateralized and diffused brain lesions. *Journal of Consulting Psychology, 26*, 306-310.

Flavell, J. (1976). Metacognitive aspects of problem solving. In L. Resnick (Ed.), *The nature of intelligence*. Hillsdale, Erlbaum.

Folkman, S., & Lazarus, R. S. (1980). An analysis of coping in a middle-aged community sample. *Journal of Health and Social Behavior, 21*, 219-239.

Follette, S., & Houts, A. (1996). Models of scientific progress and the role of theory in taxonomy development: A case study of the DSM. *Journal of Consulting and Clinical Psychology, 64*, 1120-1132.

Forster, S. L., Bell-Dolan, D. J., & Burge, D. A. (1988). Behavioral observation. In A. S. Bellack & M. Hersen (Eds.), *Behavioral assessment: A practical handbook* (3rd ed., pp. 119-160). New York: Pergamon.

Foster, G. D., & Kendall, P. C. (1994). The realistic treatment of obesity: Changing the scales of success. *Clinical Psychology Review, 14*, 701-736.

Foxx, R. M., & Robinoff, A. (1979). Behavioral treatment of cafeinism: Reducing excessive coffee drinking. *Journal of Applied Behavior Analysis, 12*, 335-344.

Frances, A., Widiger, T., & Pincus, H. (1989). The development of DSM-Ⅳ. *Archives of General Psychiatry, 46*, 373-375.

Fredrickson, B. L. (2001). The role of positive emotions in positive psychology: The broaden-and-build theory of positive emotions. *American Psychologist, 56*, 218-226.

Friedman, M. (1987). Effect of modifying type A behavior after myocardial infarction on recurrence rate. *The Mount Sinai Journal of Mediciner, 51*, 47-55.

Friedman, M., & Thoresen, C. E. (1986). Alteration of type A behavior and its effect on cardiac recurrences in post-myocardial infarction patients: Summary results of the recurrent coronary prevention project. *American Heart Journal, 112*, 653-665.

Furby, L., Weinroth, M. R., & Blackshaw, L. (1989). Sex offender recidivism: A review. *Psychological Bulletin, 105*, 3-30.

Gable, S., & Haid, J. (2005). What(and why) is positive psychology. *Review of General Psychology, 9*, 103-110.

Gagne, R. (1964). Problem solving. In A. Melton (Ed.), *Categories of human learning.* New York: Academic.

Gale, A., & Edwards, J. (1983). Cortical correlates of intelligence. In A. Gale & J. Edwards (Eds.), *Physiological correlates of behavior. Vol. 3. Individual differences and psychopathology*. New York: Academic.

Gallagher, R. W., Somwaru, D. P., & Ben-Porath, Y. S. (1999). Current usage of psychological tests in state correctional settings. *Corrections Compendium, 24*, 1-3, 20.

Galton, F. (1892). *Finger prints*. London: McMillan.

Gardner, H. (1983). *Frames of mind: The theory of multiple intelligences*. New York: Basic Books.

Gardner, H. (1986). The waning of intelligence tests. In R. J. Sternberg & D. K. Detterman (Eds.), *What is intelligence?* Norwood, NJ: Ablex.

Gardner, H. (1994). *Creating minds*. New York: Basic Books.

Gardner, H. (2006). *Changing Minds. The art and science of changing our own and other people's minds*. Boston MA: Harvard Business School Press.

Garfield, S. L. (1957). *Introductory clinical psychology*. New York: Macmillan.

Garfield, S. L. (1974). *Clinical psychology: A study of personality and behavior*. London: Arnold.

Garfield, S. L. (1993). Methodological problems in clinical psychology. In P. S. Sutker & H. Adams (Eds.), *Comprehensive handbook of psychopathology*. New York:

Plenum.

Gasser, T., Lucadou-Müller, V., Verleger, R., & Bächer, P. (1983). Correlating EEG and IQ: A new look at an old problem using computerized EEG parameters. *Electroencephalography and Clinical Neurophysiology, 55*, 493-504.

George, W. H., & Marlatt, G. A. (1989). Introduction. In D. R. Laws (Ed.), *Relapse prevention with sex offenders*. New York: Guilford Press.

Geragnty, A., Wood, A., & Hayland, M. (2010). Dissociating the factors of hope: Agency and pathway predict attention from unquested self-help in opposite direction. *Journal Research in Personality, 44*, 155-158.

Giannitrapani, D. (1969). EEG average frequency and intelligence. *Electroencephalography and Clinical Neurophysiology, 27*, 480-486.

Glasgow, R. E., & Terborg, J. R. (1988). Occupational health promotion programs to reduce cardiovascular risk. *Journal of Consulting and Clinical Psychology, 56*, 365-373.

Glasgow, R. E., Nutting, P. A., Toobert, D. J., King, D. K., Strycker, L. A., Jex, M., O'neill, C., Whitesides, H., & Merenich, J. (2006). Effects of a brief computer-assisted diabetes self-management intervention on dietary, biological and quality-of-life outcomes. *Chronic Illness, 2*, 27-38.

Glass, G. V., Willson, V. L., & Gottman, J. M. (1975). *Design and analysis of time-series experiments*. Boulder: University of Colorado Press.

Glynn, S. M., Bowen, L., Rose, G., Marshall, B. D., & Liberman, R. P. (1990). *Behavioral correlates of negative symptoms in schizophrenia*. Paper presented at the 24th Annual Meeting of the Association for Advancement of Behavior Therapy, San Francisco, CA.

Glynn, M., & Rhodes, P. (2005). *Estimated HIV prevalence in the United States at the end of 2003*. In: Programs and abstracts of the 2005 National HIV Prevention Conference (Atlanta) [abstract 545]. Atlanta: Centers for Disease Control and Prevention.

Golden, C. J. (1977). Validity of the Halstead-Reitan neuropsychological battery in a mixed psychiatric and brain impaired population. *Journal of Consulting and Clinical Psychology, 45*, 1043-1051.

Golden, C. J. (1981a). Luria-Nebraska neuropsychological battery: Theory and research. In P. McReynolds (Ed.), *Advances in psychological assessment*. Palo Alto: Science

& Behavior Books.

Golden, C. J. (1981b). Standardize version of Luria's neuropsychological tests: A quantitative and qualitative approach to neuropsychological evaluation. In S. B. Filskov & T. T. Boll (Eds.), *Handbook of clinical neuropsychology*. New York: Wiley.

Golden, C. J., Hammeke, T. A., & Purisch, A. D. (1978). A diagnostic validity of Luria neuropsychological battery. *Journal of Consulting and Clinical Psychology, 46*, 1258-1265.

Goldfried, M. R., & Kent, R. N. (1972). Traditional versus behavioral personality assessment: A comparison of methodological and theoretical assumptions. *Psychological Bulletin, 77*, 409-420.

Goldfried, M. R., & Pomeranz, D. (1968). Role of assessment in behavior modification. *Psychological Report, 23*, 75-87.

Goldfried, M. R., & Sprafkin, J. (1976). Behavioral personality assessment. In J. T. Spence, R. C. Carson, & J. W. Thibaut (Eds.), *Behavioral approaches to therapy*. Morton: General Learning.

Goldstein, W., & Anthony, R. (1988). The diagnosis of depression and DSM. *American Journal of Psychotherapy, 42*, 180-196.

Goleman, D. (1995). *Emotional intelligence: Why it can matter more than IQ*. New York: Bantam Books.

Goleman, D. (2006). *Social intelligence: The new science of human relationships*. New York: Bantam.

Goleman, D. (2007). *Emotional intelligence: Why it can matter more than IQ*. New York, NY: Random House.

Gothard, S., Rogers, R., & Sewell, K. W. (1995). Feigning incompetency to stand trial: An investigation of the Georgia Court Competency Test. *Law and Human Behavior, 19*, 363-373.

Gottchalk, L. A. (1961). *Comparative psycholinguistic analysis of two psychotherapeutic interviews*. New York: International University Press.

Graham, F. K. (1962). Development three years after perinatal anoxia and other personality damaging newborn experiences. *Psychological Monographs, 76*, 1-53.

Graham, F. K. (1963). Brain injury in the preschool child. *Psychological Monographs, 77*, 573-574.

Graham, J. R. (1990). *MMPI-2: Assessing personality and psychopathology*. New York: Oxford University Press.

Gray, J. A. (1982). *The Neuropsychology of anxiety: An enquiry into the functions of the septo-hippocampal system*. New York: Oxford University Press.

Grinspoon, L., & Singer, S. (1973). Amphetamines in the treatment of hyperactive children. *Harvard Education Review, 43*, 515-565.

Grisso, T. (1988). *Competency to stand trial evaluations: A manual for practice*. Sarasota, FL: Professional Resource Exchange.

Grossarth-Maticek, R. & Eysenck, H. J. (1991). Creative innovation behaviour therapy as a prophylactic treatment for cancer and coronary heart disease. Part Ⅰ. Description of treatment. *Behaviour Research and Therapy, 29*, 1-16.

Grossarth-Maticek, R. Eysenck, H. J., Vetter, H., & Schmidt, P. (1988). Psychological types and chronic diseases: Results of the Heidelberg prospective psychosomatic intervention study. In S, Maes, C. D. Spielberger, P. B. Depares & I. G. Sarason (Eds.), *Topics in health psychology*. London: Wiley.

Grossman, N. S., & Okun, B. F. (2003). Family psychology and family law: Introduction to the special issue. *Journal of Family Psychology, 17*, 163-168.

Groth-Marnat, G. (2000). Visions of clinical assessment: Then, now, and a brief history of the future. *Journal of Clinical Psychology, 56*, 349-365.

Grove, W., & Andreasen, N. (1989). Quantitative and qualitative distinction between psychiatric disorders. In L. Robins et al. (Eds.), *The validity of psychiatric diagnosis*. New York: Raven.

Gucker, D. K. (1973). Correlating visual evoked potentials with psychometric intelligence variation. *Perceptual and Motor Skills, 37*, 189-199.

Guertin, W. H., Ladd, C. E., Frank, G. H., Rabin, A. I., & Hiester, D. S. (1962). Research with the Wechsler intelligence scales for adults: 1955-1960. *Psychological Bulletin, 59*, 1-26.

Guertin, W. H., Ladd, C. E., Frank, G. H., Rabin, A. I., & Hiester, D. S. (1966). Research with the Wechsler intelligence scales for adults: 1960-1965. *Psychological Bulletin, 66*, 385-409.

Guilford, J. P. (1967). *The nature of human intelligence*. New York: McGraw-Hill.

Guilford, J. P. (1979). Intelligence isn't what it used to be: What to do about it. *Journal of Research and Development in Education, 12*, 33-46.

Guilford, J. P. (1985). The structure-of-intellect model. In B. B. Wolman (Ed.), *Handbook of intelligence*. New York: Wiley.

Guze, S. (1995). Book review of *Diagnostic and Statistical Manual of Mental Disorders. 4th Ed. American Journal of Psychiatry, 152*, 1228.

Guze, S., & Helzer, J. (1987). The medical model and psychiatric disorders. In J. Cavenar et al. (Eds.), *Psychiatry. Vol. 1*. Philadelphia: Lippincott.

Hahlweg, K., Hemmati-Weber, M., Heusser, A., Lober, H., Winkler, H., Muller, U., Feinstein, E., & Dose, M. (1990). Process analysis in behavioral family therapy. *Behavior Modification, 14*, 441-456.

Hall, N. G. C. (1995). Sexual offender recidivism revisited: A meta-analysis of recent treatment studies. *Journal of Consulting and Clinical Psychology, 63*, 802-809.

Hall, R. V., & Fox, R. G. (1977). Changing-criterion design: An alternative applied behavior analysis procedure. In C. C. Etzel, J. M. LeBlanc & D. M. Baer (Eds.), *New developments in behavioral research: Theory, method, and application*. Hillsdale: Erlbaum.

Halstead, W. C. (1947). *Brain and intelligence: A quantitative study of the frontal lobes*. Chicago: Chicago University Press.

Hans, V. P. (1986). An analysis of public attitudes toward the insanity defense. *Criminology, 4*, 393-415.

Hare, R. D. (2003). *The hare psychopathy checklist-revised, 2nd Edition*. Toronto, ON: Multi-Health Systems.

Harris, G. T., Rice, M. E., & Quinsey, V. L. (1993). Violent recidivism of mentally disordered offenders: The development of a statistical prediction instrument. *Criminal Justice and Behavior, 20*, 315-325.

Hartledge, L. C. (1981). Clinical application of neuropsychological test data: A case study. *School Psychology Review, 10*, 362-366.

Hartmann, D. P. (1984). Assessment strategies. In D. H. Barlow & M. Hersen (Eds.), *Single case experimental designs: Strategies for studying behavior change* (pp. 107-139). New York: Pergamon Press.

Harvey, A., & Bryant, R. (2002). Acute stress disorder and critique. *Psychological Bulletin, 128*, 886-902.

Hayes, S. C., Barlow, D. H., & Nelson-Gray, R. O. (1999). *The scientist practitioner: Research and accountability in the age of managed care (2nd ed.)*. Massachusetts:

Allyn & Bacon.

Haynes, R. B. (1982). Improving patient compliance: An empirical view. In R. B. Stuart (Ed.), *Adherence, compliance, and generalization in behavioral medicine* (pp. 56-78). New York: Brunner/Mazel.

Haynes, S. N. & Horn, W. F. (1983). Reactivity in behavioral observation: A review. *Behavioral Assessment, 4*, 369-385.

Haynes, S. N. (1992). *Models of causality in psychopathology: Toward dynamic, synthetic, and nonlinear models of behavior disorders*. New York: Pergamon Press.

Heaton, R. K., Baade, L. E., & Johnson, K. L. (1978b). Neuropsychological test results associated with psychiatric disorders in adults. *Psychological Bulletin, 85*, 141-162.

Heaton, R. K., Smith, H. H., Lehman, R. A. W., & Vogt, A. T. (1978). Prospects for taking behavioral deficits in neuropsychological testing. *Journal of Consulting and Clinical Psychology, 46*, 892-900.

Heiden, L. G., & Hersen, M. (2001). 임상심리학 입문 [*Introduction to clinical psychology*]. (이영호 역). 서울: 학지사. (원전은 1995에 출판).

Heilbrun, K., & Griffin, P. (1999). Forensic treatment: A review of programs and research. In R. Roesch, S. D. Hart, & J. R. P. Ogloff (Eds.), *Psychology and law: The state of the discipline*. New York: Kluwer Academic/Plenum.

Heilbrun, K., Marczyk, G. R., & DeMatteo, D. (2002). *Forensic mental health assessment: A casebook*. New York: Oxford University Press.

Heilbrun, K., O'Neill, M. L., Strohman, L. K., Bowman, Q., & Philipson, J. (2000). Expert approaches to communicating violence risk. *Law and Human Behavior, 24*, 137-148.

Heilbrun, K., Philipson, J., Berman, L., & Warren, J. (1999). Risk communication: Clinicians' reported approaches and perceived values. *Journal of the American Academy of Psychiatry and the Law, 27*, 397-406.

Heinrichs, R. W. (1989). Frontal cerebral lesions and violent incidents in chronic neuropsychiatric patients. *Biological Psychiatry, 25*, 174-178.

Hempel, C. (1967). Introduction to problems in taxonomy. In J. Lubin (Ed.), *Field studies in mental disorders*. New York: Grune & Straton.

Hendrickson, D. E., & Hendrickson, A. E. (1980). The biological basis of individual differences in intelligence. *Personality and Individual differences, 1*, 3-33.

Henggler, S. W. & Lee, T. (2003). Multisystemic treatment of serious clinical problems. In A. E. Kazdin & J. R. Weisz (Eds.), *Evidence-based psychotherapies for children and adolescents* (pp. 301-324). New York: Guilford.

Henggler, S. W., Schoenwald, S. K., Borduin, C. M., Rowland, M. D., & Cunningham, P. B. (1998). *Multisystemic treatment of antisocial behaviour in children and adolescents*. New York: Guilford.

Henwood, K. L., & Pidgeon, N. (1992). Qualitative research and psychological theorizing. *British Journal of Psychology, 83*, 97-111.

Herman, B. P., Wyler, A. R., & Richey, E. T. (1987). Epilepsy, frontal lobe and personality. *Biological Psychiatry, 22*, 1055-1057.

Hersen, M., & Barlow, D. H. (1976). *Single case experimental design: Strategies for studying behavior change*. New York: Pergamon.

Highlen, P. S., & Hill, C. E. (1984). Factors affecting client change in counseling. In S. D. Brown & R. W. Lent (Eds.), *Handbook of counseling psychology*. New York: Wiley.

Hill, C. E., & O'Brien, K. M. (1999). *Helping skills: Facilitating exploration, insight, and action*. American Psychological Association.

Hines, F., & Williams, R. (1975). Dimensional diagnosis and the medical student's grasp of psychiatry. *Archives of General Psychiatry*, 32, 525-528.

Holland, T. R., Wadsworth, H. M., & Royer, F. L. (1975). The performance of brain damaged and schizophrenic patients on the Minnesota Percepto-Diagnostic Test under standard and BIP conditions of administration. *Journal of Clinical Psychology, 31*, 21-25.

Hollon, S. D., & Beck, A. T. (2004). Cognitive and cognitive behavioral therapies. In M. L. Lambert(Ed.), *Bergin and Garfield's Handbook of psychotherapy and behavior change* (5th ed., pp. 447-492). New York: John Wiley & Sons.

Hollon, S. D., Stewart., M. O., & Strunk, D. (2006). Enduring effects for cognitive behavioral therapy in the treatment of depression and anxiety. *Annual Review of Psychology, 57*, 285-315.

House, J. L., Robbins, C., & Metzner, H. L. (1982). The association of social relationships and activities with mortality: Prospective evidence from the tecumseh community health study. *American Journal of Epidemiology, 116*, 123-140.

Hull, C. (1943). *Principles of behavior: An introduction to behavior theory*. New York:

Appleton-Century-Crofts.

Hunsley, J., & Lee, C. M. (2010). *Introduction to clinical psychology: An evidence based approach (2nd ed.).* Mississauga, ON: John Wiley & Sons Canada.

Hunsley, J., Lee, C. M., & Aubry, T. D. (1999). Who uses psychological services in Canada? *Canadian Psychology/Psychologie canadienne, 40*(3), 232-240.

Hunsley, J., Aubry, T. D., Verstervelt, C. M., & Vito, D. (1999). Comparing therapist and client perspectives on reasons for psychotherapy termination. *Psychotherapy: Theory/Research/Practice/Training, 36*, 380-388.

Institute of Medicine (2001). *Crossing the quality: A new health system for the 21st century.* Washington, DC: National Academy Press.

Inui, T., Yourtee, F., & Williamson, J. (1976). Improved outcomes in hypertension after physician tutorials. *Annuals of Internal Medicine, 84*, 646-651.

Jason, L. A. & Liotta, F. E. (1982). Reducing of cigarette smoking in a university cafeteria. *Journal of Applied Behavior Analysis, 15*, 573-577.

Javie, H. F. (1954). Frontal lobe wounds causing disinhibition. *Journal of Neurology, Neurosurgery, and Psychiatry, 17*, 14-32.

Jensen, B. J., & Haynes, S. N. (1986). Self-report questionnaires and inventories. In A. R. Ciminero, K. S. Calhoun, & H. A. Adams (Eds.), *Handbook of behavioral assessment* (2nd ed., pp. 150-179). New York: Wiley.

John, O. P. (1990). The big-five factor taxonomy: Dimensions of personality in the natural language and questionnaires. In L. A. Pervin(Ed.), *Handbook of personality: Theory and research* (pp. 66-100). New York: Guilford.

Johnson, J. & Penny-Packer, H. S. (1980). *Strategies and tactics of human behavioral research.* Hillsdale: Erlbaum.

Johnson, J., Gooding, P., Wood, A., & Tarrier, N. (2010). Resilience as positive coping appraisal: Testing the schematic appraisals model of suicide (SAMS). *Behavior Research and Therapy*, 48, 179-186.

Jones, B. P., & Butters, N. (1983). Neuropsychological assessment. In M. Hersen, A. E. Kazdin, & A. S. Bellack (Eds.), *The clinical psychology handbook.* Oxford: Pergamon.

Kalichman, S. C., Rompa, D., & Coley, B. (1996). Experimental component analysis of a behavioral HIV-AIDS prevention for inner-city women. *Journal of Consulting and Clinical Psychology, 64*, 687-693.

Kalichman, S. C., Rompa, D., Cage, M., DiFonzo, K., Simpson, D., Austin, J., Luke, W., Buckles, J., Kyomugrasha, F., Benotsch, E., Pinkerton, S., & Graham, J. (2001). Effectiveness of an intervention to reduce HIV transmission risks in HIV-positive people. *American Journal of Preventive Medicine, 21*, 84-92.

Kallman, W. M., & Feuerstein, M. (1977). Psychophysiological procedures. In A. R. Ciminero, K. S. Calhour, & H. E. Adams (Eds.), *Handbook of behavioral assessment*. New York: Wiley.

Kanfer, F. H., & Saslow, G. (1965). Behavioral analysis: An alternative to diagnostic classification. *Archives of General Psychiatry, 12*, 1529-1538.

Karmen, A. (2001). *Crime victims: An introduction to victimology (4th ed.)*. Belmont, CA: Wadsworth.

Kassin, S. M. (1997). The psychology of confession evidence. *American Psychologist, 52*, 221-233.

Kassin, S. M., Goldstein, C. C., & Savitsky, K. (2003). Behavior confirmation in the interrogation room: On the dangers of presuming guilt. *Law and Human Behavior, 27*, 187-203.

Kazdin, A. E. (1977). Assessing the clinical or applied significance of behavior change through social-validation. *Behavioral Assessment, 1*, 57-75.

Kazdin, A. E. (1980). *Research design in clinical psychology*. New York: Harper & Row.

Kazdin, A. E. (1982). Single case experimental design. In P. C. Kendall & J. N. Butcher (Eds.), *Handbook of research methods in clinical psychology*, New York: Wiley.

Kazdin, A. E. (1984). *Behavior modification in applied settings (3rd ed.)*. Homewood, IL: Dorsey Press.

Kazdin, A. E. (2003). Psychotherapy for children and adolescents. *Annual Review of Psychology, 54*, 253-276.

Kazdin, A. E. (2004). Psychotherapy for children and adolescents. In M. L. Lambert (Ed.), *Bergin and Garfield's Handbook of psychotherapy and behavior change* (5th ed., 543-589). New York: John Wiley & Sons.

Kazdin, A. E., & Hartmann, D. P. (1978). The simultaneous-treatment design. *Behavior Therapy, 8*, 682-693.

Keefe, F. J., Abernethy, A. P., & Campbell, L. (2005). Psychological approaches to understanding and treating disease-related pain. *Annual Review of Psychology, 56*,

601-630.

Kelley, J. E., Lumley, M. A., & Leisen, J. C. C. (1997). Health effects of emotional disclosure in rheumatoid arthritis patients. *Health Psychology, 16*, 331-340.

Kelly, E. (1961). Clinical Psychology-1910. *Newsletter: Division of Clinical Psychology of the American Psychological Association, 4*, 1-14.

Kelly, G. A. (1969) Personal construct theory and psychotherapeutic interview. In B. Maher (Ed.), *Clinical psychology and personality: The related of George Kelly.* New York: Wiley.

Kelly, J. A., St. Lawrence, J. S., Hood, H. V., & Brasfield, T. L. (1989). Behavioral intervention to reduce AIDS risk activities. *Journal of Consulting and Clinical Psychology, 57*, 60-67.

Kendell, R. (1991). Relationship between DSM-Ⅳ and ICD-10. *Journal of Abnormal Psychology, 100*, 297-301.

Kendell, R., & Jablensky, A. (2003). Distinguishing between the validity and utility of psychiatric diagnosis. *American Journal of Psychiatry, 160*, 4-12.

Kendler, K. (1990). Towards a scientific psychiatric nosology: Strength and limitations. *Archives of General Psychiatry, 47*, 969-973.

Kennedy, T. (1964). Treatment of chronic schizophrenia by behavior therapy: Case reports. *Behaviour Research and Therapy, 2*, 1-6.

Kent, R. N., & O'Leary, K. D. (1976). A controlled evaluation of behavior modification with conduct problem children. *Journal of Consulting and Clinical Psychology, 44*, 586-596.

Kern-Dunlap, L., Dunlap, G., Clarke, S., Childs, K. E., White, R. L., & Stewart, M. P. (1992). Effects of a videotape feedback package on the peer interactions of children with serious behavioral and emotional challenges. *Journal of Applied Behavior Analysis, 25*, 335-364.

Kessler, R. C., Price, R. H., & Wortman, C. B. (1985). Social factors in psychopathology: Stress, social support, and coping processes. *Annual Review of Psychology, 36*, 531-572.

Kiecolt-Glaser, J. K., & Glaser, R. (1992). Psychoneuroimmunology: Can psychological interventions modulate immunity? *Journal of Consulting and Clinical Psychology, 60*, 569-575.

Kiecolt-Glaser, J. K., Loving, T. J., Stowell, J. R., Malarkey, W. B., Lemeshow, S.,

Dickinson, S. L., & Blaser, R. (2005). Hostile marital interactions, proinflammatory cytokine production, and wound healing. *Archives of General Psychiatry, 62*, 1377-1384.

Kilmann, P. R., Sabalis, R. F., Gearing, M. L. II., Bukstel, L. H., & Scovern, A. W. (1982). The treatment of sexual paraphilias: A review of the outcome research. *Journal of Sex Research, 18*, 193-252.

Klein, D. F. (1989). Schizophrenia and bipolar affective disorders: Likeness and differences. *Hillside Journal of Clinical Psychiatry, 11*, 3-15.

Klein, D. F., & Klein, R. G. (1975). Problems in the diagnosis of minimal brain dysfunction and the hyperkinetic syndrome. *International Journal of Mental Health, 14*, 45-60.

Kleinknecht, R. A., & Bernstein, D. A. (1978). Assessment of dental fear. *Behavior Therapy, 9*, 626-634.

Klerman, G. (1983). The significance of DSM-Ⅲ in american psychiatry. In R. Spitzer (Ed.), *International Perspectives on DSM-Ⅲ.* Washington, DC: American Psychiatric Association.

Klesges, R. C., Sanchez, V. C., & Stanton, A. L. (1982). Obtain employment in academia: The hiring process and characteristics of successful applicants. *Professional Psychology, 13*, 577-586.

Klofer, B., & Davidson, H. H. (1962). *The Rorschach technique: An introductory manual.* New York: Harcourt, Brace & World.

Kløve, H. (1959). Relationships of differential electroencephalographic patterns to disturbances of Wechsler-Bellevue scores. *Neurology, 9*, 871-876.

Koester, K. A., Maiorana, A., Vernon, K., Myers, J., Rose, C. D., & Morin, S. (2007). Implementation of HIV prevention interventions with people living with HIV/AIDS in clinical settings: Challenges and lessons learned. *AIDS and Behavior, 11*, 17-29.

Kolb, B., & Whishaw, I. Q. (1983). Performance of schizophrenic patients on tests sensitive to left or right frontal, temporal or parietal function in neurologic patients. *Journal of Nervous and Mental Disease, 171*, 435-443.

Korchin, S. J. (1976). *Modern clinical psychology.* New York: Basic.

Kozloff, R. (1987). Network of social support and the outcome from severe head injury. *Journal of Head Trauma Rehabilitation, 2*, 14-23.

Kratcoski, P. C. (1994). *Correctional counseling and treatment (3rd ed.)*. Prospect Heights, IL: Waveland.

Kratochwill, T. R. (1978). *Single-subject research: Strategies for evaluating change.* New York: Academic.

Kratochwill, T. R., Mott, S. E., & Dodson, C. L. (1984). Case study and single case research in clinical and applied psychology. In A. S. Bellack & M. Hersen (Eds.), *Research methods in clinical psychology*. New York: Pergamon.

Krause, M. S., Lutz, W., & Saunders, S. M. (2007). Empirically certified treatments or therapists: The issue of separability. *Psychotherapy: Theory, Research and Practice, 44*, 347-353.

Kropp, P. R., & Hart, S. D. (2000). The Spousal Assault Risk Assessment (SARA) guide: Reliability and validity in adult male offenders. *Law and Human Behavior, 24*, 101-118.

Krueger, R., & Markon, K. (2006). Reinterpreting comorbidity: A model based approach to understanding and classifying psychopathology. *Annual Review of Clinical Psychology, 2*, 111-133.

Kuder, G. F., & Richardson, M. W. (1937). The theory of estimation of test reliability. *Psychometrica, 2*, 151-160.

Laatsch, L., Harrington, D., Hotz, G., Marcantuono, J., Mozzoni, M. P., Walsh, V., & Hersey, K. P. (2007). An evidence-based review of cognitive and behavioral treatment studies in children with acquired brain injury. *Journal of Head Trauma Rehabilitation, 22*, 248-256.

Lacey, J. I. (1959). Psychophysiological approaches to the evaluation of psychotherapeutic process and outcome. In A. E. Rubinstein & M. B. Parloff (Eds.), *Research in psychotherapy*. Washington, DC: American Psychological Association.

Lafferty, P., Beutler, L. E., & Crago, M. (1989). Differences between more and less effective psychotherapists : A study of select therapist variables. *Journal of Consulting and Clinical Psychology, 57*, 76-80.

La Fon, D. S. (2002). The psychological autopsy. In B. E. Turvey (Ed.), *Criminal profiling: An introduction to behavioral evidence analysis*. San Diego, CA: Academic Press.

Lally, S. J. (2003). What tests are acceptable for use in forensic evaluations? A survey of experts. *Professional Psychology: Research and Practice, 34*, 491 - 498.

Landis, C. (1952). Remarks on psychological findings attendant on psychosurgery. *In the biology of mental health and disease: Milbank memorial fund 27 annual proceedings*. New York: Hoebner.

Laws, D. R. (1995). Central elements in relapse prevention procedures with sex offenders. *Psychology, Crime, and Law, 2*, 41-53.

Lazarus, A. (1964). Crucial procedural factors in desensitization therapy. *Behavior Research and Therapy, 2*, 65-70.

Lazarus, R. S. (1966). *Psychological stress and coping process*. New York: McGraw Hill.

Lazarus, R. S. (1976). *Patterns of adjustment*. New York: McGraw-Hill.

Lazarus, R. S. (1993). From psychological stress to the emotions: A history of changing outlooks. *Annual Review of Psychology, 44*, 1-21.

Lazarus, R. S., & Folkman, S. (1984). *Stress, appraisal, and coping*. New York: Springer.

Lazarus, R. S., Kanner, A. D., & Folkman, S. (1980). Emotions: A cognitive-phenomenological analysis. In R. Plutchik & H. Kellerman (Eds.), *Theories of emotion*. New York: Academic.

Lennard, H. L. & Bernstein, A. (1960). *The anatomy of psychotherapy: Systems of communication and expectation*. New York: Columbia University Press.

Lester, D., Barswell, M., & Van Voorhis, P. (1992). *Correctional counseling (2nd ed.)*. Cincinnati, OH: Anderson.

Levenson, R. W., Sher, K. J., Grossman, L. M., Newman, J., & Newlin, D. B. (1980). Alcohol and stress response dampening: Pharmacological effects, expectancy, and tension reduction. *Journal of Abnormal Psychology, 89*, 528-538.

Lewinsohn, P. M., & Clarke, G. N. (1999). Psychosocial treatments for adolescent depression. *Clinical Psychology Review, 19*, 329-342.

Lewinsohn, P. M., Hoberman, T., & Hautzinger, M. (1985). An integrative theory of depression. In S. Reiss & R. R. Bootzin (Eds.), *Theoretical issues in behavior therapy*. New York: Academic.

Lewinsohn, P. M., Antonuccio, D. O., Steinmetz, J. L., & Teri, L. (1984). *The coping with depression course: A psychoeducational intervention for unipolar depression*. Eugene, OR: Castilia.

Lewis, G. P., Golden, C. J., Moses, J. A., Osmon, D. C., Purisch, A. D., & Hammeke,

T. A. (1979). Localization of cerebral dysfunctions with a standardized version of Luria's neuropsychological battery. *Journal of Consulting and Clinical Psychology, 47*, 1003-1019.

Ley, P., Bradshaw, P. W., Eaves, D. E., & Walker, C. M. (1973). A method for increasing patient recall of information presented to them. *Psychological Medicine, 3*, 217-220.

Lezak, M. D. (1976). *Neuropsychological assessment*. New York: Oxford University Press.

Lezak, M. D. (1978). Living with the characterologically altered brain injured patients. *Journal of Clinical Psychiatry, 39*, 592-598.

Lidz, C. W., Mulvey, E. P., & Gardner, W. (1993). The accuracy of prediction of violence to others. *Journal of the American Medical Association, 269*, 1007-1011.

Lilienfeld, S. O., Wood, J. M., & Grab, H. N. (2000). The scientific status of projective techniques. *Psychological Science in the Public Interest, 1*, 27-66.

Lindsley, D. B. (1944). Electroencephalography. In J. Mc. Hunt (Ed.), *Personality and the behavior disorders*. New York: Ronald.

Lomont, J. F. (1965). Reciprocal inhibition or extinction? *Behaviour Research and Therapy, 3*, 209-219.

London, P. (1964). *The modes and psychotherapy*. New York: Holt, Rinehart & Winston.

Lorr, M. (1986). Classifying psychotics; Diagnosis and categorical approaches. In T. Millon & G. Klerman (Eds.), *Contemporary directions in psychopathology: Toward the DSM-Ⅲ*. New York: Guilford.

Luborsky, L., Diguer, L., Luborsky, E., Singer, B., Dickter, D., & Schmidt, K. A. (1993). The efficacy of dynamic psychotherapies: Is it true that "Everyone has won and all must have prizes?" In M. E. Miller, L. Luborsky, J. P. Barber, & J. P. Docherty (Eds.), *Psychodynamic treatment research: A handbook for clinical practice* (pp. 497-516). New York: Basic Books.

Luborsky, L., Diguer, L., Seligman, D. A., Rosenthal, R., Krause, E. D., Johnson, S., Halperin, G., Bishop, M., Berman, J. S., & Schweizer, E. (1999). The researcher's own therapy allegiance: A "wild card" in comparisons of treatment efficacy. *Clinical Psychology: Science and Practice, 6*, 95-106.

Luborsky, L., Rosenthal, R., Diguer, L., Andrusyna, T. P., Berman, J. S., Levitt, J. T.,

Seligman, D. A., & Krause, E. D. (2002). The Dodo bird verdict is alive and well-mostly. *Clinical Psychology: Science and Practice, 9*, 2-12.

Luborsky, L., Singer, B., & Luborsky, L. (1975) Comparative studies of psychotherapies: Is it true that "everybody has won and all must have prizes?". *Archives of General Psychiatry, 32*, 995-1008.

Luria, A. R. (1961). *The role of speech in the regulation of normal and abnormal behaviors*. Oxford, England: Liverright.

Luria, A. R. (1966). *Higher cortical functions in man*. New York: Basic Books.

Luria, A. R. (1970). The functional organization of the brain. *Scientific American, 222*, 66-78.

Luria, A. R. (1973). *The working brain: Introduction to neuropsychology*. New York: Basic Books.

Luria, A. R.. & Majovski, L. V. (1977). Basic approaches used in American and Soviet clinical neuropsychology. *American Psychologist, 32*, 959-971.

Magaletta, P. R., & Verdeyen, V. (2005). Clinical practice in corrections: A conceptual framework. *Professional Psychology: Research and Practice, 36*, 37-43.

Mahoney, D. M., & Thoresen, C. E. (1974). *Self-control: Power to the person.* Monterey. California: Brooks Cole.

Maier, S. F., & Watkins, L. R. (1998). Cytokines for psychologists: Implications of bidirectional immune-to-brain communication for understanding behavior, mood, and cognition. *Psychological Review, 105*, 83-107.

Malamud, N. (1957). *Atlas of Neuropathology*. Berkeley: University of California Press.

Malarkey, W. B., Kiecolt-Glaser, J. K., Pearl, D., & Glaser, R. (1994). Hostile behavior during marital conflict alters pituitary and adrenal hormones. *Psychosomatic Medicine, 56*, 41-51.

Maloney, D. M., Harper, T. M., Braukmann, C. J., Fixsen, D. L., Phillios, E. L., & Wolf, M. M. (1976). Teaching conversation-related skills to predelinquent girls. *Journal of Applied Behavior Analysis, 9*, 371.

Manne, S. L., Redd, W. H., Jacobsen, P. B., Gorfinkle, K., Schorr, O., & Rapkin, B. (1990). Behavioral intervention to reduce child and parent distress during venipuncture. *Journal of Consulting and Clinical Psychology, 58*, 565-572.

Manuck, S. B., Kaplan, J. R., Adams, M. R., & Clarkson, T. B. (1988). Effects of stress and the sympathetic nervous system on coronary artery atheroslerosis in the cynomolgus macaque. *American Hearth Journal, 116*, 328-333.

Marissakalian, M., & Michelson, L. (1986). Relative and combined effectiveness of therapist-associated in vivo exposure and inpramine treatment of agoraphobia. *American Journal of Psychiatry, 143*, 1106-1112.

Markowitz, J., Kocsis, M., Fishman, B., Spielman, L., Jacobsberg, L., & Frances, A. (1998). Treatment of depressive symptoms in human immunodeficiency virus-positive patients. *Archives of General Psychiatry, 55*, 452-457.

Marks, I. M., & Gelder, M. G. (1967). Transvestism and fetishism: Clinical and psychological changes during faradic aversion. *British Journal of Psychiatry, 113*, 711-729.

Marlatt, G. A., & Gordon, J. R. (1980). Determinants of relapse implications for the maintenance of behavior change. In P. Davidson (Ed.), *Behavior of medicine: Changing health lifestyles*. New York: Brunner/Mazel.

Marlatt, G. A., & Gordon, J. R. (1985). *Relapse prevention maintenance strategies in the treatment of addictive behaviors*. New York: Guilford.

Marshall, W., & Barbaree, H. (1990). Outcome of comprehensive cognitive-behavioral treatment programs. In W. L. Marshall & H. E. Barbaree (Eds.), *Handbook of sexual assault: Issues, theories, and treatment of offenders*. New York: Plenum.

Martin, P. (1989). The scientist-practitioner model and clinical psychology: Time for change?. *Australian Psychologist, 24*, 71-92.

Martinot, J. L., Allilaire, J. F., Mazoyer, B. M., Hantouche, E., Huret, J. D., Legaut-Demare, F., Deslauriers, A. G., Hardy, P., Pappata, S., Baro, J. C., & Syrota, A. (1990). Obsessive-compulsive disorder: A clinical, neuropsychological and positron emission tomography study. *Acta Psychiatrica Scandinavica, 82*, 232-242.

Masserman, J. H. (1943). *Behavior and neurosis: A experimental psychoanalytic approach to psychobiologic principles*. Chicago: Chicago University Press.

Masur, F. T. (1981). Adherence to health care regimens. In C. K. Prokop & L. A. Bradley (Eds.), *Medical psychology: Contributions to behavioral medicine*. New York: Academic Press.

Matarazzo, J. D. (1965). The interview. In B. B. Wilman (Ed.), *Handbook of clinical psychology*. New York: McGraw-Hill.

Matarazzo, J. D. (1972). *Wechsler's measurement and appraisal of adult intelligence*. Baltimore: Williams & Wilkins.

Matarazzo, J. D. (1980). Behavioral health and behavioral medicine: Frontiers for a new health psychology. *American Psychologist, 35*, 807-817.

Matthews, K. A. (1982). Psychological perspectives on the type A behavior pattern. *Psychological Bulletin, 91*, 293-323.

Maurice-Williams, R. S., & Dunwoody, G. (1988). Late diagnosis of frontal meningiomas presenting with psychiatric symptoms. *British Medical Journal, 296*, 1785-1786.

Mayman, M., Schafer, R., & Rapaport, D. (1951). Interpretation of the Wechsler-Bellevue Intelligence Scale in personality appraisal. In H. M. Anderson & G. L. Anderson (Eds.), *An introduction to projective technique.* New York: Prentice-Hall.

McFall, R. (1991). Manifesto for a science of clinical psychology. *The Clinical Psychology, 44*, 75-88.

McFall, R. (2006). Doctoral training in clinical psychology. *Annual Preview of Clinical Psychology, 2*, 21-49.

McKay, S., & Golden, C. J. (1979). Empirical derivation of neuropsychological scales for the lateralization of brain damage using the Luria-Nebraska Neuropsychological Battery. *Clinical Neuropsychology, 1*, 19-23.

McKinlay, W. W., Brooks, D. N., Bond, M. R., Martinage, D. P., & Marshall, M. M. (1981). The short-term outcome of severe blunt head injury as reported by relatives of the injured persons. *Journal of Neurology, Neurosurgery, and Psychiatry, 48*, 527-533.

McLellan, F. (2003). Research by U. S. psychiatrist in danger of extinction expert committee recommends steps to strengthen research training in psychiatry residency. *Lancet, 362*, 1732.

McReynolds, P. (1989). Diagnosis and clinical assessment: Current status and major issues. In P. M. Rosenzweig & L. Porter (Eds.), *Annual Review of Psychology, 40*, 83-108.

Meehl, P. (1954). *Clinical versus statistical prediction: A theoretical analysis and a review of the evidence.* Minneapolis: University of Minnesota Press.

Meehl, P. (1973). Why I don't go to case conference. In P. Meehl (Ed.), *Psychodiagnosis selected papers.* Minneapolis: University of Minnesota Press.

Meehl, P., & Rosen, A. (1955). Antecedent probability and the efficiency of psychometric signs. Parameters or cutting scores. *Psychological Bulletin, 521*, 194-216.

Meichenbaum, D. (1975). Enhancing creativity by modifying what subjects say to themselves. *American Educational Research Journal, 12*, 129-145.

Meichenbaum, D. (1977). *Cognitive behavior modification: An integrative approach.* New York: Plenum.

Meichenbaum, D. (1986). Cognitive-behavior modification. In F. H. Kanfer & A. P. Goldstein (Eds.), *Helping people change: An textbook of method.* New York: Pergamon.

Meichenbaum, D., & Asarnow, J. (1979). Cognitive-behavior modification and metacognition development: Implication for the classroom. In P. Kendalll & S. Hollon (Eds.), *Cognitive behavioral intervention: Theory, research, and procedures*. New York: Academic.

Meichenbaum, D., & Gilmore, J. B. (1984). The nature of unconscious process. In K. Bowers & D. Meichenbaum (Eds.), *The Unconscious reconsidered.* New York: Wiley.

Meichenbaum, D., & Goodman, J. (1971). Training impulsive children to talk to themselves: A means of developing self-control. *Journal of Abnormal Psychology, 77*, 115-126.

Meier, M. J. (1978). *Current status of professional role development in human neuropsychology*. Invited address, American Board of Professional Psychology, Toronto.

Melamed, B. G., & Siegel, L. J. (1975). Reduction of anxiety in children facing hospitalization and surgery by use of filmed modeling. *Journal of Consulting and Clinical Psychology, 43*, 511-521.

Mellers, J. D. C. (2004). Neurological investigations. In L. H. Goldstein & J. E. McNeil (Eds.), *Clinical neuropsychology: A practical guide to assessment and management for clinicians*. Chichester: John Wiley & Sons.

Melton, G. B., Petrila, J., Poythress, N. G., & Slobogin, C. (1997). *Psychological evaluations for the courts: A handbook for mental health professionals and lawyers (2nd ed.)*. New York: Guilford Press.

Merbaum, M., & Lowe, M. (1982). Serendipity in research in clinical psychology. In P. Kendall & J. Butcher (Eds.), *Handbook of research methods in clinical psychology*. New York: Wiley.

Meyer, G. J., & Snack, J. R. (1989). Structural convergence of mood and personality: Evidence for old and new directions. *Journal of Personality and Social Psychology, 57*, 691-706.

Migler, B., & Wolpe, J. (1967). Automated self-desensitization: A case report. *Behaviour Research and Therapy, 5*, 133-135.

Miller, G. E., & Cohen, S. (2001). Psychological interventions and the immune system: A meta-analytic review and critique. *Health Psychology, 20*, 47-63.

Miller, S. B., Freise, M., Dolgoy, L., Sita, A., Lavoie, K., & Campbell, T. (1998). Hostility, sodium consumption, and cardiovascular response to interpersonal stress. *Psychosomatic Medicine, 60*, 71-77.

Miller, T. Q., Turner, C. W., Tindale, R. S., Posavac, E. J., & Dugoni, B. L. (1991). Reasons for the trend toward null findings in research on Type A behavior. *Psychological Bulletin, 110*, 469-485.

Millon, T. (1994). *MCMI-Ⅲ: Manual. Minneapolis*, MN: National Computer Systems.

Milne, D. (1987). *Evaluating mental health practice: Methods and applications*. Beckenham: Croom Helm.

Mischel, S. W., Shoda, Y., & Smith, R. E. (2003). *Introduction to personality: Toward and integration (7th ed.)*. New York: Wiley.

Mischel, W. (1973). Toward a cognitive social learning reconceptualization of personality. *Psychological Review, 80*, 252-283.

Mischel, W. (1981). *Personality and Assessment*. New York: Wiley.

Mokdad, A. H., Marks, J. S., Stroup, D. F., & Gerberding, J. L. (2004). Actual causes of death in the United States, 2000. *Journal of the American Medical Association, 291*, 1238-1245.

Monahan, J., & Steadman, H. J. (1996). Violent storms and violent people: How meteorology can inform risk communication in mental health law. *American Psychologist, 51*, 931-938.

Monahan, J., Steadman, H. J., Silver, E., Appelbaum, P. S., Robbins, P. C., Mulvey, E. P., Roth, L. H., Grisso, T., & Banks, S. (2001). *Rethinking risk assessment: The MacArthur study of mental disorder and violence*. New York: Oxford University press.

Moncrieff, J. (1997). Lithium evidence reconsidered. *British Journal of Psychiatry, 171*, 113-119.

Moras, K., & Barlow, D. (1992). Dimensional approaches to diagnosis and problem of anxiety and depression. In A. Ehlers et al. (Eds.), *Perspectives and promeisis of clinical psychology*. New York: Plenum.

Morgan, R. D., Winterowd, C. L., & Ferrell, S. W. (1999). A national survey of group psychotherapy services in correctional facilities. *Professional Psychology: Research and Practice, 30*, 600-606.

Morganstern, K. P. (1988). Behavioral interviewing. In A. S. Bellack & M. Hersen (Eds.), *Behavioral assessment: A practical handbook (3rd ed.)*. Elmsford, NY: Pergamon Press.

Morland, K., Diez Roux, A. V., & Wing, S. (2006). Supermarkets, other food stores, and obesity. *American Journal of Preventive Medicine, 30*, 333-339.

Morrow-Bradley, C., & Elliott, R. (1986). Utilization of psychotherapy research by practicing psychotherapists. *American Psychologist, 41*, 188 - 197.

Moseley, G. L. (2006). Graded motor imagery for pathologic pain: A randomized controlled trial. *Neurology, 67*, 2129-2134.

MRFIT. (1982). from http://www.trialresultscenter.org/study7914-MRFIT.htm.

Mumley, D. L., Tillbrook, C. E., & Grisso, T. (2003). Five year research update (1996-2000): Evaluations for competence to stand trial (adjudicative competence). *Behavioral Sciences & the Law, 21*, 329-350.

Murphy, K. R., & Davidshofer, C. O. (1991). *Psychological testing: Principles and practice*. Englewood Cliffs: Prentice Hall.

Murray, D. M., Richards, P. S., Luepker, R. V., & Johnson, A. (1987). The prevention of cigarette smoking in children: Two- and three-year follow-up comparisons of four prevention strategies. *Journal of Behavioral Medicine, 10*, 595-611.

Myers, D. G. (2000). The funds, friends, and faith of happy people. *American Psychologist, 55*, 56-67.

Myers, L., & Thyer, B. (1997). Should social work clients have the right to effective treatment? *Social Work, 42*, 288-297.

Nathan, P. E. (2004). When science only takes us so far. *Clinical Psychology: Science and Practice, 11*, 216-218.

Nathan, P. E., & Gorman, J. M. (2007). *A guide to treatments that work (3rd ed.)*. New York: Oxford University Press.

Nathan, P. E., Andberg, M. M., Behan, P. O., & Patch, V. (1969). Thirty-two observers and on patient a study of diagnostic reliability. *Journal of Clinical Psychology, 25*, 9-15.

National Institute for Clinical Excellence (2005). *Depression in children: Identification and management of depression in children and young people in primary, community and secondary care*. Retrieved February 15, 2005, from http://www.nice.org.uk.

Naugle, A. E., & Maher, S. (2003). Modeling and behavioral rehearsal. In W. O'Donohue, J. E. Fisher, & S. C. Hayes (Eds.), *Cognitive behavior therapy: Applying empirically supported techniques in your practice*. New York: John Wiley & Sons.

Nauta, W. J. (1973). Connections of the frontal lobe with the limbic system. In L. V. Laitiner & K. E. Livingston (Eds.), *Surgical approaches in psychiatry*. Baltimore: University Park.

Nay, W. R. (1975). A systematic comparison of instructional techniques for parents. *Psychological Report, 1*, 14-21.

Ndetei, D. M., & Singh, A. (1983). Schneider's first rank symptoms of schizophrenia in Kenyan patients. *Acta Psychiatrica Scandinavica, 67*, 148 - 153.

Neary, D. (1990). Dementia of the frontal lobe. *Journal of the American Geriatric Society, 38*, 71-72.

Nelson, G., & Steele, R. (2008). Influences on practitioner treatment selection: Best research evidence and other considerations. *Journal of Behavioral Health Sciences of Research, 35*, 170-178.

Nelson, R. O. & Hayes, S. C. (1979). Some current dimensions of behavioral assessment. *Behavioral Assessment, 1*, 1-16.

Norcross, J., Karpiak, C., & Santoro, S. (2005). Clinical psychologist across the years. The Division of Clinical Psychology from 1960-2003. *Journal of Clinical Psychology, 61*, 1467-1483.

O'Brien, F., & Azrin, N. H. (1972). Active and passive P3 latency and psychometric performance: Influence of age and individual differences. *International Journal of Psychophysiology, 12*, 187-195.

O'Brien, W. H., Smith, P. C., Parra, L. F., Moore-Hirshl, S., Silverman, M., VandeKemp, H., & Birchenough, T. (1993). Cardiovascular reactivity and its relation to self-report measures of stress. *Annals of Behavioral Medicine, 15*,

S172.

O'Donnell, B. F., Friedman, S., Swearer, J. M., & Drachman, D. A. (1992). Active and passive P3 latency and psychometric performance: Influence of age and individual differences. *International Journal of Psychophysiology, 12*, 187-195.

Ogden, T., & Hagen, K. A. (2008). Treatment effectiveness of parent management training in Norway: A randomized controlled trial of children with conduct problems. *Journal of Consulting and Clinical Psychology, 76*, 607-621.

O'Leary, K. D., & Wilson, G. T. (1975). *Behavior therapy: Application and Outcome.* Englewood Cliffs, NJ: Prentice-Hall.

O'Malley, J., & Eisenberg, L. (1973). The hyperkinetic syndrome. *Seminar in Psychiatry, 5*, 95-103.

Ormel, J., Petuknova, M., Chatterji, S., Aquila-Gaxiola, S. Alonso, J., Angermeyer, M. et al. (2008). Disability and treatment of specific mental and physical disorders across the world. *British Journal of Psychiatry, 192*, 368-375.

O'Sullivan, J., & Quervillon, R. (1992). 40 years latter: Is the Boulder model still alive. *American Psychologist*, 47, 67-70.

O'Sullivan, K. R., & Dryden, W. (1990). A survey of clinical psychologists in the South East Thames Health Region: Activities, role and theoretical orientation. *Clinical Psychology Forum, 29*, 21 - 26.

Packer, I. K. (2008). Specialized practice in forensic psychology: Opportunities and obstacles. *Professional Psychology: Research and Practice, 39*, 245-249.

Pallak, M. S., Cummings, N. A., Dorken, H., & Henke, C. J. (1995). Effect of mental health treatment of medical costs. *Mind/Body Medicine, 1*, 7-11.

Pallone, N., & Hennessy, J. (1980). Professional psychology in state correctional institutions: Present status and future altermatives. *Professional Psychology, 11*, 755-765.

Parker, G., Roy, K., & Eyers, K. (2003). Cognitive behavior therapy for depression? Choose horses for courses. *The American Journal of Psychiatry, 160*, 825-834.

Parker, K. C. H., Hanson, R. K., & Hunsley, J. (1988). MMPI, Rorschach, and WAIS: A meta-analytic comparison of reliability, stability, and validity. *Psychological Bulletin, 103*, 367-373.

Parsons, O. A., & Prigatano, G. P. (1978). Methodological considerations in clinical neuropsychological research. *Journal of Consulting and Clinical Psychology, 46*,

608-619.

Patterson, D. R., Everett, J. J., Burns, G. L., & Marvin, J. A. (1992). Hypnosis for the treatment of burn pain. *Journal of Consulting and Clinical Psychology, 60*, 713-717.

Patterson, G. R. (1982). *Coercive family process*, Eugene. OR: Castalia.

Patterson, G. R. (2005). The next generation of PMTO models. *The Behavior Therapist, 28*, 27-33.

Patton, M. (1990). *Qualitative evaluation and research methods*. New Bury Park: Sage.

Paul, G. L. (1986). *The time sample behavioral checklist: observational assessment instrumentation for service and research.* Champaign, IL: Research Press.

Pennebaker, J. W. (1995). *Emotion, disclosure, and health.* Washington, DC: American Psychological Association.

Perry, N. W., McCoy, J. G., Cunningham, W. R., Falqout, J. C., & Street, W. J. (1976). Multivariate visual evoked response correlates of intelligence. *Psychophysiology, 13*, 323-329.

Persons, J. B., Davidson, J., & Tompkins, M. A. (2001). *Essential components of cognitive-behavior therapy for depression.* Washington, DC: American Psychological Association.

Peseschkian, N. (2010). 긍정주의 심리치료 [Positive psychotherapy: Theory and practice of a new method]. (김희진 역) 서울: 학지사. (원전은 2005에 출판).

Peterson, D. R. (2004). Science, Scientism, and professional responsibility. *Clinical Psychology: Science and Practice, 11*, 196-210.

Peterson, D. R. (1968). *The clinical study of social behavior.* New York: Appleton Century-Crofts.

Peterson, J., Davidson, J., & Tomkins, M. (2001). *Essential components of cognitive-behavior therapy for depression.* Washington, DC: American Psychological Association.

Peterson, L., Homer, A. L., & Wonderlich, S. A. (1982). The integrity of independent variables behavior analysis. *Journal of Applied Behavior Analysis, 15*, 477-492.

Petry, N. M., Martin, B., Cooney, J. L., & Kranzler, H. R. (2000). Give them prizes and they will come: variable-ratio contingency management for treatment of alcohol dependence. *Journal of Consulting and Clinical Psychology, 68*, 250-257.

Phillips, E. E. (1991). George Washington University's international data on psychotherapy delivery systems: Modeling new approaches to the study of therapy. In L. E. Beuter & M. Crage (Eds.), *Psychotherapy research: An international review of programmatic studies* (pp. 263-273). Wasington, DC: American Psychological Association.

Piaget, J. (1952). *The origins of intelligence in children.* New York: International Universities Press.

Piaget, J. (1970). *Science of education and the psychology of the child.* New York: Orion.

Piaget, J. (1972). Intellectual evolution form adolescence to adulthood. *Human Development, 15*, 1-12.

Pinizzotto, A. J., & Finkel, N. J. (1990). Criminal personality profiling: An outcome and process study. *Law and Human Behavior, 14*, 215-234.

Plante, T. G. (2011). *Contemporary clinical psychology.* New Jersey: Wiley.

Plrry, N. W., McCoy J. G., Cunningham, W. R., Falgout, J. C., & Street, W. J. (1976). Multivariate visual evoked response correlates of intelligence. *Psychophysiology, 13*, 323-329.

Polich, J., & Martin, S. (1992). P300, cognitive capability, and personality: A correlational study of university undergraduates. *Personality and Individual Differences, 13*, 533-543.

Polin, A. T. (1959). The effect of flooding and physical suppression as extinction techniques on an anxiety-motivated avoidance locomotor response. *Journal of Psychology, 47*, 253-255.

Polizzi, D. M., MacKenzie, D. L., & Hickman, L. J. (1999). What works in adult sex offender treatment? A review of prison-and non-prison-based treatment programs. *International Journal of Offender Therapy and Comparative Criminology, 43*, 357-374.

Poythress, N. G., Schumacher, J., & Wiener, R. (1993). Procedural justice judgments of alternative procedures for resolving medical malpractice claims. *Journal of Applied Social Psychology, 23*, 1639-1658.

Premack, D. (1959). Toward empirical behavior laws: I. Positive reinforcement. *Psychological Review, 66*, 219-233.

Price, J. M., Chamberlain, P., Landsverk, J., Reid, J. B., Leve, L. D., & Laurent, H. (2008). Effects of foster parent training intervention on placement changers of children in forster care. *Child Maltreatment, 13*, 64-75.

Prigatano, G. P. (1992). Personality disturbances associated with traumatic brain injury. *Journal of Consulting and Clinical Psychology, 60*, 360-368.

Prigatano, G. P., Bruna, O., Mataro, M., Munoz, J. M., Fernandez, S., & Junque, C. (1986). *Neuropsychological rehabilitation after brain injury*. Baltimore: Johns Hopkins University Press.

Purish, A. D., Golden, C. J., & Hammeke, T. A. (1978). Discrimination between schizophrenics and brain damaged patients using the Luria-Nebraska Neuropsychological Battery. *Journal of Consulting and Clinical Psychology, 46*, 1266-1273.

Puska, P. (1999). The North Karelia Project: From community intervention to national activity in lowering cholesterol levels and CHD risk. *European Heart Journal, 1*, S9-S13.

Quinsey, V. L., Harris, G. T., Rice, M. E., & Cormier, C. A. (2006). *Violent offenders: Appraising and managing risk (2nd ed.)*. Washington, DC: American Psychological Association.

Raichle, M. E. (1987). Images of the brain. In R. L. Gregory (Ed.), *The oxford comparison to the mind*. Oxford: Oxford University Press.

Raimy, V. (Ed.). (1950). *Training in clinical psychology*. New York: Prentice Hall.

Rankin, H. (1990). Validity of self-reports in clinical settings. *Behavioral Assessment, 12*, 107-116.

Rapaport, D., Gill, M. M., & Schafer, R. (1968). *Diagnostic psychological testing*. New York: International University Press.

Reed, H., & Reitan, R. M. (1963). Intelligence test performances in brain damaged subjects with lateralized motor deficits. *Journal of Consulting Psychology, 27*, 101-106.

Reitan, R. M. (1955). Investigation of the validity of Halstead's measures of biological intelligence. *AMA Archives of Neurology, 73*, 28-35.

Reitan, R. M. (1966a). A research program on the psychological effects of brain lesions in human beings. In N. R. Ellis (Ed.), *International Review of Research in Mental Retardation, Vol. 1*. New York: Academic.

Reitan, R. M. (1966b). Problems and prospects in studying the psychological correlates of brain lesions. *Cortex, 2*, 127-154.

Reitan, R. M. (1970). Psychological testing of neurological patients. In I. M. Toumans (Ed.), *Neurosurgery: A comprehensive guide to the diagnosis and management of neurosurgical problems*. Philadelphia: W. B. Saunders.

Reitan, R. M. (1976). Neurological and physiological bases of psychopathology. *Annual Review of Psychology, 27*, 189-216.

Reitan, R. M. (1984). *Aphasia and sensory-perceptual deficit in adults*. Tuscon: Reitan Neuropsychological Laboratory.

Rice, P. L. (1997). *Health psychology*. California: Brooks/Cole Publishing Company.

Richman, L. S., Kubzansky, L., Maselko, J., & Kawachi, I. (2005). Positive emotion and health: Going beyond the negative. *Health Psychology, 24*, 422-429.

Rickert, V., & Jay, S. (1995). The noncompliant adolescent. In S. Parker & B. Zuckerman (Eds.), *Behavioral and developmental pediatrics* (pp. 219-222). Boston: Little, Brown & Company.

Risley, T. R. (1970). Behavior modification: An experimental-therapeutic endeavor. In L. A. Hamerlynck, P. O. Davadson, & L. E. Acker (Eds.), *Behavior modification and ideal mental heath services*. Calgary: University of Calgary.

Roberts, R. N., & Gordon, S. B. (1979). Reducing childhood nightmares subsequent to burn trauma. *Child Behavior Therapy, 1*, 373-386.

Robin, A., Schneider, M., & Dolnick, M. (1976). The turtle technique: An extended study of self-control in the classroom. *Psychology in the School, 13*, 449-453.

Robinson, D. S., Kayser, A., Corcella, J., Larex, D., Yingling, K., & Howard, D. (1985). Panic attacks in outpatients with depression: Response to antidepressant treatment. *Psychophamacology Bulletin, 21*, 562-567.

Rodin, J., & Salovey, P. (1989). Children & divorce: A snapshot. Retrieved December 13, 2001, from http://www.clasp.org/pubs/familyformation/divfinal. htm.

Roesch, R., Zapf, P. A., Golding, S. L., & Skeem, J. L. (1999). Defining and assessing competency to stand trial. In A. K. Hess & I. B. Weiner (Eds.), *The handbook of forensic psychology (2nd ed.)*. New York: John Wiley.

Rogers, C. (1977). *Carl Rogers on personal power: Inner strength and its revolutionary impact*. New York: Delacorte Press.

Rogers, N. (1995). *Emerging women: A decade of midlife transitions*. Manchester, UK: PCCS Books.

Rogers, R. (1992). *Structured interview of reported symptoms*. Odessa, FL: Psychological

Assessment Resources.

Rogers, R. (1997). *Clinical assessment of malingering and deception (2nd ed.)*. New York: Guilford Press.

Rosebaum, A., & Hoge, S. K. (1989). Head injury and marital aggression. *American Journal of Psychiatry, 146*, 1048-1051.

Rosenman, R. H., Brand, R. J., Jenkins, D. D., Friedman, M., Straus, R., & Wurm, M. (1975). Coronary heart disease in the Western Collaborative Group Study: Final follow-up experience after 8 years. *Journal of the American Medical Association, 233*, 872-877.

Rosenstock, I. M. (1966). Why people use health services. *Milbank Memorial Fund Quarterly, 44*, 74-127.

Rosenstock, I. M. (1974). The health belief model and preventive health behavior. *Health Education Quarterly, 15*, 175-183.

Rosenzweig, M. R. (1964). Effects of heredity and environmental on brain chemistry, brain anatomy, and learning ability in the rat. *Kansas Studies in Education, 14*, 3-34.

Rosenzweig, S. (1936). Some implicit common factors in diverse methods of psychotherapy. *American Journal of Orthopsychiatry, 6*, 412-415.

Ross, E. D., & Rush, A. J. (1981). Diagnosis and neuroanatomical correlates of depression in brain-damaged patients. *Archives of General Psychiatry, 38*, 1344-1354.

Rothbaum, B. O., & Schwartz, A. C. (2002). Exposure therapy for posttraumatic stress disorder. *American Journal of Psychotherapy, 56*, 59-75.

Rotter, J. B. (1954). *Social learning and clinical psychology*. Englewood Cliffs, NJ: Prentice Hall.

Rozanski, A., Blumental, J. A., & Kaplan, J. (1999). Impact of psychological factors on the pathogenesis of cardiovascular disease and implications for therapy. *Circulation, 99*, 2192-2217.

Rugulies, R. (2003). Depression as a predictor for the development of coronary heart disease: A systematic review and meta-analysis of the literature. *American Journal of Preventive Medicine, 23*, 51-61.

Russell, E. W. (1977). Three patients of brain damage on WAIS. *Journal of Clinical Psychology, 35*, 611-620.

Russell, E. W., Neuringer, C., & Goldstein, S. G. (1970). *Assessment of brain damage: A neuropsychological key approach*. New York: John Wiley & Sons.

Rust, J. (1975). Cortical evoked potential, personality and intelligence. *Journal of Comparative Physiological Psychology, 89*, 1220-1226.

Ryba, N. L., Cooper, V. G., & Zapf, P. A. (2003). Juvenile competence to stand trial evaluations: A survey of current practices and test usage among psychologists. *Professional Psychology: Research and Practice, 34*, 499 - 507.

Sackett, D., Rosenberg, D., Gray, J., Haynes, R., & Richardson, W. (1996). Evidence based medicine: What it is and what isn't. *British Medical Journal*, 312, 71-72.

Sandifer, M., Pettus, C., & Quade, D. (1964). A study of psychiatric diagnosis. *Journal of Nervous and Mental Disease, 138*, 350-356.

Sappenfield, B., & Ripki, R. (1961). Validity of three visual tests for differentiating organics from schizophrenics and normals. *Journal of Clinical Psychology, 17*, 276-278.

Sarason, S. B. (1972). *The creation of settings and the future of societies*. San Fransisco; Jossey-Bass.

Sartorius, N. (1988). International perspectives of psychiatric classification. *British Journal of Psychiatry, 152*, 9-14.

Schachter, S. (1966). Interaction of cognitive and physiological determinants of emotional state. In C. Spielberger (Ed.), *Anxiety and Behavior*. New York: Academic.

Schafer, E. (1985). Neural adaptability: A biological determinant of g factor intelligence. *Behavioral and Brain Science, 8*, 264-270.

Schneiderman, N., Antoni, M. H., Saab, P. G., & Ironson, G. (2001). Health psychology: Psychosocial and biobehavioral aspects of chronic disease management. *Annual Review of Psychology, 52*, 555-580.

Schoenfeld, W. N., & Farmer, J. (1970). Reinforcement schedules and the "behavior stream." In W. N. Schoenfeld (Ed.), *The theory of reinforcement schedules*(pp. 215-245). New York: Appleton Century.

Schwartz, G. E. (1986). Emotion and psychophysiological organization: A systems approach. In M. G. H. Coles, E. Donchin, & S. W. Porges (Eds.), *Psychophysiology: Systems, processes, and applications* (pp. 354-377). New York: Guilford Press.

Scott, R. W., Peters, R. D., Gillespie, W. J., Blanchard, E. B., Edmunson, E. D., &

Young, L. D. (1973). The use of shaping and reinforcement in the operant acceleration and deceleration of heart rate. *Behaviour Research and Therapy, 11*, 179-185.

Seligman, L. D. (2011). 상담 및 심리치료의 이론 [*Theories of counseling and psychotherapy; Systems, strategies, and skills(2nd ed.)*]. (정남운, 서경현, 신희천, 김영혜, 박경환 역). 서울: 학지사. (원전은 2006에 출판).

Seligman, L. D., Goza, A. B., & Ollendick, T. H. (2004). Treatment of depression in children and adolescents. In P. M. Barrett & T. H. Ollendick (Eds.), *Internationals that work with children and adolescents: Prevention and treatment* (pp. 301-328). New York: John Wiley & Sons.

Seligman, M. E. P. (1975). *Helplessness: On depression, development, and death.* San Francisco: Freeman.

Seligman, M. E. P. (2005). *Authentic happiness.* New York: Simon and Schuster.

Seligman, M. E. P., & Csikszentmihali, M. (2000). Positive psychology: An introduction. *American Psychologist, 55*, 5-14.

Selkin, J. (1987). *Psychological autopsy in the courtroom.* Denver: Author.

Selye, H. (1956). *The stress of life.* New York: McGraw-Hill.

Shadish, W. R., Matt, G. E., Navarro, A. M., &., & Phillips, G. (2000). The effects of psychological therapies under clinically representative conditions: A meta-analysis. *Psychological Bulletin, 126*, 512-529.

Shapiro, M. B. (1967). Clinical psychology as an applied science. *British Journal of Psychiatry, 113*, 1039 - 1042.

Shapiro, M. B. (1985). A reassessment of clinical psychology as an applied science. *British Journal of Clinical Psychology, 24*, 1 - 11.

Sharpe, M., Hawton, K., House, A., Molyneux, A., Sandercock, P., Bamford, J., & Warlow, C. (1990). Mood disorders in long-term survivors of stroke: Associations with brain lesion location and volume. *Psychological Medicine, 20*, 815-828.

Shea, S. (1991). Practical use of DSM-Ⅲ-R. In M. Hersen & S. Turner (Eds.), *Adult psychopathology and diagnosis.* New York: Wiley.

Sher, K. J., & Walitzer, K. S. (1986). Individual differences in the stress-response-dampening effect of alcohol: A dose-response study. *Journal of Abnormal Psychology, 95*, 159-167.

Shiffman, S., Hickcox, M., Paty, J. A., Gnys, M., Kassel, J. D., & Richards, T. J. (1996).

Progression from a smoking lapse to relapse: Prediction from abstinence violation effects, nicotine dependence, and lapse characteristics. *Journal of Consulting and Clinical Psychology, 64*, 993-1002.

Shneidman, E. S. (1994). The psychological autopsy. *American Psychologist, 49*, 75-76.

Shorter, E. A. (1994). *From the mind into the body: The cultural origins of psychosomatic symptoms*. New York: Free Press.

Shucard, D. W., & Horn, J. L. (1972). Evoked cortical potentials and measurement of human abilities. *Journal of Comparative Physiological Psychology, 78*, 59-69.

Sidman, M. (1960). *Tactics of scientific research.* New York: Basic Books.

Silverston, T., & Turner, P. (1974). *Drug treatment in psychiatry.* London: Routledge and Kegan Paul.

Simonov, P. V. (1967). Studies of abnormal behavior of human and animals by Soviet physiologists. Paper read at Conference on experimental approaches to the behavior. New York.

Singer, J. (1980). The scientific basis of psychotherapeutic practice: A question of values and ethics. *Psychotherapy: Theory, Research and Practice, 17*, 372-383.

Smith, A. (1975). Neuropsychological testing in neurological disorders. In W. J. Fredblander (Ed.), *Advances in Neurology, Vol. 7.* New York: Raven.

Smith, A. (1983). Clinical psychological practice and principles of neuropsychological assessment. In C. E. Walker & F. H. Kanfer (Eds.), *The handbook of clinical psychology: Theory, research, and practice.* Homewood: Dow Jones-Irwin.

Snowdon, D. A., Greiner, L. H., Kemper, S. J., Nanayakkara, N., & Mortimer, J. A. (1999). Linguistic ability in early life and longevity: Findings from the Nun Study. In J. M. Robine, B. Forette, C. Franceschi, & M. Allard (Eds.), *The paradoxes of longevity* (pp. 103-113). Berlin: Springer-Verlag.

Sobell, M. B., & Sobell, L. C. (1978). Validity of self-reports in three populaions of alcoholics. *Journal of Consulting and Clinical Psychology, 46*, 901-907.

Spearman, C. (1927). *The abilities of man.* New York: Macmillan.

Spitzer, R. (1987). Nosology. In A. Kodal & R. Spitzer (Eds.), *An annotated bibliography of DSM-III.* Washington, DC: American Psychiatric Association.

Spivack, G., & Shure, M. (1974). *Social adjustment of young children: A cognitive approach to solving real life problem.* San Francisco: Jossey-Bass.

Spreen, O., & Benton, A. L. (1965). Comparative studies of some psychological tests for cerebral damage. *Journal of Nervous and Mental Disease, 140*, 323-333.

Squire, L. R., & Butters, N. (1984). *Neuropsychology of memory*. New York: Guilford.

Stack, J. T., & Phillips, A. R. (1970). Performance of medical brain-damaged and schizophrenic patients on the Halstead-Reitan Neuropsychological Battery. *Newsletter for Research in Psychology, 12*, 16-18.

Staller, B. (2006). Diagnostic profiles in outpatient child psychiatry. *American Journal of Orthopsychiatry, 76*, 98-102.

Staub, R. O. (2006). Health psychology: *A BioPsychoSocial approach*. New York: Worth.

Sternberg, R. J. (1985). *Beyond IQ*. Cambridge: Cambridge University Press.

Sternberg, R. J. (1996). *Successful intelligence: How practical and creative intelligence determines success in life*. New York: Simon & Schuster.

Sternberg, R. J. (1997). *Successful intelligence*. New York: Plume.

Sternberg, R. J. (2008). Increasing fluid intelligence is possible after all. *PNAS, 105*(19), 6791-6792.

St. Lawrence, J. S., Brasfield, T. L., Jefferson, K. W., Alleyne, E., O'Bannon III, R. E., & Shirley A. (1995). Cognitive-behavioral intervention to reduce African American adolescents' risk for HIV infection. *Journal of Consulting and Clinical Psychology, 63*, 221-237.

Stone, A. A., & Neale, J. M. (1984). New measures of daily coping: Developments and preliminary results. *Journal of Personality and Social Psychology, 46*, 892-906.

Straus, J. (1973). Diagnostic models and the nature of psychiatric. *Archives of General Psychiatry, 29*, 445-449.

Strelau, J. (1983). *Temperament personality arousal*. London; Academic.

Strelau, J. (1987). Personality dimensions based on arousal theories. In J. Strelau & H. J. Eysenck (Eds.), *Personality dimensions and arousal*. New York: Plenum.

Stricker, G. (1992). The relationship of research to clinical practice. *American Psychologist, 47*, 543-549.

Stricker, G., & Trierweiler, S. (1995). The local clinical scientist: A bridge between science and practice. *American Psychologist, 50*, 995-1002.

Strike, W., Malfa. G., & Cabras, P. (1989). A Bidimensional model for diagnosis and classification of functional psychoses. *Comparison Psychiatry, 30*, 313-319.

Strub, R. L., & Black, F. W. (1981). *The mental status examination in neurology*.

Philadelphia: Davis.

Stuart, R. B. (1998). Updating behavior therapy with couples. *Family Journal, 6*(1), 6-12.

Stumphauzer, J. (1974). *Daily behavior card.* Venice: Behaviormentrics.

Stunkard, A. J., & Penick, S. B. (1979). Behavior modification in the treatment of obesity. The problem of maintaining weight loss. *Archives of General Psychiatry, 36*, 801-806.

Stuss, D. T., & Benson, D. F. (1983). Emotional concomitants of psychosurgery. In K. M. Heilman & P. Jatz (Eds.), *Advances in neuropsychology and behavioral neurology, Vol. 1. Neuropsychology of human motion.* New York: Academic.

Stuss, D. T., & Trites, R. (1977). Classification of neurological status using multiple discriminant function analysis of neuropsychological test scores. *Journal of Consulting and Clinical Psychology, 45*, 145.

Stuss, D. T., Catherine, G. A., & Hetherington, C. R. (1992). "No longer gage": Frontal lobe dysfunction and emotional changes. *Journal of Consulting and Clinical Psychology, 60*, 349-359.

Suls, J., & Wan, C. K. (1989). Effects of sensory and procedural information on coping with stressful medical procedures and pain: A meta-analysis. *Journal of Consulting and Clinical Psychology, 57*, 372-379.

Surwillo, W. W. (1971). Interhemispheric EEG differences in relation to short-term memory. *Cortex, 7*, 246-253.

Swain, M. A., & Steckel, S. B. (1981). Influencing adherence among hypertensives. *Research Nursing and Health, 4*, 213-218.

Tanner, J. M. (1970). Physical growth. In P. H. Mussen (Ed.), *Carmichael's manual of child psychology.* New York: Wiley.

Tarrier, N. (1989). Electrodermal activity, expressed emotion and outcome in schizophrenia. *British Journal of Psychiatry, 155*(Suppl. 5), 51-56.

Tarrier, N. (2010). Broad minded affective coping: A positive CAT approach to facilitating positive emotions. *International Journal of Cognitive Therapy, 3*, 65-78.

Taylor, S. E. (1995). *Health psychology.* New York: McGraw-Hill.

Taylor, S. E. (2005). *Health psychology.* Boston: McGraw-Hill.

Taylor, S. E., Kemeny, M. E., Reed, G. M., Bower, J. E., & Gruenewald, T. L. (2000).

Psychological resources, positive illlusions, and health. *American Psychologist, 55*, 99-109.

Testa, M., & Collins, R. L. (1997). Alcohol and risky sexual behavior: Event based analyses among a sample of high-risk women. *Psychology of Addictive Behaviors, 11*, 190-201.

Thomas, E., & Dewald, L. (1977). Experimental neurosis: Neuropsychological analysis. In J. Maser & M. Seligman (Eds.), *Psychology: Experimental neurosis*. San Francisco: Freeman.

Thomsen, I. V. (1989). Do young patients have worse outcomes after severe blunt head trauma? *Brain Injury, 3*, 157-162.

Thoresen, C. E. & Mahoney, M. (1974). *Behavioral self-control*. New York: Holt.

Thoresen, C. E., & Powell, L. H. (1992). Type A behavior pattern: New perspectives on theory, assessment, and intervention. *Journal of Consulting and Clinical Psychology, 60*, 595-604.

Thurstone, L. L. (1931). Multiple factor analysis. *Psychological Review, 38*, 406-427.

Thurstone, L. L. (1938). *Primary mental abilities*. Chicago: University of Chicago Press.

Tombaugh, T. N. (1997). *TOMM: Test of Memory Malingering manual*. Toronto, ON, Canada: Multi-Health Systems.

Tondo, T. & Cautela, J. (1974). Assessment of imagery in covert reinforcement. *Psychological Report, 34*, 1271-1280.

Trierweiler, S., & Stricker, G. (1991). The research and evaluation competency: Training the local clinical scientist. In R. Patterson et al. (Eds.), *The core curriculum in professional psychology*. Washington, DC: American Psychological Association.

Trull, T. J. (2005). Dimensional models of personality disorder: Coverage and cutoffs. *Journal of Personality Disorders, 19*, 262-282.

Trull, T. J. (2008). 임상심리학 [*Clinical psychology (7th ed.)*]. (권정혜, 강연욱, 이훈진, 김은정, 정경미 역) 서울: 시그마프레스. (원전은 2005에 출판).

Turk, D. C., & Rudy, T. E., (1990). Pain. In A. S. Bellack, M. Hersen, & A. E. Kazdin (Eds.), *International handbook of behavior modification and therapy* (2nd ed., pp. 399-413). New York: Plenum Press.

U.S. Department of Health and Human Services (2000). *Healthy people 2010: Understanding and improving health*. Washington DC: Government Printing Office.

Vaillant, G. E. (2000). Adaptive mental mechanisms: Their role in a positive psychology. *American Psychologist, 55*, 89-98.

Van Zomeren, A. H., & Van Den Burg, W. (1985). Residual complaints of patients two years after severe head injury. *Journal of Neurology, Neurosurgery, and Psychiatry, 48*, 21-28.

VandenBos, G. R., DeLeon, P. H., & Belar, C. D. (1991). How many psychological practitioners are needed? It's too early to know. *Professional Psychology: Research and Practice, 22*, 441-448.

Vernon, P. E. (1963). *Personality assessment.* London: Methuen.

Vygotsky, L. (1962). *Thought and language.* New York: Wiley.

Wadden, T. A., Brownell, K. D., Foster, G. D. (2002). Obesity: Responding to the global epidemic. *Journal of Consulting and Clinical Psychology, 70*, 510-525.

Wakefield, J. (1992). The concept of mental disorder: On the boundary between bilogical facts and social value. *American Psychologist, 47*, 373-388.

Wakeham, G. (1928). Query on a revision of the fundamental law of habit formation. *Science, 68*, 135-136.

Wardle, J. (1991). Integrating psychology and pharmacology in the management of anxiety. A reply to psychology and pharmacology in the treatment of anxiety disorders. *Journal of Psychopharmacology, 5*, 293-295.

Wasik, B. H. & Loven, M. D. (1980). Classroom observational data: Sources of inaccuracy and proposed solution. *Behavioral Assessment, 2*, 211-227.

Watanabe, N., Hunot, V., Omori, I. M., Churchill, R., & Furukawa, T. (2007). Psychotherapy for depression among children and adolescents: A systematic review. *Acta Psychiatricia Scandanavica, 116*, 84-95.

Watson, R. I. (1951). *The clinical method in psychology.* New York: Harper & Row.

Webb, J. (1980). Similarities of patients treated by private practice psychologists and psychiatrists. *Professional Psychology*, 11, 684-687.

Webster, C. D., Harris, G. T., Rice, M. E., Cormier, C. A., & Quinsey, V. L. (1994). *The violence prediction scheme: Assessing dangerousness in high-risk men.* Toronto, Ont.: University of Toronto Press.

Wechsler, D. (1958). *Measurement and appraisal of adult intelligence.* Baltimore: Williams & Wilkins.

Weinberg, G. (1985). Reductionism redux: Review of the book natures imagination. The frontiers of scientific vision. *The New York Review*, 39-42.

Weiner, I. B. (1995). Methodological considerations in Rorschach research. *Psychological Assessment, 7*, 330-337.

Weisz, J. R., Jensen-Doss, A., &. Hawley, K. M. (2006). Evidence-based youth psychotherapies versus usual clinical care. *American Psychologist, 61*, 671-689.

Weisz, J. R., McCarty, C. A., & Valeri, S. M. (2006). Effect of psychotherapy for depression in children and adolescents: A meta-analysis. *Psychological Bulletin, 132*, 132-149.

Werner, H., & Strauss, A. (1943). Impairment in thought process of brain-injured children. American *Journal of Mental Deficiency, 47*, 291-295.

Wheeler, L., Burke, C. J., & Reitan, R. M. (1963). An application of discriminant functions to the problem of predicting brain damage using behavioral variables. *Perceptual and Motor Skills, 16*, 417-440.

White, M. D., Goldkamp, J. S., & Campbell, S. P. (2006). Co-occurring mental illness and substance abuse in the criminal justice system. *The Prison Journal, 86*, 301-326.

WHO. (1980). *Manual of the international statistical classification of diseases*. Geneva: WHO.

Widiger, T. (2004). Looking ahead to DSM-Ⅴ. *The Clinical Psychologist, 57*, 8-24.

Widiger, T., & Sankis, L. (2000). Adult psychopathology: Issues and controversy. *Annual Review of Psychology, 51*, 377-404.

Williams, C. L., Arnold, C. B., & Wynder, E. L. (1977). Primary prevention of chronic disease beginning in childhood: The know your body program: Design of study. *Preventive Medicine, 6*, 344-357.

Williams, R. B. (2001). Hostility and heart disease. *Advances in Mind-Body Medicine, 17*, 52-55.

Wilson, B. (2008). Neuropsychological rehabilitation. *Annual Review of Clinical Psychology, 4*, 141-162.

Wilson, D. B., Bouffard, L. A., & MacKenzie, D. L. (2005). A quantitative review of structured, group-oriented, cognitive-behavioral programs for offenders. *Journal of Criminal Justice and Behavior, 32*, 172-204.

Wilson, G. T. (1981). Some comments on clinical research. *Behavioral Assessment, 3*, 217-226.

Wilson, S. L., Finney, J. S., Powell, G. E., & Andrews, K. (1992). Problems in magnetic resonance imaging in patients with serious brain injury and a solution to one of them. *Brain Injury, 6*, 75-77.

Wilson, T. D. (1981). On user studies and information needs. *Journal of Documentation, 37*(1), 3-15.

Wittson, C. L. & Hunt, W. A. (1951). The predictive value of the brief psychiatric interview. *American Journal of Psychiatry, 107*, 582-585.

Wolf, M. (1978). Social validity: The case for subjective measurement or how applied behavior analysis in finding its heart. *Journal of Applied Behavior Analysis, 11*, 203-214.

Wolpe, J. (1958). *Psychotherapy by reciprocal inhibition.* Stanford, California: Stanford University Press.

Wolpe, J. (1969). *The practice of behavior therapy.* New York: Pergamon.

Wood, A., & Joseph, S. (2010). The absence of positive psychological (eudemonic) well-being as a risk factor for depression: A ten year cohort study. *Journal of Affective Disorders, 122*, 213-217.

Wood. A., & Tarrier, N. (2010). Positive clinical psychology. *Clinical Psychology Review, 30*, 819-829.

Wood, A., Matby, J., Gillett, R., Linley, P., & Joseph, S. (2008). The role of gratitude in the development of social support, stress, and depression. Two longitudinal studies. *Journal of Research in Personality, 42*, 854-871.

Wood, J. M., Nezworski, M. T., Lilienfeld, S. O., & Garb, H. N. (2003). *What's wrong with the Rorschach? Science confronts the controversial inkblot test.* San Francisco: Jossey-Bass.

Wormith, J. S., Althouse, R., Simpson, M., Reitzel, L. R., Fagan, T. J., & Morgan, R. D. (2007). The rehabilitation and reintegration of offenders: The current landscape and come future directions for correctional psychology. *Criminal Justice and Behavior, 34*, 879-892.

Wubbolding, R. (1987). Professional ethics: Handling suicidal threats in the counseling session. *Journal of Reality Therapy, 7*(1), Fall, 12-15.

Wulsin, L. R., & Singal, B. M. (2003). Do depressive symptoms increase the risk for the onset of coronary disease? A systematic quantitative review. *Psychosomatic Medicine, 65*, 201-210.

Yates, A. J. (1958). The application of learning of theory to the treatment of tics. *Journal of Abnormal and Social Psychology, 56*, 175-182.

Yeudall, L. (1977). Neuropsychological assessment of forensic disorders. *Canada's Mental Health, 25*, 7-15.

Yoshimasu, K., & Fukuoka Heart Sudy Group. (2001). Relation of Type A behavior pattern and job-related psychosocial factors to nonfatal myocardial infarction: A case-control study of japanese male workers and women. *Psychosomatic Medicine, 63*, 797-804.

Young, L. D. (1992). Psychological factors in rheumatoid arthritis. *Journal of Consulting and Clinical Psychology, 60*, 619-627.

Youngstrom, N. (1991). Membership poll supports prescribing. *APA Monitor*, 22.

Zajonc, R. (1980). Feeling and thinking: Preferences need no inferences. *American Psychologist, 35*, 151-175.

Zapf, P. A., & Viljoen, J. L. (2003). Issues and considerations regarding the use of assessment instruments in the evaluation of competency to stand trial. *Behavioral Sciences & the Law, 21*, 351-367.

Zapf, P. A., Hubbard, K. L., Galloway, V. A., Cox, M., & Ronan, K. A. (2002). *An investigation of discrepancies between forensic examiners and the courts in decisions about competency*. Manuscript submitted for publication.

Zaro, J. S., Barach, R., Nedelman, D. J., & Dreiblatt, I. S. (1977). *A Guide for beginning psychotherapist*. Cambridge: Cambridge University Press.

Zheng, D., Macera C. A., Croft, J. B., Giles, W. H., Davis, D., & Scott, W. K. (1997). Major depression and all cause mortality among white adults in the United States. *Annals of Epidemiology, 7*, 213-218.

Zilboorg, G., & Henry, G. A. (1941). *History of medical psychology*. New York: Norton.

Zuckerman, M. (1984). Sensation seeking: A comparative approach to a human trait. *Behavioral and Brain Sciences, 7*, 413-471.

Zuckerman, M. (1991). *Psychobiology of personality*. New York: Cambridge University Press.

인명색인

[C]

[D]

[H]

[M]

[N]

[O]

[Y]

[Z]

사항색인

공저자소개

이현수

현 중앙대학교 사회과학대학 심리학과 명예교수

저서

임상심리학(박영사, 1973; 1977; 1984; 1990; 1994; 2000)

조옥귀

학력 · 경력

중앙대학교 문리과대학 심리학과(문학사)
중앙대학교 대학원 심리학과(문학석사, 문학박사)
한양대의대 부속병원 임상심리 기초수련과정 수료
서울시립정신병원 임상심리실장 역임
정신보건임상심리사 1급/임상심리전문가/건강심리전문가
경상남도 정신보건 심판위원
현실치료 국제강사
현 경남대학교 문과대학 심리학과 교수

역서

섭식특성과 기질(경남대출판부, 1998; Mehrabian, M., *Eating characteristics and temperament.* (New York: Springer, 1980)

현명호

학력 · 경력

중앙대학교 문리과대학 심리학과(문학사)
중앙대학교 대학원 심리학과(문학석사, 문학박사)
연세의대 광주세브란스 정신건강병원 연구강사 역임
우석대학교 심리학과 교수 역임
폴란드 바르샤바대학교 방문교수 역임
한국임상심리학회 회장 역임
정신보건임상심리사 1급/임상심리전문가/건강심리전문가
현 중앙대학교 사회과학대학 심리학과 교수
중앙대학교 학생생활상담소 소장

저서

통합적 상담: 사례중심의 접근(시그마프레스, 2006)

이장한

학력 · 경력

중앙대학교 문리과대학 심리학과(문학사)
중앙대학교 대학원 심리학과(문학석사, 문학박사)
한양대학교 의과대학 의생명과학연구원 연구부교수 역임
캐나다 토론토대학 및 맥길대학 교환교수 역임
한국심리학회 재난심리위원회 위원장 역임
정신보건임상심리사 1급/임상심리전문가/건강심리전문가
검찰 과학수사자문위원
소방방재청 재난심리자문위원
현 중앙대학교 사회과학대학 심리학과 부교수

저서

법정 및 범죄심리학(학지사, 출판중)

제 7 전정판
임상심리학

1973년 2월 20일 초판발행
2012년 5월 10일 제7전정판 인쇄
2012년 5월 15일 제7전정판 발행

공저자 이현수 · 조옥귀 · 현명호 · 이장한
발행인 안 종 만
발행처 (주) 박영사
서울특별시 종로구 평동 13-31번지
전화 (733) 6771 FAX (736) 4818
등록 1959. 3. 11. 제300-1959-1호(倫)

www.pybook.co.kr e-mail: pys@pybook.co.kr

정 가 28,000원 ISBN 978-89-6454-202-6